한국의 웃음문화

한국의 웃음문화

2008년 11월 25일 1판 1쇄 인쇄
2008년 11월 30일 1판 1쇄 발행

엮은이 _ 김유정탄생100주년기념사업추진위원회
펴낸이 _ 박성모
펴낸곳 _ 소명출판
등록 _ 제13-522호
주소 _ 137-878 서울시 서초구 서초동 1621-18 (란빌딩 1층)
대표전화 _ (02) 585-7840
팩시밀리 _ (02) 585-7848

somyong@korea.com | www.somyong.co.kr

값 31,000원
ISBN 978-89-5626-350-2 93810

HUMOR CULTURE OF KOREA

한국의 웃음문화

김유정탄생100주년기념사업추진위원회 편

소명출판

::서문

웃음은 삶의 활력소이다. 피가 몸에 생기를 불어넣듯이 웃음은 우리들의 삶에 생기를 불어넣는다. 웃음이 생기를 돌게 해 주는 대상은 개인인 경우도 있고 집단인 경우도 있다. 그렇지만 그것이 집단인 경우에 웃음은 더 큰 가치를 가진다. 웃음은 공동체를 활기 있게 해 주고, 공동체를 이루고 있는 사람들이 유대감을 가지게 해 준다. 울음이 개인성이 강한 데 반해서 웃음은 집단성이 강하다.

공동체의 질서가 어그러졌을 때 질서를 바로잡아 주는 것도 웃음이다. 질서가 전도된 상황은 웃음을 유발하고, 웃음은 어그러진 질서를 교정한다. 웃음은 공동체의 질서를 어그러뜨리는 사람을 빗대어 깨우쳐 주고 나서 그를 포용하기도 한다.

웃음은 고통스러운 삶을 견디어 내는 힘이다. 세상에는 고통의 늪에 빠져서 우는 사람도 있고, 고통의 늪에서 빠져나와 그 늪을 거리를 두고 내려다보면서 웃는 사람도 있다. 세상에는 또 고통에서 벗어나게 된 다음에 비로소 웃는 사람도 있고, 웃음으로써 고통을 벗어나는 사람도 있다. 불안이 해소된 다음에 비로소 웃는 사람도 있고, 웃음으로써 불안을 해소시키는 사람도 있다. 웃음은 현실과 거리를 두고 현실을 객관적으로 관찰할 수 있는 여유를 만들어 내는 기제(機制)이다. 세상을 멀리,

넓게 보면서 생각하는 웃음의 정신을 잃지 않는 한 우리는 어떠한 고통도 극복해 낼 수 있을 것이다.

우리 나라의 전통문화에는 웃음이 풍성하게 나타난다. 우리는 울음보다 웃음에 강하다. 우리 나라의 전통연극, 구비문학, 민화(民畵), 종교예술, 민속공예품 등에 웃음이 풍성하게 나타나는 것은 잘 알려진 사실이다. 우리 선조들은 신(神)까지도 웃음의 대상으로 삼았고, 과거에는 초상집에도 풍족한 웃음이 있었다.

우리 전통문화의 풍요로운 웃음은 그것이 우리의 삶을 풍요롭게 가꾸어 주는 영양소라는 점에서도 소중한 것이고, 그것이 우리 문화의 정체성을 함축하고 있다는 점에서도 소중한 것이다. 가령 '백제의 미소', 도깨비의 웃음, 장승의 웃음 등은 세계에 내놓을 만한 우리 고유의 웃음이다. 전통은 시대에 따라 끊임없이 재창조되는 것이라 할 때, 우리는 21세기형 한국의 웃음을 재창조하여야 할 것이다.

2008년 4월 25일과 26일에 김유정의 고향인 춘천에서 연 김유정 탄생 100주년 기념 학술회의의 주제를 우리는 '한국의 웃음문화'로 정했다. 김유정은 한국 웃음문화의 전통을 잘 계승한 것으로 정평이 나 있는 작가이기에 김유정이 1930년대에 한국 웃음문화의 전통을 재창조한 양상을 면밀하게 살펴보면 우리가 살고 있는 21세기 초의 시점에서 그 전통을 재창조하는 길을 모색하는 데 도움이 될 것이라고 우리는 생각했다.

우리는 한국의 전통문화에 나타난 웃음의 양상, 한국의 현대문화에 나타난 웃음의 양상, 한국의 웃음문화와 외국의 웃음문화의 비교, 김유정 소설에 나타난 웃음의 양상 등으로 광범위한 분야에서 웃음문화에 접근해 들어갔다. 이 학술회의는 상당한 기간을 두고 기획한 것이기에 우리는 알찬 성과를 거둘 수 있었다. 이 성과를 단행본으로 엮은 것이 이 책이다.

엮어 놓고 보니 몇 가지 아쉬운 점이 있다. 문화의 여러 분야 중에 중요한 분야임에도 누락된 것이 있고, 한국의 웃음문화와 외국의 웃음문화의 비교연구도 몇 편이 누락되었다. 발표를 맡았던 분의 사정이 있었는데 그 후속 조치를 취하지 못해 이리 되었다. 재창조의 논리를 논의하지 못한 것도 아쉽다. 논문과 논평의 내용이 서로 맞지 않는 경우가 있는 것은 학술회의를 마치고 나서 토론 내용에 따라 논문을 수정하였기 때문이다.

오늘에 와서 우리는 그 풍성하던 웃음을 많이 잃어버렸다는 이야기를 여기저기에서 자주 듣는다. 이 책이 우리의 웃음문화를 재창조하고 건강한 웃음을 회복하는 데에 도움이 되었으면 좋겠다.

대규모 학술회의를 열도록 뒷받침을 해 주신 김유정탄생100주년기념사업추진위원회(위원장 전상국)와 학술회의를 공동주최해 주신 한국웃음문화학회(회장 김대행), 그리고 어려운 작업을 꼼꼼하게 감당해 주신 소명출판의 여러분에게 깊은 감사를 드린다.

2008년 9월

기획 및 편집책임

전신재

::차례

한국 웃음문화의 전통

조동일

1. 웃음의 세 측면

사람은 웃는 동물이다. 웃을 줄 아는 것이 사람이 다른 동물과 구별되는 특징이다. 사람은 누구나 웃으면서 산다. 웃음이 삶의 일부이다. 그러면서 웃음을 앎의 대상으로 한다. 웃음이 무엇이며 어떤 의의를 가지는지 알려고 한다. 이에 관해 여러 학문에서 많은 연구를 해왔지만 새로운 논의가 필요하다.

웃음이 무엇인지 알려고 하면 생리·심리·문화 측면의 고찰이 필요하다. 웃음의 생리는 어느 사람이든지 같다. '體'와 '用'이라는 오랜 용어를 가져와 '본체'와 '활용'이라고 일컬으면서 논의를 더욱 분명하게 하는데 사용해보자. 웃음의 생리에서는 본체와 활용이 일치해 활용 또한 상이하지 않다. 웃음의 심리나 웃음의 문화는 그렇지 않아, 본체는 동일하지만 활용이 상이할 수 있으며 둘 사이의 비중이 달라진다. 웃음의 심리에서는 동일한 본체와 상이한 활용이 대등한 비중을 가지고, 웃음의 문화에서는 동일한 본체보다 상이한 활용이 더욱 중요시된다고 할 수 있다.

한국인의 웃음을 연구 대상으로 두고 생각해보자. 한국인이 웃는 생리는 다른 나라 사람들의 경우와 같아 함께 연구하는 것이 마땅하다. 한국인의 웃음에 어떤 심리 작용이 있는가는 다른 나라 사람들의 경우와 같기도 하고 다르기도 해서 양면의 연구가 필요하다. 한국인의 웃음이 어떤 문화적 특징과 의의를 가지는가 하는 의문을 풀기 위해서도 다른 나라 사람들의 웃음과 같은 면에 대한 최소한의 논의는 있어야 한다. 그러나 다른 점을 찾아내는 비교고찰이 더욱 긴요한 작업이다.

웃음의 문화적 측면을 '웃음문화'라고 줄여 일컫기로 한다. 한국인의 웃음문화는 다른 나라 사람들의 경우와 구별되는 특징이 있다. 이 특징이 오랜 기간 지속되어 독자적인 전통을 이루었다. 웃음문화의 전통에서 이룩한 창조의 성과를 평가하고 이어받아야 한다. 이 세 명제로 나타낸 사실에 대한 구체적인 해명을 하고자 한다.

특수성을 찾는 것이 도달점은 아니다. 한국인의 웃음문화는 인류문명의 다채로운 발전에 남다르게 기여할 수 있는 자산이고 능력인 줄 알아, 특수성에서 보편성으로 나아가야 한다. 웃음문화에 대한 고찰을 일반이론을 새롭게 이룩해 널리 적용할 수 있게 하는 것이 마땅하다.

2. 미적 범주에서 본 웃음

누구에게나 동일한 웃음의 본체는 생리나 심리의 측면에서 고찰하면 된다고 미룰 일이 아니다. 문화의 측면에 관한 연구에서도 웃음 일반론을 마련해 웃음문화의 상이한 양상에 대한 구체적인 논의의 출발점으로 삼아야 한다. 다음 표로 나타낸 미적 범주가 이 작업을 가능하게 하는 틀이다.

숭고	비장
우아	골계

미적 범주는 예술에서 구현하는 아름다움이 나누어져 있는 기본양상이다. 미적 범주들 사이의 관계에 대한 수많은 논의를 이 표에다 간명하게 정리할 수 있다. 여기서 웃음 일반론의 단서를 마련해 예술의 범위를 넘어서서 문화 전반에 확대해 적용할 수 있다.

위의 표에 나타나 있는 숭고·비장·우아·골계는 이중의 기준에서 구분된다. 위의 둘 숭고와 비장은 '있어야 할 것'에 치우치고, 아래 둘 우아와 골계는 '있는 것'에 치우쳐 있다. '있어야 할 것'과 '있는 것'이 왼쪽의 둘 숭고와 우아에서는 하나로 '합치'되고, 오른쪽 둘 비장과 골계에서는 서로 '부정'한다. '있어야 할 것'에다 '있는 것'을 합치면 숭고가 이루어진다. '있는 것'에다 '있어야 할 것'을 합치면 우아가 이루어진다. '있어야 할 것'이 '있는 것'을 부정하면 비장이 이루어진다. '있는 것'이 '있어야 할 것'을 부정하면 골계가 이루어진다.

이 넷 가운데 골계가 웃음이다. 말은 달라도 뜻은 같다. 다른 세 범주 숭고·우아·비장도 웃음에 상응하는 말로 일컬으면 이해하기 쉽지만 마땅한 방책이 없다. 비장은 울음이라고 하면 될 것 같으나 단서가 필요하다. 예사 울음이 아닌 비통한 울음이라야 비장이다. 비장을 느끼면서 울음을 참을 수도 있다. 숭고와 우아는 "숭고하다" "우아하다"는 말로 흔히 쓰는데, 이에 해당하는 말이 비장은 "비장하다"이고 골계는

"골계스럽다"여서 불균형이 있는 것도 불만이다. 용어 등장의 유래를 캐서 잘못을 시정하면 차질을 없앨 수 있는 것이 아니다. 말을 모두 다시 지어내 가지런하게 하고 싶지만 가능하지 않다. 말은 그대로 두고 이해를 잘 할 수밖에 없다.

숭고 · 우아 · 비장 · 골계의 기본적인 성격이나 상호관계는 언제나 동일한 불변의 본체이다. 그런데 넷 가운데 어느 것을 택하고 다른 것들과 어떤 관계를 가지는가 하는 활용 양상은 경우에 따라서 다르다. 활용 양상의 문화적 내용과 의의를 고찰하는 작업을 광범위하게 전개할 수 있다. 그러나 많이 늘어놓는 것을 능사로 삼지 않고 핵심을 가려내기로 한다.

연구사를 찾고 기존 연구를 검토하는 과정은 생략하고 본론에 바로 들어간다. 새로운 작업의 방법과 대상을 분명하게 한다. 한국문화에 관해 무한히 늘어날 수 있는 논의 가운데 가장 긴요한 것들을 선택하고 반드시 필요한 최소한의 비교연구를 한다. 말을 줄이고 함축하는 내용은 늘어나게 한다.

3. 깨달음의 웃음

종교란 무엇인가? 일상생활의 우아에 매몰되어 있기만 하지 말고 "저 높은 곳을 향해" 초월적이고 영원한 영역의 숭고로 나아가자는 운동이라고 할 수 있다. 종교를 일으킨 교조가 초월적이고 영원한 영역의 숭고에 관해 가르친 바를 믿고 따라야 한다는 것이 공통된 교리이다.

숭고와 함께 비장이 등장하기도 한다. 영원한 영역에 속한다고 알려진 신들도 사실은 그렇지 못해 죽음을 피하지 못한다는 종교도 있어 숭고가 비장이게 한다. 신들과 함께 초월적인 능력을 지니지 못한다고 한탄하고 그 때문에 희생되는 인간의 운명을 비장하게 인식하기도 한다.

숭고가 비장이게 하는 것이 기독교의 경우에는 흔히 볼 수 있는 방식을 넘어선다. 신의 아들이 이 세상에 태어나 살해되고 부활했다고 해서 신의 초월성과 세상의 불의를 극단적으로 대조해 보여주었다. 숭고를 내세우기만 해서는 일상적인 우아의 껍질을 깨기에는 역부족이라고 여겨 강도 높은 비장을 택했다고 할 수 있다.

어느 종교의 교리든 일단 이루어진 다음 오래 두고 숭상하면 굳어져 생동하는 의의를 잃게 마련이다. 숭고에 대한 인식이 관습화해서 우아를 넘어설 수 있는 힘이 없어진다. 교조가 다시 나타나 종교를 거듭 창건하는 경우도 있지만, 교조 대신 성자가 등장해 활성화의 사명을 수행한다. 진리를 남다르게 추구하기 위해 고행을 하고 이적을 보여 널리 숭앙되는 성직자 또는 일반신자가 성자이다. 여러 성자가 남긴 갖가지 이야기가 구전되고 기록되기도 한 것을 성자전이라고 총칭한다.

성자전은 성자가 숭고를 추구한 행적을 납득할 수 있게 전달해 숭앙하고 따르면서 우아에 머무르는 삶을 반성하도록 하는 것이 예사이다. 숭고가 비장이게 해서 충격을 확대하는 것도 흔히 볼 수 있다. 기독교에 흔하고 이슬람교에도 있는 순교자 이야기는 비장한 성자전의 좋은 본보기이다. 고행이 상상 이상이라고 하는 성자전도 비장을 갖춘다.

성자는 고고하게 놀지 않고 민중과 더불어 허름하게 살아가는 것을 높은 경지에 이른 증거로 삼기도 한다. 숭고를 향해 나아갔다가 우아로 되돌아와 우아가 숭고임을 말해준다고 할 수 있다. 다른 종교에서도 발견되는 이런 성자전이 불교에 특히 많다. 중국 고승전에 보이는 기이한 승려들은 파격적인 언동으로 골계를 빚어냈다.

지금까지의 논의를 한국 고승들의 행적에 적용해보자. 『삼국유사』의 한 대목에 동해안에 보살이 나타나 찾아가 만났다는 이야기가 승려에 따라 다르게 전한다. 의상(義湘)이 바라본 보살은 아득한 저쪽에 있고 용의 무리가 옹위하고 수많은 보배로 장식되어 있어 모습이 쉽사리 드러나지 않았다. 원효(元曉)가 만난 보살은 벼를 베거나 개짐을 씻고 있는 여자여서 장난짓거리 말을 나누었다. 범일(梵日)이 찾아낸 보살은 시골 아낙네의 철없는 아들놈이 동무삼아 노는 상대였다. 의상은 숭고에서, 원효는 골계에서, 범일은 우아에서 진리를 찾았다.

『삼국유사』는 예사 고승전이 아니다. 불교의 진리가 고고한 데 있다고 하지 않고 미천한 사람들의 삶에서 찾아 마땅하다고 하는 파격적인 지론을 폈다. 의상이 추구한 것 같은 숭고보다 범일이 본보기를 보인 우아의 발견에 더욱 관심을 가졌다. 원효처럼 파격적인 승려들이 숭고도 우아도 함께 부정하는 골계스러운 언동을 다채롭게 보여주는 것을 책의 기본 내용으로 삼고, 고답적인 불교에서 벗어나 민중에게 다가가 발랄한 삶을 긍정해 마땅하다고 깨우쳐주었다.

혜공(惠空)은 남의 집에서 고용살이를 하는 노파의 아들이며 아버지가 누구라는 말은 없다. 여러 가지 이적을 보이고, 미친 듯이 취해서는 부개를 짊어지고 거리에서 노래 부르고 춤추기를 일삼았다고 한다. 부개는 물건을 운반할 때 쓰는 삼태기 따위이다. 일하면서 사는 삶을 떠나서는 불법이 없다는 생각에서 자기 절 이름을 순우리말로 부개절이라고 했다.

혜공이 만년에 머무르고 있던 절을 원효가 거듭 찾아가 경전을 풀이하다가 의심나는 곳을 물었다고 했다. 두 사람이 시냇가에서 물고기와 새우를 잡아먹고 돌바닥 위에 대변을 보고, 혜공이 "너의 똥이 내 물고기이다"고 했다. 이것이 무슨 말인가? 너와 나, 삶과 죽음, 깨끗한 것과 더러운 것이 둘이 아니고 하나임이 경전에서 말한 근본이치라고 일깨워주었음을 알아차려야 한다. 이름이 오어사(吾魚寺)로 바뀐 그 절이 지금도 있어 수수께끼 풀이를 깨달음의 단서로 삼게 한다.

「진신공양(眞身供養)」이라는 대목을 보자. 신라 효소왕이 692년에 망덕사(望德寺)를 창건해 당나라를 위해 복을 빌고자 했다. 경덕왕 때인 755

넌에 망덕사 탑이 흔들리더니 안사(安史)의 난이 일어났다. 절을 다 지어 낙성연을 열 때 누추한 승려가 나타나 동참을 허락해달라고 했다. 효소왕은 비웃는 말로 거처를 묻고 "국왕이 친히 공양하는 재에 갔었다고 말하지 말라"고 했다. 누추한 승려는 "진신(眞身) 석가(釋迦)를 공양했다고 말하지 마십시오"라고 하면서 몸을 솟구쳐 공중에 떠서 갔다. 왕이 사람을 시켜 찾게 하니 지팡이와 바리때만 발견되었다. 그 승려가 거처한다는 곳, 그리고 지팡이와 바리때가 발견된 곳에 각기 절을 세웠다.

저자 일연(一然)은 이에 이어서 『지론(智論)』이라는 경전에 있는 이야기를 들었다. 계빈(카슈미르)에서 있었던 일이다. 고매한 승려가 큰 모임이 열리는 절에 들어가려고 하니 의복이 남루하다고 거절당했다. 좋은 옷으로 바꾸어 입고 참석을 허락받고는, 옷 덕분에 받은 음식이니 옷에 먼저 드려야 한다고 했다. 유사한 사례를 들었는데 상당한 차이가 있다.

당나라에 의존하려고 한 것은 어리석다, 당나라가 흔들리는데 어떻게 한단 말인가 하고 말했다. 국왕이 멸시하는 누추한 승려가 진신 석가여래라고 하는 충격적인 역설로 이중의 무지를 깨우쳤다. 승려는 국왕에게 부하가 아니고 스승이다. 누추하고 미천한 백성이 가장 훌륭하다. 불교 경전에서 비슷한 것을 찾아내, 기록한 이야기가 독자적인 창조물임을 알게 했다. 중국 당나라, 인도 카슈미르까지 연관시켜 이해하는 넓은 시야를 갖추고, 신라가 어째서 자랑스러운지 밝혀냈다.

깨달음의 웃음은 어느 종교에도 있을 수 있고, 불교에서는 상당한 정도로 중요시하는데, 한국에서는 진리 추구를 위한 핵심적인 방법으로 삼았다. 승려들의 사상에 민중의식이 보태져 마련된 이런 전승을 일연이 『삼국유사』를 지을 때 적극 수용했다. 상하・승속 합작의 전통이 면면하게 이어지게 하는 중간 거점을 마련했다.

4. 놀이의 웃음

연극의 갈래는 미적 범주를 기준으로 구분하는 것이 관례이다. 비극은 비장을, 희극은 골계를 보여주는 연극이다. 연극을 이 둘로 양분하고, 품격에서 비극이 높고 희극은 낮다고 하는 견해가 널리 유포되어 있다. 고대 그리스연극이 지닌 이런 특징을 17세기 이후 유럽에서 이으면서 연극 일반론을 마련하는 논거로 삼았기 때문이다.

그러나 비극과 희극 양분론은 보편적인 것은 아니다. 여러 미적 범주를 함께 지닌 연극도 흔히 있다. 중세 인도의 산스크리트극은 숭고를 기본으로 하고 비장・골계・우아도 함께 지닌 연극의 좋은 본보기로 잘 알려져 있다. 인도네시아의 그림자극, 원대(元代)의 잡극(雜劇)에서 오늘날의 경극(京劇)에 이르는 중국 연극 또한 대체로 같은 특징을 지닌다.

비장이나 숭고를 내세우는 연극은 '있어야 할 것'을 추구한다. 이와는 반대로 '있어야 할 것'을 거부하고 '있는 것'을 긍정하는 연극이 적지 않다. 우아만 가지고는 부족하므로 골계를 적극 활용해 반론의 강도를 높인다. 이런 연극을 희극이라고 일컫는 것은 타당하지만, 비극과 희극의 양분법을 넘어서서 희극의 정의를 다시 내려야 한다. 희극의 골계가 비장에 대한 반론이기만 하지 않고 숭고에 대한 반론이기도 하다는 점을 분명하게 해야 한다. 비극과 희극이 양분되는 경우에는 비극이 우세하고 희극이 열세인 것이 예사이다. 그러나 비장과 숭고에 대한 반론을 함께 제기하는 희극은 광범위한 지지 기반을 가지고 한 사회를 온통 뒤흔드는 힘을 발휘할 수 있다. 중세 유럽의 바보굿(feast of fools), 남부 인도의 타마사(tamasha)나 인도네시아의 루드르크(ludruk) 같은 것들이 이런 놀이이고 연극이다. 한국의 탈춤 또한 같은 특성을 지니면서, 비장이나 숭고를 나타내는 연극이 따로 없기 때문에 직접적인 표적을 넘어서서 다른 모든 영역에서 추구하는 '있어야 할 것'에 반론을 제기한다.

고대 그리스의 비극은 아리스토텔레스가 말한 '카타르시스'를 구현한다고 한다. 중세 인도의 숭고극의 원리인 '라사'에 대해서는 한층 심오한 해명이 이루어져 있다. 한국의 탈춤과 같은 연극에는 이 둘과 대비될 수 있는 원리는 '신명풀이'라고 일컫는 것이 마땅하다. 새롭게 등장한 개념이 다른 둘과 대등한 수준의 연구를 갖추도록 하려면 각별한 노력이 필요하다. 비교고찰을 방법으로 하고, 셋의 관계를 밝히는 이론 정립을 목표로 한다면 격차를 쉽게 줄이고 앞서 나갈 수 있다.

카타르시스 · 라사 · 신명풀이는 어떻게 다른지 밝히는 비교고찰을 두 가지 의문에 대한 해답을 들어 할 수 있다. 신(神)이 사람 밖에 있는가 아니면 사람 안에 있는가? 사람들 사이의 관계는 상극(相克)인가 상생(相生)인가? 카타르시스연극에서는 신이 밖에만 있어 사람들은 상극의 관계를 가지기만 한다. 라사연극에서는 밖에 있는 신이 안에도 있다는 것을 깨달아 사람들 사이에서 상생이 이루어진다. 신명풀이연극에서는 안에 있는 신이 발현되면서 사람들은 상극이 상생이고 상생이 상극인 生克의 관계를 가진다.

신명풀이연극은 오랜 유래가 있다. 우리 민족은 노래 부르고 춤추기를 즐긴다고 중국 역대 역사서에서 거듭 기록했다. 원효는 광대에게 배운 바가지 탈춤을 추면서 천촌만락을 돌아다니면서 놀이를 깨달음의 길로 삼았다. 풍물을 치고, 탈춤을 추며 노는 기층문화의 전통이 한문문명을 높은 수준으로 이룩하고 유교도덕의 규제가 광범위하게 자리 잡은 조건에서도 면면하게 이어져왔다.

풍물패를 앞세우고 마을 사람들이 사방 돌아다니면서 함께 노는 행사가 탈춤의 기원이고 바탕이다. 놀이패가 한 곳에 자리를 잡아 길놀이가 마당놀이로 바뀌고, 누구든지 참여하는 앞놀이를 한참 하다가 탈꾼들이 특별한 배역을 맡는 탈놀이로 넘어간다. 탈놀이의 등장인물 노장과 먹중, 양반과 말뚝이, 영감과 할미로 나타난 억압자와 피해자는 적대적인 관계에서 다투면서 우호적인 관계를 확인하는 화합에 이를 수 있다. 관념적 허위, 신분적 특권, 남성의 횡포라고 일컬을 수 있는 세 가지 잘못을 비판하고 삶의 현실을 함께 긍정하는 대등한 인간관계를 회복하는 운동을 등장인물과 관중이 함께 진행한다. 탈놀이가 끝나면 모두 함께 어울려 춤을 추는 뒷놀이가 시작된다.

진행의 요체는 싸움이 화해이고 화해가 싸움임을 확인하는 것이다. 앞놀이에서 탈놀이로 넘어가면서 화해가 싸움이라고 하고, 탈놀이가 끝나고 뒷놀이가 시작되면서 싸움이 화해라고 한다. 탈놀이가 진행되는 동안에도 적대적인 관계를 보여주는 연기대목과 모두 어울려 함께 즐거워하는 춤대목이 교체되어 싸움이 화해이고 화해라고 한다. 연기 대목에서도 억압자가 거는 싸움을 피해자가 되받아 화해를 만들어낸다. 억압자는 무엇이 어떻게 돌아가지는 몰라 패배하지 않을 수 없고, 피해자는 관중의 지지를 받아 승리를 구가한다.

화해에서 싸움으로 넘어갈 때 긴장하다가 싸움이 화해로 바뀌자 웃음이 터진다. 긴장하면서 싸울 때에는 등장인물과 관중, 등장인물과 등장인물이 둘이 되다가 웃으면서 화해할 때에는 등장인물과 관중, 등장인물과 등장인물이 하나가 된다. 탈춤에 참여하는 것 자체가 억눌려 있던 신명을 살려내는 신명풀이다. 싸움이 화해가 되고, 둘이 하나가 될 때 신명풀이가 더욱 고조된다. 뒷놀이에서 가장 큰 해방감을 누린다.

신명이란 사람의 기(氣) 가운데 흥으로 발현되는 것이라고 규정할 수 있다. 최한기(崔漢綺)의 용어를 들어 해명하면, 천지만물과 함께 사람도 수행하는 활동운화(活動運化)의 주체가 되는 기(氣)인 신기(神氣)가 바로 신명이다. 안에 간직한 신기가 밖으로 뻗어나서 어떤 행위나 표현 형태를 이루는 것을 두고 "신명을 푼다"고 한다. 신명풀이란 바로 신기발현(神氣發現)이다. 사람은 누구나 신기 또는 신명을 지니고 살아가지만, 천지만물과의 부딪힘을 격렬하게 겪어 심각한 격동을 누적시키면 그대로 덮어두지 못해 신기를 발현하고 신명을 풀지 않을 수 없는 지경에 이른다.

신명풀이의 웃음은 오늘날 세 가지로 계승된다. 신극 공연에서 희극이 환영받고, 창작극 가운데 볼만 한 것은 풍자극이다. 탈춤을 이어받고 마당극을 만들어내고, 마당극을 사회운동의 방법으로 삼는다. 연극의 범위를 넘어서서 문화의 특성으로 지속되고 창조력의 원천 노릇을 하는 것을 더욱 주목하고 평가해야 한다. 이 모든 현상을 함께 파악하기 위해서 포괄적인 이론이 필요하다. 전통으로 인식하는 데 그치지 않고 이어받는 방향과 방법에 대해서도 탐구해야 한다.

각자의 자발성과 주체성에서 창조가 발현된다는 것을 신명풀이가 일깨워준다. 각자의 창조가 서로 만나 싸우고 모아져서, 대립이 조화이고 조화가 대립이며, 싸움이 화해이고 화해가 싸움임을 구현하는 것 자체가 창조이다. 예술창조, 철학사상, 사회조직, 생산활동 등의 여러 영역에서 그런 원리를 구현해야 한다. 그런 원리는 그 모든 영역에서 서로 같으면서 서로 다르다. 서로 같으므로 함께 논해야 하고, 서로 다르므로 분야에 따라서 각기 다르게 처리해야 한다.

5. 이야기의 웃음

설화가 신화·전설·민담으로 나누어지고, 민담에 소화가 있는 것은 어디서나 확인되는 공통된 현상이다. 신화·전설·민담이 무엇이고 민담은 어떤 특징을 가지는가 하는 의문에 대한 대답도 상통한다. 그러나 소화가 차지하는 비중이나, 소화의 구체적인 내용은 나라에 따라 다르다.

비중과 내용 가운데 비중은 고찰하기 더 쉽다. 설화를 기록에 올리면서 소화를 특히 중요시한 것이 한국의 특별한 점이다. 앞에서 『삼국유사』에 수록된 고승전을 다룰 때 이미 한 말한 것처럼, 고승의 모습을 비속하게 그려 깨달음의 웃음으로 골계전의 선구적인 형태를 만들었다고 할 수 있는 것이 예사롭지 않은 일이다.

조선초기 문인들이 즐겨 지은 본격적인 골계전에서는 비속한 언행 자체를 흥미롭게 이야기해서 이념의 규제에서 벗어나고자 했다. 국사를 통괄해 『동국통감(東國通鑑)』을 짓고, 한문학 작품을 집성해 『동문선(東文選)』을 편찬하는 등으로 조선왕조의 문화사업을 주도한 서거정(徐居正)이 『태평한화골계전(太平閑話滑稽傳)』을 지어 골계전의 모형을 마련했다. 서문에서 사람은 늘 긴장을 하고 지낼 수는 없으니 웃음을 찾아 마음을 이완시키고, 세상 근심과 무료함을 없앨 필요가 있다고 했다.

무슨 이야기를 했는지 한 예를 들어보자. 어떤 대장이 아내를 호되게 무서워했다. 그래서 어느 날 부하 장졸들에게 아내를 무서워하지 않는 사람이 있으면 따로 세운 기 앞에 서라고 했더니, 한 사람뿐이었다. 어째서 그런 용기를 가졌는가 하고 칭찬을 하자, 자기 아내가 늘 사람 많이 모이는 데로 가면 여색에 관한 말이나 하니 조심하라고 해서 사람이 없는 쪽에 가 섰다고 한다. 그저 웃어넘길 것은 아니다. 부부는 군신이나 부자와 같이 서차가 분명해야 한다고 거듭 강조하던 시대에 그와는 반대가 되는 내막을, 다른 누구도 아닌 용맹스러운 대장을 내세워 폭로해 충격을 준다.

서거정은 어느 정도 품위를 유지했으나, 강희맹(姜希孟)은 『촌담해이(村談解頤)』를 엮으면서 음담패설을 서슴지 않고 넣었다. 책 이름에서 시골에서 하는 이야기가 턱이 빠질 정도로 우습다고 하고, 성행위에 대한 금기를 깨면서 상층의 위엄을 뒤집어엎는 이야기를 즐겨 했다.

어떤 양반이 아름다운 첩을 친정에 보낼 때 염려되는 바 있어, 여자 옥문(玉門)이 미간에 있는 줄 아는 멍청이 하인을 뽑아서 동행하게 했다. 그래도 미심쩍어 몰래 뒤따라가 보니, 둘이서 즐기고 있는 것이 아닌가. 하인은 얼른 알아차리고, 물을 건너다가 아씨가 넘어져서 어디 다친 데가 없는지 살피다가 배꼽 밑에 구멍이 나 있는 것을 발견하고 꿰매려고 했다고 했다. 선비는 그 말을 듣고 안심을 하고, 본래부터 있던 구멍이니 염려할 것이 없다고 했다.

거칠다고 하겠지만, 자세하게 살피면 상당한 묘미가 있다. 선비는 어리석은 하인을 속이려고 하다가 자기가 속았는데 그런 줄도 모르고 안심하고 있었다는 것이다. 어리석어 쉽게 속는다고 가장하는 것이 가장 큰 지혜임을 일러준다. 상전에게 정면으로 맞설 수 없는 하인은 그렇게 해야 상전을 골탕 먹일 수 있었다.

송세림(宋世琳)의 「어면순(禦眠楯)」, 성여학(成汝學)의 「속어면순(續禦眠楯)」 등이 이어져 나와 골계전이 일대 유행이 되었다. 모두 한 데 모아 『고금소총(古今笑叢)』이라고 한 것이 널리 읽혔다. 오늘날에도 학식이나 지위가 상당한 사람들이 모여 앉으면 신판 고금소총을 이야기하는 풍조가 있다.

이야기로 전하는 웃음의 격을 높이고 효용을 확대한 것이 풍자문학이다. 풍자문학의 유산은 풍부하다. 한문학 작품이 다양하고, 판소리나 판소리계 소설까지 들면 더 많다. 그러나 여러 풍자문학의 작가 가운데 박지원(朴趾源)이 특히 우뚝해 집중적인 고찰을 하기로 한다.

박지원은 명문에서 태어났으나 글공부를 제대로 하지 않고 있다가 열다섯에 장가든 뒤에 장인과 처삼촌에게서 대강 배운 다음 바로 자기 나름대로 글을 지었다. 문장으로 이름이 났으나 과거 급제를 원하지 않았다. 마지못해 과거장에 가서는 답안을 다 작성하지 않고 내기도 하고, 이상한 그림을 그리면서 딴전을 부리기도 했다. 아들이 자기 아버지 생애를 기록한 『과정록(過庭錄)』에 있는 말이다.

정해진 순서에 따라 격식에 맞는 글을 배우고 익혀 과거에 급제하는 과정을 거부하고 자기 세계를 개척해 문학과 사상 양면에서 놀라운 혁신을 했다. 낙탁(落拓)해서 불우하게 된 형편에 세상의 잘못을 따지고 진실을 추구하자면 문학 창작에 힘쓰는 것이 가장 보람 있는 일이라고 여기면서, 영달을 위한 문학과는 다른 비판의 문학을 마련했다.

법고창신(法古創新)을 표방하고 고문(古文)을 쓴다 하면서, 옛 것을 야유의 대상으로 삼아 뒤집어엎었다. 잘 알려진 고전이나 명문의 한 대목을 가져와 풀이하는 것처럼 보이도록 해서 반발을 가질 필요가 없게 하고, 기발한 착상으로 논의를 바꾸어 독자를 당황하게 하다가, 비근한 사물이나 일상의 경험을 증거로 대서, 원래의 주장을 반대의 것으로 대치하는 데 이르렀다. 오랜 권위를 누리던 고정관념을 깨고 사물을 새롭게 인식하고, 이념의 구속에서 벗어나 자유로운 탐구자가 되도록 하는 데 필요한 감각 훈련을 했다.

말썽이 일어난 것은 당연한 일이다. 당시에 이미 연암체(燕巖體)라고 일컬어진 박지원의 문장은 정통에서 벗어난 패관잡서(稗官雜書) 수준에 머무른다고 폄하되는가 하면, 문풍(文風)을 어지럽히고 질서를 혼란시킨다는 점을 우려한 정조가 이른바 문체반정(文體反正)을 일으켜 금지하고자 했다. 그러자 불우해진 탓에 자포자기에 빠져 이문위희(以文爲戱)하고, 문장을 빌려 부평지기(不平之氣)를 나타내기나 했으니 반성해 마땅하다고 했다.

그런 변명을 한 이면에 주목할 만한 주장이 숨겨져 있다. 이문위희는 이문위교(以文爲教)를 내세워 글로 교화를 베풀겠다는 데 대한 반발이다. 풍자와 익살로 위엄을 무너뜨리고 격식을 파괴하는 것을 일삼고, 하층 예술의 새로운 동향과 연합전선을 폈다. 그것은 작전 기밀이어서 널리 공개할 수 없었다.

문집의 「방경각외전(放璚閣外傳)」이라는 대목에다 특이한 인물의 전 아홉 편을 실은 것이 소설로 평가된다. 아홉 편 가운데 제목만 전하는 두 편은 비판의 정도가 너무 심해 내놓을 수 없었던 것 같고, 나머지도 기발한 설정에다 허위에 반발하는 주제를 숨겨놓은 품이 상상의 범위를 넘어선다. 그 가운데 하나인 「민옹전(閔翁傳)」에서는 자기가 젊어서 병이 들었을 때 우습고 기이하고 놀라운 이야기를 들려주는 늙은이가 있었다고 말해, 사회 병폐에 대한 대응책으로 소설이 필요하다는 생각을 아주 흥미롭게 구체화했다.

민옹은 내란이 났을 때 출전해서 무관직을 얻고는 계속 불우하게 지냈다. 그 점에서 이언진이나 김홍기와 상통하는 바 있다. 이언진이 시를 지어 재능을 발휘하고, 김홍기는 신선의 도를 익혔다고 했듯이, 민옹은 익살맞은 이야기로 장기를 삼았다. 익살맞은 이야기란 누가 알아주지 않을 것이지만, 자기가 17・8세 때 우울증에 걸려 세상에서 좋다는 것들을 다 찾아도 소용이 없었는데 민옹을 만나자 마음이 상쾌해졌다고 했다.

민옹에게 신선을 보았느냐고 물으니, 신선은 가난한 사람이라고 했다. 부자는 세상에 연연하지만 가난한 사람은 세상을 싫어한다 하고, 세상을 싫어하는 사람이 바로 신선이라고 했다. 다시 불사약에 관해 물으니, 매일 먹고 잘 지내는 밥이 불사약이라고 했다. 종로 거리에 곡식이나 축내는 황충(蝗蟲)이 가득하다는 말로 지위나 재산을 뽐내는 무리를 나무랐다. '기이하고 놀랍고, 반갑고 얄미운' 민옹이 풍자와 골계에 가탁해서 세상을 불공스럽게 희롱하는 이야기가 사회의 병폐를 고치는 데서 과거의 다른 어떤 문학보다 뛰어난 효과를 가진다고 말하고자 했다. 신분과 나이의 차이를 넘어서서 이루어진 민옹과 서술자의 우정은 이야기꾼과 이야기를 듣는 사람, 소설가와 독자의 관계를 암시한다고 이해할 수 있다. 그러고 보면 소설론을 소설로 쓴 작품이다.

내용뿐만 아니라 문장 때문에 거듭 논의의 대상이 되어온 『열하일기(熱河日記)』는 여느 연행록과는 구별되는 구조와 표현을 갖추었다. 사실과 허구를 적절하게 배합하면서 서술시점을 다양화해서 기존의 관념을 타파하고 현실을 재인식할 수 있게 한 수법이 놀라워 기문(奇文)이라고 일컬어져 왔다. 한 예를 들어보자. 백이(伯夷)・숙제(叔齊)의 사당을 지날 때 그 두 사람이 은나라를 위해 충절을 지키느라고 산에 들어가 고사리만 먹었다는 것을 기념하기 위해서 사신 일행도 고사리를 먹던 일을 아주 기발하게 서술한 데 다각적인 풍자가 들어 있다.

자기는 고사리를 먹고 배탈이 났다고 하면서 빈정대기 시작하더니,

그전에 고사리를 준비하지 않아 담당 관원이 매를 맞고 "백이·숙제야, 나하고 무슨 원수냐!" 하고 외친 일이 있었다고 했다. 오랜 기억을 다시 더듬어, 초라한 행색을 한 어느 시골 훈장이 학동들을 거느리고 명나라 마지막 황제가 죽은 날 송시열(宋時烈)을 모신 곳을 찾아 참배하고 서쪽을 향해 "되놈!" 하고 외치면서 삿대질했다고 했다.

생각이 아주 막힌 독자가 아니라면 백이·숙제에서부터 연원을 찾는 춘추대의(春秋大義)라는 것이 얼마나 허망하고 사람 죽일 노릇인가 알아차릴 수 있다. 송시열이 주장한 북벌론(北伐論)이 공허하고 시대착오적인 이념임을 적절한 방법을 택해 설득력 있게 보여주었다. 그렇지만 전후의 수작이 모두 대수롭지 않은 잡담처럼 열거되어 있어 말썽이나 일으킬 위인은 자기도 모르는 사이에 풍자 대상에 포함되기 알맞았다.

풍자문학의 전통이 오늘날 제대로 계승된다고 하기 어렵다. 신문학을 이식문학으로 하면서 전통을 망각한 작가가 대부분이다. 그런 가운데 김유정과 채만식이 이야기의 웃음을 새로운 시대의 상황에 맞게 재창조한 것은 특히 평가해야 한다.

6. 하나인 전통

한국의 웃음문화가 지니는 지금까지 고찰한 바와 같은 특징은 어떻게 해서 생겼는가? 하층민이 공동체를 유지하면서 발랄한 삶을 누리고 반발의식을 가져 상층에 충격을 주고, 상층에서 이를 받아들여 혁신의 동력으로 삼는 생극의 작용이 특히 긴밀하게 이루어진 것이 한국의 웃음문화가 별다른 이유이다. 상층문화가 일찍 자리 잡고 권위를 자랑하는 중국, 상하층이 이질적이어서 문화가 각기 다른 일본과는 거리가 있다.

그러므로 깨달음의 웃음, 놀이의 웃음, 이야기의 웃음을 갈라 논했으나 같은 뿌리에서 나온 상이한 가지이다. 기본 원리가 같고 표현방식 또한 공통된다. 깨달음의 웃음이 놀이의 웃음이나 이야기의 웃음으로 나타났다. 놀이의 웃음이나 이야기의 웃음은 깨달음의 웃음으로 이해해야 할 깊은 의미를 지녔다.

지금까지의 논의에서 거론한 원효 · 박지원 · 최한기는 한국사상사의 최고봉이다. 웃음에 관한 탐구에 힘써 커다란 성과를 이룩했다. 웃음의 표현 형태에 대한 연구를 사상사의 유산 계승과 함께 해야 더 많은 것을 얻어낼 수 있다. 포괄하는 범위가 넓으면서 깊은 논의를 갖춘 총체적인 웃음학이 필요하다.

그래서 한국문화에 대한 탐구를 획기적으로 발전시키자고 하는 것만은 아니다. 인류문명에 대한 새로운 고찰을 한국에서 시작해 다음 시대의 학문이 나아갈 방향을 제시하는 데까지 이른 것이 마땅하다. 사람이 살아가는 데 그리 긴요하지 않다고 할 웃음의 가치에 대한 온전한 평가가 학풍 혁신을 위해 관건이 되는 과제이다.

7. 부기

2008년 4월 25일 춘천에서 열린 김유정 탄생 100주년 기념 학술회의에서 이 논문을 발표했다. 지정토론자 김홍규 교수가 "한국 웃음문화의 특질이 형성된 이유가 무엇인가?" 하고 물은 데 힘입어 마지막 대목을 수정했다. 자유토론에 참여한 박일용 교수는 제기한 "부처의 웃음은 골계라기 어려우니 별도의 범주가 필요하지 않는가?"라는 물음에 대한 대답은 아래에 적는다.

부처의 웃음은 세계의 존재에 대한 경직된 관념이 있어야 할 것으로 행세하는 것을 거부하는 그대로의 것을 제시하므로 골계에 속하고 다른 무엇은 아니다. 다만 있는 그대로의 것이 무상(無常)이나 공(空)이라고 한 것이 특이하다. 부처를 믿는 사람들은 '무상'이나 '공'이 있는 그대로의 것이라고 받아들이지 않고 있어야 할 것이라고 여겨 숭고를 만들어내고, 이를 다시 파괴하는 골계가 필요하게 되었다.

「한국 웃음문화의 전통」에 대한 토론문

김홍규

매우 폭넓은 논제에 대해 간명하면서도 심원한 접근의 구도를 제시한 발표 내용에 경의를 표하면서 토론 전개를 위해 다음과 같은 질문을 제출하고자 한다.

1. '웃음문화 전통'의 역사성에 관한 이해의 문제

'전통'이란 두 겹으로 시간적인 개념이다.

첫째 그것은 상당한 시간적 지속의 과정에서 형성되며, 둘째 그 작용(및 심화・확대・변모)의 시간성 또한 장기간에 걸친다고 보는 것이 자연스럽다. 즉 전통은 일시적인 유행과 비교하여 매우 안정적이고 장기지속적인 자질이지만, 거시적인 역사 과정 속에서 본다면 그 자체도 생성 · 운동 · 변화하는 것이라 해야 할 것이다.

이러한 역사성의 고찰이 부족한 채로 전통을 논할 경우 그것은 부지불식간에 초시간적 본질 내지 항구적인 실체처럼 간주될 우려가 있다.

조동일 선생의 발표는 신라(원효, 혜공)부터 조선(탈춤, 서거정, 박지원 등)까지를 아우르면서, '깨달음, 놀이, 이야기'의 웃음을 폭넓게 살핀 장점이 있으나, 그러한 전통이 형성되고 지속 또는 확장, 변위되게 한 역사성에 대하여는 아무런 시사가 없는 점이 아쉽다. 한반도의 선주민들에게 원래 그런 자질이 있었다고 말하기는 어려울 듯한데, 그렇다면 어떤 요인 혹은 맥락이 그러한 문화 자질의 형성을 촉발한 것일까. 또한 10여 세기의 역사 속에서 한국인의 '웃음 문화'가 시종여일할 수 없었다면 그 '전통'의 물줄기에 어떤 굴곡과 변이/확대가 있었던 것일까.

한 건의 발표에서 이러한 물음에 대한 성찰까지 기대하는 것이 무리임은 자명하지만, 적어도 그러한 문제적 국면에 관한 얼마간의 단서 내지 시사가 있다면 앞으로의 발전적 논의에 더 유익하지 않을까 한다.

2. 형용사 파생어의 문제

발표문에 다음과 같은 대목이 있다.

> 숭고와 우아는 "숭고하다" "우아하다"는 말로 흔히 쓰는데 비장과 골계는 그렇지 못해 불균형이 있는 것도 불만이다.

그런데 '비장'은 '숭고, 우아'와 마찬가지로 '비장(悲壯)-하다'라는 형용사 파생어가 있다. '골계'는 '골계-스럽다'로 파생된다. '스럽다' 파생형은 종류가 다르다 해도, '비장하다'는 조어법상 '숭고하다, 우아하다'와 다를 바 없는 듯하다.

상생(相生)의 웃음과 언어문화

한국시가의 두 웃음을 중심으로

김대행

1. 웃음의 두 유형

1) 가사의 두 웃음

다음 두 편의 가사 작품에서 보는 웃음의 인상은 같지 않다. 먼저, 「만언사(萬言詞)」의 다음 대목은 웃음을 머금게 한다.

> 철 없는 어린아이 소 같은 젊은 계집
> 손가락질 가리키며 귀양다리 온다 하니
> 어와 고이하다 다리 지칭(指稱) 고이하다
> 구름다리 징검다리 돌다리 토다리라
> 춘정월(春正月) 십오야(十五夜) 상원야(上元夜) 밝은 달에
> 장안(長安) 시상(市上) 열두 다리 다리마다 바람 불어
> 옥호금준(玉壺金樽)은 다리 다리 배반(杯盤)이요

적성가곡(積聲歌曲)은 다리 다리 풍류(風流)로다
윗다리 아랫다리 썩은 다리 헛다리
철물(鐵物)다리 판자(板子)다리 두 다리 돌아들어
중촌(中村)을 올라 광통(廣通)다리 굽은 다리 수표(手標)다리
효경(孝經)다리 마전(馬廛)다리 아랑 위 곁다리라
도로 올라 중학(中學)다리 다리 내려 향다리요
동대문(東大門) 안 첫다리며 서대문(西大門) 안 학다리
남대문(南大門) 안 수각다리 모든 다리 밟은 다리
이 다리 저 다리 금시초문(今時初聞) 귀양다리
수종다리 습다린가 천생(天生)이 병신(病身)인가
아마도 이 다리는 실족(失足)하여 병(病)든 다리
두 손길 늘여치면 다리에 가까우니
손과 다리 머다 한들 그 사이 얼마 치리
한 층을 조금 높여 손이라나 하여 주렴

다음, 「우부가(愚夫歌)」의 다음과 같은 표현도 웃음짓게 한다.

가련(可憐)타 저 모양(模樣)이 일조(一朝)의 걸객(乞客)이라
대모관자(玳瑁貫子) 어디 가고 물레줄은 무삼 일고
통영(統營)갓은 어디 두고 헌 파립(破笠)에 통(通)모자라
숙체(宿滯)로 못 먹던 밥 숟가락이 책력(冊曆) 보고
약포육(藥脯肉)은 어디 가고 씀바귀를 단 꿀 빨듯
죽력고(竹瀝膏)는 어디 두고 모주 한 잔 어려워라
울타리가 땔나무요 동네 소금 반찬이라
각장 장판 소라반자 당지(唐紙) 도배 어디 가고
벽 떨어진 단간방에 멍석자리 조각 조각
호적(戶籍) 종이로 문 바르고 신주보(神主褓)가 갓끈이요
금안백마(金鞍白馬) 어디 두고 전후구종(前後驅從) 어디 두고
석새짚신 지팡이요 정강말이 제격이라
삼승버선 태사혜(太史鞋)는 끄레발이 불쌍하다

전(氈)주머니 한포단(漢蒲團)과 화류면경(樺榴面鏡) 어디 가고
버선목에 삼노끈을 차고 나니 금낭(金囊)이라
돈피배자(豚皮褙子) 담비휘항 능라주의(綾羅紬衣) 어디다 두고
동지섣달 베창옷에 삼복(三伏)다림 바지 거죽
궁둥이는 울근불근 옆걸음에 개 좇으며
담배 없는 빈 대통은 소일(消日)조로 손에 들고
비슥비슥 다니면서 한 되 곡식 수삼 전(錢)을
역질(疫疾) 핑계 제사(祭祀) 핑계 야속하다 동네 인심

두 작품 모두 가련하고 처량한 형상을 말하고 있음은 같은데도 웃음이 주는 느낌은 다르다. 왜 그런가? 물론 이에 대한 논의가 없었던 것은 아니다. 「만언사」의 이 대목이 「각설이타령」 비슷한 데서 해학이 발생한다[1]고도 했고, 비애를 웃음으로 차단한 것[2]으로서 '웃음으로 눈물 닦기'라는 한국 언어문화의 특질 가운데 하나[3]라고도 한 바 있다.

「우부가」는 그 내용이 경세(警世)를 겨냥하고 있으면서 표현이 해학적이어서 「흥부전」의 놀부 묘사 등과 맥이 통하는 유우머[4]라는 설명도 있고, 「우부가」나 「용부가」가 어리석음과 용렬함에 대하여 나무람과 흉을 본 것[5]이라고 한 설명도 있다. 그런가 하면 웃음의 유형을 '즐거운 웃음'과 '웃는 즐거움'으로 나누고 「우부가」나 「용부가」는 대상의 비소(卑小)함을 드러내어 격하(格下)에 의한 우월감을 확인하고 있어 '즐거운 웃음'에 해당하는[6] 것으로 설명하기도 하였다.

이 정도면 두 웃음의 차이가 어느 만큼은 드러난 것으로 보이기도 하지만, 무엇이 그런 차이를 느끼도록 하는 것인지는 여전히 궁금하다. 그

1) 조동일, 『한국문학통사』 3, 지식산업사, 1994, 354면.
2) 김대행, 『시가시학연구』, 이화여대 출판부, 1991, 373~374면.
3) 김대행, 『웃음으로 눈물 닦기』, 서울대 출판부, 2005, 79~82면.
4) 정재호, 『주해 초당문답가』, 박이정, 1996, 112~118면.
5) 조동일, 앞의 책, 368~369면.
6) 김대행, 앞의 책, 371~372면.

리고 이런 의문은 다시 꼬리를 문다. 두 웃음에 차이가 있고, 그것을 그렇게 느끼게 만드는 기제가 밝혀진다면, 그런 웃음의 차이는 왜 생기게 되었는가도 궁금하다. 그리고 고전을 역사의 맥락에만 묻어 두는 것이 온당치 않다는 점에서 본다면, 두 웃음의 차이가 오늘의 삶과는 어떤 관련이 있는 것인지도 생각할 의무를 느낀다.

2) 용어와 반응의 문제

'웃음'이라는 말은 지나치게 폭이 넓다. 실제의 웃음에서 감지되는 여러 측면의 차이들을 두루 포괄하는 데는 아주 적절해 보이지만, 그런 만큼 그것이 내포하는 바는 매우 다양할 수밖에 없다. 우선 웃음의 종류를 가리키는 말부터가 그러하다. 우리말로는 코웃음, 너털웃음, 눈웃음 등이 서로 다른 것으로 느껴지고,[7] 한자어로도 폭소(爆笑), 홍소(哄笑), 대소(大笑), 고소(苦笑), 조소(嘲笑), 냉소(冷笑), 미소(微笑) 등을 구분하여 사용하는 것이 일반적이다.

웃음을 지칭하는 용어가 다르다는 점에 근거하여 두 웃음의 차이를 말한다면, 「만언사」형 웃음[8]은 고소나 미소에 가까울 듯하고, 「우부가」형 웃음은 냉소와 조소라고 말할 수 있을 듯하다.[9] 그러나 이렇게 용어

---

7) 조동일, 『한국문학 이해의 길잡이』, 집문당, 1996, 146~147면.

8) 두 웃음의 차이에 근거하여 논의하는 것이 이 글의 근원적인 시각이므로 앞으로 두 웃음을 '「만언사」형 웃음'과 '「우부가」형 웃음'으로 이름을 붙이기로 한다. 이 두 가사 작품의 웃음은 독자적 존재로서의 작품이 지니는 차이를 보여주는 데 그치지 않고, 한국의 언어문화 전반에서 보게 되는 웃음의 두 유형으로 볼 수 있다는 것이 기본적인 입장이므로 그렇게 한다.

9) 그러나 이러한 명명이 적절하지 않다고 보는 견해도 얼마든지 있을 수 있다는 점을 인정해야 한다. '있는 대로 보'는가 아니면 '보는 대로 있'는가 하는 말이 있듯이, 대상에 대한 인식은 관점에 따라 얼마든지 다를 수 있다. 또한 언어를 독자적인 대상으로 보는 것보다는, 모든 언어활동은 그것이 형성되고 수용되는 맥락(context)에 의해 결정된다는 관점이 적절할 뿐더러, 특히 문학의 해석에는 이 맥락에 참여하는 요소들의

를 달리함으로써 어느 만큼의 차이는 감지할 수 있지만, 그 근원에 대한 의문은 여전히 남는다. 말하자면, 용어는 두 웃음에 대한 반응의 표현이라고 하겠지만, 반응의 차이를 나타내는 용어로는 두 웃음의 차이가 드러나지 않는 셈이다.

웃음의 성격을 지칭하는 용어도 엄밀한 구분이 없이 사용되기는 마찬가지인 것으로 보인다. '해학'과 '풍자'가 다른데 이 둘을 합하여 '골계'[10]라고도 하고, 미의식을 범주화하는 용어로 '희극미'[11]라고도 한다. 이를 다른 관점에서 '희화화'[12]라는 말로 웃음의 계기를 설명하기도 하고, 웃음을 유발하는 언어표현을 '익살, 농담, 재담' 등[13]으로 구분하기도 한다. 그런가 하면, 웃음이 수용되는 경향과 관련하여 '기담, 흥미, 재미' 등[14]을 사용하기도 한다. 이처럼 웃음과 관련하여 그 차이와 효과를 설명하기 위한 노력에도 불구하고 여전히 두 웃음의 차이는 확연하게 드러나지 않는다.

이와는 다른 각도에서 웃음이 주는 효과를 기준으로 차이를 살필 수 있는가도 생각할 수 있겠다. 그러나 그런 노력은 별다른 성과를 얻기 어려울 듯하다. 왜냐 하면, 모든 웃음은 근원적으로 심리적 해방감(psychic release)을 지향한다[15]는 점에서 같다고 할 수 있기 때문이다. 또 다른 측면에서는 웃음의 대상에 대하여 안도(relief), 저항(protest), 연대(solidarization)의 세 가지 다른 반응이 있을 수 있는데, 이러한 차이는 작품의 차이보다 수용자의 기대지평에 좌우된다[16]는 설명이 실상에 부합하는 것임을

'기대 지평(the horizon of expectation)'이 깊게 관여한다는 설명이 매우 적절해 보이기 때문이다. 이러한 고려는 이 글의 논의 방향과도 관계된다.

10) 조동일, 앞의 책, 1996, 95~140면.

11) 김학성, 『한국고전시가의 연구』, 원광대 출판국, 1980, 7~51면.

12) 김대행, 앞의 책, 1991, 346면.

13) 조동일, 앞의 책, 1996, 147면.

14) 권순회, 「〈초당문답가〉의 이본 양상과 주제적 의미」, 『19세기 시가문학의 탐구』(고려대학교 고전문학·한문학연구회 편), 집문당, 1995, 353~363면.

15) Ross, Alison, *The Language of Humour*, Routledge, 1998, pp.63~64.

경험적으로도 알 수 있기 때문이다.

외국에서도 사정은 비슷한 듯하다. 'laughter'와 'smiling'의 차이를 소리의 유무, 입을 여는 정도, 얼굴 근육의 운동량 등으로 구분[17]하는 설명도 보이지만, '유머'와 '웃음(laughter)'을 같은 수준의 것으로 보기[18]도 하는 것은 반응의 차이에서 구분의 근거를 찾기가 어려움을 확인하게 한다. 여기에다가 언어가 소통되는 맥락(context)의 요소[19]에 주목하게 되면 반응을 근거로 한 차이의 명료화는 더 어려운 문제가 된다.

이런 문제에 관심을 갖고 '즐거운 웃음'과 '웃는 즐거움'[20]으로 나누어 보기도 하였고, 그 근원으로 '비웃기'와 '비꼬기'[21]의 차이를 설명한 바 있다. 그러나 이를 좀 더 정밀하게 할 필요가 있을뿐더러, 이를 웃음의 문화라는 관점에서 그 차이의 문화적 본질이 무엇인지, 그러한 문화의 특성이 무엇인지, 그것이 오늘의 삶과는 어떤 관련을 갖는지 생각하고자 한다.

3) 공격성의 기준

「만언사」형 웃음과 「우부가」형 웃음의 차이를 드러내는 중요한 요소로 공격성이 있고 없음을 생각할 수 있다. 실제로 「우부가」는 공격적인 것으로 인식되어 온 것도 사실이다. 「우부가」가 인물들의 흉을 본 것이며, 어긋남의 어리석음에 대한 비난[22]이라는 설명은 대상에 대한 공격

---

16) Hans Robert, Jauss, *Aesthetic Experience and Literary Hermeneutics*, University of Minnesota Press, 1982, p.195.
17) Ross, Alison, op., cit, pp.246~247.
18) Mahadev L. Apte, *Humor and Laughter*, Cornell University Press, 1985, p.14.
19) Guy, Cook, *Discourse,* Oxford University Press, 1996, pp.9~13.
20) 김대행, 앞의 책, 1991, 353~378면.
21) 위의 책, 423~443면.
22) 조동일, 앞의 책, 1994, 368~369면.

의 요소를 지적한 것이라 할 수 있다. 또 이를 경세(警世)[23]로 보거나, 경계로 해석하는[24] 것은 모두 이러한 공격성을 공인하는 해석이다. 이러한 공격성은 풍자로 인식될 수 있는 바탕이 된다. 풍자가 근본적으로 공격성에 기반하여 성립한다[25]는 설명이나, 풍자는 비판적 관점이 중핵[26]이라는 관점은 모두 이러한 판단에 부합한다.

이에 비하면 「만언사」에는 그러한 공격성이 전혀 없다. 대상을 공격하기보다는 방어적이다. 그러기에 비애의 정서를 웃음으로 차단[27]하는 것이라고 하였고, 그래서 웃음으로 눈물 닦기[28]라고 보았다. 이런 점과 관련하여 풍자는 공격하기인 데 반하여 해학은 감싸기[29]라는 대조적 설명도 가능해진다. 풍자가 대상을 공격하기임과는 달리 해학은 국면의 해소 방식으로 웃음을 택한 것이라는 점에서 차이가 있다는 점이 드러난다. 이런 관점에서 보면 공격성의 있고 없음이 「우부가」형 웃음과 「만언사」형 웃음의 근본적인 차이라고 말할 수 있게 된다.

그러나 의문이 생긴다. 공격성의 유무가 두 작품의 차이라는 점은 분명하지만, 이것이 바로 웃음의 본질적인 차이라고 할 수 있는가 하는 의문이 그것이다. 이것이 웃음의 근본적인 차이라고 보려면 모든 공격은 웃음과 결합한다고 할 수 있어야 한다. 그러나 흉보기, 나무라기 등의 공격이 모두 웃음을 유발한다고는 할 수 없다. 반대로 공격성과는 정반대의 성향이라고 할 수 있는 변명하기, 자위하기가 웃음을 유발한다고도 하기 어렵다. 이는 논증할 필요가 없을 정도로 자명하다.

더구나 「우부가」의 웃음이 공격적 풍자가 아니라는 견해가 있는 것

23) 정재호, 앞의 책, 105~118면.
24) 권순회, 앞의 책, 360면.
25) Alison, Ross, op., cit, pp.53.
26) Alex Preminger, & T.V.F. Brogan, *The New Princeton Encyclopedia of Poetry and Poetics*, Princeton University Press, 1993, p.1114.
27) 김대행, 앞의 책, 1991, 373~374면.
28) 김대행, 앞의 책, 2005, 81~82면.
29) 신은경, 『풍류』, 보고사, 1999, 311면.

을 보면 이런 의문이 더욱 깊어진다. 「우부가」는 웃음을 통하여 우아를 지향하는 미의식을 보이는데, 그 구체적 설명으로는, 공격받은 바로 그 행위야말로 자유분방한 삶을 추구하는 인간의 모습이고, 그럼으로써 유교적 윤리를 전면 부정하고 전락시키는 행위이기에 희극미를 드러낸다[30]고 하였다. 말하자면 어리석은 행동에 대하여 공격적으로 흉을 본 것이 웃음을 자아내는 것이 아니라, 그 인물이 윤리에 저항하며 벌이는 행동들이 우습다는 것이다. 이는 공격성과는 거리가 멀다. 그렇다면 공격성의 유무가 두 작품의 차이를 설명하는 기준으로는 일면 타당한 점이 있겠지만 웃음의 차이를 설명하는 데는 적절하지 못하다는 결론에 이르게 된다.

4) 대상의 기준

공격성의 유무와 관련하여 떠오르는 또 하나의 기준은 대상의 기준이다. 대상이라는 말은 매우 막연하다. 그러나 여기서는 웃음이 지향하는 인물이 누구인가에 따라 두 웃음의 차이를 말할 수 있겠는가 하는 문제를 생각할 만하다. 이는 「우부가」형 웃음이 제3자인 '남'을 대상으로 하여 공격함으로써 웃음을 자아내는 데 반해, 「만언사」형 웃음은 '나'의 모습이 웃음짓게 만든다는 차이에 주목하려는 것이다.

그런데 남에 대한 웃음과 나에 대한 웃음이 다르다는 것을 입증하려면 두 웃음이 현저하게 달라지는 이유를 설명할 수 있어야 한다. 혹은 두 웃음에 질적인 차이가 있음을 설명해야 한다. 그러나 그러한 차이의 단서가 대상의 구분에서 쉽사리 찾아지지 않는다. 「백발가」가 이 점을 살피는 데 좋은 예가 된다. 이 가사는 『초당문답가』 또는 『경세설』에

30) 김학성, 앞의 책, 224면.

「우부가」 및 「용부가」 등과 함께 실려 있는데, 내용 중에 남을 웃는 대목과 나를 웃는 대목이 함께 있어서 지금 살피는 문제에 좋은 자료가 된다.

먼저 「백발가」에서 남을 대상으로 하는 웃음은 다음과 같은 모습을 보인다.

> 정강이를 볼작시면 비수검(匕首劍) 날이 서고
> 팔다리를 들고 보니 수양 가지 흔들흔들
> 아래턱은 코를 치고 무르팍은 귀를 넘고
> 어린 체를 하려는지 콧물조차 훌쩍훌쩍

이 대목은 구걸하러 온 노인을 보고 그 형상을 말하는 내용인데, 그 어조부터가 사뭇 희롱조로 전개된다. 남에 대한 공격이라고도 할 만하다. 그런데 나중에 걸인인 노인 자신의 말로 전개되는 대목에서 자신의 젊은 시절 영화를 길게 늘어놓은 다음, 이제는 늙어버린 자신의 모습을 다음과 같이 형용한다. 여기서 주목할 것은 앞의 것이나 지금 살필 것이나 둘 다 늙은 모습의 형용이고 화자만 다르다는 점이다.

> 일행천리(日行千里)하던 걸음 상투끝이 먼저 가고
> 살대같이 곧던 허리 길마가지 방불하며
> 선수박씨 같던 이가 목탁 속이 되었으며
> 단사(丹砂)같이 곱던 입이 이운 박꽃 되었구나

앞의 대목과 이 대목을 비교해 보면, 늙음의 형상을 말하는 데 아무런 차이가 없어 보인다. 둘 다 형용의 대상을 우스꽝스럽게 그려냄으로써 웃음을 자아내는 점이 동일하다. 따라서 남을 공격하는 것 못지않게 나도 공격할 수 있다는 말도 가능하다. 따라서 화자가 누구인가 하는 문제도 웃음의 차이를 설명하는 데 별 도움이 되지 않는다. 이 점은 「노처녀가 2」로 알려진 『삼설기』 소재 작품을 보면 확연해진다.

내 비록 병신이나 남과 같이 못할소냐
내 얼굴 얽다마는 얽은 굶에 슬기 들고
내 얼굴 검다마는 분칠하면 아니 흴까
한 편 눈은 멀었으나 한 편 눈은 밝아 있네

자기 자신의 모습을 그리는 데도 이처럼 공격적인 의도를 담은 희롱의 어조로 서술할 수 있다는 점이 흥미롭다. 「백발가」가 자신의 모습을 우습게 그려낸 것과 다름이 없다. 그래서 이런 이해가 가능해진다. 웃음이 지향하는 대상이 나인가 남인가 하는 문제는 웃음의 차이와 별 관계가 없다는 점이 그것이다.[31)]

5) 우월성의 기준

「우부가」형 웃음은 대상의 열등함을 비웃음으로써 화자의 우월성을 확인하게 해 준다는 점이 분명하다. 그러나 「만언사」형 웃음은 그러한 우열의 문제와 직접 관계가 없는 것으로 보인다. 이처럼 웃음의 요소로 우월성(superiority)을 강조하는 것을 가리켜 우월성이론이라고 하는데, 우월성이 웃음의 원천으로 중요하게 작용[32)]한다는 점은 널리 알려져 있다.

우월성이론이란, 남을 경멸하는 웃음을 통해서 자신의 승리감을 맛보게 된다는 것인데, 바나나 껍질에 넘어지는 사람을 보고 웃음을 터뜨리는 것이 이러한 설명의 예로 곧잘 인용된다. 이런 웃음은 공격의 방법으로 사용되고, 그래서 풍자로 발전하는 경향을 보인다. 「우부가」에

31) 그러기에 이제 「우부가」형 웃음과 「만언사」형 웃음의 차이를 우월성의 기준에서 찾는 것을 생각하게 된다.

32) Alison, Ross, op., cit. pp.53~54.

서 풍자적 성격을 읽어 내는 데 대부분의 연구자가 동의하는[33] 것도 이런 이유에서라고 할 수 있다. 실제로 「우부가」의 진술에서도 '흉보기도 싫다마는'이라든지 '그야말로 하우(下愚)로다' 등의 표현을 통해 서술자가 우월한 위치에서 열등한 대상을 바라보고 있음을 시사하고 있다.

사실 웃음의 요소로 우월성을 지목하는 것은 이론적으로도 충분히 뒷받침되어 왔다. 이미 프로이트(Freud)가 희극의 인물들이 지닌 불균형성에 주목하였고, 이를 발전시켜 서양의 코믹한 인물을 세 유형으로 구분한 연구[34]도 있다. 이 가운데서 'comic hero'[35]는 격하(degrading)에 의한 것이라고 본다. 여기서 말하는 격하가 바로 우월성에 의한 웃음을 가리킨다.

이제 「우부가」형의 웃음이 우월성의 속성을 지니고 있다면 「만언사」형의 웃음은 그렇지 않은가를 생각해 볼 차례이다. 앞에서 살핀 「만언사」의 인용 부분이 이른바 '다리타령'이라고 할 만하다는 점을 가지고 생각해 본다. 이 타령은 자신에게 '귀양다리'[36]라고 놀리는 아이들에 대한 화자의 반응으로 나온 것이다. 그런데 우리의 통념에 비추어 보면, 이런 놀림에 대하여 보편적인 반응은 화를 내거나 욕하거나 하는 저항적 반응이 있을 수 있고, 이와는 달리 그 자리를 얼른 피하거나 못들은 척하거나 하는 소극적 반응을 생각할 수 있다. 그런데 이 사람은 이러한 통상

33) 정재호・조동일・권순회 등이 비슷한 관점을 가진 것은 앞에서 이미 살핀 바 있다. 다만 김학성은 우월성에 의한 웃음이라기보다는 인물의 행위가 오륜적 질서를 뚫고 인간 본연을 회복하려는 것이라고 본 점에 차이가 있다는 점도 이미 앞에서 보았다.

34) Hans Robert, Jauss, op., cit. pp.189~195.

35) Jauss는 서양 희극에서 즐거움을 주는 인물의 유형을 comic hero, grotesque hero, humoristic hero의 셋으로 나누었다. 그러나 이러한 분류가 희극의 양식화 전통이 분명하지 않은 우리에게는 적절한 설명이 되지 못하는 것으로 보인다. 다만, 세 인물의 특징이 다르다는 점, 이를 순서로 열거해 보이면, 격하의 웃음, 격상의 웃음, 자기자신에 대한 웃음 등으로 구분된다는 점은 웃음의 요인이 다양하다는 점과 관련하여 논의에 참고가 될 수 있겠다.

36) '귀양다리'에서 '~다리'라는 말은 '~꾼'이나 '~장이' 정도의 뜻을 가진 제주방언이다. 어감으로도 그러하고 이 가사의 문맥에서도 그러하지만 약간 비하하는 느낌을 주는 말이라고 할 수 있다.

적인 반응과는 달리 '다리타령'을 지어 부르고 있음이 특이하다. 그리고 이 특이성은 정상적인 생활인의 그것에 비추어 볼 때 열등해 보인다.

이 '다리타령'이 자기 위안의 방편임은 이해된다. 그러나 자신을 조롱하는 상대방에 대하여 현실적인 대응이 아니라 자기 위안으로, 그것도 웃음의 유발로 특징을 삼는 「각설이타령」과 방불해서 웃음짓게 하는 '다리타령'을 지어 불렀다는 것은 현실의 문제를 해결하면서 살아가는 생활인의 모습으로는 열등하다고 할 수밖에 없다. 물론 그가 귀양살이를 하고 있는 처지라는 점도 이런 열등함을 이해하는 데 도움을 줄 수 있겠다. 처지가 그러하므로 모욕에 노래로 대응할 수밖에 없었다면 이 또한 무능함의 토로이겠고, 그러니 이를 보고 웃는 것은 우월성의 확인이라고 하는 것이 옳다.

생각이 여기에 이르면, 두 웃음이 우월성의 확인이라는 점에서 공통된다고는 할 수 있을지언정 우월성의 기준에서 크게 다르다고 하기 어렵게 된다. 실제로 우열의 문제는 언제나 기준의 문제라는 것을 일상생활의 경험은 잘 말해 준다. 그러기에 우월성의 웃음이라고 할 경향이 현저해 보이는 「노처녀가 2」에서 웃음 속의 슬픔, 고차적인 인간 이해의 방식, 건강성이 담보된 미학[37]을 읽어 내기도 하고, 「우부가」에서 인간 본연을 추구하는 저항[38]을 발견하기도 한다.

여기에 야우스(Jauss)가 말하듯이 웃음을 통해 안도, 저항, 연대의 어떤 상태에 이르는가는 수용자의 기대지평에 따라 다를 수 있다는 데[39] 생각이 미치게 되면 두 웃음의 차이가 우월성의 차이에 근본적인 뿌리를 두고 있다고 하기는 어려워진다. 따라서 생각은 자연스럽게 우열을 구분하는 기준이 무엇인가 하는 문제와 관련된다는 데로 나아가게 되고, 그래서 적절성의 문제를 생각하게 된다.

---

37) 성무경, 『조선 후기, 시가문학의 문화담론 탐색』, 보고사, 2004, 206면.

38) 김학성, 앞의 책, 224면.

39) Hans Robert, Jauss, op., cit. pp.194~195.

6) 부조화의 기준

웃음이 지니고 있는 '놀람'의 요소에 주목하는 것이 부조화(incongruity) 이론[40]이다. 대부분의 웃음이 이 요소를 지니고 있는데, 이 바탕에는 '기대/배반'의 인식이 자리를 잡음으로써 웃음이 유발되는 것[41]으로 설명된다. 이 일의 다음에는 응당 이런 일이 있어야 하리라는 기대를 배반할 때 웃음이 유발된다. 또는 이렇게 이해되어야 하는데 전혀 엉뚱하게 이해되면 그것도 기대에 반하므로 웃음이 유발된다.[42]

이러한 부조화를 다른 말로 난센스(nonsense)라고 할 수도 있겠다. 각주 42)에서 살핀 청소년 우스개도 난센스 유머라고 흔히들 말한다. 난센스라는 말은 영어이지만 우리말처럼 인식되는지 국어사전에까지 올라 있다. 다음은 그 풀이이다.

> 난센스(nonsense) 명 이치에 맞지 아니하거나 평범하지 아니한 말 또는 일. '당찮은 말' '당찮은 일'로 순화. 예 난센스 퀴즈/그런 부자가 치료비가 없다는 것은 난센스이다.

이 풀이가 보여주듯 난센스가 곧 부조화 이론이 말하는 바의 구체적 실현 형태라고 할 수 있다. 이 말이 원래 쓰이던 영어에서도 그 의미가 매우 다양하다는 것을 확인할 수도 있는데, 그러한 의미의 다양성에도 불구하고 한 가지 분명한 것은 난센스가 커먼센스(common sense)와의 상호작용에서 발생[43]한다는 점이다. 여기서 말하는 커먼센스란 보편의 기대를 가리킨다. 그러니까 난센스는 그러한 기대를 배반할 때 발생한다는 뜻이

---

40) 이를 달리 '불일치'라고 번역하기도 한다. 같은 뜻이다.

41) Alison, Ross, op., cit. pp.7~26.

42) 청소년들 사이에서 "너 해 봤니? 나 해 봤다"와 같은 우스개가 통용되는 것도 부조화의 기준에서 설명된다.

43) Susan, Stewart, *Nonsense*, The Johns Hopkins University Press, 1979, pp.3~12, pp.57~60.

다. 이것은 곧 언어활동이 맥락(context)의 기반 위에서 운용됨을 말해 준다.

각주 42)에서 예를 든 '해 봤니'의 경우에는 '해'가 친구와의 은밀한 성적 농담에서 'do'를 뜻하는 맥락을 비틀어 'sun'으로 해석함으로써 맥락의 부조화를 이룬 것이다. 이런 관점에서 본다면 「만언사」는 자신을 놀리는 데 대해 행동적 반응이 기대되는 맥락에서 엉뚱하게 '다리타령'으로 반응함으로써 기대하던 맥락을 배반한 것이고, 「우부가」는 윤리적 기준이 지켜져야 한다는 생활적 기준을 배반함으로써 부조화를 이룬 것이다. 흔히 '댁들에……'로 지칭하는 사설시조 가운데 상당수가 음의 유사를 통해 성적 은밀성을 표현한 것으로 이해되는 것[44]도 이 난센스, 즉 부조화에 기반한 해석이며, 그러기에 비로소 웃음을 짓게 된다.

이런 점을 감안하면 언어활동에 관여하는 맥락의 요소가 실제 소통에 지대한 영향을 끼친다는 점을 쉽게 알 수 있고, 대부분의 웃음은 이 맥락에 의한 기대와 배반으로 규정됨을 확인하게 된다. 물론 맥락으로 작용하는 요소는 매우 많다.[45] 언어 내적으로도 기호와 그 의미 사이의 맥락이 문제됨은 앞의 '해 봤니'라는 우스개나 '댁들에'류의 사설시조에서 확인한 바 있다. 이런 맥락의 요소는 언어외적인 것도 상당하다. 발신자와 관련하여 누가, 언제, 무슨 목적으로, 누구에게…… 등 많은 요소가 관여하게 되고, 수신자에게도 같은 만큼의 맥락이 작용하게 되며, 그 소통이 이루어지는 환경과 과정에도 맥락이 작용함은 물론이다.

부조화가 결국은 맥락의 문제라는 데서 두 웃음의 차이를 생각해 보면 「우부가」형 웃음이 도덕성의 맥락을 기준으로 '기대/배반'을 바탕으로 하고 있으며 여기에 우월성의 요소가 결합하고 있음을 확인하게 된다. 거기에 비하면 「만언사」형 웃음은 우월성과는 무관하게 오로지 맥락에 대한 기대/배반만을 구현함으로써 웃음을 자아낸다고 하는 데서 차이를 발견하게 된다. 이런 설명의 적절성은 다음 시조를 통해서도

---

44) 김흥규, 『욕망과 형식의 시학』, 태학사, 1999, 240~245면.

45) Guy, Cook, op., cit. pp.9~13.

확인할 수 있다.

환상(還上)에 볼기 서른 맞고 장리(掌利)값에 외솥 하나 떼어 간다
사랑 둔 여기첩(女妓妾)은 원의 차사(差使) 등 밀어 낸다
아이야 죽탕관(粥湯罐)에 개 보아라 호기(豪氣)를 겨워 하노라

이 시조는 생활 속에서 벌어지는 자극에 대한 반응으로서의 상식적 기대를 배반하는 행동적 반응을 보여준다. 그러기에 부조화를 느끼게 되고 그 부조화가 웃음을 자아내게 만든다. 여기에 우월성의 기준은 작용하는 것 같지 않다. 그러나 다음 시조는 좀 다르다.

두꺼비 저 두꺼비 한 눈 멀고 다리 저는 저 두꺼비
한 나래 없는 파리를 물고 날랜 체하여 두엄 쌓은 위를 솟구치다가 발딱 나뒤쳐지겠구나
모처럼 몸이 날랠세망정 중인첨시(衆人僉視)에 남 웃길뻔 하거다

이 시조에서는 부조화에 우월성의 작용이 관찰된다. 두꺼비의 생김새나 하는 짓도 열등하고, 곤경에 대한 반응도 자신의 실상을 자각하지 못함으로써 기대를 배반하고 있다. 관찰자는 대상의 열등함을 발견함으로써 웃음을 짓게 된다.[46] 그런데 이 과정을 지배하고 있는 것은 부조화의 원리라는 점을 확인하게 된다. 그리고 이 부조화를 알아차리게 되는 것은 모두가 맥락의 이해와 관계된다는 점이 중요하다. 그리고 이 맥락을 이해하는 데는 필연적으로 스키마(schema, schemata)[47]가 관련되는 것도 맥락의 이해에 중요하다.[48]

---

46) 이 웃음이 부조화를 근본원리로 하지만, 여기서 '공격성'을 발견하는가 여부는 Jauss가 말한 대로 '기대지평'과 관련된다. 이 점은 뒤에서 사설시조를 살피면서 재론하게 된다.

47) Guy, Cook, op., cit. pp.68~75.

48) 흔히 하는 말로, 국제회의에 참석한 한국 대표들의 웃음이 늦게 나온다는 말이 있다. 물론 영어로 말하는 것인데, 다른 나라 대표들이 다 웃고 난 뒤에야 혼자서 웃음을 터

이쯤에 이르면 이제 두 웃음의 차이가 드러난 것처럼 보인다. 그렇기는 해도, 그렇다면 그런 두 웃음의 차이가 갖는 의미는 무엇인가 하는 물음이 제기된다. 왜 그렇게 다른 웃음이 생겼는가 하는 질문도 되고, 그것이 우리의 삶과 어떤 관계가 있는가 하는 질문도 된다. 이제 이 점을 생각하기로 한다.

2. 웃음과 문화적 맥락

1) '시적 시선'과 맥락

시란 기본적으로 노래하고자 하는 대상에서 무엇인가를 보고 그것을 말로 한 것이라 할 수 있다. 여기서 본다고 한 것을 달리 인식이나 읽기라고도 할 수 있겠고 그 밖의 다른 말로도 얼마든지 표현이 가능하다. 그리고 시는 대상에서 무엇을 찾아내는 데 그치지 않고 그에 대하여 어떤 태도를 지닐 수도 있다. 이런 점에 주목한 한 연구는 이런 문제를 두고 '시적 시선'[49]이라는 관점에서 접근한 바 있다. 이러한 시적 시선의 개념을 설정하고 사설시조를 대상으로 하여 그 유형을 우선 '심리적 일

뜨려서 웃음거리가 된다는 것이다. 이를 흔히 그 사람의 영어 이해 능력이 모자라는 것으로 해석하는데 이는 적절하지 않다. 외국어로 소통할 때 중요한 것은 맥락이며, 맥락의 요소로서 스키마를 생각하는 일이 중요하다. 스키마를 흔히 '배경지식'으로 번역하는데, 이렇게 번역하면 다소 오해의 여지가 있다. 지식이 앎을 뜻한다는 점에서는 이 번역이 문제될 것이 없겠으나 스키마가 본질적으로는 맥락과 관련이 된다는 점에 주목할 필요가 있다. 이렇게 보면 언어 자체는 물론, 언어활동의 대상이 되는 의미, 그에 관련되는 역사, 지리, 철학, 생활방식, 장르의 관습 등 무수한 요소가 스키마에 포함된다는 점이 고려되어야 한다.

49) 김흥규, 앞의 책, 208~209면.

체 내지 동화·이입의 시선'과 '심리적 거리에 의한 이화의 시선'으로 크게 나눈 다음, 그 각각을 다시 둘씩으로 유형화함으로써 전체적으로 네 가지 시선의 유형[50]을 설정하여 사설시조의 문헌에 따른 변화와 그 의미까지를 해석한 바 있다.

이 연구에 따르면 사설시조의 웃음은 대체로 '거리를 둔 이화의 시선'에 의하여 이루어지는 것으로 확인되는데, 이러한 경향을 '범속한 삶과 욕망의 세계를 비추는 인식론적·미학적 객관화의 방법'[51]으로 설명한 바 있다. 웃음의 두 유형과 관련하여 우리가 관심을 가져야 할 것은 시적 시선에 '동화/이화'의 두 시선이 있다는 점과 관련된다. 그러한 시선의 차이 또는 방법의 차이는 어디서 비롯하는가 하는 의문이 그것이다.

이를 사람의 차이라고 해 버릴 수도 있다. 좀 더 구체적으로는 관점의 차이 또는 태도의 차이라고 말하는 것도 같은 방식이다. 그러니까 개인적인 문제이므로 알 수 없는 것이라고 해 버린다면 이는 설명의 책임을 회피하는 것밖에 안 된다. 우선 사설시조에서 이화의 시선이 두드러진다면 그것은 왜 그런가 하는 질문이 떠오르게 된다. 우리의 관심사로 가져온다면 왜 「우부가」형 웃음에서 부조화가 우월성과 결합하게 되는가 하는 문제로 바꿔 말할 수 있다. 나중에 살피게 되겠지만, 「우부가」형 웃음은 조선 후기의 가사에서 두드러지게 나타나는 경향이 있다. 그렇다면 그것은 왜 그런가? 그럴 만한 이유가 찾아져야 한다는 것이고, 그것을 찾고자 한다.

이러한 설명을 위해서 우리가 고려해야 할 것은 맥락의 문제이다. 앞에서 살핀 바 있지만 언어활동, 즉 언어로 이루어지는 소통은 무수한 맥락의 요소와 관련을 갖는다. 그러한 맥락의 관여에 의해서 소통되기도 하고 실패하기도 한다. 다시 말해서 웃음도 그래서 형성된다. 그렇다

50) 위의 책, 205~238면.
51) 위의 책, 215면.

면 시적 시선에도 맥락의 요소가 관여할 것이라는 점이 인정된다. 시적 시선의 연구에서도 이 점에 주목하여 문화적 배경, 기능, 관심 지향 등에 따라 시선 및 화법 등에 차이를 가져오게 된다[52]고 전제한 바 있다. 그리고는 이런 전제의 구체적 검토로 사설시조의 특정 유형이 『진본청구영언』에는 수록되었는데 나중에 나온 『가곡원류』 계열이나 『남훈태평가』 계열의 가집에서는 현저히 감소하는 데 주목하였다. 그리고는 그 의미를 담당층 변화, 의식과 관심 변화, 연행 방식의 변화 가운데 하나 혹은 둘일 것[53]이라고 추정한 바 있다. 여기서 말하는 세 가지 요인이 바로 맥락의 문제라는 점을 강조하고자 한다. 다만 언어의 맥락이 이런 요소에 한정되지 않는다는 점에 주목하고 우리의 관심인 웃음의 두 유형과 관련해서 이에 관계되는 맥락의 문제를 생각하고자 한다.

언어에서 맥락의 문제를 제거함으로써 중요한 발견에 이르고 지성사에 커다란 영향을 끼친 것이 소쉬르(Saussure) 언어학이라면, 언어를 사회작용으로 보는 이론은 언어활동에 관련하는 맥락의 요소를 주목하고 강조하게 되는 것이 필연적일 수밖에 없다. 문학이 언어활동임을 생각하면 문학에도 맥락이 다양하게 관계를 맺게 되리라는 점도 자명하다. 언어이론이 그러했듯이 문학의 안/밖에 두루 관계하는 맥락[54]을 살피고자 한다.

2) 맥락으로서의 문화

웃음을 설명하는 부조화 이론이 궁극적으로는 맥락의 기반 위에서 기대/배반의 과정으로 해석될 수 있다는 점은 앞에서 이미 살핀 바 있

52) 위의 책, 209면.
53) 위의 책, 238면.
54) Guy, Cook, op., cit. pp.9~13.

다. 그렇다면 맥락으로 작용하는 모든 것이 다 고려되어야 옳다. 그러나 그런 일은 너무 광범해서 가능하지 않다. 그러기에 웃음의 문제와 관련하여 비교적 포괄적 범주화이면서도 직접적으로 작용한다고 할 수 있는 문화를 관심으로 삼고자 한다.

문화라는 말처럼 정의하기 힘든 것도 드문데, 그 까닭은 역사적으로 개념이 변화해 왔으며, 그래서 용법 또한 다양하기 때문이다. 여기서는 문화를 '삶의 방식(way of life)'으로 정의하는 사회학적, 인류학적 용법[55]으로 사용하고자 한다. 이는 아주 보편적으로 사용하는 아놀드(Arnold)의 정의인 '지적 진지성(intellectual seriousness)'과는 거리를 가지는 개념이다. 따라서 문화는 언어와 상호관련성을 가진다[56]든가, 문화는 의미를 생산하고 순환·교환하는 사회적 과정[57]이라는 관점에 동의한다. 말하자면 문화는 세계에 대한 나의 모든 삶의 방식으로 구성되며, 또 그 문화가 나의 삶의 방식에 영향을 미친다는 관점이다.

문화를 이렇게 보면 우리가 살피는 두 웃음 유형은 그 자체로서 문화의 실천이자 문화의 영향을 받은 결과이기도 하다. 말하자면 상호작용인 셈이다. 그런데 그것이 역사적으로 혹은 장르에 따라 다른 모습을 보인다면 그것은 문화의 변화라고 보는 것이 적절해진다. 문화는 생산물이자 그것의 원인이 되는 사고[58]이기도 하다는 점을 고려하려는 것이다.

이런 전제에서 본다면, 「우부가」형 웃음이 조선 후기에 두드러지게 나타난다는 점이 주목된다. 「백발가」, 「용부가」, 「노처녀가 2」 등이 그것이고, 여기저기 끼어들기도 하고 독립하기도 하는 '괴똥어미' 이야기도 그러하다. 이들에 공통되는 웃음의 특징은 부조화의 요소가 우월성

55) Chris, Jenks, *Culture*, Routledge, 1993, pp.11~12.

56) Guy, Cook, op., cit. p.13.

57) Tony, Thwaits, et als, *Tools for Cultural Studies*, Macmillan Publishers Australia Pty. Ltd, 1994, pp.1~2.

58) Kathryn, Woodward, ed., *Identity and Difference*, SAGE Publications Ltd, 2001, p.2.

의 요소와 결합한다는 점임을 앞에서 확인한 바 있다. 이를 근거로 이 유형의 웃음이 우월성의 눈으로 대상을 바라보는 문화의 형성이라고 말할 수 있을 것이다. 더구나 이러한 웃음을 지향하는 작품이 활발한 소통을 이루었다는 점이 공통적으로 밝혀진[59] 것을 보면 독자 또한 이 우월성의 시각이라는 문화를 형성하고 또한 실천한 셈이 된다. 그렇다면 이러한 우월성의 시각이라는 문화에 주목할 차례이다.

3) 범주화, 경험, 언어, 그리고 문화

경험을 통해 익히 아는 바이지만, 인간은 오관을 통해 세계를 지각한다. 이러한 지각은 직접적이고 개별적일 수밖에 없다. 그러나 이러한 과정을 통해 지각된 것들이 개별적인 낱개의 것들로 머무르지 않고 '같음/다름'에 의해 범주화된다. 그러기에 인간은 '범주화하는 존재'[60]라는 말이 가능해진다. 그런데 이런 범주화의 능력은 다른 고등동물도 지니고 있다. 그렇지 않다면 생존 자체가 불가능해진다. 다른 고등동물들에 비해 인간의 범주화가 차이를 갖는 것은 이 범주화가 언어와 연합함으로써 상호작용을 한다는 점에서이다. 범주화된 지각은 언어로 개념화되고, 언어는 사물을 개념화함으로써 범주화[61]한다. 인간이 언어로 사고한다는 말은 이를 두고 하는 말이라 할 수 있다.

범주화와 개념화는 독립적으로만 이루어지는 것이 아니라 상호 관련성을 가지고 체계를 이룸으로써 세계를 입체적으로 파악하게 된다. 이러한 체계는 평면적으로 같음/다름을 개념화함으로써 범주화하는 수

59) 정재호, 앞의 책, 105~107면; 권순회, 앞의 책, 340~345면; 성무경, 앞의 책, 191~195면, 229~233면.

60) Zoltàn, Kővecses, Language, *Mind, and Culture*, Oxford University Press, Inc, 2006, p.17.

61) Ibid., pp.18~19.

평적 체계와 위계적으로 같음/다름을 개념화하는 수직적 체계로 나누어 생각할 수 있다. 예를 들어 '현대 소나타/승용차/자동차/교통수단'으로 개념화하는 것[62]은 수직적 체계이고, '소나타/SM5/토스카'로 개념화하는 것은 수평적 체계이다. 특히 언어에서 '추상의 사다리'[63]라 할 수 있는 수직적 개념화에 의해 세계가 인식되고 언어가 사용된다는 점도 널리 알려져 있다. '뱃시/암소/가축/농장 자산/부(富)'의 순서로 전개되는 위계적 개념화가 바로 추상의 사다리이다.

이처럼 세계를 개념화함으로써 인식하는 데는 이른바 틀(frame)이라는 것이 관여한다는 점도 중요하다. 틀이란 개념적 범주를 구조화하는 심리적 재현[64]이라고 정의하기도 하는데, 쉽게 말해 안경에 비유할 수 있다. 맑은 안경과 색안경은 세상을 달리 보이게 한다. 개념적 범주화를 좌우하는 심리적 장치를 틀이라 할 수 있다.

개념적 범주화의 틀은 경험적 요소와 문화적으로 형성[65]되는 것으로 본다. 예를 들어 '열쇠'라는 단어가 독일어에서는 남성명사로서 '단단함, 무거움, 금속, 쓸모 있음'을 뜻하는 데 비해, 스페인어에서는 여성명사로서 '금, 정교함, 작음, 사랑스러움, 빛남' 등을 뜻하는 것은 문화적 맥락에 의해 달리 개념화함으로써 빚어진 차이를 보여준다. 경험적 요소도 그러한 차이를 빚어낸다. 물건의 등급을 매길 때 '상급품/하급품'으로 나누는 것을 흔히 보는데, 이는 우리 신체 부분 가운데 '머리'에 대한 경험이 작용하여 이루어진 틀이라 할 수 있다. '상류사회/하층민'의 구분도 공간적 위치와는 관계 없이 경험에서 유추된 수직적 범주화라 할 수 있다. 그래서 일상생활에서 널리 쓰일뿐더러 문학의 중요한 자산이 되는 은유도 그 본질은 하나의 용어로 그것 아닌 다른 것을 경

62) Ibid., pp.40~42.
63) S. I. Hayakawa, *Language in thought and Action*, George Allen & Unwin Ltd, 1971, p.179.
64) Zoltàn, Kővecses, op., cit. p.64.
65) Ibid., pp.63~79.

험하는[66] 것[67]이며, 그러기에 은유는 경험을 떠나서 성립하지도 이해되지도 못하게 된다[68]는 설명까지 가능하게 된다.

세계 여러 곳의 민담에 나타난 트릭스터(trickster)[69]가 지니는 특성을 분석한 한 연구[70]는 문화권에 따라 '상식과 사회적 교양의 결여, 모방잘하기, 어리석은 행동, 혼돈스럽고 무질서한 성질, 상반된 특징의 부조화스러운 병행, 바보, 어릿광대' 등 매우 다양한 성격으로 해석된다는 점을 지적하고 있다. 그런가 하면, 무지개의 색깔을 우리는 일곱 가지로 범주화하지만 언어에 따라서는 세 가지로만 범주화하는 언어문화도 있다는 것은 범주화의 틀이 경험, 문화, 언어의 상호작용에 의해 실현된다는 것을 입증한다.

이제 우리의 관심인 웃음의 문제로 돌아온다. 지금까지 살핀 바와 같이 「우부가」형 웃음이 우월성의 요소를 지닌다는 특징을 가진다는 것은, 수직적 범주화가 인식의 틀로 자리잡은 것으로 해석할 수 있고, 그것이 광범위하게 유형군을 이루고 있으며 널리 유통되었다는 것은 이러한 틀이 문화로 형성되고 문화로 실천되었음을 말해 준다고 볼 수 있다. 말하자면 대상인 세계, 특히 사람을 위계의 기준에서 바라보는 것이 문화가 됨으로써 언어활동의 맥락으로 작용하게 되었다는 뜻이다.

이에 반하여 「만언사」형 웃음은 대상을 수평적 범주화의 문화 맥락에 기반하여 대상(여기서는 자기 자신이 대상임)을 바라본 것이다. 그러기에

66) 경험과 문화가 따로 노는 것이 아니라 상호작용을 하면서 인식에 관여하는 것에 대해서도 많은 설명이 따른다. 예를 들어 '미래'를 가리킬 때 문화권에 따라 '앞/뒤'로 달리 표현하기도 한다는 설명이 그것이다.

67) George Lakoff, & Mark, Johnson, *Metaphors We Live By*, The University of Chicago Press, 1980, pp.5~6.

68) George Lakoff, & Mark, Johnson, op., cit. p.19.

69) 우리말로 표현해야 할 자리에 외국어를 쓰는 것은 결코 잘하는 일이라고 할 수 없다. 그러나 나중에 살피게 되지만, 이 말은 워낙 다양한 뜻을 지니므로 우리말로 바꾸어 쓰기가 적절하지 않아서 하는 수 없이 이렇게 표기한다.

70) Mahadev L. *Apte, Humor and Laughter*, Cornell University Press, 1985, pp.212~236.

이 웃음에는 우열의 분간보다는 다만 '차이'가 관계할 따름이다. 그렇게 대상을 바라보고 범주화함으로써 차이가 드러나고 그 차이가 웃음을 형성한 것이다. 경험이 문화의 틀에서 이루어진다[71]는 설명이 받아들여질 수 있다면, 대상에 대한 시각 또한 문화의 틀에서 형성된다는 말도 가능할 것이다.

그러기에 인지, 경험, 언어가 상호 관여하면서 문화를 이루고 그 문화가 맥락으로 작용함으로써 우리는 삶을 영위해 나가는데, 수평적 시각을 형성하는 문화적 맥락이 「만언사」형 웃음을 이루어내고, 반면에 수직적 시각을 형성하는 문화적 맥락이 「우부가」형 웃음을 형성하는 동인이 됨을 확인하게 된다. 그러기에 수평적 웃음에서는 대상을 인식하되 나와의 차이가 부조화를 형성함으로써 웃음을 유발하고, 수직적 웃음에서는 대상을 우열의 눈으로 바라봄으로써 부조화와 우월성을 결합시키게 되는 것이다.

3. 두 웃음의 역사적 전개

1) 향가

「서동요」는 누가 보더라도 이색적이다. '선화공주님'이 '맛둥방'을 '밤에 몰래 안고 간다'고 하거나 '안겨 간다'고 하거나 그 어느 쪽이건 일반적인 맥락의 기대를 배반한다. 이 점에서 부조화의 이론에 부합한다. 그러기에 이를 설명하기 위해 아이들이 즐겨 부르는 '얼레리 꼴레

71) George Lakoff, & Mark, Johnson, op., cit. pp.14~21.

리……'를 대입하여 해석하기도[72] 한다. 이런 노력이 필요한 이유 자체가 웃음의 요인인 부조화를 입증한다. 당시의 아이들도 이 일반적 맥락을 벗어나는 바로 이 점이 흥미로워서 즐겨 노래를 불렀을 것이다. 이렇게 이해하고 보면 이 노래는 수평적 웃음에 해당한다.[73] 상식의 맥락에 부조화를 보일 따름이지 우열과 관계되는 범주화는 보이지 않는다.

「우적가」는 해독 자체가 불완전해서 전모를 알기 어려운 노래이다. 그럼에도 불구하고 산문기록에서 영재(永才)의 '성품이 골계스러웠다[性滑稽]'라는 대목에 주목하여 여러 모로 웃음의 요소를 찾는 노력이 이어졌다. 마음에 형상을 지니지 않았기에 무엇이든지 골계스럽게 대할 수 있어 도적을 만나서도 태연히 노래를 부를 수 있었다는 데서[74] 웃음을 발견하기도 하였다. 이와는 달리 도적들의 정체가 도무지 도적답지 않으며, 그러기에 도적의 위협에 노래로 응한 것이나, 그에 감복한 것을 가리켜 '경악에 대한 경악'[75]이라고 봄으로써 웃음을 이해하려 하였다. 여기서 말하는 '경악'이 바로 맥락에 대한 기대의 배반이다. 『삼국유사』에서 영재(永才)를 가리켜 '성품이 골계스러움'을 말한 것은 이러한 행위 자체의 엉뚱함과 깊은 관련을 갖는다. 그러기에 이는 부조화에 의한 웃음이라 할 수 있다. 또한 이는 색다른 반응일 따름이지 우열의 문제가 아니라는 점에서 수평적 웃음이라 할 것이다.

「처용가」 또한 그러하다. 아내가 역신과 동침하는 것을 목격한 처용이 '빼앗긴 것을 어찌하리오'라고 하면서 노래를 부르고 춤을 추었다는

72) 박노준, 『신라가요의 연구』, 열화당, 1982, 292~295면.

73) 그러면 이 노래가 과연 웃음을 유발하는가 하는 질문이 있을 수 있겠다. 여기서 우리는 다시 당대의 맥락과 함께 Jauss의 기대지평을 생각하게 된다. 당대의 남녀관계에 관련된 맥락을 우리가 완전히 확보할 수 없다는 점에서, 그리고 웃게 되는가 여부는 수용자의 기대지평에 관련된다는 점에서 웃음의 여부는 단언하기 어렵다. 다만 부조화가 웃음의 요인임을 재확인할 수 있고, 그러기에 차이의 발견과 인정임을 말할 수 있을 따름이다.

74) 조동일, 앞의 책, 1996, 132면.

75) 박노준, 앞의 책, 286면.

것은 맥락적 기대를 배반한다. 따라서 부조화의 웃음이라 할 만하다. 그렇게 보면 '다리가 넷'이라고 한 표현조차도 웃음과 관련이 있지 않은가 하는 생각을 갖게 된다. 일종의 환유적 표현이라고 할 수 있는데, 환유는 일상생활에서도 널리 쓰이지만 이 작품의 담화 전개에서는 통일성(coherence)을 깨뜨릴뿐더러 참혹하다고 할 수 있는 사건의 전개라는 담화 맥락의 일관성에도 어울리지 않기 때문이다. 다만, 이런 처용의 반응을 두고 주로 처용의 처지를 중심으로 이 문제를 해명하려 했던 것은 이것이 신분적 열등성의 반영이라고 보았기 때문이다. 그러나 이 또한 수평적 범주화가 가능한 '엉뚱함' 정도로 이해하면 수평적 웃음으로 받아들일 수 있다. 역신의 반응도 이런 엉뚱함에 대한 감응이라고 보면 순조롭다. 다만 이런 엉뚱함을 제거하고자 「고려 처용가」에서는 마지막 대목을 제거함으로써 위력적 존재로서의 일관성을 유지하려고 한 것이 아닌가 싶다.

「헌화가」에 대해서도 같은 해석이 가능하다. '견우노옹'의 반응은 예상을 뛰어넘는다. 사람의 발길이 닿지 않고, 아무도 올라가려 하지 않는 벼랑에 핀 꽃을 꺾어 젊은 여인에게 바치는 일은 일상의 상식적 맥락을 넘어선다. 그래서 여러 가지로 그 우월성을 입증해 보려고 노력하였다. 그러나 그것은 우리의 해석적 맥락이고 상상적 맥락일 따름이라고 본다면, 이 또한 엉뚱함이 신선한 맥락적 부조화를 맛보게 하면서 노래가 주는 느낌을 상큼하게 해 준다. 이렇게 보면 이 노래를 수평적 웃음의 유형으로 보는 것이 자연스러워 보인다.[76]

---

76) 여기서 수평적 웃음으로 살핀 향가 가운데 「우적가」만 '피은(避隱)'편에 실려 있고 나머지 「서동요」, 「처용가」, 「헌화가」가 『삼국유사』 가운데서도 '기이(紀異)'편에 실려 있음도 '엉뚱함'이라는 관점에서 생각하는 것이 무리가 아니라는 생각을 돕는다. 물론, 무엇이 기이한가에 대한 해석도 다양할 수 있다. 「서동요」는 서동이 나중에 왕이 되고 절을 창건하기까지 하므로 보통사람보다 우월하여 기이하다고 볼 수 있고, 「처용가」도 부대설화 문맥 속의 처용의 입경(入京) 과정, 나중에 신이 되고 절을 창건함, 또 귀신 출몰 이야기 등에 주목할 수도 있다. 「헌화가」 역시 수로부인의 용궁 납치와 귀환 등이 기이하다 할 수 있다. 그렇게 보면 신이(神異)에 해당하므로 '기이편'에 실린 것

2) 고려가요

「서경별곡」이 문맥의 일관성을 배반한다는 점은 분명하다. 한결같이 님을 따르겠다는 의지를 보이던 문맥이 '갑자기'[77] 뱃사공에게 화살을 돌리는 것은 돌연하고 엉뚱해 보인다. 따라서 이 부분을 두고 많은 연구들이 다각적인 해석을 시도하였다. 그러나 이 또한 자극에 대한 반응의 엉뚱함이고, 문제해결의 방식에서 다양성을 보인 것이라고 이해하면 부조화의 웃음임이 확인된다. 이 엉뚱함이 과연 웃음을 유발할 수 있겠는가 하는 의문은 우리의 것일 따름이다. 다만, 우리가 당대의 향유 맥락에 관련된 스키마를 충분히 갖고 있는 것도 아니고, 기대지평 또한 다양하기에 당황스러울 따름이다. 그러나 이 '갑작스러움'은 바로 부조화의 근거이며, 우열이 아닌 차이에 의한 다양성으로 이해될 수 있다.

「정석가」에 대해서도 같은 해석이 가능하다. '역설적 과장법'이라고 보고 '정석가식 표현'[78]이라는 명명도 했지만, 이 또한 행동방식이 맥락의 스키마를 넘어선다. 그러기에 일상적 맥락에 대한 기대에서 벗어남으로써 수평적 부조화를 통한 기대와 배반을 맛보게 한다.

「만전춘」 또한 마찬가지의 이색적 느낌을 갖게 한다. 이를 두고 우아가 비장으로 표출되었다[79]고 하는 것은 죽음 운운한 각오가 주는 느낌을 말하는 것으로 보인다. 물론 오늘날의 일상생활에서도 이런 수준의 과장이 없는 것은 아니겠지만, 대체로 그것은 언어와 실재의 분리에 근거한 발상이다. '말이 그렇단 말이다'가 바로 그런 사고의 단적인 표현이다. 이 정도의 과장성을 인정하더라도 이는 사랑과 죽음의 결합이 엉뚱하다는 느낌을 갖게 한다. 이 역시 우월성이라는 수직적 범주화와는

으로 보면 그만이다. 그러나 노래가 생산된 맥락을 '신이(神異)'에 해당하는 우월성과 무관할 수도 있다는 점에 주목해 둔다.

77) 양태순, 『한국 고전시가의 종합적 고찰』, 민속원, 2003, 206~207면.

78) 이규호, 『한국고전시학론』, 새문사, 1985, 62~68면.

79) 조동일, 앞의 책, 1996, 114~115면; 김학성, 앞의 책, 139~141면.

무관한 수평적 웃음이라 할 수 있다.

「청산별곡」은 연의 위치가 뒤바뀐 것이라는 견해가 있지만, 기록된 그대로 두더라도 문제가 될 것은 없다. 전반부에서 고독과 동경을 줄곧 말하면서 방황하는 모습을 보이다가 후반부, 특히 7연과 8연에서 '술노래'와 '사슴노래'가 나오는 것 역시 엉뚱한 방향으로 갈등을 해소하는 것을 보이기 때문이다. 뒤집어 생각하면, 엉뚱한 해결방식으로서의 가치가 아닐진대 이 술과 사슴놀이는 이해되기 어렵다. 이런 관점에서 보면 이 또한 맥락의 기대를 배반하는 수평적 웃음이다.

「한림별곡」 또한 「청산별곡」과 흡사한 엉뚱함을 보인다고 할 수 있다. 시문(詩文), 서책(書冊) 등을 앞세워 경탄의 대상으로 삼던 선비들이 '홍실로 홍그네를 매어 밀고 당기고' 하는 광경은 아무래도 어울리지 않는다. 아무리 각 연을 독립된 것으로 이해할 수 있다고 하더라도 한 편의 작품으로서 문맥적 질서를 깨뜨린다는 느낌을 준다. 그러기에 이는 차이와 특이함을 통한 기대의 배반으로 이해함으로써 부조화로 인식하는 것이 적당할 것이다. 그러기에 대상을 수직적 인지의 기준에서 본 퇴계가 이를 두고 '긍호방탕(矜豪放蕩)'이라고 폄하했던 것이 아닌가 싶다.

「쌍화점」은 누구든지 웃음의 자질을 갖춘[80] 것으로 보아 왔다. '새끼 상좌' 등에게 '네 말이라 하리라'고 둘러댄 것이 엉뚱하다는 점을 모두 인정한 것이다. 따라서 이 웃음에 대한 해석은 더 말할 필요가 없겠으나, 그 엉뚱함은 우열의 문제가 아니라 이색적인 데 있다는 점만은 분명히 해 둘 필요가 있다. 말하자면 일반적인 맥락에서의 기대를 배반함으로써 차이를 보이는 수평적인 웃음이라는 점이다.

80) 김학성, 앞의 책, 144~145면; 조동일, 앞의 책, 1996, 133면.

3) 시조

시조에서의 웃음은 그리 흔하지 않다. 그 까닭을 찾는다면, 시조의 3장 형식이 대상(object) / 관계(relation) / 의미(meaning)의 구조로 되어 있는 데서 그리 된 것으로 이해할 수 있다. 이를 가리켜 ORM구조[81]라고 한 바 있는데, 이는 시조 형식과 내용이 대상과 나를 관련지어 거기서 의미를 찾는 지향을 보인다는 점을 말한 것이다. 이는 「도산십이곡」에서 청산과 유수를 말하고는 '우리도 그치지 마라 만고상청(萬古常靑)하리라'고 한 데서도 확인된다. 이는 대상이 내게 던지는 의미를 찾는 것이라고 이해할 수도 있고, 대상에서 배울 점을 찾는 것이라고 볼 수도 있다. 동양적 사유의 전통과 깊이 관련이 있고, 그 대표적인 양식으로 '설'을 들 수 있는데 이곡(李穀)의 「차마설(借馬說)」에서 삶의 교훈을 얻어내는[82] 것이 그 한 모습이다. 대상이 나와 관계를 맺을 때에 비로소 의미를 지닌다는 문화적 인식은 관광지의 사진찍기에서 확인할 수 있고, 남의 앨범을 보는 일처럼 재미없는 일도 드물다는 경험을 통해서도 확인이 된다.

시조 형식 자체가 이렇게 이해되기 때문에 웃음의 추구는 그리 활발해 보이지 않는다. 그래도 전혀 없지는 않아서 '재 너머 성권농(成勸農) 집에 술 익단 말 어제 듣고/누운 소 발로 박차 언치 놓아 지즐 타고/아이야 네 권농(勸農) 계시냐 정좌수(鄭座首) 왔다 하여라'는 웃음의 자질을 가진 것으로 인정[83]한다. 이 웃음 또한 부조화에 근거하되 그것은 우열이 아니라 이색적 차이에 기인한다는 점에서 수평적인 웃음이다.

이 밖에도 '조올다가 낚싯대를 잃고 춤추다가 도롱이를 잃었구나/늙은이 망령일랑 웃지 마라 저 백구들아/십리에 도화(桃花) 발(發)하니 춘흥(春興)을 겨워 하노라'에서도 상황에 대한 반응의 엉뚱함에서 수평적

---

81) 김대행, 앞의 책, 2006, 262~287면.
82) 김대행, 앞의 책, 1995, 121~143면.
83) 김학성, 앞의 책, 180~181면.

웃음을 확인할 수 있고, '북천이 맑다커늘 우장 없이 길을 나니 / 산에는 눈이 오고 들에는 찬 비 온다 / 오늘은 찬 비 맞았으니 얼어 잘까 하노라' 또한 엉뚱함에서 오는 웃음이 있다. 이를 숭고의 희극적 표출[84]로 보기도 하는데 우리의 관심은 웃음의 자질이 무엇인가 하는 점이다. 물론 '찬 비'나 '얼어' 등이 이중적인 의미를 지닌다는 점도 관계는 되지만, 중요한 것은 상황에 대한 대처의 맥락, 문제 해결의 맥락에서 벗어난다는 점이다. 그래서 수평적 웃음이 된다.

시조 가운데서 웃음의 성격과 관련하여 가장 의미 심장한 것은 다음 시조로 보인다.

> 십 년을 경영하여 초려(草廬) 한 간(間) 지어 내니
> 반간(半間)은 청풍(淸風)이요 반간(半間)은 명월(明月)이라
> 강산(江山)은 들일 데 없으니 둘러 두고 보리라

안빈낙도(安貧樂道)를 표방하는 시조로 대표격이라 할 수 있는 이 시조 또한 웃음의 자질을 갖추고 있다는 점을 확인하고자 한다. 십 년을 경영한 결과가 초려(草廬) 한 간이라면 생활 능력을 중시하는 현대의 경제활동 맥락에서는 무능력자일 수밖에 없다. 그러기에 수직적 웃음의 대상이라고 볼 수도 있다. 그러나 이는 당대의 이념적 지표라는 맥락의 문화적 요소를 고려하지 않은 데서 오는 오독(誤讀)이다. 이런 데서 웃음의 이해에는 문화적 맥락의 고려가 필수적임을 새삼 확인하게 된다. 그렇다면 이 시조의 웃음은 어디서 오는가? '강산을 둘러 두고 본다'는 것이 집의 초라함을 논외로 하는 이색적 반응이라는 관점에서 보면 그 엉뚱함이 이해된다. 이는 '환상에 볼기 서른'을 맞고도 '죽탕관에 개 보아라'고 말하며 '호기 겨워' 하는 것과 같은 범주에 드는 이색적인 기대 배반이다. 따라서 수평적인 웃음이 확인된다.[85]

84) 위의 책, 172면.

평시조는 웃음 자체가 드문 데 반하여 사설시조에서는 웃음이 매우 풍성하다.[86] 그렇다면 그 웃음은 우리의 논의에서 어떤 유형에 속하는가를 살필 필요가 있다. 사설시조에서 '심리적 거리에 의한 이화(異化)의 시선'에 주목한 연구는 이를 다시 '심리적 거리를 둔 객관화와 관용의 시선'과 '심리적 거리가 현저한 비판적 관찰의 시선'의 두 유형으로 분류하고 있다. 전자는 다시 '친화적 관용 혹은 연대의 시선'으로 그리고 후자는 다시 '풍자적 관찰과 연민의 시선'[87]으로 명명된다. 두 유형의 표본으로 삼은 것은 다음과 같다.

> 개를 여나믄이나 기르되 요 개같이 얄미우랴
> 미운 님 오며는 꼬리를 홰홰 치며 뛰락 내리락 반겨서 내닫고 고운 님 오며는 뒷발을 버둥버둥 물으락 나으락 캉캉 짖어서 돌아가게 한다
> 쉰 밥이 그릇 그릇 난들 너 먹일 줄이 있으랴

> 백발(白髮)에 화냥 노는 년이 젊은 서방(書房) 하랴 하고
> 센 머리에 먹[墨]칠하고 태산준령(泰山峻嶺)으로 허위허위 넘어가다가 과그른 소나기에 흰 동정 검어지고 검은 머리 다 희거다
> 그릏사 늙은이 소망(所望)이라 일락 배락하노매

우리의 관심은 시적 시선의 유형이 아니라 웃음의 요소가 어떤 문화적 범주에 기인하는가 하는 데 있다. 따라서 이 두 작품이 지니고 있는 웃음의 요소를 살핀다. 앞 시조는 웃음의 요소가 둘인 것으로 보인다.

---

85) 이런 관점에 동의하지 않는 시각이 있을 수 있음은 물론이다. 이 시조가 추구하는 바는 이념이므로 오히려 오히려 숭고나 우아를 읽어 내야 하고 웃음과는 무관하다고도 할 수 있겠다. 이것은 세계의 범주화와 문화 맥락의 문제, 그리고 기대지평의 문제와 관련된다. 웃음을 떠올릴 수 있는 가능성은 수평적 범주화와 관련되고, 열등함이나 우월함을 떠올릴 가능성은 수직적 범주화와 관련된다.

86) 이 점은 고정옥이 애초에 주목한 이후 거듭거듭 논의되고 확인된 것이어서 일일이 그것을 검토할 필요를 느끼지 않는다.

87) 김흥규, 위의 책, 212~231면.

개가 하는 짓도 우습고, 그 개에 대한 '나'의 반응도 우습다. 이들은 모두 일반적으로 기대되는 맥락에 부조화함으로써 웃음의 대상이 된다. 개가 '얄미운' 것은 기대의 맥락을 배반한 것이지 우열의 문제를 내포한다고는 하기 어렵다. 그 문제를 해결하는 '나'의 방법에서도 우열의 수직적 범주화는 보기 어렵다. '밥을 주지 않기'는 여러 가지 문제해결 방식 가운데 하나를 선택한 것일 따름이어서 열등한 반응이라고 하기는 어렵다. 따라서 이 노래는 수평적 웃음으로 보인다.

후자의 시조에서는 웃음의 요소가 단일하다고 할 수 있다. '백발에 화냥노는 년'의 행위가 우스워 보인다. 그렇기는 해도 우월성의 시각에서 바라보는 공격성을 읽어 내기는 어려워 보인다. 그러한 여자의 행위가 보편적 평균성의 범위를 벗어나고는 있지만 그렇다고 열등하다고까지 하기는 어려워 보인다. 그런 일은 드문 일일 따름이지, 실제로 우리 주변에도 그런 일은 얼마든지 있고 또 가능도 하다. 어조에서 공격성을 발견하자면 '년' '그를사' '일락배락'을 단서로 삼을 수 있겠다. 그러나 일상의 언어 감각에 비추어 '년'이 반드시 공격적 용법인가는 의심스럽다. '그를사'는 여러 가집을 참고하여 추정한 것으로 '그르다'는 뜻으로 보면 질책을 담고 있는 것으로 보이고, 그러므로 공격의 의도가 엿보이기는 한다. 그런데 그 뒤에 이어지는 '일락 배락'에서 그러한 공격성이 다소 희석된다. '일락 배락'을 고어사전에서는 '흥할락 망할락'이나 '이을락 끊일락'으로 설명하였고, 한 교주본은 '될락 말락'으로 풀고 있다. 공격성을 읽어 내기가 쉽지 않은 풀이이다.[88] 그렇다면 이런 행위가 웃음을 유발하고 웃음의 대상이 되는 것은 열등함보다는 엉뚱함이라고 보는 것이 적절할 것이고, 이는 수평적 범주화에 의한 수평적 웃음이라는 생각으로 나아간다.

88) 혹 짐작할 단서가 될까 하여 이 작품을 기록한 가집을 살피면, '년'이 '계집'(연민본 『청구영언』)으로 된 것이 보이고, '소망(所望)'이 '妄녕'(『홍비부』)으로 된 것이 보인다. 공격성을 발견하기 위하여 '妄'은 '妄'의 오기일 것으로 보아 '망녕'으로 읽어 둔다. '일락 배락'도 '일락 패락(연민본 『청구영언』, 가람본 『청구영언』)'과 '일락 敗락(육당본 『청구영언』)'이 보인다. 그렇다면 고어사전대로 '흥할락 망할락'으로 이해할 수 있다.

여기서 사설시조 모두를 살피는 것은 가능하지도 않고 적절하지도 않다. 다만 사설시조가 수직적 범주화에 기반하여 열등함을 공격하는 것으로 보인다는 일반적인 생각이 여기서는 달리 해석된다는 것만을 확인해 둔다. 이는 시조 형식이 앞서 살핀 바 있는 ORM의 구조를 기반으로 하는 것과 긴밀하게 연결되는 것으로 보인다. 때로 열등함으로 인식되고 그것을 비웃을 수 있는 대상조차도 종장에서 '나'와의 관계에서 의미(meaning)를 파악하는 인식과 사유의 틀에서는 수직적 범주화보다는 수평적 범주화가 자연스러울 수밖에 없을 것이다. 그러기에 사설시조의 종장이 대체로 '우리도 젊었을 때 많이 겪어 보았노라'라든가 '어디 가 이 얼굴 가지고 조리장사를 못 얻으리'라고 하거나, '저 아이 입이 보드라와 거짓말 마라스라 우리는 마을 지어미라 실삼 조금 캤더니라' 혹은 '밤중만 암거사의 품에 드니 염불경이 없어라'처럼 웃음 대상의 이색적이고 엉뚱함에서 웃음을 발견하는 귀결로 이어지는 것으로 보인다.

그러나 다음과 같은 것은 이와 다르다는 논의거리가 될 것이다.

> 재 너머 막덕(莫德)의 어미 막덕이 자랑 마라
> 내 품에 들어서 돌갯잠 자다가 이갈고 코골고 오줌 싸고 방귀 뀌니 맹세하지 모진 내 맡기 하 지질하다 어서 데려가거라
> 막덕의 어미년 내달아 발명(發明)하여 이르되 우리의 아기딸이 고림증(症) 배앓이와 이따금 제증(諸症)밖에 여나문 잡병(雜病)은 어려서부터 없느니

이 노래에서는 대상이 나와 연합하지 않은 채로 철저히 대상화되어 있다. 따라서 막덕의 남편, 막덕이, 막덕이 어미라는 세 인물의 행위를 나와 무관한 시선에서 바라보는 것이 쉽다. 그렇다면 열등함의 문제이고 수직적인 범주화의 대상인가? 수직적인 범주의 잣대를 들이대면 그렇게 읽을 수 있다. 막덕이 남편은 막덕이를 그렇게 보고 있다고도 할 수 있다. 그러나 막덕이 남편은 지극히 상식적인 인물로 보인다. 그러면 막덕이나 막덕

이 어미가 열등한가에 대한 답도 쉽지 않다. 수직적 잣대를 갖다 대면 이들은 모두 용렬하므로 '바보가 바보짓을 함'에 해당한다. 그러나 현대의 일상생활에서도 이 세 인물처럼 행동하는 사람이 얼마든지 있다[89]는 관점에서 보면 이는 우열의 문제라고 하기 어렵다. 따라서 수직적 웃음이나 수평적 웃음이 모두 가능하며, 수용자가 그 중 어떤 것에 기반하여 웃는가는 완전히 기대지평의 문제가 된다.[90] 여기에 '삶의 방식'으로서의 문화를 생각하는 관점의 문제[91]가 깊이 관련됨은 물론이다.[92]

4) 가사

가사에서 웃음을 찾기는 쉽지 않다. 그래서 가사가 대체로 '숭고'에 기반한 장르[93]로 이해됨은 당연하다. 본디 그런 것인데 조선 후기에 웃음의 요소를 지닌 작품이 대거 나타나고 이것이 매우 왕성한 유통을 보

89) 실제로 텔레비전 드라마에서 부부가 이불 속에 나란히 누워 있는 장면에서 누군가가 방구를 뀌어 소란이 일고, 그래서 웃음을 자아내는 장면은 흔히 볼 수 있다.

90) 사설시조의 웃음이 대체로 우아의 희극적 표출이라고 본 견해(김학성, 앞의 책, 200~206면)는 이런 기반 위에서 이해가 가능하다.

91) 문화를 삶의 방식으로 정의한 유럽의 19세기 문화론이 식민주의로 치달아 간 것은 이 점에서 참고할 만하다. 문화를 보는 시각이 다윈의 진화론적 관점과 연합함으로써 문화를 우열의 개념으로 바라보게 되었고, 그 결과 문화의 기치를 내걸고 세계 전역으로 나아가 식민지를 만드는 데 힘을 썼다. 우리도 이 문화의 깃발을 내건 일제치하를 겪었고, 그 결과 '개화기'라는 치욕적인 역사 용어를 사용하고 있다. 이러한 역사적 사실에서 우리는 수직적 범주화의 실상과 문제점을 발견하게 된다. '미개문화'를 '다른 문화'라고 하고, '병신'이라고 부르던 데서 '장애자'로 바꿔 부르는 것은 수직적 범주화에서 수평적 범주화로 옮겨가야 함을, 그리고 그렇게 노력하고 있음을 보여주는 사례이다.

92) 앞에서 이미 살핀 바 있는 '두꺼비 파리를 물고……'라는 사설시조에 대한 시각도 이런 문제와 관련된다. 인간이라는 기준을 가지고 두꺼비를 보면 참으로 하등동물이고, 그래서 열등한 존재이고 우습다. '두엄 위에 나자빠지는' 행위가 그렇고 '어혈질뻔'이라고 자위하는 것이 그러하다. 수직적 웃음이다. 그러나 두꺼비를 수평적 범주에서 바라보면 행동의 엉뚱함이고 문제에 대한 해결 방법의 엉뚱함이며, 그래서 수평적 웃음이다.

93) 조동일, 앞의 책, 1996, 110면; 김학성, 앞의 책, 225면.

인 점은 이미 앞에서 살핀 바 있다. 그 결과 「우부가」, 「용부가」, '괴똥어미' 「노처녀가 2」와 같은 웃음이 유형을 이루기까지 하였다. 이들은 다른 장르에 영향을 주고받기도 하고, 상당한 독자층을 형성했음도 다각도로 확인[94]된 바 있다.

이러한 웃음이 「우부가」형 웃음이고, 이 웃음의 특징이 수직적 범주화에 의해 열등성을 비웃는 공격성과 결합한 것임은 앞에서 이미 살핀 바 있다. 그리고 「만언사」형 웃음은 수평적 범주화에 기반한[95] 웃음이라는 차이를 보인다는 점도 이미 살폈다. 그러나 수직적 웃음에 비하면 가사에서 수평적 웃음을 찾기 어려운 것도 사실이다. 그렇다면 왜 이 시기에, 그리고 유독 가사 장르에서 이런 웃음이 왕성한 형성과 유통을 보이게 되었는가 하는 의문이 자연스럽게 떠오른다. 사실은 이 의문에 대한 답을 구하려는 것이 이 글의 목적 가운데 하나라고도 할 수 있다. 이 점에 대해서는 다음에 종합적으로 살피는 것이 좋겠다.

5) 잡가

잡가 가운데 웃음을 주된 특징으로 하는 것은 휘몰이잡가이다. 널리 알려진 바와 같이 매우 빠른 음악으로 전개되는 노래에 맞추어 이 말

---

94) 권순회, 앞의 책, 363면; 정재호, 앞의 책, 105~107면; 김용찬, 『조선 후기 시가문학의 지형도』, 보고사, 2002, 312~317면, 성무경, 앞의 책, 177~210면.

95) 「만언사」에도 수직적 웃음이 없는 것은 아니다. "남방염천 찌는 날에 빨지 못한 누비바지 땀이 배고 때가 올라 굴뚝 막은 덕석인가"도 자기 비하(卑下)를 통해 웃음을 유발한다고 할 수 있고, 제3자인 남의 비난으로 되어 있는 "쓰자 하는 열 손가락 꼼짝도 아니하고 걷자 하는 두 다리는 옴짝도 아니하네 썩은 늙에 박은 끌가 전당잡은 촛대런가 종 찾으런 양반인가 빚 받으런 채주런가 동이성의 권당인가 픗낯의 친구런가 양반인가 상인인가 병신인가 반편인가"라는 대목은 우월성의 기준에서 바라보는 시각이 확연하다. 따라서 「만언사」형 웃음은 「만언사」 전체를 지칭하는 것이 아니라 앞에서 웃음의 유형을 살피는 단서로 삼은 부분을 두고 명명한 것이라는 점을 분명히 해 둔다.

저 말을 엮어냄으로써 일종의 재담적 흥미를 주는 것이 휘몰이잡가의 특징이다.

그런데 휘몰이잡가에도 두 유형의 웃음이 있다. 먼저, 「곰보타령」은 「우부가」형 웃음이다.

> 칠팔월 청명일에 얽은 중이 시냇가로 내려를 온다. 그 중이 얽어매고 푸르고 찡그기는 장기 바둑판 고누판 같고, 멍석 덕석 방석 같고, 어레미 시루밑 분틀밑 같고, 청동적철(青銅炙鐵) 고석매 같고, 땜장이 발등감투, 대장장이 손등 고이 같고

비소(卑小)한 것들로 비유를 삼아 사설을 주욱 엮어냄으로써 비유되는 본뜻 또한 열등해 보이는 데서 웃음이 유발된다. 실제로 곰보의 모습을 열등한 것으로 보고 있어 「우부가」형 웃음임이 확인된다. 그러나 같은 재담형의 사설이지만 「육칠월 흐린 날」에는 이러한 비하가 보이지 않는다.

> 육칠월 흐린 날 삿갓 쓰고 도롱이 입고 곰뱅이 물고 잠뱅이 입고 낫갈아 차고 큰 가래 매고 호미 들고 채찍 들고 수수땅잎 뚝 제쳐 머리를 질끈 동이고 검은 암소 고삐를 툭 제쳐 이랴 어디야 낄낄 소 몰아가는 노랑 대가리 더벅머리 아이놈 게 좀 섰거라 말 물어 보자.

사설의 엮음은 웃음이 넘치지만 상대를 비하하는 관점은 드러나지 않는다. 노래의 사연도 '말 물어 보자'고 불러세우고는 기껏 한다는 이야기가 잡은 고기를 전해 달라는 것이고, 그에 대한 대답이 '전할지 말지'여서 이런 대화도 웃음을 자아낸다. 그렇기는 해도 엉뚱하게 보일 수는 있을지언정 열등하지는 않다. 「만언사」형 웃음이라 할 수 있다.

5) 민요

민요는 일반적으로 수직적 범주화를 통해 「우부가」형 웃음의 성격을 지닌다. "정선읍내 물레방아는 물살을 안고 도는데/우리 집의 저 멍텅구리는 날 안고 돌 줄 몰라"[96] 같은 것이 민요의 범주화를 대표한다.[97] 이러한 경향은 민요가 주/객을 대응시켜 사유하는 병렬의 구조에 기반하여 대상과 자신의 관계에서 생각을 일으키는데, 그 경향이 대체로 대상과의 병렬에서 주체의 부정적 측면을 인식하는[98] 경향과 깊은 관계가 있어 보인다.

4. 웃음의 두 유형과 현대문화

1) 문화론적 해석

이제 「우부가」형 웃음과 「만언사」형 웃음의 두 유형이 어떤 의미를 갖는가를 생각할 차례가 되었다. 이를 위하여 우리는 웃음이 대상에 대한 인식의 문제와 깊게 연관된다는 점에 주목하여 범주적 인지의 문제와 대상 인식의 문화적 틀(frame)을 살폈고, 두 웃음은 수평적 범주화와 수직적 범주화에 깊은 연관을 갖는다는 점도 확인하였다. 그래서 두 웃음을 다른 말로 수평적 웃음과 수직적 웃음이라고 바꾸어 부르기도 하였고, 둘 다 대상의 범주적 차이에서 바라봄으로써 웃음을 유발하지만,

---

96) 강등학, 『정선아라리의 연구』, 집문당, 1988, 110면.

97) 물론 민요에도 수평적 웃음이 전혀 없다고는 하기 어렵다. "신작로가 넓어서 자동차 다니기 좋고/나의 품이 넓어서 군서방 두기가 좋네"(위의 책, 138면) 같은 것이 그 예이다. 그러나 이런 유형의 웃음은 민요 전반에서 매우 드물다.

98) 김대행, 앞의 책, 1980, 93~102면.

그 차이가 다양성인가 아니면 우열성인가에 따라 달라지는 것도 살폈다. 그리고 이러한 인식의 틀은 곧 문화의 모습이라고 해석하기도 하였다.

그렇다면 시가 전반에서 수평적 범주화인 「만언사」형 웃음을 지향하는 일반적 경향에 비추어 매우 이색적이라 할 수 있는 수직적 범주화에 의한 「우부가」형 웃음이 가사 그것도 조선 후기의 가사에서 활발하게 나타난 것은 문화론적으로 어떤 해석이 가능한가? 이 문제를 해명하기 위해서는 문화가 곧 삶의 방식이라는 점과 관련하여 「우부가」형 웃음은 근원적으로 관점, 즉 삶의 방식이 수직적으로 대상을 인식하는 쪽으로 변화한 것을 뜻한다는 데서 실마리를 얻을 수 있다.

어떤 삶의 방식이 변화한 것인가를 찾기 위하여 한국 시가가 기본적으로 '나'의 생각을 드러내는 것이었다는 점에 주목하고자 한다.[99] 그런데 그 '나'를 대상과의 관련 속에서 찾는 것이 한국시가의 한 전통을 이루고 있다. 특히 시조 형식이 그러하다는 것을 앞의 ORM구조를 통하여 확인한 바 있다. 이는 대상을 공존의 존재로 인식하는 삶의 방식이다. 더불어 함께 살아야 하는 존재이고, 그러기에 대상에서 삶의 이치를 얻는 관계도 되고 대상이 나와 다름을 통하여 웃음을 터뜨리는 관계도 된다. 말하자면 수평적 범주화가 문화의 맥락으로 사고에 관여한다.

그런데 이런 인식의 틀은 변화할 수 있다. 대상은 나와 경쟁하거나 침해하는 존재일 수도 있다. 이렇게 되면 나의 삶을 위하여 대상은 제압되거나 배척되어야 한다. 특히 인간이 사회적 존재임을 강조하게 되면 '나'아닌 '남'은 권력(power)의 경합관계에 있는 '타자(the other)'가 된다. 이 때의 '타자'는 자신이 속한 관습이나 정상성의 밖에 위치하게 된다.[100] 그러한 타자는 권력의 경쟁 상대이므로 수직적 범주화에 의한

99) 이는 장르이론이나 문예이론의 중요한 핵심이고, 이에 대하여 달리 방대한 논의가 필요하고 또 가능하겠지만, 다른 장르와 비교할 때 시가가 이 점에서 본질적인 차이를 갖는다는 점만을 지적해 두기로 한다. 그러기에 '교술'이라고 하는 장르도 근본적으로 나의 태도와 관련한 표출이라는 점을 말해 두는 정도에서 그치고자 한다.

100) 이 문제는 유럽쪽의 사상사와 깊이 관련되고 따라서 상당한 고찰을 필요로 한다. 여

제압의 욕구가 강렬해지는 것은 일상을 통한 경험에서도 충분히 확인할 수 있다. 그러기에 그런 시각에서 대상을 바라보는 일이 우열의 논리로 문화를 보아 권력의 횡포로 나아가게 된 것을 식민주의 역사에서도 얼마든지 확인할 수 있다. 그리고 그것이 인류의 평화에 위태롭기 때문에 공존의 필요성을 강조하는 노력이 사회적으로 필요해짐은 물론이다.

이렇게 보면 「우부가」형 웃음은 우열의 관계로 남을 바라보는 것이라고 규정할 수 있다. 이 점은 성, 계급, 인종의 세 문제가 경합론의 초점이 되어 온 유럽의 사정[101]과 꼭 같다고는 하기 어렵지만[102] 타자를 우열의 범주에서 바라본 것임은 분명하다. 그렇게 되면 '나'가 우월의 입장에 있어야 하고, 그 결과 '남'은 열등함과 함께 맥락적 부조화와 결합함으로써 웃음을 유발하는 것도 아주 자연스럽다.

그렇다면 「노처녀가 2」의 화자는 '나'라는 점이 이런 해석과 부합하지 않는다는 의문이 제기될 수 있다. 그러나 이 작품 속의 '나'는 철저히 타자로 대상화된 나라는 점을 주목해야 한다. 문학은 일상어로 창조되지만, 문학의 언어가 일상의 언어와 가장 크게 다른 점은 일상의 언어가 구체적 지시물과 일상적 맥락의 구체성을 갖는 데[103] 반해 문학의 언어는 유일한 대상을 가리키지 않고, 그럼으로써 다양한 의미를 지니게 된다는 점은 문학의 언어를 이해하는 기반이다. 그러기에 이 '노처녀'라는 일인칭화자는 생활 속의 구체적인 인물이라기보다 하나의 기호일 따름이다. 그러기에 '십 년만에 글자를 해독'했다고 스스로 말할 수

기서는 그럴 만하지도 않거니와 또 이 문제가 우리의 중심 화제도 못된다. 따라서 사전적 설명(Hawthorn, op., cit. pp.245~249, Joseph, Childers & Gary, Hentzi, *The Columbia Dictionary of Modern Literary and Cultural Criticism*, Coumbia University Press, 1995, pp.216~217, Thwait, op., cit. pp.291~293) 정도로도 이 용어의 함축을 이해할 수 있다는 선에서 그치고자 한다.

101) Joseph Chiders, & Gary, Hentzi, ed., op., cit. pp.216~217.

102) 인종의 문제와 관련하여 유럽은 아시아인이나 아프리카인을 타자로 본다.

103) 이런 구체성이 가장 강하게 요구되는 일상어로 법률의 언어를 예로 든다.

있고, 그것이 재미의 대상이 됨으로써 많은 독자에게 흥밋거리가 될 수 있었던 것이다.

이처럼 「우부가」형 웃음은 사람을 '타자'의 개념으로 바라본 것이며, 그러기에 우월감의 확인이라는 수직적 웃음의 문화와 결합함으로써 재미를 맛보게 한 것으로 이해된다. 이 재미가 바로 사회적 관계에서 맛보게 되는 권력의 확인인 셈이다. 언어활동의 원리가 권력을 반영하기도 하고, 드러내기도 하며, 만들어 내기도 하고, 모호하게 만들기도 한다[104]는 설명에 의한다면 「우부가」형 웃음은 웃음을 통하여 권력을 만들어 낸 것이고, 드러낸 것이며, 반영한 것이라고 말할 수 있다. 이 웃음의 재미를 맛보는 독자의 존재는, 그리고 그 수효가 많았음은, 언어가 권력구조를 확인하고 재생산[105]한 것이라는 설명을 확인하게 해 준다.

2) 현대의 삶과 웃음의 두 유형

구태여 말할 것도 없지만, 웃음은 언제나 있다. 오늘날 우리 주변에도 얼마든지 웃음이 발견되고 또 기대도 한다. 여기에도 수직적 웃음과 수평적 웃음의 두 유형이 있다. 우선 텔레비전이야말로 웃음을 제공하는 창고라고 할 수 있다. 그런데 주목할 것은 텔레비전이 제공하는 웃음의 성격이 변화한다는 점이다.

종전에는 '바보'가 웃음의 주역이었다고 할 수 있다. 배삼룡·이주일·심형래 등의 코미디언이 그렇게 해서 인기를 얻었다. 그 웃음은 우월성의 확인이며, 그러기에 수직적 웃음이 분명하다. 그런데 그런 웃음이 텔레비전 코미디에서 점차 사라지고 수평적 웃음이 젊은층의 인기를 얻었던 것으로 보인다.[106]

104) Sik Ng Hung & James J. *Bradac, Power in Language*, SAGE Publications, Inc, 1993, p.191.
105) Tony, Thwaits, et als, op., cit. pp.155~159.

이에 비해 신문의 '만평'이 주는 웃음은 비교적 수직적인 것 같다는 느낌을 갖는다.[107] 이것이 매체에 따라서 실제로 나타나는 차이라면, 이 인상이 사실에 부합하는지, 그리고 왜 그런지를 검토하는 일 또한 별도의 검토를 필요로 할 것이다.

매체와 무관하게 일상생활에서 누구나 즐기는 각종 '시리즈'에도 두 웃음은 공존한다. 오래 전에 유행했던 '식인종 시리즈'는 우열의 시각 대신 기대를 배반하는 엉뚱함만이 관여한다는 점에서 수평적 웃음이라 할 수 있다. 그 대신 '바보 시리즈'는 제목 그대로 수직적 웃음이다.[108] 그런데 최근에 돌아다니는 '미친 연놈 시리즈'[109]는 판단이 쉽지 않다. '미친' 이라는 제목에서 열등함을 발견할 수도 있고, 참 별나다는 느낌을 받을 수도 있겠다. 이처럼 반응이 달라지는 것은 기대지평의 문제가 된다.

---

106) 이것은 면밀한 분석이 필요한 문제이다. 그러자면 상당한 노력이 필요할 것이다. 그리고 이러한 인상이 정당하다는 것을 입증하는 일도 쉽지만은 않을 것이다. 그러나 젊은 시청자들의 일반적인 반응이 그러하다. 그래서 텔레비전 코미디가 신선하다는 것이다. 그런데 근자에 들어 슬슬 바보스러운 일로 웃음을 유도하는 경향이 등장하고 있다고 말한다. 그런 인상은 어느 정도 이 논의의 방향과도 부합하는 것으로 보인다.

107) 예를 들어, 최근 한 신문의 만평은 경유값이 휘발유값을 추월하는 추세를 보이고 있음을 화제로 삼았다. 그 만평은, 휘발유값과 경유값의 표지판을 보면서 트럭 운전자는 경악하는 데 반하여, 벤츠 승용차를 타고 와서 기름을 넣는 운전자의 아들은 옆자리에서 트럭 운전자를 보면서 "저 사람들 돈 많은가 봐, 아빠보다 더 비싼 기름을 넣네"라고 말하는 것을 보여주었다. 이렇게 말하는 것이 어린아이라는 점은 판단 미숙을 뜻하는 것으로 이해되고, 이를 통하여 삶의 평등에 무관심하거나 가난을 비웃는 부유층을 비판하였다고 해석한다. 그렇다면 이는 수직적 웃음이 된다.

108) '바보 시리즈'는 참으로 풍성하였고, 많이 즐겼던 것이다. 참고로 예를 든다면, "바보가 전구를 끼울 때는? / 전구를 붙잡고 온몸을 돌린다"라든가 "바보가 등이 가려우면? / 전봇대에 등을 대고 문지른다" 등이 그것이다.

109) 널리 알려진 것이지만 참고의 필요를 위하여 그 내용을 적어 둔다. 다음은 그 중 '미친년 시리즈'이다. '10억도 없으면서 강남 산다고 하는 년, 20억도 없으면서 조기 유학 보낸다고 하는 년, 30억이나 있으면서 손자나 봐 주고 사는 년, 40억도 없으면서 사짜 사위 얻는다는 년, 50억도 없으면서 상속해 줄 걱정하는 년, 60억도 있으면서 60도 못 돼서 죽는 년, 1억도 없으면서 앞의 얘기하면서 웃는 년'. 다음은 '미친놈 시리즈'. '50대에 사업한다고 대출받으러 다니는 놈, 60대에 이민 간다고 영어 배우는 놈, 70대에 골프공 안 맞는다고 레슨 받는 놈, 80대에 그게 잘 안 된다고 비아그라 먹는 놈, 90대에 여기저기 아프다고 종합검진 받는 놈'.

기대지평과 관련하여 웃음의 종류를 둘로 나누는 이론은 이러한 차이를 이해하는 데 도움을 줄 수 있다. 야우스(Jauss)는 이러한 웃음을 달리 표현하여 '~에 대하여 웃음(laughter at(about))'과 '~과 더불어 웃음(laughter with)'으로 구분[110]한 바 있다. 그리고 이 웃음의 종류에 따라 수용자는 '안도, 저항, 연대'의 세 방향으로 수용함을 논의하였다. 희극의 성격과 전통이 서양과 같지 않은 우리가 이런 이론을 그대로 갖다 쓰는 것은 무리가 따를 것이다. 다만 우리의 논의에서도 수평적 웃음은 '~과 더불어 웃음'이라 할 수 있겠고, '~에 대하여 웃음'은 수직적 웃음과 친연성이 깊다고 할 수는 있을 것이다. 다만, '미친 연놈 시리즈'를 두고 수평적 웃음을 짓는가, 아니면 수직적 웃음을 짓는가는 순전히 수용자의 문화맥락과 관련된 것일 따름이라고 할 수밖에 없다.

3) 상생(相生)의 웃음을 위하여

현대를 포함하여 앞으로도 인류가 지향해야 할 것은 두말할 나위 없이 평화이고 공존이다. 세계화 시대가 그것을 요구하고, 근대 정신이 그러한 사고의 산물이라고 할 수 있다. 더구나 단일문화 속에서 살아 온 우리 사회에서는 이제 다가올 다문화시대에 대처하기 위해서도 다양성의 인정이 필요함을 강조해 왔다. 그리고 이러한 지표는 정당하고 절실하다. 그래서 사회가 그 쪽으로 나아가고 있는 것도 사실이다.

그럴수록 웃음의 문화에서 꼭 필요한 것은 수평적 웃음의 활성화라고 할 수 있다. 우월함을 맛보게 하는 수직적 웃음은 본질적으로 대상에 대한 공격성을 내포하며, 그러한 의미에서 차별적이다. 그러나 수평적 웃음은 차이만을 주목할 따름, 거기에 등급을 매기지 않는다. 한 동

110) Hans Robert, Jauss, op., cit. pp.189~195.

안 수평적 웃음으로 평가할 수 있는 웃음이 텔레비전에서 주목을 받고 이에 대하여 특히 젊은 시청자들이 호응했던 것은 미래를 위한 전망으로 매우 의미가 깊다.

이와 관련하여 생각하게 되는 것이 두 웃음의 가치에 관한 문제이다. 사람은 누구나 웃음을 바라지만 웃음의 결과가 동일하지는 않아 보인다. 수평적 웃음이 평안한 즐거움을 줌으로써 야우스(Jauss)가 말한 것처럼 'laughter with'가 연대적인 해방감을 맛보게 한다면, 이와는 달리 수직적 웃음은 'laughter at(about)'가 그러하듯이 우월감의 확인을 통한 안도 또는 저항을 느끼게 한다. 특히 그 대상이 사람일 때, 그것도 당사자가 앞에 있을 때, 수평적 웃음은 서로 편안하고 즐거워진다. 그러나 수직적 웃음은 공격을 받은 당사자를 불쾌하게 만든다. 또 공격한 사람은 당장에는 통쾌할지 몰라도 궁극적으로는 인격적인 하락을 면할 길이 없다. 웃음거리가 됨으로써 공격을 받은 사람으로부터 역공격을 받거나, 그렇게까지는 되지 않더라도 불쾌감의 책임자로 인식될 것이기 때문이다. 그러기에 수평적 웃음을 '상생(相生)'의 웃음이라고 한다면, 수직적 웃음은 '공멸(共滅)'의 웃음이라고 명명할 수 있다. 우리가 추구하는 사회적 삶이 상생일 것임은 지극히 당연하다고 본다.

이 글은 김유정 탄생 100주년을 기념하는 것을 계기로 구상된 것이므로 이제 김유정과 관련된 쪽으로 생각을 옮겨 본다. 김유정의 소설 「봄 · 봄」이나 「동백꽃」의 주인공 '나'는 어찌 보면 바보스럽고, 어찌 보면 천진하다. 이유는 간단하다. '저렇게밖에 못하나'라고 생각하면 수직적 웃음을 통해 바보가 되고, '저럴 수도 있구나' 하고 보면 수평적 웃음을 통해 '천진'을 발견하게 된다. 그 중 어떤 쪽으로 반응하는가는 수용자의 기대지평과 관련된다. 달리 말하면 수용자의 삶의 방식으로서 그의 문화에 따라 달라질 따름이다.

5. 남은 문제

이 논의에서 애써 외면하면서 비켜 온 문제가 있다. 「우부가」형 웃음이 부조화와 우월성의 결합이고, 그것이 세계를 보는 문화적 틀에 기인한다면, 왜 특히 조선 후기의 가사에서 이런 문화가 형성되고, 또 실천되었으며, 확대 재생산되었는가 하는 점이 그것이다. 이 점이 설명되어야 웃음의 두 유형이 지닌 의미와 기능이 보다 확연해질 수 있음은 물론이다. 그런데도 논의가 거기까지 나아가지 못하였다.

그러기에 이 논의는 불완전하다. 말하자면 웃음의 두 유형을 나누어 본 것에 지나지 않는다. 혹평하자면 문학을 그저 텍스트 정도로만 바라보는 데 그친 것이어서 담화론의 수준으로 나아가지 못했다는 점도 분명하다. 그렇기는 해도 두 유형의 웃음이 인지의 맥락, 그것을 수행해 나가는 데 필연적으로 관여한 경험과 삶의 문제를 생각해 본 정도지만, 텍스트에 국한하는 것을 넘어 맥락의 한 부분을 넘겨다보려 노력은 했다고 자평한다. 아쉬운 것은 사회사적인 맥락을 분명히 하지 못한 것이다. 역사적 맥락이 해결되어야 왜 조선 후기에 갑작스럽게(참으로 갑작스러워 보인다) 수직적 웃음이 등장했는가를 설명할 수 있을 것이다. 그러나 그 일을 하기에는 능력과 노력이 부족함을 고백하지 않을 수 없다.

다만, 문학을 일상어와는 다른 특수한 텍스트로 바라보는 시각을 넘어서서 삶의 방식을 문제삼는 데서 이 글은 문학론이기보다 문화론을 지향했다는 의의만은 인정받고 싶다. 문학이 삶을 떠나서 이루어질 수 없듯이 문학을 설명하는 노력도 문학을 삶의 방식, 즉 문화로 바라볼 때 비로소 오늘의 삶에 의의를 갖게 될 것이다. 과거의 것이라고 해버리면 그만일 수도 있는 고전시가에서 웃음을 읽고자 한 것도 이러한 문제의식에서이고, 지난 시기의 흔적이라고 치부해 버려도 그만인 고전시가의 두 웃음을 현재의 삶과 연관지어 생각하려 한 것도 바로 이 문화로서의 맥락과 관련된다.

의문을 파헤쳐서 설명하는 것이 서술적 이론의 지표이고, 그것은 인간을 인간답게 하는 징표이자 지표임에 틀림없다. 그러기에 어떠한 연구라도 그 자체로서 의의를 가질 것이다. 그렇기는 해도 의문의 해명에 급급한 나머지, 그리고 자신의 관심사에 집중한 나머지 인간에 대한 해명은 더러 뒷전에 물러앉게 된 측면도 부인하기는 어렵다고 본다. 그러기에 고전시가의 두 웃음에 대하여 인간의 해명에 초점을 두어 생각해 본 것은 그 나름의 의미를 갖는다고 생각한다. 다만 이러한 자평이 실상에 부합하는가는 나 스스로 답할 성질의 것은 아닐 것이다.

「상생의 웃음과 언어문화–한국시가의 두 웃음을 중심으로」에 대한 토론문

양태순

여러 편의 논문을 통하여 우리 고전시가에 나타난 웃음을 재조명해오신 김교수님의 학문적 열의에 대해 경의를 표합니다. 또한 갈수록 그 논의는 정밀해지되 그 범위는 확장되어 오고 있는 점도 높이 평가되어야 하리라 봅니다. 이 방면에 세심한 주의를 기울여 본 적이 없는 저로서는 이번에 발표하신 글도 매우 뜻깊고 재미있는 내용이었습니다. 다만 선생님의 논지를 보충하는 의미에서 다음의 몇 가지 사항에 대해 질의하고자 합니다.

1. '웃음의 두 유형'에서

이 장에서는 주로 「만언사」형 웃음과 「우부가」형 웃음의 차이점을 드러내는 기준이 무엇인가를 탐색하고 있다. 그 기준으로 검토된 것은 반응, 공격성, 대상, 우월성, 부조화 등이다. 그런데 발표자는 그 모든 것들이 두 웃음의 차이를 드러내는 결정적인 기준은 될 수 없다고 보았다.

반응의 경우 고소·미소(「만언사」)와 냉소·조소(「우부가」) 등의 용어는 웃음에 대한 반응이므로 웃음의 차이가 드러나지 않는다고 하였고, 공격성의 경우 모든 공격이 웃음과 결합하지는 않기 때문이라고 하였다. 대상의 경우 대상이나 발화자가 변별 기준이 될 수 없고 대상을 우스꽝스럽게 그려냄으로써 웃음을 자아낸다고 하였고, 우월성의 경우 수용자의 기대지평에 좌우되기 때문에 우월성의 차이가 근본적인 것은 아니라고 하였다. 또한 부조화의 경우 놀람·부조화·맥락에 의한 기대/배반의 인식은 두 웃음에 공통되는 요소이고 두 웃음의 차이는 우월성 요소가 결합되는가(「우부가형」), 않는가(「만언사형」)에 달려 있기에 역시 부조화도 변별적 기준은 아니라고 보았다.

질의 1 그렇다면 두 웃음의 차이를 드러내는 본질적인 기준은 무엇인가?

반응의 경우, 웃음과 반응이 마치 원인과 그로부터 드러난 현상의 관계인 것처럼 기술되었지만 실상은 「만언사」형 웃음/「우부가」형 웃음의 '웃음'과 고소·미소(「만언사」)/냉소·조소(「우부가」)의 '반응'은 동일한 대상을 달리 지칭하고 있을 뿐이라고 여겨지고, 따라서 「만언사」형 웃음이 곧 고소요 미소라고 풀어서 말할 수 있고 「우부가」형 웃음은 냉소조소라고 풀어서 말할 수 있고, 따라서 그 둘은 변별된다고 할 수 있을 것이다.

공격성의 경우, 두 웃음만을 놓고 볼 때 어느 한 쪽, 즉 「우부가」형 웃음이 공격적인 특성을 보인다는 사실만으로 차이가 드러나는 것이고, 굳이 모든 공격성이 「우부가」형 웃음을 짓게 하는가의 차원까지 검증할 필요는 없지 않을까 싶다.

우월성의 경우, 역시 두 웃음만 놓고 볼 때 어느 한 쪽이 우월성의 특성을 보인다는 사실만으로 차이가 드러나는 것으로 충분할 것이다. 앞의 논리로 말하자면 여기서도 모든 우월성이 「우부가」형 웃음을 짓게 하는가의 차원까지 검증할 필요는 없다 하겠다.

질의 2 필자가 제시하고 검토한 기준들이 모두 본질적인 변별력을 지닌 것이 아니라고 부정하는 것보다는 부분적인 변별력을 그대로 인정하고 그런 모든 것들이 맥락으로 작용하여 두 웃음의 차이를 형성한다고 볼 수는 없는가.

2. '웃음과 문화적 맥락'에서

질의 3 지금까지 일관되게 모든 항목에서 '「만언사」형 웃음'과 '「우부가」형 웃음'을 대비시켜 왔는데 이 장의 '1. 시적 시선과 맥락'에서는 두 웃음에 관한 언급이 전혀 없다. '시적 시선과 맥락'의 경우에는 동화/이화의 시선이라는 것이 두 웃음과 짝지어질 법한데도 말이다. 이에 대한 보충 설명이 필요하지 않겠는가.

질의 4 이 장의 '2. 맥락으로서의 문화'에서는 「우부가」형 웃음만 언급하였다. 「우부가」형 웃음이 부조화 요소에 우월성이 결합된 것으로서 우월성의 눈으로 대상을 바라보는 문화를 형성하였다면, 「만언사」형 웃음은 평등과 외연을 넓혀가는 눈으로 대상을 바라보는 문화를 형성한다고 볼 수는 없는가.

3. '두 웃음의 역사적 전개'에서

향가, 고려가요, 시조(사설시조)는 모두 수평적인 웃음의 보기만, 민요에서는 수직적인 웃음의 보기만을 들었다.

질의 5 해당 갈래에는 원래 다른 쪽 웃음을 보여주는 작품들이 없는가. 다시 말하자면 향가 · 고려가요 · 시조에는 수직적인 웃음을 보여주는 작품이, 민요에는 수평적인 웃음을 보여주는 작품이 없는가. 또한 동일 작품에 두 가지 웃음이 공존하는 경우는 없는가.

질의 6 사설시조의 경우 (발표자가 예시한 작품의 경우에 있어서도) 한 작품에 수평적인 웃음과 함께 수직적인 웃음이 공존하는 것으로 볼 수 있는 여지는 없는가.

4. '웃음의 두 유형과 현대문화'에서

질의 7 '1. 문화론적 해석'에서 「우부가」형 웃음만 거론하고 「만언사」형 웃음에 대해 언급하지 않았다. 특별한 이유가 있는가.

한국 전통 소화에 나타난 웃음의 성격

성소화(性笑話)를 중심으로

서대석

1. 머리말

한국의 전통소화에는 무식하면서 유식한 체 하는 무식담(無識譚), 속고 속이는 지략담(智略譚), 남을 조롱하는 풍자담(諷刺譚), 어리석은 행위를 하는 우행담(愚行譚), 이상한 습벽의 기벽담(奇癖譚) 등이 있다. 필자는 이들을 중국 전통소화와 대비하면서 개괄적으로 검토한 바 있다.[1] 그런데 소화에서 큰 비중을 차지하는 것이 성(性)을 소재로 전개되는 이야기이다. 이들은 소화의 범주에서 '성소화(性笑話)'라고 분류할 수 있는 이야기들인데 문헌자료와 구비자료가 풍부하게 전한다.

한국의 전통사회에서 부부 또는 친족이 아닌 남녀는 대면조차 할 수 없었다. 남남 사이인 남녀는 언제나 성관계가 가능하다고 생각하고 이

1) 서대석, 『한·중 소화의 비교』, 서울대 출판부, 2007.

를 차단하기 위해 '남녀는 일곱 살이 되면 자리를 함께해서는 안 된다'는 행위규범을 만들었다. 그러나 이러한 사회적 규제에도 불구하고 부부나 친족이 아닌 남녀의 접촉은 남모르게 이루어졌고, 이것을 드러내는 이야기가 웃음거리가 되었다. 특히 성적 욕구를 억제해야 하는 신분이나 상황에 처한 인물들이 등장하는 성소화는 성적 본능이 얼마나 강렬하고 절실한 것인지를 적나라하게 보여준다. 사회적 금제가 강할수록 성에 대한 욕구는 더욱 강렬해져서 이를 발산하려다가 성공하거나 실패하는 이야기가 많이 만들어졌던 것이다.

그동안 성소화에 대한 연구가 적지 않게 축적되었지만, 성소화가 유발하는 웃음의 성격은 충분히 밝혀지지 않았다고 생각한다. 본고에서는 성소화에 나타난 다양한 남녀 관계와 성(性)에 대한 가치의식을 분석하면서 성소화에 나타난 웃음의 성격을 고찰하고자 한다.

2. 웃음의 유발동인

본고에서 밝히려고 하는 바는 성소화가 유발하는 웃음의 성격이다. 웃음에는 폭소(爆笑), 미소(微笑), 홍소(哄笑), 비소(鼻笑), 냉소(冷笑), 조소(嘲笑) 등 여러 종류가 있으며 각각의 성격이 실로 복잡해 보인다. 그러나 웃음이 나오는 근저는 몇 가지로 집약될 수 있다. 성소화 자료를 분석하기 전에 먼저 웃음의 동인에 관한 주요 이론들을 검토하면서, 성소화가 유발하는 웃음의 성격을 이해하는 데 도움이 될만한 원리를 찾아보겠다.

웃음의 동인을 해명한 주요 이론들은 서구에서 나왔다. 다른 인문학 이론들과 마찬가지로 웃음이론도 플라톤과 아리스토텔레스로부터 시작되었다. 플라톤의 웃음이론은 『필레보스*Philebos*』 중 소크라테스와 프로타르코스의 대화에 들어 있다. 플라톤은 소크라테스의 입을 빌려, 자기 자신을 알지 못하는 무지와 몰지각이 웃음을 유발하는데, 무지하거나 몰지각한 사람이 다 웃음의 대상이 되는 것이 아니라, 그 중에서 힘이 없는 사람만 웃음의 대상이 된다고 했다.[2] 여기에서 논의된 웃음은 조롱하는 웃음이나 비웃음 등 부정적인 웃음이다.

아리스토텔레스의 웃음이론은 『시학』에 실려 있다. 그는 희극이란 보통보다 더 비천한 것의 모방인데, 보통보다 더 비천한 것이란 악(惡)과 관련된다기보다 추(醜)와 관련된다고 했다. 즉 웃음을 유발하는 것은 무해한 실수 또는 결점이라고 하여, 고통을 주거나 감정을 손상하지 않는 실수나 결점이 우습다는 것이다.[3]

여기에서 희극이란 비천한 것의 모방이라고 한 것을 깊이 음미할 필요가 있다. 비천한 것의 모방은 대체로 사회적 지위가 낮은 인간이나 무지하고 어리석은 인간의 행위에 대한 모방으로 이해되어 왔다. 그러나 대상을 일반화하여 더 근원적인 의미를 찾을 수도 있다. 즉 비천한 것의 모방을 동물적 행위에 대한 모방으로 재해석해 볼 수 있다. 인간은 동물과 마찬가지로 본능적 욕구를 가지고 있으며, 이 욕구를 충족시키기 위한 행위를 한다. 즉 생명유지를 위하여 음식을 먹고, 종족보존을 위하여 생식행위를 한다. 그런데 이러한 식욕과 성욕의 충족행위는 사회가 만든 도덕률에 의하여 규제된다. 그리고 본능적 욕구를 잘 감추는 것은 품위 있는 것으로, 동물과 같이 본능적 욕구를 분별없이 드러내는 것은 상스러운 것으로 인식된다. 따라서 동물적 행위에 대한 모방이 곧 비천한 것의 모방이라고 이해할 수 있다.

동물적 행위에 대한 모방이 웃음을 유발한다는 것은 중세 민중의 카니발적 웃음을 보아도 알 수 있다. 민중의 카니발적 웃음은 인간의 본

2) 류종영, 『웃음의 미학』, 유로, 2002, 8면.
3) 위의 책, 68~69면.

능적 욕구를 웃음의 소재로 삼는다. 복카치오, 라블레, 세르반테스 등의 작품에 담긴 성과 관련된 우스운 이야기들은 공통적으로 먹고 배설하는 동물적 삶을 다루고 있다. 이들은 동물적 욕구인 식욕과 성욕을 과장되게 표현하여 웃음을 준다.[4)]

아리스토텔레스의 웃음이론을 이렇게 재해석할 때, 조선조 사대부들이 웃음의 가치를 폄하한 까닭을 이해할 수 있다. 조선조 사대부들은 성리학의 가르침에 따라 자기를 극복하는 교육을 받았다. 인간의 심성에는 인의예지(仁義禮智)의 사단(四端)과 회로애락애오구(喜怒哀樂愛惡懼)의 칠정(七情)이 있는데, 수기(修己)를 통해 칠정(七情)을 다스리고 사단(四端)의 성(性)이 발현되도록 해야 한다는 것이 성리학의 가르침이다. 여기에서 말하는 칠정은 인간의 본능과 관련되는 것이고 사단은 이성(理性)에 가까운 것이다. 그래서 그들은 본능적 욕구를 분별없이 추구하는 것 즉 음식을 탐하거나 색(色)을 탐하는 것을 경멸했다.

그러나 인간의 본성에 대한 탐구가 심화되면서 식욕과 성욕은 생물체의 본능적 욕구로서 인간이 결코 부정할 수 없는 삶의 기본 문제임이 분명해졌고, 이를 무리하게 감추려는 행위가 오히려 웃음거리가 되었다. 본능적 욕구를 절제하여 다른 사람에게 드러내지 않도록 교육을 받은 문인 사대부가 여인에게 쏠리는 정을 애써 감추려다 웃음거리가 되는 이야기가 적지 않은데, 서거정의 『태평한화골계전(太平閑話滑稽傳)』, 강희맹의 『촌담해이(村談解頤)』, 송세림의 『어면순(禦眠楯)』, 홍만종의 『명엽지해(冥葉志諧)』 등에 바로 그런 이야기들이 수록되어 있다. 이런 소화가 유발하는 웃음의 성격을 논할 때 아리스토텔레스가 말한 비천한 것의 모방을 동물적 행위에 대한 모방으로 이해하는 관점이 유용하다.

한편, 앙리 베르그송은 인간에게서 기계적 경직성이 나타날 때 웃음이 유발된다고 했다.[5)] 인간은 생각하는 존재이기에 원칙적으로는 매 상

---

4) 위의 책, 104~120면 참조.

5) 앙리 베르그송, 정연복 역, 『웃음—희극성의 의미에 관한 시론』, 세계사, 1992.

황마다 그에 대한 정보를 수집하고 이를 분석하여 적절한 대처방법을 모색하고 이에 따라 행동해야 한다. 그러나 모든 사람이 항상 이렇게 행동하는 것은 아니다. 인간의 삶에는 매일 반복하는 일들이 많다. 자고 일어나는 것, 식사를 하는 것을 매일 반복하며, 같은 공간을 반복하여 이동하기도 하고, 같은 사람을 반복하여 만나기도 한다. 그래서 인간은 익숙한 상황에서는 습관적으로 반복행위를 하기도 한다. 그런데 만약 상황이 바뀐 뒤에도 기계적으로 반복행위를 계속한다면, 큰 실수를 저지르게 될 것이다. 베르그송이 인간의 행위에서 기계와 같은 경직성이 나타나는 경우로 본 것은 바로 이런 것이다. 그런데 베르그송의 웃음이론은 기대와 다른 모습이 웃음을 유발한다는 말로 바꾸어 설명할 수 있다. 인간의 행위에서 기계적 경직성이 나타나는 것은 기대와 다른 모습이기 때문이다.

장님이나 절름발이, 벙어리, 귀머거리 등은 정상인의 관점에서 보면 비정상이기 때문에 소화의 주인공이 된다. 술을 지나치게 좋아하는 사람, 여자를 지나치게 밝히는 사람, 게으름뱅이, 과도하게 인색한 사람, 공처가 등 정신적으로 비정상인 인물들 역시 소화의 주인공이 된다. 이들은 보통 사람들에게 기대되는 것에서 벗어나는 행동을 한다. 이처럼 정상에서 벗어난 모습을 보여 주는 인물들이 웃음의 대상이 되는 것도 기대와 다른 모습이 웃음을 유발한다는 이론을 뒷받침해 준다.

이상에서 살펴본 웃음이론들은 웃는 자의 심리상태를 기준으로 하여 자기우월감을 의식할 때 웃음이 유발된다는 이론과 상통한다. 인간에게서 동물적 모습을 발견할 때, 바보의 이상한 행동이나 실수를 접할 때 나오는 웃음은 결국 자기우월감이나 안도감의 표현인 것이다.

그러나 모든 웃음이 다 이런 이론으로 설명되지는 않는다. 우리는 동물의 재롱을 보고 웃는다. 그리고 가랑잎이 구르는 것, 산이나 바위 또는 나무의 형상이 이상한 것을 보고도 웃는다. 이는 자연물에서 인간의 속성을 발견하였을 때 유발되는 웃음이다. 즉 인간에게서 동물의 속성을 발견했을 때에도 웃음이 나오지만, 그 반대로 동식물이나 무생물에게서 인간의 속성을 발견했을 때에도 웃음이 나온다. 이것은 자기와 유사한 모습을 감지할 때 나오는 웃음, 즉 자기발견의 웃음이다.

웃음의 종류를 웃는 자의 심리상태를 기준으로 나누어 보면, 자기우월의 웃음, 자기발견의 웃음, 자기초월의 웃음이 있다. 바보의 행위를 보았을 때 나오는 웃음은 자기우월의 웃음이고, 대상에게서 자기와 같은 모습을 보았을 때 나오는 웃음은 자기발견의 웃음이다. 그런데 어찌 보면 자기우월의 웃음도 자기발견의 웃음이다. 자기의 우월감을 의식하려면 먼저 상대와 자신을 비교해 보아야 하고, 그러기 위해서는 자기를 확인하는 과정을 거쳐야 한다. 무식한 사람의 언행을 보고 웃는다는 것은 이미 무식함을 알아보는 유식함이 있다는 것이기에, 유식한 자신의 발견으로부터 자기우월감으로 발전하는 단계를 거친다고 볼 수 있다. 자기발견은 소화 텍스트를 이해하는 데 필수적인 과정이다. 한편, 새로운 진리를 깨달았을 때나 자기가 감당할 수 없는 높은 경지에 있는 무엇을 접하였을 때 나오는 웃음은 자기초월의 웃음인데, 이것은 종교적 성격이 강하여 일반론으로 설명하기가 어렵다.

인간은 누구나 동물적 본능을 가지고 있다. 식욕이나 성욕의 만족을 추구하는 것은 남녀노소 양반 서민을 막론하고 살아 있는 모든 인간이 가진 기본적 욕구의 발현이다. 따라서 식욕이나 성욕을 만족시키려는 행위에 대한 인식은 일차적으로 자기발견의 의미를 가진다. 그러므로 성소화가 주는 웃음은 근본적으로 자기발견에서 비롯되는 것이라고 본다.

3. 남녀의 관계를 통해 본 성소화(性笑話)의 웃음

웃음의 동인에 대해 앞에서 논의한 바를 바탕으로 하여 구체적인 성소화 자료들을 분석하겠다. 대상 자료는 서거정의 『태평한화골계전』에 수록된 문헌소화와 『한국구비문학대계』 및 임석재 전집 『한국구전설화』에 수록된 구비소화이다. 한문으로 번역된 문헌소화는 전통사회에서 문인들이 향유하던 소화이고, 구비소화는 민간에서 서민들이 향유하던 소화이다. 성소화에 등장하는 남녀의 관계를 부부, 부모와 자식, 관리와 기녀, 상전과 계집종, 스님과 과부, 과부와 머슴 등으로 나누고, 각 경우에 어떤 방식으로, 어떤 성격의 웃음이 유발되는지 살펴보기로 하겠다.

1) 부부

부부는 성관계를 사회적으로 공인받은 남녀이다. 가정이라는 공동체의 공간에서 성관계의 산물인 자녀를 양육하면서 생활을 영위하기에 남이 모르는 애환을 공유하면서 한 몸처럼 살아간다. 그러나 남편과 아내는 엄연히 독립된 개체로서 개인적 욕구가 따로 있기에 갈등도 있게 마련이다. 특히 전통사회에서는 가부장제로서 일부다처가 허용되었기에 성생활과 관련된 부부간의 갈등도 많았고 주도권을 행사하려고 다투는 일도 적지 않았다. 소화는 일반적 실상과는 거꾸로 된 모습을 보여주는 이야기이기에 부부관계 소화에서 공처가(恐妻家) 이야기는 단연 백미였다고 생각된다.

〔세 사람이 모인 곳엔 가지 마시오〕

어떤 대장(大將)이 아내를 몹시 두려워했다.

어느 날 교외(郊外)에다 붉은 깃발과 푸른 깃발을 세우고 명령하여 말하기를,

"아내를 두려워하는 자들은 붉은 깃발 쪽으로, 아내를 두려워하지 않는 자들은 푸른 깃발 쪽으로!"

라고 했다.

뭇사람들이 모두 붉은 깃발 쪽이었는데 오직 한 사람만이 푸른 깃발 쪽이었다.

대장은 그를 장하게 여겨 말하기를,

"자네 같은 사람이 진짜 대장부일세. 온 세상 사람들이 온통 아내를 두려워하네. 내가 대장이 되어 백만 명의 무리를 거느리고 적을 맞아 죽기 살기로 싸울 때에 화살과 돌이 비 같아도 담력과 용기가 백배하여 일찍이 조금도 꺾인 적이 없네. 그러나 안방에 이르러 이부자리 위에서는 은애가 의(義)를 가리지 못해서 부인에게 제압을 당하네. 자네는 어떻게 닦았길래 이에 이르게 되었는가?"

라고 했다.

그 사람이 말하기를,

"아내가 항상 경계해서 이르기를 '사내들이란 세 사람만 모이면 반드시 여색(女色)을 이야기하니, 세 사람이 모인 데는 당신은 삼가서 가지 마세요.' 라고 했는데 이제 붉은 깃발 아래를 보니 모인 사람들이 매우 많았습니다. 그래서 가지 않았습니다."

라고 했다.

대장이 기뻐하며 말하기를,

"아내를 두려워하는 것이 이 늙은이뿐만은 아니로구나."

라고 했다.

근래에 어떤 조정 관리에 아내를 두려워하는 자가 있어, 지방에 수령으로 나가 십년이 되었으나 여색을 가까이 하지 않았다.

어떤 사람이 글로써 그것을 들추어 말하기를,

"붉은 깃발 아래는 대장군의 지휘 교령이라 비록 하늘까지 넘쳐날 수 있을지라도 청루 위의 기남자 풍류 기개는 어찌 그토록 싹 쓸어 버렸던가?"

라고 했다.[6]

6) 서거정, 박경신 역주, 『對校·譯註 太平閑話滑稽傳』 2, 국학자료원, 1998, 258~260면.

이 이야기의 핵심은 남자들 대부분이 아내를 두려워한다는 것이다. 이런 이야기가 웃음거리가 되는 것은 실제로 남자들 사회에서나 남들이 보고 듣는 공간에서는 아내가 남편을 존중하고 두려워하지만, 가정에서는 남편이 아내를 무서워한다는 진실을 드러내기 때문이다.

이 설화에 등장하는 대장군은 가장 남자다워 보이는 사람이다. 전장에서 적들과 싸워 전공을 많이 세운 인물로서 휘하 장졸들은 물론 일반인 모두가 두려워하는 존재이다. 이런 인물이 자기 아내를 두려워한다고 하는 것은 믿기지 않는다. 아무리 못난 남자도 자기 아내는 제압하며 큰소리를 치는 경우가 많기에, 뭇사람들을 벌벌 떨게 하는 대장군이 연약한 여인을 두려워한다는 것은 말도 안 되는 이야기라고 생각할 수 있다. 그런데 대장군은 물론이고 그 휘하 장졸 모두가 예외 없이 아내를 두려워했다는 것이다.

대체로 정상적인 부부 사이는 사랑하는 관계로서 서로 싸워서 강약을 판가름하지 않는다. 부부싸움에서 이기는 쪽은 자기가 할 도리를 한 경우이고 지는 쪽은 잘못을 저지르거나 할 도리를 못하여 미안하게 생각하는 쪽이다. 그렇다면 아내를 두려워하는 남편들이란 항상 아내에게 잘해 주지 못하여 미안한 마음을 갖고 사는 사람들이라고 볼 수 있다. 사회적으로 활동을 많이 하는 사람일수록 아내를 위하는 시간을 많이 낼 수 없기에 아내에게 미안한 일이 많고 아내를 두려워한다. 그래서 실제로 아내를 두려워하는 사람들은 대개 사회적으로 명망이 높고 위권(威權)이 중한 사람들이다. 반면 아내를 존중하지도 않고 두려워하지도 않는 인물은 사회에서 대우도 받지 못하고 다른 사람의 이목도 생각하지 않는 사람들이다. 조선조의 정상적인 가정에서는 부인의 내조(內助)가 남편에게 큰 도움이 되었고 체면을 차리기에 바쁜 남편들은 아내를 돌보는데 소홀했을 가능성이 많다. 그래서 대장군 이하 병졸들 모두가 아내를 두려워했다고 해석할 수 있다.

이 이야기는 많은 사람들의 웃음거리가 되었는데, 이 웃음은 기대와 다른 결과를 보았을때 나오는 웃음이다. 힘센 남자들도 두려워하는 존재인 장군이 연약한 여자인 아내를 두려워하고 있다는 것, 홀로 푸른 깃발 아래로 간 병사가 알고 보니 가장 아내를 두려워하는 인물이라는 것, 이 이야기에서는 두 차례에 걸쳐 일반적 기대와 다른 결과가 드러난다.

아내를 만만하게 생각하는 사람들은 이야기 속의 인물들, 대장군을 비롯한 모든 남자들보다 자기가 우월함을 확인하면서 웃었다고 볼 수 있다. 그러나 부부생활을 체험한 대다수의 사람들은 결코 아내가 만만한 존재가 아니라는 사실을 깨달았을 테니, 이 인물들에게서 자기와 같은 모습을 발견하고 웃었다고 볼 수 있다.

아내를 두려워하는 남자들에 대한 이야기를 한 가지 더 보자.

〔내 집 문짝도 넘어지려 하네〕

어떤 군수가 있었는데 아내가 사납고 투기가 있었다. 하루는 동헌(東軒)에 앉아서 송사(訟事)를 듣는데 백성 가운데 아내가 남편의 얼굴을 다치게 했으니 마땅히 그 죄를 다스려야 한다는 자가 있었다.

군수가 그 아내를 찬찬히 꾸짖어 말하기를,

"음(陰)은 양(陽)에 대해서는 안 되고 아내는 남편에게 대항해서는 안 된다. 너는 어찌 풍속을 그르침이 이와 같으냐?"

라고 했다.

남편이 옆에 있다가 해명(解明)해서 말하기를,

"제 아내가 제 얼굴을 다치게 한 것이 아니라, 때마침 제 집의 문짝이 넘어졌을 뿐입니다."

라고 했다.

말이 채 끝나지도 않았는데, 군수의 아내가 손에 흰 몽둥이를 들고는 문짝을 이리저리 치면서 크게 소리쳐 말하기를,

"경박하도다! 경박하도다! 네가 한 고을의 우두머리로 공무(公務)를 처리하고자 하면, 도둑의 일도 있고, 토지에 대한 일도 있고 노비에 관한 일도 있다. 어찌 한 아녀자의 일에나 네가 용감히 결단을 내리려 하느냐?"

군수가 손을 내저어 촌사람을 물러가게 하면서 말하기를,

"내 집 문짝도 또한 장차 넘어지려 하니 너는 빨리 가는 것이 좋겠다."

라고 했다.[7)]

이 이야기는 아내의 폭력을 무서워하는 남편의 모습을 보여준다. 군수와 촌사람은 신분의 높고 낮음이 현격하다. 군수는 한 고을을 다스리는 관장이고 촌사람은 고을의 많은 백성 중 한 사람으로서 이름도 알려지지 않은 서민이다. 신분의 차이는 이렇게 큰데, 아내를 무서워하는 데는 차이가 없다. 촌사람의 아내가 남편의 얼굴을 다치게 한 사연이 자세히 드러나 있지는 않지만, 관장에게까지 고변을 하였다면 아내가 상습적으로 폭력을 휘두르는 경우일 가능성이 있다. 그래서 군수가 촌사람의 아내를 질책하는데, 이 때 촌사람이 나서 아내 대신 변명을 한다. 넘어지는 문짝에 자기가 부딪혀 다친 것이지, 아내가 때린 것이 아니라고. 그런데 남편의 말이 사실이라면 송사를 할 까닭이 없다. 문짝이 넘어지는 것을 막지 못했다고 아내를 고소하는 것은 관장을 기롱하는 일이고, 그런 일 때문에 군수가 더 중요한 공무집행을 하지 못하고 시간을 낭비하는 것은 있어서는 안 되는 일이다. 군수의 아내가 남편을 꾸짖으며 하는 말은 이런 의미에서 타당한 것 같기도 하다. 그러나 문제는 군수의 태도이다. 당연히 아내를 물리치고 촌사람의 말이 사실인지 확인하고 풍속을 바로잡는 명분을 내세우고 처벌이나 훈계를 해야 하는데, '내 집 문짝도 넘어지려 한다'고 하면서 송사를 서둘러 끝내고 만다. 여기에서 군수 아내의 폭행은 촌사람이 말한 문짝에 비유되고 있다. 군수는 그 자신이 아내의 폭행을 겪고 있기 때문에 촌사람의 변명이 거짓임을 아는 것이다. '내 집 문짝도 넘어지려 한다'는 것은 '나에게도 그런 일이 자주 있고 지금도 막 일어나려는 판이니, 네 문제는 네가 알아서 처리해라. 나는 그 문제를 판결할 자격이 없는 사람이다'라는 뜻

7) 서거정, 박경신 역주, 『對校·譯註 太平閑話滑稽傳』 1, 국학자료원, 1998, 314~315면.

이다.

아내를 두려워하고 아내의 폭력에 시달리는 남자들의 이야기가 주는 웃음은 자기우월감에서 나오는 웃음이다. 이야기를 듣는 사람은 자기의 아내는 폭력을 쓰지 않고, 자기는 아내를 무서워하지 않으니 이야기에 등장하는 남자들보다 우월하다고 생각할 수 있다. 그리고 동시에 이것은 기대와 다른 모습에서 유발되는 웃음이다. 아내가 남편에게 폭행을 당하는 이야기는 웃음거리가 되지 않는다. 그런 것은 가부장제 사회에서 흔히 있는 일이기 때문이다. 그러나 남편이 아내에게 맞는 것은 흔치 않은 일, 즉 기대를 벗어나는 일이기 때문에 웃음거리가 된다.

〔아내의 회초리〕

조정관리에 허씨 성을 가진 사람이 있었는데 성격이 너무 부드러웠고 그의 아내인 이씨는 성격이 사나웠다. 이씨가 항상 사자처럼 으르렁거리면 허(許)는 두려워서 움츠러들어 숨을 죽이고 감히 소리도 내지 못했다.

하루는 이씨가 몹시 노해서 허(許)로 하여금 스스로 종아리를 걷어 올리게 하고는 회초리로 때리니 피가 났다.

어떤 동료가 이 소문을 몰래 들었다. 뒷날 허(許)와 자리를 함께 하고 있다가 아전(衙前)이 죄를 범하니 거짓으로 노하여 마치 몸소 회초리로 칠 듯이 했다. 허(許)가 옆에서 그것을 말리면서 말하기를,

"때리지 말게. 전에 집사람에게 회초리로 맞아보니 그 아픔을 참을 수 없더구먼"이라고 했다.

친구는 자신도 모르게 피식 웃고 말았다.[8)]

회초리로 종아리를 치는 것은 대개 부모나 스승 같은 어른들이 잘못을 저지른 아이들에게 내리는 벌이다. 즉 윗사람이 아랫사람에게 가하는 벌이지, 아랫사람이 윗사람에게 가하는 벌은 아니다. 그런데 아내가 남편의 종아리를 치고, 남편이 아무 저항 없이 종아리를 걷고 매를 맞

8) 위의 책, 237~238면.

는다는 것은 웃음거리가 아닐 수 없다. 이 웃음은 일상적 규범이 전도(顚倒)되었기 때문에 나오는 웃음, 즉 기대와 다른 모습이 유발하는 웃음이다. 조선조 사회에서는 삼강오륜의 유교적 도덕률과 삼종지도(三從之道)가 중시되었는데, 부부유별(夫婦有別)이나 부위부강(夫爲婦綱)은 사실상 남편과 아내를 상하관계로 규정한 윤리강령이었다. 이런 사회에서 아내가 남편의 종아리를 때리는 것은 있을 수 없는 일이었다.

〔그것 없이는 못 살어요〕

옛날에 한 사람이 산으로 나무하러 갔는데 큰 나무를 도끼로 찍어서 넘어뜨리려 하는데 가만 보니까 큰 나무를 넘어뜨려서 이것을 소에다 실고 갈라면 힘이 들 것 같어서 나무가 넘어지면 소 잔등에다가 얹히게 할려구 나무 밑에다가 소를 끌어다 놓구 나무를 찍었다. 나무가 넘어지면서 소 잔등에 가 얹혔는데 워낙 큰 나무가 넘어지는 바람에 그만 소는 잔등이 부러져서 죽어버렸다. 이 사람은 죽은 소를 거기서 구어먹구 나무도 못하고 도끼만 들구 집이로 오는데 오다가 보니까 늪에 오리가 많이 있어서 저 오리나 잡어서 가겠다 하구 오리를 잡겠다구 도끼를 오리한테 홱 던졌다. 그랬더니 오리는 날러가구 도끼는 늪 속에 가라앉었다.

도끼를 잃구 오는데 도랑이 있는데 그 도랑에 큰 메기가 돌맹이 사이루 들락날락 하구 있어서 이것을 잡겠다구 머리에 쓴 건을 벗어서 메기에다 댔더니 메기란 놈이 그것을 씨고서 달아나서 그만 건을 잃어 버렸다. 그럭저럭 하다가 땅거미가 져서 그때쯤 해서 집이로 와보니까 장독대 위에 웬 허연 것이 있어서 아마 도둑놈이 와서 장을 훔쳐가는가 보다 하구 돌맹이를 집어서 그놈 한테다 내던졌더니 장독이 깨져서 장이 퀄퀄 쏟아져 흘러나왔다. 그 허연 것이란 에펜네가 속곳을 빨어서 장독에다 널었던 빨랜데 이 사람은 그것을 도둑놈으로 본 것이다.

집에 와서 배가 고파서 부엌에 들어가서 뭐 먹을 거 읎나 하구 살광을 뒤는데 살광에 있던 식칼이 내려지면서 이 사람으 자지를 잘라 버렸다. 방에 들어가서 자는 에펜네를 깨워서,

"나 걱정거리가 생겼네."

"무신 걱정거리가 생겼소?"

"나무하러 가서 나무도 못하구 소만 죽이구 왔네."

"소는 다시 사면 되지 뭘 걱정하시오?"

"늪에 오리가 있길레 그놈을 잡어가지구 올라구 도끼를 내던졌더니 오리는 못 잡구 도끼만 잃구 말았네."

"도끼는 다시 사면 되지요."

"메기를 잡으려다가 건을 메기한테 빼겼어."

"건은 다시 맨들면 돼요 걱정 마세요."

"장독대에 도적놈이 있기에 돌을 던졌더니 그만 장독을 깨틀어 간장을 다 흘려 버렸어."

"간장은 다시 담으면 돼요. 걱정 마세요."

"배가 고파서 살광을 뒤지다가 식칼이 떨어저서 그만 자지를 끊기구 말았어."

"어이구 저런, 그것 없으면 어턱해요. 그것 없이는 나는 못 살어요. 그것 없이는 나는 못 살어요."

(1942年 9月 京畿道 驪州郡 北內面 峴岩里 國本鍾玉)[9]

이 이야기에 등장하는 남편은 아주모자라는 사람은 아니다. 나무를 베어 소에 싣고 가려면 무거운 통나무를 적당하게 잘라서 소의 길마에 실어야 하는데, 그 일이 쉽지 않다는 것까지는 알고 있는 사람이다. 그래서 나름대로 지혜를 짜내어 나무가 저절로 소 등 위에 얹히도록 나무 밑에 소를 끌어다 놓고 나무를 찍어 넘긴 것이다. 그런데 나무가 너무 크고 무거워서 소가 깔려 죽고 만다. 소는 노동력을 제공하고, 값도 많이 나가기 때문에 일반 농가에서 매우 귀중히 여기는 가축인데 순간의 실수로 잃어버린 것이다. 그 다음에는 오리를 잡으려다가 도끼를 잃는다. 도끼는 농사꾼의 연장 중에서 비교적 값이 비싼 물건이다. 늪에 도끼를 던지는 행위는 무모한 일이지만, 오리를 맞혀서 잡으면 도끼를 잃어버리지 않고 찾을 수 있으니, 도끼를 던져 오리를 잡으려고 한 의도 자체가 잘못된 것은 아니다. 그러나 오리가 날아가 버리자 도끼는 그대

9) 임석재 편, 『韓國口傳說話』 5, 평민사, 1989, 352~353면.

로 늪에 빠져 버린다. 다음에는 메기를 잡으려다가 건을 잃는다. 건을 쓰고 달아난 메기를 추적하여 잡으면 건을 찾아낼 수 있는데 더 이상 찾으려는 노력을 하지 않는다. 별로 대단한 물건이 아니기 때문이다. 그리고 집으로 돌아와서 살림에 꼭 필요한 간장독을 깨고, 마지막으로 살광을 뒤지다가 칼을 떨어뜨려 성기를 잘리고 만다. 다른 손실은 모두 복구가 가능한 것이지만 잘려나간 성기는 복구가 불가능하기에 아내는 그것 없이는 못 산다고 한다. 소 없이도 살 수 있고 도끼나 간장 없이도 살 수 있지만 성기 없는 남자와의 부부생활은 할 수 없다는 것이다. 아무리 무던하고 착한 부인이라도 성기를 잃은 실수는 용납 못한다는 이야기다. 지극히 당연한 이야기지만 성(性)의 중요성을 재물과 비교하여 강조하고 있다는 점에서 의의가 있는 이야기이다.

여기에서 웃음은 남편의 바보스런 행위를 보고 자신의 우월감을 인식하는데서 유발된다. 그러나 이야기의 흥미의 핵심은 아내의 가치관을 진솔하게 드러냈다는 데 있다.

〔본처의 마음〕

어떤 선비가 장차 첩을 두고자 해서, 아내에게 말하기를,

"사람들이 말하기를, 첩이 많은 사람은 그 아내가 존귀하다고 하오. 내가 첩을 두려는 것은 당신을 소홀히 하려는 것이 아니라 실제로는 당신을 높여주려는 것이요. 장차 당신의 수고를 대신하게 하고 당신의 일을 맡아 하게 하려는 것이니 음식이나 의복을 첩이 모두 맡아서 하고, 실 짜고 베 짜고 하는 일을 첩이 모두 맡아 할 것이요, 당신은 턱짓과 손가락질로 그것을 부리기만 하면 될 것이니, 어찌 편안하고 높지 않겠소?"

라고 했다.

아내가 발끈해서 말하기를,

"나는 편안하고 싶지도 않고 또한 높아지고 싶지도 않소. 무릇 음식은 남녀관계와 같은 것이요. '일찍 많이 마신 사람은 늦게 먹는 밥의 맛을 모른다'는 말은 무슨 말이요?"

라고 했다.[10)]

이 이야기에서 남편은 첩을 두기 위해 아내를 설득한다. 첩이 본처가 해야 할 집안일을 다 하기 때문에 첩을 두면 본처가 편안해지고 높아진다는 말은 여성들 사이의 위계나 노역(勞役)의 문제를 거론하여 자존심을 자극한 말이다. 사람은 누구나 편안한 것을 좋아하고 떠받들리고 대접 받는 것을 원한다. 그래서 남편은 아내를 설득할 만한 말을 찾아냈다고 생각했을 것이다. 그런데 아내는 성(性) 문제에 초점을 맞추어 남편의 말을 부정한다. 편안하고 높아지기보다 남편과의 잠자리를 독점하고 싶다는 것이다. 먹는 것이 한계가 있어서 이미 많이 먹은 사람은 음식의 맛을 적게 느끼듯이, 남편의 성적 능력도 한계가 있어서 부부관계를 첩과 나눈다면 자기의 몫이 반감된다는 것이다. 그래서 차라리 편안해지거나 높아지는 것을 포기하지 성적 쾌락을 포기하지는 않겠다고 한다.

이는 참으로 여성의 욕망을 솔직하게 드러낸 말이다. 아내가 남편의 말에 설득될 만한데도 설득되지 않고 오히려 기대에 반대되는 반응을 보인다는 점에서 이 이야기가 유발하는 웃음은 기대와 다른 모습을 발견할 때 나오는 웃음이다. 또한 여성의 입장에서 보면, 아내의 솔직한 말에서 자기의 성적 욕망을 발견하고 웃을 수 있기 때문에 자기발견의 웃음이라고 할 수도 있다.

2) 부모와 자식

전통 사회에서는 대가족이 한 집에서 생활하는 경우가 많았고, 여러 가족 구성원이 한 방에서 기거하는 경우도 많았다. 이런 생활환경을 배

10) 서거정, 박경신 역주, 『對校 · 譯註 太平閑話滑稽傳』 2, 국학자료원, 1998, 345~346면.

경으로 부부가 자식들의 눈을 피해 성생활을 하려다가 민망한 모습을 들키는 이야기, 아버지 부부와 아들 부부 사이에 미묘한 갈등이 생기는 이야기가 만들어졌다.

〔벌리고 보다가〕

옛날에 한 내외가 사는데 아이들은 여럿인데 집은 가난해서 아이놈들을 데리고 한 방에서 지냈다. 밤에 잘 적에는 마누라는 아랫목에서 자고 남편은 윗목에서 자고 그 사이에 아이놈을 재웠다. 이렇게 내외가 떨어져 자는데 아이놈덜은 대가리가 커고 하니 좀처럼 내외가 함께 잘 수가 없었다.

하루는 마누라가 아침밥을 할라고 부엌에서 일을 하고 있는데 남편이 슬그머니 들어가서 마누라 보고 여보게 우리가 만난지가 몇 달인가 우리 오늘밤 만나서 재미 좀 보세 이러니까 마누라도 그러자고 했다.

밤이 돼서 아이놈덜 보고 어서 자라 하고 억지로 재워놓고 한밤중이 돼서 아이놈들이 잠이든 것 같어서 남편은 마누라가 누어 있는 쪽으로 갔다. 마누라는 마누라쟁이대로 서방이 자는 대로 간다고 아이놈들 머리맡으로 벽을 안고 조심조심 갔다. 이렇게 두 내외가 엇갈려서 돌며 가니 만날 수가 있어야지. 열두 바퀴나 돌다가 겨우 만나게 됐어. 만나게 됐는데 그것을 하는 것도 하는 것이지마는 하도 오랜만에 만난지라 서방놈은 마누라 그것이 보고 싶어서 마누라 보고 그것 좀 보자고 했다. 마누라는 그러라고 하고 자 보시오 하고 누어서 그것을 내밀었다. 지금 같으면 라이타나 후랫쉬 같은 것을 대고 봤겠지만 그때는 그런 것이 읎어서 관솔에다 불을 부처서 마누라 그것을 벌리고 들여다 봤단 말이지 하도 오래간만에 보게 되니까 신이 나서 한참 들에다 보고 있는데 그만 관솔 불똥이 떨어져서 마누라 거기에 떨어졌단 말이여. 떨어지니까 마누라는 에잇 뜨거 하면서 발길질을 했어 발길질을 하는 바람에 방구석에 있는 술독을 차서 술독이 깨져서 방 안에 술이 가득 흘러내렸단 말이야. 그러니까 큰놈이 하는 말이,

"에이 헐라면 그냥 헐것이지 보기는 뭘 본다고 그러다가 이게 무슨 짓이람."

이러니까 둘째놈이,

"아이구 말 말어. 열두 바퀴나 돌다가 그러는 걸."

셋째놈은,

"아유 애 만들라다가 그랬지 어른 맨들라고 했드라면 이런 꼴 안 생기지."

이러고 보니 두 내외는 아이들한테 망신만 톡톡히 당하고 놀지도 못하고 말었다니 그거 참.

(1965年 11月 京畿道 楊州郡 州內面 維楊里 朴敎應)[11]

부부사이의 성관계는 사회로부터 공인받은 것이기에 허물이 되지 않지만, 다른 사람의 눈을 피해 은밀하게 이루어져야 한다. 전통사회에서는 대가족이 한 집에서 생활하는 경우가 많아서 두 사람이 오붓하게 성관계를 가질 기회가 마땅치 않았는데, 이 이야기에서는 자녀와 한방에서 잠을 자는 부부가 자녀 모르게 성관계를 가지려다가 들켜 망신을 당한다. 여기에 등장하는 부부는 그야말로 서로 마음이 잘 맞는 정의가 두터운 부부이다. 아이들을 방 가운데 재우고 아랫목과 윗목으로 떨어져 잠을 자면서 서로에 대한 그리움을 참고 사는 사람들이다. 그런 부부가 하루는 밤에 만나 재미를 보자고 약속을 했다. 아이들을 재워 놓고 부부가 서로를 향해 기어가는데, 출발시간이 똑같고 기어가는 방향도 같아서 마주치지 않고 방 안을 열두 바퀴나 돈다. 열두 바퀴를 돌았다는 것은 그만큼 만나려는 욕구가 강렬하다는 것을 의미한다. 어려움을 겪은 후에 일을 성취하는 기쁨이 더욱 크기에 방 안을 열두 바퀴나 돈 후 마주쳤을 때 두 사람은 더없이 기쁘고 반가웠을 것이다. 그런데 몇 달을 가까이 하지 않은 부부인지라 아내의 그것이 보고 싶어 남편이 관솔불을 켜고 보다가 일을 그르치고 만다. 관솔은 소나무 가지에 송진이 엉킨 막대기다. 불이 잘 붙어서 옛날 촌가에서는 촛불이나 석유등잔 대신 관솔로 불을 밝히기도 했다. 관솔이 타면 송진이 녹아 뚝뚝 떨어지는데 무척 뜨거워서 살에 닿으면 화상을 입는다. 관솔불에 지글지글 녹아 끓는 송진이 여인의 무른 속살에 떨어졌으니 얼마나 뜨겁겠는가? 여인은 놀라서 발길로 술항아리를 걷어차게 되었고 항아리가 깨지면서

11) 임석재 편, 앞의 책, 362~363면.

방안에 술이 쏟아지는 난감한 상황이 벌어졌다. 그런데 우스운 것은 아들 삼형제가 모두 잠을 자지 않고 모르는 척 하며 부모의 행동을 지켜보고 있었다는 것이다. 아이들은 마치 혼잣말하듯이 투덜댄다. 큰놈은 그냥하지 무엇을 보려고 그러느냐고 하고, 둘째는 열두 바퀴나 돌았다고 하고, 셋째는 애를 만들려다가 이렇게 되었다고 한다. 이 이야기의 백미는 아이들이 하는 말인데, 다른 각편에서 나타나는 변이를 보면 다음과 같다.

7세 정도 막내아들 : "형아, 형아, 아빠 엄마는 기어 다니면서 잠을 잔다."
10세 정도 둘째 아들 : "벌써 열두 바퀴째 돌고 있다."
15세 정도 큰아들 : "쉬잇, 조용히! 좋은 구경 놓친다."

이 이야기가 주는 웃음은 아이들이 이미 부모의 속임수를 간파하고 있었다는 점에서 기대와 다른 모습이 유발하는 웃음이다. 또한 아이들 모르게 부부관계를 가지려고 노력했던 경험이 있는 이들의 입장에서 보면 자기발견의 웃음이다. 부부가 서로를 찾아 기어가는 것은 바로 짝짓기 하는 동물의 행위와 같기 때문에 이 이야기는 비천한 것의 모방이 웃음을 유발한다는 이론에도 잘 부합된다.

〔삐요삐요〕

므슴살이 하는 놈이 제우 장개 들으가지고 사는디 집이라고는 한 칸 방 한 칸이그든유. 살다보니 자식새끼를 숱하게 낳아놨단 말이유. 으렵게 사니께 남으 집이 가스 일해 주으야지. 마누래는 마누래대로 남으 집이 가스 빨래도 해주고 품도 팔고 하지. 자식 새끼는 연년생이라 칠팔 남매나 나 놨는디 두 내외는 증답게 잠도 못자는 형편이여유.

으뜬 여름날인디 하루는 마누라 보고,

"여보게 우리가 이룧게 살면스 자식새끼들 땜에 두 내외가 증답게 잠도 못자니 으디 살겠능가, 오늘 즈녁에는 우리 둘이 조용히 만나스 자 보세."

이렇게 말하구스,

"오늘 즈녁에 근느 마을 최첨지네 사랑에 가스 야심토록 놀다가 올팅게 자네는 마당가으 대추나무 밑이다가 밀대집을 깔으놓고 지다리고 있게."

"그러지라우."

이렇게 약속을 해 놨단 말이유.

스방 녀슥이 최츰지네 사랑에 가스 놀다가 야심해스 집에 왔지. 와스 대추나무 밑이를 보니게 밀대짚크녕 아무긋도 깔여 있지 않단 말이유. 방으로 들으갔다가는 아이새끼놈들이 잠을 깨각고 우루루 나올가 봐 방에는 안들으가고 마누라한티 귀땜만 해줄라고 지 늡득지를 두 손으로 탁탁치면스 꼬꼬오 하고 수탁 소리를 냈으. 그릉께 방에스 마누래가 꼬꼬 함스 암탁 소리를 내면스 나오그든. 그른디 이놈으 아새끼들이 잠을 깨각고 제 에미 뒤에스 삐요삐요 하면스 주루루 따라나오드래유.

―1973年 9月 28日 公州邑 中學洞 金健培 (65세, 男)[12)]

자식들 몰래 부부관계를 가지려고 부부가 닭 소리로 신호를 보냈는데 아이들이 병아리 소리를 내면서 따라 나왔다는 이야기이다. 부모는 자식들 모르게 소통하려고 닭 소리를 냈던 것인데, 자식들은 부모가 닭 소리를 내는 것을 듣자 부모가 닭이면 그 자식은 병아리가 되니 병아리 소리를 내야 한다고 생각하고 상황과 처지에 어울리는 행동을 한 것이다. 그러나 부모의 정다운 만남은 자식들의 지나친 영리함 때문에 무산되고 말았다.

이 이야기가 유발하는 웃음은 인간에게서 동물적인 모습을 발견할 때 나오는 웃음이다. 성욕을 충족하기 위해 닭이 되는 부부의 모습뿐만 아니라, 영문도 모르고 부모를 따라 병아리가 되는 자식들의 모습도 웃음을 자아낸다. 이 이야기도 역시 비천한 것의 모방이 웃음을 유발한다는 이론에 잘 부합된다.

다음으로, 성장하여 어른이 된 자식들과 부모의 관계를 다룬 소화를 보자.

---

12) 임석재 편, 『韓國口傳說話』 6, 평민사, 1990, 477~478면.

〔내 병 다 나았다〕

옛날에 한 사람이 있는디 아들을 삼형제를 두었는디 모두 다 효자여. 메누리 두 싯 읃었는디 이 메누리 싯두 모두다 효부여.

그른디 이 사람은 아들 메누리 중에 누가 드 효심이 있는가 알고 싶으스 하루는 즈그 할믐하구 짜구스 할믐이 갑재기 병이 나스 앓는다구 눕게 하구 자기는 약 지르 약방에 간다 하구 갔다. 그리구 갔다와스는 아들 삼형제를 불르다 앞에 앉혀 놓구스,

"야들아 이그 큰일났다. 느그므니 빙은 심상치 않은 빙이라 놔스 백약이 무효고 그 빙을 낫을라문 남자 불알을 댈여 믁이야만 낫는다는디 남자 불알을 워디 가스 구하겠느냐?"

하구 말했다. 그르니까 큰 아들은 지 불알을 띠여스 댈여드리야쥬, 했다. 이른 말을 문 밖으스 듣구 있든 큰메누리는 문을 프뜩 열구,

"아이구 그근 안 돼유. 불알을 댈여 드릴 수 읎이유" 하구 큰 소리를 쳤다. 그르니께 둘째 아들이,

"형수님이 즈룧게 안 된다니게 형님 불알은 그만두구 제 불알을 떼스 댈에 자시도룩 하지유."

했다. 그르니께 둘째 메누리가 이 소리를 듣구,

"그근 안 될 말이유. 그를 수는 읎이유."

하구 생야단쳤다.

그르니게 싯재 아들이,

"형수님들이 즈룧게 반대하니 지 불알을 떼어스 드릴 수밖에 읎십니다"

했다. 그르니게 막내메누리는,

"그그 안 될 말이유."

하면서,

"아들들 불알은 씨를 받으야 할 불알이니께 떼여스는 안 됩니다. 불알을 떼서 댈여 드릴라문 아부님 불알을 떼여스 댈여 드리야 할 그 아니유. 아브님은 씨두 다 받으 놨이니 떼여두 벨 지장이 읎지 안해유. 으므님 빙이 꼭 남자 불알을 떼스 댈여 믁으야 한다문 아브님 불알을 떼스 댈여 자시는게 졸 긋 같십니다."

하구 말했다.

그랬드니 이 말을 들은 시으므니는 자리에스 블끈 일으나 앉이먼스,
"야들아 불알 떼여스 약 쓸 긋 읎다. 내 빙 다 낫읐다."

—1941年 4月 唐津郡 高大面 城山里 朴太羲[13)]

이 이야기는 부부 사이와 부자 사이의 정리(情理)를 묘파(描破)하고 있다. 부자나 모자의 관계는 혈통으로 맺어진 천륜지간이다. 그리고 효행은 부모로부터 생명과 육신을 받은 자식들이 부모를 위하여 몸과 마음을 바쳐 희생하는 행위이다. 그래서 효자인 아들들은 어머니의 병을 고치기 위해 몸의 가장 중요한 부분까지도 떼어드리겠다고 나선다. 그러나 며느리들은 시어머니의 병을 고치기 위해 남편의 불알을 떼어드릴 수 없다고 반대한다. 부부 사이는 계약관계이다. 부부가 자식을 낳으면 자식을 매개로 뗄 수 없는 관계가 되지만, 자식을 낳지 않고 헤어지면 남이 되어 버린다. 그러니 며느리들이 시어머니의 병을 고치기 위해 남편의 불알을 떼어드릴 수 없다고 하는 것이 당연하다. 불알을 떼어내면 남편의 성기능이 상실되어 자식을 둘 수 없기에 부부관계가 파탄 나지 않겠는가? 그래서 며느리들은 대신 시아버지 불알을 떼어 약에 쓰자고 하는데, 아들들이 불알을 떼어드린다고 할 때는 가만히 있던 어머니가 이 말을 듣고는 그만 병이 다 나았다고 한다. 부모가 자식 며느리의 효심을 시험하기 위해 시작한 일인데, 결국 아내가 자기 남편을 위하는 마음은 젊으나 늙으나 마찬가지라는 것을 증명해 주고 끝난다. 이와 비슷한 이야기들이 많이 전하는데, 어느 경우나 시어머니가 자기 남편의 성기를 베어내게 되자 병이 다 나았다고 하며 자리를 털고 일어나는 것으로 결말이 난다.

여기에서 웃음은 시어머니의 마지막 행동을 통해 늙은 부부나 젊음 부부나 성생활을 중하게 여기기는 마찬가지라는 평범한 진리를 확인하는데서 유발된다. 즉 자기발견에서 유발되는 웃음이라고 할 수 있다.

---

13) 위의 책, 476~477면.

3) 관리와 기녀

기녀는 전통사회에서 예능을 담당한 여성이었다. 연회에서 흥취를 돋우기 위해 노래와 춤을 곁들여야 했는데 이것을 담당한 전문예능인이 기녀였다. 이들은 다른 여성들과 달리 남성과의 접촉이 사회적으로 공인되었고, 때때로 남성들의 잠자리 시중을 들기도 했다. 이러한 배경 속에서 관료와 기녀의 관계를 다룬 이야기가 많이 나타났다.

〔조정관리의 가짜 울음〕

김씨 성을 가진 어떤 조정 관리가 풍산군에서 안동기생을 이별하면서 통곡하고는 한참을 지나 너 댓 마장을 가서는 길가의 오래된 무덤을 보고는 말에서 내려 절하고 곡을 했다.

늙은 종이 말하기를,

"서방님께서는 어찌해서 곡을 하며 슬퍼하십니까?"

라고 했다. 서방님이 말하기를,

"이것은 내 돌아가신 할아버지의 무덤이다. 이십여 년 만에 지금 지나다가 뵙게 되었기에 이 때문에 그에 곡하는 것이다."

라고 했다. 종이 말하기를,

"서방님이 아가씨와 서로 이별하며 통곡하신 뒤에 눈물이 글썽글썽하더니 그 남은 슬픔이 다하지 못했습니다. 이 늙은 종의 망령된 생각에는 이제 서방님이 그에 곡하는 것은 할아버지의 무덤이라서가 아니라 아가씨를 생각해서일 뿐입니다."

라고 했다. 서방님이 말하기를,

"늙은 종이 감히 나를 놀리는가? 더 잔말 말아라."

하고는 눈물을 닦고 떠났다.[14)]

이것은 기녀를 이별한 슬픔을 진정하지 못하다가 하인에게 조롱당한 조정관리의 이야기이다. 사랑하는 남녀에게 가장 괴로운 것이 이별인

14) 위의 책, 420~421면.

데, 자의보다도 타의에 의해 이별해야 할 때 더욱 슬프고 과로운 것이다. 관리인 김은 풍산 현감을 지내면서 안동부의 관기와 정을 통하고 사랑을 하게 되었다. 안동기생이라고 하는 기녀는 안동부 소속 관기를 말한다. 그런데 김이 다른 고을로 부임하라는 조정 명령을 받아 관기를 두고 멀리 떠나게 된다. 관기는 고을 관아에 소속되어 있기에 관원이 다른 곳으로 데리고 갈 수 없다. 관원이 교체되면 새 관원을 상대하면서 이전 관원을 잊을 가능성이 높다. 이런 상황을 생각하니 정든 기녀를 이별하고 떠나는 길에 통곡이 저절로 터지는 것을 주체하기 어려웠을 것이다. 체면 때문에 간신히 울음을 참고 가다가 결국은 슬픔이 복받쳐 길가 묘에다 대고 한바탕 울어 버렸던 것이다. 늙은 종이 이런 사정을 알면 위로를 해주어야 하는데 할아버지 묘 앞이라서 곡을 한다고 둘러대는 관원의 속내를 다 들춰낸다.

이 이야기는 조선조 관리의 체면치례, 가식행위를 풍자한 것인데, 한편으로는 사랑하는 남녀의 이별의 정한(情恨)이 조상의 묘까지 거짓으로 만들어 낼 만큼 크다는 보여준다. 양반 가문에서 할아버지 묘는 자손들이 제향을 받드는 신성공간으로서 이것을 거짓으로 둘러대는 일은 있을 수 없는 패륜이다. 이런 사정을 고려하면 관리가 기녀를 생각하는 마음이 얼마나 간절했는지를 짐작할 수 있다. 이 이야기는 기녀의 모습은 전혀 보여 주지 않고 윤리의식이 결핍된 남성의 모습만 부각시켜 웃음의 대상으로 삼고 있다.

여기서의 웃음은 관리의 가식을 벗겨버린 하인의 솔직성과 기녀에 대한 감정을 통제하지 못하는 관리의 다정한 인간적 모습에서 유발된다. 사랑하는 사람과 이별을 체험해 본 사람들에게는 일차적으로 자기 발견에서 유발되는 웃음이고 감정을 절제해 본 사람들에게는 자기 우월감에서 나오는 웃음이라고 할 수 있다.

〔너의 어미가 죽었다〕

유(柳)씨성을 가진 늙은 조관(朝官)이 있었는데 임천군(林川郡) 수령으로 가서 한 기생을 사랑해서 관아(官衙) 속으로 불러들여 나오지 못하게 하고 매우 사랑했다. 성재상(成宰相)이 그 당시 본도 수사(水使)로 있었는데 유의 소위(所爲)를 듣고 분한 마음에 바로 임천으로 가서 동헌으로 들어가 먼저 그 기생을 찾으니 모두 대답하기를 병이 들어 드디어 죽었다고 하였다. 공이 (아전들에게) 강제로 형장을 가하고 위엄을 보이니 아전이 그 고통을 이기지 못하고 관아에 나와서 슬픔을 아뢰니 유가 부득이 나왔다. 기생은 쑥대같은 머리에 때국이 흐르는 얼굴로 푸른 치마에 맨 다리로 성수사(成水使)에게 알현하였다. 성수사는 그 기녀를 방중으로 불러들여 노기(老妓)를 시켜 그 얼굴을 씻기고 머리를 다스리고 옷을 갈아입히고 보니 몸매와 얼굴이 여러 기생 중 으뜸이었다. 즉시 사랑하여 군영으로 실어왔다. 유는 뜻밖에 기녀를 빼앗기고 계교가 없어 급히 쫓아오며 중로에서,

"아무개야 너의 어미가 죽었다."

고 하였다.

성수사는 기녀에게 너의 어미가 죽었으면 돌아가야 되지 않느냐고 하였다. 기녀가 웃으면서 '첩의 어미는 죽지 않았습니다'라고 말했다.

다른 날 기녀가 성수사에게 조용히 말하기를,

"첩이 비록 관아 속에 있었으나 본심이 아니었습니다. 항상 조관이 군에 들어오면 심중에 놀라서 당혹하며 하루하루를 지냈는데 다행히 이제 상국(相國)과 인연을 맺게 되어 형장의 아픔을 면하게 되었으니 참으로 재생의 은혜를 입었습니다" 하였다.[15)]

이 이야기는 조정의 관리가 권력으로 기녀를 차지하는 모습을 보여준다. 기녀에게 침혹하여 정사를 돌보지 않는 고을 수령과 그가 사귀던 기녀를 위권으로 빼앗아 차지하는 수군절도사가 등장한다. 수사가 데리고 가는 기녀를 붙잡기 위해 멀쩡하게 살아 있는 기녀의 어미가 죽었다고 소리치며 뒤따라오는 수령의 모습에서 웃음이 유발된다. 양반으로서 자기 체면조차 돌보지 않고 기녀에 대한 정 때문에 몸부림친다는 점이

---

15) 李陸, 서대석 역, 「青坡劇談」, 『大東野乘』 1, 경희출판사, 1968, 188면.

우습다. 그런데 수사와 재미를 본 기녀가 마음이 변해서 수령의 외침을 듣고도 못들은 척 했다는 것도 또한 재미있다. 결말에서 기녀가 자기 속마음을 말하는데, 여기에 기녀는 여러 남자 중에서 가장 인품이 좋고 남자다운 이를 따른다는 의미가 담겨있다. 사대부 관료사회에서 남성의 가치기준으로 기녀의 속마음까지 재단(裁斷)한 이야기라고 할 수 있다.

여기서 수령의 다급한 행위를 보고 웃는 것은 자기 우월감을 느낄 때 나오는 웃음이고 기녀의 속마음을 통해 나오는 웃음은 기대와 다른 결과에서 유발되는 것이라고 본다.

4) 상전과 계집종

계집종은 상전인 남성에게 가장 만만한 성적 대상이었다. 그러나 아내와 같은 공간에서 감시를 받고 생활하기에 마음대로 접근하지는 못했다. 아내의 눈을 피하든지 아내의 동의를 구해야 접근이 가능했다. 남자가 기녀와 노는 것은 집 밖에서의 일이기에 아내가 모를 수 있고, 안다고 해도 기녀를 다스리는 것이 쉽지 않았다. 그러나 계집종은 아내의 수하이기에 마음만 먹으면 얼마든지 징치를 할 수 있었다. 그래서 계집종을 말썽 안 나게 차지하는 이야기가 나타나게 되었다.

〔계집종을 범하는 여덟 가지 경치〕

근래에 호사가가 계집종을 범하는 여덟 가지 경치를 지은 것이 있다.

첫째는 굶주린 호랑이가 고기를 탐낸다는 것이니(餓虎貪肉) 이는 주인 늙은이가 계집종을 탐내는 것을 말한다.

둘째는 늙은 여우가 얼음을 염탐하는 것이니(老狐聽氷) 이는 아내가 잠들었는지를 살피는 것을 말한다.

셋째는 쓰르라미가 허물을 벗는 것이니(寒蟬脫殼) 이는 옷과 이불을 벗어버리는 것을 말한다.

넷째는 탐욕스러운 이리가 되돌아보는 것이니(貪狼反顧), 이는 조심하고 두려워하며 느릿느릿 행동해야 함을 말한다.

다섯째는 백로가 고기를 엿보는 것이니(白鷺窺魚) 이는 계집종을 엿보는 모양을 형용하는 것이다.

여섯째는 은백색의 매가 꿩을 잡는 것이니(蒼鷹捕雉) 이는 계집종을 붙잡는 모양을 형용하는 것이다.

일곱째는 옥토끼가 약을 찧는 것이니(玉免擣藥) 이는 계집종과 더불어 즐거움을 누리는 것을 말한다.

여덟째는 황금닭이 싸웠다 떨어졌다 하는 것이니(金鷄闘距) 이는 아내와 서로 싸우는 것을 말한다.[16]

이 이야기는 남성의 시각에서 여성에게 접근하거나 여성을 다루는 양태를 금수(禽獸)의 양태에 비기어 서술한 것이다. 호랑이, 여우, 매, 백로 등은 모두 자연 생태계에서 윤리적 제약을 받지 않고 본능적으로 살아가는 동물들이다. 인간의 남녀관계를 이러한 들짐승이나 조류에 비교한 것은 성욕을 채우려는 인간의 움직임이 동물적이라는 인식에서 나온 것이다. 이 이야기가 유발하는 웃음은 모든 인간이 가지고 있는 동물적 본능을 확인하면서 웃는 자기발견의 웃음이고, 동물적 본능을 감추기는 데 성공한 자가 자기의 우월을 확인하면서 웃는 자기우월의 웃음이다.

〔아내는 흰 떡 계집종은 황채 절임〕

어떤 집의 늙은이가 계집종을 은밀히 범하기를 좋아했다. 어느 날 밤에 몰래 계집종의 침소로 갔더니 계집종이 간(諫)해서 말하기를,

"마님께서 살지고 기름져서 흰 떡 같은데 어찌해서 추하디 추한 계집종을 훔치려 하십니까?"

라고 했다. 주인 늙은이가 말하기를,

"흰떡에는 누런 채소절임이 묘미가 있기 때문에 세상에서 계집종을 일러 누

16) 위의 책, 116~118면.

런 채소절임이라고 한다. 나는 누런 채소절임을 가까이 하리라."
라고 했다.

친구에게 음식을 대접하면서 시를 지어 말하기를,
"우리 집에 소금에 절인 채소가 두어 항아리 있는데
서로 권하려 해도 아침 저녁으로 늙은 아내가 있네
그대가 만약 고기 먹다가 쓰고자 해도
흰떡도 누런 채소도 그 때문에 응당 드릴 수 없다네."
라고 했다.[17]

이 이야기에서는 여성이 음식에 비유된다. 흰떡에는 누런 채소절임이 제격이라는 말은 음식은 각각 맛이 다르고, 같은 것만 지속적으로 먹으면 물리기 때문에 섞어서 먹어야 맛있다는 뜻이다. 이와 같은 이치로 흰떡 같은 아내를 지속적으로 상대하려면 누런 채소절임 같은 계집종을 함께 상대해야 된다고 한다. 음식의 맛이 각각 다르듯 여성의 성적 매력도 각각 다르기 때문에 남성은 여러 여성과 관계를 갖기를 바란다는 것이다. 전통사회 양반 남성의 시각에서 성에 대한 생각을 설파한 이야기이다.

여기서의 흥미의 초점은 부부간의 성생활을 식생활에 비유하여 성과 음식의 공통점을 묘파했다는 데 있다.

5) 스님과 과부

스님은 여색을 멀리하고 불도를 닦는 남성이고 과부는 죽은 남편만 생각하고 혼자 살아가는 여성인데, 둘 다 성적 결핍을 느낀다는 점에서 처지가 같다. 이러한 사정 때문에 스님과 과부를 함께 등장시킨 성소화

17) 위의 책, 22면.

가 만들어졌다.

〔渡水僧〕

상좌가 사승(師僧)을 골탕 먹이는 일은 옛날부터 있는 일이었다. 옛날에 한 상좌가 스님을 보고 말하기를,

"까치가 은젓가락을 물고 문 앞에 느릅나무로 올라가네요."

하였다. 스님이 이 말을 믿고 (은젓가락을 취하려고) 나무를 기어오르는데 상좌가 큰 소리로 외치기를,

"우리 스님이 (느릅나무로 올라가서) 까치 새끼를 잡아서 구워 먹으려고 해요."

하였다. 스님은 낭패를 당해서 급히 내려오다가 나무에 몸을 모두 긁히어 상처가 나고 말았다. 스님이 노해서 (거짓말을 한) 상좌를 매질하였다.

상좌가 밤을 타서 스님이 다니는 출입문에 큰 솥을 걸어놓고 불이 났다고 크게 소리쳤다. 스님이 놀래서 급히 일어나 뛰어나가다가 솥에 머리를 부딪치고 땅에 쓰러졌다. 한참 뒤에 나와 본즉 아무 불도 없어서 화를 내며 상좌를 나무라니 상좌가 먼 산에 불이 났기에 고(告)한 것이라고 하였다. 스님은 지금부터는 가까운 불만 고하고 먼 곳의 불은 고할 필요가 없다고 하였다.

또 상좌가 스님을 골탕 먹이려고 스님에게 말했다.

"우리 집 이웃에 나이가 어리고 자색이 있는 과부가 있는데 항상 저에게 말하기를 '절 후원에 있는 감은 너희 스님 혼자서 먹느냐?' 하기에 제가 대답하기를 '어찌 스님 혼자 다 먹습니까? 매양 사람들에게 나누어 줍니다' 하니 과부가 말하기를 '너는 내 말로 스님에게 달라고 해 보아라 나도 먹고 싶다' 하였습니다"라고 하였다.

스님이 말하기를,

"그렇다면 네가 감을 좀 따다가 갖다 주려므나."

라고 했다. 상좌는 감을 모두 따다가 저의 부모에게 갖다 드렸다. 그리고 돌아와서 스님에게 말하기를,

"과부가 기뻐하며 잘 먹겠다고 하면서 다시 말하기를, '옥당(玉堂)에 차려 놓은 흰떡은 너희 스님 혼자 다 먹느냐?' 하기에 제가 대답하기를 '스님이 어찌 혼자 잡숫겠습니까? 늘 사람들에게 나누어 주십니다' 하니 과부가 말하기를 '너는 내 말로 빌어 보거라. 나도 좀 먹어 보자' 하였습니다"라고 하였다. 스님

이 말하기를,

"그렇다면 네가 조금 싸서 갖다 주려므나."

하였다.

상좌는 떡을 모두 싸다가 저의 부모에게 주고 돌아와 스님에게,

"과부가 기쁘게 잘 먹겠다면서 이어서 말하기를 '어떻게 너의 스님 은혜를 보답하느냐?' 하기에 제가 답하기를 '스님이 당신과 서로 만났으면 한다' 하였더니, 부인이 흔연히 허락하면서 말하기를 '우리 집은 친척과 노복이 많아 스님이 오는 것이 불가하니 내가 몸을 빼내어 절로 가서 서로 만남이 좋겠다' 하기에 제가 아무 날로 기약을 정하였습니다."

라고 하였다. 스님이 기쁜 마음을 이기지 못하여 기약한 날에 상좌를 보내어 과부를 맞이하게 하였다.

상좌가 과부에게 와서 말하기를,

"저의 스승이 폐병이 있어서 의원이 말하기를 부인의 꽃신을 따듯하게 해서 배를 문지르면 낳는다고 하니 신 한 짝만 주시면 가지고 갈까 합니다."

하니 부인이 마침내 주었다. 상좌가 돌아와서 문을 닫고 가만히 엿본즉 스님이 선방을 깨끗하게 소제하고 요와 방석을 깔아놓고 혼잣말로 웃으며 말하기를,

"나는 여기 있고 부인은 저기 앉고 내가 밥을 권하면 부인이 먹고 내가 부인의 손을 이끌고 방으로 들어가 함께 즐기리라" 하였다. 이 때 상좌가 마침 들어와 신짝을 스님 앞에 던지며 말하되,

"대사를 그르쳤도다. 내가 부인을 청하여 와서 부인이 문에 이르러 스님이 하는 모양을 보고 크게 노하여 말하기를 '너는 내가 미친 줄 아느냐? 너의 스승은 미친병이 들었구나!' 하고 달아나 돌아가기에 제가 뒤쫓아 갔으나 미치지 못하고 다만 떨어뜨린 신 한 짝만 얻어가지고 왔습니다" 하였다. 스님은 머리를 숙이고 후회하고 한탄하며 말하기를,

"너는 내 입을 쳐라!"

하였다. 상좌는 즉시 목침으로 힘을 다해 스님의 입을 치니 스님의 이빨이 모두 부서져버렸다.

스님은 과부를 꾀어서 하루 저녁 과부에게 가서 장가들기로 약속을 하였다. 상좌가 거짓으로 스님에게 말하기를,

"날콩을 가루를 내어 물에 타서 마시면 양도(陽道)에 매우 좋다고 합니다."

라고 하였다. 스님은 이를 곧이듣고 날콩물을 잔뜩 먹고 과부 집에 이르렀다. 그런데 배가 끓고 부풀어 올라 겨우 기어서 들어와 장막에 기대어 발뒤꿈치로 항문을 고이고 앉아 엎드리지도 일어서지도 못하고 있었다. 이슥고 부인이 들어와서 스님이 고초앉아 움직이지 않는 것을 보고 말하기를,

"어찌하여 이처럼 나무등시의 모양을 하고 있소?"

하고 손으로 떠밀자 스님은 땅바닥에 엎어지며 설사를 쏟아내어 구린내가 방에 가득하였다. 그 집에서 몽둥이로 두들겨 쫓아내니 스님이 밤중에 혼자 가다가 길을 잃었는데 흰 기운이 길에 가로 질러 있는 것을 보고 개천 물이라고 생각하여 옷을 벗고 들어가니 이는 가을보리 꽃이었다. 스님이 분노하여 가다가 (또) 흰 기운이 길을 가로 막은 것을 보고 '보리밭이 이미 나를 속였는데 다시 보리밭이로구나' 하고 옷을 벗지 않고 들어가니 이것은 물이라 옷이 모두 젖었다.

한 다리를 건너는데 부인 몇이서 시냇가에서 쌀을 일고 있었다. 스님이 중얼거렸다.

"산재, 산재."

이 말은 대개 낭패를 당하여 고통을 당하는 모습을 말하는 것이다. 부인들이 아무런 까닭을 모르는 터라 떼로 몰려와서 스님을 막아서며 말하기를,

"술 담글 쌀을 일고 있는데 어째서 (재수 없게) '산재' 소리를 내느냐?"

하고 달려들어 옷을 모두 찢고 두들겨 팼다.

해가 높이 떠오르도록 밥을 얻어먹지 못하여 주린 배의 고통을 참을 수 없어 마 뿌리를 캐서 씹으며 오는데 문득 외치는 소리가 나서 보니 수령의 행차였다. 스님이 다리 아래 엎드려 피하다가 가만히 한 생각이 떠올랐다. '마 뿌리가 매우 탐스러우니 만약 이것을 바치면 밥을 얻을 수 있겠구나' 하고 수령이 다리에 이르렀을 때 번연히 돌출하니 수령의 말이 놀라 뛰는 바람에 수령이 땅에 떨어지고 크게 노한 수령이 (스님에게) 몽둥이질을 하고 가버렸다.

스님이 다리 옆에 누워 있는데 순찰하는 관리 두어 명이 다리를 지나가다가 보고 말하기를,

"아래에 죽은 중이 있다. 몽둥이로 찔러 보자."

하고 장대를 가지고 찔러대니 스님이 두려워 숨도 쉬지 못하고 있었다. 한 사람이 칼을 빼 가지고 다가서며 말하기를,

"죽은 중의 양근(陽根)은 약에 좋으니 베어다가 쓰겠다."

고 하였다. 이에 스님이 큰 소리를 지르며 달아났다.

황혼이 되어 절에 이르니 문이 닫혀서 들어갈 수가 없었다. 큰소리로 상좌를 불러 문을 열라고 하자 상좌가 말하기를,

"우리 스님은 부인 집에 가셨는데 너는 어떤 놈이기에 밤중에 와서 이러느냐?"

하고 내다보지도 않았다. 스님이 개구멍으로 들어가니 상좌가,

"어느 집 개인데 지난밤에 불유(佛油)를 바닥내고 이제 다시 오느냐?"

하며 작대기로 두들겼다.

지금 말에 낭패를 당해서 힘든 고생을 하는 형상을 말하되 '물 건너는 중'이라고 한다.[18)]

이 이야기는 세간에 떠도는 여러 망신담들이 집적되어 하나의 이야기로 재편집된 것인데, 스님의 망신이 성욕을 채우려다 실패한 데서 기인하기에 성소화의 범주에 든다. 이 이야기에서 스님의 제자인 상좌는 스님의 속마음까지를 훤히 알고 있는데 스님은 상좌란 인간을 알지 못하여 상좌에게 조롱을 당한다. 아랫사람이 윗사람을 놀리는 것은 소화에 흔히 있는 기법이고 흥미로운 소재이다. 윗사람은 아랫사람에게 존경을 받아야 하고, 아랫사람은 윗사람에게 순종해야 한다는 기대를 무너뜨리는데서 웃음이 유발된다.

한편, 스님이 상좌에게 이유 없이 속아 봉변을 당하고, 재수가 없어 하는 일마다 실패하기 때문에 스님의 실패를 보고 웃는 웃음은 낭패를 보지 않은 사람이 자기우월을 확인할 때 나오는 웃음이라고도 할 수 있다. 이러한 설화는 조선조 문인들이 불승을 업신여기고 기롱하는 분위기에서 만들어진 것으로 본다.

이 이야기처럼 여성에게 접근하려는 남성을 아랫사람이 골탕 먹이는 이야기는 매우 많다. 대표적인 이야기가 배비장전이다. 여성을 사모하는 심정을 드러내놓고 당당히 접근하는 남성은 속이고 놀리기가 쉽지 않다. 그러나 점잖은 겉모습을 유지하면서 남모르게 여성에게 접근하려

18) 成俔, 서대석 역, 「『慵齋叢話』 券之五」, 『大東野乘』 1, 경희출판사, 1968, 29~30면.

고 하는 위선적인 남성은 상좌나 방자 같은 트릭스터의 목표물이 된다.

6) 과부와 머슴

머슴은 대체로 총각 고용인을 일컬으는 말이다. 남의 집에서 일년 단위로 새경을 정하고 머슴을 고용하는데 가난한 사람이 돈을 벌기 위해 머슴살이를 하였다. 머슴살이를 몇해 하여 어느 정도 돈이 모아지면 장가를 들고 전답을 사서 자립생활을 하게된다. 그러나 새경만으로 자립할만큼 돈을 저축하기는 쉽지 않기에 나이가 들어서까지 여러 해 머슴으로 돌아다니는 사람이 많았다. 과부 중에는 남편이 죽으면서 가장(家長)으로서 살림을 도맡아 생활하는 경우도 많았다. 농사는 여성이 감당하기 어려운 힘든 일이 많아서 전답이 많을수록 머슴을 두지 않고는 꾸려나가기 어려웠다. 이런 상황에서 돈 많은 과부와 총각 머슴의 이야기가 만들어진 것이다.

〔과부와 머슴〕

이전에 한 과부가 있는디 이 과부는 부자로 살었다. 부자로 사는디 머심이 필요해서 머심을 두겠다고 헝께 한 총객이 머심살이로 왔다 캤다. 과부는 그 총각을 머심으로 두기로 하고 새경을 정하는디 이 총각은 지는 새경도 필요업고 그저 밤마다 불을 씨고 잘랑께 불 씰 지름이나 끊어지지 앙게 대돌라 캤다. 과부는 그렇가라 카고 이 총각을 머심으로 두었다.

이 머심은 부지런히 일도 잘하고 집안 일도 잘 설거지 하고 물도 질러다 주고 나무도 정지에 들어다 주고 불도 때주고 이를디 업시 모든 일로 잘했다. 그리서 과부는 참 좋은 머심을 두었다꼬 조와했다. 그렁저렁 몇달을 지냈는디 머심은 밤이문 멋을 하는지 밤새도록 불을 씨고 지내는 거이 궁금해서 과부는 하리 지역에는 머심이 멋하고 있능가 카고 가마이 머심방이 가서 문구멍을 뚫고 머심방 안을 딜다 봤다. 그랬더이 머심은 아랫도리로 활딱 벗고 반듯이 들어누어서 큼직한 그거로 팅팅고라각고 벌덕벌덕 그러고 있었다.

"에잇 망칙히라!"

카고 빨른 걸음으로 도망치다시피 해서 저그 방으로 가서 잘라꼬 들어누벘다. 그런디 오랜만에 남자으 그거로 바왔이이 그거이 눈앞이 아롱거리서 잠이 오지 안했다. 에잇 망칙해라 캄서 잊어삐리고 잘라캐도 그거만이 눈앞이 차고 떠올라서 잠을 통 잘 수가 엄섰다. 밤새도록 헤매다가 잠을 잘 수 엄서 뜬 눈으로 밤을 새윘다.

다음날 뱀이 대서 이 과부는 지도 모리게 머심 방으로 발걸음이 가졌다. 문구멍으로 방안을 디리다 보이께네 머심넘은 또 여전히 아랫도리로 활딱 벗고 반듯이 두러누어서 그것을 삐치고 빨닥빨닥거리고 있었다. 에잇 망칙해라 하고 몬 볼거로 본거쵸름 돌아서서 지 방이 가 들어누어 잘라꼬 하는디 잠이 오지 앙코 그거만이 차꼬 눈 앞이 아롱거리서 밤새도록 뜬 눈으로 밤을 새고 말었다.

다음날 밤이 대서 과부는 머심 방에 앙 갈라꼬 애썼는디 어느새 지도 모르게 머심방에 가서 문구멍으로 방 안을 디다 봤다. 머심놈은 또 그거로 일어세우고 빨닥거리고 누어 있었다. 과부는 그거로 보고 에라 모리겠다 카고 머심 방이로 드가서 소꼿가랭이로 걷어올리고 머심으 그거 우에 주저 앉었다. 머심놈은 깜작 놀래서,

"이게 무신 짓이요? 나는 도로 닦고 있는디 주인임이 이렇가문 내 도 닦은 거는 다 깨지고 맘니다. 도가 깨지문 나는 몬 살어요 나는 이제 망했입니다."

이캄서 울었다.

과부는,

"도고 머이고 무신 소리냐 나하고 살자!"

캄서 막 그짓을 했다.

그리서 머심놈은 그 과부하고 살기댔는디 이 머심놈은 이렇게 해서 과부도 차지하고 과부으 그 많은 논도 밭도 다 차지하고 살림도 다 차지하고 잘 살었다 한다.

—1947年 10月 馬山府 金章元 / 1973年 7月 河東邑 高光述[19)]

19) 임석재 편, 『韓國口傳說話』 10, 평민사, 1993, 348~349면.

과부는 성생활을 경험해 본 여인이다. 성에 대한 호기심만 있고 성적 쾌락을 모르는 처녀와 다르게 성생활의 즐거움을 알기에 남성에 대한 그리움 역시 강렬하다. 그러나 남편이 없기 때문에 성적 욕구를 채우지 못한 채 억누르고 지내야 한다. 이러한 사정을 아는 머슴이 돈 많은 과부의 집을 택해 새경 없이 일하기를 자청한다. 그리고 과부로 하여금 밤에 자기 방을 엿보도록 유도하고 자기의 성기를 발기시켜 과부의 욕정을 자극한다. 어떤 욕구든 자극이 없으면 그런대로 참아낼 수 있지만 자극을 받으면 억눌렸던 것이 분출하게 마련이다. 과부가 머슴의 발기된 성기를 목격하자 억누르고 있던 성욕이 폭발하여 삼일 만에 머슴의 방으로 뛰어들고 만다. 여성의 성적 욕구가 돈이나 명예에 대한 욕구보다 더 강렬함을 말해 주는 이야기다. 여성은 성욕중추와 식욕중추의 거리가 남성보다 가깝기 때문에 성욕이나 성감의 비중이 남성에 비해 훨씬 크다고 한다. 성에 대한 여성의 강한 욕망은 종족보존을 위해 여성이 임신하도록 만든 하느님의 섭리에 기인한다고 할 수 있다.

이 이야기가 유발하는 웃음은 자기발견의 웃음이다. 여성의 욕망을 아는 여성들은 아무도 없는 밤에 남성의 발기된 성기를 보고 흥분하는 과부의 모습에서 자기의 모습을 발견하고 웃을 수 있다. 또한 머슴의 의도를 간파한 남성들은 과부가 머슴 위에 올라앉았을 때 머슴이 같이 흥분하지 않고 울면서 '도 닦는 것이 다 깨져서 못 산다'고 능청을 부리는 것을 보고 역시 자기발견의 웃음을 웃었다고 본다.

4. 성소화에 나타난 성의 절대적 가치

인간의 삶에서 무엇을 얼마만큼 가치 있게 생각하느냐 하는 것을 가치관이라 하는데, 가치관은 사람에 따라서 또는 직업, 나이, 성별에 따라서 차이가 있다. 그런데 성소화에서는 성적인 쾌락에 절대적인 가치가 부여되는 경우가 많다.

〔운우(雲雨)의 즐거움〕

어떤 늙은 조정 관리가 한 어린 아가씨를 얻어 첩으로 삼았는데 쇠약하고 병들어서 삼 년동안 운우의 즐거움을 맺지 못했다. 아가씨가 마음으로 자못 가슴에 맺혀서, 가만히 재물과 수건 상자를 부모의 집으로 옮겨 놓았다.

하루는 뜰 가운데 목작약이 가득 피었는데 주인 늙은이가 술상을 차리고 처음으로 그 어린 아가씨와 즐거움을 맺으려고 했더니, 문득 바라다보니 그 어린 아가씨가 곱게 단장을 하고 뜰아래에서 절하는 것이 이별을 고하는 모양 같았다.

주인 늙은이가 말하기를

"왜 그러느냐?"

라고 했다.

어린 아가씨가 말하기를,

"제가 건즐(巾櫛)을 받들어 모신지 지금 삼 년이 넘었는데도 실제로는 교점(膠粘)의 거조(擧措)가 없었습니다. 이러므로 하직하고 가고자 하는 것입니다."

라고 했다.

교점이라는 것은 잠자리의 친밀함을 말하는 것이다.

주인 늙은이가 울면서 말하기를,

"과연 네 말과 같다. 네 가고 싶은 데로 가거라."

라고 하자 어린 아가씨가 하직하고 갔다.

주인 늙은이가 회포를 푸는 절구에서 이르기를,

"흰 머리카락 삼천장(三千丈)을 어찌 견디랴.
난교(鸞膠)를 한두 푼으로 어찌 미치리.
골목의 버들과 뜰의 꽃 지금은 나지막한 곳에
짧은 병풍 외로운 베개에 잠 못 이루네."

라고 했다.

이웃에 어떤 조대(措大)가 있다가 시를 지어 희롱하여 말하기를,

"살아서 이별은 어렵고 죽어서 이별은 쉬운데

좋은 인연이 나쁜 인연이 되었네.
가련하다. 흰 머리카락이 끝없는 한이라
어디서 난교를 얻어 끊어진 거문고 줄을 이으리."

라고 했다.[20)]

이 이야기에는 성적 능력이 감퇴하여 어린 첩을 떠나보낼 수밖에 없는 노인이 등장한다. 노인이 어린 첩을 둔 것은 성적 욕구를 충족하기 위해서였다. 그런데 쇠약하고 병이 들어서 3년이나 첩에게 접근하지 않았으니, 노인에게 첩은 무용지물이나 다름없다. 그런데 이 이야기는 어린 첩의 관점에서 노인으로부터 떠나가는 사연을 기술하였다는 것이 흥미롭다. 조정의 관리로 소개된 노인은 비록 늙고 쇠약해서 성적 능력이 없지만 재물과 권력은 있었을 것이다. 만약 재력이 없었다면 어린 첩을 얻을 수도, 삼 년간이나 방치할 수도 없었을 것이다. 그러니 어린 첩은 그 동안 아무 하는 일 없이 노인의 신세만 진 것이었다고 보아야 한다. 그런데 어린 첩은 전혀 미안한 생각 없이 사내구실을 못하는 노인의 책임을 따져 이별을 고한다. 삼 년을 기다려도 소식이 없었으니 더는 희망도 없고, 자기를 더 붙잡아 둘 명분도 없다고 하는 것이다. 이러한 논리는 부부가 서로의 성적 욕구를 충족해 줄 의무가 있다는 인식에 근거한 것이다. 여성의 성적 욕구를 남성의 성적 욕구와 마찬가지로 중시하고 첩의 인격을 존중하여 서술했다는 점에서 의의가 있는 이야기이다.

그런데 재미있는 것은 노인의 태도이다. 삼 년 만에 처음으로 어린 첩과 운우지락을 맺으려고 술자리까지 마련해 놓고는 어째서 이별을 고하는 첩을 붙잡지 않는 것일까? 이는 자신의 성적 능력에 대해서 자신이 없기 때문이라고 보아야 한다. 즉 삼 년간 공백기를 두었으니 미안한 마음이 들어 의무방어전이라도 치르려고 마음을 먹었지만 어린

20) 위의 책, 421~424면.

첩의 공격을 받자 자신의 무력함을 다시 깨닫게 되어 남은 미련을 떨쳐 버렸다는 것으로 이해할 수 있다. 이 이야기는 남녀간의 정이란 성적 접촉이 없이는 지속될 수 없다는 점과 성적 욕구나 능력이 차이 나는 부부의 관계는 원만히 지속되기 어렵다는 점을 말해 준다.

〔동남풍만 불어라〕

어떤 나무장수가 아침 일찍이 나무를 팔러 가는데 어떤 여자가 나와서 나무를 사자고 했다. 그래서 나무짐을 지고 그 여자의 집이로 가서 홍정이 돼서 나무짐을 다 부려놓고 나무값을 받으려고 있었다. 그런데 안으로 들어간 여자는 아무리 기다려도 나오지 않고 이렇다 저렇다 하는 말도 없었다. 게 대관절 웬 일인가 하고 나무장수는 가만히 문틈으로 안방을 들여다 보니가 그 집사내놈이 이 여자를 꽁꽁 동여매놓고 이리 굴리고 한번 하고 저리 굴리고 한번 하고 그러고 있어서 이 나무장수는 가만히 보고 있느라니 참 재미가 있어 보여서 자기도 그런 식으로 해 보아야겠다는 생각이 나서 나무값 받을 생각도 다 집어치고 제 집으로 달려갔다. 갔더니 마누라는 마침 조반을 짓느라고 불을 때고 있었다. 이 놈은 불 때는 마누라를 다짜고짜로 방으로 안어다 놓고 꽁꽁 묶어서 그 식으로 이리 굴렸다가 한 번하고 저리 굴렸다가 한번 하고 있는데 불 때다 말고 그러기 때문에 아궁지 불이 타 나와서 이 집에 불이 붙어서 불이 났다. 동네 사람들은 이 집에 불이 난 것을 보고 불이야 불이야 하면서 불 끄러 모여들었다. 이놈은 그제야 제집에 불이 난 것을 알고 여편네를 불끈 안아서 밖으로 뛰어 나왔다. 꽁꽁 묶은 여편네를 어따 놔야 할지 몰라 놀 자리를 이리저리 찾아보는데 적당한데가 읎었다. 싸리문을 보니까 거기가 놀만해서 꽁꽁 묶은 마누라를 싸리문 우에다 놓고 불 끄러 갔다.

이 때 동네사람 하나가 불 끄러 왔다가 손에 들었던 부채를 어데다 꽂아놀가 하고 꽂일데를 찾고 있는데 꽂일만한 데가 안 보였다. 그러다가 사리문 우를 보니까 거기 멋이 놓여있는데 거기에 꽂일만한 구멍이 있어서 그 구멍에다가 부채를 꼽고 불을 끄러 갔다.

그때 마침 동남풍이 불어서 불기는 더 승해가고 있었다. 그런데 부채는 동남풍에 불려서 흔들흔들 흔들리는데 부채자루는 여자의 그 구멍에서 흔들거리고 있었다. 여자는 부채자루가 그곳을 흔들거려 주는 맛이 참 좋거던. 그래서 이 여자는 "동남풍만 불어라 초가 삼간 다 타도 동남풍만 불어라" 하고 노래를 부르고 있드라나.

(1945년 8월 경기도 이천군 尹炳源)[21]

이 이야기에는 자기 집이 불타고 있는데도 아랑곳하지 않고 성적 쾌락을 즐기는 여인이 등장한다. 온몸이 꽁꽁 묶인 채로 싸리문 위에 얹혀 있는 여인은 남편이 불을 끄는 동안 절정감을 맛보지 못하고 아쉬워하고 있던 판에 부채자루가 성감대를 자극하자 집이 타건 말건 동남풍만 불라고 한다. 동남풍이 세차게 불면 불수록 불길은 거세지고 집은 쉽게 타버릴 것이다. 그러나 바람이 세차게 불면 부채도 힘차게 흔들릴 것이고 자극도 훨씬 강렬해질 것이다. 집이 타는 것은 나중의 일이고, 여인에게는 당장의 쾌감이 중요하다는 것이다. 이 이야기는 여성에게 성적 쾌락이 그 무엇과도 바꿀 수 없을 만큼 중요한 것임을 말해 준다.

〔손가락이 끊겨도〕

시굴 어떤 집에서 남자는 어데 나가고 여자만 혼자 집에 있었다. 그런데 마침 소에 먹일 여물이 없어서 여물을 썰어야 하겠는데 남자가 없어서 썰 수도 없어서 어쩌나 하고 망설이고 있었다. 그러고 있는데 중이 와서 동냥을 달라고 해서 동냥을 후히 주고,

"여보 대사 여물이 없어서 여물을 썰어야 하겠는데 마침 남자는 외출하고 없이니 대사가 여물 써는 것을 거들러 주겠소?"

하고 말했다. 중은,

"그렇게 하지요."

하고 둘이서 여물을 썰게 됐다.

중은 앉아서 풀을 작두에 밀어 넣고 여자는 서서 작두를 눌러 썰게 됐다. 그때는 마침 여름이 돼서 여자는 홑치마만 입고 있었다. 중은 앉어서 풀을 밀어 넣고 여자는 서서 작두를 눌러서 여물을 써는데 중이 여물을 작두에 밀어 너면서 위를 쳐다보니까 여자 홑치마 밑에 여자의 그것이 내물내물 보였다. 중한

21) 임석재 편, 앞의 책, 366~367면.

테는 이런 귀물을 보는 기회가 좀처럼 없는지라 보는 김에 맘껏 보겠다고 거기만 쳐다보면서 여물을 작두 사이로 밀어 넜다. 그러다가 손가락까지 작두 사이에 집어 너서 손가락이 끊겨져서 땅에 떨어져 팔닥팔닥 뛰었다. 중은 그것도 모르고 아픈 줄도 모르고 거기만 쳐다보며 여물을 밀어 넣었다.

여자는 한참 작두질하다가 보니까 중의 손가락이 끊겨져서 팔닥팔닥 뛰고 있어서 깜작 놀래여,

"여보 대사 손가락이 끊겼소."

하고 말했다. 그러니까 중은,

"손가락이야 어찌 됐던 어서 작두질이나 하시오."

하더라나.

(1930年 5月 京城府 崇三洞 全泰善)[22]

이 이야기에 등장하는 인물은 중이다. 중은 금욕생활을 하는 신분이라 성적 욕구를 충족할 길이 없다. 그래서 참은 시간이 긴 만큼 욕망도 강렬하다. 마치 물이 흐르기를 멈추고 많이 고이면, 다시 흐를 때 그 힘이 강하듯이 말이다. 중은 작두에 여물을 먹이면서 작두를 디디는 여인의 다리 사이로 간간이 보이는 여자의 음부를 쳐다보다가 손가락이 잘려나간다. 그런데 여자의 음부를 보려고 얼마나 신경을 집중하였던지 손가락이 잘린 것도 느끼지 못한다. 이 이야기는 과장이 심한데, 성적 욕구가 그만큼 강렬하다는 것을 강조한 것이라고 볼 수 있다. 성적 욕구는 감각적 쾌락에 대한 갈망이라고도 할 수 있으나 근본적으로는 자식을 낳아 자신의 종족을 널리 퍼뜨리겠다는 종족보존본능에서 나오는 것이다. 그래서 인체의 일부가 훼손되는 아픔이 비록 견디기 어렵다고 해도 성적 욕망에 비하면 별것 아니라는 해석이 가능하다.

22) 위의 책, 167면.

5. 맺음말

전통사회에서 형성된 소화는 전통사회의 문화를 반영한다. 조선조 문헌에 한문으로 번역되어 수록된 문헌소화는 대체로 사대부 문인들이 향유하던 소화라서 사대부 문인의 유머 감각을 보여 준다. 조선조 사회는 남성중심적인 가부장제 사회였고, 남존여비(男尊女卑)의 의식이 사회 전체에 단단히 자리 잡혀 있었는데, 특히 사대부 문인들은 유학을 신봉했기에 이러한 의식이 일반 민초들보다 강했다고 볼 수 있다. 그래서 이들 사이에서는 공처가(恐妻家) 이야기가 웃음거리가 되었다.

전통사회에는 부모를 모시고 결혼한 형제들이 함께 사는 대가족이 많았는데, 넉넉하지 않은 서민들은 어린 자녀들과 한 방에서 기거했다. 이러한 배경 때문에 부부가 성관계를 가지려다 어린 자녀들에게 발각되는 이야기가 많이 만들어졌다. 아버지 부부와 아들 부부 사이에서 벌어지는 사건을 소재로 한 이야기들도 대가족 생활환경을 배경으로 만들어진 것이다. 아들들이 어머니의 병을 고치기 위해 성기를 베어내겠다고 할 때는 가만히 있던 어머니가 영감의 성기를 약으로 써야한다는 며느리들의 주장을 듣고 "내 병 다 나았다" 하며 자리에서 일어났다는 이야기는 비록 우스갯소리지만 심각한 이야기에 못지않게 인간의 본성을 진솔하게 드러내 보인다.

전통 성소화(性笑話) 중에는 남성이 아내 외에 기녀나 계집종과 관계를 가지는 이야기가 많다. 이들 소화는 양반관료인 남성의 시각에서 서술된 자료들로서 당대의 남녀관계의 일단을 보여준다. 한편, 성적 욕구를 충족할 수 없는 처지에 놓인 스님과 과부에 대한 이야기도 많았다. 금욕생활을 해야 하는 남녀가 강렬한 성욕 때문에 고민하는 모습이 이러한 이야기들에 투영되어 있다.

전통 성소화에서는 성(性)에 절대적인 가치가 부여된다. 머슴의 발기된 성기를 보자 체면과 재산을 다 버리고 달려드는 과부도 있으며, 제 집이 불에 타고 있는데도 성적 쾌락을 즐기기 위해 바람이 더 세게 불기를 바라는 여인도 있다. 또, 손가락이 잘려나가도 아픈 줄을 모르고 여인의 음부를 보기 위해 작두 딛기를 재촉하는 스님도 있다. 이러한 이야기들은 과장이 심하다고 할 수 있으나 사실적인 이야기보다 오히려 더 적나라하게 인간의 성정을 드러낸다.

성소화가 유발하는 웃음은 대체로 인간에게서 동물의 모습을 발견할 때 나오는 웃음이다. 이것은 인간 내면에 감추어져 있는 동물적 속성의 발견이라는 점에서 자기발견의 웃음이라고 할 수 있다. 또한 이야기 속의 인물과 달리 성을 잘 은폐하고 있는 사람의 입장에서 보면 자기우월을 확인하면서 웃는 웃음이라고도 할 수도 있다. 성소화는 흥미 있는 문학작품으로서만이 아니라 인간에 대한 이해를 담은 인문학 텍스트로서도 귀중한 가치를 가진다고 본다.

「한국 전통 소화에 나타난 웃음의 성격-性笑話를 중심으로」에 대한 토론문

조희웅

무엇보다 선생님께서 공적인 장소에서, 참가자의 연령이나 성별에 구애받지 않고, 이제까지는 별로 공론된 바가 없는 '성소화'를 대상으로 연구 발표를 하겠다는 말을 듣고 순간적으로 경외의 느낌을 가졌음을 솔직히 고백하고 싶다.

우리 문학유산 중에는 『고금소총』으로 대표되는 거대한 성문학서들이 전래되어 왔지만, 이제까지 문학 연구가들은 은밀한 파적거리로 삼았을 뿐, 별로 그 가치에 대해 논하거나 의미 분석을 했던 것 같지는 않다. 그런 점에서 이 글은 가히 파천황(?)이라야만 할 것이다.

주지하다시피 성소화는 동서고금을 막론하고 엄연히 존재해 온 문화 현상 중에 하나이다. 그것은 적나라한 인간본능에 대한—문자 그대로 '벌거벗음'의 이야기이고, 태고적 인간들의 동물성을 가장 잘 드러내주는 이야기이다.

선생님께서는 '웃음'의 기원을 '기대와 다른 모습' '자기 발견' '비천한 모습'에서 찾고, 이들은 결국 '자기발견'으로 귀일한다고 하였으며,

웃음의 종류로는 '자가 우월의 웃음' '자기 발견의 웃음' '자기 초월의 웃음'이 있다고 하셨다. 매우 공감이 가는 탁견이다.

하지만 토론 좌석을 차지하게 된 면책을 위해서라도 좀 더 확실해졌으면 하는 대목을 말씀드리고 그 답을 듣고자 한다.

우선 '자기 발견'이란 정의가 너무 포괄적인 것이 아닌가 하는 점이다. '자기 우월' '자기 초월'도 모두 '자기 발견'로 귀일되고, 웃음의 근원을 요컨대 '자기 발견'으로 단순화한다면 너무 이론이 획일화하지 않을까 염려된다. 자칫하면 장문의 인용이나 설명이 군더더기로 될 염려가 있으므로, 웃음의 근원에 대한 차이점을 좀 더 부각시켜 주었으면 싶다.

웃음이란 것 자체가(울음도 마찬가지겠다) '어떠어떠한 모습에 대한' 각 개인의 주관적 반응일진대, 인간 만사는 모두 '자기 발견'에서 오는 것일 수도 있겠다. 하지만, 예컨대 마지막에 든 '과부와 머슴' 이야기에서 '밤에 흥분하는 과부의 모습'에서 '자기 모습'을 일치시켜 웃는다는 것은 너무 과장된 것이거나 혹은 주관적 단정이 아닌가 하는 의구심도 든다. 아마 여성주의적인 입장에 서는 분들은 쉽사리 긍정하지 않을 듯하다.

끝으로 좀 개인적인 요청이 되겠지만 예화 제시는 원문보다는 개요 제시가 좋지 않을까 생각한다. 원문은 표기법 문제나 길이의 장단 따위가 거스르고 내용 이해에 부담이 되기 때문이다.

판소리의 웃음과 웃기기 전략*

정병헌

1. 머리말

판소리는 서민들의 생활 속에서 나타나고 성장한 예술이다. 나중에 양반들이 참여하여 국민예술로 승화되었지만, 그 기반은 어디까지나 서민들에게 놓여 있다. 판소리의 확대라는 측면에서 중요한 위치를 차지하고 있는 〈적벽가〉도 양반들의 참여에 의해 이루어진 것 같지만, 사실은 판소리 향유에 있어 소외 계층인 양반을 끌어들이기 위한 판소리 나름대로의 전략에 의한 것이라고 할 수 있다. 그런 〈적벽가〉까지도 소설인 『삼국지연의』의 적벽대전 대목을 그대로 두지 않았다. 판소리가 가지고 있는 기본적인 틀에 들어가야만 〈적벽가〉는 판소리로 성립되기 때문에, 그 대목은 기본 틀을 유지하면서 판소리에 합당한 방식으로의 변

* 이 글은 동일한 제목으로 『웃음문화』 5집, 한국웃음문화학회, 2008.6.30에 실렸던 내용을 발표한 것이다.

용을 거쳐야 했던 것이다. 판소리가 본질적으로 음악과 이야기가 결합되어 이루어졌기 때문에 적벽대전 대목의 이야기는 음악에 실려야 했다. 그것도 판소리로서 용인될 수 있는 음악이어야 했다. 그래서 같은 형태를 취하는 예술이면서도 〈배뱅이굿〉은 판소리로 편입되지 않았고, 〈적벽가〉는 판소리의 중요한 레퍼토리로 정착되었다. 그러나 이것만으로 판소리가 완성되는 것은 아니다. 〈적벽가〉의 성립을 위하여 음악과의 결합과 함께, 기존의 판소리가 요구하는 정서의 충족 또한 필요하였다. 그런 정서의 대표적인 모습을 우리는 비장과 골계의 교체나 '장면 극대화' 등에서 찾을 수 있다. 말하자면 판소리가 가지고 있는 연행의 틀에 합당하도록 변화되었을 때, 판소리로의 편입은 가능했던 것이다. 이것을 앞의 판소리 음악의 수용과 비교하여 판소리 언어의 수용으로 말할 수 있을 것이다. 이러한 두 측면이 판소리를 충족하는 전제가 된다.

음악의 수용은 판소리로의 성립에 있어 절대적인 요소라고 할 수 있다. 음악과 이야기가 결합한 예술은 어느 곳에서도 볼 수 있다. 따라서 판소리 음악의 수용 여부는 판소리로의 길을 갈 것인가, 다른 예술 형태의 길로 갈 것인가를 선택하는 중차대한 것이라고 할 수 있다. 그러나 판소리 언어의 수용은 판소리 형태의 질적 차이를 드러낼 뿐이지, 장르 자체를 판가름하는 절대적인 요소는 되지 못한다. 현재 이루어지고 있는 창작 판소리는 판소리 음악을 수용했기에, 판소리라는 이름으로 불리고 있지만, 기존의 판소리 5가가 누렸던 전성기의 모습에 다가가지 못하고 있다. 이를 판소리 창작이나 향유층의 변화 등에서 찾기도 하지만, 기본적으로는 판소리 언어를 제대로 수용하지 못한 것이 가장 큰 이유로 지적되고 있다. 앞에서 말한 바, 비장과 골계의 교차나 '장면의 극대화'와 같은 판소리 언어가 제대로 수용되지 못했기 때문에, 대부분의 창작 판소리는 비장 일변도가 되거나 사건 전개의 서사에 머물렀다. 당연히 판소리 판의 생동성을 기대할 수 없었던 것이다.

여기서 우리는 판소리 언어의 수용에 있어 가장 중요한 요소의 하나로 '웃음'을 지적하지 않을 수 없다. 웃음이 빠져 비장의 연속이 되었고, 사건 전개에 치우치다 보니 웃음의 장면이 들어갈 여지가 없었던 것이다. 더불어 웃음과 관련될 수 있는 평범하거나 모자란 듯한 인물이 선택되지도 않았다. 판소리의 형성과 전승, 그리고 미학을 논의함에 있어 웃음의 중요성이 부각되어야 하는 이유가 여기에 있다.

본고는 판소리 텍스트에 나타난 웃음의 양상을 살펴보고, 이를 바탕으로 판소리 텍스트를 벗어난 웃음이 어떤 전략에 의하여 선택되었는가를 밝히고자 한다. 일차적으로 판소리 텍스트의 웃음을 규명하는 것은 웃음이 대단히 주관적인 정서의 하나라는 이유에서이다. 어떤 상황에 대하여 웃음을 드러내는 것은 사람이나 상황에 따라 다를 수밖에 없고, 그 표출 양식도 사람마다 다르기 때문이다. 어떤 상황에 대하여 포복절도할 정도의 반응을 보이는 사람이 있는 반면에 동일한 상황에 대하여 냉정한 반응을 보이는 경우를 우리는 얼마든지 목도할 수 있는 것이다. 특히 같은 우스갯소리라도 어떤 사람이 발화하였는가에 따라 듣는 사람의 반응은 전혀 다르게 나타나는 것이 일반적이다. 그래서 웃음은 발화자와 청취자의 사회적 관계를 바탕으로 이루어진다는 논의도 이루어질 수 있다. 따라서 판소리의 웃음에서 이러한 웃음의 주관적 요소를 제거하고 유형화하기 위해 텍스트 자체에 충실해질 필요가 있는 것이다. 이러한 객관적 접근의 담보를 위하여 유의미한 웃음과 무의미한 웃음, 또는 미학적 웃음과 비미학적 웃음[1] 등의 구별도 배척하였다.

1) '비미학적 웃음'은 수리오에 의하여 미학적인 웃음과 대립되는 의미로 사용되었다. 이에 해당하는 것으로 정신병자나 바보들의 웃음과 같이 병리적인 원인들에 의한 웃음, 축격적인 소식들 듣고 눈물이나 외침 대신에 웃은 웃음, 간지럼과 같은 물리적인 자극에 의 한 웃음, 환대의 웃음, 안도의 웃음, 협력의 웃음, 공범자의 웃음, 조롱과 비난의 정도에 따라 나타나는 다양한 웃음들로 '원초적인 웃음이라고도 한다(류종영, 『웃음의 미학』, 유로서적, 2006, 22면). 작품이나 언어 상황은 해석되기를 기다리는 존재로 보기도 하고, 해석되기를 거부하는 존재라고 하기도 한다. 해석의 주관성과 개인성이라는 면에서 본다면 작품 자체에 충실할 수밖에 없다. 웃음의 장면이라고 지레 짐작할 필요도 없고, 또 분명히 존재하는 웃음을 비미학적인 것이라 규정하여 배제할 수도 없기 때문이다.

그러나 웃음의 주관성을 벗어나기 위하여 텍스트 내의 웃음만으로 논의의 대상을 한정하는 것은 웃음에 관한 일반적인 인식과는 동떨어진 결과를 초래할 수 있다. 텍스트 내의 웃음은 철저하게 웃음소리와 웃음이라는 어휘에 집착할 수밖에 없기 때문이다. 예를 들어 전혀 웃음이 나타날 수 없는 상황인데도 연창자는 의도적으로 웃음소리를 배치할 수 있고 웃음과 관련된 어휘가 없는 문장에서도 맥락상 웃음이 내포될 수 있는 가능성은 얼마든지 존재하기 때문이다. 이런 이유에서 텍스트 내의 웃음은 웃음의 일상성을 파악할 수 있는 경향을 드러내는 데는 유용할지 모르지만 웃음의 진정한 모습을 총체적으로 파악하는 데는 미흡하다고 할 수 있다. 이런 이유에서 텍스트 내의 웃음에서 파악한 결과를 텍스트 밖으로 확산하는 작업이 요구된다. 텍스트에 표출된 웃음은 작중 인물의 관계 속에서 드러나고 있지만, 이 경우는 텍스트와 그 상황을 바라보는 청중의 관계 속에서 드러나는 웃음이라고 할 수 있다. 판소리가 청중과 마주하는 연행의 예술이라는 점에서 이 경우는 청중의 웃음을 어떻게 유발하는가 하는 문제가 중요한 관심사로 대두하게 된다. 판소리 연행이 웃음과 울음을 통하여 청중과의 일체감으로 목표로 한다는 점에서 판소리는 청중을 웃기기 위한 전략을 설정할 수밖에 없다. 따라서 텍스트 내의 웃음 유형에 관한 고찰은 청중과의 관계 속에서 드러나는 웃음의 연구로 확대할 필요가 있는 것이다. 이 경우 청중의 수용이 가질 수 있는 주관성은 배제될 수밖에 없을 것이다. 다만 청중을 웃기기 위한 판소리의 의도성을 파악함으로써 청중과의 소통을 위한 연행 장르의 장치를 파악하게 될 것이다.

2. 판소리에 나타난 웃음

웃음이 인간 감정의 중요한 외부적 표출 현상이라는 점에는 누구나 동의하고 있다. 그러나 이 현상이 울음과 비교하여 긍정적 정서의 표출이라고 하는 것에 대하여는 의견이 엇갈리고 있다. 긍정이나 부정은 어떤 방향성을 기준으로 하여 나누는 것이기 때문에, 어떤 기준을 설정하느냐에 따라 그 규정은 달라질 수 있기 때문이다. 더구나 부정과 긍정으로 대상을 구별하는 것은 다분히 주관적 판단에 의존하고 있다는 평가도 받고 있다. 이러한 논의에도 불구하고 웃음이 인간을 동물과 구별하는 중요한 징표라는 점에서 그 현상과 기능에 대한 연구가 지속되어 왔다.

웃음에 대한 논의는 그 원리의 규명과 기능에 이르기까지 다양하게 이루어졌다. 대체로 그리스 로마시대부터 논의된 웃음의 이론은 '우월이론'과 '불일치이론'으로 요약할 수 있다. 우월이론은 "다른 사람의 약점이나 불행을 보고 기뻐하는 마음에서 유래한 비웃음을 의미한다." 이는 플라톤의 '무지의 우스꽝스러움'이나 아리스토텔레스의 '무해한 실수나 결점'과 연관되는데, 웃는 사람의 우월은 웃음거리가 된 사람의 입장에서 본다면 상대적인 격하와 대칭된다. 따라서 이를 '격하이론'으로 설명하기도 한다. 영국의 제임스 비티에 의해 제기된 '불일치이론'은 웃음을 동일한 집단에서 불일치하게 결합된 것들을 보는 데서 나타나는 것으로 설명하고 있다. 불일치가 어떤 기준이나 기본이 되는 것과 이와 다른 것과의 대비로써 나타나기 때문에 '대비이론'으로 불리기도 한다.[2)]

서양에서의 활발한 논의와 달리 우리 나라에서 웃음에 대하여 구체

2) 위의 책, 444~446면.

적인 논의가 이루어진 것은 그리 오래 되지 않는다. 다만 웃음이 일어나는 현상과 기능에 대하여 단편적인 논의가 이루어졌는데, 이를 체계적으로 정리하여 우리 나름대로의 웃음 이론을 확립하는 것이 시급한 과제로 대두되고 있다. 이와 관련하여 우리의 관심을 끌고 있는 것은 재담과 소화가 가지고 있는 웃음의 속성을 규명하고, 이를 통하여 웃음 일반의 원리를 추출하고자 하는 최근의 논의가 될 것이다.[3] 여기에서는 재담이 기반하고 있는 '재치'와 소화가 그 형성의 기반으로 삼고 있는 웃음의 대비를 통하여 웃음의 제 양상을 유형화하고 있다. 이러한 경향성은 언어와 관련되는 웃음과 언어를 배제하는 웃음의 상동성과 차별성을 드러낼 수 있는 기준을 제공한다는 점에서 중요한 의의를 가진다. 따라서 우리가 웃음의 제 양상을 살피는 데 있어 이 연구에서 이루어진 유형 설정은 중요한 전제가 될 수 있다.

웃음의 주관성과 다양성에 대하여는 분명한 전제를 설정해야 논의의 전개가 가능할 것이다. 어떤 상황에 대하여 웃음을 드러내는 것은 사람이나 상황에 따라 다를 수밖에 없고, 그 표출 양상도 사람마다 당연히 다르기 때문이다. 따라서 대상에 대한 명확한 정의가 이루어지지 않은 상태에서 이루어진 논의는 일반적 담론의 수준을 넘어서기 어려울 것이다. 이러한 이유에서 텍스트 내에서 이루어진 웃음에 대한 전제를 구체적으로 설정할 필요가 있다.

일차적으로 우리는 '웃음'이 얼굴과 긴밀한 관련을 맺고 있다는 지점에서 출발하고자 한다. '웃는 얼굴' '눈웃음' '코웃음' '입이 찢어져라 웃는다' '입이 귀에 걸렸다'와 같이 대부분의 웃음은 얼굴과 관련지어 일컬어진다. 웃음은 대체로 목에서 나는 소리와 얼굴의 표정이 함께 어우러져 표현된다. 드물게는 소리만 내는 웃음이나 소리 없이 표정만으로 이루어지는 웃음도 있지만, 얼굴을 제외하고서 나타날 수 있는 웃음

3) 서대석 교수의 「웃음이론과 소화」, 『웃음문화』 2집, 한국웃음문화학회, 2006과 『한중소화의 비교』, 서울대 출판부, 2007은 웃음문화의 객관적 이론 창출을 그 목표로 하고 있다.

은 없다. 표정이나 소리 없이 어깨만을 들썩거리는 웃음을 말하기도 하지만, 이는 아무래도 예외적인 일이다.

이렇게 웃음이 얼굴과 긴밀하게 연관되어 있다는 점에서, 웃음은 감정의 표출이라는 얼굴의 기능을 자연스럽게 흡수한다. 감정의 다양한 표현이 얼굴을 통하여 드러나는데, 웃음은 그러한 다양한 감정의 한 부분으로서의 의미를 갖는 것이다. 웃음이 논리적이거나 이성의 산물이라고 말하기도 하는데, 이는 울음의 직절성과 비교하여 말하는 상대적 개념으로 이해해야 하는 것이다.

다음으로 우리는 웃음이 서사를 기반으로 하고 있다는 점을 논의의 중요한 전제로 삼고자 한다. 모든 감정의 변화와 표출은 그것을 가능하게 하는 서사를 전제로 하고 있다. 이유 없는 웃음도 가능하겠지만, 이는 백치의 감정 표출과 같이 특수한 예에 불과할 뿐이다. 어떤 일이 있어서 웃고, 또 우는 것이 일반적으로 나타나는 현상인 것이다. 이런 점에서 외면으로 표출되는 웃음을 가능하게 한 서사의 맥락을 검토할 때, 그 웃음의 성격을 보다 분명하게 파악할 수 있을 것이다. 웃음문화의 보고로 일컬어지는 판소리를 분석의 대상으로 삼은 이유도 여기에 있다. 특히 이 발표의 텍스트로 삼고 있는 창본의 연창자인 김연수는 판소리의 현장성과 육담의 출중성을 장기로 하고 있어, 그의 창본 검토는 웃음 문화의 양상을 살피는데 있어 최적의 대상이라고 할 수 있다.[4)]

그런데 웃음은 모든 사람에게 공통적인 절대적 감정의 표현이 아니다. 어떤 사람에게 있어서는 웃을 만한 일이어서 실컷 웃지만, 그것이 다른 사람을 향해서나 또는 다른 환경에서는 전혀 웃음으로서의 기능을 갖지 못하는 경우를 흔히 볼 수 있다. 지금까지의 웃음 이해가 다분히 주관적이고 인상적인 차원에 머물렀던 이유도 웃음의 상대성을 간

4) 본고가 분석 대상으로 삼은 자료는 김연수, 『창본 춘향가』, 국악예술학교 출판부, 1967과 『창본 심청가 흥보가 수궁가 적벽가』, 문화재관리국, 1974이다. 본문에 나타나는 인용문의 쪽수는 이 책의 것을 가리킨다.

과한 데서 찾을 수 있다. 예를 들어 다음과 같은 장면의 연행은 당연히 관객의 웃음을 유발하는 것으로 알려져 있다. 연창자도 웃음을 유발하기 위한 다양한 방법을 동원하여 슬픔 속의 웃음이라는 판소리의 양면성을 잘 표현하고 있다.[5)]

> 흥보가 밥을 먹다 죽는구나 어찌 먹었던지 눈언덕이 푹 꺼지고 코가 뾰족허고 아래턱이 축 늘어지고 배꼽이 요강꼭지 나오듯 쑥 솟아나와 배꼽에서는 후추가루 같은 때가 두굴두굴 굴러내리고 고개가 밧닥 자드라져 아이고 이제는 하릴없이 나 죽는다 배 고픈 것보담 더 못 살것다 아이고 부자들이 배 불러 어떻게 사는고 (〈흥보가〉, 170면)

그러나 이는 판소리 서사 자체의 웃음과는 거리가 있다. 여기에서 이루어지는 웃음은 이른바 연행과 수용의 측면에서 이루어지는 웃음이지, 서사적 맥락 속에서 직접적으로 드러난 웃음이 아닌 것이다. 그래서 이는 수용자의 처한 환경이나 연행 환경에 따라 웃을 수도 있고, 또 그렇지 않을 수 있는 가변성을 가지고 있다. 이러한 주관성이나 가변성을 배제하기 위하여 서사 맥락 속에서의 웃음으로 한정하여 논의를 전개할 필요가 있다.

이처럼 서사 맥락만으로 한정했을 때의 이점은 이미지로서의 웃음이 배제됨으로써 주관적이고 인상적인 미적 상상력을 배제할 수 있다는 점에 있다. 불상이나 탈의 미소는 그 신비성과 함축성의 관점에서 많은 논의가 이루어졌다. 그래서 한국인의 웃음을 말할 때 단골처럼 언급되기도 한다. 그러나 이는 마치 거울과 같아서 이를 바라보는 사람의 깊이만큼 그 자신을 드러내 주는 것 같다. 깊이 있는 내공을 지닌 사람이 그려낼 때는 그런 대상이 되고, 또 그렇지 않은 사람이 그려낼 때는 또 그만큼의 미소로 격하되는 것이다. 이러한 주관성을 배제하기 위해서도

5) 이에 대한 논의는 '3. 판소리의 웃기기 전략'에서 이루어진다.

서사 맥락만으로 논의를 한정하여 진행할 필요가 있다.

다음으로 웃음은 '남의 고통을 즐거워하고 낯선 것을 경멸하는' 우월감을 전제로 하고 있다는 점을 주의할 필요가 있다. 웃기는 사람은 대상보다 높은 위치에서 연행의 상황을 이끌어가야 하기 때문이다. 스스로가 저열한 위치에 빠져 있으면서도 이를 깨닫지 못했을 때, 독서나 연행의 맥락에서 웃음의 편차는 더욱 커지게 마련이다. 조조가 제갈공명의 계교 속에서 헤어나지 못하면서, 오히려 자신의 우월성을 드러내는 웃음을 터뜨리는 경우가 여기에 해당한다. 따라서 웃음은 주체가 가지고 있는 기대의 부응과 좌절이라는 불균형 상태에서 유발된다는 점을 웃음 분류의 또 하나의 기준으로 삼을 수 있다.

웃음은 웃음의 지향이라는 관점에서 자신과 타인으로 나뉘어지고, 주체의 기대라는 관점에서 기대의 부응과 좌절로 구분할 수 있다. 이렇게 되었을 때 우리가 얻을 수 있는 웃음의 유형은 자기 기대 부응형, 자기 기대 좌절형, 타인 기대 부응형, 타인 기대 좌절형의 네 가지로 정리할 수 있다.

1) 자기 기대 부응형

①

만일 운짜대로 글을 못 짓는 자가 이 좌중에 있으면 곤장 다섯 개씩 때려 밖으로 쫓아내기로 헙시다. 어사또 함소허며 자 상좌에 말씀 올라가요 이 사람도 부모 덕분에 글자나 읽었으니 시 한 구 지으면 어떠하오. (〈춘향가〉, 273면)

②

그때에 심봉사가 젖동냥에 이골이 나서 삼베 질삼허노라 호히하하 웃음소리 얼른 듣고 들어가 이애 젖을 먹여주오. (〈심청가〉, 30면)

③

이렇듯이 호령허니 일시에 종용헌데 이곳은 화용도 지경이라 천리호풍 모진 바람 살 쏘듯이 디리 부니 연일 불식 주린 장졸 죽는 자가 태반이라 반생반사 가는 길에 조조 사면 산천을 둘러보더니 공연한 웃음을 또 내어 히히 하하 하하 웃거늘 중관이 겁을 내여 아이고 일은 또 났구나 조조 앞으로 달려오며 웠다 여보시오 승상님 제발 그 웃음 좀 참으시오 승상님만 웃으시면 꼭꼭 복병이 일어나는데 어쩌자고 또 웃나이까 글쎄 이 애들아 웃음 아니 날까 보아라 주유 제갈양을 뉘라 모사라 헐꼬 날같으면 이런 데를 이렇게 비어 둘 곳이 아니다. (〈적벽가〉, 384면)

여기에서 나타나는 웃음은 스스로를 향한 기대의 부응에서 나타난다. ①의 '어사또 함소허며'에서 함소하는 주체는 어사또이고, 그 웃음은 어사또 자신의 능력에 대한 과신을 그 기반으로 하고 있다. 글을 짓는 능력을 이미 갖추고 있고, 자신의 솜씨를 바탕으로 상대방을 제압할 수 있는 것이라는 자신감이 그 웃음 속에 들어 있기 때문이다. ②의 경우는 그 주체가 동네 아낙네여서 ①과 같이 주체의 기대가 명확하게 드러나지는 않는다. 그러나 아낙네들이 모여 벌이는 판 속에서 이루어진 웃음이기 때문에 긍정적 현상의 기대 부응으로 볼 수 있다. ③에서 웃음의 주체는 조조이다. 조조는 복병을 만나기 전에 매 번 웃음을 터뜨렸고, 그 이유는 자신이 웃고 있는 장소에 마땅히 적의 병사가 매복하고 있어야 하는데 제갈공명이 그렇게 하지 않았기 때문이라고 하였다. 제갈공명은 그곳에 매복을 두어 조조를 패퇴시킴으로써 조조가 생각했던 제갈공명의 평가는 번번이 빗나가고 있다. 따라서 이 장면의 연행에서 청중이 웃는 것은 자신의 능력을 과신하여 패배의 길로 들어서면서도 자신의 능력을 과신하는 조조의 어리석음 때문이라고 할 수 있다. 그러나 여기에서의 웃음의 주체는 조조이기 때문에, 자신의 능력에 대한 자부심에서 이 웃음이 비롯되었다고 보아야 할 것이다.

자기 기대 부응형의 웃음은 웃음 소리나 웃음이라는 어휘가 구체적으로 드러난 것 중에서 그렇게 많은 비중을 차지하지 않는다. 〈춘향가〉의 경우는 4/11, 〈심청가〉는 1/15, 〈적벽가〉는 4/13에 불과하기 때문이다.[6] 〈흥보가〉와 〈수궁가〉의 경우는 이러한 웃음이 아예 한 번도 나타나지 않는다. 이것은 판소리에 나타나는 웃음의 주체들이 자신들의 기대에 부응할 수 있는 여건을 갖지 못했기 때문이라고 할 수 있다. 〈춘향가〉와 〈적벽가〉의 경우 상대적으로 이 웃음이 많이 나타나는 이유도 이도령이나 조조와 같은 상층부의 인물이 이 작품들에 배치되어 있다는 데서 찾을 수 있다. 〈심청가〉와 〈흥보가〉, 〈수궁가〉와 같이 생존을 위협할 정도의 처절한 가난 속에 살아가는 이야기 속에서 자기 기대 부응형의 웃음은 드러나기 어렵다고 보아야 할 것이다.

2) 자기 기대 좌절형

①

역군들께 쩌 붙들려 울며불며 들어간다 집이라고 들어오니 부엌은 적먹허고 방안은 텡 …… 비었구나 심봉사 실성발광 미치는듸 얼사절사 춤도 추며 허허 웃어도 보고 지팽이 거더집고 더듬더듬 더듬거려 이웃집을 찾아가서 여보시오 부인님네 우리 마누라 여기 왔소. (〈심청가〉, 28면)

②

한참 이리 준책터니 도로 슬쩍 달래는듸 흐흐 그것 참 내가 이리 했다 해서 노여워 아니 오랴느냐 어여뻐 헌 말이지 미워 헌 말 아니로다. (〈흥보가〉, 169면)

③

우리 집 내외척이 모다 내력이 있느니라 고동 소라 우렁들이 내 목과 같으여서 들랑날랑 하는 고로 촌수가 있거니와 네까진 놈이 어찌허여 척분이 있단 말이냐 해구가 히히 웃으며 내 자지도 섰으면 들어가고 앉으면 나오기로 주부의게 척숙 되지. (〈수궁가〉, 250면)

④

6) 웃음이 직접 표출된 장면과 그 비율은 정병헌, 「판소리에 나타난 한국 웃음문화의 양상」, 『웃음문화』 2집, 한국웃음문화학회, 2006.12, 15~23면에서 정리되었다. 네 가지의 웃음 유형과 설명도 이 논문에서 이룬 결과를 확장시킨 것이다.

이 놈 죽고 저 놈 죽고 오다 죽고 서서 죽고 앉어 죽고 찢겨 죽고 발겨 죽고 보다 죽고 안 보다 죽고 울다 죽고 웃다 죽고 자다 죽고 졸다 죽고 실없이 어이없이 죽고 가이없이 죽고. (〈적벽가〉, 358면)

여기에서 나타나는 웃음은 스스로를 향한 기대의 좌절에서 나타난다. ①에서 심봉사는 부인을 잃고 실성을 하기 직전의 상황에서 웃고 있다. 이는 비미학적 웃음이나 무의미한 웃음으로 분류할 수 있지만, 여기에서는 웃음의 객관성을 유지하기 위하여 웃음의 중요한 한 사례로 이해하고자 한다. 그렇게 보는 것은 '무의미'하거나 미학에서 제외되어야 할 구체적인 이유를 분명하게 드러낼 수 없기 때문이다. 울 수밖에 없는 환경에서 드러나는 웃음이기 때문에, 이는 울음의 상황을 더 강조하는 효과를 가지고 있다. 판소리는 울음의 상황을 웃음으로 돌려놓는 경우도 있지만 이와 같이 울음을 더 강조하기 위하여 웃음을 선택하기도 하는 것이다.

②는 항상 굶주리던 흥보가 박속에서 나온 쌀로 밥을 지어 포식하면서 한 말 속에서 웃음이 등장한다. 이 웃음을 기대의 좌절로 이해할 수 있는 것은 밥에 대한 꾸짖음이 바로 앞에 있었고, 그러한 호통을 재빨리 회유로 변화시키고 있기 때문이다. 따라서 그 웃음은 앞에서 꾸짖었던 것을 미안해하는 감정을 그 내면에 포함하고 있다. 가난에 포한이 진 흥보로서는 밥에 대한 한없는 원한을 퍼붓고 싶었을 것이다. 그것이 흥보가 처한 상황과 더 잘 연결될 수 있는 것이다.

③은 별주부가 토끼의 간을 구하기 위하여 육지로 가는 것을 하직하기 위하여 친척들이 찾아와 인사를 하는데, 뜻밖에 해구가 친척이라고 나타나서 소동이 벌어지는 대목이다. 목이 늘어나고 줄어드는 신체 구조를 가진 동물들이 별주부의 친척이 된다는 발상 자체는 웃기기 위한 판소리 전략이라고 할 수 있다. 죽을지도 모르는 육지로의 여행길을 위한 인사의 자리가 결코 편안할 리가 없다. 침울하게 가라앉을 수밖에 없는

자리인 것이다. 이런 자리를 한 바탕 웃음으로 전환시키는 것은 웃음을 지향하는 판소리의 장르상 당연한 전개 방식이라고 할 수 있는 것이다. 여기에서 선택한 전략은 유사한 행동은 유사한 결과를 초래한다는 원리가 될 것이다. 전혀 연결될 수 없어보였던 친척 관계가 설정되면서 청중은 웃음을 터뜨리게 되는 것이다. 여기에서 한 걸음 더 나가 해구가 친척이라고 등장하면서 웃음은 폭소의 경지로 확대된다. 이미 '목의 신축' 여하를 기준으로 친척을 인정한다면, '신축'만 나타나도 친척이라고 우길 수 있기 때문이다. 이런 전개가 청중의 웃음을 유발하는 전략이라고 할 수 있다. 그러나 여기에서 해구가 드러내는 웃음은 신체의 한 부분이 신축의 기능을 갖는다면 친척이라고 우길 수 있으리라는 기대가 좌절되었을 때 나타난 무안한 웃음이다. 조용히 잔치에 참여하여 음식을 먹고자 했던 것이 해구가 기대하는 상황이었기 때문이다.

④는 적벽대전에서 죽어가는 병사들의 모습을 보여주는 대목이다. 여기에서 죽음의 종류는 한없이 열거되고 있는데, 그 중 하나가 '웃다 죽'는 일이다. 평소에 '웃다가 죽겠다'는 말은 '너무 좋아 견딜 수 없'는 상황에서 이루어진다. 전쟁에 참여한 병사들은 하나같이 개선하여 집으로 돌아가기를 기대한다. 이런 그들의 지극한 마음은 전날 밤의 주연에서 확연하게 드러났다. 모든 병사들은 꼭 돌아가야 하는 곡진한 사연들을 하나같이 가지고 있었던 것이다. 그러나 현실은 자신들의 기대가 무참하게 좌절되고 죽음의 상황으로 그들을 몰고 갔다. '웃다 죽고'의 웃음은 이런 그들의 좌절을 드러내는 표지라고 할 수 있는 것이다.

자기 기대 좌절형의 웃음은 자기 기대 부응형의 웃음보다 더 적게 나타난다.[7] 특히 〈춘향가〉에서는 이러한 웃음이 전혀 드러나지 않는데, 기대했던 상황이 이루어지지 않고 허무하게 무너지는 곳에서 이 웃음이 나타난다는 점에서 그 이유를 찾을 수 있을 것이다.

7) 〈심청가〉: 1/15, 〈홍보가〉: 1/3, 〈수궁가〉: 1/7, 〈적벽가〉: 7/13의 비율을 보이고 있다.

3) 타인 기대 부응형

①춘향 손을 잡을 터이나 첫날밤 신부 손을 잡으면 공방살이 있다는지라 차마 손은 못 잡고 한 손으로 춘향 머리를 만지며 또 한 손으로 춘향의 목을 에후리처 담쑥 안으니 춘향이 부끄러 속으로 웃으며 아이고 나는 몰라요 사또님 알으시면 어쩔라고 이러시오. (〈춘향가〉, 90면)

②내 자식은 못 먹인들 참아 그 애를 굶기릿가 심봉사 좋아라 허허 감사허오 수복강녕하옵소서. (〈심청가〉, 30면)

③홍보가 가난허여 계집 손에 얻어먹어 가장 값을 못했으니 호령이나 헐 수 있나 사정조로 허는 말이 여보소 애기엄마 이것이 웬일인가 자네 방에 열흘 자면 첩의 방에 하로 자지 이렇듯 양귀비가 날만 사람 보랴 허고 만리타국 나왔으니 도로 쫓아 보내겄나 홍보 마누라 이 말 듣더니 그럼 꼭 그리 허것다고 우리 서이 고름 맺고 맹세합시다 양귀비도 웃고 홍보도 웃고 서로 보고 박장대소 옷고름을 맺고 나서 양귀비 박통을 바라보며 무엇들 허는고 호령을 허여노니. (〈홍보가〉, 178면)

④강동 손권의 밀사 노숙이 와서 뵈옵겠다 하옵니다 공명 듣고 대소허며 이제는 좋은 일이 생겼도다 대사를 이루리라 노숙이 우리 군정을 탐지허려 온 일이니 만일 조조의 동정을 묻삽거든 나에게로 미루소서. (〈적벽가〉, 330면)

①에서 춘향의 웃음은 소망했던 이도령과의 결합을 수용하고 기뻐하면서 나타난다. 춘향은 자신의 신분 상승에 이도령의 도움이 절실하다는 것을 인식하였기 때문에 이도령과의 결합을 소망해 왔다. 그 결과 적어도 두 사람 사이에는 신분의 장벽이 사라지고 있음을 알게 되었던 것이다. ②는 심청의 젖 동냥을 다니고 있는 심봉사가 자신의 처지를 이해하고 도움을 주는 동네 아낙네들의 행동에 대한 반응으로 나타난 웃음이다. 심봉사의 처지는 도와줄 사람 하나 없는 맹인이면서 젖먹이 딸을 부양해야 하는 이중의 고달픈 상황이다. 하루하루 남의 도움 없이는 두 사람의 생명도 부지할 수 없는 것이다. 심봉사는 이런 헛웃음을 수도 없이 흘리고 다녀야 했을 것이다. ③은 박 속에서 나온 양귀비에

대하여 흥보의 아내가 앙탈을 부리자 흥보가 사정하면서 같이 화합하기를 촉구하는 과정에서 나타난 웃음을 보여주고 있다. 가난을 같이 이겨낸 아내의 사정을 충분히 이해는 하지만, 이제는 부자가 되어 호사도 부려보고 싶은 흥보의 어설픈 모습이 이 웃음 속에 잘 투영되어 있다. 흥보와 양귀비가 웃으면서 박장대소를 하는 것은 흥보 아내가 승낙할 수밖에 없다는 것을 이미 예견했기 때문으로 볼 수 있다. ④에서 제갈공명은 혈혈단신 자신의 능력만을 믿고 오나라의 군중으로 갔다. 자그마한 실수에 자신의 목숨을 내걸어야 하는 급박한 상황일 뿐만 아니라, 오히려 오나라를 움직여 자신이 소망하는 전쟁에서의 승리를 도모해야 하는 것이다. 여기에서 가장 중요한 것은 오나라의 도움을 이끌어낼 수 있는 원조세력의 확보가 될 것이다. 그런 원조세력으로 기대하고 있던 노숙이 스스로 찾아오게 되자 공명은 '대소하며' 만족한다.

여기에서의 웃음은 타인에 대한 기대와 그 실현에 대한 만족에서 나타난다. 그리고 그 웃음의 주체들은 하나같이 외로운 처지에 놓여 있다는 점, 그래서 타인의 도움을 절실하게 기대하고 있다는 점에서 공통점을 가지고 있다. 그리고 작품의 전개에 따라 그들의 소망이 충족되기 때문에 웃음은 가능하였다. 특히 〈춘향가〉와 〈심청가〉에서 이 웃음 유형이 집중적으로 드러나는데, 이것은 두 작품의 서사 전개 및 주제와 밀접한 관련을 맺고 있는 것으로 보인다.[8] 춘향과 심청의 고달픈 상황은 극에 달해 있고, 따라서 타인에 의한 구조는 필수적으로 요구되기 때문이다.

8) 〈춘향가〉는 5/11, 〈심청가〉는 10/15의 비율을 보이고 있다. 이에 반하여 〈흥보가〉는 1/3, 〈적벽가〉는 1/13이며, 〈수궁가〉에는 이 웃음 유형이 나타나지 않는다. 춘향이나 심청의 소망은 스스로의 노력만으로 이루어질 수 없는 구조적 문제의 해결과 관련된다. 신분제의 수혜자인 이도령과 초현실세계의 도움을 그들은 절실하게 기대할 수밖에 없다는 것을 이 수치는 보여주고 있다.

4) 타인 기대 좌절형

① 허허 세상이 어지 되였든지 시집도 안 간 처녀가 낙태했다네 내가 낙상이랬지 언제 낙태라고 허드냐 하하하 그건 웃음엣 말이로되 춘향아 딱헌 일이 있어 왔다. (〈춘향가〉, 56면)

② 이렇듯 목욕헐 제 심봉사보담 훨씬 더 시장헌 도적놈이 의관의복을 죄 쥐어다 집어가지고 도망을 허였것다 심봉사는 뉘가 농허는 줄로만 알고 여 뉘가 나하고 농헐랴고 감춘 게로구나 거 뉘기여 이리 가져와 내가 암만 눈이 어두어도 다 짐작이 있그만 허허 가저오래도 아니 안 가져와. (〈심청가〉, 90면)

③ 내 뻔 어떻게 되었소 가마구 오짜 오첨지 아들 아니면 영락없이 청국 사람 뿐이겠소. 하하하 그 말밖에 헐 말 없을게요 여보 마누라 한 통 남은 것 우리 마저 탑시다. (〈홍보가〉, 176면)

④ 토끼가 이렇듯 원통타 말을 허며 눈물을 한없이 흘리고 앉았것다 용왕이 보시다 대소허며 허허허허 그것 미련한 것이로다 거짓말을 헐지라도 가기기방헐 것이제 천천만만 부당헌 말을 뉘가 고지 들을 텐고 네 복중에 있는 간을 어데다 어떻게 두고 왔다 허느냐 허허허허. (〈수궁가〉, 284면)

⑤ 운장 익덕이 웃어 가로되 우리는 적군을 막거니와 그대는 집 속에 편히 있고저 하느뇨 공명이 호령허되 칼과 인이 예 있거든 위령자는 참하리라 벽력같은 호령소리 위엄이 추상같은지라. (〈적벽가〉, 329면)

이 유형에서는 타인에게 기대했던 결과가 나타나지 않고 예상 외의 반응이 나타났을 때 터뜨리는 웃음이 나타난다. 방자는 춘향이 자신의 말을 듣지 않을 것을 예상하고 엉뚱한 상황을 만들어 춘향의 정신을 분산시킨다. 방자는 오로지 춘향과 이도령의 만남을 성사시키는 것에만 뜻이 있을 뿐, 춘향의 사정은 전혀 고려하지 않는다. 또한 심봉사는 자신의 옷이 도둑맞을 것을 전혀 예견하지 못하였다. 불쌍한 맹인의 옷을 훔쳐가지 않을 것으로 예견하였지만, 그러나 실제 벌어진 상황은 자신의 기대를 크게 벗어났다. 도둑은 심봉사의 고달픈 상황을 전혀 배려하지 않았던 것이다. 또한 홍보는 박 속에서 나온 검은 옷으로 마음껏 멋을 부려보았지만, 아직은 그 옷과 흥보는 조화를 이룰 수 없었다. 가난이 몸에 밴 흥보에게 있어 호사스러운 옷은 '까마귀'나 '청국사람'처럼 어색한 것일 수밖에 없다. 용왕이 드러내는 웃음은 기대 밖의 대답을 하는 토끼에게 향하고 있다. 용왕은 토끼가 기꺼이 자신의 목숨을 바쳐 용왕의 생명을 유지할 수 있기를 기대하였다. 용완은 자신의 생명만이 중요할 뿐 토끼의 죽음은 전혀 안중에도 없는 것이다. 세상은 이런 것이다. 자신의 관점으로만 대상을 바라볼 뿐, 대상의 관점에서 사태를 파악하는 것은 현실에서는 이루어지지 않는 이상일 뿐인 것이다. 관우 또한 제갈공명에게서 기대와 다른 반응이 나타났기 때문에 웃음을 드러냈다. 군사로서의 공명은 직접 전투의 선봉에 서 있어야 하는 것이 관우의 기대였다. 그런데 공명은 스스로는 전투에 참여하지 않고 장졸들만을 전투에 투입하였다. 따라서 무인으로서의 관우는 전투에서 빠지는 제갈공명을 겁쟁이처럼 생각하는 것이다.

이 유형에서 웃음의 주체들은 타인에 대한 기대가 있지만 그 반응이 못마땅하여 웃고 있다. 이 유형의 웃음이 〈수궁가〉와 〈적벽가〉에서 빈번하게 드러나면서 정상성을 일탈한 탄식으로 여겨지는 것도 이러한 이유 때문으로 볼 수 있다.[9)]

판소리 텍스트에 나타난 웃음을 유형화한 기준은 자신과 타인, 기대의 부응과 좌절이었다. 이는 웃음이 자신과 타인의 소통과 관련된다는 점, 그리고 그 소통의 내용과 질은 기대의 순주에서 결정된다는 점에서 반드시 판소리에만 적용되는 것은 아니다. 다만 판소리가 역동적인 서민의 생활을 기반으로 하여 나타난 예술이기 때문에, 생활 속의 웃음을 보다 풍족하게 보유하고 있을 뿐이다.

이러한 기준을 근거로 각 작품을 볼 때 몇 가지의 중요한 차이를 발

---

9) 〈수궁가〉는 6/7, 〈적벽가〉는 7/13이라는 집중적 경향을 보이고 있다.

견할 수 있다. 일차적으로 〈춘향가〉와 〈심청가〉, 〈수궁가〉와 〈적벽가〉가 대립적인 차이를 보이고 있다. 앞의 두 작품에 나타난 웃음은 주로 타인 기대 부응에 집중화 현상을 보이는데, 뒤의 두 작품의 웃음은 타인 기대 좌절에 집중되어 있는 것이다. 물론 이 네 작품이 기대의 부응과 좌절에서 차이는 있지만, 자신보다 타인에 대한 기대로 이루어졌다는 점에서는 동일하다. 이것이 가지는 공통성과 차별성은 작품의 지향과 긴밀한 관련을 맺는 것으로 이해된다.[10] 이도령이 드러내고 있는 자기 기대부응의 웃음, 춘향과 심청이 드러내고 있는 타인기대부응의 웃음은 각각의 처지가 반영된 결과이다. 특히 꿈을 통해 실현할 수밖에 없는 심청과 심봉사의 현실 극복은 타인에 대한 강한 기대와 그 부응으로 이루어지는 웃음을 통하여 해소하고자 하는 안쓰러움을 동반하고 있다.

〈수궁가〉와 〈적벽가〉는 기대의 좌절에 연유한 웃음이 집중되어 있다는 점에서 〈춘향가〉나 〈심청가〉의 웃음과 구별된다. 의지할 곳 하나 없어 용궁행을 택할 수밖에 없었던 토끼의 고단한 삶과 토끼의 간이라도 먹어 생을 유지하고자 하는 용왕의 절박함에서 우러나온 웃음이 기대의 부응에서 이루어지는 긍정적인 것일 수는 없기 때문이다. 또한 〈적벽가〉의 웃음은 경쟁 관계에 놓이는 두 세력 사이에서 이루어지는 음모와 계략에 수반하여 이루어지고 있다. 그런 점에서 타인에 대한 기대와 그 기대의 좌절이 웃음의 주종을 이루는 것은 당연한 현상으로 볼 수 있다.

10) 〈홍보가〉는 웃음을 드러내는 구체적인 예가 세 곳에만 나타난다. 이것이 김연수 창본에만 고유한 것이 아니라는 점에서, 이는 특이한 예외라고 할 수 있다. 〈홍보가〉는 작품 자체에서의 웃음보다는 청중과의 교감을 통한 웃음의 창출을 목표로 하기 때문에 나타난 현상으로 보이는데, 3장 '판소리의 웃기기 전략'에서 〈홍보가〉가 집중적으로 거론되는 것은 이 때문이다.

3. 판소리의 웃기기 전략

판소리 연행의 현장을 찾는 이유는 여러 면에서 설명할 수 있다. 예술적 취향에서 찾는 경우도 있을 수 있고, 또는 일상과 맞물려 있어 우리의 생활로 정착되어 있기 때문에 그 이유를 설명할 필요가 없다고 할 수도 있다. 그런데 상당수의 사람들은 울기 위하여 가고, 또 웃기 위하여 판소리 연행의 현장을 찾는다. 이미 잘 알려진 다섯 바탕의 소리를 보고 들으면서 청중들은 새삼스러운 듯이 울고 웃는다. 그래서 울고 웃는 것은 판소리 연행의 중요한 측면으로 자리잡고 있는 것이다. 사실은 판소리의 발생부터 이러한 결과는 예측할 수 있었다. 판소리는 본래 흥미로운 이야기가 음악과 결합하면서 이루어졌고, 그 흥미란 향유자와 공유할 수 있는 울음과 웃음으로 이루어지기 때문이다.

울음은 청중의 고단한 현실과 깊이 관련되어 있는 것으로 보인다. 그래서 청중의 생활과 교양에 합당한 동류의식을 바탕으로 슬픔은 고조된다. 그러나 청중들은 자신들의 고난을 발견하기 위하여 판소리 연행을 즐기는 것은 아니다. 그 고난은 자신과의 일체감을 확인하는 데에만 기여할 뿐, 그것은 바로 현실의 망각과 일탈을 지향하는 웃음으로 이행되는 것이다. 그래서 비장의 연속은 '바싹 마른 웃음'이라 하여 판소리의 원리에서도 벗어나는 것이다. 아니리 광대라 하여 말 재간을 지나치게 사용하는 연창자에 대하여 거부하는 반응을 보이기도 하지만, 웃음의 선사는 연행을 보러 온 청중에 대한 연창자의 의무라고 할 수도 있다. 따라서 연창자는 부단히 청중을 웃길 수 있는 전략을 마련하기 위하여 노력하는 것이다.

기본적으로 판소리에서의 웃기기 전략은 판소리 텍스트에 내장되어 있다. 앞에서 살핀 바대로 판소리는 일상의 웃음을 바탕으로 한 웃기기 판을 형성해 놓고 있기 때문이다. 연창자가 판소리 텍스트에 충실하면서 특별히 웃기고자 노력하지 않아도 청중들이 웃는 것은 그런 이유 때문이다. 청중은 웃는 장면만 나오면 웃을 준비를 갖추고 연행의 현장에 나왔다고 해도 과언이 아닌 것이다.

웃음은 웃기는 사람과 웃는 사람의 소통에 기반하여 이루어진다. 웃기는 것에 대한 거부감이 배제되었을 때에만 웃음은 웃음으로 실현되기 때문에, 웃음의 공유는 그에 참여하는 사람들의 동류의식을 형성하게 해준다. 이것을 웃음의 사회적 기능이라고 할 수 있다. 예를 들어 웃음은 기본적으로 여유와 관련되는 것이기 때문에 어느 정도 성숙한 사람들이 누리는 문화라고 할 수 있다. 어른이 했을 대는 포복절도할 웃음으로 나타나지만, 상대적으로 나이가 적은 사람이 똑 같은 웃음을 유발할 때에는 갑자기 분위기가 얼어붙는 경우를 얼마든지 목도할 수 있는 것이다. 특히 웃음의 상당한 부분을 차지하고 있는 외설문화는 동류집단에서 은밀히 이루어진 것이 일반적이다. 〈춘향가〉의 '춘향과 도령이 사랑하는 대목'에 등장하는 난잡한 행위와 언사는 그래서 나이가 어리거나 여성인 연창자가 피하는 것이기도 하다. 그래서 이 부분은 간략하게 아니리로 요약하거나 심한 경우는 생략하고 넘어가기도 하는 것이다. 여성들이 판소리의 연행에 참여하면서 나타난 두드러진 변화의 하나가 바로 웃음의 제거라는 점은 이러한 이유에서 충분히 이해될 수 있는 것이다.

이러한 몇 가지 웃음과 관련되는 전제를 바탕으로 우리는 판소리 연행의 현장에서 드러나는 웃음의 전략을 찾아보고자 한다. 그 전략은 일상의 웃음에 관한 것과 유사하기 때문에 반드시 판소리에만 특유한 것인가에 대하여는 확신하기 어렵다. 다만 판소리에서 두드러지는 현상을 나열함으로써 웃음 문화의 체계화를 지향할 필요는 있을 것이다.

판소리에서 웃기기의 전략이 요구되고, 연창자가 이에 대하여 부단의 노력을 기울여야 한다는 것은 이미 신재효의 〈광대가〉에 제시되어 있다. 신재효는 여기에서 "광대라 하는 것이 제 일은 인물치레, 둘째는 사설치레, 그 직차 득음이요, 그 직차 너름새라, 너름새라 하는 것이 귀성끼고 맵시 있고 경각의 천태만상 위선위귀 천변만화 좌상의 풍류호걸 귀경하는 남녀노소 울게 하고 웃게 하는 이 귀성 이 맵시가 어찌 아니 어려우며"라고 하여 '울게 하고 웃게 하는' 전략을 너름새에 포함시켰다. 따라서 신재효가 말하는 너름새는 우리가 말하는 발림의 영역을 확대한 개념으로 보인다. 울게 하고 웃게 하는 것은 단순히 기교에 머무는 것이 아니라, 청중을 작품 속에 끌어들였을 때에 나타날 수 있는 울림의 현상이라고 할 수 있다. 청중을 작품 속에 끌어들일 수 있는 능력이 요구되는 것은 이 때문이다. 따라서 연창자는 끊임없이 판소리에 반응하고 응답하는 청중을 주시하면서 연창을 진행한다. "좌상 처분 어떨는지?"를 반복하는 이유도 그러한 청중의 반응 점검과 무관하지 않다.

청중은 웃을 준비가 되어 있는 참여자이다. 그래서 연창자는 웃을 준비가 되어 있는 청중에게 웃을 수 있는 판을 제공하여야 한다. 이것이 고정화된 무대예술과 다른 현장예술로서의 판소리가 갖는 특색이라고 할 수 있다. 이런 웃음 판의 제공으로서 우리는 서사의 진행을 차단하면서까지 이루어지는 세밀한 부분의 묘사에 대한 집중과 과장 등을 일차적으로 거론할 수 있다. 〈심청가〉에서 곽씨부인의 죽음은 마치 상여소리의 연행을 위해 일부러 마련한 것처럼 상여소리 부분은 확대되어 있다. 이를 통하여 청중은 애의 감정에 푹 바져들게 되고, 엄밀한 의미에서 〈심청가〉의 지향과 공유할 수 있는 터전을 마련한다. 이와 같이 웃음의 장면도 틈만 있으면 비집고 들어간다. 그래서 서사의 진행은 잠시 정지되는데 연창자는 마치 서사의 진행에는 아무런 생각을 가지지 않은 것처럼 보이기도 한다.

> [아니리] 방자 밖에서 듣다가
>
> 아니 도련님 이게 웬 야단이요 도련님이 지금 글 난리를 꾸미시오 글 싸개를 만났오 글 전을 보시오

[창조] 한문 읽는 쩨로

이놈아 딴소리 듣기 싫다 건은 원코 형코 이코 정코 춘향 코 내 코 한데 대면 좋고 그리고 저리고 허면 또 새 코 나면 좋고

[아니리] 방자 듣다가

도련님 그게 무슨 책이요

이게 주역이다

그 어디 주역이요 코 책이제 저기 노는 학 코 소인 코도 그 밑에다 넣어 주시오

[창조] 한문 읽는 쩨로

이놈아 네 코는 상한의 코라 여기 범치 못한다. (〈춘향가〉, 66~67면)

여기에서 선택된 전략을 우선 서사의 정지와 웃음 집어넣기이다. 이를 위하여는 다른 어떤 것도 포기할 수 있을 정도로 웃음에 대한 배려는 돈독하다고 할 수 있는 것이다. 서사의 진행이 목표라면 이런 방해는 용납될 수 없는 비경제적 행위라고 할 수 있다. 그러나 그것이 목표가 아니기에 서사를 정지시키고 웃음의 판을 벌이는 것은 경제적인 행위가 되는 것이다. 다음으로 웃음의 판을 형성하는 속 자질은 '열거에 의한 말 이어가기' 방식이라고 할 수 있다. 마치 김삿갓의 풍월에서 찾을 수 있는 파격적 열거야말로 판소리가 즐겨 사용하는 웃기기 전략의 하나이다. 그래서 위의 사설에서 '코로 끝나는 어휘'가 있으면 얼마든지 더 추가할 것 같은 기세를 보여주고 있다. 이런 방식은 〈흥보가〉에서 '놀부의 심술타령'이나 〈적벽가〉의 '죽고 타령', 〈수궁가〉의 '용궁 신하들의 도열 모습'에서도 잘 나타나는데, 마치 연창자는 심술이나 죽음, 물고기의 종류를 더 이상은 알지 못하여 정지한 것 같은 느낌을 받는다. 실제로 여성 연창자의 경우 이 장면은 간략하게 처리를 하고 있어 상대적으로 웃음을 목말라하는 청중의 수요를 충족시키지 못하고 있는 것으로 보인다.

'열거에 의한 말 이어가기'를 위하여 필수적으로 선택되는 것으로

'과장적 표현'을 들 수 있다. 웃기기 전략에 도움이 된다면 대상의 현실적인 모습은 무시되고 마음껏 과장하고 확대시키는 것이다. 〈심청가〉의 뺑덕어미나 〈흥보가〉에서의 놀보에 대한 묘사는 상상할 수 있는 추악한 모습을 마음껏 동원하여 열거하고 있다. 너무 나열하다 보니 악인으로서의 모습을 위하여 선택된 의도는 사라지고 웃음만이 남게 되었다. 뺑덕어미나 놀보가 우리에게 가깝게 다가서는 것은 그들이 살아 있는 존재로서의 웃음을 선사하기 때문이라고 할 수 있다. 뺑덕어미나 놀부의 심술 등이 묘사적 측면에서의 과장이라면, 〈춘향가〉에서의 '어사 출또'나 〈흥보가〉의 '박 타는 대목' 등은 행위적 측면에서의 과장이라고 할 수 있다. 법석대고 소란스러워 잠시도 한눈을 팔지 못할 정도로 청중을 몰아가고 있지만, 실제의 현장에서 그러한 모습은 찾을 수 없다. 현실에서는 찾을 수 없기 때문에 과장된 행위는 웃음으로 받아들일 수 있게 된다. 또 현실에는 존재할 수 없는 과장된 행위를 소원한다는 점에서 그 과장은 일정한 정도의 비애를 동반하게 된다. 이를 통하여 실컷 웃고 났는데, 눈물로 귀결되는 것은 고장된 행위가 현실에서는 존재할 수 없다는 절망감의 확인 때문이라고 할 수 있다. 현실에 대한 진정성을 파악하게 함으로써 자신을 돌아보게 한다는 점에서 웃음은 눈물과 다를 바가 없는 것이다.

다음으로 판소리가 선택하는 웃기기 전략의 중요한 한 측면은 웃길 수 있는 인물을 선택한다는 점에 있다. 애초에 판소리는 서민의 생활 속에서 성장한 예술이기 때문에 왕후장상과 같은 이념적 존재는 아예 선택하지 않았다. 실제의 삶 속에서 떵떵거리는 인물은 아무래도 판소리 속에서는 생동성을 지닌 존재가 될 수 없기 때문이다. 그래서 판소리에 등장하는 인물들은 하나같이 무언가 모자란 듯한 인물들이다. 설사 수궁의 용왕이라 하더라도 위엄과 권위를 가진 '보여지는 존재'로는 판소리 속에 들어오지 못한다. 용왕은 가식으로 꾸며진 '보여지는 존재'에서 살아 숨쉬는 '실제의 존재'로 탈바꿈하고서야 판소리의 인물에 편입할 수 있는 자격을 갖게 되는 것이다. 그래서 용왕은 자신의 삶의 연장을 위하여 엉엉 울고, 또 토끼 잡아오지 못할까 조바심을 내는 소심한 존재로 변하였다. 용왕으로서는 이것이 굴욕일지 모르지만, 이 정도 되어야 액자 속에서 고정되어 있는 초상화 속의 인물이 아니라 살아 숨쉬는 존재가 되었다는 점에서 이는 새로운 생명력의 부여라고 할 수 있다. 간웅으로서의 조조도 판소리 속에서 필부필부의 모습을 보임으로써 생명력을 획득하였다. 그리고 그 생명력은 대부분 웃기는 대상으로의 정착을 통해서 이루어진다고 할 수 있다.

웃길 수 있는 인물의 행위는 가끔 예상을 벗어나기 때문에 웃음을 유발한다. 이런 불가측성을 위해서도 판소리의 인물은 무언가 모자란 듯해야 한다. 이도령은 춘향과의 만남을 위하여 방자에게 '방자 형님'이라 하고, 사도는 아들 자랑에 여념이 없어 우리가 요구하는 관장으로서의 위엄을 벗어난다. 가난하여 자신의 앞가림도 제대로 하지 못하는 흥보는 세상에서 가장 뛰어난 군자인 것처럼 행세하여 더욱 웃기는 모습을 연출하고 있다. 이러한 기대와 일탈이 즐거운 웃음을 선사하는 것이다.[11]

판소리에서 선택한 웃기기 전략으로 '열거에 의한 말 이어가기'와 '웃기는 인물의 선택'은 기본적으로는 소극(笑劇)이 사용하는 웃기기 전략이기 때문이다. 새롭게 창작하는 판소리가 청중의 외면을 받는 이유는 판소리가 그 장르 존립의 근거로 삼고 있는 웃음에 대한 고려가 미

11) 오래 전에 방영되었던 〈엄마의 바다〉라는 연속극이 있었다. 극 중의 조역인 안 인물은 노숙자의 신세로 전락하여 남대문 지하도에서 거적을 둘러쓰고 생활하면서도 항상 고르바초프와 소련의 미래를 걱정한 사람이었다. 거대 담론을 말할 수 있는 인물이 아니라는 점에서 그의 행동과 생각은 흥보와 같은 순진성과 파격성을 보여주었다. 아무리 고달프고 힘이 들어도 효도를 팽개칠 수는 없는 일이고, 또 세계의 미래에 대한 걱정을 방기할 수는 없는 일이다. 흥보형 인물이 선사하는 웃음은 그런 점에서 공동체 형성을 위한 웃음이라고 할 수도 있을 것이다. 자신의 현실에는 아랑곳없이 소속된 공동체를 걱정하는 무모할 정도의 순진함에 대한 안타까운 동정이 그 웃음 속에 내재되어 있다고 할 수 있다.

흡하였기 때문이라고 할 수 있다. 판소리가 기반하고 있는 설화의 전통이 고상한 이념의 산물이 아니라는 점을 인식하였을 때, 창작 판소리가 흥륭할 수 있는 계기를 마련할 수 있을 것이다.

4. 맺음말

이 글은 판소리에 나타난 웃음의 제 양상과 이를 기반으로 하여 판소리가 채택하고 있는 웃기기 전략의 한 측면을 드러내기 위하여 작성되었다. 이러한 목적의 달성을 위하여 먼저 착수한 것은 판소리 텍스트 자체가 가지고 있는 웃음의 제 양상을 유형화하는 일이었다. 여기에서는 수용자의 주관적 개입을 차단하기 위하여 철저하게 텍스트 내의 표현만을 대상으로 하여 고찰하였다. 여기에서 유형을 분류하는 기준으로 설정한 것은 웃음이 소통의 중요한 문화라는 이유에서 웃음의 주체를 자신과 타인으로 구분하였다. 다음으로 그 주체에 의하여 이루어지는 내용은 기본적으로 기대의 부응과 좌절이라는 점에서 접근할 수 있다고 보았다. 이렇게 하여 자기 기대 부응형, 자기 기대 좌절형, 타인 기대 부응형, 타인 기대 좌절형의 네 유형이 설정되었다.

이 네 가지 유형은 웃음 일반의 원리이기 때문에 반드시 판소리 자체에만 국한하여 논의할 수는 없다. 판소리 텍스트에 나타난 것만으로 본다면 판소리는 웃음 일반에 나타난 유형 중 타인 기대 부응형과 타인 기대 좌절형에 집중되어 있음을 확인할 수 있다. 〈춘향가〉와 〈심청가〉는 주로 타인 기대 부응형을 선택하였고, 〈수궁가〉와 〈적벽가〉는 타인 기대 좌절형을 선택하였다. 이러한 선택과 배제는 각각의 작품이 지향하는 바와 일정한 정도의 관련성을 드러낸 것이다. 웃음에 대한 연구가 작품 자체의 논의에 역동적 기여를 할 수 있는 가능성을 여기에서 확인할 수 있다.

웃음의 주관성을 배제하기 위하여 텍스트 자체만으로 논의를 국한하는 것은 우리의 웃음에 대한 일반의 인식과는 거리가 있다는 생각을 갖게 한다. 실제로 텍스트 자체만으로 논의할 때 가장 웃음이 풍성하다고 여겨지는 〈흥보가〉는 세 곳에서만 웃음이 발견될 뿐이다. 웃음이 수용자와의 관련 속에서 일어나는 중요한 항수의 측면이 될 수 있다는 점에서 판소리가 채택하고 있는 웃기기 전략의 고찰은 반드시 필요한 작업이 될 것이다.

판소리에서 선택하고 있는 웃기기의 기본 전략은 '서사의 정지와 웃음 집어넣기'로 요약할 수 있다. 판소리는 기본적으로 서사의 진행을 그 목표로 삼고 있지 않다. 서사의 진행을 포기하면서 음악을 향수하거나 웃음과 울음을 통하여 동일체감 형성을 도모하고 있기 때문이다. 이러한 웃음 집어넣기는 '열거에 의한 말 이어가기'와 '웃길 수 있는 인물의 선택'으로 이루어진다. 언어의 재미와 과장적 표현이 열거를 통하여 드러나고, 인물의 묘사와 일탈된 행위를 통하여 선택된 인물은 웃기기 전략을 잘 수행한다.

기본적으로 판소리는 판소리 음악과 판소리 언어를 동시에 수용하는 장르이다. 어느 한쪽만으로 진행시켰을 때, 그것은 '산조'가 될 것이고, 또 '마당극'이나 '판소리계소설'이 될 것이다. 판소리의 계승과 재창조는 이런 관점에서 접근해야 할 것이고, 여기에서 웃음이 대단히 중요한 부분을 차지한다는 것은 항상 염두에 두어야 할 사항이 될 것이다.

「판소리의 웃음과 웃기기 전략」에 대한 토론문

박일용

학계의 선배이신 정병헌 선생님의 「판소리의 웃음과 웃기기 전략」에 대한 질의를 맡게 되어서 대단히 영광스러우면서도, 혹시 저의 이해 부족으로 엉뚱한 질문을 하지나 않을까 조심스럽습니다.

이 논문에서는 "웃음이 지니는 주관적 요소를 제거하고 유형화하기 위해" 판소리 텍스트 자체에 등장하는 웃음을 바탕으로 '웃음의 유형'을 설정하고, 논의를 판소리의 연행 현장에서 나타나는 웃음 현상으로 확장하여, 판소리 창자가 구사하는 '웃기기 전략'의 유형을 탐색하였습니다. 그리하여 판소리 텍스트에 등장하는 웃음의 유형을 "자기 기대 부응형, 자기 기대 좌절형, 타인 기대 부응형, 타인 기대 좌절형"의 네 가지로 나누어 그 성격을 분석하고, 판소리 창자가 구사하는 '웃기기 전략'의 형태로 '열거에 의한 말 이어가기'와 '웃기는 인물의 선택'의 둘을 들었습니다.

선생님의 이러한 분석 틀과 내용에 전적으로 동의하면서, 논의를 좀 더 섬세하게 가다듬는 데 생각해볼 수 있을 지엽적인 문제 몇 가지를 거론함으로써, 질의자로서의 책임을 면할까 합니다.

1. 첫째, '웃음의 유형'과 '웃기기 전략'의 관계 문제입니다. 선생님께서 설정하신 네 가지 '웃음의 유형'은 웃음 발생의 기제를 바탕으로 하여 판소리에 등장하거나 등장할 수 있는 웃음의 성격을 구명한 미학적 이론입니다. 그리고 선생님께서 제시하신 두 가지 '웃기기 전략'은 '기법'적 성격을 지니는 판소리 창자들의 실제적인 연행 행태입니다. 이처럼 이들 둘은 층위가 각기 다른 요소라 할 수 있기 때문에, 이들 사이의 관계가 분명하게 석명될 때, 판소리에 나타나는 '웃음' 현상이 총체적으로 해명될 수 있지 않을까 하는 생각을 해보았습니다. 예컨대, '열거에 의한 말 이어가기' 전략의 예로 든 '코타령'이나 '심술타령' '죽고 타령' 등은 앞에서 분석한 웃음의 유형 가운데 어디에 속하는지, 그리고 만일 같은 데 속한다면 왜 그것들이 하나의 유형에 집중되는지, 그리고 또 만일 각각 다른 데 속한다면 왜 기법적 차원에서는 같은 것이 각기 다른 유형에 속하는지 등이 좀 더 쉽게 이해될 수 있도록 설명해주실 필요가 있지 않은가 생각해 보았습니다.

2. '웃음의 유형' 분석에서 첫 번째 기준으로 제시한 '자기 기대'와 '타인 기대'에서 '자기와 타인'의 개념을 좀 더 선명하게 설명해주셨으면 합니다. 예컨대, '자기 기대 부응형'에서 예를 드신 "이어사나 조조는 자신이 예측했던 타인의 행위를 보고 자신의 능력을 확인하면서 자신의 능력이 자신의 기대에 부응했다는 점 때문에" 웃는 웃음이라 할 수 있겠습니다. 그런데 '자기기대 좌절형'에서 "심봉사나 흥부는 자신의 기대와 달리 상황이 달라지거나 달라질 듯한 데서 느끼는 허탈함이나 후회 때문에" 웃음을 웃는다고 할 수 있겠습니다. 한편, '타인기대 부응형'에서 "춘향이나 심봉사는 자신이 타인에게 기대했던 것이 충족되어서" 웃음을 웃는다고 할 수 있겠으며, '타인기대 좌절형'에서 "허

허" 하고 웃는 "방자나 심봉사는 타인의 행위가 자신의 상식적인 기대와 달라서 허탈해서" 웃는다고 할 수 있겠습니다.

이렇게 정리해놓고 보니 '자기 기대 부응'이나 '타인 기대 부응' 또는 '자기 기대 좌절' 등의 개념이 선명하게 이해되지 않습니다. 예컨대 논리상으로는 '타인을 매개로 확인한 자신감' 때문에 웃는 '자기 기대 부응형'에는 "타인으로 인해 느낀 자신감 상실에 따른 좌절 때문에 웃는 웃음"이 짝이 되어야 할 터인데, 실제로는 "자신의 기대와는 다른 상황 또는 타인 때문에 웃는 웃음"이 짝이 되고 있는 게 아닌가 하는 생각이 들었습니다. 즉, 웃음을 일으키는 원인적 요소로 거론되는 범주의 성격이 다른 것이 아닌가 하는 생각이 들었습니다.

3. 각 웃음의 유형 내에서 들고 있는 사례들을 성격이 일치하는 것들로 조금 조정하는 것이 논지를 선명하게 부각시키는 데 도움이 되지 않을까 하는 생각이 들었습니다. 예컨대, '자기 기대 부응형'에서 '이어사의 웃음'과 '아낙네의 웃음'은 설명하신 대로 큰 틀에서는 비슷한 성격을 지녔다 할지라도, 분류 기준의 틀로 본다면 약간 성격이 다른 것이라 할 수 있으며, '자기기대 좌절형'에서 '해구'나 '군사'의 웃음도 정밀하게 보면 '심봉사'나 '흥부'의 웃음과 약간은 성격을 달리하는 것이라 할 수 있지 않을까요. 이는 사례의 조정 문제이면서도 설정하신 개념을 좀 더 명확하고 선명하게 부각시키기 위해서라도 필요한 것이 아닐까 생각을 해보았습니다.

4. '웃기기 위한 전략'으로 설정하신 '열거에 의한 말 이어가기'와 '웃기는 인물의 선택' 사이의 관계 문제입니다. 제시하신 예들로 보면 '열거에 의한 말 이어가기'는 한 인물의 웃기는 행위 또는 여러 인물들의 웃기는 행위를 묘사하는 방식으로 채택되는 것이고, '웃기는 인물의 선택'은 성격이 고정적인 인물의 '웃기는' 모습을 묘사하는 전략으로 볼

수 있을 것 같은데, 이들은 부분적이냐 전체적이냐의 문제이지 기본적으로는 동일한 기법이 아닐까요. '웃기는 인물'인 빽덕어미 같은 인물의 성격을 묘사하는 방법이 '웃기는' 외모나 행위를 열거하는 것임을 보고 그런 생각이 들었습니다. 이 둘의 관계를 좀 더 선명하게 설명해 주시면 어떨지요.

〈봉산탈춤〉의 웃음 창출 양상과 문화사적 의미

사진실

1. 머리말

누구나 탈춤의 미학을 말할 때 해학성(諧謔性)·소극성(笑劇性)·골계미(滑稽美) 등을 꼽는다. 탈춤의 '웃음'을 분석하고자 할 때 쉽사리 연상되는 용어이기도 하다. 그런데 공연 현장에서 관람하거나 동영상 자료로 남은 탈춤을 보면 해학적이고 골계적이라고 알려진 부분에서 웃음이 터지지 않는 현상을 자주 발견한다. 몇몇이 웃음을 놓치는 정도가 아니라 집단적인 무반응으로 나타나는 경우가 많다. 관중은 주로 현장적인 즉흥성, 또는 즉흥성을 가장한 연기술에 반응하여 웃는다. 전통적인 사설이나 몸짓이 더 이상 많은 관중의 웃음을 끌어내지 못한다는 사실을 알 수 있다.

탈춤은 1930년대에 사설이 채록되기 시작했고 1960년대에 중요무형문화재로 지정되었다. 무형문화재 지정을 통해 탈춤이 지금까지 전승되어 고마운 일이지만 현대의 관중과 어울리지 못하는 부조화를 낳게 되었다. 요즘 공연에서는 어려운 사설을 줄이고 관중들의 반응을 유도할 새로운 공연방식을 추구하고 있다.

탈춤의 웃음은 사설인 문학텍스트에 국한하지 않는 연행 현장에서 그 온전한 양상과 원리를 발견할 수 있다. 탈춤을 통해 한껏 신명을 풀었던 조선 후기 연행 현장의 모습은 어떠했을까? 연행자가 만들어내는 웃음의 요소는 무엇이었으며 관중은 무엇 때문에 어디에서 웃음을 터뜨렸을까? 웃음에서 소외된 혹은 배제된 관중은 없었는가? 그 웃음을 통해 무엇을 얻고자 했을까?

이 논의는 이러한 문제의식에서 출발하여 조선 후기 〈봉산탈춤〉의 연행 현장 속에서 웃음 창출의 양상과 의미를 밝히고자 한다. 기본 자료는 오청(吳晴) 채록본 「假面舞踊 鳳山탈脚本」[1]을 사용하고 임석재(任晳宰) 채록본 「봉산탈춤 대사」,[2] 김일출 채록본 「봉산탈놀이 대본」,[3] 이두현 채록본 「봉산탈춤 대사」[4]를 참조한다.

오청 채록본과 임석재 채록본은 1936년 8월 31일 황해도 봉산군 사리원에서 공연된 내용으로 〈봉산탈춤〉의 현지 전승 양상을 보여준다고 할 수 있다. 오청의 증언에 따르면 탈춤을 구경하기 위하여 1936년 음력 5월 5일 단오에 사리원으로 갔었는데 무슨 사정으로 중지되는 바람에 구경하지 못하고 있다가 연희자 이동벽(李東碧)과 봉산군 당국자를 설득해 그해 8월 31일(음력7월15일) 공연을 거행하였다고 한다.[5] 1936년까지 단오날 〈봉산탈춤〉을 연행하는 관습이 유지되었다는 말이다.

1) 서연호, 「鳳山탈춤 吳晴採錄原本의 硏究」, 『민족문화연구』 제36호, 고려대학교 민족문화연구원, 2002. 이하 오청 채록본으로 부른다.
2) 임석재, 「봉산탈춤 대사」, 『국어국문학』 18, 국어국문학회, 1957; 주석본은 전경욱, 『민속극』, 고려대 민족문화연구소, 1993 참조. 이하 임석재 채록본으로 부른다.
3) 김일출, 『조선민속탈놀이』, 평양: 과학원출판사, 1958. 이하 김일출 채록본으로 부른다.
4) 이두현, 『한국 가면극』, 문화재관리국, 1969. 이하 이두현 채록본으로 부른다.
5) 오청 채록본, 14면.

〈봉산탈춤〉은 18세기 중반 이후 현전하는 모습을 갖추었다고 알려졌다. 〈봉산탈춤〉의 중흥자로 알려진 이속(吏屬) 안초목(安草木) 이후 봉산의 이속들이 연행을 주도하였으며[6] 1936년 사리원 공연을 주재한 이동벽은 20대 선조 때부터 첫째 목중의 역할을 담당했다고 전한다.[7] 〈봉산탈춤〉의 한 배역이 한 가계에서 세습되어 연행되었다는 사실을 근거로, 오청 채록본과 임석재 채록본이 18세기 중반 〈봉산탈춤〉의 모습을 잘 간직했으리라 판단할 수 있다.[8]

채록본의 현장성을 분석하기 위해서 연행 현장의 상황을 확인할 수 있는 세 편의 동영상 자료를 참고한다. 1979년 중요무형문화재 발표회 실황,[9] 1995년 중요무형문화재 마당놀이 부문 발표회,[10] 2006년 중앙대학교 국악당 공연 실황[11] 모두 봉산탈춤보존회가 관여한 공연으로 1965년 이두현 채록본을 근간으로 한다.[12] 1936년 채록본과 비교하여 달라진 부분이 있지만 공통되는 부분에 한정하여 분석한다면 연행 현장의 웃음을 가늠하는 데 도움을 얻을 수 있다.

논의의 순서는 먼저 2장에서 연극 공연에서 발생하는 텍스트의 층위에 따라 웃음의 양상이 어떻게 드러날 수 있는지 가설을 마련한다. 3장과 4장에서는 〈봉산탈춤〉 채록본과 동영상 자료를 대상으로 조선 후기

---

6) 임석재, 「봉산탈춤 대사 후기」, 『국어국문학』 18, 국어국문학회, 1957, 221면.
7) 오청 채록본, 14면.
8) 姜彛天의 「南城觀戲子」에 묘사된 1778년 서울의 산대놀이 내용이 1930년 채록된 「산대도감극각본(김지연 필사)」이나 현전하는 〈양주별산대놀이〉와 크게 다르지 않다는 사실도 참고할 만하다.
9) 아르코예술정보관 자료번호 VT-0100. 이하 1979년 동영상이라고 부른다.
10) 아르코예술정보관 자료번호 VTV-1764. 이하 1995년 동영상이라고 부른다,
11) 중앙대 국악대학 소장. 봉산탈춤보존위원회 전수조교인 장용일 선생이 음악극과 학생들을 지도하여 〈봉산탈춤〉 전 과장을 공연하였다. 관중은 대부분 국악대학 학생들로 전통음악과 전통연희에 익숙한 20대 초중반의 젊은이로 구성되어 공동체적 분위기를 포착할 수 있는 장점이 있다. 이하 2006년 동영상이라고 부른다.
12) 이두현 채록본은 1965년 8월 김진옥·민천식의 구술로 완성되었으며 1967년 〈봉산탈춤〉의 무형문화재 지정에 근거가 되었다. 서연호, 앞의 논문, 11면.

〈봉산탈춤〉의 연행 현장을 재구하여 웃음거리를 만들어내는 주체와 타자 및 웃음의 특정성과 배타성에 대하여 논의한다. 4장은 결론으로 웃음의 전략과 실천의 문제를 통하여 〈봉산탈춤〉 웃음의 문화사적 의미를 밝히고자 한다.

2. 연극 공연의 층위와 웃음의 양상

공연 현장에서 연극의 생산자가 마련하는 '웃음거리'[13]와 수용자인 관중이 터뜨리는 '웃음'은 다른 차원에서 접근할 수 있다. 선행 연구에서 밝힌 탈춤의 해학성, 소극성, 골계미 등은 작품에 구현된 웃음거리의 특성이다. 그 웃음거리에 대해서 관객은 웃음을 터뜨릴 수도 있고 그렇지 않을 수도 있다. 의도된 웃음거리와 웃음의 일치 비율이 높을수록 성공적인 공연이 될 것이다.

연극에서 창출하는 웃음거리와 웃음은 극중공간, 공연공간, 일상공간의 세 층위에서 각각 다른 양상으로 나타난다. 연극 공연에서 발생하는 세 층위에 맞추어 웃음의 양상을 표로 만들면 다음과 같다.

13) '웃음거리'의 사전적 의미는 '남으로부터 비웃음과 놀림을 받을 만한 일. 또는 그런 사람'을 말한다. '놀림거리'와 같은 의미의 부정적인 뜻을 담고 있다. 그러나 본 논의에서는 '웃음을 유발하려고 만들어낸 말이나 행위, 사건 등'의 의미로 사용한다. '웃을 거리'라는 말이 더욱 정확한 표현이 되겠으나 표준어에 없는 말이라 '웃음거리'라는 용어의 뜻을 확장하여 사용한다.

공간의 층위	텍스트의 층위	웃음	웃음거리
극중공간	연극 텍스트	극중인물의 웃음	재담의 웃음거리 몸짓의 웃음거리 외형의 웃음거리 상황의 웃음거리
공연공간	공연 텍스트	관중의 웃음 (연기자의 웃음)	공연방식의 웃음거리
일상공간	컨텍스트	(공연 전후의 웃음)	실재하는 웃음거리

연극을 공연할 때 연기자와 관중은 같은 시공간 안에서 현존하게 된다. 외형적으로는 극장 안에 함께 있을 뿐이지만 극중공간, 공연공간, 일상공간의 세 층위에서 공존하는 관계를 내포하고 있다. 극중공간은 허구적으로 형상화된 공간으로 극중인물의 세계이다. 공연공간은 공연과 관람이 이루어지는 무대와 객석으로 연기자와 관객이 만나는 장소이다. 일상공간은 극중공간과 공연공간의 배후에 있는 현실 세계이다.14)

극중공간에서 발생하는 극중인물의 언어와 행위, 극적 구조, 시청각 기호들의 짜임은 연극 텍스트가 된다. 공연공간에서 발생하는 무대와 객석의 상호작용, 관중의 반응, 연기자의 인사, 음악 반주 등의 짜임은 공연 텍스트가 된다. 일상공간에는 연극 텍스트와 공연 텍스트를 생산하고 수용하는 사회 문화적 컨텍스트(context)가 존재한다.

각각의 공간에는 동작과 표정으로 드러나는 외형적인 웃음과 그러한 웃음을 유발하기 위하여 고안되는 웃음거리가 있다. 극중공간의 연극 텍스트에 나타나는 외형적인 웃음은 극중인물의 웃음이다. 극중인물의 웃음은 인물의 성격을 표현하거나 인물의 관계를 보여주는 대사의 일부로 관중의 웃음을 끌어내기 위해 고안된 것이 아니다.15)

14) 사진실, 「근대극의 성립과 해체 과정에 나타난 공동체문화의 위상」, 『구비문학연구』 21집, 한국구비문학회, 38~44면.

15) 극중인물의 웃음을 보고 관중이 웃음을 터뜨리는 경우 '웃는 연기'가 웃음을 유발한 것이지 웃음 자체가 웃음을 유발한 것이 아니다.

극중공간에서 발견할 수 있는 웃음거리는 극중인물의 언행으로 형상화된 웃음거리로 재담, 몸짓, 외형, 상황의 측면으로 나타난다. 재담의 웃음거리는 언어 표현의 웃음거리이다. 사투리, 비어, 속어, 유행어 등의 어휘 선택, 절묘한 비유와 인용, 조롱과 풍자, 말로 흉내내기 등이 재담의 웃음거리에 속한다. 몸짓의 웃음거리는 동작 연기의 웃음거리이다. 과장된 신체 표현, 돌발적이거나 비정상적인 움직임, 몸으로 흉내내기 등이 몸짓의 웃음거리에 속한다. 외형의 웃음거리는 재담이나 몸짓이 더해지기 전 정지 상태의 외형이 만들어내는 웃음거리이다. 우스꽝스런 가면이나 분장, 의상, 기발한 무대장치나 소도구의 사용 등이 외형의 웃음거리에 속한다. 상황의 웃음거리는 사건의 전개 과정에 나타나는 희극적 전환이나 반전 등을 말한다.

공연공간의 공연 텍스트에서 발견할 수 있는 외형적인 웃음은 관중의 웃음이다. 관중은 연극 생산자가 만들어내는 웃음거리에 반응하여 웃는다. 관중의 웃음은 즉각적인 반응처럼 보이지만 '웃음 찾기'의 '수고로움'을 통해 얻은 것이다.[16] 주어진 웃음거리에서 웃음의 포인트를 발견하는 성패는 개인의 지식과 경험에 달려 있으며 그가 속한 집단의 세계관에도 영향을 받는다.

연극이 진행되는 동안 연기자는 극중인물로 존재한다. 그러나 연극이 시작되기 전 관중에게 인사를 하거나 연극이 끝난 후 커튼 콜 장면에서 연기자는 극중인물이 아닌 연기자 자신으로 관중을 만나고 관중의 환호에 즐거워하며 웃을 수 있다. 이때 연기자의 웃음은 극중공간을 벗어난 공연공간의 층위에서 발생한 것이다.

공연공간에서는 공연방식의 웃음거리가 존재한다. 극중공간의 웃음거리를 만드는 데 필요한 연기와 연출 행위를 공연방식의 웃음거리라

16) 사진실, 「마당놀이 관객의 '웃음으로 하나 되기'」, 『웃음문화』 3, 웃음문화학회, 2006. 이 글에서 '웃음 찾기'의 양상을 '숨은 그림 찾기' '짝 맞추기' '조각 맞추기' 등의 놀이와 견주어 분석하였다.

고 할 수 있다. 극중공간을 벗어나 무대와 객석을 넘나들며 진행되는 공연방식도 웃음거리가 된다. 탈춤의 원리로 잘 알려진 '극중장소와 공연장소의 일치'17)는 현장성과 즉흥성을 발휘하여 관객의 웃음을 유발한다. 극중인물이 객석으로 다가와 관중에게 재담을 하거나 관중을 무대로 끌어들여 장난을 치는 극작술은 웃음을 유발한다. 극중인물의 장난스런 언행에 대한 관객의 반응 역시 제3의 관객에게 웃음을 준다.18) 공연방식의 웃음거리는 미리 약속된 연출을 바탕으로 관중의 분위기에 따라 즉흥연기를 더해 만들어진다.

일상공간의 층위에도 웃음이 존재한다. 공연공간에서 관중이었던 누군가는 일상으로 돌아와서도 이미 끝난 연극의 웃음거리를 떠올리며 웃을 수도 있고 예정된 연극 공연을 기대하며 웃을 수도 있다. 공연공간에서 연기자이며 극중공간에서 극중인물이었던 누군가는 연극에 대한 훌륭한 평가를 받아 웃을 수 있고 공연이 예정된 연극을 연습하며 웃을 수 있다.

또한 일상공간에서는 사회 문화적 컨텍스트 속에서 실재하는 웃음거리가 있다. 연극 생산자가 지목하여 웃음거리로 만들 만한 사람과 사물이 존재하는 것이다. 직업적인 또는 잠재적인 연극 생산자들은 실재하는 웃음거리에 착안하여 연극에 형상화할 웃음거리를 발굴하고 개발하여 그 형상화 방식을 모색할 것이다. 연극의 수용자들은 일상적인 여러 활동을 통하여 인생과 세계에 대한 경험과 인식을 축적하게 된다. 관중이 되어 연극의 수용자가 되면 이러한 인생관과 세계관에 입각하여 웃음거리에 반응하고 웃음을 터뜨리게 될 것이다.

연극의 생산자는 일상공간에서 인생관과 세계관을 바탕으로 웃음의

17) 조동일, 『탈춤의 역사와 원리』, 홍성사, 1979, 131~142면. 극중장소와 공연장소의 관계에서 두 공간의 일치, 극중장소의 전환 문제를 다루었다.

18) 사진실, 「마당놀이 관객의 '웃음으로 하나 되기'」, 앞의 책, 18~22면에서 극중인물 또는 연기자의 짓궂은 공격에 대한 관중의 반응을 '견뎌내기' '받아주기' '받아치기'로 구분하여 분석하였다.

전략을 수립하고 웃음거리를 발굴하여 극중인물의 언행과 공연방식으로 형상화한다. 극중공간과 공연공간에 드러난 웃음의 전략은 관중들의 웃음을 통하여 실천에 이르고 목적을 달성하게 된다. 웃음이 터지는 순간은 연극 생산자와 수용자의 교감을 가시적으로 확인할 수 있는 지점이다.

연극의 생산자는 웃음을 유발할 수 있는 대상의 특징을 잡아내어 재담, 몸짓, 외형, 상황으로 형상화된 웃음거리를 만들어낸다. 그 과정에서 웃음거리의 소재가 된 대상, 즉 웃음의 타자에 대한 연극 생산자의 인식을 확인할 수 있다. 이러한 인식에 동조하지 않거나 스스로 웃음거리의 소재가 되었다면 관중은 웃음을 터뜨리기 어렵다. 연극 생산자는 관중의 성향을 고려하여 웃음의 타자를 형상화하게 된다.

앞서 언급하였듯이 모든 웃음거리가 웃음을 유발하지는 않는다. 웃음거리와 웃음이 부합하거나 어긋나는 양상은 사회 문화적 컨텍스트와 연결되어 있다. 조선 후기 관중을 위한 웃음거리가 현대 관중에게 주어졌을 때 웃음이 터져 나올 수 없었던 것은 사회 문화적 컨텍스트가 달라졌기 때문이다. 물론 시대의 차이에도 불구하고 여전히 유효한 보편적 웃음거리가 존재한다. 또한 같은 시대라 할지라도 특정한 집단을 위해서 만들어진 웃음거리는 다른 집단의 관중들이 반응하기 어렵다. 특정한 집단을 집중적으로 공격하는 배타적인 웃음거리도 존재한다.

이하의 논의에서는 조선 후기 연행 현장에서 〈봉산탈춤〉 웃음거리의 특정성과 배타성을 확인하여 웃음의 효용과 미학을 가늠하고자 한다.

3. 〈봉산탈춤〉 웃음거리의 주체와 웃음의 특정성

어느 시대 누구에게나 웃음을 터뜨리게 하는 웃음거리가 있다. 베르그송이 밝힌 희극의 웃음이나 바흐찐이 말한 카니발의 웃음은 이러한 보편적인 웃음거리를 다룬다. 그러나 웃음거리 가운데는 성별, 연령, 신분 등으로 구별되는 특정한 집단의 웃음을 위해 고안된 웃음거리가 있고 또 다른 특정한 집단을 공격하고 조롱하는 배타적인 웃음거리가 있다.

연극 생산자는 자신이 속한 집단의 세계관을 반영하면서 동시에 연극 수용자인 관중의 성향을 고려하게 된다. 그는 자신을 대리할 극중인물을 창출하여 특정하거나 배타적인 웃음거리를 만드는 일선에 투입한다. 연극 생산자와 수용자가 같은 집단에 속한 경우 극중인물은 더욱 강력한 힘의 상징이 되고 웃음거리의 특정성과 배타성을 훨씬 강화될 것이다.

〈봉산탈춤〉의 생산자는 봉산의 이속으로 알려져 있다.[19] 봉산 지역의 중소 토지 소유자층인 한량 및 지방 하급 관원들이 그 지방의 농민 및 상인을 상대로 놀아온 놀이로 추정되기도 한다.[20] 한량은 본래 말단 양반 계층으로 무술을 일삼는 자를 말하는데 조선 후기에 오면 크게 지위가 격하되어 중서(中庶), 양민(良民) 등 다양한 신분층을 포함하게 되었다고 한다.[21] 상투어로 쓰이는 '한량'은 돈 잘 쓰고 잘 노는 사람을 가리킨다. 지방의 하급 관원이란 이속을 포함하여 집사나 통인 등을 말한다. 집사는 각 군영의 군교(軍校)에 해당하는 무관직이고 통인은 수령의 심부름을 맡았던 하급직이다.[22]

〈봉산탈춤〉에서 연극 생산자인 이속을 대변하는 극중인물은 팔목중,

19) 오청 채록본, 13면.
20) 김일출, 앞의 책, 127면.
21) 이준구, 『조선 후기 신분직역변동연구』, 일조각, 1993, 100~111면.
22) 정형호, 「가면극과 정치」, 『비교민속학』 26, 비교민속학회, 2004, 201~202면.

취발이, 말뚝이 등 극의 흐름을 주도하는 주인공들이다.

①

二目 (다름질하야 들어와서 첫목의 面을 탁-처서 퇴장식히고, 타령곡반주에 마추어 장내를 한 박구 도라다니며 쾌활하게 춤을 추다가, 악공의 앞으로 와서 좌우를 도리보면서) "쉬-"(악의 반주와 무는 긋친다)

(唱) "산중에 無曆日하야 철 가는 줄 몰낫더니
꽃피여 春節이요 葉돋아 夏節이라
(…중략…)
나도 본시 誤入匠이로 산간에 뭇첫더니
풍류소리 반겨듯고 염불에 뜻이 업서
이런 風流亭을 차저왓든."

②

취발이 (만족해서 춤을 추면서 노래한다.) 그러면 그렇지, 영락 아니면 송락이라. (춤을 추다가) 쉬이이, 자 이년아, 네 생각에 어떠냐? 뒷절 중놈만 좋아하고 사자(獅子) 어금니 같은 나는 싫으냐? 중놈에게선 노린내가 나고 취발이에게선 향내가 나느니라. 취발이와 놀아보는데 …… (취발이 춤춘다.) 쉬이 여봐라 말 듣거라. 날로 말하면 강산 외입장이로 술 잘 먹고 노래 잘 하고 춤 잘 추고 돈 잘 쓰는 한량이라. 금전이면 사귀신(事鬼神)이라, 돈이면 귀신도 사는 법이라. 돈으로 네 마음을 사보리라. (돈을 던져준다.) 엣다 돈 받아라.[23]

③

말뚝이-한탄하면서

재담 "…… 나는 본시 외입쟁이로서, 때는 마침 어느 때냐 녹음방초 승화시 이때에 장부 흥을 못 이겨 장안을 당도하니, 친구를 만났는데 대전별감(大殿別監), 금부나졸, 정원사령, 그러한 친구를 만나서 화류강녕을 찾아 가서, 한 잔 먹고 놀적에 음률 같이 좋은 것을 사람마다 알았더냐.

23) 이두현 채록본.

춘풍화류 청풍루(淸風樓)에 주육(酒肉)이 난만한데, 1등 명창들과 갖은 풍악 미색들은 아자(亞字)로 벌려 놓고 좌중(座中)에 후종(後從)하는 요순(堯舜), 우탕(禹湯), 문무(文武) 같고 각자 등행(登行)하여 관현성(管絃聲)을 이뤘으니 아마도 성세안락(盛世安樂)이 이뿐이라. …… "[24]

④

令監 "내 입은 것 근본 드러 보아라. 산대도감을 뚝 떠나서 平安道 寧邊 妙香山을 들어갓다 중을 만나, 老丈님께 인사하고 하로밤 자든 次에, 어떠한 입분 女중이 잇기로 객지에서 옹색도 하고 하기에 한번 덥첫더니, 중들이 버리떼 같이 달녀들어 無數凌辱 때리길네, 갑작이 도망하여 나오면서 가지고 나온 것이 이 중의 칠베長衫일다."[25]

①은 팔목중 가운데 둘째 목중이 등장해 자신의 내력을 말하는 장면이다. 본시 외입장이였는데 산중에 들어 중이 되었다가 풍류소리를 듣고 다시 세상으로 나왔다고 한다. 이어지는 모든 목중의 대사에서 '풍류'라는 말이 반복적으로 사용된다. ②는 취발이가 노장을 물리치고 소무를 상대로 수작을 벌이는 장면이다. 스스로를 강산 외입장이로 술 잘 먹고 노래 잘 하고 춤 잘 추고 돈 잘 쓰는 한량이라고 말하며 돈 꾸러미를 던져 소무의 환심을 사려고 한다. 취발이는 "돈을 가지고 돈을 힘으로 사는 자의 전형"[26]이며 "상인이나 이속이 자기 자신을 나타내려고 창조한 인물"[27]이다. ③은 말뚝이가 양반들의 호통에 불만을 품고 자신의 내력을 밝히며 호기를 부리는 장면이다. 그 역시 본시 외입장이라고 말하며 장부의 흥에 못 이겨 서울 장안에 당도해 풍류를 즐긴 내용을 자랑하고 있다. ④는 영감이 중들이 입는 칠베장삼을 입고 있게 된 내력을 설명하는 장면이다. 절에서 하룻밤 묵다가 예쁜 여중을 겁탈하려

24) 김일출 채록본, 215면.
25) 오청 채록본, 58면.
26) 조동일, 앞의 책, 194면.
27) 위의 책.

했다고 하여 나이가 들었어도 호색(好色)의 기질을 버리지 못하는 영감의 성격을 표현하고 있다.

오입장이를 자처하며 풍류정을 찾아다니는 인물은 이른바 한량이고 왈자이다. 서울지역의 경우 하급 무반이 참여한 왈자 집단과 아전, 상인 등 중간층이 서울지역의 유흥 오락 문화를 장악하였다고 알려졌다.[28] 조선 후기 서울지역의 〈산대도감극(본산대놀이)〉에서는 포도부장 등 왈자 집단이 강력한 힘의 상징으로 나타나 서울지역 탈춤의 주요 담당층으로 존재했다.

인용자료 ③에 의하면 말뚝이가 서울에서 만나 어울린 친구들은 '대전별감(大殿別監), 금부나졸(禁府羅卒), 정원사령(政院使令)' 등인데 이들은 서울지역의 왈자 집단을 구성하는 대표적인 하급 무반들이다. 말뚝이가 춘풍 화류를 즐기는 모습은 〈왈자타령〉으로도 알려진 〈무숙이타령〉에서 주인공 무숙이가 유산(遊山) 놀음을 즐기는 장면과 유사하다. 양반의 마부인 말뚝이가 중간층인 왈자의 모습을 띠는 것은 서울지역 〈산대도감극〉의 주역이던 무부(武夫)인 포도부장의 성격이 전이되었기 때문이다. 포도청의 하급 무반인 포도부장은 서울 시정의 권력자였으나 그 힘이 미치지 않는 지방도시에서는 탈춤의 주역 역할을 말뚝이에게 내주게 된 것이다.[29]

〈봉산탈춤〉의 생산자인 봉산의 이속 또는 향리를 팔목중, 취발이, 말뚝이, 영감과 모두 동일시할 수는 없겠지만, 그들은 외입장이, 한량, 왈자 등을 포함한 중간층 이하 남성들이라는 특정 집단을 연극의 수요자로 상정하고 특정한 웃음거리를 만들어냈다고 할 수 있다. 〈봉산탈춤〉의 웃음거리가 특정성을 띤다는 사실은 성적(性的) 담론과 형상에서 확인할 수 있다.

---

28) 강명관, 「조선 후기 서울의 중간계층과 유흥의 발달」, 『민족문학사연구』 2, 민족문학사연구소, 1992, 194~200면.
29) 사진실, 「조선시대 연극의 공연상황」, 『한국연극사 연구』, 태학사, 1997, 359~362면.

첫목 (붉은 빗갈의 웃옷을 입고 허리에는 青葉의 柳枝를 꼽고 큰 방울을 한 아름 차고 다름질하야 등장한다. 머리를 앞흐로 푹— 수그리고 술취한 사람 모양으로 비틀거리며, 저고리의 두 소매로 얼굴을 가리우고 타령곡의 반주에 맞추어 춤을 추면서, 장내로 빙빙 도라다니다가 땅에 넘어저서 넘어진 그대로, 누어서 얼굴을 가리운 그대로, 팔과 몸과 다리를 움지기며, 타령곡의 반주에 맞추어 춤을 춘다. 엄숙한 노승의 앞헤서 恐縮함을 늣긴 까닭이다. 그대로 춤을 추면서 이러나랴고 하다가 엽더지기를 三次나 거듭한다. 네 번만에 겨우 이러나서 매우 쾌활한 춤을 추기 시작하야 조곰도 꺼림업시 한참 추고 잇을 때에 둘재목이 다름질하야 등장한다)

첫째 목중이 등장하여 아주 느리게 번뇌의 춤을 추다 일어서는 장면이다. 이 부분은 오청이 말한 대로 목중이 엄숙한 노승에게 두려움을 느껴 주눅 들었기 때문이 아니다, 임석재 채록본에서는 이 부분을 꽤나 선정적인 춤이라고 설명하고 있다.[30] 본디 외입장이인 사람이 산중에 들어가 중노릇을 하다 보니 성적 충동을 못 이겨 괴로워하는 모습을 춤으로 표현하였기 때문이다. 2006년 동영상에 의하면 이 장면에서 몇몇 남학생들이 산발적인 웃음을 터뜨렸다. 웃음이 산발적으로 그친 것은 관중 가운데 남학생보다 여학생의 수가 많았기 때문이다. 남학생들로만 구성된 관중이었다면 더 큰 웃음이 터졌을 장면이다. 여학생들이 웃는 경우는 거의 없었는데 춤의 내용에 대해 이해하지 못했거나 체면을 생각해서 웃지 못했던 것이라 여겨진다.

여성에 대한 성적 희롱을 웃음거리로 삼는 경우도 현대 관중에게 웃음을 주지 못한다.

①

老僧 (처음 보는 사람임으로 붓그러워서 그런 것이라 생각하고 고개를 끄

30) 임석재 채록본.

덕끄덕하더니 두 손으로 집행이를 수평으로 들고 小巫에게 가서 춤을 추며 여러 가지 동작으로써 얼너본다. 집행이를 少巫 사타리 밋트로 너다가 내여들고 少巫를 한참 바라보며 집행이를 코에 대고 냄새를 맛더니 뒤으로 물러나와서 두 손으로 집행이를 무릅에 대이고 꺽거버리면서 펄적 뛴다)

(이때 악의 반주는 타령곡으로 轉한다)

老僧 (타령곡의 반주에 맞추어 춤을 추며 少巫의 앞흐로 가서 念珠를 버서 그의 목에 거러준다)

少巫 (태연히 춤을 추면서 목에 거러준 염주를 벗겨서 땅에 던저 버린다)

②

취발이 (소무의 치마를 떠들고 머리를 들여민다.) 쉬이 야아 이놈의 곳이 뜨겁기도 뜨겁구나. 어디 관함이나 한 번 세어보자. 한 관, 두 관, 세 관, 네 관, 다섯 관…… 야아 이것 놔라 놔. 야아, 나왔다. (털을 뽑는다.) 아 이놈의 털 길기도 길구나. 한발 가웃이로구나. (이 때 취발이는 자기의 머리털 몇 개를 뽑아 가지고 또한 인형을 사타구니에 끚아주고 나온다.)

少巫 (갑자기 배 앓는 양을 한다. 작은 인형을 치마 속에서 빠뜨리고 아이를 낳았다는 것이다. 이어 퇴장.)[31]

①은 노장이 소무를 만나 신체적인 접촉을 시도하다 급기야는 지팡이를 소무의 사타구니 아래에 넣었다가 냄새를 맡고는 지팡이를 꺾어 버리며 춤추는 장면을 담고 있다. 염불 장단이 타령 장단으로 바뀌면서 노장의 춤은 더욱 신명을 내기 시작하고 불도의 상징인 염주를 벗어 소무에게 걸어주며 심신의 변화를 드러낸다. '숭고한 노장' 속에 감추어져 있던 '비속한 노장'이 승리하여 삶의 보람을 별견한 자의 환호를 보여주는 것이다.[32] 노장이 소무의 사타구니에 지팡이를 넣는 장면이나 그

31) 이두현 채록본.

32) 조동일, 『탈춤의 역사와 원리』, 홍성사, 1979, 190~191면. 저자는 〈봉산탈춤〉 노장과

가 잊고 있던 남성성을 되찾아 지팡이를 꺾어 버리면서 펄쩍 뛰는 모습에서 외입장이 한량을 자처하는 남성 관중들은 폭소를 터뜨릴 수 있다. 그러나 여성 관중들은 여기서 웃음을 터뜨리기 어렵다.

②는 소무를 차지한 취발이가 그녀의 치마 속을 들여다보며 한참 희롱을 하고는 나중에 보여줄 해산 장면을 위해 인형을 넣어주는 장면이다. 신체의 은밀한 부분에 대하여 떠벌이는 재담은 분명 우스꽝스럽다. 성적 금기를 깨뜨리는 것은 보편적인 웃음거리로 잘 알려져 있지만 이 장면 역시 여성 관중의 웃음을 끌어내기 어렵다.

1979년본 동영상에 의하면 취발이의 재담에 웃는 사람은 없었다. 남성 관중조차 드러내고 웃을 수 없는 연행 현장의 맥락이 있었기 때문이다. 중요무형문화재 발표회는 남녀노소의 차별이 없는 것은 물론 가족 단위의 관람이 이루어지는 까닭에 노골적 성표현에 대해 모른 척하거나 냉소적인 반응을 보였다고 여겨진다. 반면 소무가 배 아픈 흉내를 내며 애를 낳는 장면을 연출하거나 취발이가 애를 받아 아기 흉내를 내는 장면에서는 대다수 관중이 웃음을 터뜨렸다.

남녀의 성적 관심이나 모의적인 성행위를 보여주는 것은 풍요다산을 기원하는 제의의 구조 가운데 하나이다. 노장과장에서는 젊은 취발이와 늙은 노장의 싸움, 취발이의 승리, 그와 결합한 소무의 생산 등 일련의 과정 속에 자연의 풍요를 비는 주술의 구조가 내포되어 있다.[33] 그러나 이미 공연물로 정착된 탈춤의 연행 현장에서 드러나는 노골적인 성(性)의 표현은 주술성보다는 웃음 창출 쪽에 무게가 실릴 수밖에 없다.

그런데 〈봉산탈춤〉의 경우 노골적인 성표현의 웃음거리가 남성중심적인 시각에서 여성을 성애적(性愛的)인 대상물이나 성적 유희의 대상으로 삼았다는 사실이[34] 문제가 된다. 탈춤의 관중이 극중인물에 몰입하

장의 주제가 파계승에 대한 풍자를 드러내는 데 있지 않고 본능적 욕구를 부정하지 않는 현실적이고 민중적인 가치관을 드러내는 데 있다는 사실을 밝혔다.

33) 조동일, 앞의 책, 193~196면.

지는 않는다 할지라도 여성 관중은 소무의 처지와 동일시되는 까닭에 여성을 성적 유희의 대상으로 삼아 만든 웃음거리에 긍정적으로 반응하기 어렵다. 성적 금기의 파기는 보편적인 웃음거리가 되지만 연행 현장의 맥락에 따라 웃음을 줄 수도 있고 불쾌감을 줄 수도 있는 것이다.

〈봉산탈춤〉 웃음거리의 특정성은 강한 남성성의 표출에 있다. 외입장이 한량을 표방한 중간층 이하 남성 관중을 위한 남성중심적 웃음거리가 핵심이 되었기에 여성 관중들은 웃음에서 소외될 수밖에 없었다. 〈봉산탈춤〉은 단오날 저녁부터 새벽까지 놀았다고 하니[35] 연행 시간의 측면에서도 여성들이 동석하기 어려웠다고 할 수 있다.

〈봉산탈춤〉이 중요무형문화재로 지정된 이후 정기 발표회의 형식으로 공연되면서 자연스런 전승 당시의 연행 시공간을 잃어버렸다. 연행 현장의 맥락이 사라졌는데 사설은 그대로 전승되다 보니 현대의 관중들이 즐기기 난감한 측면이 있어 적나라한 성표현은 줄이거나 생략하는 실정이다. 이런 현상을 두고 전통연희의 훼손이라고 해야 할지 정상적인 대응이라고 해야 할지는 좀 더 논의할 문제이다.

4. 〈봉산탈춤〉 웃음거리의 타자와 웃음의 배타성

〈봉산탈춤〉의 연행 주체는 외입장이 한량을 표방하는 중간층 이하 남성 집단이라고 하였다. 웃음거리의 특정성은 이들 집단에 속한 사람

34) 허용호, 「〈봉산탈춤〉 속의 여성들–여성 등장 인물들의 대칭적 형상화에서 드러나는 남성 중심성」, 『구비문학연구』 제4집, 531~533면. 〈봉산탈춤〉에 등장하는 여성들이 두 부류의 대립적 형상으로 그려진다는 사실을 확인하고 〈봉산탈춤〉이 남성중심적이며 반페미니즘적 축제의 성격을 지닌다고 하였다.

35) 오청 채록본.

들이 가장 잘 공유할 수 있는 성격을 말하는 것이지 의도적인 배제나 대립의 의미를 담고 있지는 않다. 연행 주체가 어떤 대상을 웃음거리로 만들어 대립적인 타자로 설정하는 특성은 웃음거리의 배타성이라 부르고자 한다.

〈봉산탈춤〉 웃음거리의 배타성은 웃음거리의 소재가 되는 대립적 타자에 대한 공격적 언행에서 찾아볼 수 있다. 〈봉산탈춤〉의 대립적 타자는 연행 주체의 성격에 비추어 대립항의 양상을 띤다. 노장은 금욕의 표상인 까닭에 호색적인 외입장이의 대립항이 된다. 양반은 신분적 위계의 차원에서 중간층 이하 남성의 대립항이 된다. 미얄은 자유분방한 성생활을 가로막는 조강지처라는 측면에서 남편의 대립항이 된다.[36]

극중공간에서는 연행 주체를 대리하는 극중인물이 다른 극중인물인 대립항을 조롱하여 웃음거리로 삼고 갈등 상황을 조장하게 된다. 노장을 조롱하는 웃음거리 창출의 주체는 팔목중이다.

> 少巫二人이 花冠 몽두리로 찬란하게 차리고 각각 가마바탕을 타고 먹중 八人에게 떠바치어 등장하야 타령곡의 반주에 마추어 먹중들과 같이 화려한 춤을 춘다. 이러는 동안에 老僧이 송낙을 쓰고 먹長衫 우에 紅袈裟를 메고 百八念珠를 목에 걸고 남모르게 슬적이 입장하야 한편 구석에서 四仙扇으로 얼골을 가리우고 六環杖을 집고 가만히 선다. 먹중들은 少巫二人과 같이 한참 춤을 추다가 그 中 한 사람이 老僧의 서 잇는 편을 바라보고 깜작 놀낸다. 이때에 악의 반주와 무는 긋친다.
>
> 初目 "아나야―"
>
> 墨僧들 "그래와이."
>
> 初目 (老僧을 가르치면서) "저 동편을 바라보니 비가 오실나는지 날이 흐렷구나."
>
> 二目 "내가 한번 가서 보고 올거나."(춤을 추며 노승을 갓가히 가 보고 도라

36) 젊고 예쁜 여성에 대해서는 대립각을 세우지 않았다. 젊은 여성을 비주체적 성적 소유물로만 인식하여 조롱과 풍자의 대상으로 삼지 않았다.

와서) "아나야—"

墨僧들 "그래와이."

二目 "내가 이제 가 보니 날이 흐린 것이 아니라 甕器匠이가 옹기짐을 버트여 놨드라."37)

소무와 춤을 추던 목중들은 노장의 출현에 순간 놀라지만 노장 역시 세속의 풍류정에 내려왔다는 혐의가 있으므로 장난스런 태도로 돌변한다. 목중들은 스스로 외입장이라는 사실을 밝히고 놀러 나왔지만 노장은 슬그머니 몰래 나와 '숭고한 노장'의 모습으로 '비속한 노장'의 본질을 감추고 있었다.38) 목중들은 숭고한 노장을 존중하고 정중히 모신다는 구실 아래 시치미를 뚝 떼고 '옹기짐, 숯짐, 구렁이' 등으로 비속한 노장의 모습을 풍자해 웃음거리로 삼는다.

노장은 오랜 세월 산중에서 불도를 닦던 수도승인지라 세속의 풍류정에는 쉽게 어울리지 못한다. 처음부터 떳떳하지 못하게 처신했기에 스스로의 행동에 제약이 생기기도 하였다. 극중인물인 목중들과 이를 지켜보는 관중들은 모두 세속사회에 익숙한 반면 노장은 그렇지 못해 비틀거리고 넘어진다. 목중들은 노장의 비주체적 비사회적 성격을 더욱 강조하며 웃음거리로 삼는다.

노장에 대한 목중들의 공격은 노장의 신체에 대한 비속적 표현을 서슴지 않는다. 노장을 위해서 그가 좋아하는 「백구타령」이나 「오돌도기타령」을 불러준다고 하고는 "대강이를 굼주린 개가 주인 보고 대강이 흐들듯이 끄덕끄덕 하더라" "대강이를 용두질치다가 내버린 좆대강이 흔들 듯 하더라" 등의 노장의 신체에 대한 비속한 표현의 강도를 높여간다. 육체적 삶을 초월한 '숭고한 노장'의 신체에 집중함으로써 웃음거리를 만들어내는 것이다.

---

37) 오청 채록본, 24~25면.

38) 조동일, 앞의 책, 186~191면에서 '숭고한 노장'과 '비속한 노장'의 이중성 및 팔목중이 노장을 조롱하는 과정에 대하여 상세한 분석이 이루어졌다.

목중들은 대립적 성격을 지닐 뿐 아니라 신체적인 자극과 공격으로 갈등 상황을 조장한다.[39] 목중들은 노장을 조롱하는 데서 멈추지 않고 몸으로 에워싼 채 지팡이를 잡아 무대의 중앙으로 이끈다. 숭고한 노장 속에 감춰둔 비속한 노장을 부추겨 외입장이 한량의 무리로 끌어들이려는 적극적인 행위이다. 주저하는 노장과 과격한 목중들의 행동이 충돌하여 급기야는 노장이 쓰러지고 만다.

양반을 조롱하는 웃음거리 창출의 주체는 말뚝이이다.

兩班伯 "이놈 너는 양반을 모시지 안코 어듸로 그리 단이느냐."

말뚝이 "예—양반을 차즈려고 찬밥국 미라 일즉이 먹고, 馬죽間에 들어가서 노새님을 끌어내다 등에 솔질 솰솰하야 말둑이님 내가 타고 팔도강산 다도라 물은 메주 밟듯하얏는대, 東은 여울이오 西는 九月이라. 동여울 서구월 넘드러 北漢山下 방방곡곡이 바위 틈틈이 모래 짬짬이 참나무 결결이 다 차어 단여도 샌님 빗듯한 놈도 업기로, 落鄕士夫라 서울 본택을 차저가니 샌님도 안계시고 둘째 샌님도 안계시고 종가집 도령님도 안 계시고 마나님 혼자 계시기로, 이 벙거지 쓴 채로 이 채직 찬 채로 이 감발 한 채로 두 물팍을 꿀고, 하고 하고 再讀으로 뵈습니다."

兩班伯 "이놈 뭐야."

말둑이 "아—이 양반 엇지 듯고. 문안을 들이고 들이고 하니까 마나님을 술상을 차리는대, 벽장 열고 목이 길다 황새병, 목이 잘다 자라병에 江麵酒 이강酒를 내여놋차, 鸚鵡盞을 마님이 친히 드러 잔 갓득 술을 부어 한 잔 두 잔 一二三盃 마신 후에 안주를 내여 놋는대, 대양푼에 갈비찜 소양푼에 豬肉 초고추 저린 김치 문어 전복 다 버리고, 작년 八月에 샌님댁에서 등산갓다 남아 온 좃대갱이 하나 줍디다."

兩班伯 "이놈 뭐냐."

말둑이 "아—이 양반 엇지 듣소. 등산 갓다 남아 온 魚頭一尾이라고 하면서, 조긔 대갱이 하나 주시더라고 그리하엿는데."

---

39) 조동일, 앞의 책, 187~188면.

兩班伯·仲 "魚頭가 一尾라네." (하며 굿거리 장단에 맞추어 춤을 춘다)[40]

말뚝이가 양반을 조롱하는 웃음거리는 '양반의 위엄—말뚝이의 항거—양반의 호령—말뚝이의 변명—양반의 안심'으로 이어지는 재담의 구조를 이룬다.[41] '양반의 위엄'을 차리며 하인의 소임을 다하지 못한 말뚝이를 꾸짖자 '말뚝이의 항거'가 이어진다. 말뚝이는 양반을 찾기 위해 방방곡곡 찾아다녔다는 설명 끝에 서울의 본댁까지 올라가 양반댁 마나님을 "하고 하고" 두번 겁탈했다는 모욕적인 언사를 늘어놓는다. 이에 '양반의 호령'이 떨어지자 말뚝이는 양반이 잘못 알아들었다고 덮어씌우며 "들이고 들이고" 문안 인사를 두 번 했다는 말로 변명을 한다.

다시 이어지는 말뚝이의 공격에서는 마나님이 술안주로 "좆대갱이"를 주었다고 했다가 양반이 호령을 하자 "조긔 대갱이"로 바꿔 말한다. 말뚝이는 분명히 모욕적이고 자극적인 발언을 했고 관중들도 그 사실을 알고 있지만 정작 당사자인 양반은 말뚝이의 변명을 그대로 믿어 버리고 안심한다. 모든 사람들이 사태의 실상을 알고 있는데 양반들만 모르고 있어 발생하는 부조화가 웃음을 유발한 것이다. 양반은 이성판단이 어려워 사회에 적응하지 못하는 비사회성을 띤다. 신분적 위세와 체면을 내세우다 보니 이성적 판단력이 흐려진 것이다.

이러한 방식의 재담의 구조는 계속 반복되는데 사이사이에 춤 대목이 삽입되어 갈등의 순수성을 보장하고 희극적 반어를 지속시키는 효과를 준다.[42] 춤 대목은 "魚頭가 一尾라네" 등 양반의 불림으로 시작되므로 양반들이 말뚝이의 변명을 듣고 안심해서 추는 춤이다. 말뚝이는 양반의 춤에 장단을 맞추듯이 어울려 추지만 속내는 다르다. 양반에게 모욕을 주고 완벽하게 속여 넘긴 승리의 춤을 추는 것이기 때문이다.

---

40) 오청 채록본, 45~46면.
41) 조동일, 앞의 책, 200~206면.
42) 위의 책, 206~207면.

미얄할미를 조롱하는 공격의 주체는 영감이다.[43] 영감과 미얄은 고향에 난리가 나서 헤어졌다가 서로 만나기를 갈망하던 부부이다.

슈監 "여보게 할맘! 우리가 오래간만에 天佑神助로 이러케 반갑게 만낫스니 얼사안고 춤이나 한번 추어 봅세."

(창) "반갑고나 반갑고나
얼너보세 얼너보세."

(미얄부부가 서로 끄러안고 굿거리장단에 맞추어 춤을 춘다. 이러케 한참 춤을 추다가 정신에 이상이 생기여 영감이 땅에 넘어지면, 미얄은 영감에 머리 우으로붙어 기여넘어간다)

미얄 (이러서며) "아이고 허리야 아이고 허리야, 年滿七十에 生男子 하엿스니 이런 경사가 어대 잇나."

(창) "조흘시고 조흘시고
아들 보니 조흘시고."

(라고 창하면서 춤을 춘다)

슈監 (누은 채로) "야아 조키는 정 조쿠나. 그놈의 곧이 험하기도 험하다. 松林이 좌우로 욱어지고 山高谷深 한데 물말은 湖水中에 굽이굽이 섬뚝이요 갈피갈피 유자로다. (…중략…) 배를 타고 오다가 풍랑을 만나 이곧에 와서 딱 붓텃스니 엇더케 떼여야 니러날 것인가. (…중략…) 어허 이년! 나를 첫아들로 망신 주었지. 이런 천하에 고약한 년이 잇나. 이년에 씹중방을 꺽거 놋켓다. 웃중방은 웃툴둣툴하니 본대머리에 風簪 파주고, 아랫중방은 미끌미끌하니 골패장판 만들밧게 업구나."(라고 하며 미얄을 때린다.)

미얄 "여보 영감! 설혹 내가 조곰 잘 못하엿기로 오래간만에 만나서 이러케도 사람을 한부로 친단 말이요."

슈監 "야 이년 듣기 서러. 무슨 잔말이야."(미얄을 때린다)

미얄 "자아 자아 때려 죽여라, 때려 죽여라."(울면서 영감에게 매달녀 악을 스며 쥐여 뜻는다.)

---

43) 미얄과 영감은 서로 공격하고 조롱한다. 영감 쪽이 〈봉산탈춤〉의 연행 주체를 대리한다고 보아 이런 입장에서 논의를 전개한다.

令監 "야 이것 바라. 이년이 도리혀 나를 물어 뜻는구나."[44]

오래간만에 천우신조로 만난 영감과 미얄은 만나자마자 본능적으로 성행위를 한다. 영감이나 미얄 모두 성(性)에 대해서는 자유롭게 즐기며 어느 정도 성해방을 실현하고 있는 인물들이다.[45] 그러나 아들을 잃는 미얄은 나이가 70이나 되었으면서도 영감과의 부부관계를 통해 아들을 낳으려는 갈망과 환상에 빠져 성행위 도중 아이를 낳는 시늉을 하다가 영감을 곤경에 빠뜨리게 된다. 영감은 누운 채로 "배를 타고 오다가 풍랑을 만나 이곧에 와서 딱 붓텃스니 엇더케 떼여야 니러날 것인가"하며 난처해하고 있다. 배를 탄다는 것은 미얄의 배를 탔다는 말이기도 한데 배를 타다가 움직일 수 없게 되었다는 것은 성행위 과정에서 겪은 좌절이다.[46] 영감은 자신을 아들 취급했다고 미얄을 때리고 미얄도 이에 질세라 악을 쓰며 덤빈다.

남편을 아들이라고 망신을 준 데다 지지 않고 반격을 하니 미얄은 영감에게 소박맞을 요건을 갖추기 시작하였다. 영감은 고향에 돌아오면서 이미 첩인 덜머리집을 데리고 왔으니 이미 예견된 일이었다. 외입장이 한량을 자처하는 〈봉산탈춤〉의 연행 주체들은 조강지처를 쫓아낼 수 있는 칠거지악(七去之惡)[47]을 하나씩 추가한다.

아들 소식을 묻자 "빈곤하야 산으로 나무하러 갓다가 불상하게도 虎患에 갓다"는 말을 듣고는 깜짝 놀라며 "인제는 자식도 죽이고 아모 것도 볼 것이 업스니, 너하고 나하고는 영영 헤어지고 말자"고 한다. 자식이 모두 죽어 없는데다 생산도 할 수 없으니 무자(無子)의 부덕이 문제

44) 오청 채록본, 55~56면.
45) 임재해, 「탈춤에 형상화된 '성'의 민중적 인식과 변혁적 성격」, 『한국문화인류학』29-2, 1996, 65면.
46) 조동일, 앞의 책, 212면.
47) ① 시부모에게 순종하지 않는 것(不順舅姑), ② 자식을 낳지 못하는 것(無子), ③ 음탕한 것(淫行), ④ 질투하는 것(嫉妬), ⑤ 나쁜 질병이 있는 것(惡疾), ⑥ 수다스러운 것(口舌), ⑦ 도둑질하는 것(盜竊). 온라인 『브리태니커 사전』 참조.

가 된다. 이어 영감이 시시콜콜이 미얄의 행동거지에 대한 흉을 보자 미얄은 구석에 나와 있던 덜머리집에게 달려들어 때리고 욕을 한다. 덜머리집은 울며 도움을 요청할 뿐이라 관중에겐 약자로 비춰진다. 미얄은 질투의 부덕을 추가하게 된 것이다.

결국은 헤어지기로 합의한 미얄과 영감이 세간을 나누는 장면에서 말다툼을 벌이고 화가 난 영감이 세간은 물론 사당까지 무너뜨리다가 동티가 나서 죽은 듯이 기절하고 만다. 미얄은 기다렸다는 듯이 손뼉을 치며 "잘 되엿다 잘 되엿다. (…중략…) 洞內坊內 키 크고 코 큰 總角! 우리 영감 내다 뭇고 나하고 둘이 사라 봅세" 하며 창을 한다. 이 말을 들은 영감이 벌떡 일어나서 미얄을 때린다. 남편이 죽자마자 딴 남자를 찾는 장면을 들켰으니 음행(淫行)의 부덕을 저지른 것이다. 무자, 질투, 음행의 부덕을 저지른 미얄은 쫓겨나기도 전에 영감에게 맞아 죽었다.

미얄과 영감의 갈등은 덜머리집을 데려온 영감이 야기한 애정 갈등이었다. 이 갈등은 미얄의 죽음으로 끝이 난 것이 아니다. 미얄을 죽음을 접하고 잠시 "아이고 아이고 불상하고 可憐해라"고 하며 슬퍼하던 영감은 덜머리집이 밖으로 나가려는 몸짓을 보이자 달려가서 끌어안고 희롱하며 퇴장한다. 영감의 만가(輓歌)는 형식적인 애도에 불과했던 것이다. 애정 갈등은 끝나지 않았고 미얄의 원혼이 남았다.

〈봉산탈춤〉의 연행 주체인 중간층 이하 남성들은 목중, 말뚝이, 영감을 내세워 노장, 양반, 미얄을 조롱하고 공격하여 갈등 상황을 유발하였다. 대립과 갈등으로 나타난 조롱과 풍자의 웃음거리는 현실적인 배타성을 띠는 것인가, 다만 탈춤이 연행되는 동안만 허용되는 가벼운 풍자이며 부드러운 해학인가.

바흐찐이 말한 카니발의 웃음이 이와 관련하여 적용되는 경우가 많다. 카니발의 웃음은 첫째, 개별적인 웃음거리(comic event)에 대한 개인적인 반응이 아니라 모든 사람들의 웃음이다. 둘째, 카니발에 참석한 모든 사람 누구에게나 보편적인 웃음이다. 카니발 속에 구현된 세계 전체는 익살스런 모습과 유쾌한 상대성(gay relativity) 속에 나타나므로 누구든 어떤 집단이든 웃음에서 배제되지 않는다는 말이다. 셋째 이 웃음은 양면적 가치를 지녀 누군가를 옹호하여 유쾌하고 의기양양한 웃음을 끌어내기도 하고 누군가를 부정하여 조롱하고 비웃기도 한다.[48]

카니발의 웃음이 개인적인 반응이 아닌 모든 사람들의 집단적인 반응으로 나타난다는 사실과 웃음이 양면적 가치를 지닌다는 사실은 〈봉산탈춤〉과 일치하는 내용이다. 문제는 카니발의 유쾌한 상대성이 〈봉산탈춤〉에도 유효한가 하는 문제이다. 유쾌한 상대성이란 카니발 기간 동안에만 통용되는 전복과 전도를 말하며 일정한 기간이 끝나면 원래 상태로 되돌아온다는 약속이 있기에 위협적이지 않다.

선행 연구에서 이미 카니발의 유쾌한 상대성을 탈춤에 적용한 사례가 있었다. 탈춤을 통하여 남성과 여성, 상급자와 하급자, 연장자와 연소자, 양반과 상민 사이에 가로놓여 있던 높다란 장벽이 허물어지고 카니발적인 친근한 인간관계가 성립한다고 한다. 사람들은 일상세계가 부여하는 모든 제약에서 해방된 채 탈판에서 함께 어우러져 흥겹게 놀이를 벌이므로 계급질서나 사회적 신분이나 역할에서 오는 전도는 지배계급에 대한 신랄한 비판이 아닌 부드러운 해학이나 익살이라는 것이다.[49]

〈봉산탈춤〉에서 조롱과 공격의 타자가 되었던 노장, 양반, 미얄 등과 동일시할 수 있는 관중 집단이 탈춤의 내용을 비판이 아닌 익살로 받아들여 함께 즐길 수 있었을까? 웃음거리의 주체와 타자 사이에서 야기된 갈등의 해결 방식을 통하여 논의하고자 한다.

노장과장의 갈등은 '비속한 노장'을 성급하게 풍류정으로 끌어내려는 목중들과 '숭고한 노장' 속에 숨어 주저하는 노장 사이에서 야기되었고 노장이 넘어져 죽은 듯 엎드러지는 결과를 낳았다. 다음은 목중과

---

48) Mikhail Bakhtin, Helene Iswolsky (trans.), *Rabelais and his world*, Bloomington : Indiana University Press, 1984, pp.11~12.

49) 김욱동, 『탈춤의 미학』, 현암사, 1994, 237~238면.

노장의 갈등 해결 방식이다.

初目 "중은 중의 행세를 해야 하고 속인은 속인의 행세를 해야 하는 것이니, 우리가 스님의 上佐가 안이냐. 스님이 도라가섯는데 천변수락에 만변야락굿을 하여 보잣구나."

墨僧들 "그것 즈흔 말이다."

(먹중 八人이 各各 꽹매기 등 악기를 울니며 老僧의 업더저 잇는 곳으로 가서 老僧의 주위로 도라단이며 염불을 하며 재를 올닌다)

(…중략…)

四目 "이것이 藥은 참 약이다. 스님이 다시 사라나시는구나. 우리 스님의 평생 조와하시는 깃이 염불이잇스니 염불을 한마당 실컨 하사."

(먹중 八人은 한데 엉키여 염불곡으로 악기를 울니며 난무하다가 일제히 퇴장한다. 먹중들이 모두 퇴장하자 少巫 二人은 장내의 중앙에서 염불장단의 반주에 마추어 화려한 춤을 추기 시작한다)[50]

노장이 죽었다고 생각한 목중들은 "중은 중의 행세를 해야 하고 속인은 속인의 행세를 해야 하는 것"이라면서 재를 올리고 염불을 해서 노장을 살려내려고 한다. 조롱과 풍자의 주체인 목중들 스스로 갈등 해소를 위해 노력하는 것이다.

그러나 이미 풍류정에 나온 노장은 소무를 보고 파계를 하고 신장수와 취발이를 만나 새로운 국면의 갈등을 접하게 된다. 신장수나 취발이는 노장과 싸우지만 조롱과 풍자의 웃음거리로 만들지는 않았다. 애초에 노장을 풍류정으로 끌어들여 파계를 하게 한 책임은 목중들에게 있다고 설정되었다.

墨僧丙 "여바라 사자야, 내 말 들어 바라. 우리 스님 수도하야 온 세상이 생불이라 이르드니 우리가 음탕한 길로 꾀어내여 파계가 되섯다고 석

50) 오청 채록본, 29~30면.

가여래 부처님이 우리들을 징계키로 이 세상에 너를 보내시드냐.”

(…중략…)

墨僧丙 (사자의 압호로 다시 가서) “사자야 너의 온 뜻을 잘 알앗다. 우리는 회개하야 이제붙허 부처님을 잘 섬길 터이니, 우리들의 이왕의 잘못한 것을 용서하여 다오. 그러고 마즈막으로 너도 우리와 함께 춤이나 한번 추고 헤여지잣구나.”

獅子 (머리를 끄덕끄덕한다)

(이로붙어 사자는 여러 먹중들과 함께 타령곡 장단에 마추어 쾌활한 춤을 한창 춘 다음 각각 동시에 퇴장한다)

〈봉산탈춤〉의 연행 주체들은 사자춤을 결합시키는 과정에서 사자가 목중들을 징치한다는 설정을 추가하였다. 갈등을 조장한 목중들 스스로 해결하는 방식에 덧붙여 제3자인 사자가 개입하여 목중과 노장의 갈등을 해결하고 있다. 풍류적인 속인의 삶은 그 삶대로, 금욕적인 수도승의 삶은 그 삶대로 의미가 있고 갈 길이 다르다는 화해의 국면으로 나아간 것이다.

다음은 미얄과장의 마지막 장면이다.

(한편 구석에 서 잇든 용산삼개 덜머리집은 살작 場外로 나가랴고 한다. 영감이 달녀가서 덜머리집을 끄러안고 희롱하며 퇴장한다. 이때에 南江老人이 등장한다. 남강노인은 미얄의 媤父로서 白髮가 흐날니는 紅顔白髮의 탈을 쓰고 장고를 메고 천천히 들어와서 미얄의 죽은 것을 보며 장고를 땅에 놋는다)

南江老人 “이것들이 짜—하더니 쌈이 난 게로구나. (미얄을 한참 바라보고) 아—이것이 죽지 안엇나. 불상하구도 가련하구나. 제 영감 이별 몃 해에 외롭게 지내다가, 아—매를 맞어 죽어? 하도 불상하니 넉이나 풀어 줄 박게 업다.” (범벅궁調로 장고 치며 고개를 좌우로 내두르면서)

(唱) “名山大川後山神靈!

불상한 이 인생을 극락세계 가게 하소

넉은 넉盤에 담고, 魂은 魂盤에 담아
榮華峯으로 가옵소서. (춤을 춘다. 巫女로써 盛大한 굿을 하는 일도 잇다)
兒孩들아 니러나거라. 東窓 南窓 다 밝엇다." (라고 큰 목소리로 창하고 퇴장한다. 미얄도 니러나서 살작 퇴장한다)[51]

미얄은 이미 죽었고 영감은 형식적인 애도가 끝나자마자 덜머리집을 희롱하며 미얄의 주검을 떠나고 만다. 미얄의 애정 갈등은 해소되지 못하고 원한으로 남았다. 영감은 조강지처를 죽음으로 내몰았던 죄책감보다 조강지처라는 장애 없이 젊은 첩을 데리고 살 수 있다는 기쁨으로 들떠 갈등의 해결을 제삼자에게 미루었다. 갈등의 당사자는 없지만 남강노인이 등장하여 장구를 치며 넋을 풀어준다.

다음은 양반과장의 마지막 장면이다.

兩班伯 "나랏돈 노랑돈 七分 잘나 먹은 놈의 상통이 무르익은 대초 빗갓고 울눅줄눅 매미 잔등이 같은 놈이니 그놈을 잡아드려라."

말둑이. "그놈이 심이 無量이요, 날냄이 飛虎 같은데 샌님의 傳令이나 잇스면 잡아 올른지 그저는 잡아올 수가 업습니다."

(…중략…)

말둑이 ((…중략…) 말둑이는 醉發이를 체포하여 가지고 와서 醉發의 응등이를 양반의 면전에다 내민다)

兩班伯 "아 이놈 이것이 무슨 냄새냐." (하며 고개를 설넝설넝 흔들며 얼굴을 짚프린다)

말둑이 "이놈이 피신을 하여 다니기 때문에 양취를 못하여서 그러케 냄새가 나는 모양이외다."

兩班伯 "그러면 이놈의 모가지를 뽑아 밋구녕에 갓다 박아라."

말둑이 "아 이놈의 목쟁이를 뽑아다 밋구녕에다 꼿는 수가 잇다면, 내 좃으로 샌님의 입술을 때려 드리겟습니다."

兩班伯 (노하야 담배대를 내저으며 큰 목소리로) "이놈 뭐야?"

51) 오청 채록본, 63면.

(이때 醉發은 고개를 푹 숙이고 가만히 업듸여 잇다)

말둑이 "샌님! 그러케 怒여워 마시고 말슴 드르시오. 금전이면 그만인데 하필 이놈을 잡아다 죽이면 무엇하오. 돈이나 몇 百兩 내라고 하여 우리끼리 논아 쓰도록 합시다. 그러면 샌님도 조코 나도 돈 兩이나 얻어 쓰지 안켓소. 그러니 샌님은 못 본 체하고 가만히 계시면 내가 다 처리하고 갈 것이니 그리 알고 계시오."

(양반 三兄弟와 말둑이와 醉發이가 일제히 퇴장한다)[52]

새처를 정하고 엉터리 풍월을 읊던 양반들이 문득 "나랏돈 노랑돈 七分 잘라 먹은 놈"인 취발이를 잡아오도록 한다. 어떤 사정이 있어 나랏돈을 잘라먹었든 엽전 7푼이란 매우 적은 돈이다. 말뚝이는 양반을 놀려줄 요량으로 취발이의 엉덩이를 양반의 면전에 내밀었다가 "이놈의 모가지를 뽑아 밋구녕에 갓다 박아라"고 하는 양반의 호통을 듣게 된다.

말뚝이는 곧바로 "아 이놈의 목쟁이를 뽑아다 밋구녕에다 꼿는 수가 잇다면, 내 좃으로 샌님의 입술을 때려 드리겟습니다"라고 공격에 나섰다가 다시 양반의 호통을 받는다. 양반과장에 나타난 재담의 구조에 따르면 "이 양반 어찌 듣소!" 하며 여유 있게 변명해야 하지만 말뚝이는 재치 넘치는 입담 대신 양반의 설득 작전에 나서고 있다. 엽전 칠푼을 떼먹은 대가로 몇 백 냥의 돈을 받아내어 나누자는 내용이다. 칠푼 밖에 안 되는 돈 때문에 사람을 잡아다 죽인다거나 입에서 냄새가 난다고 처벌한다는 설정은 양반과장에서 가장 강력한 권력의 횡포를 드러낸다.

마지막 장면 역시 춤 대목으로 이어져[53] 양반과장은 끝나게 된다. 횡포와 의혹이 절정에 이른 상태에서 춤 대목으로 차단되는 까닭에 말뚝이와 양반의 갈등은 해결되지 않았다. 칠푼을 못낸 취발이가 몇 백 냥 되는 돈을 내기는 어려울 것이니 양반과 말뚝이에 취발이까지 가세한

52) 오청 채록본, 49면.

53) 오청 채록본에는 춤 대목이 들어있지 않으나 임석재 채록본에는 음악에 맞추어 다 같이 춤추다 퇴장한다.

갈등의 새로운 국면이 열릴 것임을 암시하고 있다.

노장과장과 미얄과장은 갈등이 해결되고 양반과장은 갈등이 해결되지 못하였다. 노장과장의 경우 갈등을 일으킨 당사자인 목중들 스스로 결자해지(結者解之) 하는 방식의 해결 방식을 보여주었다. 목중들은 뉘우쳤고 제3자인 사자에게 용서를 구했다. 극중인물인 노장과 동일시할 수 있는 늙은 스님이 관중으로 참석해도 이른바 '유쾌한 상대성'을 경험할 뿐 격분하거나 두려움을 느낄 염려는 없다.

미얄과장은 당사자인 영감이 빠진 채 남강노인이 미얄의 넋을 달래는 해결 방식을 보여주었다. 영감이 뉘우치거나 용서를 구하는 행동은 나타나지 않는다. 자칫 슬픈 감정에 빠질 뻔한 영감은 덜머리집을 보고 기분을 바꾼다. 〈봉산탈춤〉의 관중 대부분은 중간층 이하 남성들로 영감의 행동을 비난하는 대신 그의 외입장이 기질에 탄복했을 것이다. 미얄의 처지와 동일한 조강지처들이 관중 속에 있었다면 웃음 끝에 많은 눈물을 흘렸을 것이다. 영감과 미얄의 형상화에서는 남녀의 역할 전도와 같은 '유쾌한 상대성'을 찾아보기 어렵다. 상황이 과장되었지만 실제로 늙은 서민 부부에게 일어날 수 있는 사건을 핍진하게 그려냈다.

양반과장에서는 말뚝이와 양반의 갈등이 해결되지 않은 채 오히려 새로운 갈등 국면으로 전개될 조짐을 보여주었다. 양반이 지니는 권력의 횡포와 비리의 수위가 높아진 상태에서 멈추었기 때문에 보이지 않는 갈등은 더욱 심화될 것이다. 양반을 조롱하고 모욕한 것에 대해서 말뚝이는 아무런 뉘우침도 용서도 구하지 않았다. 끊임없이 양반을 욕보이고 마지막까지 권력층의 부정과 비리를 폭로한 말뚝이에 대해서 양반 계층은 '유쾌한 상대성'이 아닌 불쾌함과 두려움을 느끼게 될 것이다. 〈봉산탈춤〉의 양반과장은 양반을 관중으로 통합할 수 없다. 양반과장에서는 〈봉산탈춤〉 웃음거리와 웃음의 배타성을 확인할 수 있다.

〈봉산탈춤〉이 카니발과 같이 유쾌한 상대성을 바탕으로 보편적인 웃음을 창출하려면 양반도 함께 탈판에 모여 탈춤을 보면서 유쾌한 상대성을 즐기며 흥겹게 놀 수 있어야 한다. 그러나 양반이 말뚝이의 조롱과 풍자에 우스꽝스런 바보가 되거나 양반의 마누라를 겁탈하는 내용의 재담이 난무하는 상황을 실제 양반계층이 함께 즐길 수 있었을까 의문이다. 양반댁 마누라를 대상으로 한 말뚝이의 재담은 욕설에 가까운 모욕적 언사이다. 극중인물인 양반은 말뚝이의 변명에 안심하지만 현실세계의 양반들로서는 웃어넘길 수 없는 심한 갈등 국면을 야기할 수 있다.

5. 〈봉산탈춤〉 웃음의 전략과 실천

〈봉산탈춤〉 웃음거리의 주체는 외입장이 한량을 자처하는 중간층 이하 남성이다. 이들은 〈봉산탈춤〉의 연행 주체를 대리하는 극중인물로서 강한 남성성의 표출이라는 특정한 웃음거리를 만들어내고 특정한 웃음을 유도한다. 〈봉산탈춤〉 웃음거리의 타자는 노장, 양반, 미얄로 웃음거리 주체의 성격과 대립항을 이루는 부류들이다. 웃음거리의 주체들은 이들을 공격 대상으로 삼아 조롱과 풍자의 웃음거리를 만들어낸다. 이 가운데 양반을 타자로 한 웃음거리는 일상공간인 현실세계의 양반계층에 대한 배타성을 띤다는 사실을 확인하였다.

극중공간에서 발생한 특정하거나 배타적인 웃음거리는 일상공간의 현실 문맥에 바탕을 두되 공연공간에 현존하는 관중의 웃음을 염두에 두고 창출된다. 따라서 웃음거리와 웃음의 특정성과 배타성에는 연행 주체의 전략과 실천이 내포되어 있다.

불특정 다수의 관중이 모인 현대의 공연 현장에서도 집단적인 웃음은 관중의 통합 기능을 지닌다. 웃음거리의 인지와 웃음의 행위를 공유함으로써 '웃음으로 하나 되기'를 실현하기 때문이다. 관중이 계층, 연령, 성별 등의 동질성을 지닌 공동체이고 그들을 위한 특정한 웃음거리가 제시된다면 '웃음으로 하나 되기'의 결과는 증폭될 것이다. 특정 공동체의 '웃음으로 하나 되기'는 일상공간의 현실 문맥과 연관된 실천 목표를 가지게 마련이다. 특정한 웃음거리를 공유할 수 없는 개인이나 집단이 관중으로 참여한다면 웃음에서 소외될 수 있다. 웃음의 특정성은 웃음의 소외를 의도한 것은 아니므로 웃음의 배타성과는 다르다.

배타적인 웃음거리는 특정한 A집단의 입장에서 특정한 B집단에 대한 차별성과 배타성을 드러내는 웃음거리이다. 특정한 웃음거리의 인지와 웃음의 행위를 공유함으로써 A집단 내부의 결속을 다질 수 있고 B집단에 대한 '웃음으로 거리 두기'를 실현할 수 있다. '웃음으로 거리 두기'는 웃음거리를 만들어내는 기법상의 타자화를 포함하여 웃음거리의 타자가 속한 부류에 대한 대립적 성격을 부각시킨다는 실천적 목표를 말한다.

〈봉산탈춤〉의 웃음거리와 웃음의 양상에서는 '웃음으로 하나 되기'와 '웃음으로 거리 두기'의 전략과 실천이 공존한다.[54] 〈봉산탈춤〉의 연행 주체인 중간층 이하 남성들은 강한 남성성을 표출하는 웃음거리를 만들어 웃음을 공유하고 '그들만의 리그'를 형성할 수 있었다. 따라서 〈봉산탈춤〉은 '남성중심적이며 반페미니즘적 축제'라는 평가를 받을 수 있었다.[55]

그러나 연행 주체들이 〈봉산탈춤〉을 통하여 "합법화될 만한 혹은 합법화된 남성 우위의 사회를 더욱 강화시키고 있"다는 결론은 〈봉산탈

54) 문학의 표현방식에서 드러나는 '하나 되기'와 '거리 두기'의 두 태도는 판소리의 미학에서 논의된 바 있다. 판소리에서 나타나는 '하나 되기'는 청자에게 동정과 연민을 불러일으키고 '거리 두기'는 냉소와 같은 웃음을 유발하는 특징이 있다고 하였다(김대행, 『우리시대의 판소리문화』, 역락, 2001, 87~90면). 김대행의 논의는 판소리 창자와 이야기 대상 사이의 '하나 되기'와 '거리 두기'에 주목하고 있다면 본 논의는 웃음의 창출 방식과 효용의 차원에서 '하나 되기'와 '거리 두기'에 집중하고 있다.

55) 허용호, 앞의 논문, 533면.

춤〉의 연행이 얻는 부수적인 악덕(惡德)일 수는 있어도 일차적인 목적은 아니다. 또한 〈봉산탈춤〉이 반여성주의적 축제[56]라는 시각은 현재적인 시각이다. 외입장이 한량을 표방하는 중간층 이하 남성들의 축제로서 〈봉산탈춤〉은 어떤 목적을 지니고 있었을까?

〈봉산탈춤〉의 연행 주체들이 '웃음으로 하나 되기'를 통해 도달하고자 했던 실천 목표는 '남성성의 갱신과 전승'에 있었다. 〈봉산탈춤〉은 외입장이 한량으로 표상되는 강한 남성성을 웃음거리로 드러내고 웃음을 공유함으로써 남성성의 가치를 확인하고 전승하는 제의적 기능을 지니고 있었다고 할 수 있다. 〈봉산탈춤〉이 사월 초파일의 놀이에서 오월 단오날의 놀이로[57] 정착해간 이유도 이러한 제의적 기능과 연관 지을 수 있다.

〈봉산탈춤〉이 추구하는 남성성은 농촌탈춤이 지니는 남성적 생산성에 도시적 인간형인 외입장이 한량의 정체성이 결합되어 나타났다고 할 수 있다. 따라서 도시적인 남성의 삶에서 드러나는 자유분방한 애정과 결합, 풍류와 돈의 논리 등이 두드러진 것이다. 조선 후기 도시적 남성에게 있어 여성은 성의 주체가 아니라 성적 유희 대상이거나 외입장이식 삶을 사는 데 장애가 되는 조강지처일 뿐이다.[58] 〈봉산탈춤〉의 연행 주체인 이속이나 하급 군병들은 서울지역의 왈자 집단과 같은 위상을 지니며 봉산 지역의 오락 유흥 문화를 주도했을 가능성이 크다.

---

56) 반여성적인 축제가 아닌 반여성주의적 축제라는 사실에 동감한다. 〈봉산탈춤〉에 드러난 여성 인식은 여성을 대립적인 '주체'로 인식조차 하지 않고 있다. 이는 〈봉산탈춤〉 연행 주체만의 한계가 아닌 시대적 한계라고 할 수 있다.

57) 박진태, 「세시풍속의 관점에서 본 탈놀이의 유형과 갈등구조」, 『공연문화연구』 10, 공연문화학회, 2005. 탈놀이가 연행된 세시풍속의 절기와 작품내적 원리를 비교하여 대보름놀이로서의 탈놀이와 단오놀이로서의 탈놀이를 구분하였는데 전자는 '달-여성-음기'의 원리가 지배적이고 후자는 '해-남성-양기'의 원리가 지배적이라는 사실을 밝혔다.

58) 이러한 여성 인식의 한계는 당대가 지니는 시대적 한계에서 비롯된 것이라고 할 수 있다.

〈봉산탈춤〉은 남성성의 갱신 뿐 아니라 재생산과 전승에 관심을 두었다. 취발이가 아들 마당이를 가르치는 장면에서 이러한 사실이 드러난다. 취발이는 "나도 남의 집 자식들과 같이 글공부나 시켜 주시오"라는 마당이의 요구에 따라 천자 뒤풀이와 언문 뒤풀이를 가르쳐준다. 처음 시작은 여느 천자뒤풀이처럼 진행하다 뒷 부분에 이르면 "鬪鷄少年 兒孩들아 娼家衾枕 잘 宿, 絶代佳人 조흔 風流 滿盤珍羞 벌 列, 夜半三更 深窓裡에 가진 情談 베풀 張"이라 하여 외입장이 한량의 풍류적인 삶을 노래하고 있다. "나냐너녀 나귀등에 솔질하여 순금안장 지여 타고, 사해강상 널은 천지 周遊天下를 하잣구나. 노뇨누뉴 노자노자 鸚鵡盃에 잔 갓득이 술 부어라" 등 언문뒤풀이에서도 같은 양상이 나타난다.

농촌탈춤의 단계에서 마당이는 남신과 여신의 결합에 의한 생산성의 존재일 수 있지만 도시탈춤의 단계에서는 남성성을 재생산하여 전승하는 존재인 것이다. 모의적인 성행위와 출산의 연극적 의미는 성생활에서 아이를 낳고 기르는 보편적인 즐거움에 대한 옹호[59]인 동시에 도시적 성문화와 남성성의 옹호라는 더욱 적극적인 사회적 의미를 지닌다고 할 수 있다.

〈봉산탈춤〉에서 드러나는 '웃음으로 거리 두기'는 양반과장에 집중되어 나타난다. 노장이나 미얄을 향한 조롱과 풍자에도 연행 주체들의 대립적 타자화가 드러나지만 갈등 해결의 방식에서 화해와 조정의 국면을 보여주어 배타적 거리 두기에 이르지는 않는다. 중세적 권력의 횡포를 상징하는 양반에 대한 조롱과 풍자의 과정에서 연행 주체의 육체적 활력을 과시하는 성적 표현이 많이 사용된다. 신분적 위계 질서를 성적 활력을 통해 극복할 수 있다는 자신감의 표현이다.[60]

〈봉산탈춤〉의 연행 주체들은 '웃음으로 하나 되기'를 통하여 드러난 남성적 힘과 육체적 활력을 '웃음으로 거리 두기'를 통하여 중세적 질

59) 조동일, 앞의 책, 196면.
60) 임재해, 앞의 논문, 85~90면.

서를 전복할 수 있는 잠재력과 결합시켰다. 〈봉산탈춤〉의 웃음거리와 웃음에는 근대 이행기 중간층 이하 도시형 남성들의 현실인식이 반영되었다고 할 수 있다.

「〈봉산탈춤〉의 웃음 창출 양상과 문화사적 의미」에 대한 토론문

허용호

사진실 선생님의 논문은 적절한 개념 설정과 문제의식, 그리고 체계적인 분석과 주장을 담고 있다. 이전 연구에서 내비쳤던 개념이나 문제의식이 더욱 정교화된 것도 흥미로웠지만, 토론자에게는 '웃음의 특정성과 배타성'이라는 새로운 개념과 논의가 특히 다가온다. 또한 봉산탈춤을 '남성성의 갱신과 전승'이라는 측면에서 설명한 것과 이를 단오 관련 논의와 연결시킨 부분은, 토론자의 눈을 번쩍 뜨이게 한 대목이었다.

논문이 함축하고 있는 문제의식과 방법에 대해 토론자는 크게 다른 생각을 가지고 있지 않다. 토론자는 2007년 1월 웃음문화학회 토론에서 '탈춤의 웃음에 접근하는 시각'을 명제화해서 피력했던 적이 있다. 그 이후 필자가 아무 것도 하지 않았던 반면, 사진실 선생님은 탈춤의 웃음에 접근하는 방법과 성과를 구체적으로 보여주었다. 이것만으로도 이 논문은 평가되어야 한다. 예전 탈춤의 웃음과 관련한 토론에서 토론자는 다음과 같이 언급했다.[1)]

탈춤에서의 웃음은 의도된 것이다. 웃음이 의도적이라는 말은 텍스트 속에 웃음의 발생 장치를 마련하고 있다는 의미이다. 웃음은 언제나 구체적 대상을 향해 발생하며, 텍스트에서의 그것은 보통 등장인물들이다. 따라서 등장인물의 영역 속에서 나아가 탈춤 등장인물의 갈등 구조 속에서 의도적 웃음의 장치를 찾아보는 것이 보다 논리적이고 체계적인 접근이 될 수 있다.

탈춤에서의 웃음 자체는 관중의 반응 영역에 속하며, 따라서 그 웃음의 형태를 드러내고 의미를 부여하는 것은 관중의 집단적 의식이다. 관중은 의도된 웃음에 한편으로는 착실하게 반응하기도 하지만, 한편으로는 의도를 변경시켜 한 시대 한 사회 한 집단의 웃음을 결정짓는다. 그러므로 탈춤 웃음의 의미를 찾고자 한다면, 그 속에 내재된 웃음의 장치와 특정 시대 사회의 실제 관중의 집단적 의식이 접합되는 곳에서 찾아져야 한다.

이에 대해 사진실 선생님은 이번 발표를 통해 나름의 답변을 하고 있는 것으로 보인다. "웃음이 의도된 것이며, 이를 위해 등장인물의 갈등 구조 속에서 의도적 웃음의 장치를 찾아보아야 한다"는 주장의 구체적인 연구실천을 '웃음의 배타성' 관련 논의에서 하고 있다. 또한 "탈춤 웃음의 의미를 부여하는 것은 관중의 집단적 의식이며, 탈춤의 의미는 그 웃음 장치와 특정 시대 관중의 집단적 의식이 접합되는 곳에서 찾아져야"한다는 주장의 실천을 '탈춤 웃음의 전략과 실천'이라는 대목에서 하고 있는 듯 보인다.

이렇게 토론자가 하고자 했던 것, 혹은 해보고 싶었던 것을 발표자가 다 해버렸다. 보다 정확하게, 토론자는 추상적인 착상 단계에 아직도 머물러 있기만 했고, 사진실 선생님은 이 발표문을 통해 그 구체적 성과를 드러냈다. 토론자가 하고 싶은 것을 해버렸기 때문에, 크게 비판할

---

1) 허용호, 「심상교 선생님의 '탈놀이에서 웃음의 의미 연구' 토론문」, 한구구비문학회 · 한국웃음문화학회 공동학술발표대회, 2007.1. 물론 이 명제들은 필자가 독창적으로 만들어 낸 것이 아니다. 이인성, 「몰리에르에 관한 이인성의 연구」, 『축제를 향한 희극』, 문학과 지성사, 1992를 참조하여 정리한 것일 뿐이다.

것이 있을 리가 없다. 그러나 아무리 생각이 같다 하더라도, 개개인의 특성이나 지향에 있어 미묘한 차이가 없을 수 없다. 이러한 차이를 중심으로 몇 가지 토론 사항을 '짜내어' 보기로 한다.

1. '조선 후기 연행현장의 재구', 그 실제와 효과에 대하여

선생님은 '조선 후기 연행현장을 재구'하고 이를 내상으로 웃음 창출 양상과 의미를 밝히고자 한다. '조선 후기 연행현장'을 굳이 재구하려는 것은, "탈춤의 웃음은 연행 현장에서 그 온전한 양상과 원리를 발견할 수 있다"고 생각하기 때문이다. 그런데 논의과정이나 결과를 보면, 굳이 조선 후기 연행현장을 내세우며 재구한 효과가 있었는지 의문스럽다. 선생님이 의미하는 연행현장의 재구는 무엇을 말하는 것이며, 이를 대상으로 한 연구의 효과가 있었는지 궁금하다. 이러한 의문은 선생님의 논의 전반이 애써 연행현장을 염두에 두지 않고, 채록본만 갖고 논의해도 가능할 것이라는 생각이 들었기 때문이다.

특히 '웃음의 배타성' 관련 논의를 한 4장의 경우, 굳이 연행현장을 강조하지 않아도 가능하다. 텍스트 속에 웃음의 발생 장치를 마련하고 있다는 웃음의 의도성에 주목해 보자. 웃음은 언제나 구체적 대상을 향해 발생하며, 이는 텍스트에서 보통 등장인물이 된다. 따라서 등장인물의 영역, 곧 등장인물의 갈등 구조 속에서 의도적 웃음 장치를 찾을 수 있는 것이다. 여기서 연행현장을 구성하는 수용자 곧, 관중은 배제된다. 만약 '연행현장'이 갖고 있는 함의가 관중까지도 염두에 둔 것이라면, '웃음의 배타성' 관련 논의는 한쪽에 치우친 논의이다.

결론 부분인 5장 '봉산탈춤 웃음의 전략과 실천' 역시 마찬가지이다.

웃음의 주체와 타자 관련 논의를 하고, 여기에다 연행주체를 연관시키면서 의미를 말하고 있다. '중간층 이하 남성들'이 봉산탈춤의 '연행주체' 또는 '연극의 수요자'로 비약되는 과정도 문제의 소지가 있지만, 연행현장의 재구라는 측면에서도 지적 될 만하다. 굳이 연행현장의 재구를 내세우지 않고도 가능한 것이다. 선생님이 재구한 연행현장의 실체는 무엇이며, 이를 통하여 얻어진 독특한 효과는 무엇이었는지 부연 설명을 부탁한다.

2. '웃음의 배타성' 관련 논의의 근거에 대하여

4장은 의외로 토론자의 생각과 다른 대목이 많다. 부분적인 사소한 것에서부터 전면적인 논쟁이 필요한 것까지 걸쳐 있다. 사소한 것 먼저 나열해 본다.

• 노장이 죽었다고 생각한 먹중들이 올리는 재와 염불이 "목중들 스스로 (노장과의) 갈등 해소를 위해 노력"하는 예가 될 수 있는가? 그렇다면 "먹중 팔인이 각각 꽹매기 등 악기를 울니며 노승이 업더저 잇는 곳으로 가서 노승의 주위를 도라단이며 염불을 하며 재를 올닌다"는 것은 무엇인가? 먹중들의 '천변수락에 만변야락굿'은 제대로 된 염불과 재가 아니라 그야말로 난리굿이 아닌가? 이를 갈등 해소를 위해 노력하는 것으로 평가할 수 있는가?

• '신장수나 취발이는 노장과 싸우지만 조롱과 풍자의 웃음거리로 만들지는 않았'는가? 그렇다면, 취발이가 노장을 놀리고 깔보는 것은 무엇이며, 이상한 내기를 하고 폭력을 이용하여 쫓아내는 것은 또 무엇

인가?

• '늙은 스님이 (봉산탈춤의) 관중으로 참석해도 과연 격분하거나 두려움'을 느끼지 않겠는가? 육환장을 엽색 행각에 이용하다가 꺾어 버리고 백팔염주를 연애의 도구로 사용하는 것을 그대로 볼 수 있을까? 비구니를 겁탈했다고 거리낌 없이 말하는 영감에게 과연 아무런 느낌도 없을까?

사소하다고 표현된 위의 다른 생각들은 봉산탈춤 웃음의 주체와 타자 혹은 갈등의 전개와 해결 과정에 대한, 토론자의 다른 입장에서 기인하고 있다. 토론자는 중마당에서 갈등해소가 '사자의 목중 징치'로 이루어진다고 생각하지 않는다. 중마당의 갈등은 취발이의 폭력에 의한 노장의 일방적인 패배로 해소된다. 이어지는 사자춤 과장은 일종의 방어막일 뿐이다. 현실을 의식하여 곁눈질한 결과 만들어진 것이라 생각한다. 이는 할미마당도 유사하다. 할미마당의 갈등은 영감의 폭력에 의한 할미의 죽음으로 해소된다. 이어지는 진오귀는 역시 일종의 방어막이라 생각한다. 양반마당의 경우 그 갈등은 화해의 춤으로 맺어진다. 물리적 혹은 직설적으로 갈등이 해소되지 않고 애매모호하게 마무리된다. 이 역시 현실을 인식한 결과이다. 양반마당에서만 특별히 '조롱과 풍자의 과정에서 연행 주체의 육체적 활력을 과시하는 성적 표현이 많이 사용'되는 것은 아니다. 오히려 중마당이나 할미마당이 성적 표현이 행동이 많다. 대사 혹은 재담를 통한 성적 표현이 양반마당에 많을지는 모르지만, 그 행위까지 감안한다면 중마당이나 할미마당이 결코 뒤지지 않는다. 더구나 중마당이나 할미마당의 경우 '육체적 활력'의 극단화된 형태라 할 수 있는 폭력이 나타난다. 노장은 취발이의 폭력에 쫓겨가며, 미얄은 영감에게 맞아 죽는다.

이렇게 장황하게 다른 견해를 피력하는 것은, 선생님께서 양반만을 배타적 거리두기의 대상으로 몰고 가는 듯한 느낌이 들었기 때문이다. 앞에서 언급했듯이, 그 갈등과 해소 과정에서 노장과 미얄은 양반보다 그 배타적 거리두기 양상이 오히려 더한 것으로 보인다.

3. 해명과 확인

논문에 토론자의 이전 연구에 대한 언급이 있다. 이에 대해 해명하고 확인을 할 필요가 있다. 선생님은 "연행주체들이 봉산탈춤을 통하여 '합법화될 만한 혹은 합법화된 남성 우위의 사회를 더욱 강화시키고 있'다는 결론은 봉산탈춤의 연행이 얻는 부수적인 악덕일 수는 있어도 일차적인 목적은 아니다. 또한 봉산탈춤이 반여성주의적 축제라는 시각은 현재적인 시각"이라고 토론자의 이전 연구에 대해 평하고 있다.

우선 이에 대해 해명하려 한다. 토론자는 그 논의에서 남성 우위 사회를 더욱 강화시킨다는 것이 연행주체의 목적이라 주장한 것이 아니다. 봉산탈춤에 나타난 특징을 평가했을 뿐이다. 토론자가 내린 결론은 봉산탈춤이 남성잔치이며 그것이 반여성주의적 속성을 갖고 있다는 것이다. 이는 토론자의 평가이다. 연행주체의 목적이라 주장하지 않았다.

이제 확인을 해보려 한다. 이 논문은 봉산탈춤 연행주체들의 웃음으로 하나되기를 통해 도달하고자 했던 실천목표가 '남성성의 갱신과 전승'에 있다고 주장한다. 이것이 토론자가 이전에 주장한 남성들의 잔치, 반여성주의적 축제라는 견해와는 어떤 변별성이 있는지 궁금하다.

4. 단편적인 의문들

• 봉산탈춤의 실천 목표인 '남성성의 갱신과 전승'을 단오날과 연관지어 설명한 것은 흥미로움을 넘어 절묘하다는 평까지 할 수 있다. 그런데 설명의 문맥에 따른다면, 4월 초파일에 행했던 봉산탈춤과 5월 단오에 행하는 봉산탈춤은 달라야 한다는 논리가 만들어질 수 있다. 이에 대한 선생님의 견해를 듣고 싶다.

• 마무리 부분에서 농촌탈춤이 지니는 '남성적 생산성'이라는 표현이 나온다. 또한 "농촌탈춤 단계에서 마당이가 남신과 여신의 결합에 의한 생산성의 존재"라는 주장도 한다. 이러한 내용을 가진 농촌탈춤의 사례가 있는가? 있다면 사례를 통해 부연 설명을 듣고 싶다.

한국 근대희극의 존재 형식과 웃음의 구조

양승국

1. 머리말

개화기 이후 한국의 극장에서 희극이 공연되었다는 자료는 1909년 원각사에서 수궁가를 '골계적신연극'이라 선전하면서 공연한 것에서 처음으로 확인된다.[1] 그러나 이것은 1908년 〈은세계〉의 성공에 힘입어 신연극이 주목을 받자 신연극의 레퍼토리를 채우기 위하여 전래의 판소리를 새롭게 꾸민 것이어서 새로운 희극이라고 할 수는 없다. 이후 1910년대의 신파극 레퍼토리에서도 명백히 희극이라고 할 만한 작품은 발견되지 않는다. 희극이란 용어는 1913년 황금유원에서 영화를 상영할

1) 本社에셔 水宮歌라는 滑稽的新演劇을 今日부터 設行ᄒᆞᄂᆞᆫᄃᆡ 人工으로 製造ᄒᆞᆫ 獸類魚族의 各種 形體가 天然히 活動ᄒᆞᆯ ᄲᅮᆫ더러 鼈主簿의 愛君丹忠과 兎先生의 權變奇謀ᄂᆞᆫ 智識開發上 大趣味가 有ᄒᆞ오니 僉君子ᄂᆞᆫ 速枉觀覽ᄒᆞ시ᄋᆞᆸ 十一月 二十六日 圓覺社 告白(『大韓每日申報』, 1909.11.26).

때 광고에서 처음 보인다.[2] 반면 구극에서는 신파극이 인기를 얻은 후에도 꾸준히 '우숨거리'[3]와 '희극'[4]을 공연하였다.

이렇게 한국 근대연극사에서 서양식의 희극 공연은 크게 주목받지 못하였다. 다른 양식의 공연보다 늦게 소개되었으며, 독립적인 작품으로 공연되기도 어려웠다. 개화기 이후 판소리를 개량한 여러 작품들의 공연을 비판하고 애국계몽을 위한 연극을 강조한 연극개량론의 시각에서 볼 때 아마도 희극은 값어치가 떨어지는 공연으로 간주되었을 것이다. 또한 잘 짜인 사건의 전개와 인물의 뚜렷한 성격이 필요하고 시국의 풍속을 잘 반영해야만 웃음을 불러일으키는 희극은 당시로서는 만들기도 어려웠고 또 즐기기도 어려웠을 것이다.

2005년 한국의 한 독문학자가 서양의 다양한 웃음이론들을 시대의 흐름에 따라 정리하면서 서양의 웃음 이론들에는 시간과 공간을 초월하여 통용되는 원칙들이 내재해 있다고 주장한 바 있다.[5] 그에 따르면 서양의 웃음 이론들은 그리스 로마 시대의 웃음 이론들을 그 토대로 삼고 있으며, 그 중 대표적인 것이 플라톤의 '무지의 우스꽝스러움', 아리스토텔레스의 '무해한 실수와 결점의 웃음 이론', 키케로의 '무해한 규범의 일탈'이라고 한다. 그는 이 이론을 토대로 하여 서양의 웃음 이론이 전개되고 있다고 하면서도 다시 보편적 웃음 이론을 '웃음의 우월이론'과 '웃음의 대비 혹은 불일치 이론'으로 정리한다. 그러나 또한 이 이론만으로로는 모든 희극적인 현상들과 웃음의 원인들을 규명할 수 없다고 했다.[6] 결국 한 마디로 웃음과 희극을 설명하기가 매우 어렵다는 것을 잘 보여 준다.

---

2) 『매일신보』, 1913.1.26.

3) 長安社(장안사) 김지죵(金在鍾) 일힝은 구연극 심청가(沈淸歌) 히션의 판소리(海仙의 獨唱) 졔비타령(燕의 打鈴) 우숨거리 등, 기타를 흥힝(『매일신보』, 1914.1.27).

4) 장안사(1914.5.20), 단성사(1914.5.21).

5) 류종영, 『웃음의 미학』, 유로, 2005.

6) 위의 책, 442~458면.

이렇게 희극의 원리가 어려운 탓인지 한국 근대연극사에서 희극은 상대적으로 활발하게 공연되지 못하였고, 이에 따라 작품도 많이 남아 있지 않다. 물론 이 원인은 보다 치밀하게 검토할 필요가 있다. 공적 장소에서 긴장을 터놓고 억압에서 벗어나야만 웃을 수 있는[7] 희극이 일제 강점기에 어떻게 가능할 수 있을까 하는 소박한 의문에서부터 한국인의 심성이 과연 비극과 희극 중 어느 쪽에 더 밀접히 연결되는가와 같은 보다 심층적인 분석이 다 가능하고 필요할 것이다. 그러나 이는 어느 쪽이든지 쉽게 단정하기 힘든 문제이다. 농담과 희극이 다른 것처럼[8] 희극의 유무 혹은 발전 정도를 기준으로 한 민족의 심성 또는 기질을 단정하는 것은 합리적인 태도라고 할 수 없으며 그 역(逆)의 과정도 마찬가지이다.

본고에서는 범위를 좁혀 우선 개화기 이후 한국 연극사에서 희극은 어떠한 형식으로 존재하였는지 그리고 관객에게 웃음을 주는 희극의 소통 구조와 웃음의 생성 방식은 무엇인지를 주로 파악해 보고자 한다. 아쉽게도 한국 연극학 또는 희곡 연구에서 희극에 대한 연구는 많지 않다. 아마도 위에서 언급한 것과 같은 어려움 때문에 그럴 것이다. 박영정의 연구[9]가 이 분야에서 선구적이며 이 논문이 보여준 통찰력을 넘어선 통시적 연구는 아직 나오지 않고 있다. 본고는 이 연구에서 정리한 기본적인 희극 텍스트 중 작품 발표시 작가에 의해 '희극'으로 명시된 작품들과 최동현 · 김만수에 의해 정리된 유성기 음반 채록 텍스트[10]를 토대로 논의를 전개하고자 한다.

---

7) 프로이트는 웃음의 이러한 특성에 대하여 '웃음은 정신적 에너지의 방출'이라고 설명한다. 프로이트, 임인주 역, 「농담의 동기들－사회적 과정으로서의 농담」, 『농담과 무의식의 관계』, 열린책들, 2003, 187~188면.

8) 프로이트는 '농담은 만들어지고 희극적인 것은 발견된다'고 하여 농담과 희극의 차이를 규정한다. 위의 책, 227면.

9) 박영정, 「한국 근대희극의 사적 연구」, 건국대 대학원, 1991.8.

10) 최동현 · 김만수, 『일제 강점기 유성기음반 속의 대중희극』, 태학사, 1997.

2. 닫힌 텍스트의 인쇄물 또는 계몽성의 과잉

개화기 이후 실내 극장에서 공연된 서양식의 연극은 관객에게 낯선 것이었다. 그 내용에 상관없이 무대와 객석이 분리된 실내의 극장 공간부터 낯선 것이었으며, 무대 위의 극중 사건 진행에 반응하는 방법을 미처 체득하지 못한 관객의 연극의 관습은 매우 서툰 것이었다. 무대 위에서 배우들이 열심히 공연하고 있는 중간에도 계속 떠들기만 하는 관객들에 대한 비판의 글이 한 '개화 지식인'에 의하여 제기된 것[11]을 보면, 당시 관객의 익숙하지 못한 관람 태도를 잘 알 수 있다. 일본에서 이미 관극 경험을 한 비판자의 관점에서 보면 이러한 조선의 관객들의 수준이 매우 낮다고 할 것이지만, 프로시니엄 무대에 훈련되지 않은 당시 관객들로서는 당연한 반응이라고 할 수 있다. 원래 극장이란 관객들이 그렇게 떠들고 노는 공간이지 침묵 속에서 엄숙하게 사건 진행을 지켜보는 공간은 아니다. 당시 관객들의 이러한 관람 태도에 대해서 한 일본인 유치원 여교사 역시 매우 의아하게 여기고 있는 자료도 확인된다. 이상협의 〈눈물〉 공연을 보고 쓴 글[12]을 통해서 이 일본인 여성은 슬프고 심각한 장면에서도 관객은 계속 떠들기만 해서 무대의 대사가 들리지 않는 것에 대해 불만을 토로하고 있다. 이를 보면 관객은 '신파극'이라는 공연 행위 자체에 대하여 쉽게 적응하지 못 하였음을 알 수 있다. 1920년대 이후에도 많은 개화 지식인들이 관객의 수준을 계속해서 문제 삼는 것을 보면 신파극이든 신극이든 관객들의 감각으로는 서양식의 연극이 매우 낯설게 느껴졌음을 짐작할 수 있다.

이러한 낯섦의 바탕에는 서양식의 리얼리즘 연극에 대한 거부감이 크게 작용했을 것으로 생각된다. 원래 리얼리티란 것이 현실과 실재라

11) 南下生, 「鮮人觀劇에 對ᄒᆞ야, 일반 관람자에게 경고ᄒᆞᆷ」, 『매일신보』, 1913.1.21.
12) 河村若草, 「눈물 연극을 見ᄒᆞᆫ 內地婦人의 感想」, 『매일신보』, 1914.6.26~6.28.

는 이율배반적이면서도 분리할 수 없는 양면성을 지니고 있는 개념이며, 연극무대가 바로 이러한 리얼리티의 양면성을 '동시에' 보여주고 있는 대표적인 예술 양식이라고 할 수 있다. 무대 장치와 작품 내용의 현재성과 관객이 감각하는 현실성이 일치하지 않는 모순을 연극은 본질적으로 지니고 있다. 게다가 당시 한국의 관객들에게는 아직 놀이와 연극이 확실하게 분간되지 않는 대상이기 때문에[13] 연극 무대에 대한 관객의 감정이입과 거리두기의 자연스러운 반응은 기대하기 힘든 것이었다. 희극은 다른 연극 양식보다도 무대에 대한 관객의 감정이입과 거리두기를 더 필수적으로 요구한다. 웃음은 바로 이 감정이입과 거리두기 사이의 긴장에서 이완으로의 전환의 순간에 생성된다.

따라서 이러한 근대 초기 연극계의 환경에서 본격적인 서양식의 희극을 수용한다는 것은 매우 도전적인 과업이라고 할 수 있다. 희극은 정상(正常)에서 일탈한 인물과 행동, 사상 등을 다루기 때문에[14] 관객은 당연히 정상과 비정상의 기준에 대한 감각을 우선적으로 지니고 있어야 한다. 이때 정상적인 것이란 관객의 사상과 관념, 시대의 도덕과 관습에 익숙한 내용을 의미한다. 아울러 비정상적인 것은 약점이나 부족함, 상대적으로 별로 중요하지 않은 '단순한 실수'로서 언제든지 회복 가능한 것이어야 한다.[15] 이에 대해서 일찍이 아리스토텔레스는 그의 『시학』에서 다음과 같이 말한 바 있다.

> 희극은, 이미 언급한 것처럼, 보통보다 더 비천한 것의 모방이지만 전적으로 악한 성격의 모방은 아니다. 오히려 우스꽝스러운 것은 추한 것의 한 부분이

13) 로제 카이와에 의하면 놀이는, 놀이하는 자가 그것에 열중하거나 그만두거나 할 수 있는 자유를 기본 전제로 한다. 놀이는 규칙의 한계 내에서 자유로운 응수를 즉석에서 찾고 생각해 내는 것에서 성립한다. 이 설명을 따른다면 전통 연희는 놀이의 범주에 포함되지만, 근대 리얼리즘 연극은 놀이와 분명히 구별된다. 로제 카이와, 이상률 역, 『놀이와 인간』, 문예출판사, 1999, 25~34면 참조.

14) Oscar G. Brockett, *Theatre an Introduction*, Rinehart and Winston, 1979, pp.52~53.

15) 류종영, 앞의 책, 69면.

다. 우스꽝스러운 것은 고통이나 감정의 손상을 주지 않는 결점이나 추함의 표지를 의미한다. 분명히 우스꽝스런 얼굴은 추하고 일그러져 있지만 고통스럽지는 않다.[16)]

아리스토텔레스가 희극에 대하여 언급한 핵심적인 내용은 위와 같다. 후대의 많은 사람들도 위 견해를 계승하여 고통을 주지 않는 결점을 희극적인 것의 핵심 요소로 언급한다. 이렇게 보면 한국의 전래의 많은 재담들은 희극의 자질을 내부적으로 충분히 지니고 있다고 할 수 있다.[17)] 근대 초기 한국의 관객들은 여전히 무해한 재담극을 즐기는 데에 익숙해 있다. 이러한 재담극의 전통이 1920년대 이후 만담으로 다시 피어난다.[18)]

이러한 점에서 미루어 볼 때, 1910년대 초에 '느닷없이' 등장한 희극 〈병자삼인〉(『매일신보』, 1912.11.17~12.25)은 전통적인 재담 수준의 웃음에 익숙한 한국의 관객에게는 매우 도발적인 '인쇄물'이다. 희곡 읽기의 경험이 전혀 없는 1912년 한국의 독자(관객)들로서는 이 희곡을 '읽고' 웃음을 터뜨리기가 매우 거북하였을 것이다. 적절한 장면 분할이 이루어지지 않은 채 날짜에 따라서 들쭉날쭉 연재되는 희극 대본을 발표될 때마다 조각글로 읽으며 웃을 수 있다는 것은 상상하기 힘들다. 게다가 이 작품의 내용은 당시 신문 독자들이 쉽게 감당하기 힘든 부우부열(婦優夫劣)의 전복적인 세계관을 담고 있는 것이기에 오히려 반감이 더 크지 않았을까 생각한다. 물론 번안자 조일재는 당시 한국의 관객의 감각에 맞게 여러 장치를 적절히 추가하면서 '조선화(朝鮮化)'를 시도하였지만[19)] 작품의 핵심 인물들인 세 쌍의 부부의 성격이 희극의 중요한 요소

16) Aristotle, *Poetics*, 1449a, pp.31~35.

17) 김대행은 한국 언어문화의 한 특질을 웃음으로 슬픔을 극복하는 것에서 찾고 있다. 김대행, 『웃음으로 눈물닦기』, 서울대 출판부, 2005.

18) 서대석, 「전통재담과 근대 공연재담의 상관관계」, 『한국 구비문학과 근대 공연예술』 1, 서울대 출판부, 2006에서 이 문제를 상세하게 다루었다. 본 논문의 4장에서 다시 언급할 것이다.

인 '단순한 실수'의 범위를 한참 넘어서 있기 때문에 독자(관객)들은 편하게 웃을 수 없다. 1912년 조선의 현실에 어울리지 않는 여교사, 여교장, 여의사 등의 신여성이 등장하여 각각 자신의 남편보다 높은 사회적·경제적 지위를 토대로 남편에게 육체적·언어적 폭력을 행사한다는 것은 오늘날 시점에서도 용납하기 어려운 설정이다.

근대 초기 '인쇄된' 희극[20] 작품이 이렇게 남녀[부부]의 역할 전도 또는 왜곡에 의한 가정극의 성격을 띠고 있으며 대표적인 작품들[21]이 모두 번안극이라는 점은 흥미롭다. 윤백남의 〈국경〉(『태서문예신보』, 1918.12)은 일본의 다구치 기꾸데이[田口掬汀]의 〈國境〉(2막)을 바탕으로 재창작한 1막의 작품이다.[22] 두 작품은 기본적으로 여성의 권리 향상에 대한 비판적 시각을 드러내고 있다는 점은 공통적이지만, 남편과 아내의 인물 형상화가 다르고, 갈등을 일으키는 원인과 해결 방법에서는 서로 다르다. 윤백남의 〈국경〉은 남성적 관점에서 부르주아 가정의 소비 양태와 신여성의 사회적 활동에 대한 비판이 강화되어 있다는 점에서 번안자의 세계관이 보다 직접적으로 노출되어 있다. 역시 이 작품의 등장인물의 성격 또한 '단순한 실수'라고 보기에는 그 정도가 매우 심각하다.

현철의 〈견(犬)〉(『개벽』, 1922.1~2)은 〈병자삼인〉과 〈국경〉에 비하여 번안의 의도가 더욱 노골적이다.[23] 〈견〉은 체호프(A. Chekhov)의 〈곰(熊)〉의

19) 〈병자삼인〉의 번안에 대한 실증적인 자료 검토와 의미에 대해서는 김재석, 「〈병자삼인〉의 번안에 대한 연구」, 『한국극예술연구』 22, 2005.10 참조.

20) 작품의 제목 앞에 '희극'임을 밝히고 있어 작가 자신이 희극 창작을 의도한 작품들을 의미한다.

21) 유지영의 〈이상적 결혼〉(『삼광』, 1919.2)은 내용이 온전히 전하지 않아 자세히 밝히기는 어렵지만, 알려진 부분만으로는 이 작품 역시 남녀 문제를 취급한 가정극의 범주에 든다고 할 수 있다. 그러나 번안 여부는 말하기 어렵다.

22) 윤백남의 〈국경〉과 다구치 기꾸데이의 〈國境〉의 관계에 대해서는 양승국, 「윤백남 희곡 연구」, 『한국극예술연구』 16, 2002에서 처음으로 밝혔고, 백두산, 「윤백남 희곡 연구-문예운동과의 관련양상을 중심으로」, 서울대 대학원, 2008.2에서 다시 상론하였다.

23) 현철의 〈견〉과 번안의식에 대해서는 양승국, 「1920년대 초기 번역극을 통해 본 번역의식의 한 단면-현철의 〈犬〉을 중심으로」, 『한국현대문학연구』 19집, 2006.6 참조.

작법을 취한 것으로 모작(模作)에 가깝다. 〈곰〉은 남편을 잃고 슬픔에 잠긴 뽀뽀바가 빚을 받으러 온 스미르노프[곰]와 다투다가 차츰 그의 야성적인 매력에 반해 그의 품에 안기는 것으로 막을 내린다. 이 작품은 이처럼 슬픔에 잠겨 정절을 지킬 것만 같던 미망인이 단 몇 시간 만에 다른 남자의 품에 안기게 된다는 남녀의 심리를 절묘하게 그려내고 있다. 〈견〉에서는 〈곰〉의 뽀뽀바 대신에 백남성을, 스미르노프 대신에 강순희를 설정하여 〈곰〉과는 반대로 아내를 잃고 슬픔에 잠긴 백남성이 죽은 아내의 빚 독촉을 나온 강순희와 결합하는 과정을 그리고 있다. 전체 구조뿐 아니라 중요한 대사의 전개까지 〈곰〉과 비슷하지만 남녀의 성격을 완전히 뒤바꾸고 1920년대 한국의 환경에 맞게 적절하게 상황과 대사를 고쳐 놓았다.[24] 그러나 '곰'과 '개'는 성격이 확연히 다르다. 곰 같은 남자에 비할 때 개 같은 여자에 대한 작가의 반감이 훨씬 강함은 금방 알아차릴 수 있다. 그만큼 '아세아부인상회의 이사 겸 지배인, 겸 판매부원 감독, 겸 회계부 감독, 겸 외교원 감독'으로 설정된 성공적인 여성 경제인 강문희를 '개'로 환원시켜 버리는 작가의 남성중심주의적 세계관은 비난받아 마땅하다.

〈병자삼인〉 〈국경〉 〈견〉의 세 작품 모두 여성의 패배를 통한 남녀의 화해로 극을 마무리함으로써 남성중심주의의 세계관을 가까스로 유지한다. 이 작품들의 희극성은 남성 중심의 세계관이 재확인된 결과에 대한 작가의 안도감을 드러낸 것에 지나지 않는다. 이러한 작가의 비판의식의 과잉은 희극 텍스트를 자신의 계몽주의적 의도를 실현하기 위한 '인쇄물'로만 간주했기 때문이라고 할 수 있다.

연극은 희곡에 의해 가두어지지 않는다. 연극은 쓰기에 의해 조율되지만 추보적으로 기억되어서 구술로 상연된다. 근본적으로 연극은 구술문화의 산물이지만, 현대의 연극은 희곡의 문자화 작업을 거친 이차적

24) 양승국, 위의 글, 252면.

구술성(secondary orality)[25]의 성격을 지닌다. 그러나 1910년대 한국의 연극은 아직 이차적 구술성의 수준에 도달할 수 없었다. 1910년대 많은 신파극의 공연에서 보듯 이들 공연은 미리 발표된 인쇄 대본을 바탕으로 연행되는 것이 아니었다. 이는 당시 인쇄 문화 내에서 거의 불가능한 일이기도 했다. 비록 〈병자삼인〉은 공연을 예고하면서 인쇄되어 읽혔지만, 공연된 흔적은 찾기 어렵다. 작품의 내용으로 보아 당시 유일한 공연 주체인 신파극 담당자들이 이 희곡을 선뜻 대본으로 취하기에는 용기와 기술이 부족했을 것이다. 당시 희곡을 발표한 작가들은 대화의 형식을 취하여 자신의 이념을 전달하는 수단으로 희곡 쓰기를 시도했을 뿐이다. 현실 비판과 상대 인물에 대한 논쟁을 주된 특징으로 지니는 희극은 이러한 수단으로 가장 적합한 공연 양식이었다.

희극 말고도 많은 근대희곡 텍스트들이 공연되지 못한 채 잊히고 만 것은 단지 읽히고자 하는 데 머물렀기 때문이다. 연극 만들기의 기술 부족이란 문제도 있기는 하지만, 스스로 전문 극작가가 아님을 잘 알면서도 희곡 발표에 열성을 보이는 것은 희곡 장르가 지니는 계몽적 어조 때문이라고 할 수 있다. 등장인물을 통해 쉽게 극작가가 자신의 언설을 주장할 수 있는 희곡 문학은 이러한 면에서 매력적인 개인 창작 '인쇄물'인 것이다.

영화가 발명되기 이전에 인쇄본은 개인의 이미지를 세간에 확산시키는 가장 좋은 수단이었다. 개인 저자는 인쇄 시대에 알려졌으며, 인쇄술은 사유 재산, 프라이버시, 다양한 형식의 울타리 치기(enclosure)의 수단이 되어 왔다.[26] 인쇄는 폐쇄의 감각을 부추긴다. 즉 텍스트 속에서 발견되

25) 쓰기와 인쇄에 의존하지 않고는 존재할 수도 없고 기능을 발휘할 수도 없는 구술성을 의미한다. 반면 쓰거나 인쇄하는 것을 전연 알지 못하는 문화의 구술성을 '일차적인 구술성(primary orality)라고 할 수 있다. 이에 대해서는 월터 J. 옹, 이기우・임명진 역, 『구술문화와 문자문화』, 문예출판사, 2006, 22면 참조.

26) 이에 대해서는 마샬 맥루한, 임상원 역, 『구텐베르크 은하계』, 커뮤니케이션북스, 2003, 261~263면 참조.

는 것이 어떤 식으로든 마무리 지어지고 어떤 완성의 상태에 이르게 된다는 감각을 부추긴다. 인쇄된 텍스트는 저자의 말을 결정적인 혹은 '최종적'인 형태로 나타낸다고 여겨진다.[27] 1920년대 초까지 발표된 희극의 텍스트들은 이러한 감각의 결과로 탄생된 비구술적(非口述的) 인쇄물인 것이다. 그 극단(極端)의 모습을 위의 대표적인 세 번안 희곡을 통해서 살펴볼 수 있다.

3. 공연성의 강화와 웃음 생성 방식의 다양화

1920년대 이후 학생극운동을 계기로 전국에서 연극에 대한 열기가 높아져서 읍 단위 이상의 지역이면 전국 어디에서나 공연이 이루어졌다. 이러한 공연의 소식은 1920년 창간된 『조선일보』와 『동아일보』의 사회면과 지역란을 통하여 매일 구체적으로 보도되고 있다. 공연이 실행되었다는 단순한 사실 보도에서부터 공연을 둘러싼 제반 사소한 잡음까지 관심을 끌 만한 것이면 모두 신문의 기사로 취급됨을 볼 수 있다. 이러한 점은 미디어의 계몽성과 대중성이 연극 공연의 동일한 성격과 맞물려 나타난 결과라고 할 수 있을 것이다.[28] 계몽성과 대중성이 확보된 연극은 이제 중요한 근대 문화자본[29]이자 제도로 자리 잡는다. 이에 따라 김정진 · 김영팔 · 김기림 · 송영 등의 전문 극작가들에 의한

27) 월터 J. 옹, 앞의 책, 199~200면.
28) 양승국, 「한국 근대연극과 미디어의 관련 양상—1920년대 『조선일보』를 중심으로」, 『한국현대문학연구』 17집, 2005.6.
29) 문화자본의 개념에 대해서는 현택수, 「아비튀스와 상징폭력의 사회비판이론」, 『문화와 권력』, 나남출판, 2002 참조. 연극과 문화자본의 관계에 대해서는 양승국, 위의 글 참조.

희극의 생산도 활발해진다.

김정진의 〈십오 분 간〉(『개벽』, 1924.1)은 공연된[30] 작품 중 가장 이른 시기에 지면에 발표된 창작 희극이자 김정진의 작품 중 유일하게 공연된 작품이기도 하다. 〈십오 분 간〉은 청년 실업가 '석사란(石似卵)'의 위선을 그의 친구인 비평가 '김진언(金眞言)'이 15분 간이라는 제한된 시간 내에 폭로한다는 작위적인 사건 진행을 담고 있다. 폭로의 계기를 마련해 주는 두 여성 '설가정(薛假貞)'과 '염호애(廉呼愛)'의 이름에서도 보듯 이들 등장인물들의 명명법에서부터 이들 인물들은 그 성격을 표면에 노출시키고 있다. 다시 말하자면 '설익은 가정(家庭)' '사랑을 좇는다(반대로 사랑을 혐오한다는 음으로도 읽을 수 있다)'는 의미의 두 여인을 계기로 하여 '참된 말을 하는' '김진언'이 '가짜의 속셈을 품고 있는' '석사란'의 위선을 폭로하는 것이다.

이 작품이 웃음을 제공해 주는 것은 제한된 15분이라는 짧은 시간 내에 한 인물의 허위와 위선을 폭로한다는 극적 장치의 결과이다.[31] 대개의 연극에서는 물리적인 사건 진행 시간이 관객이 현전(現前)하는 관람의 시간보다 훨씬 길기 마련이지만 이 작품은 정반대의 구조를 취한다. 석사란의 위선 폭로의 계기를 마련해 주는 두 여인을 '우발적으로' 동일한 장소에서 서로 만나게 한 것에서 보듯, 이 작품은 압축적이지만 사건 진행이 억지스럽다. 석사란에 대한 작가의 비판적 수위가 지나치게 의도적인 탓이다. 이 작품은 대개의 희극이 그렇듯이 잘났다고 큰소리치는 힘 센 인물이 연약하지만 똑똑한 인물에게 패배하는 구조를 취한다. 관객은 결과를 뻔히 예상하면서도 알라존(alazon)의 인물이 패배하

30) 〈십오 분 간〉은 지면에 발표된 지 10여 년 후인 1938년 3월 25일부터 극단 화랑원(花郎苑)에 의해 단성사에서 공연되었다. 이는 아마도 이 작품이 조선일보사에서 간행한 『현대조선문학전집』(1938.1)에 재수록된 덕분으로 보인다.

31) 사건 진행의 시간제한은 시간이 경과할수록 관객의 긴장을 높여 주는 기능을 한다. 김동환의 〈바지저고리〉(『문예시대』, 1927.1)도 이러한 시간제한의 장치에서 희극성이 비롯된다.

는 과정을 즐긴다. 비록 도식적이고 인위적이긴 하지만 이 작품은 무대 장치의 현실성을 강화하고, 선/악의 구도를 김진언/석사란의 명예욕/물욕의 대립으로 설정하여 전대의 가정극의 남/녀의 구조를 사회극의 구조로 확대시킨 의의를 지닌다.

김영팔의 〈대학생〉(『조선문예』, 1929.6)과 〈그 후의 대학생〉(『혜성』, 1931.9)은 전·후편의 한 쌍을 이루는 작품이다.

> **大學生** 쏘들 우스십니까? 내가 소학교를 마치랴고 할 때 아버지는 나를 불너 세웟습니다.
> (아버지 말투, 애야.)
> (나, 네)
> (아버지, 너 소학교 졸업하거든 순사 드러가거라—.)
> (왜요)
> (나도 아들 덕에 세력 좀 부려보자.)
> (순사가 그러케 세력이 잇나요?)
> (얘—그 청결 때 뺌 맛기 실트라.)
> (나는 죽으면 죽엇지 실혀요. 그래두 공부를 더 해예죠.)
> 지금 생각하니까 순사나 그때 들어 갓드라면 지금쯤은 경부 보쯤이야 못햇겟습니까?[32]

이 장면에서 보듯 이 작품은 모노드라마이다. 한국 근대희곡사에서 모노드라마는 이 두 작품이 유일하다. 모노드라마는 무대 위에 배우 1인만이 등장하여 혼잣말을 발화하면서 사건을 진행하는 형식이다. 배우 1인의 개인적 능력에 전적으로 의존하여야 하고 현재의 사건을 계속 만들어 내기보다는 지난 일에 대한 회상이 내용의 중심이 될 수밖에 없으

32) 〈대학생〉, 『한국근대희곡작품자료집』 3(양승국 편), 아세아문화사, 1989, 391면. 이후 이 자료집은 『자료집』으로 줄임.

므로 모노드라마 공연은 관객의 감정이입을 이끌어 내기가 매우 힘들다. 아울러 배우가 1명만 등장하지만 관객에게 말을 건네는 형식이 되므로 관객이 잠재적 배우로 설정되어 있고, 배우는 극중극 속의 배역을 맡아 일인다역의 연기를 하게 되기 때문에 엄밀히 말하자면 절대적인 모노드라마는 존재하지 않는다고도 할 수 있다. 위 장면의 강조 부분에서 보듯 극중극의 일인다역을 맡아 연기하는 대학생 배우의 목소리에 대한 지시가 '실수로' 노출되어 있다. 그러나 다른 한편으로는 실수라기보다는 극중극의 관습에 익숙하지 않은 독자들의 읽기를 도와주기 위한 의도적인 장치라고도 볼 수 있다. 이는 공연 텍스트라면 전혀 불필요한 무대지시라고 할 수 있지만 우선 읽고 이해해야 하는 인쇄 텍스트로서는 '친절한' 배려일 수도 있다.

> 大學生 (우슴 소래가 가장 놉흔 곳을 바라본다) 지금 가장 큰 목소래를 내인 사람은 당신이지요? (**한 로동복을 입은 사람에게 손ㅅ가락질을 한다**) 당신이 큰 소래를 내여서 우섯다면 나는 그 우숨을 밧겟소이다. 그대의 우숨은 쏙 나를 조소하고 나를 모욕하는 우숨이지요? 그럿슴니다. 나는 당연하다고 생각합니다. (…후략…)[33]

위 장면의 강조 부분에서 보듯, 이 텍스트는 공연의 의도를 감추지 않는다. 오히려 공연 텍스트임을 강조하듯, 공격적 웃음을 유도하는 극적 장치를 노출시킨다. 공연을 한다면 실제로 관객 사이에 노동자 배우를 앉혀 놓아야 할 것이다. 이 점에서 이 작품은 최초의 극장주의적 작품의 가치를 지닌다. 이러한 공연성은 〈그 후의 대학생〉에서도 잘 나타난다.

> (…전략…) 그런대 나는 이러한 자신은 가지고 잇슴니다 다른 것이 안이라 사장 그 됨됨이하고 양도야지 가티 생긴 것이 이제는 콩으로 메줄 쑨다고 하드라도 여러 사람이 듯기는 커냥 손이 올나갈 지경이지마는 나는 어느 정도까지 완화식힐

33) 『자료집』 3, 393면.

자신은 가지고 잇스나 도대체 엇쩌케 하엿스면 조켓습니까 말슴하여주서요 만약 말슴하시지 안으면 오늘은 날도 더웁고 하니까 이만 끗내겟습니다.

(드러간다)

(聽衆의 고함)

(이 놈아 싱거웁다 그만 두어라) ―막―34)

작가는 〈대학생〉에서는 대학생이 자신이 그동안 무슨 공부를 했는지 나서서 밝히다가 관객의 비웃음을 받고, 〈그 후의 대학생〉에서는 졸업한 대학생이 어떤 일자리를 구했는지 말하다가 비웃음을 얻는 내용을 담고 있다. 작가는 두 작품을 통해 대학을 나와 봐야 룸펜으로 살아갈 수밖에 없는 식민지 현실을 비판하고 노동의 신성함을 강조하는 계급의식을 드러내고자 한다. 이를 위해서는 대학생이 더욱 거센 비판을 받고 더욱 많은 조소(嘲笑)를 당할수록 효과가 배가된다. 청중의 고함과 비난하는 대사는 그래서 더욱 필요한 극적 장치이다. 또한 이 작품에서도 지금 연극을 진행하고 있다는 극장주의적 성격을 위와 같은 대학생의 마지막 발화를 통해서 드러낸다. 결국 문제 해결이 이루어지지 않은 채 날이 덥다는 핑계로 막을 내리고 마는 장치는 문제만 일으키고 해결할 능력은 없는 엘리트 계급의 무기력을 폭로하는 극적 장치라고 할 수 있다. 아울러 이를 통해 문제 해결을 관객 스스로 모색하도록 하는 주체적 태도와 비판적 거리를 확보해 준다.

김영팔의 작품들과 유사하면서도 더욱 강력한 공격적 웃음을 생성하고자 한 작품이 송영의 〈호신술〉(『시대공론』, 1931.9)이다. 이 작품은 송영의 대표적인 희곡이자 프롤레타리아 연극운동을 대표하는 풍자극으로 많은 연구자들의 주목을 받아왔다. 이 작품에서는 등장인물 사이에 갈등이 성립하지 않는다. '주동자―찬성자―반대자'의 구도가 없다. 공장

---

34) 『자료집』 4, 303면.

주 김상룡이 주동인물이라면 그에 맞서는 반동인물은 현전하지 않는다. 다만 여공(女工)들이 함성으로만 그 존재를 알려 줄 뿐이며 무대 위에 등장하지 않는다. 등장하지 않는 여공의 위치에 관객들이 자리 하여 프롤레타리아 계급 투쟁에 심리적 성원을 보낸다. 그러나 관객들이 웃게 되는 것은 김상룡의 성격적 결함이나 위선적 행동 때문이 아니다. 이러한 면들은 비난의 대상이 될 뿐이다. 〈호신술〉이 희극인 것은 등장인물의 행동과 사건들의 반복이 정상(正常)에서 적절히 어긋나 있기 때문이다. 이 행동과 사건들은 '호신술' 그 자체이다.

호신술은 '몸을 보호하는 무술'로 보통 약자가 강자의 물리적 폭력으로부터 자신의 몸을 보호하기 위하여 익히기 마련이다. 따라서 사회적 강자인 공장주 김상룡이 약자인 노동자들(여공)로부터 자신의 몸을 보호하기 위하여 호신술 개인교습을 받는다는 설정부터가 과장된 것이다. 물론 이러한 상황 설정 자체가 김상룡에 대한 풍자성을 높여주는 기능을 하는 것은 분명하다. 그러나 웃음이 발생하는 것은 풍자성의 정신 자체에 있는 것이 아니라 그 정신이 외부의 행동으로 드러날 때이다. 이 행동이 바로 반복되는 '호신술'이다.

〈호신술〉에는 호신술 시범이 여섯 번 반복된다. 시범자와 피시범자의 쌍으로 이를 나타내 보면 '경원―상룡' '체육가―춘보 1, 2' '체육가―상룡' '체육가―경원' '춘보―하인'이 된다. 이 행동 중 약자가 강자를 제압하는 호신술의 본질에 부합하는 것은 '경원―상룡'의 장면뿐이다.

> 상룡 또 이것은요. 옆으로 오는 놈을 딴죽을 거는 법이랍니다. (몇 가지를 신이 나서 흉내를 낸다. 숨이 차서 헐떡헐떡하며) 그런데 당신두 오늘은 한 가지를 배두우.
>
> 경원 잘 될까요. 〈부인지우〉에두 그런 게 나긴 했지만 실지로 보지를 못해서 잘 모르겠든데요. 에구 참, 별안간에 손목을 잡는 놈을 어떻게 하드라. (사이) 오라 이것 봐요. (남편의 손목을 붙잡는다) 나를 좀 붙잡어 봐요.

(붙잡는다) 옳지 자—. 정신채려요. (홱 돌려친다. 상룡, 뚱뚱한 몸이 쿵하고 떨어진다) 오라 이렇게 하드군. 하하하, 그런데 과히 다치지 않으셨수?

상룡 (일어나지를 못하며) 에구 엉치야. 에구에구. 아니 그렇게 사람을 골리유.

위처럼 육체적 약자인 여성 경원이 강자인 남성 상룡을 효과적으로 제압하는 것이 호신술이며, 이때 경원의 승리보다는 상룡의 패배가 즐거움을 제공한다. 공격적 웃음은 약자의 승리를 축하하기보다는 강자의 파멸에 환호를 보내는 것이다. 이후의 체육가가 시범을 보이는 행동들은 그의 자연스러운 교사의 역할을 수행하는 것으로, 춘보, 상룡, 경원이 차례로 전문가인 체육가의 호신술에 제압당하는 것은 예상되어 있는, 자연스런 결과이다. 이때 춘보에 대한 관객의 웃음은 노령에도 불구하고 두 번씩이나 연이어 곤욕을 치러야 하는 데 대한 무해한 웃음이지만, 상룡과 경원이 나가 떨어지는 데 대한 웃음은 자못 공격적인 웃음이다. 체면 때문에 아프다고도 못하는 상룡과 자신이 더욱 나서서 호들갑을 떨다가 병원에 실려가는 경원의 처지에 관객들은 실소(失笑)를 금할 수 없게 된다. 그러나 여기에서 끝나면 이 작품의 재미는 반감된다. 마지막으로 춘보의 호신술 시범이 기다리고 있다.

춘보 참 팔을 꺾어.

하인C 뭐? 난 그것 못하겠소—.

춘보 자. 그럼 그만두자—. 인제는 하나씩이다—. 너 나와.

하인B 자—나왔소.

춘보 내 멱살을 잡아.

하인B 자—. (꼭 붙잡는다)

춘보 아—아구 아구—. 이놈아 숨멕혀 죽겠다.

하인B 왜 붙잡으라드니.

춘보 가만히 잡어—. 옳지. (집어치려다가 되레 넘어졌다)

앞에서 그렇게 곤욕을 치렀으면 그만 둘 만도 한데, 위 장면처럼 춘보는 자신이 배운 서툰 기술을 다른 젊은 하인들에게 써 보다가 도리어 자신이 넘어지고 만다. 이젠 춘보가 풍자의 대상이 된다. 김상룡 집에서 40년이나 산 만큼 다른 하인들에겐 강자로 군림하는 춘보의 추락은 공격적 웃음의 빌미를 제공한다. 이렇게 〈호신술〉에서는 인물들간의 논쟁이나 직접적인 작가의 관념 노출이 절제된 대신 행동으로 웃음을 보여준다. 또한 동일한 장면의 반복과 차이를 통해서 인물들의 성격을 노출시켜 웃음을 만드는 점이 돋보인다. 이러한 점은 이전의 송영 자신의 작품들이나 다른 작가의 희극보다 앞선 특징이라 할 수 있다. 이는 송영이 대중성을 전제로 한 공연의 특성을 보다 잘 이해하게 된 덕분이라 할 수 있다.[35)]

1930년대 이후 연극이 인기를 누리자 많은 문인들이 극작에 참여한다. 채만식을 대표로 하여, 이무영 · 유진오 · 이기영 등 주로 소설을 창작하던 문인들이 다수의 희곡을 남긴다. 소설가가 아닌 문인으로는 김기림이 희곡 창작에 관심이 많았다. 그는 1930년대 다섯 편의 희곡을 남겼는데[36)] 이 중 〈天國에서 왓다는 사나희〉(『조선일보』, 1931.3.3~21)와 〈미스터 뿔떡〉(『신동아』 21, 1933.7)이 주목되는 희극 작품이다. 이 두 작품은 현실을 비판하고 웃음을 만드는 상상력과 발상의 신선함이 돋보인다.

〈천국에서 왓다는 사나희〉는 전체 3장으로 구성된다. 1장에서는 빚에 쪼들리던 남편과 아내가 빚쟁이에게 시달리다가 곤경을 모면하고자 가짜로 자살을 하기로 한다. 술에 취한 남편의 엉뚱한 행동에 아내도 순

35) 〈호신술〉은 이동식소형극장(1932.3)과 극단 메가폰(1932.6)에 의해 공연되어 주목을 받았다.

36) 김기림이 남긴 희곡은 다음과 같다. 〈떠나가는 風船〉(『조선일보』, 1931.1.29~2.3), 〈天國에서 왓다는 사나희〉(『조선일보』, 1931.3.3~21), 〈어머니를 울리는 자는 누구냐〉(『동광』 25, 1931.9), 〈미스터 뿔떡〉(『신동아』 21, 1933.7), 〈바닷가의 하롯밤〉(『신가정』 12, 1933.12)

순히 동조하여 이 부부는 하루 동안만 죽기로 한다. 이 부부는 '우리들은 세상이 보기 실혀서 한 식솔이 천국으로 이사하노라'라고 유서를 쓰고는 아내는 방안에서, 남편은 방문 밖에서 죽기로 한다. 부부는 허리띠를 목에 두르고는 바닥에 눕는다. 남편은 이내 코를 드르렁 곤다. 2장은 꿈 속 장면이다. 남편은 머리 없는 귀신이 되어 천국을 헤매다가 천국의 삶도 현실과 다름이 없다는 것을 깨닫고, 천국의 '한우님'은 수많은 머리 없는 귀신들을 피해 다니며 아담과 이브를 에덴동산에서 쫓아낸 것을 후회하기에 이른다. 이렇게 된 이유가 인간들이 더 이상 하느님을 숭배하지 않고 기계를 따르기 때문이다.

> 한우님 양처럼 온순하든 천국의 백성들이 근자에 와서는 벌서 몃차렌가 번번이 반항을 하니 녯날에 우주를 채우고 잇든 나의 위엄도 백성들은 밋지 안는게지
>
> 이사야 그런가 봐요 지금의 천국 백성들은 세상에 잇슬 때에 다른 한우님의 세례를 바덧답니다. 그래서 한우님의 위엄은 그들이 밋지 안허요,
>
> 한우님 다른 한우님? 한우님이 나밧게 누가 잇단 말이야?
>
> 이사야 잇서요
>
> 한우님 사탄인가?
>
> 이사야 아니애요. 그의 일홈은 긔계(機械)람니다.[37]

3장은 다시 현실 속의 1장 다음 날이다. 꿈을 깬 남편은 자신이 죽어 천국에 갔다가 온 것으로 착각한다. 꿈에서 깨어난 뒤 현실을 반성하고 새로운 인간으로 거듭나는 것이 일반적인 극 구조라면 이 작품은 끝까지 극중 인물이 자신의 정체성을 혼동하고 있다는 점에서 유별나다. 자신이 죽었다가 천국에 갔다 왔다는 남편의 말을 믿고 순사는 없어진 시체를 찾는다고 허둥대고, 신문기자는 일가족 자살이라고 기사 작성에 열을 올리고, 의사는 멀쩡한 남편의 사인(死因)을 조사한다고 칼을 들이

37) 『조선일보』, 1931.3.15.

댄다. 순사 · 신문기자 · 의사 등 사건의 계열화에 필수적으로 관여하는 현대의 대표적인 세 권력 주체[38]들이 한꺼번에 희화화 되고 있는 독특한 작품이다. 이렇게 이 작품에는 식민지 현실과 현대 문명에 대한 비판적 시각이 참신하게 드러난다.

같은 작가의 〈미스터 뿔떡〉(『신동아』 21, 1933.7)은 먹고 살기 위하여 한 부잣집의 개를 잡아먹고는 그 개의 흉내를 내면서 지내는 '미스터 뿔떡'의 성공담을 보여 준다. 인간이 개의 흉내를 내면서 집을 지켜 준다는 황당한 설정이 개연성 있게 다가온다는 점이 이 작품의 미덕이다. 미스터 뿔떡은 결국에는 그 집 여인들의 비밀을 알고 있다는 기회를 이용하여 부잣집 딸과 결혼하게 되는데 '미스터 뿔떡'의 유식함에 반하는 신여성의 선택도 황당하기는 마찬가지이다. 김기림의 두 편의 희극은 1920년대 중 · 후반에 수용되었을 것으로 추정되는 넌센스 희극의 한 모습을 짐작하게 해 준다. 이는 모더니즘의 기수로 활동한 김기림의 근대적 감각과 상통하는 면모라고 할 수 있을 것이다.

4. 구술성의 매력과 웃음의 사유화(私有化)

1930년대에 제작 · 보급된 많은 유성기 음반들은 대중가요 말고도 희극 공연 장면들을 담고 있다. 최동현 · 김만수는 이 중 143편의 텍스트들을 발굴 · 정리하면서 유성기 음반에 전하는 대중희극 양식들을 만담(14편), 넌센스(78편), 스케치(31편), 만극(4편), 희극(8편), 민요 및 만곡(8편) 등으로 분류하고 그 특성을 분석한 바 있다.[39] 이 분류에 따르면 만담은

38) 이정우, 『사건의 철학』, 철학아카데미, 2003, 151~154면.

39) 최동현 · 김만수, 「일제 강점기 유성기 음반에 수록된 만담 · 넌센스 · 스케치 연구」,

1인의 재담[40]을 말하고 그 숫자도 얼마 되지 않지만, 일반적으로는 모든 재담을 '만담'으로 지칭해도 무방하리라 본다.[41] 이러한 1930년대 만담이 전대의 박춘재 식의 재담을 이어받고 있는 면모에 대해서는 이미 자세한 연구가 이루어졌다.[42] 본고에서는 음반 희극[43]에서 웃음이 존재하는 형식과 매체의 성격에 대해서 살펴보고, 음반 희극의 구조가 인쇄된 희극 텍스트와 전문극단의 공연 대본에 어떻게 관련되는지 검토해 보고자 한다.

경중우인이자 궁정배우[44]였던 박춘재는 19세기 말에서 20세기 초까지 활동하면서 재담가로 이름을 떨쳤다. 1910년대 신파극 초창기의 박춘재의 재담은 개화 지식인들로부터는 저급한 것으로 비난받았다. 그러나 그럼에도 불구하고 박춘재의 인기는 점점 높아갔다. 아래와 같은 기사는 이러한 박춘재의 상반된 면모를 잘 보여 준다.

> (…전략…) 뎨일 결뎜(缺点)만 될 쑨 안이라, 졔반 음담패설이, 곳 풍속을 괴란 흔 것은, 소위 문영갑(文泳甲) 등의, 날탕픠와, 박춘직(朴春載)의, 성쥬푸리이니, 졔셕타령이니 ᄒᆞ는 것은, 졔집 안ㅅ방에셔, 혼저라도 못홀 것이어늘 (…후략…)[45]

『일제 강점기 유성기 음반 속의 대중희극』, 태학사, 1997.

40) 이를 흔히 '독만담'이라고 하기도 한다.

41) 서대석은 만담을 '직업적 전문가의 공연 재담'으로 규정한다(「전통재담과 근대 공연재담의 상관관계」, 『전통 구비문학과 근대 공연예술』 I, 서울대 출판부, 2006, 93면). 반재식, 『만담 백년사』, 백중당, 2000에서도 만담을 모든 유성기 음반 희극을 포함하는 명칭으로 사용하고 있다.

42) 사진실, 『공연문화의 전통』, 태학사, 2002의 3장과 서대석의 위의 글이 대표적이다.

43) 유성기 음반에 전하는 모든 대중희극들을 이렇게 부르기로 한다.

44) 손태도는 「경기명창 박춘재론」, 『한국음반학』 7, 1997에서 박춘재를 중인 가객의 계통을 계승한 경기명창이라고 설명한다. 반면 사진실은 『공연문화의 전통』, 태학사, 2002, 3장에서 박춘재를 경중우인이자 궁정배우로 규정하고 활동을 자세히 고찰한다. 매일신보의 기사에 나타난 박춘재의 활동을 보면 재담가로보다는 명창으로 더 많이 소개되고 있는 것을 알 수 있다. 다만 다른 명창들과는 달리 재담에서 더 인기를 얻고 있는 것으로 보아 한국 연극사와 관련해서는 이렇게 박춘재의 성격을 규정할 수 있을 것이다.

45) 「登降仙樓ᄒᆞ야 試一評」, 『매일신보』, 1912.4.26.

(…전략…) 중부 파죠교 단셩사(團成社)에셔, 흥힝ᄒᆞᄂᆞᆫ, 강션루일행(降仙樓一行)의 쟝쳐와, 단쳐를 드러셔, 일ᄎᆞ 경고ᄒᆞᆫ 결과로, 박츈지(朴春載)와 류영갑(柳泳甲) 등의, 풍속괴란ᄒᆞᄂᆞᆫ 지료ᄂᆞᆫ 일뎨로 업시고, 순젼ᄒᆞᆫ 기악으로 흥힝ᄒᆞᄂᆞᆫ 즁에 (…후략…)[46]

(…전략…) 구경군은 인ᄉᆞ틔가 나게 되고, 기싱의 가무, 줄풍류, 뎐긔츔, 기싱샤진, 금강산환등, 날탕픽 박츈지 등의 각죵 기예가, 참 볼 만ᄒᆞ던걸[47]

박춘재는 일찍부터 새로운 공연 환경에 적응하여 창과 재담 공연을 병행하면서 자신의 입지를 강화해 나갔다. 다음과 같은 신파극단 혁신단에서의 활동이 이를 잘 보여 준다.

革新團 인쳔 츅항사(築港社)에셔, 련일 흥힝ᄒᆞᄂᆞᆫ, 혁신단 일힝(革新團一行)은, 됴흔 평판을, 다슈히 엇을 ᄲᅳᆫ 안이라, ᄉᆞ립 영화 박문(私立永化博文)량 학교의 경비 군졸홈을 듯고 크게 개셕히 녁여 지나간 이십오일은 그 두 학교를 위ᄒᆞ야, 연쥬회를 셜힝ᄒᆞᆫ 후 당일의 리익금을, 몰수히 긔부ᄒᆞ얏고, ᄯᅩ 혁신단 일힝을, ᄯᅡ라 단이ᄂᆞᆫ 박츈지(朴春載)라ᄂᆞᆫ 비우ᄂᆞᆫ 그 두 학교에, 금 오원을 각기 보조ᄒᆞ얏다더라 (仁川支局)[48]

박춘재의 이러한 예에서 보듯 전래의 재담은 한때 일부 개화 지식인들로부터 비난받기도 했지만 줄곧 많은 사람들로부터 인기를 얻었다. 1910년대 발간된 재담집들은 잘 팔리는 책이었으며[49] 1934년 발간된 『세계소화집』은 스테디셀러였다.[50] 식민지시대에도 유머와 코미디, 경박함 등의 요소는 흘러넘쳤으며, 1920년대 중반~1930년대 초반 조선의

46) 「降仙樓의 善惡一評」, 『매일신보』, 1912.4.30.
47) 「觀藝生」, 『매일신보』, 1912.5.12.
48) 『매일신보』, 1912.12.29.
49) 1910년대 발간된 4종의 재담집에 대한 비교 분석이 조동일, 「재담 기록의 방법과 의의」, 『한국문학 이해의 길잡이』, 집문당, 1997에서 이루어졌다.
50) 천정환, 『근대의 책 읽기』, 푸른역사, 2003, 400면.

대중문화에는 '에로' '그로' 코드가 크게 유행하였다.51) 이러한 유행은 일본을 통해서 들여온 보편적 문화 현상이기도 하지만 식민지 현실을 일정 정도 반영하기 마련이다. 그러나 '무대에서 재현되는 희극적인 상황들은 바로 관객 개개인이 몸담고 있는 사회의 문제'52)인 만큼 식민지 현실에서 현실 비판의 정신을 담고 있는 희극의 공연은 거의 불가능하다고 보아야 한다. 많은 극단들이 그저 가벼운 웃음거리를 제공해 주는 데 그칠 수밖에 없어, 희극은 주 공연 작품 사이사이의 끼워 넣기의 역할에 지나지 않았다.53)

그러나 만담(재담극)은 본격적인 무대 희극과는 달리 청각적이며 구술적인 공연 양식이다. 만담 내에 일상어가 사용되기보다는 논쟁적인 어조가 강조되는 것도 구술성의 한 특징이다. 속담이나 수수께끼는 지식을 쌓기 위해서 사용하는 것이 아니고 언어로 상대방과 지적인 대결을 하기 위한 것이다.54) 많은 만담 텍스트에는 이러한 대결 구도가 나타나며 특히 넌센스에서 두드러진다.55) 농담에는 농담하는 사람, 농담의 대상이 되는 사람, 즐기는 청중이 필요하다는 프로이트의 언급56) 역시 아래와 같은 2인의 대결이 위주인 만담의 인기를 잘 설명해 준다.

女子 아하……. 아이고 엇저면 요렇소? 아하…….

男子 머시 요렇탄 말이냐, 이 자식아. 원, 돈쪽에 체햇느냐, 허패줄이 끈어젓느냐. 간에 바람이 안 들어서 우슴 공부할나고 그러니.

女子 아하……. 아이고, 요러케 키가 짤부냐 말이애요.

---

51) 위의 책, 400~401면.

52) 이정린, 『독일현대희극론』, 한국학술정보, 2006, 43면.

53) 동양극장 소속 극단 중 희극 전문을 표방하고 1936년 3월 창립된 '희극좌'가 6개월 만에 해체된 것도 이 점을 잘 보여준다.

54) 월터 J. 옹, 앞의 책, 71면.

55) 최동현과 김만수가 이미 음반 희극을 유형별로 분류하고, 그 내용과 구조적 특성을 잘 설명해 놓았으므로 본고에서는 이에 대해 다시 거론하지 않는다.

56) 프로이트, 앞의 책, 129면.

男子 왜. 짤분 걸 내가 엇더케 하니. 생기다 보니 짤게 생겻구나, 원.

女子 아이고, 그럼 엇절 거야 업지만 왜 그리 짤게 타고 나오섯소.

男子 이 자식아. 짧고 길구 간에 무얼 타고 나온단 말이야? 너 왜 우리 어머니 뱃속에 무슨 정거장 진 줄 아네.

女子 아니, 왜 그 큰 키는 다 갓다 버리고 요러케 난쟁이루 생겻느냐 말이애요.

男子 이 자식아. 생겨나긴 글세 내 맘대로 생겨낫대드냐. 산 절노 수 절노하니, 산수간에 나도 절노 생겨낫지.

女子 그런데 영감님을 모두 난쟁이라고 놀니니 말이지요. 다 갓흔 사람, 다 갓흔 말 중에도 영감님을 보고는, 이사람 할 것도 요사람, 그사람 할 것도 고사람.

男子 그러구.

女子 또 조곰만 남갓치 점잔을 빼면 몽총하다 그러구요.

男子 올치.

女子 조끔만 활발하게 굴면은 까분다고 그러구요.

男子 그러구. 57)

한편 인쇄된 희곡은 묵독 텍스트로 무대에서의 재현을 의도하지만 구술성을 유지하고 있는 만담에서는 이러한 부담을 지니지 않는다. 단지 집중해서 듣기만 하면 족하다. 우리는 듣는 것 속에, 즉 소리 속에 잠길 수는 있으나, 시각 속에 잠길 수는 없다.58) 식민지 현실에서처럼 일상어가 이미 현실의 상을 제대로 반영하지 못하거나 오히려 은폐하는 곳에서 이러한 현실과 유리된 언어를 사용하고 현실을 문제의 대상으로 삼는 것은 필연적이다.59) 넌센스 코미디가 이러한 특성을 가장 두드러지게 보여 준다.60)

---

57) 南宮春 作, 〈넌센스 난쟁이 行進曲〉(COLUMBIA 40514－A, B), 앞의 책(최동현 · 김만수 편), 108면.

58) 월터 J. 옹, 앞의 책, 114면.

59) 이정린, 앞의 책, 41면 참조.

60) 인쇄된 텍스트 중에서 박진의 〈절도병 환자〉, 『별건곤』, 1930.3이 이러한 특성을 가장 잘 보여준다.

이해하지 못하면 웃을 수 없다. 이해한다는 것은 듣는 것이다. 따라서 희극은 보는 것이 아니라 듣는 것이다. 듣는 것은 보는 것보다 맥루언이 말하는 촉각성(tactility)[61]을 더 많이 지니고 있다. 이러한 촉각성을 잘 전달해 주는 매체가 바로 유성기이다. 같은 청각 매체이지만 라디오는 '뜨거운 미디어'[62]로 청취자는 수동적으로 메시지를 전달받는다. 반면 유성기는 내가 원할 때 내가 원하는 메시지를 내가 듣는다. 유성기의 매력은 바로 이렇게 청각의 구술 문화적 감각을 확인시켜 주는 데에 있다. 라디오는 전파에 의지하는 이차적 구술성의 매체이다. 다시 말하자면 인쇄 텍스트에 근거하지 않고는 존재할 수 없는 매체이다. 하루 종일 무작위로 음악만 들려준다면 그것은 라디오의 기능을 상실한 것이다. 이런 점에서 유성기는 일차적 구술성을 유지하는 청각 매체이다.

음반을 소유하는 것은 소리를 지니는 것이며, 희극의 음반을 듣는 것은 웃음을 소유하는 것이 된다. 희극 음반의 소유자는 극장에서 함께 웃음을 듣고 보는 것이 아니라, 사적 공간에서 원할 때 자신이 소유하고 있는 웃음을 꺼내 듣는다. 유성기 음반 희극의 매력은 바로 여기에 있다.[63] 1911년 일본 축음기 상회의 제1차 유성기 음반 녹음에 박춘재의 '재담 소리' 〈장님 흉내〉와 〈장대장타령〉[64]이 들어간 이후로 많은

---

61) 이때 촉각은 단순한 피부 감각이 아니라, 각 감각을 통합시키는 공감각(synesthesis)을 의미한다. 마샬 맥루한, 앞의 책, 504면, 558~559면 참조.

62) '뜨거운 미디어'와 '차가운 미디어'의 구별은 맥루언에 의한 것이다. '뜨거운 미디어'란 단일한 감각을 고밀도로 확장시키는 미디어고 반대의 경우가 '차가운 미디어'이다. '고밀도'란 데이터가 가득 찬 상태로 이용자가 채워 넣거나 완성해야 할 것이 별로 없다. 이에 대해서는 마샬 맥루언, 김성기·이한우 역, 『미디어의 이해』, 민음사, 2007, 56~71면.

63) 라디오에서 신불출 등이 방송하는 '넌센스한 라디오 풍경'(만담)의 인기에 대해 이석훈이 '저급 취미'라고 비난하는 것(「라디오 풍경과 라디오드라마」, 『동아일보』, 1933.10.1)은 라디오 방송이 공공적 미디어이기 때문이기도 하다. 이에 비할 때, 유성기 음반에서 흘러나오는 만담의 내용을 즐기는 것은 전적으로 사적 즐거움에 속한다고 할 수 있다. 당시 방송의 공공성에 대해서는 서재길, 「한국 근대 방송문예 연구」, 서울대 박사논문, 2007.2 참조.

64) 이때의 음반에 수록된 박춘재의 소리에 대해서는 손태도, 「경기명창 박춘재론」, 『한국음반학』 7, 1997, 141면 참조.

사람들은 웃음을 사유(私有)하고 즐길 수 있게 되었다.

만담의 인기는 서양식의 본격 희극 공연이 들어설 자리를 더욱 좁게 만들었다. 박영정의 목록에 의하면 흥행극단에서 공연(1935~1945)된 희극은 거의 모두 1막이거나 막 구분이 없는 수 경(景)의 작품들이다. 이러한 작품들은 전하는 제목[65]에서도 짐작할 수 있듯이 '지배 이데올로기에 저항하고, 지배 이데올로기의 언어를 불안하게 만드는'[66] 희극의 정신을 제대로 담아낼 수 없다. 본고의 3장에서 살펴본 김영팔의 〈대학생〉과 〈그 후의 대학생〉도 사실은 '독(獨)만담'의 음반 희극의 구조를 담고 있다. 당시에 서양식의 모노드라마의 개념을 수용한 작품이라기보다는 만담의 구조를 차용하여 사회 비판을 시도한 작품으로 보는 것이 더 자연스럽다. 그러나 이러한 희극은 1930년대 중반 이후에는 거의 발견되지 않는다.

이러한 희극의 특성과 한계를 잘 보여 주는 작품이 송영의 〈남자 폐업〉이다. 이 작품은 1939년 11월 호화선과 1944년 8월 신생극단에 의하여 공연된 바 있다. 무대 좌우로 나뉘어 왼쪽에 '천(千)'의 집, 오른쪽에 '윤(尹)'의 집이 자리하고 있다. 천은 구여성을 좋아하나 아내 김메리는 신여성이고, 윤은 신여성을 좋아하나 아내 이성녀는 구여성이다. 이렇게 서로 부조화를 이루는 두 가정의 풍경을 스케치로 보여 주는 것이 이 작품의 핵심이다. 이 작품에는 부조화를 이루는 각 부부간에 이렇다 할 갈등이 발생하지 않는다는 점에서 대조적인 부부상을 보여 주는 것 이상의 의미를 지니지 않는다.

尹 이거 봐
李 네
尹 이건 밤낮 바누질만 아는 거야
李 그럼 벍에 벗나요

---

65) '쌍초상' '장가보내주' '급성연애병' '엉터리 세계여행' '따귀가 한 근' '아내에 속지 마오' '새아씨 경제학' 등등 음반 희극의 내용과 크게 다르지 않다.
66) 이정린, 앞의 책, 41면.

尹 에구 이런 벽창호 같으니 가끔 新聞 같은 것도 봐서 常識을 늘여야지
李 漢文이 많이 석여서 잘 보기도 어렵지만 또 볼 것도 없지 않아요
尹 아니 그러고도 主婦될 資格이 있담
李 왜 내가 藥局 醫師ㄴ감 주부가 되게
尹 에구 요것아 金主簿 李主簿 하는 主簿가 아냐 집안 살림을 차지하고 있는 主때아씨 말야
李 글쎄 주때나 마나 웨 이렇게 야단요 에히
尹 에히 소리는 내가 할 소리야 에끼 (火가 나서 花草에 물을 막 준다)
李 (모른 척하고 바누질만 한다)[67]

막이 열리면 위와 같이 무대 오른쪽에서 윤의 집의 부조화가 재현되고 이어서 왼쪽에서 천의 집의 장면이 이어진다. 이렇게 이 작품은 오른쪽과 왼쪽을 번갈아가면서 양쪽 집안의 부조화를 노출시킴으로써 웃음을 유발하고자 한다. 근대 초기의 희극에서처럼 신여성에 대한 비판에 작가의 의도가 있는 것이 아니고, 신구의 조화를 이루지 못한 채 결혼 생활을 계속하고 있는 부부간의 어울리지 않는 모습만을 보여 줄 뿐이다. 여기에 위와 같은 말놀이가 적절히 가미되어 웃음을 더욱 조장한다. 문제의 해결도 우스꽝스럽게 이루어진다.

이와 김 웃으며 돌아선다.
尹,千 아니 이게 누구냐
李 옷 입은 맵시가 모던 껄이죠
尹 이게 어떻게 된 셈이냐
金 나의 옷 입은 태도가 요조숙녀 같지 않소
千 정말 영문을 모르겠다.
李 여보 이리 와요.
金 에구 웃어. (건너간다)
千 (따라간다)

67) 『조선명작선집』, 삼중당서점, 1939, 514면.

李 정말이지 웃어 죽겠소.
金 나는 배창주가 끊어졌는지도 모르겠소
尹 오라 그러니까 부인연합군이군 그래
千 당신이나 나나 오늘부터 남자폐업합시다.
尹, 千 (똑같이) 옷의 조화가 상당하구나.[68]

우연히 자신들의 처지가 뒤바뀌어 있는 상황임을 알게 된 아내들이 서로 옷을 바꾸어 입고 신/구의 맵시를 뒤바꾸어 남편을 속이기로 한다. 아내의 옷맵시가 바뀐 것을 모르고 아내가 바뀐 줄로 착각한 윤과 천이 마침내 자신들의 아내를 알아보는 것으로 작품의 막이 내린다. 이러한 어리석음의 반성으로 천이 '남자폐업'을 제창한다는 것에서 작품의 제목을 가져 왔다. 이러한 해결에서 보듯 남편 또는 아내들이 자신의 생활 태도를 상대의 가치관에 맞추어 변화시키는 것이 아니라, 아내들이 한번 겉모습만 바꾸어 보여 줌으로써 화해를 이룬다. 그러니까 아직 본질적인 문제가 해결된 것이 아니다. 그럼에도 불구하고 갑자기 천이 윤에게 남자폐업을 제청한다는 것은 납득하기 어렵다. 이처럼 이 작품에는 현실 비판은 없고 스케치만 있다. 갈등은 있지만 심각한 수준도 아니고 우연한 발견에 의하여 흐지부지 마무리된다. 이러한 면에서 만담의 유행이 무대 희극에 미친 부정적 영향을 짐작할 수 있다.

이러한 작품의 내용과 웃음 생성 방식을 통해서 〈호신술〉과 〈남자폐업〉 사이의 세계관과 웃음의 거리를 확인할 수 있다. 아마도 대부분의 1930년대 중반 이후의 희극 작품들이 〈남자폐업〉의 수준을 넘기 힘들었을 것이다. 비록 작가의 말을 다루고 장면을 구성하는 솜씨는 나아졌지만, 희극이 보여주어야 할 날카로운 비판적 웃음은 사라지고 말았다. 유성기 음반 희극의 내용에서 이러한 희극의 한계를 더 잘 살펴볼 수 있어 안타깝다.

68) 위의 책, 535~536면.

5. 맺음말

본고에서는 개화기 이후 한국 근대희극의 존재 형식, 웃음의 소통 구조와 생성 방식에 대하여 살펴보았다. 이를 위해 본고에서는 인쇄물로서의 희극 텍스트와 극단의 공연 대본, 유성기 음반 희극이 지닌 매체적 특성에 주목하여 크게 번안의 방식, 전문극단에 의한 대본, 유성기 음반 희극 등으로 대별하면서 세부적인 구조적 변별점을 찾아보려고 하였다.

근대 초기 대표적인 번안 희극인 〈병자삼인〉 〈국경〉 〈견〉의 세 작품 모두 여성의 패배를 통한 남녀의 화해로 극을 마무리함으로써 남성중심주의의 세계관을 가까스로 유지하고 있다. 이 작품들의 희극성은 남성 중심의 세계관이 재확인된 결과에 대한 작가의 안도감을 드러낸 것에 지나지 않는다. 이러한 작가의 비판의식의 과잉은 희극 텍스트를 자신의 계몽주의적 의도를 실현하기 위한 '인쇄물'로만 간주했기 때문이라고 할 수 있다.

1920년대 후반 이후 연극은 이제 중요한 근대 문화 자본이자 제도로 자리 잡는다. 이에 따라 김정진 · 김영팔 · 김기림 · 송영 등의 전문 극작가들에 의한 희극의 생산도 활발해진다. 이들 작가의 작품은 각각 나름의 희극적 장치를 사용하여 공통적으로 대중성과 계몽성을 적절히 확보하고 있다. 특히 김기림의 작품에는 식민지 현실과 현대 문명에 대한 비판적 시각이 참신하게 드러난다는 점에서 주목된다.

전대의 재담극의 전통을 계승한 만담극은 1930년대 이후 희극의 중요한 한 유형으로 자리잡았다. 만담(재담극)은 본격적인 무대 희극과는 달리 청각적이며 구술적인 공연 양식이다. 이러한 만담극은 청각의 구술문화적 감각을 확인시켜 주는 유성기 음반의 발전으로 활발히 유통되었다.

이렇듯 한국 근대희극의 존재 형식과 웃음의 구조를 살펴 본 결과 초기에서 후기로 나아갈수록 웃음 생성의 기술은 발전하였지만 희극의 핵심인 현실 비판적 기능은 충분히 발휘되지 못하였다고 할 수 있다. 특히 유성기 음반 희극의 청각성과 구술성은 희극의 본질에 가까운 것이어서 많은 인기를 얻을 수 있었지만, 전대의 재담극에 비해 깊이 있는 웃음을 제공해 주지는 못하였다. 이는 유성기 음반이라는 분량상의 한계도 크겠지만, 촌철살인(寸鐵殺人)의 구술적 웃음의 기능을 제대로 발휘할 수 없는 식민지 현실의 한계 때문이라고도 할 수 있다.

「한국 근대 희극의 존재 형식과 웃음의 구조」에 대한 토론문

이대범

발표자께서는 개화기부터 1930년대에 걸쳐 발표된 희곡 중 작가가 희곡이라고 명시한 작품과 최동현·김만수가 정리한 유성기 음반 채록 텍스트를 토대로 한국 연극사에서 희극 형식의 존재 형식과 희극의 소통 구조, 그리고 웃음의 생성 방식 등을 밝히고 있습니다.

이를 위해 인쇄물로서의 희극 텍스트와 극단의 공연 대본, 유성기 음반 희극이 지닌 매체적 특성에 주목하여 크게 번안의 방식, 전문극단에 의한 대본, 유성기 음반 희극 등으로 대별하면서 세부적인 구조적 변별점을 규명하였습니다.

그 결과 초기에서 후기로 나아갈수록 웃음 생성의 기술은 발전하였지만 희극의 핵심인 현실 비판의 웃음 제공에는 실패하였으며, 특히 유성기 음반 희극의 청각성과 구술성은 희극의 본질에 가까운 것이어서 많은 인기를 얻을 수 있었지만, 짧은 분량과 구술성에 의해 깊이 있는 웃음을 제공하는 데에는 분명한 한계를 드러냈다고 결론 내렸습니다.

논의 대상 작품과 관련된 자료를 면밀히 검토하고, 작품이 발표되었거나 공연되었던 시기—일제 강점기라는 작품 외적 환경, 관객의 관극 태도를 비롯한 공연 환경, 관객과의 소통 양상 등을 두루 고려하여 내린 결론에 토론자 역시 공감합니다. 다만 이러한 결론을 보다 편안하게 수용하기 위해서는 다음 두 가지 점이 규명되어야 할 것으로 사료됩니다.

첫째, 논의 대상 작품에 나타난 희극적 성격 이외에 작가가 자신의 작품을 '희극'이라도 명시한 이유가 밝혀져야 할 것입니다. 물론 작가의 생각이 실현된 구체적인 실체가 작품이기는 하지만 작가의 희극 양식에 대한 이해와 작품 사이의 괴리가 있을 수 있기 때문입니다. 작가가 특별히 희극 양식에 대해 언급한 내용이 있으면 밝혀 주시고, 또 작가의 희극양식에 대한 인식이 작품 창작 과정에 반영된 양상에 대해 말씀해 주시기 바랍니다.

둘째, 희극 성격(존재 양상)의 변화를 연극 담당층과 관련지어 살펴 볼 필요가 있을 것입니다. 발표자께서 지적하신 조국의 식민지적 현실이 비판정신을 요체로 하는 희극 발달의 장애 요인으로 작용하였다는 점에 공감합니다. 그러나 희극 발달의 부진 요인이 연극 외적 요인에만 의한 것인가에 대해서는 재고해야 할 것입니다. 1920년대 들어 연극 담당층이 지식인 계층으로 이동하면서 발생한 계몽의식의 과잉과 담당층의 극예술에 대한 도구적 인식과 같은 문제를 살펴보아야 할 것입니다.

희극 텍스트가 작가의 계몽주의적 의도를 실현하기 위한 비구술적 인쇄물로 존재할 수밖에 없는 요인이었던 비판의식의 과잉은 희극에만 국한되는 것이 아니라, 근대극운동이나 이념극운동을 이끌었던 작가들의 작품에서도 두루 나타나는 현상입니다. 이러한 현상은 또한 우리 근대희곡사에서 어느 특정시기에 국한되는 것이기보다는 정도 차이는 있겠으나 연극 담당층이 유학생 등 지식인 계층으로 변화된 뒤에 일관되게 나타나는 양상이라고 할 수 있습니다.

희극의 정상적인 발달이 지체된 것은, 작품을 계몽 수단쯤으로 여기는 작가의 희극에 대한 연극미학적 이해의 결핍에서 비롯되었다고 할 수 있는데, 이에 대한 발표자의 견해를 말씀해 주시기 바랍니다.

북한연극의 장르구분과 5대혁명연극의 희극적 특성

박영정

1. 머리말

북한 연극을 대표하는 작품으로 5대 혁명연극이 있다. '5대 혁명연극'이란 〈성황당〉을 비롯하여 〈혈분만국회〉 〈딸에게서 온 편지〉 〈3인 1당〉 〈경축대회〉 등 일제 강점기 김일성이 항일혁명과정에서 직접 창작했다고 주장되는 일련의 '항일혁명연극'을 원본으로 하여 1970~1980년대 김정일의 지도로 '현대화'한 '혁명연극' 중에서 가장 작품 완성도가 높다고 인정되는 북한연극의 대표작을 말한다.

〈성황당〉(1978)은 김일성이 1928년 만주 카륜에서 직접 창작하여 공연한 것으로 알려져 있으며, 1978년 '연극혁명'의 첫 시험 작품으로 창작되었다. 작품은 종교적 미신에서 주민을 해방시킨다는 계몽적인 소재를 '인간 운명의 주인은 자기 자신'이라고 하는 주체사상의 '자주성'의 주제에 연결시키고 있다.

〈혈분만국회〉(1984) 역시 김일성이 '항일빨치산투쟁' 당시 만든 것을 1984년 국립연극단이 재창작한 작품이다. 구한말 고종의 밀사로 헤이그에 파견된 이준 열사의 일대기를 담고 있으며, '남의 힘을 믿으면 나라가 망한다'는 주제를 가지고 있는 작품이다.

〈딸에게서 온 편지〉(1987)는 1930년 가을 만주 오가자 일대에서 공연됐던 것을 1987년 국립연극단이 재창작한 작품이다. 모르면서 아는 체 하고 배우려 하지 않다가 봉변을 당하는 한 농민을 중심으로 이야기가 전개되는데, 자기 운명을 자신의 힘으로 개척해 나가기 위해서는 지식을 가져야 한다는 내용으로 되어 있다.

〈3인 1당〉(1987)은 가상의 '송도국'에서 박정승 · 최정승 · 문정승이 권력다툼을 벌이다가 끝내는 나라를 망하게 했다는 내용으로, 일제 강점기 민족주의 진영과 공산주의 진영간에 빚어졌던 파쟁과 분열의 문제를 다루고 있는 작품이다. 역시 1929년 길림지역에서 김일성이 창작하여 공연했다는 원본을 토대로 1987년 국립연극단이 '〈성황당〉식 연극'으로 재창작한 작품이다.

〈경축대회〉(1988)는 1936년 8월 무송현 만강마을에서 처음 공연되었던 것인데 1988년 김일성의 76회 생일에 맞춰 국립연극단이 재창작했다는 작품이다. 일본군과 유격대를 대조적 형상으로 펼쳐 보이는 풍자극이다.[1)]

북한연극의 역사는 크게 혁명연극 〈성황당〉이 나오기 이전과 이후로 나누어지는데, 〈성황당〉 이후의 북한연극은 주체사실주의에 입각한 '〈성황당〉식 연극' 일색으로 정비된다. 북한연극사의 분기점이 되는 1978년작 〈성황당〉이 나오게 된 직접적 계기는 김정일 주도의 '문예혁명', 구체적으로 '연극혁명'[2)]에 있다. 연극혁명은 김정일 주도의 영화혁

1) 박영정, 『북한 연극/희곡의 분석과 전망』, 연극과인간, 2007, 201~211면.

2) 연극혁명의 진행과정은 본보기 작품으로서의 〈성황당〉의 제작과 그 후속 작업으로서의 '5대혁명연극'의 창조, 그리고 그 이론적 집대성으로서의 「연극예술에 대하여–

명, 가극혁명에 이어 그 성과를 연극분야에 적용한 것이라 할 수 있다.[3] 그것은 특히 형식면에서 '흐름식입체무대미술' '다장면구성형식' '방창' 등의 사용에서 두드러진다. 그런데 내용면에서는 혁명가극에서는 장엄미, 비극미, 숭고미가 지배적이었던 반면 혁명연극에서는 웃음도 있고 눈물도 있고 풍자와 해학이 어우러져 있다는 점에서 차이가 있다.[4] 특히 5대 혁명연극에 희극 작품이 다수를 차지하는 것도 눈에 보이는 특징이다.

이 연구에서 북한의 5대 혁명연극을 논의의 대상으로 삼은 것은 다음과 같은 이유에서이다.

첫째, 5대 혁명연극이 1970년대 이래 현재까지의 북한연극을 지배하는 대표성을 가지고 있다는 점에서 북한 연극의 특질을 이해하는 데서 가장 핵심적 대상이 된다고 보기 때문이다.

둘째, 5대 혁명연극에는 〈혈분만국회〉를 제외한 4작품이 모두 희극의 범주에 해당되어 북한연극에서의 웃음을 논의하는 데 적절한 대상으로 여겨지기 때문이다.

이 연구에서는 북한의 5대혁명연극에 나타난 웃음과 그 발생 구조 및 의미를 살펴보고자 한다. 보다 구체적으로 말하면 5대혁명연극 가운데 희극에 속하는 〈성황당〉 〈딸에게서 온 편지〉 〈3인 1당〉 〈경축대회〉의 네 작품을 대상으로 작품에 나타난 웃음의 특질과 희극적 특성을 밝히고, 그 의미를 밝혀보고자 한다. 다만 이 작품들이 1970~80년대 북한사회를 직접적 배경으로 하고 있지는 않다는 점에서 시대적 의미를 밝히는 것은 간접적으로 추정될 수밖에 없을 것으로 생각된다.

문학예술부문 일군들과 한 담화」(1988년 4월 20일)의 저술로 완성된다.

3) 김정일, 「연극예술에 대하여—문화예술부문 일군들과 한 담화」, 『김정일선집』 9, 조선로동당출판사, 1997, 158면.

4) 이상우, 「극양식을 중심으로 본 북한 희곡의 양상」, 『한국극예술연구』 11, 2000, 406~407면.

2. 북한연극의 장르 인식과 구분

북한에서는 연극의 장르를 다양한 층위로 나누고 있다. 북한 공연예술을 대표하는 것으로 알려진 혁명가극 〈피바다〉는 연극과 확연히 구분되는 별도의 장르로 인식되고 있다. 북한에서는 양상에 따라 연극의 기본종류를 정극 · 비극 · 희극의 셋으로 나누고 있다. 비극과 희극이 일찍이 서양연극사에서 등장하여 정착된 전통적인 극장르라면, 정극은 북한사회(즉, 사회주의 사회)에서 새롭게 등장한 극장르라고 일컬어진다. 그뿐만 아니라 비극과 희극도 사회주의 이전과 이후를 구분하여 설명하고 있다.

> 생활의 정서적 색깔이 다양한 것만큼 그것을 극적으로 선명하게 드러내어야 하는 극문학 작품의 양상도 다양하지 않을 수 없다. 같은 극적인 생활을 반영하는 희곡이라고 하여도 거기에는 아름답고 고상한 감정으로 차 넘치는 정극이 있는가 하면 다양한 웃음으로 일관된 희극이 있으며 슬픔과 비장한 감정을 자아내는 비극도 있다. 그러나 이것이 곧 극작품의 양상으로 되는 것은 아니다. 그것은 정극과 희극, 비극 등이 어디까지나 희곡의 기본종류이며 그 매 종류마다에는 다양한 형태와 그에 따르는 양상이 있기 때문이다.[5)]

강진의 『주체극문학의 새 기원』의 일절이다. 희곡의 기본종류로 설정한 정극과 희극, 비극의 특징을 양상에 따라 설명하고 있다. 이어서 계급사회에서는 비극과 희극이 지배적인 자리를 차지하고 있었지만, 인민대중이 낡은 사회의 모순과 불합리성을 깨닫고 투쟁에 떨쳐나서게 됨과 함께 극문학이 일반 평민들의 생활을 반영하게 되면서 보통사람들의 아름답고 숭고하고 영웅적인 생활을 재현한 새로운 극종류로 정

5) 강진, 『주체극문학의 새 기원』, 문학예술종합출판사, 1996, 186면.

극이 출현하게 되었다 한다.[6] 이 새로운 시대가 곧바로 사회주의 사회를 의미하는 것인지는 불분명하지만, 적어도 인민대중이 주인이 되는 민주주의 시대의 산물로 보고 있는 것만은 분명하다. 북한연극을 다룬 기존 연구에서 정극의 개념을 '사회주의적 사실주의'를 기초로 한 희곡[7]이나 극의 일반적 특성을 가장 전형적으로 체현한 연극, 즉 '보통의 일반 극'[8] 등으로 규정하고 있으나 그 의미가 다소 모호한 편이라 할 수 있다. 먼저 북한 문학예술사전의 '정극'에 대한 규정을 짚고 넘어갈 필요가 있다.

> **정극** 생활에서 정극적인 것을 기본으로 하여 반영하는 극예술의 한 종류. 정극적인 것이란 아름다운 것, 고상한 것, 영웅적인 것과 같은 다양한 미적 속성을 체현하고 있는 극적인 생활을 의미한다. 정극은 비극이나 희극에 비하여 생활반영의 범위가 훨씬 넓다. …… 정극의 주인공은 일반적으로 시대의 선진적인 리상을 체현하고 자신의 목적의식적이며 적극적인 투쟁을 통하여 그것을 실현하며 마침내 승리하는 긍정인물이라는 점에서 비극이나 희극의 주인공과 구별된다. 정극은 갈등 설정과 해결, 이야기 전개에서도 일련의 특성을 가지고 있다. 정극에서 갈등은 대체로 서로 대립되는 사상적 경향들의 공개적이며 직접적인 날카로운 투쟁을 통하여 표현되며 언제나 긍정의 승리와 부정의 패배로 해결된다. 정극은 극적 정서의 색채도 비극이나 희극과 엄연히 구분된다. 비극에서 주되는 감정이 비장성이고 희극에서 주되는 정서가 락천성이라면 정극에서 주되는 정서는 숭엄한 것이다. 이것은 정극이 극적인 생활 가운데서 아름다운 것, 고상한 것, 영웅적인 것을 기본으로 반영하며, 아름다운 것을 열렬히 지향하는 긍정적 주인공을 화폭의 중심에 내세우는 것과 관련된다. 력사적 견지에서 볼 때 정극은 비극이나 희극에 비하여 훨씬 뒤늦게 발생하였다. 그것은 계급사회의 온갖 사회적 모순을 반대하여 목적의식적으로 능동적으로 투쟁할 사회적 력량이 성숙되지 못하였고 따라서 정극의 주인공으로 내세울만한

6) 위의 책, 187면.
7) 이상우, 앞의 글, 381면.
8) 민병욱 · 구명옥 편, 『북한경희극』, 연극과인간, 2002, 350면.

> 긍정적 인간들이 전면적으로 배출되지 못하였고 극예술이 다양한 생활을 폭넓게 반영할 수 있도록 발전하지 못하였던 사정과 관련된다. 정극은 사회주의적 사실주의 단계에 이르러서야 극의 형태로서의 자기의 지위를 확고하게 차지할 수 있게 되었다.[9]

여기에서는 정극의 핵심 규정을 비교적 명료하게 밝히고 있다. 사회주의 사실주의 단계에서 극의 형태로서의 지위를 확고하게 했다는 점, 긍정적 주인공의 승리로 귀결된다는 점, 그래서 아름다운 것, 고상한 것, 영웅적인 것을 반영한다는 것, 그리고 극적 정서가 숭엄한 것을 기조로 하고 있다는 것 등이다. 사회주의 단계에서는 사회현실 자체가 긍정적인 것이 지배하는 사회이므로 그를 반영하여 긍정적 인물의 영웅적인 행위가 극의 중심 내용이 되는 장르가 발생·발전한다는 논리가 그 바탕에 놓여 있다.

북한연극에서 비극은 '착취사회'에서의 비극과 사회주의 사회에서의 비극으로 나뉜다. '착취사회'에서 비극은 진보적인 사회적 이상을 체현하고 있으며, 아름답고 선량한 것을 지향하는 주인공이 자신의 제약성과 사회역사적인 조건으로 인해 자신의 이상을 실현하지 못하고 희생되는 과정에서 그의 희생이 사람들의 슬픔과 동정을 불러일으키는 연극이다. 사회주의 사회에서는 근본적으로는 희생자로서의 비극적 주인공은 존재할 수 없지만, 착취제도와 착취사회를 타파하고, 인민대중의 자주성을 실현하기 위한 투쟁에서 희생되는 혁명적 세계관으로 무장된 주인공의 희생은 사람들에게 슬픔이나 비감을 자아내는 데 그치는 것이 아니라 숭고하고 영웅적인 사상감정을 환기시킨다. 이를 전통적인 비극과 구분하여 혁명적 비극이라 부른다.[10] 그 어느 경우이든 비극은 주인공의 희생(주로 죽음)으로 마감되는 연극을 가리킨다고 할 수 있다.

9) 사회과학원 주체문학연구소, 『문학예술사전』(중), 과학백과사전종합출판사, 1991, 453면.
10) 사회과학원 주체문학연구소, 『문학예술사전』(중), 과학백과사전종합출판사, 1991, 128~129면.

사회주의 사회에서는 선진적 이상을 가진 주인공의 죽음은 존재할 수 없으므로 전통적인 비극은 존재할 수 없지만, 외부의 착취사회와의 혁명적 투쟁이 존재하는 상황에서 혁명적 비극이 발생할 수 있다고 보는 관점이 북한식 비극론의 근저에 깔려 있다.

희극은 비극과 마찬가지로 전통적인 장르이지만, 사회주의 단계에 들어서면서 희극성이 약화되는 측면이 발생하게 되는데, 특히 희극의 하위장르로 분류되는 풍자극의 경우 적대적 사회관계가 '해소'됨에 따라 원천적으로 존재성을 상실하게 되고, 대신 해학적 웃음을 주조로 하는 경희극이 강화, 발전되었다고 주장된다.

> **희극** 희극의 묘사대상은 력사발전에 의하여 이미 낡은 것으로 되였으며 개조되거나 파멸당할 운명을 지녔음에도 불구하고 자기 존재의 허황성을 인식하지 못하고 정당한 것처럼 주장하는 인간의 성격, 그의 행위, 그것으로 하여 빚어지는 현상 등이다. 희극의 특징은 부정적인 것이 긍정적인 것으로 행세하는 데로부터 생기는 웃음이다. 희극에서의 웃음은 본질과 현상, 내용과 형식, 원인과 결과 사이의 모순에 의하여 생겨나며 이 모순의 성격에 따라 풍자극과 경희극으로 갈라진다.[11]

희극의 하위 장르로 풍자극과 경희극으로 나누는데, 풍자극은 적대적 관계에 있는 부정적 대상에 대해 신랄한 공격의 성격을 가지며 말 그대로 풍자적 웃음을 주조로 하고 있고, 경희극은 비적대적 관계에 있는 부정적 대상에 대해 동지적 비판의 성격을 가지며 해학적 웃음을 주조로 하고 있다는 점에서 확연히 갈라진다. 따라서 사회주의 단계에서는 경희극이 지배적인 장르로 자리잡게 되며, 풍자극은 외부 세계와 관련하여서만 성립할 수 있게 된다는 것이 북한 희극론의 요체이다.

> **풍자극** 낡고 반동적인 것을 날카로운 웃음으로 폭로규탄하는 희극의 종류.

---

11) 사회과학원 주체문학연구소, 『문학예술사전』(하), 과학백과사전종합출판사, 1993, 365면.

풍자극은 희극적 대상에 대한 전면적인 부정을 통하여 선진적인 리상을 구현하며, 새 것, 진보적인 것의 승리의 필연성을 확인한다. 풍자극은 경희극과는 달리 불상용적 모순을 체현하고 있는 희극적인 것을 묘사대상으로 한다. 이로부터 풍자적 인물들은 멸망의 운명에 처한 반동적인 력량임에도 불구하고 자기의 존재의 '정당성'을 주장하는 량립할 수 없는 모순을 체현하고 있다. 풍자극의 갈등은 불상용적 모순에 기초하고 있는 것으로서 적대적 성격을 띠며 처음부터 첨예하고 극단적으로 조성되고 결렬에로 나가는 것이 특징이다. 풍자극의 웃음은 해학적인 것이 아니라 풍자적인 것으로서 무자비하고 날카로우며 폭로규탄의 성격을 띤다.[12]

경희극 희극의 한 형태. 시대에 뒤떨어진 낡고 부정적인 형상들을 가벼운 웃음을 통하여 비판개조하는 것이 특징이다. 풍자희극과 달리 희극적 주인공들을 전면적으로 부정하는 것이 아니라 그 인물에게 있는 낡고 부정적인 측면을 명랑하고 가벼운 웃음으로 비판한다. 동지적 협조와 단결이 사회관계의 기본으로 되고 있는 사회주의 사회의 현실을 반영한 경희극은 공동의 리상을 실현하기 위한 투쟁과정에 근로자들 속에서 나타나는 낡고 부정적인 현상을 비판하는 것을 기본으로 한다. 경희극에서 희극적 주인공이 웃음을 자아내는 것은 자기의 사고와 행동이 시대에 뒤떨어진 것임에도 불구하고 그것이 정당하고 진보적인 것이라고 보고 있는 것과 관련된다. 사회주의 현실주제의 경희극 작품들에서 희극적 주인공은 풍자극의 희극적 주인공과는 달리 자체 내에 긍정면도 가지고 있는 인물로서 주관적 의도와는 달리 사고와 행동에서는 이러저러한 부족점을 나타내면서도 결국은 자기의 결함을 인정하고 가벼운 웃음 속에서 비판을 접수한다. 일반적으로 경희극에는 희극적 주인공과 함께 긍정인물이 등장한다. 이러한 긍정인물은 희극적 주인공의 부정면을 폭로하고 비판하며 그에게 긍정적 영향을 주어 결함을 시정하도록 적극적인 작용을 한다. 경희극에서의 웃음은 어디까지나 동지적 비판의 성격을 띠며 많은 경우 생활락천적인 웃음을 동반하고 있다. 경희극에서는 흔히 해학과 과장의 수법이 널리 쓰이고 있다. 그러나 사실주의적 경희극에서의 해학과 과장은 작품의 교양적

12) 사회과학원 주체문학연구소, 『문학예술사전』(하), 과학백과사전종합출판사, 1993, 202면.

> 목적에 맞게 생활의 진실로부터 출발한 것이며 생활의 론리에 맞는 것이다. 착취사회에서는 풍자희극이 주되는 희극 형태로 되였다면 인간에 의한 인간의 착취가 없어지고 긍정적인 것이 지배적인 사회주의사회에서는 경희극이 주되는 희극형태로 되여 근로자들을 교양하는 힘있는 수단으로 되고 있다.[13]

이처럼 양립할 수 없는 적대적 관계를 기반으로 부정적 인물이 희극적 주인공으로 등장하는 것이 풍자희극이라면, 내부에 긍정성을 가지고 있는 비적대적 관계에서의 희극적 주인공이 등장하는 연극이 곧 경희극이다. 풍자극이 신랄한 공격적 웃음이 주조를 이룬다면 경희극에서는 동지적 비판에 기초한 '가벼운 웃음'이 주조를 이루고 있다. 이러한 관점에서 접근하면 사회주의 현실 주제의 작품에서는 풍자극이 성립할 수 없게 되므로 북한에서는 경희극이 지배적인 희극 형태로 자리잡게 되는 것이다.[14]

경희극에서 희극적 주인공이란 "근로대중에 속하며 오늘에 와서는 사회주의 근로자로서 일하고 있는 사람들"이지만, "낡은 사상에서 완전히 벗어나지 못했다는 부족점"을 가지고 있는 사람들이다. 그들은 "긍정면이 있으면서도 부정면도 가지고 있는 바 그 부정면은 발전하는 현실을 따라가지 못하는 낡은 사상의식에 기초"하고 있으며, "기본적으로는 옳은 사상관점을 가지고 있으나 부분적으로는 낡은 사상의식과 생활습성도 가지고 있음으로 하여 경우에 따라서는 미처 옳게 생각하지 못하고 그릇된 행동도 하게 되어 웃음을 일으키는 인물들"을 말한다.[15] 그들은 큰 실수는 하면서도 근본적인 과오까지는 범하지 않게 되어 해학적 웃음을 유발하게 된다.

13) 사회과학원 주체문학연구소, 『문학예술사전』(상), 과학백과사전종합출판사, 1988, 182면.
14) 북한 경희극의 역사적 전개과정과 주요 작품에 대해서는 다음의 논저를 참조. 박영정, 「북한 경희극 연구」, 『어문론총』, 2003, 181~215면; 민병욱·구명옥 편, 앞의 책.
15) 김광현, 「경희극적 작품은 우리 생활 발전의 힘있는 사상적 무기」, 『조선예술』, 1974.5, 118면.

이상에서 살펴본 바를 정리해 보면 북한연극에는 정극, 비극, 희극(하위에 풍자극과 경희극)의 기본 종류가 있지만, 전통적인 의미의 비극이나 풍자극은 약화되고, 정극과 경희극이 지배적 장르로 자리잡고 있다고 볼 수 있다. 다만 외부세계(적대관계에 있는 자본주의 사회)와의 관계하에서만 비극이나 풍자극이 존재하고 있을 뿐이다. 북한 사회는 계급적 적대가 사라진 사회이므로, 북한 사회의 현실을 반영한 연극에서는 적대적 관계를 전제로 하는 비극이나 풍자희극보다는 모든 사회 구성원이 공동의 이상을 지향한다는 전제 아래 낡고 부정적인 것에 대한 '동지적 비판'을 가하는 경희극이나 긍정적 주인공의 영웅적 행위를 반영하는 경희극이나 정극이 주조를 이룰 수밖에 없다는 논리이다. 여기에는 북한 사회는 '동지적 협조와 단결'이 사회관계의 기본이 되어 있다는 대전제가 놓여 있다. 북한 사회에 대한 이러한 인식의 옳고 그름을 떠나서 경희극이나 정극의 장르론 속에는 현실 긍정, 체제 긍정의 인식이 전제되고 있어, 그 자체가 벌써 체제 강화에 기여할 수 있는 속성이 내재화하고 있음을 말해 준다. 정극이나 경희극은 그 속성상 체제 긍정 또는 미화의 본질을 가지고 있는 것이다.

또 하나 확인할 수 있는 것은 이러한 장르 구분 속에는 모든 예술이 생활을 진실하게 반영한다는 반영론적 관점에서 기반하여 논의가 전개되고 있다는 점이다. 생활에 적대적 관계가 있으면 풍자가 가능하지만 적대적 관계가 해소된 사회주의사회에서는 풍자가 성립하지 않는다든가, 비극적 희생이 존재하지 않는다고 보는 관점이 그 예이다. 물론 사회주의 사회라 하여 무갈등 사회로 보는 것은 아니며, 동지적 비판으로 교정 가능한 정도의 모순이나 갈등은 존재하며, 거기에서 경희극과 같은 장르가 발전하게 된다는 것이다.

북한연극의 장르론은 가극이나 영화, 텔레비전 드라마 등 광의의 극예술 장르에 공통으로 적용되고 있다. 예를 들어 영화의 장르구분에서 희극영화를 경희극영화와 풍자영화로 나누고 있는데, 그 기본 개념 및 원리는 모두 연극에서 파생된 것이라 할 수 있다.[16] 따라서 위에서 살펴본 장르개념 및 구분은 연극 이외의 장르에서도 그대로 적용할 수 있다. 그리고 여러 장르에 걸쳐 통합적으로 장르 논의를 하는 것도 가능하게 된다. 예를 들어 혁명가극은 비극과 정극의 성격이 강하다면, 혁명연극은 희극의 성격이 강하다는 방식의 논의도 가능할 수 있고, 시기에 따라 지배적인 장르가 무엇인지를 영화, 가극 등과 함께 논할 수도 있을 것이다.

3. 5대 혁명연극에 나타난 희극 장르의 다양성

5대 혁명연극 가운데 비극으로 분류될 수 있는 작품은 〈혈분만국회〉뿐이며, 〈성황당〉 〈딸에게서 온 편지〉 〈3인 1당〉 〈경축대회〉 등 네 작품이 희극으로 분류될 수 있는 작품이다. 앞에서 살펴본 북한식 장르론, 특히 희극론을 이 네 작품에 적용하면서 그 의미를 밝혀나가 보고자 한다.

1) 풍자를 주조로 다양한 양상을 배합한 3색 풍자극 〈성황당〉

혁명연극 〈성황당〉은 원작이 1920년대의 작품이고, 1960년대 말 영화로의 리메이크를 거쳐 1978년 국립연극단에 의해 현대적 연극으로 완성되었다. 가극에서 〈피바다〉가 갖는 지위를 연극에서는 〈성황당〉이 갖

16) 김영, 『희극영화와 웃음』, 문학예술종합출판사, 1993.

게 되어 이른바 '〈성황당〉식 연극'이 정립되는 계기가 되었다.[17)]

〈성황당〉은 미신타파라고 하는 계몽적 주제를 주체사상과 연결하여 '주체적인 혁명연극'으로 재구성한 작품이다. 인간은 눈에 보이지 않은 외부적 존재자의 힘(종교)에 의존할 것이 아니라 스스로 자기 운명의 주인으로서 자기 운명을 자주적 창조적으로 개척해 나가야 한다는 주체사상적 주제를 구현한 작품으로 평가받고 있다.[18)]

그런데 이 작품에는 네 가지 그룹의 인물군이 등장한다. 이 가운데 두 그룹은 부정적 인물군이고, 다른 두 그룹은 긍정적 인물군이다. 부정적 인물군에는 계급적 적대관계를 가지고 있는 지주와 구장, 그리고 지주처와 구장처로 이루어진 그룹과 신랄한 풍자대상으로서 종교와 미신을 대표하는 덕산무당(무속)과 전도부인(기독교), 중(불교)으로 이루어진 그룹이 있다. 작품에서 지주와 구장은 각기 신구문화를 대표하는 '착취자'들로서 한결같이 면장자리를 얻기 위해 마을처녀 복순이를 탁군수의 셋째첩으로 들여보내려는 흉계를 꾸민다. 특히 덕산 큰무당을 이용하여 복순어머니 박씨를 속여서 자신들의 뜻을 이루려 한다.

긍정적 인물군에는 작품의 중심축이 되는 복순어머니 박씨와 복순이 있는가 하면, 돌쇠와 같이 '웃음과 지혜'를 가지고 부정적 인물군의 허위를 적극적으로 공격하고 파헤치는 인물이 있다. 이 작품의 중심 줄기는 복순 어머니가 성황당이나 무속에 의지하다가 자칫 딸 복순이를 군수의 첩으로 보낼 뻔하다가 마을 청년 돌쇠의 지혜로 위기를 모면하고 마침내 자신의 몽매를 깨닫게 되었다는 것이지만, 이 작품의 진행을 능동적으로 주도하는 핵심인물이 바로 돌쇠이다.

17) 혁명연극 〈성황당〉에 전반적 특징에 대해서는 다음 글을 참조. 박영정, 『북한 연극/희곡의 분석과 전망』, 연극과인간, 2007, 137~196면.

18) 리령, 「〈성황당〉식 혁명연극의 탄생이 가지는 사상미학적 의의」, 『조선예술』, 1979.2, 9면.

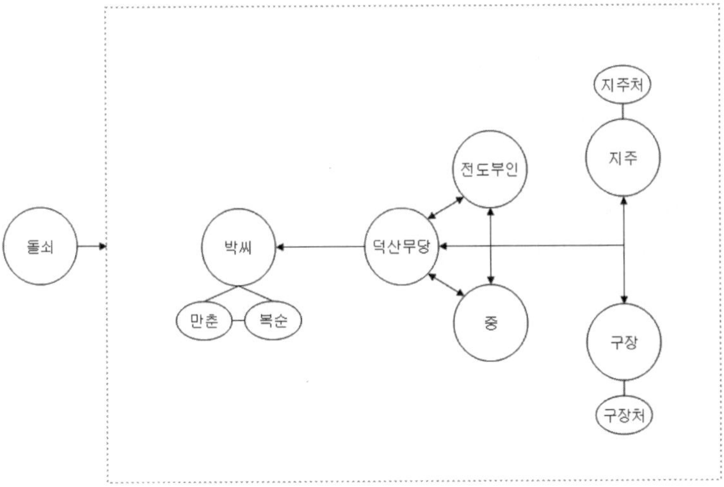

돌쇠는 연극이 시작되기 전에 이미 야학을 통해 세상의 이치를 깨우친 각성된 인물로 등장한다.

> 녀 인1 아이구, 저기 돌쇠가 오누만.
> 서로인 저, 돌쇠란 녀석은 기운두 좋아. 아침부터 온종일 소리를 흥얼거리니.
> 녀 인1 학교라군 문앞에두 못가봤는데 야학엘 몇 달 다니더니 아는 것두 많구요.
> 서로인 하긴 저놈이 우스개소리를 탕탕 하는 것 같아두, 가만 들어보면 다 속내있는 소리들이야.
> 녀 인2 예, 그러길래 황지주나 구장두 돌쇠를 은근히 무서워한대요.
> 서로인 다른 사람들은 할 말두 못하는데 저 돌쇠란 놈은 구장이구 누구구 제 할 소리는 탕탕 내쏘니 그러지.
>
> ―〈성황당〉 제1장

작품의 서장에서 마을사람들이 돌쇠를 묘사한 부분이다. 이는 제1장의 돌쇠에 대한 방창 "천대받는 머슴살이 총각이지만 / 야학에서 배우더니 눈이 떴다네 / 인민을 속여먹는 온갖 원쑤들 / 웃음과 지혜로 족쳐버리네"로 연결되는 것으로, 돌쇠의 인물성격을 작품 초입에서 명시적으로 드러내고 있다. 이러한 성격의 돌쇠가 있었기에 부정적 인물의 음모를 파헤쳐서 복순 일가를 '구원'하는 사건진행이 가능했던 것이다.

'혁명연극' 〈성황당〉은 종교 및 '착취계급'에 대한 풍자가 주를 이루는 풍자극이라 할 수 있다. 인물군의 대립이 뚜렷한 구도를 보이는 것도 부정적 인물군에 대한 풍자를 기본으로 하고 있는 장르 성격에 오는 것이라 할 수 있다. 전체적으로 돌쇠의 기지에 의해 웃음과 풍자가 유발되는데, 특히 제4장 중과 전도부인과 무당이 황지주네에서 만나 서로의 종교를 헐뜯으면서 다투는 장면은 부정적 인물들의 상호비판에 의한 풍자로서, 풍사극 〈성황당〉의 백미로 꼽히는 장면이다.

△ 큰무당이 문가에 나와 서 있으나 전도부인은 모르고 설교를 계속한다.

전도부인 무당이나 점쟁이들은 촌구석으로나 찾아다니며 거짓말루 사람들을 홀려가지구 돈이나 빼앗아 먹는 마귀들입니다.

중 옳습니다.

큰무당 야 뭐가 어째? 마귀? 너희들 오늘 잘 만났다.

△ 큰무당은 전도부인의 멱살을 틀어잡는다.

큰무당 그러지 않아두 네년이 미신이니 뭐니 하면서 나를 비방하구 다닌다는 말을 내가 들었다.

전도부인 이게 무슨 무례한 짓이야. 남이 전도를 하는데…… (지주처를 보며) 저런 사기꾼들에게 속아서는 안됩니다.

중 옳습니다.

큰무당 야 그래 난 사기를 한다. 그럼 너는 뭘하니 간사한 년!

전도부인 누구보구 년이래? 누구보구? 나는 신성한 교리를 전도하는 전도부인이다.

큰무당 교리? 응 죽어서 천당에 가라는 소리? 천당이 그렇게 좋으면 어서 빨리 죽어서 천당에나 갈거지 뭐 밥벌이할 게 없어서 전도니 교리니 하면서 거짓말만 하구 돌아다니니? 련애질이나 그만둬라.

—〈성황당〉 제4장

이처럼 〈성황당〉은 풍자가 주를 이루고 있지만, 거기에 정극적인 요소가 포함되어 있어 풍자극으로서 새로운 양상을 보인다고 평가받고 있다. 〈성황당〉에서 돌쇠를 비롯한 만춘, 복순 등 긍정적 인물들의 관계에서 웃음으로만 일관되는 종래의 풍자극과 달리 웃음도 있고 눈물도 있고 사색도 있는 새로운 풍자극의 양상을 띠게 되었다는 것이다.[19] 결국 부정적 인물인 지주와 구장의 죽음과 박씨의 자각과 함께 긍정적 인물의 승리로 결말 지어진다. 그뿐만 아니라 제7장 물레방앗간 장면에서는 군수집에 팔려갈 날을 받아 놓은 복순과 그 어머니 박씨가 달빛 아래서 생이별의 슬픔을 나누는 비감한 장면도 배치되어 있다. 종래의 풍자극이란 송영의 〈호신술〉(1931)이나 〈일체면회를 거절하라〉(1929)처럼 풍자대상이 되는 부정적 인물만을 무대에 등장시켜 진행하는, 풍자극의 형식에 작품의 내용을 담아서 찍어내는 방식이었다면, 〈성황당〉은 비록 풍자극이라 하더라도 긍정적 인물군이 중심축으로 등장함으로써 정극과 풍자극이 결합된 복합적인 극 형태가 되었다.

그런데 북한식 사회주의가 체제적 안정기에 접어드는 1970년대 말의 작품에서 풍자극이 가능했던 것은 무엇 때문인가. 그것은 원작이 1920년대 말의 작품이고, 소위 역사주의적 원칙에 의해 작품 배경과 사건의 진행은 철저하게 당대의 조건을 유지하고 있기 때문이다. 〈성황당〉의 극중 배경은 '1920년대 말 어느 해 가을, 북부조선의 어느 산골마을'이다. 시대 배경이 일제 강점기이므로 적대적 사회관계 하에서 극이 진행되고, 따라서 지주와 구장 등 부정인물에 대한 신랄한 풍자가 가능하였던 것이다.

---

19) 강진, 앞의 책, 193면.

2) 해학을 주조로 정극과 희극을 결합한 경희극 〈딸에게서 온 편지〉

〈딸에게서 온 편지〉는 글을 잘 모르는 희극적 주인공 달수 부부가 딸에게서 온 기쁜 소식의 편지를 슬픈 소식으로 오해하는 과정에서 발생한 웃지 못 할 희비극을 다루고 있다. 작품은 '지식은 광명이요 무식은 암흑'이라는 계몽적 주제를 해학적인 웃음 속에 전달하고 있다.

이 작품에서는 주인공의 성격이 긍정적인 면과 부정적인 면을 동시에 갖고 있는 데서 웃음이 발생된다. 허달수는 잠시도 손을 놓지 않는 근면하고 성실한 농군으로서의 긍정적 성격의 인물이지만, 글을 깨우치기 위해 야학에 나오라는 권유에는 글을 몰라도 잘 살 수 있냐며 사신이 제일인 것처럼 착각하고 받아들이지 않는다는 점에서 부정적 성격을 가지고 있다. 그렇지만 그의 부정적 성격은 적절한 계기만 주어지면 얼마든지 교정될 수 있는 정도의 것이기에 딸에게서 온 편지의 내용을 오해하여 울고불고하는 한바탕의 소동을 거친 후, 긍정적 인물인 야학 선생의 지도에 의해 새로운 깨우침을 얻게 된다.

작품에서는 주로 희극적 주인공 허달수가 글을 모르는 데서 웃음이 발생한다.

제1장에서는 애타게 기다리던 딸 봉녀(북간도 소재)에게서 인편(석유장사)으로 '잘 있다'는 내용의 안부 편지가 전달되었음에도 글을 읽을 줄 모르는 허달수는 담배종이로 오인하고 쭉 찢어서 담배를 말아 피우고 만다. 남은 조각이 구멍난 창구멍 막는 데 사용되어 망실을 면한다.

제3장에서는 딸이 있는 북간도에 큰 물난리가 났다는 소식을 듣고 아내를 북간도에 보내기 위해 마을 윤지주에게 노자 10원을 빌리게 되는데, 윤지주는 허달수가 글을 모른다는 것을 이용하여 10원을 빌려주는 대신 조카 봉순이를 데려올 흑심으로 선뜻 돈을 내 준다. 그렇지만 윤주사가 계약서를 가지고 농간을 부릴 수 없도록 해야겠다고 생각한 달수는 자신이 불러주는 대로 계약서를 써달라고 윤지주에 부탁한다.

달수 수고스러운 대루 내가 부르는 대루 써 주시우.
지주 날 믿지 못해서 그러나?
달수 그런 게 아니라 그저 틀림없이 하자는 게지요.
지주 좋아, 그럼 자네가 부르는 대루 다시 씁세. (종이와 만년필을 꺼내고) 자, 그럼 어서 부르게. 그대로 적어 넣을테니 …… 계약서라.
달수 (손가락을 꼽아가며 부른다.) 나는 윤주사에게서 돈 십원을 꾸고
지주 (받아쓰며) 돈 십원을 꾸고
달수 그 돈을 마당질한 다음에 물기로 한다.
지주 아니 임자 뭘 그러구 있나.
달수 (손을 비비며) 아무것두 아니올시다. 제가 부르는 대로 적었나요?
지주 여부가 있나, 농민 허달수라, 여기다 손도장을 찍게.
달수 나두 좀 봐야지요.
지주 아니 자네 글을 아나? (겁에 질린다.)
달수 그래두. (글자수를 세여보고) 아니 여긴 왜 스물여섯잔가요. 난 스물아홉자를 불렀는데…….
지주 스물아홉자? 아니 그럼 자기가 부른 글자수까지도 다 외우구 있나? 임잔 정말 머리가 좋구만.
달수 (방백) 나한테만은 작간을 못해.
지주 가만 무슨 글자가 빠졌을가.
달수 그럴 것 없이 내가 다시 부를테니 맞춰나 보시우.
지주 뭐 다시 불러?
달수 나는 윤주사에게 돈 십원을 꾸고 그 돈을 마당질한 다음에 물기로 한다.
지주 옳지, 《그 돈을》 요 세 글자가 빠졌댔구만. 임잔 정말 군수자리에 올려앉혀두 되겠네. 자 다시 한 번 읽어보게.
달수 (글자수를 세여 보고) 됐수다.
지주 자 그럼 여기 이름 밑에 손도장을 찍게.

△ 달수 손도장을 찍는다.

—〈딸에게서 온 편지〉 제3장

허달수가 윤지주에게 속임을 당하지 않기 위해 고안해 낸 묘안이 글자수를 헤아려서 맞추는 것이었다. 그렇지만 윤지주는 글자수만 29자로 맞추고 실제 내용은 자신의 뜻대로 표기하였고, 허달수는 글을 모르는 까닭에 자신이 불러준 내용으로 믿고 손도장을 찍고 만다. 실제 계약서에 표기된 내용은 "나는 윤주사에게서 돈 십원을 꾸고 그대신 봉순이를 부엌살이로 보낸다."는 내용이었다. 물론 글자수는 29자인 것만 확인한 허달수는 아무것도 모른 채 득의만면하여 돌아간다.

제5장에서는 뒤늦게 창구멍을 막은 종이가 사실은 딸에게서 온 편지라는 것을 알게 된 허달수 부부는 그 내용을 알기 위해 큰길로 나가 지나가는 사람들에게 부탁하나 핀잔만 당하고 만다. 또 하필 소경에게까지 부탁하게 되니, 눈 못 보는 소경이나 글 못 읽는 사람이나 장님이기는 매한가지 상황이 연출되기도 한다. 그러다가 젊은 양복쟁이(만복)를 만나서 부탁하게 되는데, 그 또한 글을 모르기는 한가지였다. 그런데 젊은 양복쟁이는 자신도 글을 모른다는 말을 차마 하지 못하여 자기도 모르게 자신의 신세를 한탄하는 한숨을 쉬게 된다.

만복 (편지를 보다가 기가 막혀 가슴을 친다.) 야, 제 나라 글도 볼 줄 모르는 까막눈이 되다니 …… 아이구, 내 팔자야.
조씨 (달수에게) 아니 팔자가 어떻게 됐다우?
달수 뭐 (만복을 본다.)
만복 (제 설음에 한숨을 쉰다.)
조씨 한숨까지 쉬는걸 보니 …… 응? 우는 게 아니요?
달수 운다구?
만복 아버지, 날 왜 이꼴루 만들고 가셨나요. (눈물을 훔친다.)
조씨 뭐라구 썼기에 저러누?
만복 이 괴로운 사연을 그대루 말할 수도 없구.
달수 여보시오. 그대로 말해 주시우, 그대루!
만복 저 사실은 ……(말하려다가 그만 돌아서 운다.)

조씨 아니 그럼 우리 봉녀가, 아이구 봉녀야! (갑자기 통곡한다.)
달수 이날 이때껏 소식 한 장 없더니……내 무슨 일이 날 줄 알았다. (운다.)

△ 이때 어머니가 문을 열고 나온다.

어머니 아니 왜들 그러느냐? 왜들 그래?
조씨 아이구 어머니, 봉녀가 잘못됐대요. 애고고…….
어머니 뭐라구? (토방에 주저앉으며) 우리 봉녀가 잘못되다니. 어이구, 칠성님도 무심하구나. 어이구—

△ 저마다 자기식대로 운다.
△ 만복 당황하여 어쩔 줄 모른다.

만복 이러지들 마십시오. 야 이거!
조씨 (울면서) 먹을 것두 못 먹구…….
어머니 입을 것두 못 입구.
달수 타향에서 잘못되다니 어이구. (땅을 친다.)

—〈딸에게서 온 편지〉 제5장

그런데 허달수 가족은 이를 봉녀에게 무슨 사고가 난 것으로 오해하고 대성통곡을 하면서 한바탕 사단이 벌어지게 된다. 이 모든 사단은 달수가 글을 모르는 데서 원인한 것이다. 결과적으로 야학선생과 학생들의 도움으로 편지 내용을 알게 되었는데, 봉녀는 만주에서 독립운동하면서, 야학에도 다니고, 또 아이까지 얻게 되었다는 진짜 소식을 알게 된다.

이 작품에는 부정적 인물만이 아니라 긍정적 인물군(야학선생과 학생들, 독립운동하는 사위와 딸 등)이 등장하여 정극적인 사건진행을 받쳐 주는 가운데 허달수 부부의 희극적 행동이 펼쳐지게 되어 정극적인 것과 희극적인 것이 유기적으로 결합된 구조를 보이고 있다. 따라서 이 작품은 희극임에도 불구하고 전체 사건의 진행은 과장됨 없이 진지한 흐름을 유지하면서도 웃음이 유발되는 구조를 가지고 있다. 이 점 역시 새로운 형태의 경희극으로서 〈딸에게 온 편지〉가 북한 연극사에서 갖는 위치가 확인된다.[20]

작품은 야학선생의 "지식은 광명이고 아는 것이 힘입니다"는 말에 달수가 "봉녀야, 내 글을 배워 내 손으로 꼭 답장을 쓰마"고 화답하는 것으로 마감된다.

3) 가상세계를 배경으로 풍자를 전면화한 우화극 〈3인 1당〉

〈3인 1당〉은 원작 공연 당시 "3부통합을 운운하면서도 파쟁에만 열을 올리던 완고한 민족주의자들에게 환상적인 옛 송도국의 이야기를 통하여 단결의 진리"(〈3인 1당〉 서장)를 깨우쳐 주겠다는 목적으로 공연되었던 작품이다. 1987년 공연을 기준으로 보면 원작의 공연 시점이 1920년대 말로 60년 가까운 시차가 있고, 작품의 배경은 과거 왕조시대를 배경으로 하고 있지만 구체적 존재성을 갖지 않은 가상의 나라 송도국으로 되어 있다. 역사극이라는 점, 그리고 가상의 공간이라는 점에서 이중삼중으로 공연당시의 북한 현실에서 상당한 거리를 가지고 있다고 할 수 있다.

송도국의 왕이 죽고 난 그 후계구도를 둘러싸고 동남당의 박정승, 북서당의 최정승, 서남당의 문정승이 서로 다투다가 그 중의 한 세력과 결탁한 외국(백마국) 군대에 의해 마침내 나라가 망하게 되었다는 줄거리로 되어 있다.

송도국왕이 후계 지명을 명확하게 해 놓지도 않은 상황에서 막연히

20) 강진, 앞의 책, 212면.

'운봉도사'가 정해 줄 것이라는 유언만 남긴 채 운명하면서 극이 시작된다. 임종을 지켜본 부원군의 전언에 의하면 "상감마마께옵선 운명 직전에 꿈을 꾸셨사온대 그 꿈에서 운봉도사님을 만나 뵈었다 하시며 이런 말씀을 남기셨소이다.…… 불원간 운봉산에서 수십년 도를 닦은 운봉도사가 나타나 새 룡상에 앉을 임금을 정해 주실 터이니 세 정승은 그 도사님의 뜻을 하늘의 뜻으로 알고 잘 따를지어다……" 하는 유언을 남겼다 한다. 이때부터 세 정승이 서로 권력다툼을 벌이게 되는데 운봉도사를 찾을 길이 없던 박정승이 '가짜도사'를 내세우면서 주도권을 갖게 되나 곧바로 그 정체를 알게 된 최정승이 역이용하여 먼저 왕이 되었다는 선언을 하게 된다. 이에 상황이 불리해진 박정승과 문정승은 각기 백마국과 솔개국의 힘을 빌어 권좌를 차지하려 음모를 꾸미게 된다. 결과적으로 세 정승이 용상이 있는 운봉산에서 만나 싸우는 사이 백마국 군대가 도성을 장악하여 나라가 멸망하게 된다.

박정승 자고로 충신은 임금이 돌아가시면 뒤따라 순사하여 저 세상까지 가서 모셨다 하거늘 우리 이제라도 순사하여 충신의 넋을 보여 드립시다. (하며 손을 내민다.)

두 정승 뭐요?

박정승 왜? 목숨이 그렇게들 아깝소?

문정승 원 천만에. 목숨을 끊읍시다. (자기도 손을 내민다.)

박정승 최공은?!

최정승 아 이거 난 안 되겠군. 난 상감마마의 장례식에 다른 나라 조객들을 청할 일도 있고 해서 약간 뒤늦게 따라가야 할 것 같소이다.

박정승 (그를 뿌리치고 나서) 문공, 그럼 우리 둘이라도 상감마마의 뒤를 따릅시다.

문정승 따…… 따릅시다. 그…… 그런데 난 하나밖에 없는 아들의 혼처나 정한 다음에 인차 뒤 따를테니 박공이 먼저 좀…….

박정승 아니, 그 집 아들이야 우리 딸과 이미 혼약을 맺지 않았소?

문정승 하지만 박공네 딸이야 내 아들보다 나이도 훨씬 우이고 또 궁합도 맞지를 않는다니 어쩌겠소.

박정승 그러구두 충신들이야?! 좋소, 그럼 나혼자서라도 목숨을 끊겠소 도승지! 상감마마의 유언을 접한 부원군에게 이 혈서를 보여드리고 송도국의 충신 박정승은 이제 곧 칼을 뽑아 순사한다고 전해 주길 바라오.

도승지 대감님, 대감님마저 이렇게 가시면 상감마마의 뜻을 누가 이어 가겠소이까?

박정승 내가 아니면 뜻을 이을 사람이 없겠느냐. 어서 들어가서 내 이 결심을 전하지 못할고.

도승지 (겁에 질려) 알겠소이다. (급히 들어간다.)

박정승 (금시 자결할 듯이 차비를 하다가) 아니, 내 왜 칼을 차고 오지 않았나?!

두 정승 뭐?

박정승 상감마마. 소신은 칼이 없어서 따라가지 못하나이다.

—〈3인 1당〉 제1장

세 정승이 왕을 따라 죽겠다면서 충성경쟁을 하는 장면이다. 겉으로는 충성심이 강한 것처럼 내세우고 있지만, 실제에 있어서는 온갖 하찮은 핑계를 대서 피하고 있는 모습 속에서 허위의식을 드러내고 만다.

이처럼 이 작품에서는 세 정승이 제 각각 자신이 후계자로서 적임자라고 내세우는 과정, 서로가 서로의 허물을 들추어내는 과정, 그리고 가짜 운봉도사의 활약 등을 통해 겉으로는 애국자인 것처럼 꾸미지만 실제로는 권력욕에 사로잡혀 나라를 팔아먹는 매국노에 지나지 않는 모습을 그리고 있다.

혁명연극 〈3인 1당〉은 비록 환상적인 나라이기는 하지만 송도국의 멸망이라는 심각한 비극을 안고 있음에도 불구하고 이 작품에는 정극적인 요소가 없으며 긍정인물이 없습니다. 그것은 파쟁과 분렬은 망국의 길이라는 작품의 종자를 체현하고 그것을 형상으로 실현하는 인물이 다름 아닌 권세욕에 환장이 된 세 정승이고 그들이 왕위를 둘러싸고 각축전을 벌리는 활무대가 궁중생활이기

> 때문입니다. 이런 연극에 정극적인 요소가 있을 수 없고 긍정인물이 등장할 수 없다는 것은 명백합니다.
>
> 혁명연극 〈3인 1당〉의 양상에서 특징적인 것은 제가끔 룡상에 올라앉으려는 망상에 사로잡혀 서로 상대방을 모함하고 물어뜯으며 제 딴에는 대담하게 행동하는 데서 오는 희극적 주인공들의 주관적 욕망과 현실 사이의 모순, 본질과 현상 사이의 모순, 의도와 결과 사이의 모순이 불러일으키는 신랄한 풍자적 웃음으로 일관되여 있는 것입니다. 바로 여기에 같은 풍자극이면서도 양상에서 혁명연극 〈3인 1당〉이 〈성황당〉과 다른 고유한 특징이 있습니다.
>
> —김정일, 「연극예술에 대하여」, 66면

이 작품은 다른 작품과 달리 긍정적 인물이 등장하지 않는다. 세 정승을 비롯한 전 등장인물이 부정적 인물이거나 그 추종자로 설정되어 있어 관객과 적대적 관계에 놓여 있다고 볼 수 있다. 작품의 결말도 세 정승 모두 권좌를 얻는 데 실패하고, 급기야 나라를 빼앗기는 것으로 되어 있다. 따라서 〈3인 1당〉은 전통적인 풍자극에 가장 가까운 형태를 지니고 있다고 볼 수 있다.[21]

4) 정극적인 것과 풍자적인 것의 대비구조 〈경축대회〉

〈경축대회〉는 1930년대 중엽 만주지역 차일령시를 배경으로 일제 침략자들의 허위적인 경축대회를 항일유격대의 승리의 경축대회로 전환시켜 나가는 것이 중심 줄거리이다. 일본 관동군 토벌대가 항일유격대의 본거지를 포격한다는 것이 같은 편인 일본경찰을 전멸시키고 만다. 그러나 사이고 일본군 토벌대장은 자신의 잘못을 은폐하기 위해 '항일유격대 전멸' 기념 경축대회를 성대하게 치르려고 준비하게 된다. 그러나 전멸한 줄 알았던 일본경찰 가운데 사사끼 경찰서장이 살아서 돌아

21) 강진, 앞의 책, 213면.

옴에 따라 항일유격대 섬멸의 허구가 드러나게 된다. 사사끼 경찰서장을 정신병자로 취급하면서까지 은폐하려던 일본군 토벌대장은 마침내 항일유격대와 지하공작원의 활약에 의해 성시를 빼앗기게 된다. 작품은 전투를 통해 성시를 되찾은 항일유격대의 진짜 경축대회로 마감된다.

> 혁명연극 〈경축대회〉에서 풍자적인 것과 정극적인 것을 잘 조화시킬 수 있은 것은 적들의 내부모순을 보여 주는 풍자적인 생활을 정극에서와 같이 과장이 없이 그렸기 때문입니다. 혁명연극 〈경축대회〉에서는 일제의 〈토벌대〉가 유격대의 유인전술에 걸려 제 편끼리 싸움을 하여 경찰대를 몽땅 죽이고도 유격대를 〈섬멸〉하였다고 〈경축대회〉를 벌리려는 내용을 취급하였기 때문에 연기를 과장하지 않아도 풍자적인 양상을 띠게 되여 있습니다. 제 놈의 잘못을 감추고 상부에 허위보고를 하여 〈경축대회〉를 벌리려는 〈토벌대〉대장과 그 진상을 밝혀 내여 〈토벌대〉대장을 제끼고 그 자리를 타고 앉으려는 〈토벌대〉참모장 사이에 벌어지는 개싸움 바람에 멀쩡하게 살아 있는 경찰서장이 죽은 사람으로 되기도 하고 정신병자로 되기도 합니다. 관동군사령부 부참모장은 이 모든 사실을 뻔히 알고 있으면서도 모르는 척하면서 〈대일본제국〉의 〈명예〉를 위해 성대한 〈경축대회〉를 벌릴 것을 명령합니다. 관중은 연극을 보면서 적들의 내부모순을 스스로 알게 되여 그들의 허황한 망상과 추악상에 조소를 보내게 됩니다.
>
> —김정일, 「연극예술에 대하여」

김정일의 언급처럼 이 작품의 특징은 부정적 인물 내부의 다툼의 허구를 스스로 드러내는 구조를 취하고 있다. 때문에 일부러 과장하여 그들의 허구를 폭로하는 방식이 아니라 스스로는 진지하게 자신의 문제를 해결하기 위해 노력하는 것으로 묘사하면 할수록 관객 입장에서는 조소를 보내지 않을 수 없게 되어 있다.

> 기자 1 당신의 무공에 영광을 드립니다. 이 차일령지구에 집결되었던 빨찌산을 소멸했으니까 이제 빨치산이 완전히 전멸되었다고 봐도 되겠습니까?

기자 2 네?
사이고 그렇게 말할 수 있지.

△ 모두 웅성거린다.

기자 3 오, 빨찌산의 완전소멸. 대썬쎄이숀입니다. 이제는 우리 구라파 나라들도 당신들이 아시아 맹주라는 것을 부인하지 못할 것입니다. 잠깐. (샤타를 누른다.)
기자 2 대장님이 이번에 빨찌산을 전멸시킨 그 전법의 비결이 어디에 있는지요?

△ 기자들이 달라붙는다.

사이고 비결? …… 에 …… 또 …… 그건 한 마디로 말해서 나의 '대포 중공전법'이요.

△ 모두 웅성거린다.

기자 3 '대포 주공전법'?
사이고 일부 군사가들은 빨찌산이 밀림 속에 있기 때문에 정규군의 륙군 전법으로는 공격이 불가능하다고 하는데 한 평방당 대포 두 알씩만 갈겨보라. 참새 한 마리 살아남지 못할 것이다. 그런데 나는 네 발씩 쐈다.

—〈경축대회〉 제1장

국제적 기자회견장에서 사이고 토벌대장이 빨치산을 전멸시켰다고 허장성세를 늘어놓고 있는 장면이다. 이미 빨치산이 아니라 자기편인 일본 경찰을 전멸시켰다고 사실을 알고 있는 관객 입장에서는 부정적 인물군의 연기가 진지할수록 풍자적 비판이 강하게 느껴지도록 되어 있다.

〈경축대회〉는 가짜와 진짜라는 두 개의 경축대회가 대비되는 구조를 가지고 있다. 또한 작품에는 부정적 인물군인 일본군대와 일본경찰이 등장하여 내부 갈등을 통해 스스로 자신들의 허구를 폭로하는 풍자극의 구조를 가지고 있으며, 거기에 긍정적 인물군에 의한 치밀한 계획과 작전으로 이루어지는 정극의 구조가 절묘하게 배합되어 있다. 무대 전면에는 부정적 인물군이 등장하여 자기 모순을 드러내고, 극의 배후에, 그리고 결정적으로는 극의 결말부에 긍정적 인물군의 승리로 결말지어지는 구조를 통해 효과적 배합이 이루어진 것으로 보인다. 제5장까지 극을 지배하던 사이고 토벌대장이 예상치 못한 유격대의 공격으로 혼비백산하여 도망치다가 종장에서 한복두루마기에 벙거지 차림으로 붙잡혀 오는 장면에서 세력 전환의 효과를 잘 보여주었다.

4. 맺음말

북한연극의 장르는 정극과 비극, 그리고 희극으로 분류된다. 그리고 이 글에서 주로 다루고 있는 희극은 풍자극과 경희극으로 다시 분류된다. 그런데 각각 작품마다 구체적인 양상은 매우 다양하게 나타나 있다. 5대혁명연극 가운데 희극적 성격이 강한 〈성황당〉 〈딸에게서 온 편지〉 〈3인 1당〉 〈경축대회〉의 네 작품만 보더라도 그 구체적 양상은 매우 다양하다.

〈3인 1당〉과 같이 부정적 인물군만 등장하여 신랄한 풍자로 일관하는 전통적인 풍자극이 있는가 하면, 〈경축대회〉와 같이 전면에는 부정적 인물군이 등장하여 조소와 풍자가 넘치는 풍자극의 성격을 가지고 있으면서, 극의 이면에는 긍정적 인물군이 부정적 인물군과 투쟁하여 승리하게 되는 정극적인 성격이 배합된 풍자극이 있다. 그리고 〈성황당〉과 같이 풍자극과 정극의 요소에 비탄의 정서까지 배합된 복합적 정서의 풍자극이 있는가 하면 정극적인 것과 해학적 웃음이 결합된 경희극 〈딸에게서 온 편지〉도 있다.

그러나 크게 보면 적대적 관계에서 발생한다고 하는 풍자극과 새로운 사회 관계에서 발생한다고 하는 정극적인 요소가 주를 이루고 있는 것은 작품들이 사회주의 현실 소재를 다룬 작품이 아니라 일제 강점기를 배경으로 하는 작품들이기 때문이라고 볼 수 있다. 특히 항일혁명을 배경으로 하고 있기 때문에 부정적 인물에 대해서는 적대적 풍자가, 긍정적 인물의 경우 정극적 숭고함이 결합될 수 있었던 것으로 보인다. 이는 경희극 〈산울림〉과 같이 사회주의 현실 소재를 다룬 희극이 대부분 경희극의 성격을 가지고 있는 것과 대조적이라 할 수 있다.

「북한연극의 장르구분과 5대 혁명연극의 희극적 특성」에 대한 토론문

현재원

본 논문은 경희극 · 풍자극 · 정극 · 희극 등 북한 연극의 하위 갈래에 대한 개념 정의를 기반으로 그를 정리, 계열화하고 있다. 그리고 계열화의 실제를 보이기 위해 북한이 자랑하는 5대 혁명연극 작품을 대상으로 하여 그것들의 희극적 특성을 밝히고 있다.

북한 연극은 〈피바다〉 〈꽃파는 처녀〉를 위시한 혁명가극 작품이 주로 알려져 있으며, 그것도 선전 · 선동과 같은 정치적 목적을 수행하기 위한 도구로 이용된다고 알려졌다. 1980년대 후반 이후 북한을 바라보는 인식이 매우 달라졌음에도 불구하고 북한 연극에 대한 편견이 연극인들이나 연극 전공자들 사이에 아직도 자리 잡고 있는 것이다. 이는 반공 이데올로기의 잔영이다. 사회주의권의 연극(아니 예술 전체)에 자본주의에 대한 무조건적인 저항과 사회주의 이념의 홍보를 하는 목적극만 있는 것은 아니다. 이런 사실은 1990년대 중반 북한의 소설들이 소개되면서 이미 확인된 바 있다. 그럼에도 불구하고 연극인들이 아직도 이런 인식을 가지고 있는 것은 어찌 보면 인식의 한계를 스스로 드러낸 것이라고도 규정할 수 있다.

이런 점에서 본 논문이 가지고 있는 의미는 자연스럽게 도출할 수 있다. 북한 연극론의 수준과 특색을 소개하여 그에 대한 이해를 높일 수 있다는 점 외에도 연극이라는 공연예술이 가지는 본래의 특성을 기반으로 하여 우리 나름대로의 특색 있는 연극론을 찾을 수 있는 가능성을 모색한다는 점에서 그 의미를 찾을 수 있다. 당위론적인 차원에서 원론적 주장과 이데올로기적 차이만을 확인하던 정도를 벗어나 더욱 심도 있는 논의가 가능하기 때문이다.

게다가 북한의 5대 혁명연극을 소개하면서 각각의 작품 속에 들어있는 미적 효과를 분석한 점은 매우 중요한 의미를 가진다. 우리가 알고 있는 북한의 연극 작품은 고작해야 5대 혁명가극과 〈성황당〉식 연극 정도일 것이다. 그리고 그것은 대부분이 주제 형상화에 눌려 나름의 미적 특색은 거의 보이지 않는 것으로 가치 폄하하고 있는 것도 사실이다. 그러나 본 연구에서는 〈성황당〉 외에도 〈혈분만국회〉 〈딸에게서 온 편지〉 〈3인 1당〉 〈경축대회〉 등 다른 혁명연극 작품을 소개, 분석함으로써 북한 연극을 조금 더 잘 이해할 수 있게 해 주었을 뿐 아니라, 미적 특성 분석을 하여 북한 연극의 수준을 가늠할 수 있게 하였다.

본 논문이 가지고 있는 이런 장점에도 불구하고 몇 가지 궁금한 점을 질문하고자 한다. 첫째, 5대 혁명연극 작품에서 보이는 '갈등'의 문제에 대해 질문하고자 한다. 북한의 연극은 경희극과 혁명가극이 대표한다고 할 수 있다. 1950년대 초반 한국전쟁이 종료된 후 사회 재건을 시도하면서 노동자, 농민 등 건설의 역군들을 위로하며 공동의 힘으로 모으기 위해 경희극이 많이 창작 공연되었고, 1967년 공표된 주체사상을 홍보하고 주민 교양을 하기 위해 1970년대 초반부터 혁명가극이 대대적으로 발표되기 시작했다. 이 두 장르의 공통적인 면은 갈등을 첨예하게 형상화되지 못한다는 점에 있다. 혁명가극의 경우는 일제를 대상으로 한 작품들은 예외이지만 사회주의 현실을 다룬 작품들에서는 공통적으로 갈등을 첨예하게 형상화하지 못하였다. 이는 창작 주체들이 현실 사회 자체를 긍정적으로 바라보고 있다는 것을 말한다. 더 나은 사회주의를 창조하기 위해서는 작가들이 현실의 모습을 강하게 긍정하면서 대중들에게 그것의 정당성을 설파해 나갔다는 것이다. 이러한 창작 태도로 인해 북한의 연극 작품에서는 첨예한 갈등의 형상화를 기대하기 어렵게 되었다. 문제는 희곡과 연극이라는 장르는 첨예한 갈등이 형성되지 않으면 그 의미가 제대로 드러나지 않는다는 점에 있다. 1950년대 후반부터 북한 예술계에서는 무갈등론에 대한 비판을 가하면서 도식주의·기록주의와의 투쟁을 선포하였다. 제2차 작가대회가 가지는 의미는 비로 여기에 있었다. 그러나 아이러니컬하게도 그 이후 북한의 희곡과 연극에서 첨예한 갈등은 거의 보이지 않게 된다. '갈등을 위한 갈등'이 작품에 등장하고 '인위적인 갈등'이 중심이 되는 역효과가 나타난 것이다. 5대 혁명연극작품 역시도 첨예한 갈등이 보이지 않는 것이 이런 점과 무관하지 않으리라 본다. '좋은 것'과 '더 좋은 것'의 투쟁은 이미 갈등이라 보기 어려운 것이 아닌가? 결국 북한의 연극과 희곡에서는 갈등이 없거나 인위적으로 설정된 도식주의만 있는 것으로 규정할 수 있지 않은가? 이런 점은 북한의 희곡 창작계가 가지고 있는 근본적인 문제라 판단된다.

둘째, 북한의 혁명연극에서 드러나는 웃음은 대개의 경우 오해나 계략에 의한 것이다. 서구의 희극 작품에서도 오해와 계교로 관객의 웃음을 유발하는 경우는 매우 많이 있다. 또한 우리 나라의 연극 작품에서도 자주 사용된다. 이는 희곡 작가 혹은 연출가가 극의 리듬감과 집중효과를 유발하기 위해 선택하는 기법 혹은 수법 정도로 선택되는 일반적인 것이다. 북한의 혁명연극에서 보이는 웃음 유발도 이와 같은 맥락이 아닌가? 오해와 계교에 의한 웃음 유발은 북한의 경희극이나 혁명연극만의 고유 특징이라 규정하기는 어렵다고 판단된다. 오히려 작은 갈래로서의 극이라 분류하거나 아니면 위트, 유모어와 같은 기법·수법과 연관지어 판단하는 것이 맞지 않은가 판단된다.

셋째, 1967년을 기점으로 하여 북한의 예술은 방법상의 변화가 나타난다. 사회주의 사실주의에서 주체사실주의로의 변화가 그것이다. 이러한 변화는 이미 일반화되어 있으며 문학개론류의 서적을 통해서 간단히 확인할 수 있다. 그런데 연극과 희곡의 가장 중요한 요소인 갈등을 형상화하는 데 있어 주체사실주의와 사회주의 사실주의는 근본적으로 어떤 차이점이 있는가? 차이점이 있다면 주체사실주의 이후 강조하는 '현대성'인가 '종자'인가? 그리고 선군시대인 현재와는 어떤 차이점이 있는가? 이에 대한 규명이 있어야 희극적 특성과 시대적 특성을 동시에 볼 수 있으리라 판단된다.

유머광고에 나타난 한국 웃음문화의 특징과 전통성

윤태일

이 연구는 유머광고에 대한 양적/질적 연구의 통합적 접근을 통해, 한국 웃음문화의 비교문화적 특질과 그 전통성의 원류를 찾아보고자 하는 시도이다. 이를 위해 한국 유머광고 173편에 대해 내용분석하고, 그 분석결과를 외국 유머광고에 대한 기존 분석결과와 비교해 봄으로써, 공시적 차원에서 한국 웃음문화의 특징을 고찰해 보았다. 그 결과, 수직적 인간관계, 집단주의에서 개인주의로의 변천, 평화주의적 비공격성 등 한국문화 일반의 특질이 유머광고에도 그대로 표출되고 있음이 드러났다. 이러한 유머광고가 우리 웃음문화의 전통과 어떻게 만나는가에 대해서 통시적으로 접근하기 위해, 〈바나나는 원래 하얗다〉 시리즈 광고에 대해 서사분석을 시도했다. 분석 결과 광고 속 사건이 보여주는 상황적 아이러니, 바보형 인물, 이야기꾼의 전면적 부각, 시점의 혼재와 비판적 거리 등의 특징이 추출되었다. 이것은 가깝게는 성석제, 김지하에서 김유정, 채만식, 그리고 조선시대 판소리와 민요, 신라의 향가에 이르기까지 우리 웃음문화의 원류와 맞닿아 있음을 확인할 수 있었다.

이러한 연구결과의 이론적 실천적 함의를 논의했다.

1. 여는 글

성경에 예수님이 눈물을 흘리시며 우셨다는 대목은 몇 번 나오지만, 웃으셨다는 표현은 어디에도 없다고 한다. 신은 웃지 않는다. 동물도 웃지 않는다. 웃음은 감정표현을 위해 얼굴에 있는 15개의 안면근육을 움직여야 하는 고도로 진화된 행동이다. 인간만이 웃는다. 그래서 아리스토텔레스는 인간을 '웃는 동물'이라고 했다.

웃음은 몸의 항체를 강화하고, 통증을 완화하고, 불면증을 고치고, 감기를 낫게 하고, 혈압을 내리고, 혈관기능을 강화하고, 암의 확산을 늦추고, 수명을 연장하는데 도움을 주는 의학적 효능이 있을 뿐 아니라, 사람과 사람의 마음을 열게 하여 인간관계를 좋게 하고, 긴장을 완화시켜 일의 능률을 높이고, 기억력을 증진시켜 학습효과를 높여준다고 한다.

웃음이 갖는 이러한 치료적 · 사회적 · 교육적 효용성 외에 현대 소비대중 사회에서 웃음이 갖는 커뮤니케이션 기능에 주목한 분야가 있다. 바로 광고이다. 광고는 일찍부터 웃음이 설득과 판매촉진에 유용한 수단이 될 수 있음을 간파하고 유머광고라고 하는 장르를 정립하여 적극적으로 웃음을 활용해왔다. 실제로 유머광고는 사람들이 가장 좋아하는 광고유형이기도 하다. 2000~2006년 7년간의 한국방송광고공사(KOBACO) 소비자 조사자료를 분석한 결과에 따르면 총 14개 유형의 광고 중에서 성적소구(sex appeal) 광고에 대한 선호도가 매년 가장 낮고, 유머광고에 대한 선호도가 가장 높은 것으로 나타났다.[1)]

하지만 유머광고는 그 어떤 광고 장르보다 문화적 차이가 큰 것으로 일반적으로 알려져 있다. 대체로 한국은 미국이나 유럽에 비해서 광고에서 웃음의 효용성을 인정하고 활용하는 것을 주저하는 것처럼 보인다.[2] 국제 광고제의 수상작 중에 유머광고가 많은 것에 비해서, 1994년부터 시작된 우리 나라 대한민국 광고대상에서는 주로 휴머니즘 광고가 대상을 받으며 유머광고가 수상을 하는 경우는 별로 없다.[3]

이처럼 유머광고가 나라마다 차이가 있는 것은 유머 광고의 근간이 되는 유머, 혹은 웃음의 문화적 측면이 다르기 때문이다. 조동일은 웃음의 문화적 측면을 줄여 '웃음문화'라 일컫는다고 하면서, 한국의 웃음문화는 다른 나라 사람들과 구별되는 특징이 있고 오랜 기간 지속되어 독자적인 전통을 이루었기에, 한국인의 웃음이 어떤 문화적 특징과 의의를 가지는가에 대한 비교문화적 고찰이 긴요하다고 말했다.[4]

이 글은 현대한국 유머광고에 나타난 한국의 웃음문화가 다른 나라와는 어떻게 다르고, 그것이 면면히 내려오고 있는 한국 웃음문화의 전통과는 어떻게 닿아 있는가를 규명하고자 한다. 따라서 이 논문의 연구문제는 크게 두 가지이다. 첫째, 한국현대 유머광고의 현황은 어떠하며 특히 비교문화적 차원에서 외국과의 차이점 및 공통점은 무엇인가. 둘째, 한국현대 유머광고가 우리 웃음문화의 전통과 어떻게 닿아 있는가. 이러

---

1) 구승회, 「방송광고에서의 성적 소구」, 『방송광고 장르론』(이현우 외), 커뮤니케이션북스, 2007.

2) 한국의 경우 전체 광고에서 유머광고의 비율을 보면, 1997년 11월부터 2000년 6월까지 방송광고 중에서 15.8%가 유머광고였고(박희랑, 2001), 2000년 방송광고 중에서는 33.4%였다(박영봉 · 이희욱 · 하태길, 2001). 2001년 한국과 미국의 방송광고를 비교한 연구에 의하면 전체 조사내상 광고 중 유머광고의 비율이 한국이 24.3%이고 미국은 33.4%였다(윤각 · 정미광 · 고영주, 2003). 1985년 방송광고의 경우, 유머광고의 비율은 미국 24.4%이고 영국 35.5%였으나(Weinberger & Spotts, 1989), 1998년 방송광고에 대한 조사에서는 미국 28%이고 영국 33%였다 (Toncar, 2001). 또 1989년에서 1991년 사이 잡지광고를 조사한 결과 유머광고 비율이 프랑스가 22.7%였는데 미국은 10.75%였다(Biswas, Olsen, & Carlet, 1992).

3) 강두필, 「방송광고에서의 유머」, 『방송광고 장르론』(이현우 외), 커뮤니케이션북스, 2007.

4) 조동일, 「한국 웃음문화의 전통」, 『한국의 웃음문화』(김유정탄생 100주년기념 학술대토론회 발표논문집), 2008, 1~10면.

한 연구문제 규명을 위해 이 글은 한국현대 유머광고에 대해 공시적 접근과 통시적 접근, 그리고 양적 분석과 질적 분석을 결합하는 방법론적 통합(triangulation)을 시도한다. 공시적(synchronic) 차원에서 우리 유머광고가 외국과 어떻게 비슷하고 다른가를 알아보기 위해서, '연구 1'에서는 2005년 3월부터 2008년 3월까지 3년간 방송광고를 통계적으로 내용분석하고 그 결과를 외국 유머광고에 대한 기존의 분석결과와 비교할 것이다. 통시적(diachronic) 차원에서 한국 유머광고의 전통성을 알아보기 위해서, '연구 2'에서는 한 우유광고 시리즈를 사례로 서사분석(narrative analysis)을 하면서 현재의 유머광고가 우리 웃음문화의 전통과 어떻게 접목되고 있는가를 천착해 볼 것이다.

2. 선행연구 검토

1) 웃음 이론과 유머광고의 내용적 특징

웃음을 활용하는 유머광고의 내용적 유형 및 특징, 그리고 그 효용성을 고찰하려면 먼저 웃음이란 무엇인가에 대해서 살펴볼 필요가 있다. 일반적으로 웃음에 대한 이론은 크게 각성이론, 부조화이론, 우월성 이론의 3가지로 설명한다.[5] 각성이론(arousal theory)은 과도한 긴장 혹은 억압이 순간적으로 이완되면서 안도하는 감정에서 웃음이 유발된다고 보았다. 우월성이론(superiority theory)은 웃음이란 자신보다 열등한 사람에 대해서 느끼는 우월감에서 비롯된다고 보는 것이고, 불일치이론(incongruity

5) 강두필, 앞의 논문; 박희량, 「유머형성 기제에 따른 유머소구 광고의 심리적 경험구조」, 『광고학연구』 12(4), 2001.

theory)은 도저히 조화를 이룰 것 같지 않은 두 가지의 결합 혹은 전혀 예상치 못한 부조화에서 웃음이 유발된다고 보는 것이다. 물론 불일치 혹은 부조화라고 해도 그것이 적정한 범위 내에서의 불일치여야 하는데, 광고에서 유머담화의 경우 생성기제와 제약조건 사이의 긴장관계로 설명되기도 한다. 즉, 생성기제란 수용자가 예측하고 있던 말과 발화자가 실제로 나온 말 사이에서 생성되는 불일치이며, 제약조건은 생성기제가 일정한 범위를 벗어나지 못하도록 한정해 주는 조절장치로 '예측가능성'을 말한다. 일반적으로 유머는 수용자의 예측가능성(제약조건)의 범위 안에서 비예측성(생성조건)이 클수록 웃음이 커진다.[6)]

이러한 3가지 웃음의 이론에 의거해서 박영봉·이희욱·하태길은 유머광고를 3가지로 분류했다.[7)] 2000년도 한국 방송광고를 분류한 결과 각성이론(65.3%), 부조화이론(18.2%), 우월성이론(16.5%)의 순으로 많은 것으로 나타났는데, 이것은 부조화이론에 해당하는 광고가 가장 많은 외국과는 차이가 있다.

유머광고의 내용에 대한 포괄적인 유형학(typology)은 부이젠과 발켄버그[8)]에 의해 시도되었다. 그들은 시청각 매체에서 사용되는 유머의 기법을 41가지 열거한 후, 특히 319편의 유머광고를 분석하여 이러한 유머 기법들을 모두 7개의 범주로 나누었다. 슬랩스틱(slapstick), 어릿광대 익살(clownish humor), 놀람(surprise), 오해(misunderstanding), 반어(irony), 풍자(satire), 패러디(parody)가 그것인데, 유머기법의 이해는 인지발달 과정과도 어느 정도 관련이 있기 때문에, 각 기법들이 겨냥하는 주소구층이 연령별로 약간씩 다르고 성별에 따라서도 차이가 있다. 예를 들면 어린이를 대상으로 한

6) 임지원, 「유머 담화의 생성 기제와 제약 조건－TV광고문에 나타난 유머를 중심으로」, 『우리어문연구』 28호, 우리어문학회, 2007.

7) 박영봉·이희욱·하태길, 「TV유머광고의 표현특성에 관한 연구」, 『마케팅과학연구』 35호, 2001.

8) M. Buijen & P. M. Valkenburg, Developing a typology of humor in audiovisual, media. *Media Psychology,* 6, 2004.

광고에서 가장 많이 활용되는 유머기법은 슬랩스틱과 어릿광대 익살인 반면 일반 성인대상 광고는 슬랩스틱, 놀람, 반어 순으로 많이 사용되었다. 또 남자 대상 광고는 슬랩스틱과 반어 풍자를 많이 활용하나 여자 대상 광고에서는 놀람을 많이 쓰지만 풍자는 많이 쓰지 않는다.

미국과 영국의 방송광고에서 활용된 유머의 기법을 비교분석한 일련의 연구들[9]은 유머광고의 기법을 동음이의어 재담(pun), 과소표현(understatement), 익살(joke), 골계(ludicrousness), 풍자(satire), 반어(irony)의 6가지로 분류하여 비교했다.

한국과 미국의 유머광고를 비교한 연구[10]에서는 유머광고를 익살/농담(ludicrous / joke), 풍자(satire), 시각적 유머(visual humor), 슬랩스틱(slapstick)의 4가지로 나누었다. 분석결과 미국의 유머광고는 언어적 소구법인 풍자를 더 많이 사용한 반면 한국은 슬랩스틱이나 시각적 유머같은 비언어적 소구법을 더 많이 사용했다. 이것을 맥락중시문화(high-context culture)와 맥락경시 문화(low-context culture)의 차이로 설명했다. 즉 한국같이 맥락중시 문화에서는 언어적 표현에 의한 개별적 메시지의 명료한 전달보다는 전체적인 커뮤니케이션의 맥락을 중시하기 때문에 비언어적 요소를 더 많이 사용한다는 것이다.

한편, 일상에 나타난 시각적 유머를 광고 디자인의 아이디어 개발요소로서 활용하기 위해 박원영[11]은 시각적 유머를 비주얼 펀(visual pun), 비주얼 패러디(visual parody), 비주얼 패러독스(visual paradox)의 3가지로 나누었다. 김민서[12]는 시각적 유머 중에서도 웹사이트에서 활용되고 있는

9) M. Weinberger, & H. Spotts, Humor in U.S. versus U.K. TV commercials : A comparison. *Journal of Advertising*, 18(2), 1992; M. F. Toncar, The use of humour in television advertising : Revisiting the US-UK comparison. *International Journal of Advertising*, 20, 2001.

10) 윤각 · 정미광 · 고영주, 「한국과 미국의 TV광고에 나타난 유머광고의 유형에 관한 연구」, 『커뮤니케이션학』 11(1), 2003.

11) 박원영, 「일상에 나타난 시각적 유머에 관한 연구—광고디자인 아이디어에 개발 요소로서의 가능성을 중심으로」, 『기호학연구』 20집, 2006.

12) 김민서, 「웹사이트에서 인터렉티브적 시각적 유머표현 분석—리뉴얼된 브랜드 웹사

인터렉티브적 시각적 유머를 이미지의 외재적 조작과 내재적 조작으로 분류했다. 외재적 조작은 형태의 변형과 같은 1차적으로 외형을 통해 유머를 느끼게 되는 것이며, 내재적 조작은 앞서 1차적으로 인지되는 이미지의 형태 속에 내포된 의미를 보는 이에게 작용하여 깨닫게 하는 것이다.

그밖에도 유머광고의 기법적 특징을 여러 가지로 나누기도 한다. 제품측면과 관련해서 제품과 관련된 유머광고와 그렇지 않은 유머광고로 나누고, 메시지 측면에서는 의도적인 유머, 주제적 유머, 구조적 유머로 나눈다. 내용 측면에서는 적대적/공격적 유머, 성적 유머, 넌센스 유머로 나누기도 한다.[13)]

2) 유머광고의 효과

유머광고의 효과에 대해서 종합적으로 검토한 연구[14)]에 따르면, 광고에서 유머의 효과는 크게 광고 메시지에 대한 소비자의 주목, 이해, 설득, 그리고 정보원에 대한 신뢰와 호감으로 나눌 수 있다. 광고분야뿐 아니라 비광고 분야에서 유머의 커뮤니케이션 효과에 대한 기존 연구를 광범위하게 고찰한 결과 웨인버거와 굴라스는 다음과 같이 요약하고 있다. 유머광고가 소비자의 주목을 이끌어 내는 효과에 대해서는 대체로 연구결과가 일치하고 있으며, 메시지에 대한 이해 측면에서는 최소한 이해를 떨어뜨리지는 않는 것으로 나타났다. 유머광고가 비유머광고보다 설득력을 제고시키는 데 더 이점이 있다고는 볼 수는 없으며,

---

이트를 중심으로」, 『정보디자인학연구』 10집, 2007.

13) 강두필, 앞의 논문; 박희랑, 앞의 논문.

14) M. Weinberger, & C. Gulas, The impact of humor in advertising : A review. *Journal of Advertising*, 21(4), 1992.

정보원의 공신력 평가에 긍정적으로 기여하지는 않는다. 하지만 광고에 대한 호감을 증가시키는 데는 효과가 있다.

그런데 비록 세부적으로 나누기는 했지만 유머광고의 이러한 커뮤니케이션 효과는 일률적으로 말할 수 있는 것이 아니다. 여러 가지 요인에 따라 그 효과는 달라질 수 있다. 우선 앞에서 살펴본 유머광고의 내용 및 유머기법에 따라 그 효과가 다를 수 있고, 제품관여도, 친숙도, 이성/감성 제품 여부 등 제품과 관련된 요인에 따라서도 달라질 수 있다. 유머광고가 방송 혹은 게재되는 매체의 내용이 밝은 내용이냐 어두운 내용이냐 하는 매체의 맥락성, 방송 혹은 인쇄매체 여부 등 유머광고가 집행되는 주변의 매체 환경도 효과에 영향을 미칠 수 있다. 가장 중요한 고려사항은 소비자의 인구통계적 속성과 심리적 속성, 사전 상표태도, 평소의 유머감각, 반복에 싫증내는 정도 등 수용자 요인이다.[15)]

예를 들어 유머광고의 표현유형에 따라 커뮤니케이션 효과에 차이가 있는데, 대체로 각성형 유머광고가 불일치형이나 우월성형 광고보다 인지적 정서적 행동적 측면에서 그 효과가 더 탁월한 것으로 나타났다. 그 뿐 아니라 표현유형에 따른 효과는 소비자의 기질에 따라서도 조절되었는데, 특히 광고호감도와 선호도 측면에서 차이가 있는 것으로 나타났다.[16)] 유머광고의 내용이 교훈적이냐 비교훈적이냐에 따라서 그 효과가 달라진다는 연구결과도 보고되었다.[17)] 비교훈적 유머광고와 비교해서 교훈적 유머광고는 고관여 감성제품에서 호의도에 더 긍정적인 효과를 나타냈지만, 고관여 이성제품에서는 차이가 없었다. 그리고 저관여 이성제품에서는 오히려 교훈적 광고에 대한 광고태도가 더 떨어지는 것으로 나타났다.

---

15) M. Weinberger, & C. Gulas, op., cit.

16) T. Ha, M. Park, & H. Yi, Different effects of humor advertising by expression type and receivers' temperament, 『한국마케팅저널』 9(1), 2007.

17) 강신용, 「교훈적 및 비교훈적 유머광고의 유용성에 관한 연구」, 『시각디자인학연구』 10호, 2002.

소비자의 관여도는 유머광고 효과에서도 매우 중요한 변인이어서, 대체로 유머광고는 고관여 상태의 소비자보다 저관여 상태의 소비자에게 상표태도 등에서 더 긍정적인 효과를 발휘하는 것으로 드러났다.[18] 더 나아가서 저관여 상황에서 유머가 주변적 단서로 작용할 때 유머는 광고태도에 영향을 미치고 광고태도는 다시 상표태도에 영향을 미치지만, 고관여 상황에서는 광고태도의 이러한 매개효과(mediating effects)가 발생하지 않는 것으로 드러났다.[19]

한편 광고의 마지막 장면이 회사명이나 상품명으로 끝나지 않고 광고모델의 익살스러운 장면으로 표현되는 이른바 '재미컷'이 유머광고 효과를 긍정적으로 강화시키는지 여부를 검증한 결과, 광고 자체에 대한 재미 정도나 주목률을 높일 수 있을 뿐 아니라, 광고제품에 대한 호의적 태도와 구매의사를 자극하는 것으로 드러났다.[20] 최근의 흥미로운 발견사항은 광고 속에서 유머가 공격성이나 기만적 주장과 함께 쓰이는 경우가 많다는 점이다. 2004년 미국 방송광고의 유머와 공격성을 분석한 연구결과[21]에 의하면, 공격성을 담은 536편의 광고 중 절반 이상(53.5%)이 유머와 광고를 동시에 담고 있는 유머광고였다. 2004년 영국의 방송광고를 분석한 연구[22]에 의하면, 유머광고 중 73.5%가 기만적 주장을 담고 있었고, 그 중 74.5%는 유머에 의해 기만적 주장을 은폐했다. 이러한 연구결과들은 유머가 단순히 광고와 상표에 대한 긍정적 효과

18) 이종민 · 이동건, 「유머광고의 효과에 관한 연구—개인적 상품관여도의 매개역할을 중심으로」, 『광고학연구』 16(1), 2005.

19) Y. Zhang & G. M. Zinkhan, Responses to humorous ads : Does audience involvement matter? *Journal of Advertising*, 35(4), 2006.

20) 오창우, 「유머광고 마지막 장면 '재미컷'의 미장센 효과에 관한 연구」, 『한국언론학보』 47(50), 2003.

21) E. Scharrer, A. Bergstrom, A. Paradise, & Q. Ren, Laughing to keep from crying : Humor and aggression in television commercial content, *Journal of Broadcasting and Electronic Media*, 50(4), 2006.

22) H. Shabbir, & D. Thwaites, The use of humor to mask deceptive advertising : It's no laughing matter. *Journal of Advertising*, 36(2), 2007.

를 위해서만 사용되는 것이 아니라 광고 속의 부정적 측면을 은폐하기 위해서도 활용되고 있다는 의혹을 갖게 만든다.

3. 연구 1 : 내용분석–한국 유머광고(2005~2008)의 현황과 비교문화적 특질

1) 분석방법

이 연구에서 사용될 분석자료는 한국 및 외국의 광고관련 자료를 집대성해 놓은 광고전문 포탈 사이트인 TVCF(www.tvcf.co.kr)에서 수집했다. 장르별로 분류한 한국의 방송광고 중 유머/과장 광고 및 패러디 광고로 분류된 광고물 중 2005년 3월부터 2008년 3월까지 광고물 173편을 보면서 분석유목에 따라 빈도를 조사하여 코딩했다.

이 연구에서 분석하려는 유머광고의 속성 및 특징은 다음과 같다. 우선, 유머광고는 어떤 범주의 제품에 사용되고 있는가를 조사했다. 제품은 각각의 품목에 따라 나누기보다는 FCB Grid 모형에 따라 4가지 범주(고관여/이성, 고관여/감성, 저관여/이성, 저관여/감성)로 분류했다. 유머광고의 메시지소구 유형을 살펴보기 위해 ① 제품 속성이나 성분, ② 제품성능이나 이익, ③ 제품이미지, ④ 기업이미지, ⑤ 기타로 나누어 그 빈도를 측정했다. 제품과 유머가 광고 속에서 중심적 역할을 하는지, 그리고 제품과 통합되는지도 조사했다.

유머광고 속에 주변적 인물을 제외한 주요 등장인물에 대해서도 살펴보았다. 먼저, 주요 등장인물은 주로 어떤 유형인지(① 연예인, ② 일반인, ③ 전문가, ④ 만화 캐릭터, ⑤ 동물, ⑥ 어린이, ⑦ 복합적 구성), 그리고 몇 명인지를 조사했다. 그리고 주요 등장인물들이 연령이나 경제력, 교육, 지식,

권력, 외모, 사회적 관계 등의 측면에서 위계질서가 분명한 수직적 관계인지, 서로 평등한 수평적 관계인지, 혹은 주요 등장인물이 1명이어서 관계가 없거나 등장인물 간의 관계를 알 수 없는지도 조사했다.

유머광고에서 웃음이 어느 부분에서 터지게 하려고 의도했는가를 알아보기 위해 광고 내에서 펀치라인의 위치를 ① 처음, ② 중간, ③ 끝, ④ 처음부터 끝까지로 분류해서 조사해 보았다. 유머기법은 기존 연구들[23]의 분석결과와 비교하기 위해서 6가지 기법(pun · understate · joke · ludicrousness · satire · irony)으로 나누어 분석했다.[24]

유머광고가 성적 소구(sex appeal)를 함께 사용하는지, 그리고 공격성(aggression)과 기만성(deception)을 담고 있는지 여부를 조사했다. 성적 소구는 크게 신체노출과 성적 행동의 포함여부로 판단했는데, 노출은 완전히 노출된 누드(nude)뿐 아니라 부분적으로 신체를 노출한 경우를 포함한다. 성적 행동은 성적 연상을 가능하게 하는 섹시한 자세나 시선, 신체적 노출 또는 등장인물간의 신체접촉을 시각적으로 또는 언어적으로 표현하는 경우를 포함한다. 공격성은 등장인물에게 의도적이든 우연적이든 신체에 직접적인 위해를 가하거나 가할 의도를 보이면서 공격적인 태도를 보이는 경우, 그리고 언어적으로 공격하여 심리적 위해를 가하는 경우, 유머광고가 공격적이라고 분류했다. 한편, 기만성에 대한 기존연구[25]의 조작적 정의에 근거해서 광고의 주장(claim)이 ① 부정확하거나 허위적이어서 명백한 거짓이거나, ② 진위여부를 판단할 수 있는 중

23) M. Weinberger, & H. Spotts, op., cit.; M. F. Toncar, op., cit.

24) 각각의 정의는 다음과 같다.

1. pun(동음이의어 재담) : 두 가지로 해석될 수 있는 단어나 문장의 해학적 사용.
2. understate(과소표현) : 어떤 것을 실제보다 더 적게 표현. 과장표현의 반대.
3. joke(익살) : 진지함 없이 하는 웃기는 말이나 행동, 몸개그, 유행어 등.
4. ludicrousness(골계) : 웃을 만하거나 우스운, 어리석은, 엉뚱한.
5. satire(풍자) : 어리석음이나 악덕을 드러내기 위해 빈정거리거나 비꼼.
6. irony(반어) : 실제로 의미하는 것과 반대로 표현함.

25) H. Shabbir, & D. Thwaites, op., cit.

요정보가 생략되었거나, ③ 너무 막연하고 애매모호하여 의미가 분명하지 않을 경우, 광고가 기만적이라고 분류했다.

이상의 내용은 외국 유머광고에 대한 기존의 분석결과와 비교하기 위해서 가급적이면 기존 연구에서 사용된 분석유목을 사용하고자 했다. 수집된 자료는 SPSS 11.0을 이용하여 빈도분석 및 교차분석으로 분석했다.

2) 분석결과

주로 어떤 제품의 광고에서 유머광고 기법이 많이 활용되고 있는가를 살펴보면, 고관여 이성제품(45.1%)에 가장 많이 활용되고 있고, 반대로 고관여 감성제품(4.6%)에 가장 적게 활용되고 있다(표 1 참조). 일반적으로 저관여 제품에 많이 활용될 것이라는 상식과는 약간 차이가 있는 것으로, 유머광고가 비교적 골고루 활용되고 있음을 알 수 있다. 1998년 미국과 영국 방송광고에 대한 분석결과와 비교해 보면, 두 나라 모두 유머광고가 가장 많이 활용되고 있는 범주는 저관여 감성 제품(미국 48%, 영국 50%)이었고, 가장 적게 활용되는 범주는 한국과 마찬가지로 고관여 감성 제품(미국 21%, 영국 14%)이었다.[26]

유머광고의 메시지 소구유형을 살펴보면, 성능이나 이익(44.5%)을 소구하는 메시지가 가장 많았고, 제품이미지(33.5%)와 속성 / 이익(13.3%)에 대한 소구가 그 뒤를 이었다. 유머광고 중 83%는 광고에서 유머가 제품과 통합되고 있었다. 외국의 연구결과와 비교해 보면, 1998년 유머 방송광고에서 유머가 제품과 통합된 비율은 미국 75%, 영국 89%이고, 1985년에는 미국 72%, 영국 84%였다.[27] 흔히 유머광고의 문제점으로 유머가 제품과 통합되지 않을 때 유머에만 관심이 집중되어 광고 본연의 설

26) M. F. Toncar, op., cit.

27) M. F. Toncar, op., cit.

득효과가 떨어진다는 점을 지적한다. 그런 점에서 한국의 유머광고는 미국이나 영국보다 제품과 통합이 비교적 잘 되어 있어 매우 전략적으로 구사되고 있었다.

유머광고에서 유머의 비중을 살펴보면 유머가 대부분 광고의 중심적 역할(99.4%)을 수행하고 있었다. 1998년 미국 및 영국의 방송광고와 비교하면 유머가 광고에서 중심적 역할을 수행하는 비율이 미국 56%, 영국이 82%였으며, 1985년에는 미국 76%, 영국 90%였다.[28)] 즉, 유머광고로 분류된 광고에서 유머가 중심적 역할을 하는 비중은 대체로 한국, 영국, 미국의 순서로 높다고 볼 수 있다.

유머광고에서 주요등장 인물의 종류를 보면 대부분은 연예인(90.2%)이다. 주요 등장인물의 숫자는 2명 이하가 74.6%이고 3명 이상이 25.4%이다. 1990년에 4개국(미국·독일·태국·한국)의 방송광고를 분석한 연구결과와 비교해 보면(표 2 참조), 한국과 태국은 주요 등장인물이 3명 이상인 경우가 두 나라 모두 전체 유머광고의 70% 정도였고, 미국과 독일은 2명 이하가 전체 유머광고의 70% 이상이었다.[29)] 알덴 등[30)]은 이것을 집단주의와 개인주의의 문화적 차이로 설명하면서, 한국과 태국이 집단주의 문화여서 주요 등장인물의 수가 많고 미국과 독일은 개인주의 문화여서 등장인물 수가 적은 것으로 해석했다. 그런데 2000년 한국의 방송광고를 분석한 연구에 의하면 2명 이하가 50.5%였다.[31)] 2005~2008년 사이 방송광고에서는 2명 이하가 75% 수준에 이르러, 주요 등장인물의 수가 점차 줄어드는 추세임을 알 수 있다. 이것은 한국사회가 집단주의에서 개인주의로 이행하는 것과 일맥상통한다.

한편 중요 등장인물 간의 관계를 보면, 수평적인 관계는 오히려 1990

---

28) M. F. Toncar, op., cit.

29) D. L. Alden, W. D. Hoyer, & C. Lee, Identifying global and culture-specific dimensions of humor in advertising : A multinational analysis, *Journal of Marketing*, 57, 1993.

30) D. L. Alden, op., cit.

31) 박영봉·이희욱·하태길, 앞의 논문.

년보다 그 비율이 줄었다. 알렌 등은 권력거리(power distance) 개념을 사용하여 권력거리가 먼 위계적 문화에서는 수직적 관계가 많을 것으로 해석했다. 따라서 유머광고의 등장인물간 관계만을 비교분석해 볼 때, 한국문화가 좀 더 수평적인 문화로 바뀌었다고 보기 어렵고 여전히 다른 나라보다도 더 위계적 질서가 지배한다고 볼 수 있다.

광고의 어느 부분에서 웃음이 터지는가 하는 유머 펀치라인의 위치를 보면, 광고의 처음부터 끝까지 웃음을 자아내게 하는 광고(50.6%)가 가장 많았고, 광고의 중간(33.5%), 끝(9.8%), 처음(5.8%)의 순서였다.

광고에 활용된 유머의 기법을 보면, 골계(ludicrous, 49%) 및 익살(joke, 43%)이 많이 쓰이고, 재담(pun, 2.9%) 및 풍자(satire, 2.3%), 반어(irony, 1.7%)가 그 뒤를 잇고 있다. 1998년 미국과 영국의 방송광고를 비교분석한 연구결과[32]와 비교하면, 표 3에서 보듯 두 나라에서도 골계(미국 45%, 영국 37%)와 익살(미국 37%, 영국 19%)이 많으나 그 뒤를 풍자(미국 10%, 영국 18%)가 잇는 것이 나타나 그 양상이 약간 다르다. 그런데 그 이전의 1985년 광고를 분석한 연구[33]에 의하면, 미국과 영국 모두 골계(미국 66%, 영국 59%) 다음에 풍자(미국 26%, 영국 33%)가 많았다. 즉 대체로 미국이나 영국이 한국보다 풍자를 유머광고 기법으로 더 많이 활용하는 경향이 있다. 그런데 1989~1991년 사이 미국과 불란서의 잡지광고를 비교분석한 연구[34]에 의하면, 상대적으로 재담(미국 50%, 불란서 32%)을 많이 사용하는 것으로 나타났다. 이것은 방송광고와 비교해서 인쇄매체 광고가 동음이의어(pun)의 언어유희를 하기가 용이하기 때문에 유머기법으로 많이 활용된 것이라고 짐작된다. 유머기법이 유머광고의 다른 내용적 특성과 관련이 있는가를 교차분석해 본 결과, 메시지 소구 유형에 따라 차이가 있음이 카이스퀘어 검증

32) M. F. Toncar, op., cit.

33) M. Weinberger, & H. Spotts, op., cit.

34) A. Biswas, J. E. Olsen, V. Carlet, A comparison of print advertisements from the United States and France. *Journal of Advertising, 21*(4), 1992.

(chi-square test) 결과 드러났다. 표 4에서 보듯, 일반적으로 골계가 많이 활용되는 것과 달리 기업이미지를 소구하는 메시지에서는 익살(10편)이 골계(4편)보다 더 많이 쓰였고, 아이러니 기법을 사용한 유머광고 3편은 모두 제품의 속성이나 성분을 소구하는 메시지였다(chi-square=34.987, p<.05).

전체 173편의 유머광고 중 성적 소구를 활용한 이른바 에로틱 유머광고는 14편(8.1%)이었다. 성적 소구를 제품군 및 메시지 소구유형과 교차분석한 결과, 성적 소구가 제품군이나 메시지 소구유형에 따라 다른 것으로 드러났다. 이른바 에로틱 유머광고는 그렇지 않은 광고와 비교해서 저관여 이성 제품에는 하나도 없고 고관여 감성(6편)과 저관여 감성(6편) 제품에 많았다(chi-square=7.994, p<.05). 메시지 유형에서는 성능이나 이익을 소구하는 메시지(5편), 그리고 제품이미지를 소구하는 메시지(5편)에 가장 많이 활용되었다(chi-square=11.672, p<.05).

분석대상인 173편의 유머광고 중에서 유머와 공격성이 동시에 담고 있는 광고는 29편(16.8%)이었다. 2004년 미국 방송광고의 유머와 공격성을 분석한 연구결과[35)]에 의하면, 공격성을 담은 536편의 광고 중 절반 이상(53.5%)이 유머와 광고를 동시에 담고 있는 유머광고였다. 즉 공격적인 유머를 구사한 비율이 한국은 전체 유머광고 중 16.8%이고, 미국은 전체 공격광고 중 53.8%여서 직접적으로 비교하기는 무리가 있지만, 한국의 유머가 공격성이 덜한 것으로 추측해 볼 수는 있다. 유머의 공격성 여부와 다른 내용적 특징(제품범주, 메시지 소구형태, 주요 등장인물, 유머기법 등)과의 교차분석 결과, 유머광고의 다른 내용적 특징에 따라 공격성에서 차이가 나지 않는 것으로 드러났다.

한편 기만성 여부를 분석한 결과 한국의 방송 유머광고에서는 기만적인 광고가 없는 것으로 확인되었다. 2004년 영국의 방송광고를 분석한 연구[36)]에 의하면, 유머광고 중 73.5%가 기만적 주장을 담고 있었고,

35) E. Scharrer, et al., op., cit.

36) H. Shabbir, & D. Thwaites, op., cit.

그 중 74.5%는 유머에 의해 기만적 주장을 은폐했다. 기만적 주장을 담은 방송광고가 한국에 전혀 없는 것은 한국은 방송광고가 사전심의이기 때문에 기만적 주장을 한 방송광고는 심의를 통과하지 못하기 때문인 것으로 이해된다.

분석결과를 종합하여 2005~2008년 한국 유머광고의 특징을 요약하면, 대체로 고관여 감성을 제외한 모든 제품군에서 유머광고가 활용되고, 성능이나 제품이미지를 소구하는 메시지를 많이 사용하고 있고, 유머광고에서는 대체로 유머가 중심적 역할을 하며 제품과도 통합된 구조를 갖추고 있다. 주요 등장인물은 주로 연예인이며, 등장인물 숫자가 과거보다 더 줄어서 집단주의에서 개인주의적 문화로의 변화를 반영하는 것으로 해석할 수 있다. 그러나 주요 등장인물 간의 관계는 다른 나라나 과거의 한국과 비교해서 여전히 수직적 관계가 더 많아서 권력과의 거리가 먼 위계적 문화임을 확인했다. 유머의 펀치라인은 처음부터 끝까지인 경우가 가장 많고, 유머기법으로는 골계와 익살을 가장 많이 활용한다. 미국이나 불란서의 잡지광고와 비교하면 방송광고에서 재담의 활용비율이 낮은 편이나, 이것은 국가 간의 차이라기보다는 방송광고와 인쇄광고라는 매체의 차이에서 기인했을 가능성이 높다. 미국이나 영국에 비해서 풍자의 비율이 많지 않아서 한국 유머광고가 상대적으로 공격적이지 않다는 것을 짐작할 수 있었다. 이것은 유머광고의 공격성이 미국과 비교해서 상대적으로 적은 것과도 일맥상통한다. 그밖에 유머광고 중 성적 소구를 사용하는 경우는 꽤 있었지만 기만적인 광고는 발견되지 않았다.

표 1 _ 한국유머광고(2005~2008)의 특징

변인	구분	빈도 (편수)	비율 (%)
광고제품 분류	고관여 이성 제품	78	45.1
	고관여 감성 제품	8	4.6
	저관여 이성 제품	40	23.1
	저관여 감성 제품	47	27.2
메시지 소구유형	속성이나 성분	23	13.3
	성능이나 이익	77	44.5
	제품이미지	58	33.5
	기업이미지	14	8.1
	기타	1	0.6
광고에서 유머의 비중	중심적 역할	172	99.4
	주변적 역할	1	0.6
제품과 유머의 통합여부	제품과 유머 통합	145	83.8
	제품과 유머 별개(비통합)	28	16.2
주요등장 인물 수	1명	47	27.2
	2명	82	47.4
	3명	23	13.3
	4명 이상	21	12.1
주요등장 인물간의 관계	수평적 관계	33	19.1
	수직적 관계	80	46.2
	무관계 혹은 알 수 없는 관계	60	34.7
주요등장 인물의 종류	연예인	156	90.2
	일반인	3	1.7
	동물	1	0.6
	복합적 구성	13	7.5
펀치라인의 위치	광고의 처음	10	5.8
	광고의 중간	58	33.5
	광고의 끝	17	9.8
	광고의 처음부터 끝까지	88	50.5
유머의 기법	동음이의어 재담(pun)	5	2.9
	과소표현 (understatement)	1	0.6
	익살 (joke)	75	43.4
	골계 (ludicrous)	85	49.1
	풍자 (satire)	4	2.3
	반어 (irony)	3	1.7
공격성	포함	29	16.8
	미포함	144	83.2
성적 소구	포함	14	8.1
	미포함	159	91.9
기만성	포함	0	0
	미포함	173	100

표 2 _ 주요 등장인물에 대한 국가 간 비교

		한국 2005~2008	한국 1990	태국 1990	독일 1990	미국 1990
등장인물 수	2명 이하(%)	129(75%)	16(31%)	10(20%)	36(75%)	38(73%)
	3명 이상(%)	44(25%)	35(69%)	41(80%)	12(25%)	14(27%)
등장인물 간 관계	수평적 관계(%)	33(19%)	18(35%)	20(39%)	41(85%)	30(58%)
	수직적 관계(%)	80(46%)	33(65%)	31(61%)	7(15%)	22(42%)
	무관계 / 알 수 없는 관계(%)	60(35%)	x	x	x	x
총 광고물 편수		173	51	51	48	52

※ 1990년 한국, 태국, 독일, 미국의 수치는 Alden, Hoyer, & Lee(1993) 연구결과 발췌

표 3 _ 유머기법의 국가간 비교

유머기법	한국	미국			영국		불란서
	방송광고 2005~2008	방송광고 1998	방송광고 1985	잡지광고 1989~1991	방송광고 1998	방송광고 1985	잡지광고 1989~1991
pun (%)	2.9	5	5	50	4	14	32
understatement(%)	0.6	1	3	10	16	2	5
joke (%)	43.4	37	3	10	19	2	34
ludicrous (%)	49.1	45	66	13	37	59	17
satire (%)	2.3	10	26	7	18	33	0
irony (%)	1.7	2	1	7	6	2	12
총 광고물수(편)	173편	223편	108편	30편	85편	89편	59편

※ 1998년도 미국과 영국 방송광고의 수치는 Toncar(2001)의 분석결과 발췌
※ 1985년도 미국과 영국 방송광고의 수치는 Weinberger & Spotts(1989)의 분석결과 발췌
※ 1989~1991 미국과 불란서 잡지광고 수치는 Biswas, Olsen, & Carlet(1992)의 분석결과 발췌

표 4 _ 유머기법 대 메시지 소구유형

		메시지소구유형					총합
		속성 / 성분	성능 / 이익	제품 이미지	기업 이미지	기타	
유머 기법	pun	0	1	4	0	0	5
	understatement	0	1	0	0	0	1
	joke	9	31	25	10	0	75
	ludicrous	11	43	26	4	1	85
	satire	0	1	3	0	0	4
	irony	3	0	0	0	0	3
총합		23	77	58	14	1	173

※ chi-square = 34.987, $p<.05$

표 5 _ 성적소구 유머광고와 제품군

		제품군				총합
		고관여 이성	고관여 감성	저관여 이성	저관여 감성	
성적 소구	포함	6	2	0	6	14
	비포함	72	6	40	41	159
총합		78	8	40	47	173

※ chi-square = 7.994, p<.05

표 6 _ 성적소구 유머광고와 메시지 소구유형

		메시지소구유형					총합
		속성 / 성분	성능 / 이익	제품 이미지	기업 이미지	기타	
성적 소구	포함	2	5	5	1	1	14
	비포함	21	72	53	13	0	159
총합		23	77	58	14	1	173

※ chi-square=11.672, p<.05

4. 연구 2 : 서사분석-유머광고와 한국 웃음문화의 전통

외국과 비교하여 현대 한국 유머광고의 특질을 살펴보았는데, 그렇다면 한국 웃음문화의 전통이 현대 유머광고 속에 어떻게 녹아있으며, 한국적 유머광고란 무엇인가? 이러한 질문에 답하기 위해 여기서는 매일유업의 〈바나나는 원래 하얗다〉 시리즈 광고 4편에 대해서 서사분석을 시도해 본다. 강두필이 “우리 나라에서 만든 유머광고 중에서 가장 완벽한 구조”[37]를 갖추었다고 격찬한 이 광고는 소비자 사이에 화제도 이 되었고, 2007 IDF(국제낙농 연맹) 마케팅 대상 등 국내외의 상도 많이 탔으며, 제품도 시장에서 성공했다. 이러한 성공이 가능했던 것은 〈바

37) 강두필, 앞의 논문, 261면.

나나는 원래 하얗다〉 시리즈 광고 속에 한국적 웃음문화의 전통이 잘 담겨 있어 한국 소비자의 감수성에 호소했기 때문이 아닌가 생각된다. 따라서 서사분석의 방법을 통해 유머광고에 나타난 한국적 웃음문화의 특징을 추출할 것이다. 그리고 2000년대 최고의 이야기꾼으로 불리는 소설가 성석제에서부터, 1970년대 김지하의 담시(譚詩)를 거쳐, 1930년대의 김유정, 채만식, 그리고 조선시대의 판소리, 민요, 신라 향가에까지 거슬러 올라가는 한국 웃음문화의 계보 속에 그러한 특징이 어떻게 자리매김되는가를 탐색해 본다. 이에 앞서 방법론적 토대를 이루는 핵심 개념들을 먼저 간단하게 설명해 보겠다.

1) 분석을 위한 방법론적 토대—서사이론의 기초 개념

서사 분석(narrative analysis) 혹은 서사학(narratology)은 원래 프로프 등 러시아 형식주의, 소쉬르의 언어학, 레비 스트로스의 인류학, 바르트 등의 구조주의, 그리고 그레마스 기호학 등 주로 인문학으로부터 자양분을 취한 문학비평 이론이었다. 1970년대부터 소설분석에 주안점을 두다가, 점차 영화나 텔레비전, 광고, 만화로 그 영역을 확대하였다.[38] 그러다가 최근에는 이야기의 치료적 · 교육적 · 사료적 가치가 재조명받자 사회과학의 질적 연구방법 중 하나로 자리를 잡으면서 심리학 · 간호학 · 교육학 · 역사학 등에서도 활발하게 원용되고 있다.[39]

서사분석이 미디어 커뮤니케이션 분야에 원용되기 시작한 것은 그리 오래되지 않았다. 과거 구술문화 시대에 이야기꾼(storyteller)의 역할을 수

38) A. A. Berger, *Narratives in popular culture, media, and everyday life*. Sage : Thousand Oaks, 1997.

39) A. Lieblich, R. Tuva-Mashiach, & T. Zilber, *Narrative research : Reading, analysis, and interpretation*. Thousand Oaks : Sage, 1998.

행하는 것은 바로 미디어라는 인식에 도달하면서, 미디어에 대한 서사 연구가 도입된 것이다.[40] 따라서 더 나아가 미디어 테크놀로지의 발달에 걸맞는 미디어 콘텐츠가 문제가 되면서 그 핵심은 바로 내러티브 또는 스토리텔링이라는 점에서, 그리고 대중 매체가 전송하는 이야기들 속 하나하나에 해당 문화 고유의 상징과 가치관, 관습과 전통이 녹아 있다는 점에서 미디어에 대한 서사연구방법이 주목받고 있다.[41]

서사분석은 학자마다 그 용어와 이론도 달라서, 그동안 수많은 전문 용어와 이론의 홍수 속에 현란하게 전개되어 왔다. 문학분야의 서사이론을 일단 정리한 것으로 평가받고 있는 세이모 채트만[42]과 미케 발,[43] 그것을 텔레비전에 적용한 사라 코즐로프,[44] 그리고 영화서사학을 기술한 로버트 버고인[45]이 이 논문이 기초하고 있는 이론적 틀이다. 여기서는 이 논문에 직접 적용된 개념을 중심으로 간략히 설명하겠다.

흔히 서사 혹은 이야기체로 번역되는 내러티브(narrative)는 '논리적으로 연결되고 시간에 따라 진행되는, 그리고 일관된 주제에 의해 하나의 전체로 묶여지는 둘 이상의 사건들의 상술'이다.[46] 서사가 들어 있는 모든 종류의 텍스트가 서사물이며 소설 뿐 아니라 영화 · 광고 · TV드라마 ·

---

40) 최예정 · 김성룡, 『스토리텔링과 내러티브』, 글누림, 2005.

41) 심훈, 「'쓰나미'에 대한 한미 양국 간의 이야기 구조서사분석－MBC의 〈시사매거진 2580〉과 CBS의 〈60 Minutes〉를 중심으로」, 『한국언론학보』 49(6), 2005.

42) S. Chatman, *Story and discourse : narrative structure in fiction and film*. Ithaca, N.Y. : Cornell University Press, 1978. 한용환 역, 『이야기와 담론』, 푸른사상, 2003.

43) M. Bal, *Narratology : introduction to the theory of narrative*, 1980. 한용환 · 강덕화 역, 『서사란 무엇인가』, 서울 : 문예출판사, 1999.

44) S. R. Kozloff, Narrative theory and television. In Robert Allen (ed.), *Channels of discourse : television and contemporary criticism*. Chapel Hill : The University of North Carolina, 1987; 김훈순 역, 「서사 이론과 텔레비전」, 『텔레비전과 현대 비평』, 서울 : 나남, 1994.

45) R. Stam, R. Burgoyne, & S. Flitterman-Lewis, *New vocabularies in film semiotics : Structuralism, post-structuralism and beyond*, New York : Routledge, 1992; 이수길 · 이우석 · 문재철 · 김소연 · 김병철 역, 『어휘로 풀어 읽는 영상기호학』, 서울 : 시각과 언어, 2003.

46) Stam, et al, 1992, p.134.

다큐멘터리 · 만화 등이 해당된다. 서로 혼용해서 사용하기도 하는 story(이야기)와 narrative(서사)의 관계에 대해서는 학자마다 약간씩 다르다. 통상적으로 narrative를 크게 둘 또는 셋으로 분류하여 story를 그 하위범주로 체계화하고 있다. 내러티브를 파불라(fabula) / 수제트(sjuzet)로 분류하는 러시아 형식주의의 이분법에 따라 채트만은 내러티브를 이야기(story)와 담화(discourse)로 나누고 있다. 하지만 미케 발은 파불라, 이야기, 텍스트의 3분법을 제시했다.

이 논문은 채트만의 이야기 / 담화 이분법에 기초한다. 이에 따르면 이야기(story)는 '무엇이 이야기 되고 있는가(what)'에 해당되고, 담화는 '그 이야기가 어떻게 전달되고 있는가(how)'에 해당된다. 이야기는 다시 사건적 요소와 사물적 요소로 구성되는데, 여기서 핵심은 '누구에게 어떤 일이 일어났는가'로서 사건과 인물이다. 사건적 요소는 여러 가지로 분류할 수 있는데, 예를 들어 이야기 진행의 중심이라 할 수 있는 핵사건(kernels)과 주변적인 위성사건(satellites)으로 나누기도 한다. 인물에 대해서는 프로프가 러시아 민담분석을 통해 31가지 기능과 7가지 인물유형을 분류한 바 있고, 그레마스는 기호학적 행위소 모형에 근거하여 6가지(발신자, 수신자, 조력자, 적대자, 주체, 대상)로 분류한 바 있다.

이야기 전달방식인 담화(discourse)에서 핵심은 서사의 참여자와 시점(point of view)이다. 즉, '누가 어떤 시점에서 이야기하는가'이다. 서사의 참여자 모델은 문학의 경우 이론적으로 실제작가—[내포작가—서술자—피화자—내포독자]—실제독자로 구성된다. 하지만 코즐로프에 따르면, 텔레비전에서는 단지 이야기를 전달하는 이야기꾼과 그 이야기를 보고 듣는 시청자의 두 가지로 붕괴되는 경우가 많다. 또 문학작품과 달리 텔레비전 영상물에서 이야기를 전달하는 이야기꾼을 규정하기 위해 이미지 메이커, 내포 서술자, 내포 감독 등으로 다양한 용어들이 제시되었지만, 가장 적절한 해결책은 카메라라는 용어라고 보았다. 여기서 '카메라'라는 용어는 "그때 카메라가 그를 비췄고, 카메라가 다른 장면으로 넘어 간다"라는 표현에서 알 수 있듯이, 단지 기계 그 자체 뿐 아니라, 서술 작업에 참여하는 모든 사람을 지칭한다. 서술자의 시점에 대해서는 학자마다 복잡한데, 코즐로프는 텔레비전의 경우 2가지로 단순화시켰다. 하나는 이야기 내부의 등장인물에 의해 서술되는 동종 다이제시스적(homodiegetic) 서술자의 시점이고, 다른 하나는 이야기 세계 밖의 인물에 의해 이야기되는 이종 다이제시스적(heterodiegetic) 서술자의 시점이다.

이야기를 전달하는 방식은, 미메시스(mimesis)와 다이제시스(diegesis)로 나누기도 하는데, 이것은 보여주기(showing)와 들려주기(telling)에 해당한다. 일반적으로 연극이 관객에게 (서술자의 중재없이) 이야기를 그대로 보여주는 미메시스적 내러티브라면, 영화나 텔레비전 영상은 카메라를 통해 이야기를 들려주는 다이제시스적 내러티브에 가깝다. 한편 다이제시스적 내러티브인 소설에서도 회화적(pictorial) 수법과 극적(dramatic) 수법을 구분하기도 한다. 회화적 수법은 수다스럽고 비밀을 다 털어놓는 작가가 소설의 전면에 등장하여 이야기를 들려주는 방식이다. 따라서 독자는 이야기의 전개 그 자체보다는 작가의 입심에 더 귀를 기울이며, 그 결과 독자는 작가를 오랫동안 만난 친구와 같이 느낄 수 있다. 반면에 극적 수법은 작가가 자신의 정체를 밝히지 않고 엄격하고 신중하게 하나의 이야기를 꾸며서 독자에게 맡기고는 자신은 가버리고 마는, 그래서 독자는 작가의 존재에 대해 전혀 의식하지 않고 오직 이야기 전개 자체에만 주목하게 하는 수법이다.[47] 이것은 어떤 의미에서 발터 벤야민이 말한 이야기꾼과 소설가의 차이와 일맥상통하지 않나 생각된다.

47) 김상태, 「김유정과 해학의 미학」, 『김유정 문학의 전통성과 근대성』(전신재 편), 한림대 아시아문화연구소, 1997.

2) 분석결과

강신용은 한국적 해학광고를 "한국인의 정감 토속 가족같은 한국적 경험에서 생성된 한국인의 정서와 문화를 즐거움과 교훈으로 표현하는 광고"[48]라고 정의하고 있다. 이것은 그저 한국의 전통이야기나 한복 등의 외적인 소재를 차용한 광고를 말하는 것이 아니다. 그런 점에서 〈바나나는 원래 하얗다〉라는 광고야말로 한국적 해학광고라 할 만하다. 어떤 점에서 그러한가? 이 광고에 스며든 한국 웃음문화의 전통을 규명하기 위해서, 주로 채트먼의 이론에 따라 먼저 이야기와 담화로 대별한 후, 이야기를 다시 사건과 인물로 나누어 살펴보고, 담화는 서사구조의 참여자와 시점으로 나누어 살펴보겠다.

우선 이야기의 첫 번째 요소인 사건의 측면에서 살펴보면, 이 광고의 사건 속에 발견되는 '상황적 아이러니'야말로 한국 웃음문화의 전통에서 발견되는 원형질이다. 원래 〈회사편〉 〈학교편〉 〈편의점편〉의 3부작으로 이루어진 이 광고는 나중에 경품행사를 하면서 프로모션 지원용 광고가 덧붙여지면서 총 4편으로 이루어졌다. (각 광고의 자세한 내용은 별첨 그림 참조). 이 광고에서 벌어진 사건을 채트먼의 구분에 따라 핵사건과 위성사건으로 분리해 보면, 백부장이 회사에서, 아이의 학교에서, 그리고 편의점에서 '바나나는 원래 하얗다'고 주장하지만 회사의 상사와 학교 선생님, 편의점 점원에게 계속해서 질책과 비웃음과 면박을 당한다는 것이 사건의 핵이다. 물론 이 광고가 주장하는 속 내용은 바나나 우유에 대한 사람들의 고정관념을 비틀면서 자사 제품의 혁신성을 강조하는 것이다.

이 광고 속 사건을 보는 사람은 웃음이 나지만 백부장의 입장에서는 결코 웃을 수 없는, 매우 힘들고 어렵고 슬프고 비참하기까지 한 상황

48) 강신용, 「한국적 해학광고의 품격향상에 관한 연구」, 『커뮤니케이션 디자인 학술대회 논문집』, 2003, 77면.

이다. 바로 여기에 상황적 아이러니가 발생한다. 아이러니란 겉으로 말하는 것과 속으로 의미하는 것이 서로 다를 때 발생한다. 겉으로는 웃고 있지만 속으로는 눈물 나는 상황, 남들에게는 웃음을 유발하지만 당사자에게는 가슴 아픈 상황, 이것이 바로 상황적 아이러니에서 나오는 웃음이다.

웃음으로 눈물을 닦는 바로 이러한 상황적 아이러니야말로 가깝게는 성석제와 김유정, 채만식 그리고 멀리는 조선시대 판소리 〈흥부전〉이나 민요, 신라시대 「처용가」에까지 이르는 우리 해학의 원류에 닿아 있다. 전홍남[49]은 성석제와 김유정의 웃음을 비교하면서 김유정 소설의 웃음 뒤에는 1930년 농촌현실의 비참한 현실과 유랑농민의 눈물이 있는 상황적 아이러니를 지적했고, 성석제 소설의 웃음을 아이러니와 농담의 미학으로 파악했다. 김진악[50]은 김유정 소설의 골계구조를 3가지로 논하면서 그 첫 번째로 반어적(irony) 상황을 들었다. 또 어둡고 침울하고 비참한 상황 속에서 웃음을 유발하는 아이러니야말로 우리 전통 웃음의 가장 큰 특징이다.[51]

예를 들어 성석제의 소설 「쾌활냇가의 명랑한 곗날」은 명랑쾌활한 제목과 달리 어느 여름날 대낮에 동네의 양아치들이 계모임을 하며 호기를 부리다가 외지의 조직 깡패들에게 사정없이 두드려 맞는 폭력적 현실을 우스꽝스럽게 묘사함으로써 상황적 아이러니를 연출한다. 한편 김유정 소설 「소낙비」에서 춘호는 자신의 아내에게 매춘을 강요한 뒤, 그 대가로 돈 2원을 받으리라 기대한다. 그 돈으로 서울 가서 살 꿈에 부풀은 춘호가 아내에게 '서울 가면 꼭 지켜야 할 필수조건'을 훈계하는데, 그나마 아내는 듣지도 않고 코를 골며 잠드는 익살맞은 묘사는

49) 전홍남, 「김유정과 성석제의 거리－소설에 나타난 해학성을 중심으로」, 『한국언어문학』 47집, 2001.

50) 김진악, 「김유정 소설의 골계구조」, 『국어교육』 51호, 1985.

51) 김종곤, 「전통적 맥락에서 본 해학－김유정을 중심으로」, 『국어교육』 42호, 1982.

1930년대 유랑농민의 비극적 상황을 웃음으로 엮어내는 상황적 아이러니가 느껴진다. 그리고 그것은 형수에게 밥주걱으로 뺨을 맞은 흥부가 밥풀 뜯어 먹으며 더 때려달라는 〈흥부전〉이나, '설움에 겨워 흥겹다'는 민요의 표현이나, 아내를 범한 역신을 보고 오히려 덩실덩실 춤추며 노래를 부르는 「처용가」의 상황적 아이러니와도 닿아 있다.

이야기의 두 번째 요소인 인물의 측면에서 보면, 이 시리즈 광고의 주인공인 백부장은 한국 웃음문화의 전통에서 흔히 발견되는 '바보'의 계보를 잇고 있다. 유머의 이론 중 하나가 우월성이라고 할 때 웃음을 야기하는 인물은 자신보다 뭔가 모자란다고 여겨지는 바보이기 쉽다. 이 광고에서도 백부장은 어떤 의미에서는 바보다. 대부분 바나나가 노랗다고 생각하는 상황에서 바나나는 원래 하얗다고 주장함으로써 다른 사람에게 사정없이 면박당하고 비웃음을 사는 백부장은 광고에서 보면 뭔가 모자라는 사람처럼 보인다. 광고에 등장하는 인물은 백부장과 항상 대립적이다. 백부장의 회사 상사, 아이의 담임선생님, 자사 제품을 판매해 주는 편의점의 점원은 모두 백부장 입장에서는 권력을 가진 강자이며, 알라존(Alazon)[52]이다.

그런데 백부장은 사람들로부터 뭔가 모자라는 사람처럼 비웃음을 사고 바보취급을 당하지만, 남들이 간과해 버리는 바나나의 하얀 속을 주목하고, 그래도 자신이 한 일에 대해서는 후회하지 않는다는 처연함과 결연함을 가진 사람이다. 자린고비같은 알라존인 회사상사에게 면박을 당하면서도, 상을 받았으면 좀 베풀기도 해야 된다고 생각하는 '바보'다. 하지만 결국 바보같은 백부장의 주장대로 매일유업의 〈바나나는 원래 하얗다〉는 시장에서 대성공을 거두었고, 상도 많이 받았다. 또 상사의 면박에도 불구하고 고객사은 경품행사도 치러졌다. 그런 점에서 사

52) 고대 희랍 연극에 등장하는 두 인물로서, Alazon은 강자이지만 자만스럽고 우둔하며, Eiron은 약자이지만 겸손하고 현명한 인물이다. 보통 꾀많은 에이론이 자신을 괴롭히던 알라존을 골탕먹인다.

실은 고정관념에 사로잡혀 있는 회사 상사나 아이 담임선생님, 편의점 직원이야말로 겉똑똑이고 바보다. 고정관념에 사로잡혀 있으면서 겉으로만 똑똑하고 잘난 체 하면서 자신을 핍박했던 알라존을 백부장은 보기좋게 골탕먹인 에이론(Eiron)이며 의인(義人)이다. 일찍이 발터 벤야민(1983)은 이야기꾼은 의인에 대해서 이야기를 한다고 했다. 즉 "지혜와 친절의 화신이자 위안을 가져다 주는 사람의 화신"[53]으로서의 의인이다. 그런 의미에서 백부장이야말로 의인이다.

백부장의 모습에서 성석제의 소설 「황만근은 이렇게 말하였다」의 주인공 황만근의 모습을 쉽게 찾을 수 있다. 모든 면에서 평균에 못미치는 팔삭동이 바보지만 남의 비웃음과 모멸을 꺼리지 않고 언제나 남을 위해 응당 해야할 일을 하다가 불의의 사고로 죽은 황만근이야말로 바보 의인이다. 바보의 계보는 김유정의 소설에 등장하는 그 많은 몽매하고 어리숙한 인물들로 거슬러 올라간다. 전신재[54]는 구비문학의 전통을 계승한 김유정 소설 속의 인물을 '자린고비'와 '건달' '바보'로 구분한 바 있는데, 이 중에서 김유정 소설에서 주인공은 대부분 바보다. 그래서 이재선[55]은 김유정의 작품세계는 웃음을 기반으로 이루어지는 이들 바보들의 바보행전이거나 바보열전의 성격을 지니고 있다고 말했다. 그러나 유인순[56]이 지적하듯이 김유정 소설 속의 인물들은 대부분 비극적 상황에서도 천연덕스럽게 웃음을 잃지 않는, 절망을 모르는 천진한 바보들이다. 또 그 계보는 일본 유학생 출신임에도 사회주의 운동으로 출세도 못한, 채만식 소설 「치숙(痴叔)」에 나오는 '바보 삼촌(痴叔)'과도 연결된다. 그악스러운 형 놀부와 비교해서 바보스러울 정도로 착하지만 그래서 나중에 복을 받는 흥부, 그리고 자신의 아내를 범한 역신을 보

53) 발터 벤야민, 반성완 편역, 『발터 벤야민의 문예이론』, 민음사, 1983, 188면.
54) 전신재, 「김유정 소설의 구비문학 수용」, 『아시아문화』 2호, 1987.
55) 이재선, 「김유정 소설의 희극적 인간상-바보의 미학과 정치학」, 『한국의 웃음문화』(김유정탄생 100주년기념 학술대토론회 발표논문집), 2008.
56) 유인순, 「김유정의 우울증」, 『현대소설연구』 35, 2007.

고도 노래를 한 바보지만 그래서 역신을 감복시킨 처용 등이 바보같은 의인의 선조이다. 백부장은 바로 이 거룩한 바보의 계보를 잇고 있다.

다음으로 담화의 첫 번째 측면인 서사구조의 참여자를 보면, 이 광고는 '이야기꾼(storyteller)'의 존재가 분명하게 드러난다는 점에서 우리 웃음 문화의 전통에 젖줄을 대고 있다. 코즐로프[57]가 지적하듯이, 방송광고에서 이야기꾼은 카메라인데 이 광고에서 특이한 점은 이야기꾼, 즉 카메라의 존재가 분명하게 느껴진다는 것이다. 별첨한 그림에서 보듯이 이 광고물들의 전반부는 마치 몰래 카메라로 찍은 화면처럼 동그란 주변이 어둡게 처리되어 있다. 그리고 누군가가 몰래 찍은 것처럼 엉성하고 거친 영상, 흔들리는 화면, 불분명한 발음 등을 그대로 제시한다. 일반적으로 텔레비전 광고물들은 매우 세련된 영상과 정교한 편집 등을 통해, 가급적 카메라의 존재를 부각시키지 않는다. 그 결과 우리는 (사실은 카메라의 눈을 통해 보고 있음에도 불구하고) 마치 우리 자신이 제 3의 벽을 통해 어떤 한 장면을 그대로 보고 있는 듯한 착각 속에 광고를 시청한다. 다시 말해서 시청자는 이야기꾼, 즉 카메라의 존재를 거의 의식하지 못한다. 흔히 영화나 텔레비전의 영상물이 연극과 비교해서, 보여주기보다는 들려주기, 즉 미메시스보다는 다이제시스에 가깝다고 한다. 그런데 같은 영상이라도 이 〈바나나는 원래 하얗다〉 광고물은 이야기꾼으로서의 카메라가 분명하게 부각되어, 시청자가 지금 카메라를 통해 (즉 이야기꾼을 통해) 어떤 장면을 보고 있다는 점을 더욱 분명하게 느끼게 한다. 소설의 회화적 기법과 극적 기법의 구분을 적용해본다면, 〈바나나는 원래 하얗다〉 광고는 카메라의 존재가 분명하게 부각된다는 점에서, 이야기꾼이 전면에 등장하여 이야기를 들려주는 회화적 수법에 가깝다. 그리고 그것을 발터 벤야민인 구분한 이야기꾼과 소설가의 대비에 비추어 본다면 이야기꾼의 전통에 가깝다.

---

57) S. R. Kozloff, op., cit.

이야기꾼으로서의 카메라가 분명하게 느껴지는 이러한 방식이야말로 미메시스보다는 다이제시스, 극적 수법보다는 회화적 수법, 소설가보다는 이야기꾼에 더 가까운 것으로, 이것은 바로 우리 이야기 문화의 전통과 닿아 있다. 대표적인 전통예술인 판소리는 광대가 소리에 얹어서 춘향이나 심청이의 이야기를 청중에게 전하는 연희양식으로서, 벤야민이 말하는 이야기꾼의 전통에 가장 부합되는 양식이다.

> 시(詩)를 쓰되 좀스럽게 쓰지말고 똑 이렇게 쓰럇다.
> 내 어쩌다 붓끝이 험한 죄로 칠전에 끌려가
> 볼기를 맞은지도 하도 오래라 삭신이 근질근질
> 방정맞은 조동아리 손목댕이 오물오물 수물수물
> 뭐든 자꾸 쓰고 싶어 견딜 수가 없으니, 에라 모르겠다
> 볼기가 확확 불이 나게 맞을 때는 맞더라도
> 내 별별 이상한 도둑이야길 하나 쓰겄다.

1970년대 김지하의 담시 「오적(五賊)」의 첫 대목이다. 작가가 전통 판소리의 광대처럼 이야기꾼으로서 전면에 등장하여 이상한 도둑이야기를 하겠다며 신랄한 풍자와 웃음을 전한다. 1930년대 채만식의 소설 『태평천하(太平天下)』에서도 작가가 광대처럼 이야기꾼으로 소설의 전면에 등장하여 일제 강점기의 놀부형 인간인 윤직원을 판소리 사설풍으로 조롱하며 풍자하고 있다. 같은 시대의 김유정 소설도 이러한 이야기꾼의 전통을 잇고 있다. 전상국[58]은 김유정의 소설이 '나는 이야기꾼이다, 이야기를 누구보다 잘 하고 싶다'라며 이야기꾼이 시치미 뚝 떼고 너스레를 떠는, '가면 쓰고 능청부리기'라고 보았다. 우리 시대의 탁월한 이야기꾼으로 꼽히는 성석제는 우리 전통의 전(傳) 형식(「조동관 약전(略傳)」)이나, 묘비명 형식(「황만근은 이렇게 말했다」) 등을 차용하여 소설을

58) 전상국, 「김유정소설의 언어와 문체」, 『김유정 문학의 전통성과 근대성』(전신재 편), 한림대 아시아문화연구소, 1997.

씀으로써, 한 입심좋은 이야기꾼이 능청스럽게 유쾌한 농담을 하는 느낌을 갖게 한다.

담화의 두 번째 측면인 서술의 시점에서 보면, 이 광고는 다양한 시점을 구사하고 이야기꾼과 작가와 등장인물 사이에 아이러니의 거리가 발생한다는 점에서 우리 웃음문화의 전통과 닿아 있다. 이 시리즈 광고에는 각각 두 가지의 서술자 시점이 혼재되어 있다. 첫 번째는 백부장이 굴욕을 당하는 장면을 몰래 카메라 형식으로 보여주는 부분으로, 이 부분의 서술자는 이야기의 외부에 존재하는 이종 다이제시스 서술자(heterodiegetic narrator)의 시점이다. 두 번째 부분은 몰래 카메라에서 백부장(혹은 그 딸 하영이)에 대한 인터뷰 방식으로 바뀌면서 등장인물인 백부장의 시점에서 이야기가 전개되는 것으로 동종 다이제시스 서술자(homodiegetic narrator)의 시점이다. 이 부분을 좀 더 세분하면 다시 인터뷰어에게 말하는 대화 부분과 처연한 뒷모습 위로 보이스 오버(voice-over)가 흐르면서 자신의 심경을 토로하는 독백 부분으로 나눌 수 있다.

특히 이야기 밖의 외적 화자에서 이야기 속 등장인물의 내적 화자로 시점이 바뀌면서 내면 심경을 직접 토로하는 방식은 자유직접 화법, 혹은 투사적 서술(projective narration)로 불리는데, 현대 소설에서 주목받고 있지만 사실 판소리 등 우리 전통문학에서 많이 활용되었던 기법이다.[59] 이것은 앞에서 말한 이야기꾼의 전통과도 연결되는 것으로 근대 소설처럼 작가가 처음부터 끝까지 엄정한 시점을 일관되게 유지하는 것이 아니고 이야기꾼이 이야기 속에 끼어 들어서 논평하기도 하고 극중의 인물에 감정이입되면서 자유자재로 여러 시점을 취하는 방식이다. 판소리나 김유정 소설에 흔히 나타나는 기법이다. 예를 들어 다음의 서술을 보자.

59) 김상태, 앞의 논문, 1997.

잔듸를 적시며 맑은 샘이 쫄쫄 거린다. 산토끼 두 놈은 한가롭게 마주 안저 그물을 할짝거리고, 잇다금 정신이 나는듯 가랑잎은 부수수, 하고 떨린다. 산산한 산들바람. 구여운 들국화는 그 품에 새뜩새뜩 넘논다. 흙내와 함께 향깃한 땅김이 코를 찌른다. 요놈은 싸리버섯, 요놈은 잎 썩은 내 또 요놈은 송이— 아니, 아니, 가시넝쿨 속에 숨은 박하풀 냄새로군. 응칠이는 뒷짐을 딱지고 어정어정 노닌다.[60]

김유정 소설 「만무방」의 서두이다. 3인칭 전지 시점에서 서술되고 있는데도 1인칭 주인공 시점과 마찬가지로 대상에 감정이 투사되고 있다. 가령 "잇다금 정신이 나는듯……"이나 "구여운 들국화는 그 품에 새뜩새뜩 넘논다" 등의 표현이 그 예이다. 특히 "요놈은…… 냄새로군" 부분은 사실상 등장인물인 응칠이의 중얼거림이라 보아도 좋은, 자유직접화법이라 할 수 있다.

이처럼 다양한 시점이 혼재되면서 이 광고에는 서술자와 실제 작가와 등장인물 사이에 괴리가 일어나고 비판적 거리가 발생하면서 아이러니가 발생한다. 즉 광고의 초반은 이 광고가 마치 매일유업이 아니라 경쟁사가 매일유업에서 몰래 촬영한 것같은 느낌을 줄 정도로 제 3자의 시점을 보여준다. 하지만 뒤에서는 다시 등장인물인 백부장의 시점에서 서술한다. 그런데 사실은 앞 부분과 뒷 부분을 제작한 측도 모두 매일유업이다. 여기서 〈바나나는 원래 하얗다〉 제품을 사정없이 질책하는 동영상을 만든 실제 작가가 그 제품의 광고주인 매일유업이라는 사실을 아는 순간, 실제작가와 서술자와 등장인물 사이에 비판적 거리가 조성되어 아이러니가 발생하고 웃음이 유발된다. 이것은 소위 '믿을 수 없는 서술자'에 의한 아이러니와 웃음이다. '믿을 수 없는 서술자'의 아이러니를 가장 잘 보여주는 사례가 1930년대 채만식의 풍자소설 「치숙」이다. 소설에서 '나'는 일본사람 밑에서 일하면서 일본에 잘 보여 출세

60) 전신재 편, 『원본 김유정전집』, 강, 1997, 95면

할 자신의 꿈을 말한다. 그러면서 일본유학생 출신의 엘리트였지만 사회주의운동을 하다가 폐인이 되다시피 한 자신의 삼촌을 치숙(바보 삼촌)이라고 조롱한다. 하지만 그 소설을 읽은 독자는 서술자인 '나'의 시점에 대해서 비판적 거리를 유지하면서, 누가 정말 시대의 백치인가를 판단한다. 여기서 아이러니가 발생하고 풍자적 웃음이 유발된다.

물론 〈바나나는 원래 하얗다〉 광고에서 믿을 수 없는 서술자는 「치숙」에서처럼 그렇게 부정적인 인물은 아니다. 그 속을 알 수 없는 의뭉스러움과 능청맞음 때문에 그의 말을 곧이곧대로 믿을 수 없다는 의미이다. 즉, 실제작가는 광고주인 매일유업임에도 불구하고 자신은 이 제품에 대해서 아무 것도 모른다는 듯이 몰래카메라로 찍은 영상을 사람들에게 보여주는 것처럼 아주 능청스럽게 이야기를 전달하고 있다. 이것은 성석제와 김유정 소설, 그리고 판소리 속의 이야기꾼과 유사하다. 그들은 모든 것을 다 알면서도 마치 아무것도 모르는 듯이 너스레를 떨면서 이야기를 풀어가는, '가면 쓰고 능청부리는' 이야기꾼이다. 전신재는 김유정 소설 「봄·봄」이나 「동백꽃」이 "행랑 것들이 모여서 경험담을 구수하고 입심좋게 털어 놓는 어조"[61]를 취하고 있다고 했다. 유사한 맥락에서 이 광고는 누군가가 낄낄거리며 인터넷에 올린 '백부장의 굴욕' 몰카 동영상을 사람들이 낄낄거리며 모여서 보는 것같은 어조를 취하고 있다. 하지만 그 실제작가는 광고주인 매일유업이라는 점에서 가면 쓰고 능청부리는 이야기꾼이다.

61) 전신재, 앞의 논문, 50면.

5. 닫는 글

이상으로 현대한국 유머광고에 나타난 한국의 웃음이 다른 나라와는 어떻게 다르고, 그것이 면면히 내려오고 있는 한국 웃음문화의 전통과는 어떻게 닿아 있는가를 살펴보았다. 우선, 방송 유머광고(2005~2008 방송광고)에 대한 내용분석 결과 중 외국과 비교되는 특징은 주요 등장인물 간의 관계가 여전히 수직적 관계가 더 많아서, 권력과의 거리가 먼 위계적 문화임을 확인했다. 하지만 등장인물 숫자는 점차로 줄어드는 추세여서 한국의 유머광고가 집단주의 문화에서 점차 개인주의 문화로 이행해 가는 변화로 해석할 수 있다. 또 미국이나 영국에 비해서 풍자의 비율이 많지 않아서 한국 유머광고가 상대적으로 공격적이지 않다는 것을 짐작할 수 있었다. 이것은 유머광고의 공격성이 미국과 비교해서 상대적으로 적은 것과도 일맥상통한다. 그밖에 유머광고 중 성적 소구를 사용하는 경우는 꽤 있었지만 기만적인 광고는 없었다.

유머광고에 대한 양적 분석에 이어서, 현대 유머광고에 담겨진 한국적 웃음문화의 전통을 좀 더 심층적으로 규명해 보기 위해 질적인 사례분석으로서 〈바나나는 원래 하얗다〉 캠페인 광고물 4편에 대한 서사분석을 시도했다. 분석결과 광고 속 사건에서 발견되는 상황적 아이러니, 의인(義人) 혹은 에이론(Eiron)으로서의 바보형 인물, 능청스러운 이야기꾼의 전면적 부각, 다양한 시점의 혼재 및 그로 인한 비판적 거리 조성 등이 주요한 특징으로 드러났다. 이러한 특징은 가깝게는 2000년대 성석제의 소설에서부터 김지하의 담시, 김유정 채만식의 소설 · 판소리 · 민요 등 구비문화, 그리고 신라의 향가에까지 닿는 전통 웃음문화의 계보에서 발견된다.

그런데 한국 유머광고에 대한 이러한 고찰에서 두 가지 유의사항을 지적하지 않을 수 없다. 우선 여기서는 한국 광고의 내용적 특징을 외국과 비교하기 위해서 가급적 기존연구의 분석유목 등을 그대로 차용하여 일치시킴으로써 분석결과의 상호비교가 가능하도록 했다. 하지만 그러한 비교는 서로 간의 데이터를 카이스퀘어 검증을 통해 교차분석한 것이 아니기 때문에, 통계적으로 엄밀한 의미에서 국가 간 차이 여부를 비교할 수는 없다. 단지 본 연구의 분석결과를 외국의 기존 연구결과와 간접적으로 비교해 본 것 뿐이라는 한계가 있다. 따라서 향후에는 좀 더 정확한 통계적 분석이 가능하도록 한국과 외국의 유머광고를 직접적으로 비교분석한다면 외국과 다른 한국 유머광고만의 특질을 파악할 수 있을 것이다. 또 여기서는 주로 〈바나나는 원래 하얗다〉 시리즈 광고를 사례분석하면서 한국적 웃음문화의 전통이 현대 유머광고 속에 어떻게 스며들어 있는가를 살펴보았다. 사례분석이기 때문에 이러한 분석결과를 섣불리 일반화할 수 없는 것이기에 향후에는 다른 사례를 가지고 한국적 유머광고의 특징이 무엇인가를 규명해 볼 필요가 있다. 특히 여러 유머광고에 나타나는 인물형(예를 들어 바보, 건달, 자린고비), 이야기 구성방식, 서술자 및 초점화의 방식 등에 대해 심층적인 텍스트 분석을 시도한다면 한국 웃음문화의 전통과 맞닿아 있는 한국적 유머광고의 실체를 온전히 파악할 수 있을 것이다.

광고는 오늘날 단순한 판매 촉진과 설득의 수단 이상이다. 자본주의 사회의 공식예술(official arts)이라 일컬어질 정도로 현대 소비 대중사회에서 우리의 미적 감수성에 적지 않은 영향을 미친다. 아마도 성석제, 김유정, 채만식의 소설을 제대로 읽고 판소리 〈춘향가〉를 온전하게 감상한 사람보다 〈바나나는 원래 하얗다〉 광고를 본 사람이 훨씬 많을 것이다. 물론 대중이 더 많이 접한다고 해서 꼭 더 가치가 있고 더 소중하다고 말할 수는 없다. 그러나 어린이에서부터 노인까지 광고가 발휘하는 그 가공할 영향력을 감안한다면, 우리의 문화적 전통을 어떻게 현대적인 문화 컨텐츠에 담을 것인가를 고민할 때 광고는 결코 간과되어서는 안될 분야이다. 우리 웃음문화의 전통이 오늘날 유머광고를 통해 어떻게 변형되면서 우리 일상 속에 스며들어 있는가를 분석한 이 연구는 그런 점에서 의미있는 시도라고 생각한다. 향후 한국인의 정서에 맞는, 그래서 커뮤니케이션 효과도 탁월하고, 풍성한 문화자산 형성에도 기여할, 한국적 웃음이 담긴 유머광고를 제작할 때 이 연구는 요긴하게 활용되리라 믿는다.

〈그림 1〉 회사편

남1: 위대하신 백부장님 오셨네요. 이거 지금 바나나 원래 하얗다는게 말이 됩니까?

남2: 아, 원래 속 먹는 부분은 하얗거든요.

남1: 아 그래서 어쩌라고요 안 팔리는 걸 어쩌라고요 맛있습니까? 그게?

남2: 음…….

남1: 그렇게 해서라도 매출 올리실거면 많이 드세요. 구두도 흰색 신으시고 예?

남2: 사실 그렇잖아요. 바나나를 까보면 분명히 하얀데. 내가 한 일에 대해서는 사실 지금도 후회는 안해요.

자막: MAEIL 바나나는 원래 하얗다.

〈그림 2〉 학교편

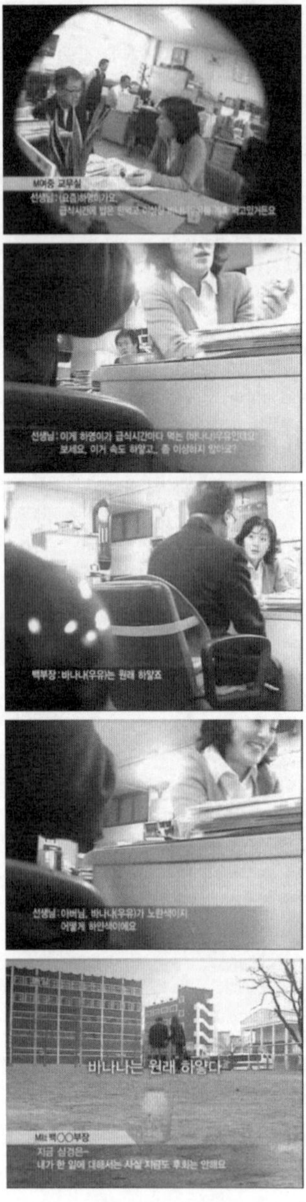

여: 하영이가요 급식시간에 계속 밥은 안 먹고 이상한 바나나 우유를 먹고 있거든요 이게 하영이가 급식시간마다 먹는 바나나 우유인데 보세요. 이거 속도 하얗고…… 좀 이상하지 않아요?

자막: 백부장 남 : 바나나는 원래 하얗죠

여: 아버님, 바나나가 노랗지 어떻게 하얘요

여2: 바나나 껍질을 까보면 분명히 속은 하얀데 자꾸 아빠한테 뭐라고 그러는 사람들이 원망스러워요

자막: M社 백○○부장 지금 심경은

남: 내가 한 일에 대해서는 사실 지금도 후회는 안해요

자막: MAEIL 바나나는 원래 하얗다

〈그림 3〉 편의점편

남1: 아이~ 아저씨 또 오셨네, 진짜~ 아이 자꾸 거기다 놓으면 어떡해요?

남2: 아이~~

남1: 저 피곤해 죽겠어요~ 봐! 봐요! 빨간색 우유, 노란색 우유인데 흰색 우유 놓으니까 웃기잖아요

남2: 호기심으로 살 수도 있잖아요 사람들이

남1: 바나나가 노래야지 하야니까 안 나가지

남2: 그럼, 어떻게 해야죠?

남1: 다시 노랗게 만들어야죠 근데, 아저씨는 뭐하는 사람이예요?

남2: 아…… 저……

자막: M社 백○○부장 지금 심경은

남2: 제가 한 일에 대해서는 사실 지금도 후회는 안해요

자막: MAEIL 바나나는 원래 하얗다

〈그림 4〉 경품행사편

남1: 백부장님 잘 오셨네, 경품행사 이거 누구 마음대로 하겠다는 겁니까?

남2: 상도 받고 해서 보답차원으로…….

남1: 보답차원? 그럼 당신 개근상 받았을 때도 보답했어요?

남2: 아 …… 저…… 정근상인데요.

남1: 이런……. 아무튼 난 결재 못 하겠으니깐 집을 팔아서 하시든가 알아서 해요.

남2: 사실 그렇잖아요. 상을 받았으면 좀 베풀기도 하는건데…….

자막: M社 백○○부장

남2: 제가 한 일에 대해서는 사실 지금도 후회는 안해요.

자막: MAEIL 바나나는 원래 하얗다

「유머광고에 나타난 한국 웃음문화의 특징과 전통성」에 관한 토론문

한명희

윤태일 선생님의 논문을 아주 흥미롭게 읽었습니다. 현대 한국 유머 광고의 현황과 특질을 분석하신 부분도 관심있게 보았고, 한국 웃음문화의 전통을 우유 광고 사례분석을 통해 밝히신 부분도 주의 깊게 읽었습니다. 특히 한국적 유머 광고 분석에서는 〈바나나는 원래 하얗다〉 광고의 웃음을 김유정을 비롯한 한국 소설가들의 작품과 비교해서 설명을 해주셔서 국문학 전공자인 저에게 특히 인상적이었습니다.

앞서 다른 주제로 토론하신 분들이 '내 전공 분야가 아니다'는 전제를 내세우시면서 질문을 던지는 것을 보았습니다만, 또 발표를 하신 분 중에도 '내 세부 전공이 아니다'는 말씀을 하시면서 발표를 시작하시는 것도 보았습니다만 저야말로 '광고'가 제 분야가 아니라는 말씀을 미리 드리지 않을 수 없습니다. 초보적인 질문을 드리더라도 널리 양해해주시기 바랍니다.

선생님은 〈바나나는 원래 하얗다〉 광고를 한국적 웃음문화의 전통을 가장 잘 담아낸 광고로 보고 있습니다. 특히 이 〈바나나는 원래 하얗다〉

광고가 ①상황적 아이러니의 측면에서, ②광고의 주인공인 백부장이 '바보'의 계보를 잇고 있다는 점에서, ③서술의 의뭉스러움, 반복적 구성, 시점의 혼재 등이 우리의 웃음 문화의 전통과 관련이 있다고 밝히고 있습니다.

선생님의 논의의 전적으로 동감하면서 몇 가지 궁금한 것을 여쭈어 보도록 하겠습니다. 광고 〈바나나는 원래 하얗다〉는 시청자들의 주목을 끈 성공한 광고임에는 틀림이 없는 것 같습니다. 그런데 이 광고의 성공 원인이 '웃음'을 유발하고 있기 때문일까요? 저는 '웃음' 유발보다 '노란 바나나' 우유에 대한 상식을 깬 것이 더 중요한 것이 아닐까 생각합니다. 〈바나나는 원래 하얗다〉는 상품명부터가 기존 경쟁사의 우유에 대한 불신을 전제로 하고 있는 것이 아닐까요? 다른 회사 우유는 색소가 들어가지만 이 우유는 그렇지 않다는 것이 이 광고의 소구점이 아닌가 합니다. 이 점은 최근의 친환경적인 제품에 대한 선호도와 더불어 소비자의 주목을 끄는 데 기여했을 것으로 생각됩니다. 논의가 조금 더 옆으로 빗나갑니다만, 이런 점에서 'TV CF 어워드 2007'에서 그랑프리를 수상한 〈show〉 광고 '대한민국 보고서 노부부편'에 나타난 웃음에 대해서는 어떻게 생각하시는지 궁금합니다. 이 광고의 카피 "아들아 우린 아무것도 필요 없다"는 국민적인 유행어가 되었고, 광고 자체가 여러 광고로 패러디되기도 하였습니다.

다음 질문은 조금 지엽적인 것인데, 유모 광고의 주요 등장 인물 숫자에 관한 것입니다. 선생님은 1990년에 주요 등장인물이 3명 이상인 경우가 전체 유머 광고의 70%를 차지했던 것이 2000년에는 2명 이하가 50.5%, 2005년에서 2008년에는 2명 이하가 75% 수준에 이른 통계를 인용해 이것이 한국 사회가 집단주의에서 개인주의로 이행하고 있기 때문이라고 분석하고 있습니다. 물론 이러한 점도 중요하겠지만 1990년에 비해 '스타 마케팅'이 늘어나는 것도 광고 속 주요 인물의 숫자가 줄어드는 중요한 원인이 되는 것이 아닐까요? 광고의 제작비가 늘어나는 반면 광고의 성공률은 점점 예상하기 어려워지므로 스타 파워를 지닌 스타에의 의존도는 점점 높아지는 것이 아닌가 생각됩니다.

마지막 질문은 좀 '유치한' 것으로 드리겠습니다. 선생님 논문의 논제에서는 중요한 것이 아니라고 생각됩니다만 광고 비전공자로서 호기심에 여쭈어봅니다. 한국 유머 광고 173편을 분석한 것을 인용하시고 우리 나라 광고 중에는 '기만성'이 있는 것이 없다고 하셨는데, 광고에서의 '기만성'이 어떤 것인지 언뜻 이해가 가지 않습니다. 외국 광고 중에서 '기만성'이 들어있는 예를 소개해주실 수 있으신지요?

선생님의 논문(광고 관련 논문) 속에서 한국 소설가들의 작품을 분석한 부분이 많아서 국문학을 전공한 저에게 많은 '자극'이 되었고, 이 논문이 '광고'에 대한 좋은 공부가 되었다는 말씀을 다시 올리면서 질문을 마칩니다.

TV 속 해학적 웃음의 세계

임현식형 인물의 웃음 미학

심우장

1. 머리말

'조연전성시대'라는 말이 심심치 않게 신문지상을 오르내린다. 영화나 드라마나 할 것 없이 조연들의 비중이 이전과는 많이 달라졌음을 표현한 말이다. 조연은 이제 단순한 감초도 아니고, 주인공의 보조도 아니다. 빛나는 조연은 영화나 드라마를 맛깔스럽게 만드는 차원을 뛰어넘는다. 뛰어난 조연이 주연 못지않은 인기를 누리고 있는 현실이 이를 잘 보여준다고 하겠다.

소위 잘나갔던 드라마나 영화에는 꼭 뛰어난 조연들이 있었다. '주연급 조연' 혹은 '특급 조연'이라 불리는 연기자들은 탄탄한 연기력을 바탕으로 자신만의 독특한 색깔이 들어 있는 연기를 펼친다는 점에서 드라마나 영화에서 없어서는 안 되는 핵심 인물이 되었다. 물론 표면적으로는 주인공만큼의 작품 내 위상을 가지고 있는 것은 아니다. 하지만 심층적으로는 작품의 구조나 미학과 같은 깊숙한 내질의 차원에까지 지대한 영향력을 끼치고 있다고 해도 지나친 말은 아닐 것이다.

〈다모〉라는 드라마에서 이문식이 열연한 마축지라는 인물이 없었다면 어떠했을까? 마찬가지로 〈넘버 3〉라는 영화에서 우리의 뇌리에 가장 오래도록 남아 있는 인물은 한석규나 최민식과 같은 주연이 아니라, 말도 안 되는 헝그리 정신으로 무장한 깡패 두목 송강호가 아닐는지. 〈왕의 남자〉의 육갑이 유해진도 주연 못지않은 독특한 연기 세계를 보여준 색깔 있는 배우로 각인되기에 충분하다.

이 글에서는 이러한 빛나는 조연들이 창출해낸 인물들 중에서 특히 해학적인 웃음을 선사하는 보조인물에 관심을 가져본다. '인물형'이라 부를 수 있을 정도로 보조인물 중에서도 뚜렷한 전형성을 이미 확보하고 있다고 평가되기 때문이다. 사실 위에서 예로 제시한 특급 조연들이 맡았던 역할이 대부분 해학적 보조인물들이라 할 수 있다. 이외에도 조연의 대명사로 불리는 명계남, 오달수, 김수로, 이한위, 성동일 등이 여러 작품에서 열연한 역할도 대부분 해학적인 인물이었다. 빛나는 조연들을 통해 해학적 보조인물들이 드라마나 영화의 핵심적인 인물형의 하나로 안착하였다고 볼 수 있을 것 같다.

TV 쪽으로만 국한시켜서 살펴본다면, 이러한 해학적 인물형이 확고하게 자리를 잡을 수 있었던 것은 최근에 TV가 특히 해학적 웃음을 추구하려는 일정한 경향성과 어느 정도 연관을 맺고 있다고 하겠다. 콘서트 형식의 코미디프로의 강화, 쇼 오락이나 리얼리티 프로그램에서 웃음을 추구하려는 뚜렷한 경향 등과 맞물리면서 드라마의 경우 해학적 보조인물이 없어서는 안 되는 핵심 인물의 하나로 부각되기에 이르렀다. 바로 여기에 임현식이라는 연기자가 자리한다.

TV 드라마에서 해학적 인물형을 창조하고 확립한 인물로 임현식을 첫손에 꼽을 수 있을 것 같다. 〈허준〉 〈올인〉 〈대장금〉 〈서동요〉 등 일련의 드라마에서 줄곧 해학적 보조인물 역을 뛰어나게 소화해냈다. 비슷하면서도 약간씩 차이를 보이는 해학적 인물을 연기하면서, 식상할 법도 하지만 결코 식상하지 않는 연기를 보여주어, 이제는 '임현식형' 인물[1)]이라 부르기에 주저함이 없을 정도로 독특한 자기 영역을 확보했다고 평가할 수 있을 것 같다. 이 글에서는 바로 이러한 '임현식형' 인물이 보여주는 웃음의 미학에 대해 살펴보려 한다.

2. 임현식형 인물의 위상

이 글에서 다루게 될 임현식이 열연한 임현식형 인물로는 여럿을 들 수 있다.[2)] 거슬러 올라가면 1980년대의 〈암행어사〉의 '방자'에서부터 시작하여, 1990년대 말 〈허준〉의 '오근', 2000년대로 넘어오면서는 〈올인〉의 '치수', 〈대장금〉의 '덕구', 〈서동요〉의 '맥도수' 등이 대표적이라 할 수 있다. 이중에서도 이 글에서는 '임현식형' 인물의 탄생이라 평가되는 〈허준〉의 '오근', 사극의 틀을 벗어나 '임현식형' 인물의 또 다른 면모를 보여주었다고 평가되는 〈올인〉의 '치수', 그리고 '임현식형' 인물을 완성했다고 평가되는 〈대장금〉의 '덕구', 이렇게 세 인물을 중심으

1) 드라마 속의 인물형을 말하는 것이기 때문에 그것을 연기한 연기자의 이름을 붙여 명명한다는 것이 조금 어긋나 보일 수 있을 것 같다. 원칙적으로는, 예를 들어 〈허준〉에서 임현식이 열연한 '오근'이라는 이름을 붙인다면 '오근형 인물'과 같은 형태로 불러야 적절할 것이다. 하지만 '오근'이나 '덕구'와 같은 드라마 속 인물의 이름이 시청자들에게 각인되어있지 않아 대표성을 지니기 어렵고, '임현식'이라는 연기자의 정체성이라고 이야기해도 크게 손색이 없을 정도로 임현식의 독특한 연기스타일이 이러한 해학적 인물형의 확립에 지대한 영향을 미쳤다는 점을 강조하는 차원에서 '임현식형' 인물이라고 명명하는 것이 보다 적절하다고 판단하였다.

2) 임현식형 인물이라 함은 넓게는 해학적 보조인물 전체를 가리킬 수도 있고, 좁게는 임현식이 연기한 몇몇 드라마의 해학적 보조인물에 국한시킬 수도 있다. 여기에서는 논의의 효율성을 위해 편의상 후자의 좁은 범주를 택하기로 한다.

로 살피기로 한다. 나머지 작품의 인물들은 대개 이 세 인물이 포괄할 수 있는 범주를 크게 벗어나지 않는다고 생각되기 때문이다.[3)]

○ MBC 드라마 〈허준〉
방영일 : 1999년 11월 29일~2000년 6월 27일
연출 : 이병훈, 극본 : 최완규, 임현식역 : 오근

○ SBS 드라마 〈올인〉
방영일 : 2003년 1월 15일~2003년 4월 3일
연출 : 유철용, 극본 : 최완규, 임현식역 : 치수

○ MBC 드라마 〈대장금〉
방영일 : 2003년 9월 15일~2004년 3월 30일
연출 : 이병훈, 극본 : 김영현, 임현식역 : 덕구

1) 영웅의 양육자 혹은 조력자

〈허준〉 〈올인〉 〈대장금〉은 모두 영웅의 일대기 형식을 빌은 작품이라 할 수 있다. 허준 · 김인하 · 서장금이라는 걸출한 인물이 태어나고 자라나 성공해가는 과정을 전통 서사의 원형 구조라 할 수 있는 영웅의 일대기에 맞추어 진행시켜나가고 있다.[4)]

〈허준〉의 경우, 평안도 용천 군수의 서자로 태어난 허준이 생명의 위

3) 「서동요」의 경우는 〈대장금〉과 연출 및 극본이 동일하고 성격도 비슷하게 이해될 수 있는 부분이 많아 대표적인 작품에서 제외하였다.

4) 조동일, 『한국소설의 이론』, 지식산업사, 1977, 288면에서 영웅의 일생을 다음과 같이 정리하였다. ㉮ 고귀한 혈통을 지니고 태어났다. ㉯ 비정상적으로 잉태되었거나 출생했다. ㉰ 범인과는 다른 탁월한 능력을 타고났다. ㉱ 어려서 기아가 되어 죽을 고비에 이르렀다. ㉲ 구출 · 양육자를 만나서 죽을 고비에서 벗어났다. ㉳ 자라서 다시 위기에 부딪혔다. ㉴ 위기를 투쟁으로 극복해서 승리자가 되었다.

협과 신분의 한계를 극복하고자 용천을 떠나 경상도 산음 땅으로 이주해오게 된다. 영웅의 평범하지 않은 탄생, 그리고 부모 혹은 자라난 곳으로부터 이탈하게 되는 계기라 할 수 있다. 산음에서 유의태라는 명의를 만나 의술을 배우게 되고, 유의태의 아들인 도지와 경쟁을 하면서 여러 차례의 위기를 극복하고 결국 어의가 된다는 줄거리는 전형적인 영웅의 일생으로 이해할 수 있다.

〈올인〉의 경우도 마찬가지다. 인하는 도박판을 전전하다가 패가망신한 아버지의 아들로 태어난다. 어려서 고아가 되어 외삼촌에 의해서 길러진다. 자라나서 살인혐의로 복역하기도 하고, 살인의 누명을 쓰고 밀항하여 미국에서 죽을 고비를 여러 번 넘기기도 한다. 타고난 도박꾼의 재주를 살려 최고의 갬블러가 된 후 제주로 돌아와 유능한 사업가로 변신한다는 줄거리 역시 전형적인 영웅의 일생이라 할 수 있다.

〈대장금〉도 영웅의 일대기 형식을 취하고 있기는 마찬가지다. 특이하게도 군관인 아버지와 수라간 나인인 어머니 사이에서 태어난 장금은 어려서 부모를 모두 잃고 고아가 된다. 덕구 부부에게 의탁하여 자란 다음 수라간의 나인으로 궁에 들어간다. 수라간의 권력 다툼에 휘말려 결국 관비가 되어 제주로 내려가게 된다. 여기에서 의술을 배워 다시 의녀로 궁에 들어가 온갖 고난을 이겨내고 결국 어의가 된다는 줄거리이다.

특히 〈대장금〉과 〈올인〉에서의 임현식은 공통적으로, 영웅이 어린 나이에 부모를 모두 여의고 홀로 남아 새로운 삶에 적응해나가는 과정에서 반드시 필요한 구출·양육자의 역할을 맡게 된다. 특히 〈대장금〉의 덕구는 양육자로서의 전형적인 모습을 보여준다. 장금은 아버지와 어머니를 모두 잃고 거지 행색이 되어 떠돌다가 술도가인 덕구집에 이르는데, 우여곡절 끝에 결국 덕구와 덕구처는 장금을 거두어 기르게 된다.

> 장금 : 그럼요. 제가 두 분의 도움 없이 어찌 지금이 있겠습니까? 제게는 친부모나 매 한가지입니다.[5]

장금이가 정식 나인이 되어 덕구집을 떠나기 전에 덕구와 덕구처에게 위와 같은 말을 하는데, 이를 통해 덕구 부부가 장금에게는 길러주고 보살펴준 친부모와 같은 존재임을 알 수 있다.

〈올인〉의 인하에게 치수 역시 비슷한 존재이다. 부모가 돌아가신 후에 고아원에 있던 인하를 외삼촌인 치수가 데려다가 기르게 된다. 남자 혼자서 아이를 기른다는 것이 보통 힘든 일이 아니었을 텐데 치수는 그것을 용케도 잘 감내한다. 사실 인하에 대한 치수의 감정은 조카에 대한 그것 이상이었고, 인하도 마찬가지로 치수를 친부모와 같이 생각한다.

> 치수 : 돌이켜 보면, 너 성장기가 사고와 말썽으로 점철이 돼있는데, 가만있자, 초등학교 일학년 때 학교에서 반 애들 모아놓고 섰다 가르치다가 나 개망신 시켰지. 중학교 이학년 땐가 태준이 용태 그놈들하고 역전에서 날치기 하다가 소년원 가네 마네 난리를 폈지. 겨우 고등학교 보내놨더니 패싸움 해가지고 학교 짤렸지. 거기다가 칠 년 옥바라지에. 아이고 끝도 없다 끝도 없어.[6]

성공한 사업가로 돌아온 인하와 제주의 한 호텔에서 다시 만나 과거를 회상하고 있는 치수의 말에서 버려진 영웅을 거두어 길러서 자신의 능력을 십분 발휘하도록 하여 큰 공업을 이룰 수 있게 보살펴주는 양육자의 역할을 짐작해볼 수 있을 것 같다.[7]

이와 같이 홀로된 영웅을 길러주는 양육자의 역할이 임현식형 인물의 기본적인 역할이기는 하지만 실질적으로는 주인공에 대한 조력자로서의 역할이 훨씬 중요하다고 봐야 한다. 영웅의 일대기를 작품의 근간구조로 갖고 있는 고전작품에서 양육자의 역할은 크게 두 가지로 나뉘

---

5) 〈대장금〉 9회.

6) 〈올인〉 22회.

7) 〈허준〉의 경우는 구출 양육자로서의 역할이 오근보다는 유의태에 쏠려 있는 것이 사실이다. 오근은 양육자보다는 조력자로서의 역할에 충실한다. 이는 허준에게 친어머니가 생존해 있기 때문인 것으로 생각된다.

는 것 같다. 단순히 홀로되어 위험에 처한 영웅을 구해서 길러주는 역할을 하는 경우와 영웅에게 필요한 자질을 길러주는 것을 주로 하는 경우이다.[8)] 조력자로서의 역할은 다분히 이 후자의 경우와 밀접한 관련을 맺고 있다.[9)]

〈올인〉의 치수는 인하의 아버지와 같이 노름꾼이자 사기꾼이다. 기차를 타고 다니면서도 인하에게 속임수를 쓰기 위한 몸짓을 가르치고 음식을 훔치는 모습을 태연하게 시범 보인다. 물론 인하에게 직접적으로 노름의 기술을 가르치지는 않지만 노름꾼으로서의 삶을 적나라하게 보여줌으로써 그러한 삶에 자연스럽게 젖어들게 한다.[10)]

〈대장금〉의 덕구는 궁중에서 큰 연회가 열릴 때마다 수라간에 불려가는 남자 숙수(熟手)로 설정되어 있다. 다시 말하면 수라간 나인인 장금에게 음식 만드는 일을 도와줄 수 있는 그런 직업의 소유자이다. 실제로 장금이 위기에 처해 있을 때, 덕구에게 많은 것을 물어오고 실질적으로 또는 정신적으로 많은 도움을 준다. 예를 들어 고래로 요리를 해야 하는 장금이 그 맛을 물어보면 다음과 같이 대답한다.

> 덕구 : 이게 먹어보면 생선 맛 같기도 하고 또 육고기 같은 맛이 나기도 하고 하여간 부위마다 그 맛이 달라서 12가지 맛이 난다고 하는데. 그 맛을 뭐라 딱히 말하자면 ……, 그 맛은 …….
>
> 장금 : …….

8) 서사무가 〈바리공주〉의 경우 비리공덕할아비와 할미는 갓난아이로 버려진 바리공주를 데려다가 길러주지만 바리공주에게 특별한 자질을 연마시켜주지는 않는다. 반면에 고전소설 「유충렬전」에서 백룡사의 도승은 홀로된 유충렬을 거두어 그에게 도술을 가르쳐주는데, 나중에 유충렬은 이 도술을 이용하여 황제가 위험에 처해 있을 때 혈혈단신으로 적진에 뛰어들어 황제를 위기에서 구한다.

9) 세 작품 모두에서 임현식형 인물은 주인공의 직업과 유사한 일에 종사하게 되는데, 이는 이들에게 조력자의 역할을 부여하기 위함으로 생각된다. 〈허준〉에서는 종약서원, 〈올인〉에서는 노름꾼, 〈대장금〉에서는 숙수가 그의 직업이다.

10) "인하 : 남들 유치원 다닐 때 화투장 갖고 놀았어. 가르쳐 준 적 없어도 배울 건 다 배웠어."(〈올인〉 1회)

덕구 : 쇠고기와 비슷하다고 생각하면 된다.
장금 : 쇠고기요?
덕구 : 그래. 뭐 딱 맞지는 않지만 거의 흡사해.[11]

유의태 문하에서 함께 의술을 배우던 오근은 허준이 의과 시험에 합격하여 내의원이 되자 약재창고와 탕약방에서 일하는 종약서원으로 취직하여 허준의 곁을 떠나지 않는다. 의술에 있어서는 워낙 허준이 앞서 있기 때문에 큰 도움을 줄 것이 없지만,[12] 그 외의 부분에 대해서는 여전히 조력자로서의 역할을 성실히 수행한다.

허준 : 만날 방도가 없겠습니까?
오근 : 의녀들이 기숙하는 곳은 남자들 출입을 엄금한다고 들었네. 쉽진 않을 것이야.
허준 : (착잡하고)
오근 : 내 방도를 찾아볼 것이니 기다려보게.
(…중략…)
오근 : 예진 아씨를 만날 수 있는 방도를 찾았네.
허준 : …… .
오근 : 예진 아씨는 혜민서에 소속된 초학의(初學醫)라네.
허준 : 초학의라뇨?
오근 : 혜민서 하급의녀들을 칭하는 말이네. 내 알아보니 의녀라고 다 똑같은 의녀가 아니더구만. 궁안의 내의원에는 중전마마나 대비마마를 모시는 어의녀(御醫女), 궁안의 높은 내명부나 지체높은 사대부가의 마님을 돌보는 내의녀(內醫女)가 있고, 혜민서에는 내의(內醫), 간병의(看病醫)가 있으며 그 밑이 병자를 돌보는 일 말고 잡다한 일까지 도맡아

11) 〈대장금〉 14회.
12) 그렇다고 하더라도 허준이 의술을 펼치는 데 전혀 도움이 되지 않았던 것은 아니다. 신성군의 치료를 위해서 허준이 급히 거머리가 필요했는데, 그것을 잡아다 준 이가 바로 오근이었다. 또한 선조가 의주에서 몸이 쇠약해서 시침을 받을 수 없는 상황에서 목초액을 구해 기력을 회복하도록 실마리를 제공한 것도 오근이었다.

하는 초학의(初學醫)가 있다네. 아까 예진 아씨가 포도청에 있지 않던 가? 초학의들은 죄를 진 여자들을 잡아들이는 일도 한다더구만.[13]

뜻밖에 궁에서 예진 아씨를 만난 허준이 오근을 통해서 그녀에 대한 정보를 얻고 결국 오근을 통해 그녀를 만나게 된다. 허준과 예진 아씨의 관계는 많은 부분 오근의 도움을 통해서 형성된다.

영웅이 영웅으로 자리하기 위해서는 세상에 내버려지는 과정을 반드시 거쳐야 한다. 소위 '기아(棄兒)' 모티프라는 것이다.[14] 뛰어난 영웅의 자질을 갖고 태어났다고 하지만 거대한 세계 앞에 아직은 초라하고 불완전한 인간일 뿐이다.[15] 이 때 영웅의 가장 가까운 곳에서 세상과 영웅의 접속을 원활하게 해주는 역할을 하는 것이 바로 양육자이자 조력자라고 할 수 있다. 임현식형 인물이 맡고 있는 기본적인 역할은 바로 이 부분에 있다.

2) 인물 및 사건의 연결자

임현식형 인물이 가지는 중요성은 그가 사실은 작품에 없어서는 안 될 인물이나 사건의 연결자라는 데에서 더욱 부각되어야 할 것 같다. 다양한 인물간의 정보의 소통을 원활하게 하여 관계의 비어 있는 틈을 메워주기도 하고 사건의 연결을 매끄럽게 하여 극적인 구조를 만들어 낸다는 점에서 임현식형 인물은 무척 중요한 위상을 갖는다.

---

13) 〈허준〉 35회.

14) 정태적인 영웅성이나 숭고함이 아니라 보다 역동적인 영웅성이나 숭고함을 추구하기 위해서 필요한 것이 고난의 모티프인데, 기아 역시 이러한 고난 모티프의 하나이다.

15) 장금과 인하는 부모가 모두 죽어 고아로 세상에 버려지고, 허준은 자라난 곳에서 멀리 떨어진 경상도 산음에서 낯선 세계에 적응하며 새로운 삶을 꾸려가야 하는 초라한 존재로 그려진다.

예를 들어 〈허준〉의 경우, 앞서 살펴본 바와 같이 허준과 예진 아씨의 만남을 종약서원이 된 오근이 중간에서 주선하는 모습을 보게 된다. 또한 유도지와 허준의 긴장 관계를 형성하기 위한 정보의 소통도 많은 부분 오근에 의해서 이루어진다.

도지 : (놀란 얼굴로) 그 그게 사실인가?
오근 : 예. 틀림없이 내의원 도제조께 보내는 소개장을 받았습니다. 그 소개장만 있으면 의과에 합격하는 것은 시간문제입니다요.
도지 : (도지의 얼굴이 분노로 일그러지는데)[16]

오근 : 자네 도지 도련님이 입격한 소식은 들었나?
허준 : (놀라나 내색은 않고) 그 그랬군요.[17]

성대감댁 마님이 중풍에 걸려 사경을 헤매는 것을 멀쩡하게 일어나도록 한 허준이 그 보답으로 도제조에게 보내는 소개장을 받았다는 소식을 유도지에게 전달한 사람은 오근이었다. 마찬가지로 유도지와 경쟁하듯 나란히 과거 시험을 보러 떠났다가 뜻하지 않게 시험을 치르지 못한 허준에게 유도지의 합격 소식을 전하는 이도 오근이었다. 아래의 예에서처럼 유도지에게 강력한 라이벌로 등장한 허준을 미리 내치는 것이 어떻겠냐고 은근히 부추기는 이도 오근이었다.

오근 : 허준이가 산음땅에 있는 한 앞으로도 도련님 앞길에 걸림돌이 될 것입니다. 이번 기회에 아주 산음땅에서 좇아 보내는 것이 어떨는지요?
도지 : (말없이 오근을 본다.)
오근 : 허준이는 근본도 모른 채 산음땅으로 흘러 들어온 놈입니다. 그놈 마누라가 얼굴이 반반한 게 어디서 기생질하던 년이라는 소문도 있지만 평소에 도도한 기품으로 봐서 양반가의 여식일 거란 추측도 있습니다.

16) 〈허준〉 14회.
17) 〈허준〉 23회.

상놈 주제에 양반가의 여식과 혼사를 치렀다면 말 못할 사연이 있지 않겠습니까? 털어보면 틀림없이 구린 구석이 있을 것입니다.[18]

내의원 의과 시험날짜가 잡혔다는 소식을 허준에게 알려준 이도 오근이었고, 허준이 전란 중의 공으로 정일품의 정승 반열에 오르게 되었다는 사실을 가족들에게 처음 알려준 이도 오근이었다. 사소하게는 과거 합격자 명단에서 유도지와 허준의 이름을 확인하여 그들에게 제일 먼저 알려준 이도 역시 오근이었다.

〈대장금〉에서는 이러한 정보 전달자로서의 역할이 더욱 강조된다. 한상궁이 장금이의 어머니인 박나인의 생사를 알아봐 달라고 부탁하는 사람도 덕구이고, 사옹원에 나가 있는 장금에서 어찬경연 소식을 전하는 것도 덕구이고, 한상궁과 장금이가 태평관으로 차견되었다는 소식을 정상궁에게 전달하는 이도 덕구이다. 민정호가 정보를 얻기 위해 기방을 출입하였을 때도 덕구가 함께 했고, 한상궁이 괴한에 납치된 사실을 민정호에게 알려준 이도 덕구이다. 제주까지 내려가서 장금이가 왜장을 치료하도록 역할을 한 것도 덕구이고, 장금이의 의녀 합격 소식을 제일 먼저 전하는 이도 역시 덕구이다. 연생이 임신을 한 사실을 장금에게 알려준 이도 덕구이고 연생에게 순산하라고 자식 열다섯 낳은 집 첫 아들의 배냇저고리를 구해다 준 이도 덕구이다.

정상궁 : 부적일세!
덕구 : 예?
정상궁 : 자네, 이 길로 점바치에게 가서 이 부적이 무엇을 방자(方子)하는 것인지 알아보게.[19]

한상궁 : 부탁드립니다…… 정상궁마마님의 병세가 걱정이 되어 그럽니다.

18) 〈허준〉 17회.
19) 〈대장금〉 10회.

장금 : (이쪽으로 왔고)

덕구 : 아무리 그래도 어떻게 도…… 돌림병이 있는 곳을 가라고 (간절히) 꼭 저여야만 합니까?

장금 : 아저씨! 달리 부탁드릴 분이 없어 그럽니다. 정상궁마마님께서 정말 돌림병에 걸리신 것인지, 병세는 어떠하신지 너무 걱정됩니다.[20]

덕구처 : (장금이의 삼작노리개를 휙 집어던지며) 나으리가 그렇게 찾던 사람! 생명의 은인입네 어쩌네 하며 찾아야한다던 사람이 장금이였다구!

민정호 : (경악한다.) 뭐라구요?

덕구 : 나으리! 장금이가 그 삼작노리개의 주인입니다.[21]

최상궁이 퇴선간에 숨긴 부적이 어떠한 뜻을 지니는지 알아오게 정상궁이 부탁하는 이도 덕구이고, 한상궁의 부탁으로 궁밖에 있는 정상궁의 병세를 알아오는 것도 덕구의 몫이고, 노리개를 단서로 장금을 찾는 민정호와 장금을 연결시켜주는 것도 덕구 부부이다. 이상의 세 부분은 작품 전체의 서사 진행에서 무척 중요한 역할을 맡고 있는 부분이라서 새삼 덕구라는 인물의 중요성을 느끼게 한다. 이처럼 〈대장금〉의 덕구는 작품의 곳곳에 배치되어 인물들 간의 정보가 원활히 소통될 수 있도록 연결시켜주는 허브 역할을 하고 있다고 할 수 있다.

뿐만 아니라 임현식형 인물은 서사의 진행에 있어서도 무척 중요한 역할을 맡는다. 이 역시 주로 〈허준〉과 〈대장금〉에서 보이는 주요한 특징인데, 주목해 봐야 할 부분은 서사의 흐름에 일종의 리듬을 부여하는 역할이다.

오근 : 여기 쑥이 있네.

허준 : 침을 놓겠습니다.

20) 〈대장금〉 18회.
21) 〈대장금〉 28회.

(놀라는 예진과 오근.)

오근 : 아니, 자네.

허준 : (침통을 열고 침을 꺼내서 든다.)

오근 : **자네, 미쳤나? 스승님의 명을 거역하겠다는 건가?! 이러다 잘못되면 어쩔려고 그래.**

(…중략…)

오근 : 내 자네가 스승님 말씀을 거역하고 침을 들 땐 영락없이 잘못될 줄 알았는데, 자네 정말 대단허이.[22)]

허준이 눈이 멀게 된 돌쇠모에게 뜸으로 치료를 할 것인지 침으로 치료할 것인지를 고민하고 있는 장면이다. 유의태는 뜸으로 치료하라고 했지만 허준이 이를 거역하고 소신껏 침으로 시술하려는 것을 오근이 만류하며 걱정스런 말을 전하고 있다. 사실 이 부분은 허준에게 있어서나 이 장면을 보고 있는 시청자의 입장에서나 심적 갈등의 여지가 많은 곳이다. 문제의 소지를 만들지 않으려면 시키는 대로 하면 되지만, 결국 허준은 소신을 택한다. 이 때 오근이 나서서 일이 잘못되었을 때 엄청난 불이익이 올 수 있음을 지적하는 말을 하는데, 사실 이렇게 될 가능성이 무척 높기 때문에 이러한 지적은 결과에 대한 부정적인 예견을 부추기는 역할을 하게 된다.

물론 일은 잘 풀려서, 돌쇠모가 허준의 침을 맞고 눈을 뜨게 되고 허준이나 오근이나 시청자들은 모두 안도의 한숨을 쉬게 된다. 굵게 표시된 부분과 같은 오근의 대사가 없었다면 이러한 안도의 깊이는 좀 더 얕아졌을 것이다. 그러니까 오근의 대사를 통해 불안감을 표면화하여 안도의 한숨 혹은 기쁨의 정서가 보다 깊어지도록 유도했다는 것이다. 이와 같이 서사의 흐름이 오르락내리락 리듬을 탈 수 있도록 하는 역할을 임현식형 인물이 수행한다.[23)]

---

22) 〈허준〉 26회.

23) 의과 시험을 보러 온 허준에게, "자네 실력으로 될까? 난 말이야, 세상천지에 의원이

〈올인〉에서도 이러한 부분이 없진 않지만[24] 보다 적절한 예는 〈대장금〉에서 많이 찾을 수 있다.

덕구 : 큰일났네. 음식이란 게 재료가 반인데 벌써 좋은 재료 맡기는 다 틀렸네.[25]

구만 : 넌 제주가면 또 태형을 받을 것이니, 그리나 알아!
덕구 : 이 사람이 이게 무슨 장금이 잘못이라고. 대감마님이 하라면 하는 거지. (하고는 장금에게) 근데 장금아! 너 알고는 있는 거냐? 이건 음식을 해 올리라는 게 아니라 병을 고치라는 거야.
구만 : 그러게 말야! 왜 자꾸 쇠고기는 썰어?[26]

앞의 예는 어선경연대회에서 장금이가 좋은 재료를 맡지 못하게 되자 덕구가 결과가 걱정된다며 하는 말이다. 뒤의 예는 장금이가 제주로 돌아가는 길에 우연히 만난 김대감의 아들을 치료하기 위해 소고기 진액을 만들고 있는데 덕구가 걱정스레 한소리 거들고 있는 장면이다. 역시 둘 다 일은 잘 풀려서 장금이 어선경연대회를 통과하게 되고 김대감의 아들도 병이 낫게 되는데, 이와 같은 덕구의 걱정스런 말로 인해 그

란 작자들이 그리 많은지 이번에야 알았네. (…중략…) 그 와중에 자네처럼 두서없이 의술을 배운 사람이 입격된다는 건 뜬구름 잡기야. 괜히 헛고생말게."라고 해서 나중에 있을 합격의 대단함을 강조한다거나, 성대감 부인을 치료한 허준에게 말하기를, "헌데 집사 말이 대감께서 집 한 채 지어주마 하는 걸 자네가 거절했다는데 그게 사실인가? (…중략…) 야 이 사람아! 자네가 그리 산다고 세상이 알아주나?"라고 함으로써 허준의 강직함을 부각시키고 있는 것도 비슷한 역할이라 할 수 있다.

24) 살인 누명을 쓰고 미국으로 밀항한 인하의 소식을 전혀 알지 못하는 치수는 상심이 크다. 인하의 친구들이 이를 달래기 위해서 깜짝 생일파티를 해주는데, "내 팔자에 생일은 뭔 놈에 생일이야. 그만들 가봐라" "웃어? 어떻게 웃어? 인하 그놈 생사도 모르는데 내가 어떻게 웃어?"라고 하면서 착잡한 분위기를 고조시킨다. 이러한 부분은 뒤에 성공한 사업가로 다시 등장하는 인하와의 만남에서 느낄 수 있는 기쁨의 강도를 높게 하려는 의도와 맞물려 있다고 생각해 볼 수 있다.

25) 〈대장금〉 8회.

26) 〈대장금〉 32회.

기쁨의 크기는 더욱 커지게 된다.

요컨대, 정보의 소통이 원활해지면서 인물의 관계가 긴밀해지고 서사의 흐름에 리듬을 부여하여 서사적 재미를 더해주는 역할을 하는 것이 임현식형 인물이다. 작품의 뼈대를 구성하는 인간관계나 서사구조가 주로 주인공을 중심으로 형성된다면 거기에 흙을 발라 간극을 메우고 볼륨감 있는 형상을 만들어내는 역할은 임현식형 인물이 주로 담당하고 있다고 할 수 있겠다.

3) 민중적 눈높이의 조절자

사실 영웅 이야기는 일반인들의 구체적인 삶과 비교해 본다면 좀 낯선 것일 수 있다. 고귀한 혈통을 지닌 뛰어난 인물들이 궁궐이나 호텔과 같은 범인들이 일상적으로 접하기 어려운 공간에서 활약하는 모습은, 그렇기 때문에 재미있을 수 있지만, 그만큼 괴리감을 느낄 수 있다는 것이다. 문화적 낙차에서 오는 이러한 괴리감을 메워주는 역할 또한 임현식형 인물들이 주로 담당하게 된다.[27]

임현식형 인물들은 민중적인 삶을 살아가거나 민중적인 시각을 지닌 인물로 그려지는 경우가 많다. 예를 들면 다음과 같은 부분들이다.

> 오근 : 홍춘이와 나 사이에 자식이 없으니 이놈을 하늘이 준 인연이라 생각하고 자식으로 삼겠소. 이놈 살리려고 허망하게 죽은 상화도 그리 바랄 거 같습니다.
>
> 오근 : (아이의 얼굴을 보고 아이를 얼러 보는데 그런 오근과 아이를 보는 허

27) 이러한 역할을 하는 보조인물의 예는 영웅소설 「유충렬전」 같은 작품에서도 찾아볼 수 있다. '한 백발 노인'이라 명명된 보조인물은, 딸인 조낭자가 유충렬과 결혼한 것과, 마지막에 상하인민이 함께 송덕하는 태평성대가 이루어졌다는 지적을 참조할 때, 상하의 문화적 차이를 메워주는 역할이 부여된 의도적인 인물이라 생각할 수 있다.

준과 예진, 만경 애잔한 미소를 띠고.)

(…중략…)

오근 : 네 안사람 젖동냥 좀 하자. 우리 정화 젖 좀 먹여줘.

양태 : (놀라고) 예?

오근 : 미음도 안 먹고. 이대로 두면 숨 넘어 가겠다. 제발, 좀.

양태 : (떨떠름) 형님 사정은 알지만 그게…….

(…중략…)

유월 : 이리 데려 오십시오.

양태 : 여, 여보.

오근 : 그, 그래도 되겠나?

유월 : 어서 데려 오세요.[28]

전란 중 혼자가 된 아이를 거두어 기르면서 양태의 부인 유월이에게 젖동냥을 하고 있는 장면이다. 전란이란 항상 민중들에게는 아픔이고 그 아픔은 서로 보듬고 가야만 아물 수 있다는 것을 오근이라는 인물을 통해서 절실히 보여주고 있다.[29] 시청자들은 이러한 오근의 눈높이를 통해 민중적인 시각을 확보할 수 있고, 그런 만큼 민중적인 영웅을 가슴 깊이 받아들일 수 있게 된다.

따라서 다음과 같은 덕구처의 비판적인 말들은 지배층에 대한 민중의 속마음을 대변하는 것으로 이해될 수 있다.

덕구처 : 위에서 하는 분들 일이 늘 그렇지 뭐. 언제는 우리가 이해되는 일 해?[30]

일반 백성의 시선으로는 도저히 이해할 수 없는 처사들이 너무 많다는

28) 〈허준〉 59회.

29) 오근은 이 아이를 포함해 두 아이를 역병으로 잃게 되는데, 이는 오근이라는 인물의 민중적인 성격을 강화하는 계기라 할 수 있을 것 같다.

30) 〈대장금〉 41회.

따끔한 질책이다. 이렇게 곱지 않은 시선은 우리의 민중영웅과 대척점에 놓여 있는 여러 적대적 인물들에게도 가서 꽂힌다.

오근 : (혼잣말로) 저놈의 염장지르는 재주는 해가 갈수록 더하는구만. 허황된 꿈? 그렇게 따지면 너는 촌구석 의원 출신 아니냐? 금덩이 들이미는 수를 써 입격한 게 누군데 날더러 요행이라는 거야.[31]

덕구 : 아니 그럼, 최상궁마마님이 직접 그걸 드셔본단 말야?
신비 : 예.
덕구처 : 먹고 확 탈이나 나라!
덕구 : 아니 이 사람이. 그런 소린 집에가 이불 쓰고 해야지.
신비 : 왜요? 최상궁마마님 싫어하십니까?
덕구처 : 싫어한다기보다는 (작게) 웬수다. 웬수.[32]

최판술 : 뭘하는 게야! 당장 노를 저으라는데!
(하는데, 느닷없이 노를 강으로 던져버리는 사공. 그리고는 최판술 쪽으로 고개를 돌리는데 덕구다.)
덕구 : 날세!
최판술 : (놀라면)
덕구 : 이 나쁜 놈아![33]

의과 시험을 보는데 유도지에게 도움을 청하러 갔다가 거절당하자 유도지의 치부라 할 수 있는 부분을 건드려 욕하는 장면이나, 최상궁이 먹어본다는 말에 탈이나 나라고 저주를 퍼붓는 장면이나, 도망치는 최판술을 잡아서 시원스레 욕을 하고 있는 장면은 악역을 맡은 인물들에 대한 지극히 민중적인 속 시원한 감정 해소라 할 수 있다.

31) 〈허준〉 31회.
32) 〈대장금〉 40회.
33) 〈대장금〉 48회.

그런가 하면 문화적 격차를 보일 수밖에 없는 주인공의 행위를 평범한 일반 민중들의 행위로 치환하는 방법을 사용하기도 한다. 예를 들면 인하가 갬블을 통해서 재기의 노력을 할 때, 치수는 바위와 함께 미꾸라지 경주라는 신종 야바위를 시작한다. 이러한 야바위 노름은 주인공의 갬블과 묘하게 대조를 이루면서 병치 혹은 환치되어 갬블을 민중적 관점에서 이해하는 통로 역할을 하게 된다.

특히 주인공의 사랑에 대한 이해 방식도 이러한 면을 많이 가지고 있다. 〈허준〉과 〈올인〉에서는 임현식형 인물이 모두 사랑에 빠져서 결국 결혼에 이르게 된다. 그런데 이러한 사랑은 주인공의 사랑과 항상 병치되면서 주인공들의 사랑이나 임현식형 인물의 사랑이 크게 다르지 않은 것이며 모두 진진한 사랑의 마음일 수 있다는 것을 은연중에 보여주려 한다.

> 이때 카메라 안으로 갑자기 들어오는 치수의 머리. 마치 인하가 수연에게 기습적으로 입맞춤을 하듯이 치수, 입술로 현자의 입술을 덮쳐 버리는데, 놀라서 눈이 똥그래지는 현자. (인하가 외삼촌인 치수를 닮은 게 틀림없다.) 얼른 치수를 밀쳐내는데.[34]

치수와 현자의 사랑이 인하와 수연의 사랑을 닮아 있다. 물론 치수와 현자의 사랑이 코믹하고 경박한 면을 갖고 있기는 하지만 나름 진솔한 면을 갖고 있어서 시청자들은 은연중에 둘의 사랑이 결실을 맺었으면 하고 바라게 된다. 이러한 사랑의 전선에 바위가 침투해 들어오면 그야말로 삼각관계가 형성되는데, 이는 인하와 수연, 그리고 정원의 삼각관계와 그 모습이 무척 많이 닮아 있다.

〈허준〉에서도 마찬가지다. 허준과 예진아씨의 사랑은 오근과 홍춘의 사랑에 겹쳐져서 다가온다. 저쪽에 도지가 끼어서 삼각관계를 형성하면

34) 〈올인〉 9회.

이쪽에서는 하동댁이 끼어들어 삼각관계를 형성한다. 물론 오근과 홍춘의 사랑은 다분히 희극적인 면이 없지 않지만 상사병에 걸릴 만큼 심각하며 진실성의 면에서는 의심의 여지가 없는, 그래서 많은 시청자들의 전폭적 지지를 받는 진솔하고 인간적인 사랑이다.[35)]

요컨대 우리는 임현식형 인물을 통해 작품을 보다 민중적인 시각에서 이해할 수 있는 여지를 발견하게 된다고 할 수 있다. 대부분의 영웅들이 민중 영웅의 성격을 갖는 것은 물론 그들이 추구하는 이념이 지배층보다는 민중 쪽에 더 가까이 있기 때문일 것이지만, 이러한 민중 영웅의 성격이 시청자들의 정서 깊이 박힐 수 있는 계기는 아무래도 임현식형 인물들에 의해서 마련되는 측면이 강한 것 같다. 이는 임현식형 인물이 가지는 또 하나의 매력이기도 하다.[36)]

4) 해학적 웃음의 유발자

임현식형 인물을 앞서 해학적 보조인물이라고 이름 하였듯이 그가 유발하는 해학적 웃음은 드라마에서 그의 위상을 대변한다고 할 수 있다. 다양한 방식으로 해학적 웃음을 유발하여 고전의 각종 해학적 인물의 성격을 하나로 모아 놓은 듯한 느낌마저 들게 한다. 그가 펼쳐 보이는 해학적 웃음의 세계를 살펴보면 다음과 같다.[37)]

35) 임현식형 인물이 주인공과 유사하지만 차원이 좀 낮은 방식으로 특징적 행위 혹은 사랑을 보여주는 것은 민중적 눈높이를 맞추려는 의도와 함께 탈맥락화하는 웃음을 유발하려는 의도도 함께 있다고 보아야 한다. 후자에 대해서는 후술한다.
36) 초창기부터 임현식이 연기해온 다양한 인물들이 사실은 민중적이고 서민적인 성격을 다분히 지녔었기 때문에 〈허준〉이나 〈대장금〉에서 민중적인 눈높이를 조절하는 역할이 자연스러웠던 것 같다. 임현식은 1984년작인 〈암행어사〉에서 암행어사와 함께 다니는 방자역을 했었고, 1986년부터 6년간 〈한지붕 세가족〉에서 순돌이 아빠로 열연했다.
37) 여기에서 해학이란 풍자와 대를 이루는 골계의 한 종류로 이해한다. 사나운 골계라 할 수 있는, 직접적인 야유 · 모욕 · 비판으로 대상을 풍자하는 것을 제외한 여타의 골

우선 임현식형 인물의 걸쭉한 언어 표현에서 해학적인 분위기를 느낄 수 있다. '후레자식' '독사 같은 놈' '망할년'과 같은 상스런 말을 늘 상 사용하고, 비유적인 표현에서도 재치를 보여주는 경우가 많다.

치수 : 그런데 아직 정앨 모르냐? 정애 갠 지 엄말 똑 닮았어요. 웬만한 사내놈은 찜쪄 먹을 애지.[38]

오근 : 깨금이 자네, 구렁이 담 넘어 가면서 기왓장 깨는 소리 말게.[39]

덕구 : 술 마실 때가 되었습니다. 술시가 가까웠으니까요.[40]

덕구 : 이제 또 집에 가봐야 멸치마냥 볶이거나 황태마냥 시달리거나 나물마냥 말리거나 것도 아니면 벼처럼 타작 당하거나……. (장금이를 붙잡고는) 장금아! 우리 여기서 그냥 살자.[41]

덕구 : 내가 아주 술하고 고기를 못 먹어서 몸에서 사리가 나오는 줄 알았다.[42]

엄마처럼 강단이 세다는 것을 "웬만한 사내놈은 찜쪄 먹을 애"로, 개금이에게 허튼 소리 하지 말라는 것을 "구렁이 담 넘어 가면서 기왓장

계(위트나 넌센스도 포함)를 범박하게 아울러서 부드러운 골계, 즉 해학에 포함시켜 논의한다(조동일, 「미적 범주」, 『한국사상대계』, 성균관대 출판부, 1976). 기존의 논의를 종합해볼 때, 해학은 풍자와 같이 야유나 모욕으로 대상을 보는 것이 아니고 어디까지나 호의를 가지고 대상에 파고드는 것이기 때문에, 인간 속에 묻혀 있는 선한 가치라든가 순박한 행복, 그리고 애정 같은 것을 인식하려 한다(장덕순, 「한국의 해학」, 『동양학』 4집, 단국대 동양학연구소, 1974, 3면). 해학은 그렇기 때문에 근본적으로 인간에 대한 온정과 이해를 바탕으로 하면서 자기 부정을 통하여 새로운 높은 차원의 긍정을 초래하게 하는 웃음이다(강태근, 「해학의 개념 연구」, 『새국어교육』 41집, 한국국어교육학회, 1985).

38) 〈올인〉 7회.
39) 〈허준〉 42회.
40) 〈대장금〉 17회.
41) 〈대장금〉 17회.
42) 〈대장금〉 16회.

깨는 소리 말게"로, 술을 마시자는 핑계를 "술시가 가까웠다"는 것으로, 마누라에게 들볶이고 시달리는 것을 "멸치마냥 볶이거나 황태마냥 시달리거나 나물마냥 말리거나 것도 아니면 벼처럼 타작 당한다"고, 술과 고기를 오랫동안 먹지 못했다는 것을 "몸에서 사리가 나오는 줄 알았다"고 이야기한다. 또 사헌부에 끌려가 죽을 고비를 간신히 넘기고 돌아온 덕구에게 덕구처가 걱정스레 건네는 말에도 재치 있는 말로 받아 넘길 줄 아는 인물이 임현식형 인물이다.

덕구처 : (한숨을 푹쉬며) 어디 어디 헐거나 쪼그라 붙은 데는 없구?
덕구 : 있지!
덕구처 : 어디? 어디?
덕구 : 간! 콩알만해졌어.[43)]

해학의 주요한 방법 중의 하나인 과장 표현도 임현식형 인물이 자주 사용하는 언어표현 방식이다. 그다지 중요한 보직도 아니면서 일서나 양태에게는 일급 비밀 임무를 맡고 있는 것처럼 떠벌리는 〈허준〉의 오근, 민중 영웅이 되어 임사홍과 대결해서 멋지게 물리쳤다고 떠벌린다든가, 왜구가 왔을 때 사실은 자신의 목숨을 보존하고자 비굴하게 장금이에게 애원을 했음에도 자신이 목숨을 걸고 나서서 많은 사람들의 목숨을 살렸다고 떠벌리는 〈대장금〉의 덕구를 보고서 해학적 웃음을 짓는 것은 당연해 보인다.

주막으로 들어오는 오근과 일서, 양태.
오근 : (호기 있게 주모에게 술을 시킨다.) 주모! 여기, 거하게 술 한 상 봐오게.
일서 : 관원들한테까지 호령하는 걸 보니 형님 정말 출세하셨소.
오근 : 뭐 그 정도는 내의원 안에서 맡고 있는 내 소임에 비하면 새발에 피라고나 할까.

43) 〈대장금〉 12회.

양태 : 형님이 맡은 소임이 뭐요?

오근 : 나? 이건 외부에 알려지면 안 되는 내의원의 기밀사항인데. (괜히 두리번거리면서) 자네들만 알게. 난 말이야, 상감마마와 왕실 종친부 어른들께 올리는 탕약과 약재의 책임을 맡고 있네. 내의원의 핵심적인 소임이지.[44]

덕구 : 그러니까 임사홍이 보운 검을 움켜쥐더라구!

일도 : 그래서요, 아부지!

덕구 : 그래서는, 맨손으로 산 곰의 웅담도 빼내는 내가 그까짓 검 따위야.

일도 : 그래서요, 아부지! 칼을 피하셨어요?

덕구 : 그걸 말이라고. (일어서며) 내가 이 손으로…… .[45]

덕구 : 왜구놈들이 길길이 뛰면서 의원을 찾아내라, 안 찾아내면 모두 죽이겠다 협박을 하는데, 제가 당당히 나서서, '장금이가 명의오' 했습니다. 안 그랬으면 모두 죽었을 겁니다.

장금 : …….

덕구 : 그리고는 장금이가 시침을 못 한다는걸 '내 목을 걸겠소' 했습니다. 안 그러면 다 죽겠더라구요. (민정호에게) 장금이를 아시지 않습니까? 얘가 한번 안 한다 하면 안 하는 애라.[46]

〈대장금〉에서는 특히 덕구가 표현의 수위를 제대로 맞추지 못해서 웃음을 자아내는 경우가 많다. 짧게 이야기해야 할 곳에서 쓸데없이 길게 이야기한다든가, 길게 이야기해야 할 곳에서 너무 짧게 이야기한다든가 하는 것이다. 덕구처는 이러한 덕구에게 짧게 할 말, 길게 할 말 구분을 못한다고 핀잔을 주곤 한다.

덕구 : 제가 송파 나루에 갔었는데 배를 멈추려고 했는데 배가 산으로 아니

44) 〈허준〉 34회.
45) 〈대장금〉 3회.
46) 〈대장금〉 31회.

배가 삼개나루가 아니라 거꾸로 여주나루 쪽으로 가서 한상궁마마님이 저에게 예 한상궁마마님이 경합에 쓸 해산물을 사달라고 부탁을 하셨는데 그러니까…….

민정호 : 도대체 무슨 말이오? (…중략…) 차근차근 말씀을 해 보세요. 도대체 어떻게 된 일입니까?

덕구 : 예. 그럼 차근차근 어제 제 방에서 있었던 일부터 말씀을 드리겠습니다. 그니까 제가 방에서 마누라의 등을 긁어주고 있었습죠.

민정호 : (답답해서 어쩔줄을 모르고.)[47]

덕구처 : (장금에게) 아직 안 갔냐?

장금 : (힘없이 방으로 가며) 내일 갑니다.

덕구처 : (덕구에게) 아니 왜 저래? 무슨 일 있었어?

덕구 : 아니 제주로 가는 길에 나랑 만났는데.

덕구처 : 짧게!

덕구 : 응 대가댁 도련님을 고쳐주고.

덕구처 : 더 짧게!

덕구 : 떨어졌대.

덕구처 : 뭔소리야?[48]

첫 번째 예는 덕구가 민정호에게 한상궁의 납치 사실을 알려주는 대목인데, 처음에는 경황이 없이 너무 짧게 이야기를 해서 민정호가 알아듣지 못하자, 다시 차근차근 이야기를 한다면서 무척 장황하게 이야기를 시작하고 있다. 두 번째 예에서도 마찬가지다. 제주도로 내려간다던 장금이가 힘없이 집으로 돌아오자 그 이유가 궁금한 덕구처에게 "아니 제주로 가는 길에 나랑 만났는데"부터 시작하여 장황하게 이야기를 하려하자 짧게 이야기를 하라고 하니까 "떨어졌대"라고 함으로써 도대체 무슨 일이 벌어진 것인지 알 수 없게 만들어 놓았다. 시청자들은 이러

47) 〈대장금〉 20회.
48) 〈대장금〉 32회.

한 대목에서 한 편의 시트콤을 보는 듯한 느낌을 가질 수 있다.[49)]

또한 가벼운 폭력, 그리고 해학적 몸짓 등도 자주 사용되는데, 여기에서 나오는 웃음도 중요한 부분을 차지한다. 몸짓과 관련해서 가장 해학적인 부분을 예로 들면 다음과 같다.

> 갑자기 덕구처의 어깨가 들썩거린다.
> 덕구 : 자네 어깨가 왜 그래? 갑자기 왜 그래?
> 덕구처 : 나도 몰라. 내 어깨가 왜 이러는 거야?
> 덕구 : 아니, 갑자기 이게 무슨 변곤가?
> 덕구처 : (어깨를 들썩거리더니 이번에 팔이 둥실) 변고가 아니고 어깨춤인 거 같네, 어깨춤.
> 덕구 : …….
> 덕구처 : 10년 묵은 체증이 확 내려가면서 어깨춤이 절로 나는 것이네.
> 보던 덕구도 갑자기 어깨가 들썩하고.
> 덕구 : 그러네, 그래.[50)]

줄곧 장금이를 못살게 했던 최상궁이 잡혀갔다는 소식을 접하고 그 기쁨을 표현하는 데 위와 같이 해학적인 몸짓을 이용하고 있다. 자신도 모르게 덩실덩실 어깨춤이 춰지는 것을 덕구와 덕구처의 어설픈 몸짓과 익살맞은 대화를 통해서 표현하고 있는 것이다.

임현식형 인물이 해학적 웃음을 선사하는 주요한 계기는 또한 그의 바보스러움에서 찾을 수 있을 것 같다. 고전의 바보 소화에서 볼 수 있는 해학적 웃음의 세계를 계승하고 있다고 볼 수 있는 대목이다.[51)] 임현식형 인물은 대부분 굼뜨고 덜렁대고, 상황파악 제대로 못하고, 남이

49) 이 부분은 〈봉산탈춤〉의 '미얄과장'에서 미얄이 '영감'이라 부르는 말을 너무 짧게 했다가 악사에게 핀잔을 듣고 다시 너무 길게 불러서 또 퇴짜를 맞는 장면을 연상시킨다. 이두현, 『한국가면극선』, 교문사, 1998, 197면.

50) 〈대장금〉 43회.

51) 바보 소화에서 볼 수 있는 해학적의 웃음의 세계는 서대석, 『한·중 소화의 비교』, 서울대 출판부, 2007 참조.

하는 대로 했다가 망신당하고, 남을 속이려 하나 대부분 들통이 나는 참 바보스런 인물로 그려진다.[52]

덕구처 : 호패는 챙겼어?

덕구 : (나가다가 멈칫) 맞다. 호패. (다시 방으로 뛰어 가려면)

덕구처 : (호패를 흔들고 있고)

덕구 : (휙 잡아채곤) 고맙네. (다시 뛰어 나가려는데)

덕구처 : 노자는 챙겼어?

덕구 : (나가다가 다시 멈칫) 맞다. 노자. 돈 한 푼 없이 제줄 갈 뻔했네. 여보게, 어서 노자 좀.

덕구처 : (치마에서 꺼내 주면)

덕구 : (받아선 보는데 적은 듯싶고) 아니 이걸 가지고 어떻게 그 먼 길을 떠나?

덕구처 : 가기 싫어?

덕구 : (도리도리하다가는) 그래도 노자가 너무…….

덕구처 : 뱃시각 늦는다며? 안 갈 거야?

덕구 : 그렇지 늦었지.[53]

제주도 관비로 내려간 장금이를 보기 위해 떠나는데, 어서 장금이를 보고 싶은 마음에 정작 중요한 호패며 노자 등을 챙기지 않고 떠나려는 대목이다. 부산스럽고 덜렁대서 바보 같다는 느낌을 받기에 충분하다.

---

52) 세 작품에서 공히 임현식형 인물은 졸고 있는 모습으로 여러 차례 등장한다. 졸다가 화들짝 놀라기도 하고 구박을 받기도 하는데, 이러한 모습 역시 인물의 바보스러움과 일정 부분 관련을 맺고 있는 것 같다. 게으르고 굼뜬 행동거지를 보여주려 한 것으로 이해된다.

○ 아직 영업 개시전 텅빈 대기실에 치수가 혼자 앉아서 꾸벅꾸벅 졸고 있는데, 이때 대기실로 현자가 들어온다. / (…중략…) 현자 : (버럭) 김치수씨! / 치수 : (화들짝 놀라서 깨는데)(〈올인〉 9회)

○ 이때 졸던 오근이 눈을 뜨고.(〈허준〉 22회)

○ 나무 그늘 평상 위에서 코를 골며 자고 있는 덕구.(〈대장금〉 16회)

53) 〈대장금〉 31회.

이러한 바보스러움 혹은 모자람은 부인이나 사랑하는 여인 앞에서 꼼짝하지 못하는 모습에서 보다 적나라하게 볼 수 있다.

> 치수 : 그저 사내라면 환장을 하지 환장을 해.
> 현자 : 거 듣자 듣자 하니까 너무 심하네. 내가 뭐 어쨌다고 타박이야! 뭐? 환장을 해?
> 치수 : (깨갱) 아니, 뭐, 말이 헛나간 거지.54)

> 오근 : (당황해서) 내가 자네한테 내 마음을 전했건만 못 받았던가?
> 홍춘 : ……?
> 오근 : 호 …… 홍춘이! 나 …… 난, 자네를 처음 봤을 때부터.
> 홍춘 : (말자르고) 난 예서 노닥거릴 시간이 없소! (차가운 얼굴로 급하게 병사를 나가면)
> 오근 : 호 …… 홍춘이 …….55)

현자의 쏘아붙이는 말에 치수는 꼼짝을 못한다. 마찬가지로 홍춘의 차가운 표정에 오근은 속수무책이다. 그저 '호 …… 홍춘이'를 부르는 것 외에는 별다른 도리가 없다. 덕구처 앞에서의 덕구 역시 크게 다를 바가 없다. 강한 여자 앞의 초라한 남자라는 설정은 그 자체로 해학적 웃음을 유발하는 주요한 기제로 작용한다. 이 '호 …… 홍춘이'라는 대사는 〈허준〉을 대표하는 명대사가 될 만큼 깊은 인상으로 남아 있게 되는데, 그만큼 시청자들에게 해학적인 웃음을 많이 선사했다는 말일 것이다.

임현식형 인물의 바보스러움은 잘못된 상황판단으로 이어져 웃음을 선사하기도 한다. 〈대장금〉에서 술에 취해 비틀거리며 노랫가락을 흥얼거리고 있는데 멀리서 불빛이 아른거리는 것을 보고, "마누라가 날 잡

---

54) 〈올인〉 16회.
55) 〈허준〉 37회.

을라고 애들을 풀었나?"고 생각한다든지, 〈허준〉에서 유의태가 허준에게 시술할 수 있는 기회를 주기 위해서 동헌에서 물러난 것을 두고 유의태가 허준에게 밀려난 것이라고 생각하고 여러 사람들에게 그렇게 이야기하는 부분이 대표적이라 할 수 있다.

또 하나는 속임수이다. 임현식형 인물은 속임수를 자주 사용하는데, 그러한 속임수 자체에서도 해학적 웃음은 유발되지만, 오히려 그 속임수가 들통나는 장면에서 보다 큰 웃음이 유발된다. 예를 들어, 〈올인〉에서 바위와 심심풀이 고스톱을 치다가, 자꾸 돈을 잃으니까 화가 나서 어쭙잖게 환목이라는 속임수를 쓰려고 하는데, 낌새를 챈 바위에게 들통나서 망신을 당하는 장면이 대표적이라 할 수 있다. 〈대장금〉에서는 임금님이 먹는 정력제라고 하면서 가짜 천신순기환(天神純氣丸)을 만들어 팔려다가 장번내시에게 들통이 나서 혼이 나는 장면이라든지, 민정호에게 더덕을 장뇌삼이라 속여 팔려다가 들통이 나는 장면, 창이나 영로에게 노리개를 비싼 값으로 팔았다가 들통이 나는 장면 등이 대표적이다. 그 중에서도 아래의 예는 해학적 웃음의 진수를 보여주는 부분이라 할 수 있다.

최고상궁 : 왜 그러는가?
덕구 : 이는 곰의 왼쪽 발바닥이옵니다.
최고상궁 : 왜? 안 되는가?
덕구 : 안될 것은 없사오나 오른쪽 발바닥과는 천지차이이옵니다.
최고상궁 : 그건 왜 그런가?
덕구 : 곰은 벌집을 딸 때 오른쪽 앞발로만 차는 버릇이 있어 무차별 공격을 해오는 벌떼의 꿀이 고스란히 오른쪽 앞발바닥에 스며들지요. 따라서 그 맛은 물론이요 효능에서 차이가 크게 납니다. 그래서 옛 중국 하나라의 군주 걸왕은 반드시 오른쪽 앞발바닥만 먹었습니다.
장번내시 : 아니 자네, 지난번엔 왼쪽발바닥으로 꿀을 찬다며 왼쪽발바닥을 가져오지 않았나?

덕구 : (당황) 아니 …… 저어 ……, 그건 (얼른) 그것은 …… 그놈은 왼발잡이라!

장번내시 : (째려보고) 왼발잡이 곰?

최고상궁 : 됐네. 얼른 조리나 하게.

덕구 : 분명 왼발잡이 …… .[56]

해학적 웃음을 유발하는 기제로 두루 많이 사용되는 것 중 빼놓을 수 없는 것이 역시 성적인 언행이다. 〈허준〉에서는 홍춘이와, 〈올인〉에서는 현자와, 〈대장금〉에서는 부인인 나주댁(덕구처)과 성적인 분위기를 물씬 풍기는 언행들을 일삼아 재미를 더해주고 있다.[57] 물론 이는 주인공들이 펼치는 것과 같은 애로틱한 분위기와는 차원이 한참 다르다. 두 사람은 진지하게 임하지만 시청자들이 볼 때에는 왠지 어색하고 웃기기만 하다.

덕구 : 내가 오늘 허리가 좀 아픈데.

덕구처 : 어제는 다리가 아프고, 그저께는 머리가 아프고, 오늘은 허리가 아프고. 언제 안 아퍼? 엉?

덕구 : 그러니까 ……, 그게 …… .

덕구처 : 일 좀 하라 그러면 만날 내빼다니고 배달 한 돈은 만날 빼돌리고 이거 마저 맨날 빼먹으면 그게 지아비야?

덕구 : 그러니까 ……, 그게 …… .

덕구처 : 몰라. 오늘은 허리가 부러지든 머리가 깨지든 난 몰라.

하고는 덕구의 옷을 벗어제끼는데. 덕구, 더욱 옷을 움츠리며.

덕구 : 사내에게도 지키고 싶은 감정이 있는 건데. 그렇게 마구잡이로.

하는데 벌써 덕구처 옷을 확 잡아채는데. 이때.

장금 : (E)아저씨! 저, 장금이예요.

---

56) 〈대장금〉 5회.

57) 전통 소화에서 부부의 성생활과 관련된 내용이 많은 비중을 차지한다는 점을 상기해보면 성생활을 소재로 웃음을 유발하는 방식은 전통적이라 할 수 있다. 장덕순, 앞의 논문, 28면.

덕구 : (놀라고 반가워 바로 튀어나가며) 장금아!
덕구처는 열받은 표정.[58)]

이러한 장면들이 더욱 해학적일 수 있는 것은 분위기만 야릇하게 잡고서는 정작 잠자리를 하려는 참에는 외적 요인이 방해를 해서 결국 실패하고 말기 때문이다. 흡사 음담류 설화에서 자식들이 즐비한 가운데 한방에서 자면서 잠자리를 하려는 부부의 우여곡절을 보고 있는 것만 같아서 야릇한 재미를 느낄 수 있다.

이상에서 우리는 임현식형 인물이 펼치는 해학적 웃음의 세계를 조목조목 살펴보았다. 〈올인〉의 현자나 〈대장금〉의 덕구처 역시 해학적 웃음을 유발시키는 주요한 인물들이어서 이들 커플들이 작품의 곳곳에서 종횡무진 웃음바다를 연출하고 있다고 해도 과언이 아닐 것이다. 매회 1~2번씩 큰 웃음을 선사하여 자칫 지루할 수도 있는 작품의 분위기를 화기애애하게 만들어주는 인물이 임현식형 인물이라 할 수 있겠다.

3. 임현식형 인물의 웃음 미학

짐작할 수 있겠지만 임현식형 인물이 가지는 작품 내 위상, 즉 영웅의 양육자 혹은 조력자라든지, 인물 및 사건의 연결자, 민중적 눈높이의 조절자 등은 사실 해학적 웃음의 유발자라는 큰 틀 속에 수렴되는 것으로 이해해도 크게 무리는 없을 것 같다. 그만큼 이 인물들에게서 해학적 웃음이란 스스로의 정체성을 확보하는 지배적인 요소라 할 수 있다. 양육과 조력, 정보 전달 및 연결, 민중의 시선 등을 확보하는 데 웃음이

58) 〈대장금〉 6회.

라는 기제는 빠지지 않고 함께 작용하고 있기 때문이다.

그렇다면 임현식형 인물이 추구하는 이러한 해학적 웃음의 성격은 무엇인가? 임현식형 인물이 주인공 못지않게 작품 전체를 지배하는 특별한 힘을 가지고 있다면, 이는 다분히 그들이 보여주는 해학적 웃음의 세계와 긴밀히 연관되어 있을 것이고, 이는 다시 작품의 미학적 차원과도 소통할 수 있는 원천일 수 있을 것이다. 따라서 임현식형 인물이 추구하는 웃음의 성격을 파악하는 것은 작품을 이해하는 무척 긴요한 작업임에 틀림없다.

1) 경계적 웃음

임현식형 인물이 보여주는 해학적 웃음은 대체로 '경계에서 나오는 웃음'이라 할 수 있다. 경계라면 여러 가지 차원으로 이해할 수 있다. 공간적 측면에서의 경계뿐만 아니라, 인간 관계의 측면에서도 경계가 있을 수 있고, 사람의 능력이나 직업에 있어서도 경계가 있을 수 있는데, 특히 임현식형 인물들은 이러한 경계에 위치하면서 해학적 웃음을 유발하려는 경향이 뚜렷하다.

세 작품에서 공히 임현식형 인물은 어설픈 재주를 지녔다. 〈올인〉에서의 치수는 평생 노름판에서 기술을 익히기는 했지만 그 실력이 크게 좋아보이지는 않는다. 물론 나이트클럽 대기실에서 여종업원들과 함께 고스톱을 친다면야 자유자재로 그들을 요리할 수 있을 정도의 실력을 갖추었지만 그 이상도 그 이하도 아니다. 어디 가서 하우스 좀 다녔겠구나 하는 정도만을 갖춘 인물이다. 작중 인물로 봤을 때는 인하와 같은 최고의 갬블러와 심심풀이로 고스톱이나 칠 줄 아는 평범한 여종업원 사이에 위치한다고 할 수 있겠다.

미숙 : 아 씨 뭐 이래.

애자 : 너 이 기집애야. 자꾸 사고 칠래?

미숙 : 난 뭐 싸고 싶어 싸!!

애자 : (화투를 치고 젖히지만 헛손질) 이런.

치수 : (미숙이 싼 패를 먹어오고 젖히면 쌍피를 먹어오는데) 자, 자!! 포고!!59)

현자 : 왜 그러는데?

바위 : 혹시 환목을 쓴 게 아닌가 해서.

현자 : 환목이 뭔데?

바위 : 화투를 바꿔치기 해서 나 엿먹이는 거죠.

현자 : 에이 아는 사람끼리 친목으로다 치는데. 설마 그러기야 했겠어?

바위 : (손가락으로 화투 뒷장을 슬슬 만져보는데) 그럼 그렇지. (씩 웃고 치수를 보면)

치수 : (이런 제기럴.)60)

치수의 눈에는 미숙과 애자가 무척 어리숙하고 한심해 보인다. 치수가 노름꾼 출신이라는 사실을 모른 채 점 천의 고스톱판을 벌이고 있으니 말이다. 한심해 보이는 그 낙차만큼이 해학적 웃음으로 표현되고 있는 장면이다. 하지만 바위에게는 항상 약하다. 나름 노름판에서 굴러먹은 경력이 있는 바위에게 환목을 쓰다가 현장에서 걸려 망신을 당하고 있다. 그것도 심심풀이 화투판에서 말이다. 치수의 이러한 노름꾼으로서의 어설픈 모습이 항상 웃음의 대상이 되곤 한다.

현자 : 이사람이 미쳤나!!

치수 : 혀 현자야! 나 요새 왜 이러나 모르겠다. 밤에 잠도 안오고. 혼자 자는 방이 왜 그렇게 넓은지.

현자 : (혀를 끌끌 차면서) 하이고 주책도 주책도. 잠 안오면 문고리나 잡고 놀

59) 〈올인〉 8회.
60) 〈올인〉 19회.

아!!
(기분 나쁜 듯 손으로 입술을 한번 쓱 훔치고)
(…중략…)
치수 : 이게 뭐야?
용태 : 탄 한목만 설계해 주세요.
치수 : 뭐?
용태 : 그거 있잖아요. 고스톱 칠 때 화투 미리 순서대로 짜 놓고 치는 거. 탄을 쓰면, 삼천 점도 넘게 난다면서요?
치수 : 그렇다고 볼 수 있지? 근데 탄은 뭐하게?
용태 : 웨이터 대기실에서 지금 한판 붙었거든요. 칠성이, 용팔이. (씩 웃으면서) 새끼들 한방에 보내야지. 좀 만들어 줘요!!
치수 : (느닷없이 용태의 뒷통수를 후려치고) 이런 망할 자식. 누가 노름하래!!
용태 : 노름은요!! 심심풀이로다 하는 건데.
치수 : (다시 용태의 뒷통수를 후려치고) 심심하면, 문고리나 잡고 놀아!![61]

억센 여자 현자를 좋아하는 치수, 그는 항상 현자 앞에서는 약자일 수밖에 없다. 기습 키스를 해 보지만 주책이라며 야단을 맞고 잠이 오지 않으면 문고리나 잡고 놀라는 말까지 듣는다. 이러던 치수가 용태에게는 한없이 강자이다. 탄을 설계해 달라는 용태에게 현자에게서 당했던 것과 똑같이 문고리나 잡고 놀라는 말로 응수한다. 현자에게는 약자로 용태에게는 강자로 기능해 웃음을 선사하는 방식이 바로 경계에서 나오는 웃음의 전형적인 방식이라 할 수 있다.

〈허준〉의 오근은 10년째 의술을 공부하고 있지만 그렇게 뛰어난 재주를 지니지는 못했다. 이런 어중간한 실력이 해학적 웃음을 유발하는 주요한 원천이 된다. 우선 어설픈 재주는 유도지에게는 나무람의 대상이 된다. 물론 이러한 나무람은 오근의 톡 쏘는 혼잣말에 의해서 심각한 것이 아닌 해학적인 것으로 전환된다.

61) 〈올인〉 9회.

예진 : 고뿔이 중한 병잡니다. 어지럼증과 두통이 심하다 합니다.

도지 : (오근을 보고) 해보시오.

오근 : (난처한 얼굴)

도지 : (화를 낸다) 대체 할 수 있는 게 뭐요? 원밥 먹은 지가 얼만데, 아직 고뿔 걸린 병자 시침도 못한단 말이요! 그따위로 할 거면, 당장 그만두시오!

(…중략…)

오근 : (혼잣말로) 제길 새파란 자식이 해도 너무 하잖아. 지깟놈이 알면 얼마나 안다고 사람 무시하는 거야.62)

유의태 문하에서 의원밥 먹은 지 10년이 지났어도 진맥이나 시침을 제대로 하지 못해 그 흔한 감기 환자조차 볼 수 없는 오근의 모습을 보여주고 있다. 일방적으로 나무람을 듣는 입장이지만 분위기는 곧바로 해학적으로 변한다. '새파란 자식' '지깟놈' 운운하면서 걸쭉한 말로 쏘아붙이는 대목이나 또 다음과 같은 부분에서 특히 그러하다.

이때 장쇠가 재채기를 하면서 옷소매로 콧물을 훔친다. 그런 장쇠를 보는 오근.

오근 : 장쇠 너 여기 좀 누워 보거라.

장쇠 : 예?

다들 의아한 얼굴로 오근을 본다.

장쇠 : 거긴 왜 눕습니까요?

오근 : 너 고뿔 걸렸나 본데, 내가 침 놔서 고쳐줄 터이니. 빨리 누워 봐.

장쇠 : (기가 막힌 얼굴로) 형님이요?

부산포와 영달, 꺽쇠 비웃듯이 낄낄대는데. 오근은 열받고 (…중략…)

오근 : 빨리 누워!

장쇠 : (난처한 얼굴로) 저 ……, 전 괜찮습니다요. 아픈 데 없습니다.

오근 : 야이, 미련곰퉁이 같은 놈아! 콧물까지 찔찔대면서 뭔 헛소리야. 빨리 누워.

장쇠 : (찜찜하고. 어쩔수 없이 오근 앞 평상에 눕는데.)

---

62) 〈허준〉 11회.

다들 그런 오근과 장쇠를 재밌다는 얼굴로 쳐다본다.

오근 : 너 이자식들! 내가 의원밥 헛 먹었는 줄 알아? 이깟 고뿔쯤은 침 한방으로 끝이야. (…중략…)

오근, 호기를 부리던 것과는 달리 긴장된 얼굴로 시침을 하고. 시침하는 손이 부들부들 떨리는데. 오근의 침이 장쇠의 목덜미를 찌르면.

장쇠 : (순간 악하는 비명을 지르고 자리에서 벌떡 일어난다.) (…중략…)

장쇠 : 나 난 못하겠수. 때려 죽인데도 못해. (…중략…)

부산포 일행 키득거리는데. 오근이 확 째려보면 머쓱하고.[63]

유도지에게 핀잔을 듣고 장쇠에게 무모하게 시침을 하려는 것이 심각하지 않고 유쾌하게 그려지고 있다. 마지막에 부산포 일행이 키득거렸다는 것이 이를 잘 보여준다. 유도지와 장쇠의 사이에서 구박을 당하기도 하고 폭력적으로 다가갈 수도 있지만 어느 경우나 해학적인 분위기를 연출하는 데 공헌한다. 따라서 이러한 부분에서 해학적 웃음을 자아낼 수 있는 것은 그가 가지는 경계인적인 속성 때문이라 할 수 있겠다.

오근은 정확한 의술을 펼치지 못한다. 하지만 10년씩이나 의원에서 보고 배운 것이 있다고 생각되기 때문에 그 주변 사람들은 무턱대고 오근의 말을 무시할 수도 없다. 이러한 어정쩡한 상황에서 웃음은 만들어지는데, 대표적인 것이 민간에 떠도는 터무니없는 요법을 사람들에게 일러주는 부분이다.

오근과 일서, 함안댁이 서 있는데.

오근 : (사방을 두리번 거리고) 가만있자, 남쪽이 어딘가.

일서 : 저기. 저기지.

오근 : (함안댁을 보고) 자네 저쪽으로 천천히 걸어봐.

함안댁, 오근의 말에 따라 문 쪽을 향해 천천히 걷는데.

오근, 잔뜩 긴장하고 서있는 일서에게 불러보라는 눈짓, 손짓을 한다.

63) 〈허준〉 11회.

일서 : (알았다는 듯) 여보 마누라.

그러자 함안댁 오른쪽으로 고개를 돌려 보는데. 구일서 얼른 오근을 본다.

오근, 고개를 설레설레 저으며.

오근 : 딸일세.

일서 : (실망하는) 딸이라니?

오근 : 임신한 여잘 남쪽으로 걷게 해서 불렀을 때 왼쪽을 돌아보면 아들이고 오른쪽으로 머릴 돌리면 딸이야.64)

유도지와 허준의 중간에서 해학적 웃음을 만들어내는 역할도 오근에게 주어졌다. 사실 주인공이 허준이라고 생각하면 욕망에 불타는 유도지보다는 허준 쪽 가까이에서 그를 적극적으로 후원해야 할 것 같지만 오근은 그렇게 하지 않는다. 물론 극의 중반부를 넘어가면서부터는 허준을 적극적으로 도와주는 조력자의 역할에 충실하지만 유의태의 문하에서 유도지와 허준이 치열하게 경합을 할 때에는 그 중간에서 중간자적인 역할을 한다. 유의태의 문하에서 오래도록 있었다는 것에서는 유도지와의 친연성을, 유의태 가족이 아닌 외부자라는 차원에서는 허준과의 친연성을 보이는 경계자이다. 앞서 본 것처럼 유도지에게는 새파란 자식이 아버지의 후광으로 의술이 높아졌다고 비판하고, 허준에게는 싸가지없는 후레자식이라고 욕하는 부분도 역시 경계자이기에 가능한 해학이다.

〈대장금〉의 덕구는 궁 안과 궁 밖을 연결시켜주는 경계인으로의 역할이 핵심이다. 안에서는 밖의 논리로, 밖에서는 안의 논리로 속이고 조롱하는 역할이 그에게 주어져 있다.

덕구 : (주모 오면) 여기 탁주 한사발! 그리고 들어가신 분께도 한사발.

정윤수 : (떨어져 앉고)

주모 : 누구셔?

---

64) 〈허준〉 16회.

덕구 : (주모에게 살짝) 내 얘기하지 않았는가? 장사하는데 깍정이 패들이 괴롭히거든 얘기하라고.

주모 : 허면 정말 내금위 종사관 나으리랑 친하단 말야?

덕구 : 그렇다네. 이래도 내 외상값을 다 받을 텐가?

주모 : …….

덕구 : (한쪽에 앉은 정윤수를 가리키며) 저 분은 내의원 의관이시네. 허니 어디 아프거든 얘기하게. 내 처방을 받아다 줄 것이니.[65]

창이 : (주인에게) 이거 얼마예요?

덕구 : (주인에게 손으로 뭔가 현란하게 표시를 하는데)

주인 : 한 냥이우.

영로 : 아저씨, 이거 저한테 세 냥에 파셨잖아요.

덕구 : 그게 아니라…….

덕구처 : 나머지 두 냥은 어쨌어? 남겨서 팔았으면 나한테 가져와야지.

영로 : 지금 그게 문제예요? 우리한테 사기를 치고 팔았는데.

덕구처 : 그건 항아님들 문제구요.[66]

앞의 예에서는 종사관이나 내의원을 개인적으로 잘 알고 있다는 점을 들어 주막집 주모에게 거드름을 피우고 있는 장면이고, 뒤의 예에서는 궁 밖의 물건을 궁 안으로 가지고 가 너무 비싸게 팔았던 것이 들통이 나고 또 그렇게 얻은 수입을 처에게 제대로 가져다주지 않은 것까지 함께 들통나는 장면이다. 이중의 경계적 위치에서 속임수를 쓰다가 그것이 발각되어 해학적 웃음을 자아내게 하는 대목이라 할 수 있다.

정보를 원활하게 소통시켜 인물 및 정보의 연결자 역할을 하는 임현식형 인물은 그러한 역할에 걸맞은 위치, 즉 중간자 혹은 경계인의 위치에서 해학적 웃음을 유발하는 것이 두드러진 특징이라 하겠다. 이쪽과 저쪽을 자유로이 넘나들면서 서로 다른 쪽의 논리나 입장으로 해학적 웃

65) 〈대장금〉 15회.
66) 〈대장금〉 23회.

음을 만들어내기에 알맞은 위치가 바로 이쪽과 저쪽의 경계이다.67)

2) 너그러운 웃음

임현식형 인물이 추구하는 웃음은 대체로 인간적인 웃음이자 너그러운 웃음이다. 이는 해학이 추구하는 웃음의 성격과 일맥상통한다.68) 기본적으로 인간적인 정에 기반을 둔 웃음이기 때문에 때로는 악함이 보이거나 폭력을 사용한다 하더라도 마냥 미워할 수 없게 만드는 독특한 면모를 보인다.

노름을 해서 돈을 따면 반드시 잃는 사람이 있게 마련이다. 그런 사람들 중에는 때론 실의에 빠져 자살을 하는 사람도 있을 수 있다. 그래서 노름은 비인간적이다. 노름꾼 치수 역시 이러한 면에서는 그리 긍정적인 인물은 아니다. 하지만 그런 치수에게도 인간적인 면모는 살아 있었다.

> 치수 : 한 사나흘 못 들어온다. 그런 줄 알아?
> 인하 : 어디 가는데?
> 치수 : 한 목숨 살려 보기로 했다.
> 인하 : 잘했네.
> 치수 : 잘하긴 뭐가 잘해 임마. 니놈이 괜히 죽은 사람 얘기 꺼내는 통에 꿈자리가 뒤숭숭해 어쩔 수 없이 하는 거야.69)

---

67) 경계인을 대표하는 인물형은 트릭스터이다. 우리 고전에서도 많은 트릭스터들이 등장하여 웃음을 창출하곤 하는데, 이에 대해서는 나수호, 「〈토끼전〉과 북미원주민 설화에 나타난 트릭스터 비교 연구」, 서울대 석사논문, 2002을 참조할 수 있다.

68) 해학적 웃음에는 기본적으로 삶 혹은 인간에 대한 따뜻한 온정이 깃들어 있다는 것이 기존 연구에서 일치된 견해이다.

69) 〈올인〉 2회.

인하가 사람 살리는 노름을 해보라고 하자 밤새워 고민한 끝에 속죄의 뜻으로 제안을 수락하는 장면이다. 이러한 치수의 성격이 밑바탕에 깔려 있기 때문에 우리는 혹 치수의 행동에서 보일 수 있는 사악함 또는 과격함에 어느 정도 너그러워질 수 있는 것이다. 다시 말하면 못된 노름꾼이지만 그렇게 나쁘지는 않은 사람으로 인식하게 된다는 것이다.

치수 : 잘들 있었냐?

애자 : 요새 뭐하세요? 야 나 아저씨 양복 입은 건 첨보네.

치수 : (괜히 양복 먼지를 털면서) 뭐 쪼그만 사업 하나 하고 있지. 가만있자. 유정이가 안보이네.

애자 : 걔 룸에 들어갔어요.

치수 : 아주 독특한 취향을 가진 손님이 오셨나 보구만.[70]

유정이란 나이트클럽의 여종업원은 무척 못생겼다. 손님방에 들어가기가 무섭게 퇴짜를 맞곤 한다. 치수가 우연히 여종업원 대기실에 들어갔다가 유정이 룸에 들어갔다는 말을 듣고서 "아주 독특한 취향을 가진 손님이 오셨나 보구만"이라 이야기하는 것은 생각하기에 따라서는 독한 웃음을 유발하는 말일 수 있다. 하지만 우리는 이 말에서 그런 느낌을 결코 받지 않는다. 이는 그 이전 장면에서 실의에 빠져 있던 유정을 "버림받은 인생끼리 건배!"라며 인간적인 정으로 위로하는 치수를 이미 보았기 때문이다.

수가 틀리면 막말을 해대고, 잘못된 상황판단으로 사태를 이상한 쪽으로 끌고 가기도 하고, 엉터리 민간요법으로 사람들을 현혹시키기도 하지만 그렇다고 우리가 〈허준〉의 오근을 미워하지는 않는다. 자기 멋대로, 또는 지극히 자기 위주로 생각하는 원초적인 이기심을 보여주지만 왠지 그가 밉지 않다. 그가 보여주는 이러한 이기심마저 어설픈 것

70) 〈올인〉 16회.

이기 때문이다.

임신한 아내를 위해서 약재로 써달라는 부탁과 함께 받은 웅담을 오근은 자기 자신의 보약으로 쓰려고 한다. 무턱대고 그러는 것이 아니라 임부한테 웅담을 잘못 먹이면 약이 아니라 독이 될 수 있기 때문이란다. 이러한 차원에서 그의 해학적 행동은 충분한 설득력을 가지며 이 때문에 여기에서 유발되는 웃음에는 너그러움이 묻어날 수 있는 것이다.

> 창고로 들어오는 오근.
> 오근 : 무식한 놈. 웅담을 아무데나 쓰는 줄 아냐? 임부한테 잘못 먹이면 약이 아니라 독이다 이놈아. 이건 내 보약을 지어 먹고…….[71]

아래의 장면도 마찬가지다. 역병을 막기 위해서는 어떻게 해야 한다는 약간은 허황된 민간요법을 가르쳐주고는 정작 자신은 몸보신을 위해서 탕약을 먹는다. 역병으로부터 자신만을 보호하려는 이기적인 의도가 숨김없이 드러난다.

> 오근 : (영달과 꺽쇠가 아주 사라진 걸 확인하고 탕약그릇을 집어 든다. 그리고는 탕약을 마시는데.)
> 오근 : 미안하네만, 이건 내가 먹을 보약일세. 역병이 와도 몸이 실해야 막거든. 내 살아서 자네들 몫까지 좋은 일 하지.
> 오근 : (다시 탕약을 마시는데, 이때 구일서와 양태가 오고.)
> 일서 : 형님!
> 오근 : (탕약을 마시다 말고 화들짝 놀란다)
> 켁켁거리는 오근.[72]

하지만 역시 우리는 이러한 오근의 행동에서 부도덕함을 느끼지는 못한다. 왜냐하면 결국 그러한 그의 의도는 대부분 실패하고 말기 때문

71) 〈허준〉 17회.
72) 〈허준〉 28회.

이다. 다시 말하면 그의 이기심은 원초적으로 어설픈 것이기 때문이다. 눈에 빤히 보이는 이기심, 그래서 제대로 성공하지 못하는 이기심, 이는 너그러운 해학적 웃음의 원천이 된다.

〈대장금〉에서도 이러한 너그러운 웃음은 곳곳에 배치된다. 덕구가 내시들을 속여 환약을 팔아먹는 장면은 이를 잘 보여주는 예라 할 수 있다. 정력에 좋다는 환약을 내시들에게 팔다가 장번내시에 들키게 되는 장면인데, 성적 욕망을 해소할 길이 없는 내시들에게 정력제를 팔았다는 것은 비난받아 마땅한 행동으로 이해된다.

> 장번 : 지금 그 아이가 얼마나 고통스러워하는지 아느냐? 밤마다 어찌 할 줄을 모르며, 기방으로 뛰쳐가니 그 해괴함을 어찌 할 것이며 정작 본인의 낭패감은 어찌할 것이란 말이냐.
>
> (…중략…)
>
> 덕구 : (장번내시 앞으로 와 옷깃을 잡으며) 아니옵니다. 그럴 리가 없사옵니다. 사실 그 환(丸)은 그런 약이 아니옵니다. 절대 그리 괴로우실 리가 없사옵니다.
>
> (…중략…)
>
> 덕구 : 열 길 높이의 폭포를 뛰어오르는 용이 다 된 잉어는 거짓말이옵고. (그릇에 담겨진 재료는 비리비리한 물고기 한 마리 놓여있다) 이것이옵니다.
>
> 장번 : …….
>
> 덕구 : 살모사 가루라고 했으나 (재료 보이며) 이는 그냥 콩가루이옵니다.
>
> 장번 : …….
>
> 덕구 : 십오야 달밤에 교기를 한다는 물개거시기가 그리 흔하겠사옵니까? 이는 그냥 개구리 뒷다리가루이옵니다.
>
> 장번 : …….
>
> 덕구 : (직접 섞어 뭉치면서) 이걸 그냥 진피, 감초, 구기자가루와 함께 꿀로 개어 뭉치면, 이게 되는 것이옵니다.
>
> (…중략…)

덕구 : 그냥 이거는 몸에 나쁘지는 않지만 정력에는 전혀 영향을 끼칠 리가 없사옵니다. 이걸 먹고 밤이 괴롭다면 그 사람은 길가의 잡초를 먹고도 죽어날 사람입니다요. 안 그렇습니까, 상온영감?[73)]

사실은 정력제가 아니었다. 그냥 몸에 크게 해를 끼치지 않을 재료들을 섞어서 정력제와 비슷한 맛을 내도록 만들었을 뿐이다. "이걸 먹고 밤이 괴롭다면 그 사람은 길가의 잡초를 먹고도 죽어날 사람입니다요" 라고 한 부분에서 우리는 결정적으로 너그러운 인간적 웃음을 마음껏 웃을 수 있게 된다. 덕구라는 인물이 추구하는 너그러운 웃음의 한 단면이라 할 수 있다.

유황 오리 때문에 장금이가 결국 관비가 되어 제주로 떠났을 때, 덕구는 그 진실을 밝혀보겠다는 일념으로 무모하게도 두 달 동안 계속해서 오리 요리만을 해서 먹는다. 덕구처가 "아무리 그래도 그렇지. 상감마마께서 드시고 탈이 난 오리를 몽땅 털어 와서는 두 달째 이것만 먹으면 어떡해!"라고 했을 때도 역시 우리는 인간적인 웃음을 웃을 수 있었다.

술을 댈 수 있게 해달라는 청탁과 함께 도랑을 깨끗이 치워주었는데 별다른 기별이 없자, 다시 가서 치워놓은 도랑에 흙을 덮는 덕구와 덕구처는 꼭 심술보가 하나 더 있는 놀부처럼 생각될 수 있다.

덕구처 : 여기 도랑, 우리가 치워준 거야? 메워!
덕구 : (깨끗이 치워진 도랑에 흙을 덮고 있는데)
집사 : 자네들 뭣 하는 짓인가?
덕구처 : 보면 모르십니까?
행수 : (상황을 모르고 와서는) 자네들 기방에는 술을 대게.
덕구처 : 예?
행수 : 궁은 내가 어찌 할 수 없고 기방은 내 말씀드렸더니 그러라 하셨네.

---

73) 〈대장금〉 11회.

덕구 : (메운 흙을 어찌해야하나)

덕구처 : 다시 치워!

덕구 : (다시 치운다.)[74]

부렸던 심술을 곧바로 거두고 도랑을 다시 치우는 장면은 그야말로 해학적인 부분이다. 놀부와 같은 심술이 심술의 차원에 머무는 것이 아니라 상황의 반전을 통해서 해학으로 버무려지면서 심술에 대한 이른바 '희극적 관용'[75]이 베풀어질 수 있도록 한다.

임현식형 인물이 추구하는 웃음은 거의 대부분 이러한 성격을 갖고 있다고 할 수 있겠다. 일면 부정적으로 읽힐 수 있는 웃음의 세계가 그의 인간적인 면모를 통해서 감싸지거나, 어설픔이나 모자람 또는 예기치 않은 상황 변화에 의해서 야기되는 희극적 관용의 품으로 안착하려는 의지를 곳곳에서 읽을 수 있게 된다.

3) 탈맥락적 웃음

마지막으로 임현식형 인물이 보여주는 웃음은 '탈맥락적 웃음'이다.[76] 다시 말하면 작품의 중심적인 맥락에서 긴장되었던 것을 그러한 맥락으로부터 이탈하도록 유도하여 긴장을 이완시켜주면서 유발되는 웃음이다. 영웅 이야기는 대부분 적대자와의 치열한 투쟁을 통해서, 그리고 사랑하는 연인과의 만남과 이별을 통해서 극적인 긴장감을 만들어내려는 경향이 강하다. 전쟁과 사랑이라는 영웅 이야기의 두 가지 핵

74) 〈대장금〉 33회.

75) 희극적 관용에 대한 논의는 이정원, 「해학적 악인 캐릭터 디자인을 위한 서사적 접근」, 『고소설연구』 23집, 한국고소설학회, 2007을 참조하였다.

76) 김대행, 『웃음으로 눈물 닦기』, 서울대 출판부, 2005, 13면에서 우리의 언어문화가 '웃음으로 눈물 닦기'로 명명될 수 있는 탈맥락적 웃음을 추구한다고 했다. '탈맥락적 웃음'이라는 용어는 여기에서 가져왔다.

심 요소는 작품을 무척 심각한 쪽으로 이끌어가곤 하는데, 임현식형 인물이 충분한 역할을 수행하는 작품들에서는 이러한 심각한 분위기를 그냥 두지 않는다. 반드시 해학적인 분위기를 덧씌워서 전체적으로 편안한 웃음이 작품을 지배하도록 유도한다. 작품이 심각한 방향으로 흐르게 되는 것을 다잡아 다시 편안한 쪽으로 이동시켜주는 균형추와 같은 역할이라 할 수 있다.[77)]

구체적인 예를 보기 위해서 먼저 사랑 이야기에 주목해 볼 필요가 있다. 〈올인〉의 핵심 서사 중의 하나는 인하와 수연의 질긴 인연이 만들어낸 모진 사랑이다. 헤어져 그리워하다가 천재일우로 만나게 되면 나쁜 일들이 계속해서 벌어진다. 결국 다시 헤어지고 또 만나기를 반복하는데, 시청자들은 여기에서 긴장의 끈을 놓을 수 없게 된다. 하지만 이러한 심각한 사랑 이야기를 웃음의 세계로 이끌기 위한 또 다른 사랑 이야기가 펼쳐지는데, 그것이 바로 치수와 현자의 사랑이다.

인하와 수연의 사랑 이야기와 함께 나란히 전개되던 치수와 현자의 사랑이 앞서 보았던 치수와 현자의 입맞춤 장면에서[78)] 서로 중첩된다. 인하가 수연에게 기습 키스를 했던 것과 똑같은 방식으로 치수가 현자에게 기습 키스를 한다. 감미로웠던 인하와 수연의 키스와는 다르게 요란하고 부산스럽게 키스가 마무리되면서 곧바로 해학적 웃음의 세계로 인도한다. 인하와 수연의 사랑에서 풀어놓지 못했던 긴장의 끈이 여기에서 무장 해제되는 느낌을 받을 수 있다.

진지한 사랑 이야기와 해학적인 사랑 이야기를 병치시킨 것은 다분

---

77) 사실 이러한 웃음은 우리의 언어문화, 예술문화, 생활문화에서는 보편화되어 있는 익숙한 것이다. 이러한 면에서 임현식형 인물이 추구하는 탈맥락적 웃음은 전통문화를 계승하고 있다고 하겠다. 문학적으로는 판소리나 판소리계 소설, 고전시가, 민요의 여러 작품에서 이러한 독특한 웃음 방식을 발견할 수 있다. 김대행, 앞의 책; 조동일, 「민요에 나타난 해학」, 『한국문학의 해학』, 국제문화재단, 1977; 장덕순, 「홍부전 재고」, 『국어국문학』 13집, 국어국문학회, 1965 등에서 자세히 논했다.

78) 각주 34의 인용문 참조.

히 작가나 연출가에 의해서 의도된 것이라 볼 수 있다. 인하와 수연의 사랑이 정원이 개입하면서 삼각관계가 되는 것을 좇아, 치수와 현자의 사랑이 바위의 개입으로 삼각관계로 탈바꿈시키는 것을 보면 이를 더욱 확신할 수 있게 된다. 결국에는 인하와 수연의 사랑이 이루어지듯이 치수와 현자의 사랑도 결실을 맺게 되는 것까지 두 가지 사랑의 이야기는 거의 동일한 방식으로 펼쳐진다고 하겠다.

이러한 특징은 원래 〈허준〉에서부터 있었던 것이다. 유의태의 집에서 허준이 예진아씨의 은근한 보살핌으로 사랑의 느낌을 키워나갈 때, 오근은 하동댁의 적극적인 추파를 받는다. 의과 시험에 합격하여 궁으로 들어갔을 때도 의녀가 되어 함께 생활하게 된 예진아씨와 허준의 사랑은 잔잔하게 계속 이어지는데, 이 때 오근은 예진아씨와 같은 의녀인 홍춘에게 푹 빠지게 된다. 오근의 일방적인 사랑인 것 같았던 분위기가 홍춘이 실려병을 앓게 되면서 반전된다.

> 오근 : 시 …… 실려병이라니요? 그게 무슨 병입니까?
> 허준 : (선뜻 말하지 못하는데)
> 오근 : 대체 무슨 병이길래 입을 다물고만 있는 겁니까? 속 타 죽겠습니다.
> 만경 : 홍춘이를 구할 사람은 허직장이 아니라 당신일세.
> 오근 : 그 …… 그게 무슨 말씀입니까?
> 허준 : 남자는 정기가 성하면 여자를 생각하고 여자는 혈이 성하면 태를 품고자 함이 하늘의 이칩니다. 헌데 여자가 혼기가 지나서도 혼자 살면 음만 성하고 양이 없으니 양을 취하고 싶어도 이를 이루지 못하여 갈등이 생기고 몸 안에서 음양이 서로 다투어 열이 생기는 것인데 이 증세가 장봉사가 살핀 것처럼 학질과 흡사합니다.
> 오근 : 하, 하면.
> 허준 : 시호억간탕을 처방하였으나 그것은 일시적인 치유일 뿐 병의 뿌리를 뽑자면 남자의 양기를 받아들여야 할 것입니다.
> 만경 : 이제 알겠는가? 자네가 홍춘이를 살려주게.[79]

오근 혼자만의 짝사랑일 때보다 한층 해학적인 사랑으로 전환되면서 오근와 홍춘의 사랑은 작품 전체의 분위기를 좌지우지할 정도로 굉장한 영향력을 발휘하게 된다. 시청자들이 〈허준〉이라는 드라마를 기억할 때, 허준과 예진아씨의 사랑보다도 오히려 오근과 홍춘의 사랑을 먼저 떠올리게 되는 것은 임현식형 인물이 펼쳐보이는 탈맥락적인 웃음의 세계가 갖는 작품 내 영향력을 짐작케 한다.[80)]

이렇게 중심적인 맥락으로부터 한 발 물러서서 편안한 웃음으로 작품을 감상할 수 있도록 여유를 주는 해학적 웃음은 작품 곳곳에 배치되어 있다. 〈올인〉에서 인하가 갬블러로 한창 성장하고 있을 때 치수는 바위와 함께 미꾸라지 경주라는 희한한 야바위 노름을 시작한다. 갬블러들이 모여 게임을 하는 카지노라는 공간은 웃음이 묻어나올 여유가 없는 무척 긴장된 공간이다. 하지만 치수가 펼쳐놓은 미꾸라지 경주를 위한 창고는 별다른 장치 없이 그 자체로 해학적인 공간일 수 있다. 카지노의 진지함과 긴장감이 야바위 창고로 넘어오면서 부드럽고 편안한 웃음과 만나게 되는 것이다.

또 아래의 예는 〈대장금〉에서 민정호가 덕구에게 적대적 인물들의 동태를 살피기 위해 기생집에 연줄을 잡아놓으라고 했는데, 드디어 기생 하나가 기별을 해 오고, 이것을 다시 덕구가 민정호에게 보고하는 장면이다. 적대적 인물들의 수상한 동태를 포착했다는 무척 중요한 보고를 하고서는 곧바로 해학적 웃음의 세계로 이끄는 것이 임현식형 인물다움이다.

민정호 : 뭐라구요? 분명 감찰내시부 상책이 우상대감께 얘기를 했다는 말입니까?

---

79) 〈허준〉 53회.

80) 앞서 지적한 바 있듯이 허준 · 도지 · 예진아씨의 삼각구도 역시 오근 · 하동댁 · 홍춘의 삼각관계와 나란히 병치되고 있음을 볼 수 있다.

덕구 : 예. 내가 천금이라도 줄 테니 그건 꼭 알아달라고 했더니 고것이 새벽 같이 버선발로 뛰어와 나만 여편네에게 죽을 뻔했습니다.[81]

기생이 새벽같이 버선발로 자기 집으로 뛰어와서 여편네한테 혼났다는 것인데, 민정호의 진지함이 여기에서 일순간에 와르르 무너지면서 편안한 웃음의 세계로 인도된다. 최고상궁의 자리를 놓고 한상궁과 최상궁이 필사의 경쟁을 펼치고 있는 장면에서도 덕구는 어김없이 웃음을 선사한다.

장금 : 불개미주요? 이거 굉장히 귀한 거 아녜요?
덕구 : 경합 때 한잔 올리라고 주드라.
장금 : 아주머니께서요? (감동하고) 감사합니다.
덕구 : 감사는 감사고 확인서가 꼭 필요한데.
장금 : 확인서라뇨?
덕구 : 응. 전하께서 이 술을 드셨다는 확인서![82]

덕구처가 시킨 대로 불개미주가 임금의 상에 오를 수 있게 해달라는 것과 함께 그것을 증명하는 확인서를 써달라는 것이다. 그 확인서만 있으면 술장사를 아주 잘 할 수 있다고 생각한 모양인데, 이유야 어떻든 이렇게 심각한 상황에서 자기의 이익을 위해서 얼토당토않은 확인서를 써달라는 덕구의 행동은 심각한 분위기를 급속도로 이완시키는 기능을 한다. 이러한 특징은 〈허준〉에서 예진아씨의 억울함을 풀어주기 위한 단서를 잡기 위해 기방에 들어간 덕구의 행동에서도 발견할 수 있다.

오근 : (옆에 앉은 기녀에게) 자넨 이름이 뭔가?
홍련 : 홍련이옵니다.

---

81) 〈대장금〉 43회.
82) 〈대장금〉 20회.

오근 : 헉. 홍련이.

홍련 : 왜 그러십니까?

오근 : 아, 아닐세. 요샌 홍자만 들으면, 가슴이 철렁해서.[83)]

진지한 상황에서 하필이면 기생의 이름이 홍춘이의 이름과 첫 글자가 같다. 그러자 곧바로 진지한 분위기는 온데간데없고 유쾌한 분위기로 반전된다.

임현식형 인물이 등장하면 작품을 편안하게 웃으면서 감상할 수 있게 된다. 물론 그렇다고 전혀 긴장을 하지 않은 것은 아니지만 긴장과 긴장 사이에서도 여유를 누릴 수 있다. 너무 심각하거나 너무 긴장되지 않게, 진지함을 웃음으로 전환시키면서 보다 편안하고 유쾌하게 작품을 감상할 수 있게 한다. 그러고 보면 탈맥락적 웃음을 유도하여 작품을 맛깔스럽게 재편해주는 이러한 역할이 사실은 임현식형 인물의 가장 매력적인 부분이라 생각할 수 있다.

4. 맺음말

어느 신문 기사에서 임현식이라는 연기자를 평하면서 옆집 아저씨같은 배우라 하였다. 식구는 아니지만 그렇다고 멀리 동떨어져 있는 아무 상관없는 사람은 아니다. 그러면서 어찌 보면 우리 식구보다 더 나를 챙겨줄 것 같은 인간적인 아저씨, 항상 농담을 던지며 웃음으로 나를 맞아주어 마음을 푸근하고 편안하게 해줄 것 같은 아저씨, 아마 옆집 아저씨라는 표현에는 이러한 이미지들이 응결되어 있는 것 같다. 임현

83) 〈허준〉 36회.

식형 인물, 그리고 그 인물이 추구하는 웃음의 미학이 꼭 이와 같은 이미지이다.

물론 이러한 인물의 특성이 전에 없던 새로운 것은 아니다. 앞서 논의에서 부분 부분 지적했듯이, 예를 들면 〈바리공주〉의 비리공덕 할아비와 할미, 『유충렬전』의 백룡사의 도승과 이름 모를 한 노인에서부터, 설화 속의 많은 바보들과 트릭스터, 〈봉산탈춤〉의 말뚝이와 미얄, 방자와 뺑덕어미 같은 판소리의 많은 해학적 인물들까지 실로 수많은 고전의 캐릭터에서 임현식형 인물이 보이는 특징들의 일면을 감지할 수 있다. 이는 임현식형 인물이 전통시대의 여러 문학적 전통을 이어받은 측면이 꽤 강하다고 평가받을 수 있는 대목인데, 그래서인지 그는 전혀 낯설지가 않다. 그야말로 우리의 전통 문화 혹은 생활 문화에 항상 있었던 옆집 아저씨와 같은 인물이다.

그러면서도 임현식형 인물은 새롭게 창조된 전혀 새로운 인물이다. 해학적 웃음에 남다른 관심을 보이기 시작한 TV가 드라마를 통해서 새롭게 발굴해낸 인물이다. 고전 캐릭터에서 부분 부분의 특징은 발견할 수 있지만 임현식형 인물과 똑같은 예를 찾는 것은 쉽지 않다. 이러한 측면에서 임현식형 인물은, 전통적인 문화 자원을 최대한 활용하여 새롭게 창출해낸 이 시대의 드라마에 꼭 필요한 해학적 인물이라 할 수 있다.

「TV 속 해학적 웃음의 세계-임현식형 인물의 웃음 미학」에 대한 토론문

김종군

근래에 들어 국문학의 연구 영역은 확대되고 있다. 출판물 형태의 문학 작품을 확정된 텍스트로 간주하고 연구 대상으로 삼던 관행을 깨고 구술문학에 대한 관심이 높아지면서 경험담까지도 현대의 구비문학 영역에 포괄하자는 의견이 제기되기도 하고, 현대의 다양한 매체에서 펼쳐지는 유사 문학적 활동들에 관심을 두기도 한다. 특히 인터넷의 팬픽이나 사이버 소설, 텔레비전 방송의 토크쇼 프로 등에서 이야기 문화의 향유 방식을 찾기도 한다. 아울러 인기를 끄는 드라마를 주축으로 사이버 상에서 새로운 이야기 문화가 형성되는 현상을 살피기도 한다.

드라마에서 전형성을 가지는 개성 있는 인물을 대상으로 그 극중 의미와 미학을 구체적으로 논의한 이 발표문은 위와 같은 학계의 분위기를 반영하고 또 다른 영역을 개척하고 있어 매우 흥미롭고 의미 있는 작업으로 보인다. 특히 서사 맥락 속에서의 인물의 역할과 위상을 논의하면서 우리 고전문학 속에 등장하는 인물들의 역할과 적절한 비교가 이루어지고 있어서 현대의 서사에서 전통의 맥을 찾게 하는 의미 있는 논의라는 생각이 든다. 수년 전의 드라마 작품에서 느꼈던 감흥을 되살리고 방대한 시나리오들을 두루 섭렵하여 분석을 꾀한 열의에 경의를 표하면서 토론자의 생각과 차이를 보이는 몇 가지를 들어 질문하고자 한다.

1. 선생님께서 '임현식형 인물'이라는 용어를 사용하면서 다방면으로 고민한 흔적을 찾을 수 있다. 드라마 속 인물형을 논의하는 자리이므로 극중 인물의 이름을 써서 명명하는 것이 적절할 것이지만 배우 임현식의 독특한 연기스타일이 해학적인 인물형을 확립했으므로 그렇게 칭하기로 한다고 했다. 배우 임현식이 맡은 극중 배역이 각각 '오근' '치수' '덕구'인데 시청자들이 극중 이름으로 그들을 기억하지 못하고 '임현식'으로 인식하는 것을 보면 확실히 그의 연기스타일은 전형화된 것이 맞는 듯하다.

발표자의 의견을 전적으로 부정하지는 않지만 여전히 논란의 여지가 있는 듯하다. 우리 서사문학에서 전형화된 인물형으로 굳어진 경우는 '방자형'이나 '말뚝이형' 인물들로서, 이들은 서사 속에 등장하는 인물을 지칭한다. 발표자는 배우 임현식이 극중의 역할이 흡사한 세 작품을 가지고 그의 작품 속 위상을 논의하고 있다. 그러나 이 분석 대상이 된 작품 외에도 수많은 작품에서 조연 역할을 맡았는데 서사에 따라 다른 캐릭터로 그려지는 경우도 있다. 임현식의 극중의 대표적인 위상은 발표자도 단정하였듯이 '해학적 웃음의 유발자'이다. 그렇다면 우리 서사 전통에서 여전히 유효한 캐릭터인 '방자'가 떠오른다. 배우 임현식이 추구하여 완성한 연기스타일이 '방자형 인물'과 흡사하므로 학계의 일반화된 용어나 '어릿광대형 인물'로 명명하는 것은 무리가 있는지? 방자 역시 주인공 인물의 조력자로서 이도령을 시위하고, 사건의 연결자로서 춘향과의 결연을 주선하고, 민중적 눈높이의 조절자로서 상전을 적절히 놀리기도 하며, 작품 곳곳에서 익살과 기지를 부려 웃음을 유발하고 있다.

2. 텔레비전 드라마나 영화의 극중 인물론을 설화 소설의 작중 인물론과 동일 층위로 볼 수 있을 듯하다. 그런데 드라마나 영화의 캐릭터는 작가의 시나리오에서 창조된 상황에서 배우가 연기를 통해 재현하는 시스템이다. 그러므로 그 인물론이 작가의 몫인지 배우의 몫인지는 의문이 든다. 이 글에서도 임현식형 인물을 설정하였지만 분석대상으로 삼은 〈허준〉 〈올인〉 〈대장금〉의 등장인물인 오근·치수·덕구의 캐릭터는 자연인 임현식과는 거리가 있을 것으로 생각된다. 임현식이라는 뛰어난 배우가 유사한 캐릭터로 극중에 등장하여 오히려 작가가 창조한 서사 캐릭터의 개성을 통합하거나 무화시키는 작용을 하는 것은 아닌지?

3. 최근 MBC 드라마 〈이산〉에 일시적으로 임현식이라는 인물을 투입하고 몇 회분 출연하게 하였다. 이것을 두고 누리꾼들은 SBS의 〈왕과 나〉에 연산군 역으로 정태우가 투입되자 시청률 경쟁에서 밀리지 않으려고 '춘화의 대가'라는 캐릭터로 잠시 투입한 것이라 찬반 논란이 있었다. 임현식형의 캐릭터가 극중의 역할이 이 글에서 보이는 것처럼 비중 있고 의미가 있음에도 단지 시청률을 향상하기 위한 피에로와 같은 존재로 자리 매김한다면 이 글의 분석이 지나치게 우호적인 것은 아닌지?

4. 논의 전개에 있어서 2장에서 임현식형 인물의 위상을 네 가지 항목으로 설정하여 구체적으로 논의하고 있다. 그런데 그 위상들이 예시한 작품 속에서 상반되는 부분도 있고, 해당되지 않는 요소도 있다. '해학적 웃음의 유발자'라는 큰 틀 속에 나머지 극중 역할이나 위상이 수렴될 수 있다고 한 것을 보면, 2장에서 2.4 항목의 내용을 주로 하여 해학적 웃음의 장치들에 대해 항목화하여 논의를 진행하고 3장에서 그 웃음의 미학을 분석하는 것이 주제를 드러내는 데 효과적일 듯하다. 아울

러 3장에서 웃음 미학을 세 가지로 제시하였는데, 이것이 2장의 항목들과 유기적으로 연결되는 것인지? 예를 들면 인물 및 사건의 연결자로서의 위상에서 경계적 웃음을 유발하고, 민중적 눈높이의 조절자라는 위상에서 너그러운 웃음이 나오는 것인지?

5. 맺음말에서 임현식형 인물이 드라마를 통해 새롭게 창조된 인물로 보고 있다. 그런데 고전 캐릭터에서 부분 부분 나타나는 해학적 특징을 통합한 존재로서 임현식형 인물을 평가하였는데, 〈춘향전〉에서 방자의 작중 역할과 위상을 단편적인 해학을 보이는 존재정도로 단정하고 내린 결론이라는 생각이 든다. 앞서 예시한 것처럼 오히려 방자형 인물과 임현식형 인물은 상통하는 면이 많다고 보아야 한다. 그렇다면 전통적인 인물형을 현대의 시스템에 맞도록 현현한 것이 임현식형 인물이 아닐지?

일본의 전통연희 「라쿠고[落語]」를 통해 본 웃음의 전개방식

박전열

1. 머리말

라쿠고[落語]는 한 사람의 라쿠고카[落語家]가 무대 위에 앉아서 입담이 좋게 재미있고 우스꽝스러운 이야기를 들려주는 전통적인 1인극이다. 짧은 이야기에서부터 1시간 이상 걸리는 긴 이야기까지 서민생활에서 따온 다양한 소재를 재치 있고 유머러스하게 풍자한다. 주로 도시의 서민들이 관객이었으나, 오늘날에는 도시뿐만 아니라 매스컴을 통하여 전국에서 라쿠고를 즐길 수 있게 되었다.

라쿠고란 익살스러운 이야기이며 매우 재치 있게 전개하는데, 기지에 가득 찬 결말에는 오치[落ち] 또는 사게[下げ][1]라 하여 엉뚱한 방향으로 결말을 이끌어 즉 낙착(落着)시켜서 다시 한번 큰 웃음을 자아내며

1) 오치[落ち]와 사게[下げ]는 각각 동사 오치루[落ちる]와 사게루[下げる]의 명사형으로 떨어짐, 떨어뜨림을 뜻한다.

끝내는 전문적인 이야기꾼의 무대예술이다. 즉 라쿠고의 특징은 무대 위에서 관객을 대상으로 하는 우스개라는 점과 이야기의 흐름을 반전시키는 오치라는 결말부분을 가진다는 점이다.

본고는 일본의 전통연희의 한 가지이자, 오늘날에도 많은 팬을 확보하며 대중적인 공연물로 인기를 유지하고 있는 라쿠고의 형성과 변천과정을 정리하고, 라쿠고의 특질과 작품의 내용을 살펴보고자 한다. 나아가 현대 라쿠고의 문화산업으로서의 의미의 개략을 제시해보고자 한다.

2. 라쿠고의 역사와 라쿠고카의 양성

1) 라쿠고의 형성과 변천

라쿠고는 와게이[話藝]의 한 가지이다. 와게이란 관객을 대상으로 이야기를 전개하여 관객이 그 내용을 상상하며 즐길 수 있도록 연기자가 몸으로 하는 동작이나 도구에 크게 의존하지 않고, 연기자의 입담 능력을 중심으로 전개하는 무대예술을 말한다. 와게이는 라쿠고 이외에 영웅담이나 교훈적이며 서사적인 이야기를 혼자 앉아서 전개하는 고단[講談],[2] 두 사람이 서서 재담을 주고받는 형식으로 진행되는 만자이[漫才],[3] 만단가[漫談家]가 항간의 소문이나 세태를 비평하거나 시종 좌충우

2) 고단은 고샤쿠[講釋]라고도 하며, 17세기에 거리나 상점 문전에서 군담(軍談)인 『다이헤이키[太平記]』를 읽어주고 돈을 받는 데서 시작되었다. 1700년에는 전문 공연장이 설치되었으며 이후로 다양한 내용을 다루게 되었다. 군국주의 시대에는 군부의 협력을 얻어 애국고단[愛國講談]이 융성하였으나, 제2차세계대전에 패한 후에 점령군에 의하여 금지당한 이후 쇠퇴하여 현재는 명맥만 유지되고 있다.

3) 신년에 각 집을 방문하여 문전에서 노래와 춤을 추며 2사람이 주고받는 대사를 통하

돌하는 우스개로 끝내기도 하는 만단[漫談] 등이 오늘날에도 공연된다.

와게이 단독으로 공연하기도 하지만, 곡예(曲藝), 성대묘사나 사람 흉내내기, 음악, 무용 등을 상설극장인 요세에서 함께 공연하는 전통이 있었다. 이런 극장은 에도시대부터 상업성을 지닌 공연장으로 많은 관객을 모으며 번성했으며, 오늘날에도 많은 도시의 번화가에 요세가 운영되고 있다.

요즈음과 같은 형식의 라쿠고는 센고쿠시대 말기인 16세기 후반부터 에도시대가 시작되는 17세기 초 사이에 형성되었다는 것이 일반적인 견해이다. 다케다 신겐[武田信玄](1521~1573)이나 오다 노부나가[織田信長](1534~1582) 등 센고쿠 다이묘[戰國大名]는 견문을 넓히고 무료함을 달래기 위하여 학자나 다인(茶人) 때로는 지혜 있는 사람을 가까이 두고 시중을 들게 하며 말벗을 삼기도 하였는데, 이런 역할을 하는 사람을 오토기슈[御伽衆][4]라 했다.

16세기에 간행된 『기겐요키슈[戱言養氣集]』[5]나 17세기 초반에 간행된 『기노와교노모노가타리(昨日は今日の物語)』[6] 등에는 다수의 익살스러운

여 복을 빌며 노래와 춤을 추는 연희인 만자이[万歲]에 기원을 두는 연희이다. 이야기를 걸어 진행시키는 역할(쏫코미, 突っ込み)과 이를 받아주는 역할(보케, 惚け)로 나뉘며 기지에 찬 이야기와 동작을 빠른 템포로 진행하며 오늘날 많은 팬을 확보하고 있다.

4) 오토기슈[御伽衆]는 무로마치말기부터 에도시대 초기에 막부에 소속된 관직의 한가지이다. 주군의 곁에서 밤낮을 가리지 않고 시중을 들며 전쟁에서 싸인 긴장감을 풀어주는 말벗이 되었다. 주된 임무는 재미있는 이야기를 들려주는 것이지만, 전문가답게 이야기하는 기술이 있어야 하고, 무술이나 정치에 관한 지식도 많아야 했다. 매우 풍부한 체험을 지니고 박학다식하고 기교있는 화술(話術)을 지녀야 했다. 많은 지식을 쌓은 노인이나 은퇴한 무사가 오토기슈로 기용되는 일이 많았지만, 후대에는 소년을 기용하여 단순한 말벗이나 놀이 상대로 삼기도 하였다. 오토기슈의 「토기[伽]」는 환자나 귀인의 말벗이 된다는 뜻이다.

5) 작자미상의 『戱言養氣集』은 1615~1624년경에 간행된 소화집(笑話集)으로 오치가 없는 것도 있으며, 당시의 우스개를 애호하는 정신이 드러나 있다.

6) 작자미상인 『きのふはけふの物語』는 1624~1643년경에 간행된 소화집으로 실존인물을 주인공으로 한 것도 있으며, 호색적인 소재의 우스개가 많고 어린이나 승려를 소재로 한 것이 특징이다.

이야기가 수록되어 있어 라쿠고의 출발점으로 여긴다. 이런 책을 대본으로 삼아 이야기 전문가로서 활동한 오토기슈의 골계담이 라쿠고의 시원이 되는 것이다.

16세기 후반에 승려이자 다인인 안라쿠안사쿠텐[安樂庵策伝]은 서민들 사이에 널리 회자되던 우스개와 선행되던 우스개집에서 1,000여 편을 모아 소화집(笑話集)을 내었는데 이를 『세이스이쇼[醒睡笑]』[7]라 한다. 책 이름은 잠을 깨고 웃는다는 뜻으로, 이후의 라쿠고에 큰 영향을 끼쳤다. 저자는 어려서부터 들은 우스개를 세련된 필치로 정리하였을 뿐만 아니라, 도요토미 히데요시[豊臣秀吉](1536~1598) 등 여러 무사의 부탁을 받고 불려가서 이야기를 들려주기도 하였다. 불특정 다수의 관중 앞에서 연기한 것은 아니지만, 부탁을 받고 여러 사람 앞에서 매우 흥미롭게 우스개를 연기했기 때문에 라쿠고의 시조라는 평가를 받기도 한다. 이 책에 실려 있는 이야기는 승려인 저자가 신도들에게 설교할 때 쓰는 예화집으로써 "종교적인 감동과 웃음의 욕구를 동시에 채운 것"[8]이기도 하지만, 대부분의 이야기의 결말부분에 오치가 있다는 점은 라쿠고의 구조와 매우 유사하기 때문이다.

17세기 말기, 교토와 에도 그리고 오사카 등 대도시에는 길거리에서 군담(軍談)이나 강담(講談)을 하며 관중에게 돈을 받는 이야기꾼이 있었는데 이를 쓰지바나시[辻話]라 한다. 쓰지바나시는 길거리에 천막을 치거나 칸막이를 하고 관중을 불러들여 가볍고 익살스럽고 재미도 있는 이야기를 들려주며 인기를 얻었다. 이런 흥행이 차츰 인기를 얻자 신사의 경내에서 입장료를 받고 공연하기도 하였고 귀인의 집에 초청을 받기도 하였다.

이처럼 불특정 다수의 관중이 입장료를 내고 공연을 본다는 것은 상업성을 띤 공연물이 될 만큼 인기가 있었기 때문이다. 이 시기를 제1차 라쿠고 붐이라고 한다.

---

7) 安樂庵策伝, 「鈴木棠三 解說」, 『醒睡笑』, 平凡社, 1964, 279면.
8) 박유리, 「와라이[笑い]의 모티브 연구」, 중앙대 석사논문, 2006, 21면.

그런데, 1693년 전염병이 크게 유행했을 때, 어떤 사람이 전하기를 말이 사람 목소리로 "남천 열매와 매실 장아찌를 고아먹으면 효능이 있다"고 계시하였다고 했다. 그러자 남천 열매와 매실 장아찌 값이 폭등하는 대소동이 일어났다. 나중에 조사하여 보니 어느 낭인이 떼돈을 벌려고 야채가게 주인과 공모하여 헛소문을 낸 것임이 판명되어, 결국 참수형을 당했다.

말이 사람소리를 했다는 것은 '에도[江戸] 라쿠고의 원조'[9)]라고 하는 시카노 부자에몬[鹿野武左衛門](1649~1699)이 쓴 라쿠고 모음집 『시카노마키후데[鹿の巻筆]』 가운데 나오는 이야기이다. 낭인은 별생각 없이 이 라쿠고를 듣고 힌트를 얻어서 그렇게 했다고 하자, 이 라쿠고카는 엄한 처벌을 받아 멀리 떨어진 섬으로 유배를 가게 되었다. 이 사건으로 인기를 모으던 라쿠고는 기세가 꺾이고 말았다.

해학이나 풍자는 자연히 현실을 비판하는 내용이 많기 때문에, 연기자나 관중은 그렇게 깊은 생각 없이 한 이야기라 할지라도, 위정자측에서 보면 귀에 거슬리는 것은 어쩔 수 없는 일이었다. 그후에도 라쿠고는 때때로 권력의 통제를 받으며 부침을 거듭하였다.

18세기 말에 골계문학의 일종인 교카[狂歌][10)]가 유행하던 시기에 에도에는 라쿠고가 다시 활기를 띠기 시작한다. 얼마 전부터 본래의 직업이 있는 사람 가운데 라쿠고를 좋아하는 사람이 요리점의 2층을 빌려서 관중을 모아놓고 교카나 자기가 만든 짤막한 우스개를 공연[11)]하는 모임이 열리고 있었다. 이런 모임이 차츰 다양해지고 횟수도 늘어나면서 차츰

9) 桂文我, 『落語「通」入門』, 集英社, 2006, 20면.

10) 교카[狂歌]란 해학과 골계를 자유스럽고 비속한 분위기로 표현하는 정형시이다. 이전부터 있었던 와카[和歌]와 같이 형식은 31음절이고 와카의 내용이나 시어를 인용하는 등 표면적으로는 와카의 전통을 계승하고 있는 것처럼 보인다. 그러나 와카의 우아한 분위기와는 달리 보다 세속적이며 서민적인 주제를 재치있고 우스꽝스럽게 묘사한다는 점이 와카와 크게 다르다. 18세기 후반 에도시대 서민의 정서를 표현한 골계문학의 대표적인 장르이다.

11) 山本進 編, 『落語』, 三中堂, 1997, 8면.

직업적으로 라쿠고를 하는 사람이 나타나서 라쿠고의 중흥기를 맞이한다. 이 시기에 활약하던 라쿠고카인 산유테이 엔쇼[三遊亭圓生], 산쇼테이 가라쿠[三笑亭可樂] 등은 민가를 빌려 공연장으로 삼아 흥행[12]에 성공을 거두면서 제자를 두어 예명을 잇도록 하였다. 산쇼테이 가라쿠는 즉흥적인 라쿠고에 재능을 발휘하여 관객에게 3가지 소재를 제시하도록 하여 즉흥적으로 라쿠고를 만들어내는 「산다이바나시[三題噺]」를 창시하였는데, 이는 상당한 자신이 있어야 가능한 라쿠고의 방식이었다.[13]

같은 시기에 오사카에서는 신사 경내에 가설무대를 만들어 라쿠고를 상설공연하였는데, 에도와 다른 오사카 특유의 유머를 쓰는 라쿠고카가 등장하였다. 이 가운데서도 초대 가쓰라 분지[桂文治]는 많은 제자를 길러내며 가쓰라파[桂派]의 원조가 되었으며 오늘날에도 직계 제자는 이 예명을 이어받고 있다.

이 무렵 오사카에는 라쿠고나 고단 등의 와게이와 음악을 전문으로 하는 공연장인 요세[寄席][14]가 설치되어 상업적인 공연을 시작한다. 당시 가부키나 분라쿠 등 화려한 공연물이 많았던 시대에 라쿠고는 퍽 소박한 형식의 공연물이자, 입장료도 저렴하여 서민을 위한 공연물로 자리 잡게 되었다. 요세 경영자들은 보다 많은 관중을 모으기 위하여 와게이 뿐만 아니라, 음악과 무용, 요술 등을 도입하여 무대를 화려하게 꾸미려고 노력하였으며, 이와 같은 전통은 오늘날에도 계승되고 있다.

19세기에 들어서서도 정세의 변화에 따라 라쿠고는 부침을 거듭하였

---

12) 相羽秋夫, 『落語入門百科』, 弘文出版, 2000, 38면.

13) 桶口清行, 『笑いと日本人』, 講談社, 1982, 157면.

14) 요세는 '모이다 혹은 모으다'라는 뜻의 '요세루[寄せる]'에서 온 말로 '사람이 모이는 장소'라는 뜻이다. 라쿠고를 비롯하여 만자이, 고단, 요술 등의 무대예술을 공연하는 소규모의 전통적인 무대설비를 갖춘 공연장이며 엔게이조[演藝場]라고도 한다. 요세는 17세기에 대도시인 에도, 오사카, 교토 등지에 생기기 시작하여 서민을 위한 오락으로 크게 유행하였다. 오늘날에는 교토의 스즈키엔게조, 신주쿠스에히로테이, 아사쿠사엔게조, 오사카의 와하카미카타[ワッハ上方] 등의 요세가 유명하다. 관객과 라쿠고카가 서로 친근감을 느낄 수 있을 정도의 소규모 공간이라는 점이 특징이다.

으나, 서민의 오락을 대표하는 라쿠고 등을 즐길 수 있는 요세는 증가하여 에도 시내에 약 390개소가 운영되고 있었을 정도로 번창해졌다.

메이지 신정부는 사회 각방면에 새로운 훈령을 내렸는데, 전통예술에 대하여 많은 통제를 가하였다. 산발적으로 활동하는 라쿠고카를 모아 단체를 만들어 통제하는 한편 단체를 통하여 세금을 부과하며 조직화하였다. 당시 연극개량운동이라 하여 서양식으로 새로운 연극양식을 만들어야 한다는 풍조에 따라서 라쿠고의 세계에도 요세를 개량하고 라쿠고의 내용도 외설적인 것은 피해야 한다는 개량운동이 전개되었다.

이 시기에는 크게 다른 양식으로 전개되던 동쪽의 에도 즉 도쿄와 서쪽의 오사카 라쿠고 사이에 활발한 교류가 이루어져서 라쿠고 연구회가 발족되어 라쿠고의 질적 발전을 꾀하였다. 한편으로는 라쿠고 공연을 근대적인 공연사업으로 운영하려는 연예회사를 설립하여 흥행에 비약적인 발전을 이루었다.

그러나 이런 호황은 오래 지속되지 못하였다. 1923년 관동대지진으로 도쿄에서는 많은 시설이 파괴되어 공연무대를 잃게 되었다. 그후 영화가 융성기를 맞이하고 경제적으로는 불경기를 맞이하자 많은 라쿠고카가 다른 직업으로 전향하는 등 어려운 시대에 놓이게 되었다. 그후 제2차 세계대전이 시작되자 라쿠고를 즐길 만한 사회적 분위기가 아니었다. 라쿠고카는 군인으로 입대하기도 하고, 군부대를 찾아다니며 라쿠고를 공연하는 위문단으로 편입되기도 하였다.

전쟁이 끝난 후 라쿠고계는 얼마 남지 않은 요세에서 공연을 재개하며 새출발하였다. 그후 방송과 여러 홀에서 공연하는 기회가 늘어나며 오래전부터 이름을 이어받아 능력을 인정받았던 라쿠고카가 무대로 복귀하며 황금기를 맞이한다. 이들은 몇 개의 분파를 이루어 각기 특색있는 라쿠고를 전개하는 한편, 대학을 졸업한 지식인 출신의 라쿠고카의 등장, 라쿠고카 국회의원의 등장, 라쿠고를 전문으로 하는 국립극장이 국립연예장(國立演藝場)의 설립, 인간국보로 지정되는 일 등 시대를 반영하며 라쿠고계는 크게 발전되었다.

요즈음에도 매스컴에서는 끊임없이 라쿠고를 다루면서 현대인에게 활력을 주는 중요한 전통문화로 높이 평가하고 있다. 최근에는 라쿠고카를 주인공으로 하는 영화, 애니메이션, 텔레비전드라마 등이 연이어 발표되어 큰 호응을 얻고 있다.

2) 라쿠고카의 양성체제

라쿠고카는 전통적인 도제제도에 의하여 양성된다. 스승을 찾아가서 제자로 받아주기를 청하여 허락을 받음으로써 라쿠고카로 입문할 수 있다. 일단 제자로 받아들이면 스승은 자기 집에 머물러 배우도록 하며 자식처럼 살펴주며 지도한다. 자기 이외에도 제자가 있는 경우에는 하루라도 빨리 입문한 사람이 나이에 상관없이 형제자(兄弟子)가 되고, 늦으면 동생제자가 된다. 이 관계는 부모격인 스승을 필두로 형제 이상의 강한 유대로 이어지는 도제제도가 있다.

라쿠고카에게도 성씨에 해당되는 쇼후쿠테이[笑福亭], 가쓰라[桂], 하야시[林], 산유테이[三遊亭], 고킨테이[古今亭] 등의 호를 쓰는데 이를 정호(亭號)라 한다. 출세하면 스승의 정호를 이어받게 되는데 이를 습명(襲名)이라고 한다. 이름을 물려받을 뿐만 아니라, 스승의 계보을 이어받아 전통을 지키는 의무를 지니게 된다.

라쿠고카는 입문자에서부터 명인에 이르기까지 능력에 따라 여러 단계로 나뉘며, 원칙적으로는 수련과정을 거치며 승진할 수 있는 길이 열려 있다.

라쿠고카의 사회에는 활동경력과 능력에 따라 매우 엄격한 계급이 있다. 우선 스승에게 입문하면 스승의 시중을 들며 라쿠고의 기본을 익히는데 이런 제1관문을 입문자 즉 뉴몬[入門]이라 한다. 입문자는 스승

의 시중을 드는 일은 물론 청소, 빨래 때로는 밥짓는 일이나 아기보는 일도 하며, 스승은 제자의 사람 됨됨이나 기량을 파악하는 단계이다. 다음은 젠자[前座]라 하여 라쿠고를 배우고 익히며 스승의 의상을 정리하는 일, 장부를 정리하는 일 등을 담당하며, 어느 정도 숙달되면 그날 무대 가운데 첫 번째 순서를 담당하기도 한다. 입문 후에 3년 내지 5년이 되면 스승과 소속된 협회의 승인을 얻어 자력으로 공연할 자격을 얻는데 이를 후타쓰메[二つ目]라 한다. 이후에 10년 정도 연마하여 실력도 쌓고 인기도 어느 정도 얻으면 신우치[眞打ち]로 승진한다. 신우치는 최종 목표가 아니라 스스로 책임을 지며 공연에 임하며 제자도 둘 수 있을 정도로 출세하였다고 한다.[15]

3. 라쿠고의 분류와 구조

라쿠고의 제재(題材)는 무엇이나 가능하기 때문에, 주인공의 직업이나 모습도 매우 다양하지만, 일반서민이 대부분이다. 일반서민 가운데서도 도시의 서민 즉 에도시대의 '사농공상(士農工商)' 가운데서 '공'과 '상'에 해당되는 계급인 이른바 조닌[町人]이 가장 빈번하게 등장한다. 물론 무사 집안이나 농민이 주인공이 되는 경우도 있지만, 그 경우에도 조닌의 눈으로 보는 무사나 농민을 묘사한다. 예를 들면 배달부, 목수, 미장이, 대장장이, 꽃가게 주인, 식당이나 찻집주인, 직업소개인, 전당포 주인, 고물상, 여관집 주인, 점원, 가마꾼, 곡예사 등등 다양한 주인공이 등장한다.[16]

15) 三遊亭圓歌, 『落語』, PHP研究所, 2006, 51면.
16) 三遊亭小遊三 外, 『落語をもっとたのしもう』, 日本放送出版協會, 2006, 20~21면.

1) 고전라쿠고와 신작라쿠고

라쿠고는 줄거리가 짤막해도 결말에 멋진 오치부분이 있으면 그것으로 좋은 평가를 받는다. 길거리에서 지나가는 행인을 불러모아놓고 라쿠고를 할 때는 그런 방식도 좋게 받아들였다. 그러나 입장료를 내고 요세에 들어온 관중은 보다 진지하고 복잡한 줄거리를 지닌 이야기를 기대하게 되고 이에 부응하는 다양한 양식의 라쿠고가 등장하게 되었다.

라쿠고를 분류하는 방식은 여러 가지가 있다. 이야기의 배경에 따른 분류, 등장인물의 신분이나 성격에 따른 분류, 이야기의 주제에 따른 분류 등 무엇을 기준으로 하는가에 따라서 다양하게 분류할 수 있다. 한편 창작된 시기나 전개방식에 기준을 두고 고전과 신작으로 나누기도 한다.

고전라쿠고라는 용어는 전후에 라디오 방송의 프로그램 명칭으로 쓰기 시작했다고 한다. 그러나 어디까지가 고전이고 어디부터가 현대인가 정확하게 구분하기는 쉽지 않다.

우선 고전라쿠고의 특징을 살펴보면, 에도시대에 시작되어 메이지시대에는 성숙되어 있던 작품, 그 대기의 풍속을 반영하고 있는 작품, 대부분의 경우가 작자를 알 수 없다는 점 등을 들 수 있다. 당시의 신분이나 직업을 드러내고 있으며, 당시의 가치기준과 생활이 묘사된다.

고전라쿠고의 예를 들면 상인이 횡재하여 부자가 되는 꿈을 그린 「시바하마[芝浜]」, 약간 모자라는 형제가 술장사에 나서지만 서로 결국 술만 축내고 만다는 「하나미자케[花見酒]」, 나이가 들어 손님의 발길이 뜸해진 유녀가 애꿎은 남자를 꾀어 동반자살 하려다가 실패한다는 「시나가와신주[品川心中]」, 첩을 둔 남편이 아내와 첩 사이를 오가며 밤새 고생한다는 이야기 「곤스케초친[權助提灯]」 등이 있다.

신작라쿠고란 비교적 새로운 라쿠고로써 1926년에 시작되는 쇼와[昭和]시대 이후에 만든 작품을 말한다. 그러나 이 가운데는 이미 80년 이상 지난 작품도 있기 때문에, 인터넷이나 휴대폰 등의 소재가 등장하는 최근의 신작은 '현대풍 신작'[17]이라 하여 구별하기도 한다.

신작라쿠고는 대부분 현대인을 주인공으로 하여 그 풍속을 그려내지만, 더러는 에도시대를 배경으로 하기도 한다. 대부분의 경우 작자가 밝혀져 있다. 현대문물이나 현대인의 생활을 그려낸다는 점 때문에 고전라쿠고와는 전혀 다른 느낌을 준다. 좋은 신작라쿠고를 기대하는 관중이 많지만, 근대 이후에 풍속이나 문화의 변천이 너무나도 급변하였기 때문에 라쿠고 특유의 수법이나 형식 혹은 분위기를 나타내어 관객의 인기를 얻는 작품을 만들기가 쉽지 않다.

신작라쿠고로는 현대사회를 풍자하는 「젠자이 공사[ぜんざい公社]」, 술 다섯 되를 마시게 해준다기에 정말 마실 수 있을까, 시험 삼아 먼저 다섯 되를 마셔보았다는 술이 센 사나이의 「시험 삼아 마신 술[試し酒]」, 가장 인기 있는 구경거리인 사자가 죽어버리자 동물원에서는 사람에게 사자 가죽을 뒤집어 씌워 대신 우리를 어슬렁거리게 하다가 호랑이와 마주치게 된다는 「동물원」 등이 유명한 작품이다.

2) 라쿠고의 전개 방식

라쿠고는 '마쿠라[枕]' '본론' '오치[落ち]'의 세 단계로 진행되는데 각각 '도입' '전개' '종결'의 순으로 이해할 수 있으나, 경우에 따라서는 마쿠라가 생략되기도 하며, 때로는 마지막 단계인 '오치'를 즉흥적으로 연기하여 관객의 흥미를 돋우기도 한다.

17) 相羽秋夫, 『落語入門百科』, 弘文出版, 2000, 54면.

(1) 도입부 '마쿠라'

라쿠고는 내용 한 편당 약 30분 정도의 시간이 걸린다. 라쿠고카가 관객들의 박수를 받으며 무대에 오르고, 자리를 잡아 방석에 앉자마자 본론부터 들어가는 일은 없다. 관객들의 동정을 살피고 분위기를 보면서 최근 화제가 되고 있는 이야기나, 짧고 재미있는 이야기로 시선을 끌도록 만든다. 이것을 베개라는 뜻의 '마쿠라[枕]'라고 하는데, 라쿠고의 본론에 들어가기 전에 하는 짧고 간단한 프롤로그와 같은 것이다.

마쿠라에서 하는 이야기는 주로 날씨나 신변에 관한 잡다한 사항, 또는 무대 뒤 분장실에서 일어난 재미있는 에피소드나 시사적인 화제 등, 어떤 것이라도 다 될 수 있다. 마쿠라에는 라쿠고카의 개성이나 웃음의 센스가 표현되므로 라쿠고의 본론과는 다른 재미를 맛볼 수 있다. 라쿠고를 어느 정도 많이 경험한 베테랑 관객은 단지 마쿠라만 듣고도 본론에서 어떤 이야기가 나올지 알아채고 즐거워한다.

(2) 중심이 되는 '본론'

마쿠라에 이어 본론으로 들어가면서부터 라쿠고는 본격적으로 시작된다. 기모노를 입은 라쿠고카는 고자 즉 무대 위의 방석에 앉은 채, 혼자서 연기를 한다. 이야기 중에는 등장인물이 여럿 나오기도 하지만, 모든 인물을 혼자서 인물에 맞게 연기를 한다. 한마디로 말하면 라쿠고란 '혼자서 연기하는 연극'이라고 할 수 있다. 여러 가지 장치나 도구도 필요 없는 무대 위에서 하는 일인극으로, 실로 매우 심플한 예능이다. 관객들은 라쿠고카의 움직임과 표정을 보면서 대사를 듣는다. 그리고 각자 머릿속에서 이야기의 상황과 정경을 상상하게 된다. 그리고 재미있는 이야기가 나오면 소리를 내서 웃는 것이다. 관객들의 '상상력' 또한 라쿠고의 중요한 요소라고 할 수 있다. 라쿠고는 인간적인 삶의 재미와 웃음과 즐거움을 전달하기 때문에 '전통예능은 어렵다'는 편견은 가지지 않아도 된다. 그것이 시대가 변해가도 오랜 세월동안 서민들에게 변함없이 사랑받는 이유이다.

라쿠고의 제재는 매우 폭넓고 다양하다. 라쿠고에 등장하는 인물들은 남녀노소, 직업을 불문한 여러 계층의 사람들로, 일반 서민들이 살아가는 다양한 세상 이야기를 재미있고 해학적으로 다루는 것에 특징이 있다고 할 수 있다.

(3) '오치'라는 반전과 대단원

'고단[講談]'이나 '불교 설화'와 같이 역사적 사실이나 교훈 등에 근거한 이야기의 결말은 대개 설명식으로 끝을 맺는다. 이런 건전하고 교양적인 결말은 청중들을 납득시키고 깊은 감동을 느끼게 하지만, 이에 비하여 라쿠고는 재미와 웃음을 추구하는 이야기로, 그 결말 역시 관객에게 즐거움을 안겨 주는 것이 일반적이다.

오치는 라쿠고의 하이라이트라고 할 수 있는데, 관객들을 한 번에 웃게 하기도 하고 지금까지 해왔던 이야기와는 전혀 다른 엉뚱한 반전의 결말로 당황하게 만들기도 한다. 이런 식으로 다양한 오치로 결말을 낸 다음, 라쿠고카는 관객들의 반응을 뒤로 한 채 인사를 마친 후 무대 뒤로 사라져 버린다. 이처럼 여운을 남기는 것이 라쿠고의 묘미이다. 아무리 복잡하고 심오한 전개의 이야기라 하더라도 오치에 의해 즐거움과 웃음으로 급변하게 되는 것이다. 따라서 '오치는 라쿠고의 생명' 또는 '오치가 있기 때문에 라쿠고가 있다'라는 말이 나오게 되는 것이다.

같은 오치라 해도 이야기를 전개해 나가는 라쿠고카에 따라서 느낌이 달라진다. 라쿠고카는 시대와 세상 돌아가는 분위기에 맞춰 오치를 잘 궁리하고 개량해야한다. 하루하루 빨리 변해가는 유머 센스에 민감하게 반응하지 않고서는 살아남지 못하기 때문이다. 라쿠고카에 의해 오치의 방법이 미묘하게 달라지는 것은 당연하다고 할 수 있다. 결국 대중에게 인기 있는 라쿠고카가 되려면 자신만의 독특한 오치를 가지기 위해 끊임없이 노력해야 한다.[18)]

3) 내용에 따른 오치의 분류

제각기 다른 수많은 작품의 오치를 몇 가지로 분류한다는 것은 쉬운 일이 아니며, 어떤 분류기준을 세우는가에 따라서 다양한 분류방식이 제시될 수 있다. 뿐만 아니라, 실제로 하나의 라쿠고 가운데 2,3가지가 중복되기도 하고 특별한 오치가 많기 때문에 명확하게 분류하기 쉽지 않다.

그러나 각 라쿠고의 전개과정을 기승전결이라는 구성방식으로 보면 오치의 위치를 다음과 같이 도표화[19)]할 수 있다.

표 1 _ 라쿠고의 전개과정

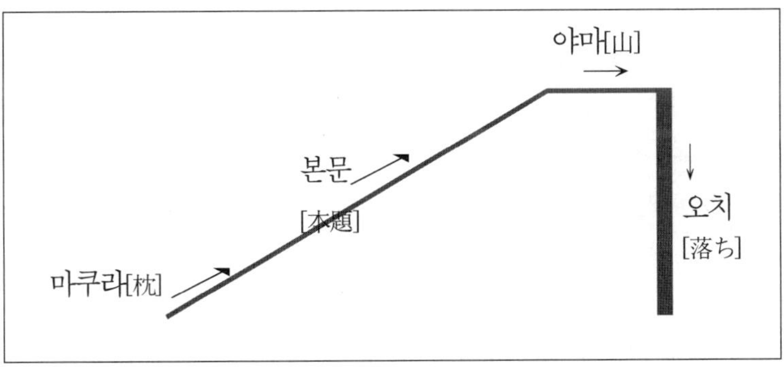

18) 홍지형, 「라쿠고의 전개방식」, 『일본전통 홀로 코메디 라쿠고』, 민속원, 2006, 45~48면.
19) 榎本滋民, 『古典落語の力』, 筑摩書房, 1988, 73면.

라쿠고 전체의 흐름 가운데 오치가 위치하는 시점이 어디인지는 잘 알 수 있으나, 오치에 대하여 명쾌하게 분류하기는 쉽지 않다. 도쿄대학 라쿠고 연구회가 1,260여 편의 라쿠고의 개요와 해설을 정리 간행한 『라쿠고 사전[落語事典]』은 라쿠고를 분류별로 수록하지 않고 작품명의 아이우에오(가나다)순으로 제시하였다. 오치의 분류를 시도하였으나 여의치 못했음을 밝히면서 "오치의 분류는 모두 그만두기로 했다. 현재 행해지고 있는 언어유희 오치[地口落ち], 임기응변 오치[ぶっつけ落ち], 복선을 까는 오치[仕込落ち] 등의 분류방법에는 많은 난점이 있기 때문이다"[20]라고 하여 어떤 의미에서는 분류가 무의미하다는 것이다. 그러나 라쿠고 전체상을 파악하기 위하여 분류를 시도한 선행연구는 참고할 만하기에 다음과 같이 정리하여 제시한다.

(1) 전개방식에 따른 12가지 분류

라쿠고에 관한 학문적 연구로써 비교적 초기의 성과인 와타나베 히토시[渡辺均]의 『라쿠고의 연구[落語の研究]』에 제시된 12종류를 정리하면 다음과 같다.[21]

① 생각하게 하는 오치[考え落ち]: 「거울 값[鏡代]」 재봉일을 하고 있는 아가씨를 좋아하게 된 남자가 연애편지를 옷감에 넣어 옷을 주문했다. 완성된 옷이 남자에게 전달되어 꺼내보니 돈1엔이 들어 있는 봉투에 「거울 값」이라고 쓰여 있었다. 거울을 사서 얼굴을 보라는 것은 거절하는 뜻임을 생각하게 하는 형식이다.(「動物園」)

② 역전되는 오치[さかさ落ち]: 「외눈박이 나라[一眼國]」 외눈박이 동자승을 붙잡자 거리에 나가서 구경거리로 보여주고 돈을 벌려고 한 남자

20) 東京大學落語會 編, 『落語事典』, 青蛙房, 2006, 3면.

21) 興津要, 「落語」, 『落語の研究』(渡辺均), 駸駸堂, 1943(『大百科事典』 15, 平凡社, 1985, 327에서 재인용).

가 외눈박이만 있는 나라에 붙들려가서 구경거리가 된다. 뜻밖의 역전된 결과를 제시하는 형식이다.

③ 몸짓하는 오치[しぐさ落ち]:「죽음의 신[死神]」 자신의 죽음을 나타내는 촛불을 이어 붙이려고 하던 주인공이 '아아 커져버렸구나'라고 하며 넘어지는 몸짓을 하며 마무리한다. 동작으로 마무리의 깊은 뜻을 나타내는 형식이다. 말보다 몸짓으로 보이는 오치.

④ 언어유희 오치[地口落ち]:「다가야[箍屋]」 도쿄 료고쿠에서 불꽃놀이를 하는 날. 이미 불꽃놀이를 할 때 구경꾼들은 항상 불꽃을 만드는 상점 이름인 '다마야[玉屋]'를 외치며 환호하는 관습이 있었다. 불꽃놀이 구경꾼이 몰리면 여러 가지 장사꾼도 모여드는데, 물통을 조이는 대나무 테두리 장사꾼인 다가야도 구경꾼 사이를 헤집고 다니고 있었다. 마침 둘둘 말아두었던 대나무가 풀어져 튀겨나가면서 길 가던 사무라이의 갓을 벗겨버리고 말았다. 화가 난 사무라이가 칼을 빼어 다가야의 목을 베려 하자, 다가야가 먼저 사무라이의 목을 베어 날려버렸다. 목이 날아가는 것을 본 구경꾼들이 '다가야' 하며 환성을 올렸다. 동음이의어로 언어유희를 즐기는 형식이다.

⑤ 복선을 까는 오치[仕込落ち]:「야마사키야[山崎屋]」 젊은 가게주인이 점원의 도움으로 유곽의 여자를 아내로 맞이하게 되었다. 그런 사실을 모르는 주인의 부친이 며느리에게 물었다. "그간 어디에서 일하고 있었느냐?" "북쪽 지방입니다." "그렇다면 가가현인가?" "먼 길을 왔구나." "그렇습니다. 이세야를 거쳐서 오와리야를 거쳐서 야마토에, 나가토에, 나가사키에" "이보게 이보게, 남자걸음이라도 그렇게 빠를 수가 없어. 여러 지방을 그렇게 빨리 걸을 수 있다면, 걸음이 빠른 배달부인가, 아니면 덴구라는 요괴란 말인가." 여기서 '이세야, 오와리야, 야마토에, 나가토, 나가사키' 등은 지명이자 유곽이다. 며느리는 여러 유곽을 거쳤다는 뜻으로 말했는데, 시아버지는 지명으로 알고 먼 길을 용케도 왔다고 하니, 이야깃거리가 어긋나고 있는데, 정작 본인들은 모르고 있

다는 설정으로 전개하는 형식이다. 유곽의 풍습이나 명칭을 라쿠고 전개부분에서 미리 알려주며 복선을 깔아야 한다.

⑥ 단번에 풀리는 오치[とたん落ち] : 「침상(寢床)」 가게 주인이 잘하지도 못하는 기다유라는 노래연습에 푹 빠져 있다. 가게 식구들 모두가 잠이 들었는데, 어린 점원은 자지 않고 울고 있다. 주인이 "내 노래 가운데 어떤 대목이 그렇게 슬퍼서 울고 있느냐?"고 물었다. 점원이 노래하는 자리를 가리키며 말했다. "그 침상이 내가 자는 자리에요." 마지막 한마디에 모든 의문이 풀리며 점층되던 문제가 단번에 해결되는 형식이다.(「饅頭怖い」 「芝浜」 「猫の皿」)

⑦ 점층되는 오치[とんとん落ち] : 「시라는 글자를 싫어함[しの字嫌い]」 가게 주인이 점원인 곤스케에게 '시라는 말[しの字]'을 하게 하려고 여러 가지 꾀를 내었지만, 좀처럼 말하지 않는다. 화가 난 주인은 "시부토이 야쓰[고집센 놈]"이라고 분통을 터뜨리자, 곤스케가 "그것 보세요. 시라는 말을 하셨으니, 이 돈은 모두 제 껍니다"고 하며 돈을 차지했다. 입심을 점점 고조시켜가는 과정을 즐기는 형식이다.

⑧ 사다리 오치[はしご落ち] : 「한 단씩 올리기[一目上がり]」 점원인 야고로는 은퇴한 늙은 주인에게서 족자에 쓰는 찬(贊, 三과 발음이 같다.)에 대하여 설명을 들었다. 야고로가 가게에 걸려 있는 그림에 곁들인 글을 보고 주인에게 "참 멋진 찬이군요"라고 하자, 주인이 "그것은 시(詩, 四와 발음이 같다.)"라고 고쳐주었다. 다른 곳에 가서는 "이 글은 잇큐스님의 오(悟, 五와 발음이 같다.)"고 핀잔을 들었다. 그리서 이번에는 오(五)라고 할 것을 미리 한 단 올려서 육(六)이라고 짐작하고 그림에 쓰여진 내용을 보고 "아 이것을 육(六)이라고 말했더니, "아냐 그것은 칠복신(七福神)의 보물선 그림"이라고 하였다. 사다리를 오르는 것처럼 차츰차츰 숫자가 하나씩 많아지는 과정을 묘사하는 형식이다.

⑨ 임기응변 오치[ぶっつけ落ち] : 「하품 가르치기[あくび指南]」 하품하는 방법을 배우러 온 사람이 좀처럼 요령을 깨치지 못하고 있었다. 친구가

"기다리는 나야말로 지루해서 견딜 수가 없구나. 지루해"라고 하면서 크게 하품을 한다. 스승이 "저 사람이야말로 정말 잘 하는구나. 보고 한 수 배웠다."고 한다. 상대방의 말 한 마디 한 마디에 특별한 뜻을 두는 형식이다.

⑩ 멍청한 오치[まぬけ落ち] : 「멍청한 사내[粗忽長屋]」 길 가다가 쓰러져 죽은 시체를 보고 자기 시체라고 착각하여 시체를 안아 올린 멍청한 사내가 "이 시체는 나임에 틀림없지만, 안고 있는 나는 누구이지?"라고 하는 넌센스로 끝나는 형식이다.

⑪ 되돌아오는 오치[まわり落ち] : 「빙글빙글 돈 고양이[まわり猫]」 고양이의 이름을 지금 이름보다 강한 느낌을 주는 이름을 지으려고 여러 가지 궁리를 하지만 결국, 고양이가 가장 센 동물이니 고양이라는 원래의 이름으로 돌아오고 만다는 형식이다.

⑫ 비유하는 오치[見立て落ち] : 「머리 제등[首提灯]」 길을 가다가 사무라이에게 베어버리고 만 자기의 목을 제등처럼 자기가 가슴에 안고, "미안합니다. 길을 비켜주세요"라고 하며 달려간다. 상상 밖의 비유나 비정상적인 엉뚱한 설정으로 전개하는 형식이다. 엉뚱한 전개를 보임으로써 웃음을 터뜨리게 한다는 형식이다.

(2) 4가지 분류기준

노무라 마사아키[野村雅昭]는 라쿠고카 제2대 가쓰라 시자쿠[桂枝雀](1939~)가 제시한 4가지 분류방식을 '긴장과 완화'의 방향에 따라 도표를 제시하며 상세하게 재정리한 바 있다.[22] 노무라는 ① 깜짝 뒤집기[ドンテン], ② 수수께끼 풀기[謎解き], ③ 모두가 거짓말임을 알아채기[へん], ④ 납득하기[合わせ] 등으로 나눈 분류를 다시 이야기의 긴장과 완화

22) 野村雅昭, 『落語の言語學』, 平凡社, 2002, 168~175면.

의 낙차(落差)의 대소에 따라 다음과 같이 도표화하였다.

표 2 _ 4종류의 오치의 관계

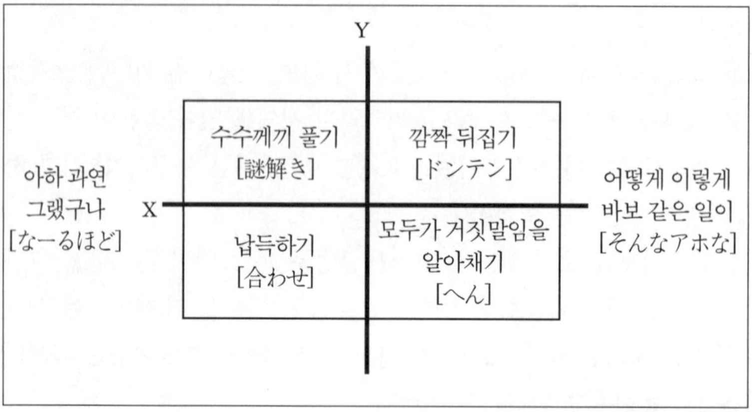

우선 X축을 경계로 하여 윗부분은 긴장한 상태에서 차츰 완화되어 웃음을 자아내는 것으로 갑자기 역전시킴으로써 긴장이 완화되고 수수께끼가 풀리는 형식이다. 이와 달리 아랫부분은 긴장과 완화의 경계가 애매한 형식이다. Y축을 경계로 하여 우측은 오치를 듣고 난 느낌이 어떻게 그렇게 바보 같은 일이 있을 수 있겠는가라고 어처구니 없어하는 상태이며, 왼쪽은 수수께끼가 풀려 웃음이 나오는 경우와 인과관계가 납득되어 웃음이 나오는 경우를 뜻한다.

특히 X축은 합리성의 다소에 따라서 분류된다고 할 수 있다. 이에 대한 상세한 논의는 구체적인 작품을 통하여 이루어질 수 있으나, 오치에 관하여는 별도의 연구가 요청된다.

4. 작품의 사례

1) 반전에 반전을 거듭하며 성공하는 상인의 꿈을 그린 「시바하마[芝浜]」

라쿠고 「시바하마」[23]는 「가죽 돈지갑」이라고도 한다. 도쿄의 바닷가 시바에서 돈지갑을 주은 남자가 아내의 지혜로 돈을 주웠던 사실을 가마득하게 잊어버리고, 마음을 고쳐먹고 열심히 일하여 돈을 모으고 안정된 생활을 하게 된다. 3년이 지나서야 아내는 진상을 밝히고 부부가 더욱 화목해진다는 잘 알려진 라쿠고이다.

수완은 좋지만 술을 너무 많이 마시는 생선장수가 요즈음도 장사는 팽개치고 술만 마시고 있다.

오늘 아침은 날이 밝기도 전에 아내가 깨워 "당신이 장사하러 나가지 않아 우리집 밥솥에 거미줄이 생길 지경이에요. 오늘은 부지런히 선창가에 나가보세요"라고 쫓아내는 바람에 선창가로 나왔지만, 시간이 일러서 아무도 나와 있지 않았다. 집으로 돌아가서 더 자기에는 너무 늦었기에 시바의 바닷가에 나가서 날이 새기를 기다리면서 담배를 한 대 피우다가 물가에 떠밀려 와 있는 낡은 가죽 돈지갑이 눈에 들어왔다. 집어서 지갑 속을 보니 대금이 들어 있는 것이 아닌가.

지갑을 가지고 뒤도 돌아보지 않고 서둘러 집으로 돌아왔다. 아내와 함께 돈을 세어보니 50냥이었다. 하늘이라도 날 것 같이 기쁜 마음에 마시다 남은 술을 전부 마시고 한잠 깊이 잔 뒤에 일어나서 목욕탕에 갔다. 돌아오는 길에 친구들을 불러다가 실컷 먹고 마시고 노래부르는 등 한바탕 소동을 피운 뒤에 다시 골아 떨어졌다.

다음날 아침 아내가 다시 흔들어 깨우기에 "이제부터는 장사를 하지

23) 飯島友治 編, 『古典落語 正藏・三木助集』, 筑摩書房, 1990, 361~393면.

않아도 시바하마에서 주운 돈으로 잘 살 수 있을거야"라고 한다. 그러나 아내는 정색을 하며 "그런 큰돈이 있으면 고생하지 않아도 되지요. 당신 그런 꿈이라도 꾸었어요"라고 하기에 반신반의하면서도 돈지갑을 주웠던 일은 꿈이었던가라고 생각하게 된다.

돈을 줍는 꿈이란 가장 못난 인간이나 꾸는 꿈이라고 면박을 주는 아내의 말을 듣고, 심기일전하여 그 좋아하는 술을 끊고 열심히 일하였다. 삼 년이 되자 생활도 나아지고 빚도 다 갚고 번듯한 가게까지 차릴 수 있게 되었다. 이해 섣달 그믐날 밤, "이것 모두가 그간 열심히 일한 덕분이다. 사람은 열심히 일하지 않으면 안 되지"라고 혼잣말하듯이 속내를 털어놓는 것을 들은 아내가 깊이 감추어 놓았던 가죽돈지갑과 50냥을 남편 앞에 내어 놓았다. 역시 꿈이 아니었다.

그후에 그 돈이 마음에 걸려서 큰 어른을 찾아가서 상담하였다. 그런 큰 돈에 손을 대면 큰 죄가 될 테니 서둘러 관청에 알려야 한다. 남편에게는 꿈을 꾼 것으로 생각하도록 하라고 일러주었다. "그래서 당신에게는 미안하지만 끝까지 꿈이었다고 했어요. 돈을 잃어버린 사람이 나타나지 않아서 그 돈은 다시 우리가 가지게 되었지만, 모처럼 마음잡고 열심히 일하는 당신에게 돈을 보여주면 도로아미타불이 되지 않을까 걱정이 되어 오늘까지 말하지 않았습니다. 그러나 오늘 당신이 하는 말을 듣고 이제는 그럴 일이 없겠다고 생각이 들었습니다. 함께 살고 있는 아내가 숨긴 일이 있다고 생각하면 화가 나시겠지만 모쪼록 참아주세요"라고 아내가 말했다. 남편은 차근차근 생각하더니 "아 당신은 훌륭하오. 당신이 말한 그대로요"라고 한다. 아내가 "그렇다면 굳이 술을 끊지 않아도 되잖아요. 기분을 풀기 위해서 한잔 드시지요"라고 하며 술을 내놓으니, 입에 대려고 하다가 "그만두자. 또 꿈이 되어버리면 안 되지."

라쿠고는 여기서 끝난다. 상인의 마지막 부분에서 아내가 허락하는 술을 마시고 참으면서 "그만두자. 또 꿈이 되어버리면 안되지"라고 한다. 여기까지 성공한 것 자체가 다시 꿈이 되어버릴까 염려한다는 것은 모처럼 일구어낸 현실이 다시 물거품이 되게 할 수는 없다는 남편의 의지를 나타낸 말이다. 그러나 이런 과정을 다 알고 있는 관객에게는 남편의 이 마지막 말이 한낱 우스개로 들리며 웃음을 자아내게 된다. 이 부분을 오치라고 하며, 대단원을 짓는 반전의 우스개로 감칠맛나게 라쿠고를 마무리하게 되는 것이다.

2) 반전의 묘미를 즐기는 「만두가 무서워[饅頭怖い]」[24)]

한자로 饅頭(만두)라면 우리 나라에서는 밀가루 등을 반죽하여 야채와 고기로 소를 만들어 넣고 빚어서 삶거나 찌거나 기름에 지져서 만드는 음식을 말하지만, 일본에서는 만주라고 하여 밀가루나 메밀가루 등을 반죽하여 단팥으로 소를 만들어 넣고 빚어서 찌거나 구운 과자를 말한다. 우리 나라에서 고기와 야채를 넣어 만드는 만두는 니쿠만주[肉饅頭]라 해서 만주와 구별한다. 중국에서 제조법이 전래된 과자로 전국에 유명한 만주 가게가 많으며, 선물이나 간식용으로 애호되고 있다. 음식이 풍부하지 않던 시대에 이런 만주는 대개가 좋아하는 과자인데, 먹기 싫을 정도가 아니라 무지무지하게 무섭다는 사나이가 있었다는 데서 라쿠고 「만주가 무서워」는 시작된다.

젊은이들이 모여서, 각기 세상에서 무엇이 가장 무서운지에 대하여 이야기하고 있었다. 어떤 이는 나는 "뱀이 무섭다", 어떤 이는 "나는 거미가 무섭다" 등등 입씨름을 벌리고 있는데, 곁에서 듣던 어떤 이가 "나는 이 세상에서 무서운 것이 아무것도 없다"고 콧방귀를 낀다. 그러나 "사람인데 무서운 것이 없을 수가 없어. 정말로 무서운 것이 무어냐"고

24) 위의 책, 341~360면.

다그쳐 물었다. 그러자 갑자기 부들부들 떨면서 "사실은 만두가 무서운데 생각조차 하지 않으려고 무서운 것이 없다고 했다"고 털어놓고는 이불 속에 들어가서 떨다가 잠이 들어버렸다.

평소부터 마음에 들지 않았던 녀석이었기 때문에 이참에 골탕을 먹이려고 돈을 모아 만주를 사다가 베개머리에 늘어놓았다. 억지로 잠을 깨우자, 무서워하는 척하면서 만주를 모두 먹어치웠다. 약이 오른 젊은이들이 물었다. "자네 정말 무서워하는 것이 무엇이야." 그러자 "이럴 때는 맛있는 차가 가장 무섭지."

라쿠고는 여기서 끝난다. 마지막에서 보여준 반전은 만주가 무섭다고 말한 것은 만주를 먹기 위한 술수였다는 것을 관객이 알고 웃음이 터져나오기 시작한다. 그러나 여기서 한 술 더 떠서 만주를 먹은 뒤니까, 맛있는 차를 마시고 싶다는 뜻으로 만주가 더 무섭다고 하는 말로 끝맺으며, 관객의 웃음은 폭발시키며 매듭짓는다.

이런 식의 위트 있는 반전을 가지는 것이 라쿠고의 매력이며 이런 부분을 오치라고 한다.

3) 값비싼 골동품을 싸게 사려고 꼼수를 부린다는 「고양이의 밥그릇[猫の茶碗]」

「고양이의 다완[猫の茶碗]」 혹은 「고양이의 접시[猫の皿]」[25)]라고 하는 이 라쿠고는 악덕 골동품상이 찻집의 주인을 속이려고 하지만 사실은 주인이 한 수 위였다는 에도시대의 이야기로써 현대인에게도 통용되는 주제이다.

에도의 골동품상이 진귀한 물건을 찾아 시골을 찾아다녔으나, 이번에는 아무런 수확도 없이 돌아오는 길에 찻집에 들어가 쉬게 되었다.

---

25) 飯島友治 編, 『古典落語名作選』, 筑摩書房, 1985, 99~109면.

보리차와 옥수수를 먹고 있으려니, 마루 밑에 고양이가 밥을 먹고 있는 것이 눈에 띄었다. 자세히 보니 고양이 밥그릇이 매화잎을 본떠만든 우메바치다완[梅鉢茶椀]이라는 매우 값비싼 고려다완이었다. 이것이면 간단히 300냥은 받을 수 있는 엄청난 골동품이다. 찻집 영감은 그런 것도 모르고 고양이 밥그릇으로 쓰고 있다고 생각하여 어떻게 해서든지 그럴듯한 말로 얻어가려 작정했다. 골동품상은 고양이를 좋아한다고 하면서 무릎위에 올려놓고 귀엽다고 쓰다듬어주기도 하고, 가슴에 안아주며 고양이를 귀여워하며 이 고양이가 아주 마음에 든다고 아주 좋아하는 표정을 짓는다.

주인에게 이 귀여운 고양이를 데려다가 기르고 싶으니 팔라고 부탁하여 3냥에 샀다. 그리고는 고양이가 주인이 바뀌어 낯선 곳에 가면 밥을 잘 먹지 않을 것이니, 그동안 늘 쓰던 밥그릇이 좋겠다고 하며 그릇을 함께 가지고 가겠다고 한다. 주인 영감은 이 다완은 내가 아주 좋아하는 것이기 때문에 줄 수 없다고 하며, 대신 나무 그릇을 건네주려고 한다. 골동품상은 그렇다면 다완을 3냥에 사겠다고 하였다.

그러자 주인 영감은 이것은 고려다완 가운데서도 우메바치다완이라 하여 아무리 못 받아도 300냥을 받을 수 있는 엄청나게 비싼 것이기 때문에 줄 수 없다고 잡아떼었다. 골동품상의 얼렁뚱땅 속임수로 물건을 손에 넣으려던 잔꾀는 통하지 않았다. 뿐만 아니라 안고 있던 고양이가 손등을 핥고 무릎에 오줌을 싸는 등 낭패를 보았다.

골동품상은 그 가치를 알고 있으면서도 고양이 밥그릇으로 쓰고 있는 것이 의아하여 물었다. "왜 이렇게 진귀한 다완을 고양이 밥그릇으로 쓰는 겁니까."

찻집 영감이 대답했다. "이 다완을 고양이 밥그릇으로 쓰고 있노라면, 가끔 당신 같은 사람이 나타나서 고양이를 3냥이나 주고 사가기 때문이지."

4) 대표적인 신작 라쿠고「동물원(動物園)」

일본의 근대적 양식의 동물원은 1882년 우에노[上野] 공원 안에 최초로 설치된 이래, 박물관과 같은 교육적 기능과 여가를 위한 시설로 확대되어 갔다.

메이지유신이 시작된 지 20여년이 경과된 1890년경에는 새로운 사회상을 소재로 하는 라쿠고가 발표되었다. 당시에 서양식의 동물원이 개장되어 사람들의 호기심을 끌었는데, 특히 외국에서 들여온 사자나 호랑이는 맹수로서 많은 관객을 모을 수 있는 볼거리가 되었다. 이 작품의 원전은 외국에서 온 것으로 일본식으로 개작한 것이라는 견해도 제시되어 있다.[26] 호랑이를 주인공으로 하지만 때로는 사자를 소재로 하는 라쿠고「동물원」은 일명「라이온」이라고도 하는데 당시에 인기를 모으던 작품이며, 오늘날에도 자주 공연되고 있다. 2007년 3월 10일에 재일교포 출신의 라쿠고카 쇼후쿠테이 긴페이[笑福亭銀瓶][27]가 중앙대학교에서 개최한 라쿠고 공연의 내용을 정리하면 다음과 같다.

게으르고 매사를 귀찮아하는 사내가 빈둥빈둥 세월을 보내고 있었다. 일하라고 하면, "조건이 있습니다. 그것은 10시쯤 출근하여 빈둥빈둥하다가, 점심에는 식사하러 나가고, 저녁 4시쯤에는 일을 마치는 자리가 좋겠습니다. 돈은 만엔 정도만 받으면 되고요." 이 말을 들은 어떤 선배가 그런 곳이 어디 있겠냐고 어처구니없어 한다. 얼마 후 선배로부터 연락이 왔다. 그런 조건으로 일할 자리가 있으니 해보겠느냐고. 사내는 그런 조건이라면 일을 할테니 소개시켜달라고 했다. 소개받고 찾아간 곳은 동물원이었다. 원장이 말하기를 "우리 동물원의 사자가 죽어버렸

26) 桂米朝,『桂米朝コレクション』, 筑摩書房, 2003, 110면.

27) 쇼후쿠테이 긴페이(1967년생, 본명 沈鐘一)은 효고현 출생의 재일교포 3세로 1988년에 쇼후쿠테이 쓰루베[笑福亭鶴瓶]의 문하생으로 입문한 이래 활발하게 활동하는 한편, 한국어로 하는 라쿠고를 개발하여 2005년 이래 한국에서 공연하여 공감을 얻었으며 탈런트 활동을 겸하고 있다.

다. 그 후에 인기가 시들해져서 입장객이 많이 줄었다. 그래서 누군가 호랑이 가죽을 뒤집어쓰고 우리 안을 어슬렁어슬렁 걸어 다니게 하여 실제 호랑이인 것처럼 보이게 하면 되겠다고 생각했다. 자네가 그 일을 해주면 좋겠네. 자네가 제시한 조건과 딱 들어맞지. 동물원 개장은 10시 반이니까 10시에 출근하면 딱 되고, 하루 종일 우리 안에서 어슬렁어슬렁 돌아다니기만 하면 되지. 종료시간이 4시니까 그 후에 일당을 받고 돌아가면 돼"라고 한다.

사내는 그럼 당장 오늘부터 근무하도록 하면 어떻겠냐는 제의를 받고, 호랑이처럼 걷는 법을 배우고 호랑이 가죽을 뒤집어쓰고 우리에 들어갔다. 잘 모르겠으면 그대로 딩굴어 자면 된다는 말도 들었다.

입장객들이 들어왔다. 사내가 아이들을 놀려주려고 "우웡, 우웡" 소리를 지르자, "엄마 이 호랑이가 개처럼 짖어요"라고 아이들이 신기하게 여겼다. 사내는 아이가 맛있게 빵을 먹는 것을 보자 빵을 가리키며 먹고 싶다는 시늉을 했다. 아이는 던져준 빵을 받아먹는 모습을 보고 "엄마 이 호랑이 손으로 빵을 떼어먹네요"라고 의아하게 여긴다.

이때 스피커에서 알리는 말씀이 흘러나왔다. "호랑이 우리에서 호랑이와 사자의 대결이 벌어집니다. 목숨을 건 일대일의 사투가 벌어집니다. 장내에 계신 여러분은 호랑이 우리 앞으로 모여주시기 바랍니다"라는 장내방송이었다. "아니 그런 이야기 들은 일이 없어. 내가 헐값에 목숨을 팔 수는 없지." 당황해 하는 순간, 우리 사이의 칸막이가 열리면서 눈에 광채가 도는 무시무시한 사자가 들어왔다. "나 죽었구나." 부들부들 몸이 떨리며 자기도 모르는 사이에 "나무아미타불……." 신의 가호를 빌기 시작했다. 한 아이가 말했다. "엄마 호랑이가 떨고 있어요." 이 말에 어머니가 "당연하지. 빵을 받아먹을 정도로 약한 호랑이니까."

사자가 성큼성큼 다가 왔다. "꼼짝없이 죽었구나"라고 생각하고 있는데, 사자가 입을 귀에 대고 소곤거렸다. "걱정하지 마. 나도 만엔을 받고 일하는 몸이니까."

가죽을 뒤집어쓰고 맹수처럼 보이는 것은 호랑이만이 아니라 사자도 그러했다는 점이 오치가 되는 반전의 묘미를 즐기는 라쿠고이다. 죽을 줄로만 알았던 사나이는 사자도 나처럼 고용된 사람이 가죽을 뒤집어 썼다는 사실을 아는 데서 라쿠고는 끝난다. 결말을 구체적으로 설명하거나 그래서 어떻다고 일일이 설명하지는 않지만, 관객들은 이야기를 스스로 정리하고 상상하면서 즐거움을 누리는 것이다.

실제로 사람이 호랑이나 사자의 가죽을 뒤집어쓰고 기어 다니면 진짜라고 속을 사람이 없을 뿐만 아니라, 호랑이가 육식이 아닌 빵을 먹을 수도 없다. 그러나 이와 같은 설정이야말로 오치의 부분을 끌어내기 위하여 웃음을 차츰 고조시켜가는 요소로서 관객에게 상상을 통한 즐거움을 누리게 해주는 대목이 된다.

5. 웃음산업의 한 가지로 융성하는 현대의 라쿠고

오늘날 대도시에는 라쿠고의 전용극장인 요세가 운영되고 있어서, 관객은 언제든지 감상할 기회가 있다. 요세는 극장처럼 입구에 공연물의 안내판을 내걸고, 축제적인 분위기를 자아내게 하기 위하여 등롱을 걸고, 독특한 서체로 쓴 간판을 단다.

내부는 객석과 무대, 분장실 등으로 구성되는데, 무대는 특별한 장식물이나 배경을 쓰지 않고, 단순하게 하여, 관객이 배우의 연기에 집중하도록 한다. 배우는 소도구로 쓰이는 접는 부채와 수건만 가지고 등장한다. 부채는 다양한 용도로 쓰이는데, 이야기의 내용에 따라서 젓가락, 붓, 지팡이, 칼, 술잔, 주판, 담뱃대 등을 상징적으로 나타낸다. 수건은 접기도 하고 적당한 크기로 펴기도 하여, 담배쌈지, 장부책, 두건, 지갑,

편지지 등을 나타내며 연기의 보조도구가 된다.

라쿠고카의 계보는 크게 두 지역으로 나누어 도쿄를 중심으로 하는 에도[江戶]라쿠고와 오사카와 교토를 중심으로 하는 가미가타[上方]로 구분한다. 교통이 발달되지 않았던 시대에 두 지역은 언어나 문화에 서로 다른 지방색을 띄고 있었기 때문에 크게 다른 방향으로 전개되었다. 오늘날에는 교통과 매스컴의 발달로 두 가지 라쿠고 내용이나 라쿠고카의 교류가 활발하게 일어나고 있다. 그러나 원래 두 지역 사이의 방언의 차이가 크고, 서민생활에서 가치관이나 정서도 다르기 때문에 이야기의 전개방식이나 웃음을 자아내는 부분, 오치의 방식에 다른 특징을 지니고 있다.

현재 전국에서 활동하고 있는 직업적인 라쿠고카는 500명 내지 600명에 이른다고 한다. 이들은 요세를 중심으로 공연하지만, 지역이나 학교의 강당에서 공연하기도 하고, 라디오나 텔레비전을 통해서 웃음을 선사하기도 한다.

현대에는 라쿠고는 물론 만자이가 일본인에게 웃음과 즐거움을 제공함으로써 육체적으로 정신적으로 건강해질 수 있다는 면에 대한 관심이 매우 높아졌다. 웃음은 역경을 극복하고 행복감을 가져다주며 사람과 사람 사이를 맺어주는 역할을 할 뿐만 아니라, 혁신과 창조의 에네르기를 제공해준다는 점 때문에 보다 적극적으로 웃음을 요구하는 시대가 되었다는 것이다.

이런 시대적 요청에 따라서 요세나 매스컴 혹은 순회공연 등의 방식으로 웃음을 제공하는 공연물을 기획하고 흥행하는 단체나 기업이 등장하였다. 라쿠고라는 전통문화는 문화산업의 일종이라는 관점에서 주목을 받고 있다. 라쿠고카를 육성하며, 요세를 운영하며 관객을 확보하여 현대의 공연문화산업이라는 측면에서 사업을 전개하는 이른바 웃음문화산업은 「오와라이산업[お笑い産業]」이라 하여 전통과 현대를 접목하는 문화산업분야로 주목을 받고 있다. 예를 들면 오사카부[大阪府]에서

는 지역의 특징적인 문화를 산업화시키기 위한 노력을 전개하는 가운데 '오와라이 산업을 오사카의 자원'으로 삼아야 한다는 캠페인을 벌이기도 한다.

경제학자인 사사키 아키히코[佐々木晃彦]는 현대의 문화산업의 12부분의 역사와 과제 등을 논의하는 『문화산업론』 가운데 '웃음'을 문화산업의 한 분야로 설정하여, '라쿠고는 서비스 산업이며, 라쿠고카는 서비스 정신에서 나온 것'[28]이라 하였다.

2005년 한국에서 〈한국웃음문화학회〉가 창립된 바 있는데, 이에 앞서 일본에서는 웃음에 관한 사회적 관심을 반영하듯이 1994년 7월 9일(우는 날)[29]에 〈일본웃음학회〉[30]가 창립되어 전국 각지에 지부를 두고 연구발표회를 개최하며 학회지 연간 『와라이학연구[笑い學硏究]』와 학회신문 격월 『와라이[笑]』를 간행하며, 수시로 강좌와 강연회를 개최한다. 현재 약 1,000명의 회원이 활동하고 있다.

이 학회는 연구테마를 ① 웃음과 예술·예능, ② 웃음과 건강, ③ 웃음과 지역사회, ④ 웃음의 이론, ⑤ 웃음과 커뮤니케이션 등 5분야로 설정하여 연구와 발표회를 개최하고 있다. 최근까지 135회의 연구회가 개최되었는데, 최근의 발표테마의 예를 보면 다음과 같다.

---

28) 佐々木晃彦, 『文化産業論』, 北樹出版, 2006, 201면.

29) 일본어 7은 '나나'이고 9는 '쿠'이니 두음을 따면 '나쿠'로써 '泣く'라는 뜻, 즉 '울다'는 뜻이다. 7월 9일을 '우는 날'이라는 동음이의어 언어유희로 굳이 이날을 학회 창립일로 정한 것이라 생각된다.

30) 일본와라이학회[日本笑い學會] 회장 이노우에 히로시[井上宏]가 쓴 학회취지문을 요약하면 다음과 같다. 사람은 누구라도 웃습니다만, 만약 웃지 않았다면 이 세상은 어떻게 될까요. 우리는 '웃음'을 중요한 연구 대상으로 하고 생각하여 1994년에 〈일본웃음학회〉를 설립했습니다. '웃음'은 인간의 심신의 문제로서 또 커뮤니케이션이나 인간관계의 문제로서 중요한 의미를 가지고 있습니다. 동시에 연극, 문학이나 예능의 '웃음의 문화'를 낳아, 우리의 마음을 달래 주고 있습니다. 웃음은 다양한 장르의 사람이 모여서 종합적으로 연구를 진행시킬 필요가 있습니다. 누구나 참가할 수 있는 '시민참가형' 학회입니다. 회원은 전국각지에서 활동하는 대학교원, 의사, 작가, 회사원, 주부, 간호사, 대학생, 신문기자, 고교 교사, 치과 의사, 아나운서, 승려 등 다방면에 걸쳐 있습니다. '웃음의 종합적 연구'와 '웃음 문화의 발전'에 기여할 목적으로 활동하고 있습니다.

'음식과 웃음과 건강' '삶의 보람 요법에 대하여' '웃음의 종합과학' '치유와 커뮤니케이션으로써의 유머' '어린이의 세계와 웃음의 보고' '웃음·뇌·건강' '오사카의 보케와 쏫코미' '민요의 흥미로운 이야기' '유머의 뇌 만들기' '언어유희와 언어유희에 둔한 사람' '간호사의 유머와 웃음' '일본의 종교와 웃음-웃음의 동서문명론 서설' '젊은 세대의 웃음' '라쿠고는 왜 재미있는가' '도라씨의 세계와 바나나 다타키우리(노랫조로 상품을 선전하며 판매하기)' '통역 가이드의 이문화 워칭' 등[31] 여러 방면의 전문직종에 종사하는 발표자에 의하여 다양한 주제가 제시되고 있음을 알 수 있다.

6. 맺음말

입담으로 전개하는 연희의 총칭인 와게이[話藝]의 한 가지인 라쿠고는 근세 이래 서민의 지지를 받으며 작품이 축적되며 연희자의 계보도 확대되어 왔다. 서민 자신이나 서민의 시각에서 보는 무사의 생활을 소재로 하여 신변적인 사건이나 일상적인 이야기를 다룸으로써 대중적인 취향의 친근한 연희로서 자리잡게 되었다. 17세기 이래로 라쿠고 전문가가 등장하여 관객과 연기자의 분리가 이루어지는 한편 상업적인 흥행물이 되기 위하여 보다 세련된 내용과 연기력이 요청되었고, 이에 따라 반전을 거듭하여 흥미를 더하는 작품이 나오고, 고도의 화술을 연마하여 입장료를 받을 만한 경지에 이른 직업인으로서 라쿠고카가 대를 이어 나타났다.

31) 일본웃음학회 홈페이지, http://mypage.odn.ne.jp/home/waraikantounei.

비교적 저렴한 입장료로 즐길 수 있다는 특성 때문에 관객측에서도 라쿠고에 대한 접근이 용이했고, 대중적인 분위기의 전문 공연장인 요세는 흥행적으로도 안정성을 확보하여 오늘날에 이르고 있다.

귀로 듣고 연기를 보며 연기의 내용을 상상하며 웃음을 자아내는 연희장르 라쿠고의 역사는 웃음을 자아내는 방식의 변천과 축적이라고 할 수 있다. 라쿠고가 다른 설화나 소설 혹은 이야기와 구별하는 이유의 하나가 오치라는 특별한 연출방식을 지닌다는 점이다. 특히 작품의 결말 부분인 오치에서 반전의 웃음을 자아내야 하는데 여기에 라쿠고의 묘미와 생명이 집중되어 있다고 할 수 있다. 오치는 작품마다 다양한 방식으로 전개되기 때문에 정의하기나 분류하기가 쉽지 않지만, 반전의 방식이나, 마무리하는 방식에 따라서 여러 가지로 분류할 수 있다.

일본의 라쿠고는 오와라이산업으로서 현대 문화산업의 중요한 영역을 차지하고 있다. 흥행산업 혹은 엔터테인먼트산업 가운데 라쿠고가 차지하는 비중이나, 매스컴에 편성되는 라쿠고 프로그램의 비중이 다른 고전 연희장르에 비하여 매우 높게 나타나고 있음을 보아 전통문화이자 현대인의 삶을 반영하는 라쿠고에 대한 일본인들의 관심을 잘 알 수 있다.

현재 약 600여 명의 프로 라쿠고카가 전국에서 활동하고 있는데, 매스컴이나 전문적인 공연장은 물론 학교나 지역사회, 각종 단체 등을 통해서 활발한 공연이 이루어고 있다.

일본인의 웃음의 중요한 방식으로서의 라쿠고는 역사적으로 수많은 우스개의 토픽(topic)을 축적하여 오며 이를 바탕(database)으로 좁게는 일본적인 이야기, 넓게는 인간적인 이야기를 다양하게 조합·변형·발전시켜 나아가고 있다고 생각된다.

「일본의 전통연희『라쿠고[落語]』를 통해 본 웃음의 전개방식」에 대한 토론문

서정완

이 논문은 일본의 연희의 하나인 라쿠고[落語]가 웃음을 어떻게 이끌어내고 묘사하는지 구성과 전개에 대한 설명을 통해서 일본의 웃음의 한 방식을 서술하고 있다. 이러한 의도는 일본의 웃음의 한 방식을 알리고 우리의 것과 아울러 생각하게 한다는 점에서 유익했다고 본다.

그러나 한편으로는 일본의 고전예능, 한국식으로 말하면 고전연희를 전공하는 토론자 입장에서 볼 때, 더욱이 연구방법론이 자료중심의 문헌학적 접근을 중시하는 토론자 입장에서 볼 때 라쿠고에 '전통연희'라는 수식을 붙이는 것이 과연 타당한가 하는 소박한 의문점이 든 것 또한 사실이다. 그 배경에는 말미 ①에 정리한 것처럼, 문헌상에서 분명한 '전승과정'이 밝혀지지 않는다면 어디까지나 추론에 불과하기 때문이다. 라쿠고 전공자가 아니라는 것을 구실로 거리낌 없이 소견을 말하자면 오늘날의 라쿠고의 모태라 여겨지는 내용의 소화(笑話)가 『기겐요키슈[戯言養氣集]』, 『기노와교노모노가타리[昨日は今日の物語]』 등에 수록되어 있다는 이야기하고 연희로서 전승되었다는 이야기는 전혀 다른 문제이기 때문이다.

어쨌든 이러한 의문점은 라쿠고에 대해서는 일개 감상자일 뿐인 토론자로 하여금 '이야기' 또는 '화술'로 진행되는 연희의 본질에 대해서 다시 생각하게 했다는 점에서는 매우 자극적이었다. 발표문을 읽고 원래 지정된 발표주제인 '한국과 일본의 웃음문화 비교'하고도, 그리고 실제 발표 내용인 라쿠고하고도 그다지 긴밀하게 연관되는 내용은 아닐지 모르나, 일본문학에서 말하는 '가타리[語り]'라는 것에 대해서 다시 생각해볼 수 있는 기회를 가질 수 있었다. 일본문학의 '가타리'가 품고 있는 문제점을 간단하게나마 정리하는 것이 라쿠고에 대해서, 웃음에 대해서, '가타리'에 대해서, 나아가서 발표분에서 말하는 '와게이'라는 것에 대해서 이해를 돕는 일이 된다고 믿고 잠시 지면을 할애하겠다.

1. 와게이[話藝]에 대해서

일본에서 '와게이[話藝]'라는 것은 일반적으로 라쿠고[落語], 고단[講談] 등의 이야기를 매체로 하는 '게이노[藝能]' 즉 연희를 말하는데, 이 '와게이'라는 용어는 쇼와[昭和] 30년대(1950년대 중반~)부터 조금씩 쓰이기 시작해서 쇼와 40년대(1960년대 중반~)에 본격적으로 보급된 생각보다 역사가 길지 않은 신생용어이다. 그 전에는 각각 '오토시바나시[落し噺]' '고샤쿠[講釋]' 등으로 불렸으며 '와[話]'라는 개념 자체가 없었다고 보아도 과언이 아니라고 토론자는 생각한다. 즉 일본고전문학에서의 이른바 '이야기'라는 개념과 문예형태의 전개를 크게는 〈가타리[語り]→하나시[噺→話]〉라는 도식으로 설명할 수 있다고 생각하기 때문이다.

먼저 '가타리[語り]'라고 하는 것은 화자가 청자에게 줄거리가 있는 이야기를 들려주는 narration, story-telling의 의미와 행위이면서 이야기하는 내용과 이야기하는 사람 쪽에 무게가 실린 말이자 개념이다.[32] 이 말이 '가타루[語る, 이야기하다]'라는 동사의 명사형이라는 점을 보더라도 '~하기'라는 것이 기본 개념임을 짐작할 수 있다. 즉 이야기 자체나 그 대본이 먼저가 아니라, 그 행위에 먼저 무게가 실리고 있다는 점을 주목해야 한다. 오늘날 재현할 수는 없지만 고대의 '가타리'는 그냥 읽는 것이 아니라 제문(祭文)을 읽듯이 규범과 가락이 동반되어 있었다고 보는 것 또한 대상보다는 그 행위가 중요했다는 뜻이 아닌가?

어쨌든 이러한 '가타리' 내용이 재미있어서 '문학살롱'과 같은 것이 형성되는 데에 하나의 역할을 하기도 했지만 한편으로는 '흥미진진한' 대본을 필사해서 서로 돌려 읽게 되었고, 후대에 목판 인쇄기술이 발달하자 판본이 서민층으로까지 널리 보급되면서 오랄과 청각에 의존하는 '가타리'에서 시각과 문자에 의존하는 읽는다는 행위인 '요미[讀み]'의 대상으로 그 성격과 전달형태가 변한 것이 오늘날 우리가 이해하는 '모노가타리[物語]'인 것이다. 부연설명하자면, '모노' 즉 이야기를 '가타루'한 것이 '모노가타리'인데, 처음에는 읽는 행위는 '가타리'를 하는 자가 청자에게 들려주기 위해서 했던 행위였으며,[33] 어디까지나 오랄과 청각에 의해서 그 내용이 전달되는 문예였다. 즉 소리라는 매체를 경유해서 이야기를 들었던 청자가 직접 '읽고' 감상하는 독자로 변한 것이다. 바로 '가타리'의 '모노가타리'에서 '요미'의 '모노가타리'로 그 전승방식이 변한 것이다.

---

32) 고대의 가타리베[語り部]라는 관직 또한 같은 선상에 놓고 보아야 한다고 생각한다. 뿐만 아니라 소경인 비파법사(琵琶法師)가 비파를 연주하며 헤이케[平家] 이야기를 들려주는 '헤이케 가타리[平家語り]'도 '가타리'이며, 이를 헤이쿄쿠[平曲]라 하는데, 이 헤이쿄쿠하고 『헤이케모노가타리[平家物語]』의 관계를 보면 '가타리'의 성격을 알 수 있다. 한편 노[能] 등의 무대예술에도 '가타리'가 중요한 구성요소로 존재하고 있음을 밝혀두겠다.

33) 물론 비파법사(琵琶法師)와 같은 경우는 내용을 완전히 암송하고 있으며, 스승한테 사사할 때부터 오랄과 청각에 의존해서 전승받고 있다고 보아야 한다.

가령 『겐지모노가타리[源氏物語]』의 작자 무라사키 시키부[紫式部]가 당대의 권력의 핵심이었던 후지와라 미치나가[藤原道長] 등에게 들려주었던 『겐지모노가타리[源氏物語]』는 분명 '가타리' 중심의 것이었으나, 중세에는 많은 변화가 발생하였고, 근세 이후는 완전히 '요미[讀み]' 즉 읽기 중심의 문예로 변했다고 본다. 물론 이렇게 변한 정확한 시기를 단정하는 것은 쉽지 않으나, 텍스트 중심(text-oriented)의 문예로 크게 변한 시기를 가늠할 때 노[能]의 경우가 참고가 된다.

노[能]에는 대사에 박자 등의 음악적 기호를 표시한 우타이본[謠本]이라는 것이 있는데[34] 목판본이 공급되기 시작하는 것은 덴쇼(天正, 1573~1592), 게이쵸(慶長, 1596~1615) 때이다. 당시에는 아직 고활자본(古活字本)이었으나 이윽고 판목(版木) 전체를 파서 찍는 목판인쇄본이 대량으로 보급하게 된다.[35] 도쿠가와 이에야스[德川家康]가 세이이다이쇼군[征夷大將軍]으로 임명되어 도읍지를 교토[京都]에서 지금의 도쿄[東京]인 에도[江戶]로 옮긴 것이 게이쵸 8년(1603)이니, 에도 시대 초에 목판인쇄에 의한 우타이본의 보급과 판매가 성행했다고 이해하면 된다.[36] 에도 시대에 상업, 경제가 크게 발달한 것과 이러한 목판인쇄물의 간행과 판매 및 보급은 결코 무관하지 않을 것이다.

참고로 오랄로 내용을 전해야 하는 자들은 전문가로서의 숙련이 필

34) 제아미 시대에는 노의 대사 및 연출 관련 대본을 노본[能本]이라 했으나, 오늘날 우타이본[謠本]이 그 자리를 차지하고 있다.

35) 일본에서는 이것을 '세이항[整版]'인쇄라 한다.

36) 우타이라는 것은 처음에는 귀족들이 교양과 취미로 연습하고 즐기는 것이었으나, 점점 서민층으로까지 확대, 보급되었으며, 우타이본을 교재로 우타이의 교습이 크게 성행하게 된다. 즉 교재의 판매와 교습이라는 경제활동이 이루어진 것이다. 한편 간에이(寬永, 1624~1644) 중순경까지 『다케토리모노가타리[竹取物語]』, 『마쿠라노소시[枕草子]』, 『고킨와카슈[古今和歌集]』, 『쓰레즈레구사[徒然草]』, 『간제류요쿄쿠햐쿠방[觀世流謠曲百番]』 등 20여 종, 수백 권에 이르는 고전이 간행되었으며, 이것은 단순히 상업적 인쇄의 발달로 끝나는 것이 아니라, ① 일본의 '고전 수용'의 시발점이기도 하며, ② 문학의 향수(享受)가 서민으로까지 확대되고, ③ 더 나아가서는 이른바 국학(國學)이라는 주석학을 중심으로 하는 학문의 발달을 견인하게 된다.

요하나, 문자로 내용을 이해하려는 자들은 문맹만 아니면 되고 그 이상의 특별한 훈련 또는 전수 과정을 거칠 필요가 없는 접근의 용이성 또한 판본의 보급 즉 텍스트 중심의 문학으로의 전환을 촉진했다고 할 수 있다.

한편 음문인 와카[和歌]의 경우도 마찬가지다. 오늘날 칙선에 의한 와카집인 『신코킨와카슈[新古今和歌集]』 등에 수록된 와카라는 노래를 해석하고 감상하고 비판하는 것이 와카를 접하는 기본방법으로 자리를 잡고 있다. 그것이 연구든 취미든 기본은 '읽고' 음미하는 대상으로 되어 있다. 그러면서 와카는 5-7-5-7-7 즉 31문자로 된 단가인 점을 형태상의 특징으로 들고 있다. 여기서 주의해야 할 점은 와카 또한 원래는 5-7-5-7-7로 된 특별한 리듬, 박자로 소리 내어 읊는 대상이었다는 점이다. 이 점을 결코 간과해서는 안 된다. 5-7-5-7-7로 되어 있다는 것은 바로 그 리듬과 박자로 읊었기 때문이다. 게다가 이러한 와카의 음률적인 특성은 와카 문제로만 한정되는 것이 아니고, 앞에서 언급한 『겐지모노가타리[源氏物語]』를 비롯한 모노가타리 또는 노[能]에서도 매우 중요한 의미를 갖는다.

노[能]의 대사에는 박자가 안 붙는 부분인 '고토바[詞]' 부분하고 박자가 붙는 '후시[節]' 부분이 있는데 후자의 '후시[節]'는 모두 5-7조로 되어 있다. 이것이 무엇을 뜻하겠는가?[37] 모노가타리의 경우는 지문(地文)

37) 뿐만 아니라 노의 곡 중에 '가타리'라는 이름의 장면/단락을 가진 곡이 있다. 이 '가타리'는 박자가 붙지 않는 '고토바[詞]'의 부분인데 주로 지난 일을 회상하거나 또는 과거에 발생한 가슴 아픈 이야기를 되새기는 내용으로 되어 있다. 무대 위에서 전개되는 줄거리를 정리하는 역할도 있지만 관객에게 주인공의 과거를 재설(再說)하고 이해를 돕는 역할까지 한다고 본다. 더 나아가서 '마에바[前場]'하고 '노치바[後場]'라는 2단으로 구성된 곡의 경우는 '마에바'하고 '노치바' 사이에 아이교겐[間狂言]이 등장해서 아이가타리[間語り]를 하는데 이 내용 또한 '마에바'에서 전개된 줄거리의 원인이라든지 주인공의 영혼이 한을 품고 성불하지 못하고 방황하는 과거의 아픈 사건에 대한 서술을 하는 공간이다. 이렇게 보면 노[能]를 비롯한 무대예술에서는 오랄과 청각 및 몸짓에 의한 표현과 문학의 전달행위가 유지되고 있는 것이다.

또는 narrator 시점에 의한 이야기 전개나 설명이 아니라 등장인물의 심정묘사나 상황묘사 또는 서경을 읊는 장면에서 산문으로 장황하게 설명하는 것이 아니라 31음으로 압축된 표현 안에 심정, 상황, 서경을 함축적으로 나타냄으로써 희노애락의 깊이를 독자의 상상력에 맡기는 매우 유용한 장치로 사용되는 것이 와카인 것이다.

이렇게 보면, 일본에서는 일반적으로 '구비문학'이라는 용어를 사용하지 않고 '口承文藝/文學' '口誦文藝/文學'라는 용어를 사용하나, 어쨌든 오랄(oral)과 청각에 의한 문학이 종이와 문자에 의한 시각적인 문학으로 이동했다는 점이 일본문학사의 하나의 큰 흐름임에는 틀림이 없다.

토론자는 라쿠고 전공이 아니어서 라쿠고와 관련해서 자세한 내용에 대해서 언급할 능력은 없으나, 적어도 일본문학사의 이러한 전개과정을 염두에 두고 해당 장르에 접근하는 것이 바람직하다고 생각한다. 그 이유는 일본식으로 표현하면 '가타리'까지 포함한 넓은 의미의 '와게이[話藝]'하고 '분게이[文藝]'는 어떤 식으로든 교섭을 하고 있다고 보기 때문이다.[38)]

오토시바나시[落し噺], 고샤쿠[講釋]를 일반적으로 각각 라쿠고, 고단이라 부르게 된 것은 메이지 시대에 들어서부터인데, 우리가 일반적으로 일본의 '전통' '전통적' 운운하는 것들 중에는 근대 이후에 새로 만들어진 개념이거나 용어인 경우, 또는 내용에 변화가 발생한 경우가 의

38) 오랄과 청각에 의해서 향유된 문학이 텍스트로 표기되고 그 텍스트를 읽는 형태로의 변화를 일본문학사에 흐르는 커다란 하나의 줄기라 할 때, 그렇다면 오랄과 청각에 의한 문학행위는 완전히 사라지고 말았는가 라는 소박한 의문이 생긴다. 그 답은 '살아있다'이다. 가면극을 비롯한 무대예술, 흔히 말하는 게이노[藝能] 즉 연희 부문에서 오랄과 청각이 그 명맥을 유지하고 있다. 노[能]와 같은 경우는 무대에서 전개되는 공연이 아니라 일반 애용자들 사이에서 통용되는 것만 보더라도 '우타이[謠]'라는 일종의 창(唱)이라 할 수 있는 오랄 중심의 음악적 요소하고 '우타이본[謠本]'이라는 텍스트를 통해서 깊이 있는 독해와 음미를 지향하는 말 그대로 문학(文學)적 요소가 공존하고 있다. 반면에 교겐[狂言]의 경우는 텍스트보다는 오랄적인 요소가 상대적으로 더 강하다.

외로 많다는 점을 잊어서는 안 된다. 노[能]의 무겐노[夢幻能], 니반메모노[二番目物], 슈라노[修羅能] 등도 모두 근대 이후에 노에 대한 연구가 활발해지면서 학자들이 편의상 명명하고 분류한 개념이고 용어이다. 제아미[世阿弥]가 직접 이러한 용어를 사용한 흔적은 없다. 일본 고유의 '모노가타리'에 대해서 '小說'은 서구의 'novel'의 번역이며, '한문학(漢文學)'에 대한 '화문학(和文學)'이었던 것이 '국문학(國文學)'으로 바뀐 것도 근대 이후 싹트기 시작한 내셔널리즘의 결과이다. 즉 '전통'이라는 형용은 보다 정치한 검증과 조사를 거친 후에 신중하게 붙여져야 하며,[39] 명칭이나 개념에 변화가 있었다면 그 배경을 조사하고 차이가 있는지 없는지를 규명하는 작업을 거쳐야 하는데, 이러한 작업은 바로 우리 연구자의 몫이자 책임이라 생각한다.

이상의 내용에 입각해서 라쿠고에 문외한인 토론자가 질문이라기보다는 개인적인 궁금증을 해소하기 위해서 몇 가지 가르침을 받고자 한다.

① 오늘날 우리가 일본에서 접하는 현행 라쿠고의 연속성/전승과정을 어느 시기까지 거슬러 올라가서 확인할 수 있는가? 논문에서 "요즈음과 같은 형식의 라쿠고는 센고쿠시대 말기인 16세기 후반부터 에도시대가 시작되는 17세기 초 사이에 형성되었다는 것이 일반적인 견해이다"라고 되어 있는데, 구체적으로 당시의 『기겐요키슈[戱言養氣集]』나 『기노와교노모노가타리[昨日は今日の物語]』 등에 수록되어 있다는 소화(笑話)가 직접적으로 현행 라쿠고에 전승되었다는 것이 확인이 되는지?

② 라쿠고에 대해서 "전통적인 1인극" "혼자서 연기하는 연극"이라고 정의 또는 설명하고 있는데, 라쿠고를 '극'이라 보는 근거/이유는 무엇

39) 물론 '전통'이라는 말은 그 역사가 그다지 길지 않더라도 '지금'이라는 시점에서 볼 때 '예전부터 존재했다'는 사실만으로도 사용할 수는 있다. 그러나 실제로는 '고전'과 '전통'이라는 두 말은 매우 가까운 관계를 염두에 두고 사용되고 있는 만큼 연구에서는 더 정확한 근거에 입각할 필요가 있다는 뜻이다.

인가? 또한 "몸으로 하는 동작이나 도구에 크게 의존하지 않고, 연기자의 입담 능력을 중심으로 전개하는 무대예술"이라는 서술내용하고 "전통적인 1인극"은 대치되지는 않는가? ㉠'입담능력'='연기'? ㉡'극'이기 위해서는 등장인물 간의 대립 또는 갈등이 있어야 하지 않는지? ㉢라쿠고에서 라쿠고가[落語家]를 등장인물로 볼 수 있는지?

③라쿠고의 기본 표현수단은 ㉠말, ㉡몸짓, 손짓, ㉢부채, 수건 등의 소도구 등이라 생각하고, 이야기의 줄거리와 구성 자체에 웃음을 유발하는 요소가 있다는 점에서 이야기를 네 번째 표현수단으로 볼 수도 있을 것이다. 어쨌든 다도(茶道)에서 밀폐된 좁은 공간에서 1 대 1로 대좌해서 마음을 교류하는 것처럼 라쿠고는 방석 위라는 매우 한정된 공간에서 최소한의 소도구와 말과 몸짓과 손짓으로 표현하는 매우 압축되고 절제된 표현을 한다고 볼 수 있다. 그러면서도 웃음 자체는 노[能]에서처럼 절제된 웃음이 아니라 교겐[狂言]에서의 함박웃음에 가깝다. 교겐의 경우도 그렇지만 이러한 표현과 웃음의 유도는 결코 文에 의한 藝에서는 불가능하고 話에 의한 藝이어야 가능하다고 생각한다. 그렇다면 文이 아닌 話이기 때문에 표현할 수 있는 것 또는 표현과 웃음의 특징이라는 것이 있다고 보는지? 나아가서 文과 話는 전달하는 방식이 다르기 때문에 웃음을 표현하는 방법 또한 다를 수밖에 없는가? 만약에 그렇다면, 어떻게 다르다고 생각하는지 등에 대한 발표자의 의견, 입장에 대해서 여쭈고 싶다.

④원래 지정된 발표주제는 '한국과 일본의 웃음문화 비교'였던 걸로 아는데, 발표자께서는 라쿠고를 선택하였다. 한국과 일본의 웃음을 비교하려면 대략 '우스꽝스럽다'는 뜻인 '사루가우[さるがう]'라는 말에서 유래했다는 散樂 또는 사루가쿠[猿樂] 아니면 교겐[狂言] 등과 봉산탈춤 등을 비교하는 것이 소재를 찾기가 편하지 않나 하는 생각이 드는데 발표자께서 굳이 라쿠고를 대상으로 삼게 된 배경에 '웃음'을 생각하는 데 있어서 따로 이유나 목적 등이 있는지?

⑤ 연기론 차원의 질문이다. 기다유부시[義太夫節]에 "笑い三年, 泣き三月"라는 말이 있다. 즉 웃음을 제대로 표현할 수 있기까지 3년이 걸리고, 눈물 즉 슬픔을 표현할 수 있기까지 3개월이 걸린다는 뜻인데, 그만큼 웃음을 표현하는 것이 어렵다는 뜻이다. 라쿠고의 경우는 어떠한지?

⑥ 발표문에서는 "오늘날 대도시에서는 라쿠고의 전용극장인 요세가 운용되고 있어서, 관객은 언제든지 감상할 기회가 있다"고 서술하고 있다. 물론 라쿠고는 노[能] 등과 비교하면 상대적으로는 현대사회에 지지층이 두텁다고 생각한다. 그러나 그것은 결국은 상대적인 비교이며, 절대적으로는 아래 인용문에서 보는 바와 같이 그 명맥을 유지하기에 바쁘다고 생각하는데 어떻게 생각하는지?

> 라쿠고를 사랑하는 사람들은 현재 도쿄에는 '요세'라 불리는 라쿠고 공연을 정기적으로 볼 수 있는 장이 있으나, 간사이에는 없으며, 있는 것은 만자이[漫才]를 중심으로 한 엔게이죠[演藝場] 뿐이다는 사정은 이미 알고 계실 것이다. 그러나 간사이에도 라쿠고가 성행했던 예전에는 라쿠고의 요세가 존재했다. 간사이, 그 중에서도 오사카에서 요세가 어떠한 경위를 거쳐 사라졌는가를 밝히는 것이 본고의 목적이다.[40]

⑦ 그리고 결론 마지막 부분에서 "일본의 라쿠고는 오와라이산업으로서 현대 문화산업의 중요한영역을"이라는 대목이 있다. 그러나 '오와라이'라는 말은 ⑥에서 든 인용문에 있는 것처럼 만자이[漫才]를 중심으

---

40) 번역 토론자. 원문: 落語好きの方にとっては、現在東京には「寄席」と呼ばれる落語の定席があるが、關西にはそれがなく、あるのは漫才を主体とした演芸場のみである、という事情は先刻ご承知のことだろう。しかし、關西でも、落語が盛んだった往時には落語の寄席が存在した。關西、中でも大阪において、寄席がどのような経緯をたどったのかを明らかにするのが本稿のねらいである。(「上方寄席事情」, 中川桂(落語の世界 3『落語の空間』(延廣眞治・山本進・川添裕 編集), 岩波書店, 2003)에 수록)

로 한 엔게이죠[演藝場], 즉 예를 들자면 요시모토고교[吉本興業] 등에 대표되는 라쿠고하고는 일정한 경계가 존재하는 또다른 장르, 집단을 말하게 되지 않는가?

⑧ 마지막으로, 원래 지정된 발표주제가 '한국과 일본의 웃음문화 비교'였다는 점을 받아서 '웃음'이라는 말을 일본어로 옮기면 '와라이[笑い]'이다. 너무나도 크고 막연한 질문일 수도 있는데, 한국문예에서의 '웃음'과 일본문예에서의 '와라이'의 동질성과 이질성에 대해서 어떻게 생각하는지?

바보의 미학과 정치학

김유정 소설의 희극적 인간상

이재선

1. 가치의 전가치화 현상으로서의 바보상(像)

김유정의 문학세계는 미적 범주론으로 보면 골계나 해학의 미학으로 대변된다. 그만큼 인간과 세계에 대한 인식방법이나 태도에 있어서 냉철하고 이지적인 현실감각이나 비극적인 진지성이나 엄숙성(숭고)보다는 온유하거나 낙천적이고 희화적인 익살스러움의 해학미가 넘쳐나고 있는 서사공간이기 때문이다. 웃음의 정감적 정조를 그 관조 방식으로 하고 있는 해학(Humor, 후모르)은 김유정 문학에 있어서는 일종의 '문학적인 상상력'이며 서사구조의 원리이며 수사학인 것이다. 동시에 세계관찰의 플랫폼이고 경험적인 현실이 이를 통해서 파악되거나 관찰되는 굴절경이나 요철경같은 거울 작용을 한다. 이 거울을 통해서 제시된 세계는 콩과 보리조차도 못가린다는 못난 '숙맥'(菽麥)같은 등장 인물들과 그들이 연출하는 온갖 우직하고 엉뚱한 의외의 행동들, 유희적이고 때로는 장난기까지도 발휘하는 특유한 서술자의 역할, 반미학적이라 할만큼 수치의 사회적 감각이 이완되어 있는 분어(糞語, coprolalia)와 악담, 때로는 거침없이 즐편한 욕지거리의 대화와 비속한 성적 외설의 육담, 속어(또는 지방어) 감각들의 언어적 수사가 멋진 계절성의 서정적인 정감과 함께 어우러지면서 조형된 매우 특이한 세계이다. 일찌기 김문집이 김유정 문학의 특성을 '조선문학의 아름다운 자원'으로 지목하여 '전통적인 조선 어휘의 풍부와 언어구사의 개인적 묘미' 등 '모찌미[持味一個體香]'가 있다고 지적했던 것처럼 그의 소설적 담론의 목소리나 바보놀이 같은 서사 내용은 개성적으로 독특하거나 특이한 내재적 시학을 이루고 있다. 이것이 바로 그의 문학이 웃음의 사회학 · 심리학 · 수사학 · 기호학 등 다양한 읽기의 측면을 갖게 하는 근거이다.

우선 김유정의 작품에 등장하는 인물들은 거개가 신분적으로 전혀 고귀하지 않고 우직스럽고 때로는 엉뚱하고 때로는 턱없이 탐욕스럽기까지 한 가난한 '아그리코스(agrikos)'들이다. 사회적 하층의, 살림이 거덜나고 게으른 농민 촌뜨기들이거나 도시의 비천한 존재들이며 이들은 그 유형적으로 어리석거나 순박한 바보와 운수만을 좇는 노름꾼과 건달, 떠돌이 부랑자, 타자에 대한 꼬임수와 속임수로 살아가는 사기꾼 등의 인간군이다. 특히 그 중에서도 정상의 사람들과는 다르게 열성 인간 즉 어리석음과 엉뚱함, 단순 천진성 및 정신적인 모자람이나 결함 등을 그 기본적인 특징으로 하는 바보들의 우민 같은 초상이 두드러지게 나타난다. 바보 모티프의 현저화 현상이다. 이 때문에 김유정의 작품세계는 바로 바보들이 연출하는 웃음을 기반으로 하여 이루어지는 바보들의 바보 행전(行傳)이거나 바보 열전(列傳)의 성격을 지니고 있다 하여도 그리 지나치지 않는다. 순진하고 우직하면서도 또 때로는 의외에 똑똑하고 교활하기까지 한, 불변과 변동의 성격적 양면성을 교차하며 오가는 바보들, 즉 일련의 희극적 인물들(komische Helden)이 연출해내는 가지가지의 원초적 본능지향 혹은 속는 우행과 기행 · 몽매함이 우월적인 관점에서 공격받거나 비난받는 것이 아니라, 오히려 연민적이고 긍정적인 것으로서 서사 세계에 수용되거나 포용됨으로써 단적으로 근본 모티프로서의 바보 모티프가 산출하는 순박과 어리석음의 서사학이 된다. 그래서 이 어리석음 또는 바보의 '가치의 전가치화(transvaluation of values)' 또는 가치의 가치 전환현상이 그의 서사의 특징이다.

이는 하나의 가치가 그 반대의 가치를 예찬하는 방법에 의해서 가치 전환이 이루어지는 상태를 뜻한다. 즉 경솔함과 자기 기만을 예찬함으로써 겸허함이 전가치화되는 것, 웃음을 기본적으로 악으로 보는 전통적 입장을 전도해서 웃음을 기본적으로 선으로 보는 입장을 확립하는 것, 바보의 연금술에 의해서 바보의 새로운 가치가 정련되는 것이 그 일환이다. 이 바보의 가치전환과 더불어 김유정의 문학은 웃음의 문화성과 사회성이 투영되어 있는 웃음공동체(Lachgemeinschaften)와 연계하여 한국형의 '바보문학(Narrenliteratur)'의 전통적 계보성을 잇는 또 하나의 특성을 지니기도 한다.

사실 김유정의 소설을 만드는 인물 관련 언어 가운데서 상당 부분 현저하게 공유되고 있는 것은 '바보' 또는 '숙맥'(숭맥), '등신' 등과 같은 어휘이다. 몇몇 경우를 들면 다음과 같다.

> "이 바보녀석아!" "애! 너 배냇병신이지?"
> "콩밭에서 금을 딴다는 숭맥도 있담."하고 빗대놓고 비양거린다.
> 숙맥이 그걸 모르고 점순이의 키 자라기만 까맣게 기달리지 않었나.
> "쉼을 잡아채지 그냥둬 이 바보야!"
> 그 앞에서 바보 바보 이렇게 별명을 들을테니까 오늘은 열쪽에 난대두 결정을 내고 싶었다.
> 가뜩이나 말한마디 톡톡히 못한다고 바보라는데 매까지 잠자코 맞는걸 보면 짜장 바보로 알게 아닌가.
> 나는 얼빠진 등신이 장모님도 덤벼들어 한쪽 귀마저 뒤로 잡아 채면서…….
> 그러나 아끼꼬는 바보가 아니라 사람이 너무 착해서 그렇다고 우긴다.

이런 인물화(성격화)에 있어서 '아이러닉 모드'를 대표하는 '바보'의 강조현상은 인간에게는 근원적으로 호의든 적의든 자신 이외의 타자에 대한 유희적 부정성과 비판적 강등화가 잠재되어 있음은 물론 인간의 자질이나 관계, 세상을 살아가는 방식에 있어서 약점과 어리석음이 적지 않다는 인간학적 사유, 규범의 이화(異化)나 우둔의 역설적 긍정과 같은 의미를 함축한다. 그래서 흔히 바보는 단순 바보나 똑똑한 바보가 있으며 바보=웃음은 등식 관계이다. 김유정의 작품에 등장하는 인간의 우둔한 바보스러움을 대리하면서 웃음거리의 대상들이 바로 바보요 숙맥이다. 이들은 단순하고 순진하거나 어리석기 때문에 예측할 수 없는 우행을 저지르고 우월적인 대척관계에 있는 정상적이고 똑똑한 사람, 혹은 속이는 자—들병이 · 마름 · 건달 · 사기꾼 따위—에게 조롱받거나 길들여지고 속거나 낭패한다. 때로는 겉으로 어리석은 체 바보를 위장하여 현명함과 진실함의 정체를 숨기기까지 한다. 또 어떤 바보는 허망하고 터무니없는 욕망과 기대를 갖지만, 끝내는 기대 와해와 불일치의 참담한 결과를 겪게 된다. 주로 「봄 · 봄」 「총각과 맹꽁이」 「안해」 등에도 등장하는 '뭉태'란 이름으로 의인화 된 영악한 속임수의 사기꾼이나 건달, 들병이들은 끊임없이 이 바보들을 사기와 꼬임의 말로 유혹할 뿐 아니라 부추기고 탐욕의 놀이인 반사회적인 노름으로 속이고 바보는 여기에 넘어간다. 그래서 속이는 자 / 속는 이(duper / duped)로서 이루어지고 있는 인물 관계에서 수행되는 속임 / 속음의 교환 관계나 이의 반전이 김유정의 웃음을 유발하는 해학적(또는 희극적) 서사구조인 것이다.

'똑똑한 바보'라는 모순어법(oxymoron)의 상황이 포치된 「가을」에서의 아내매매계약서 작성과 결말은 무지몽매한 인간의 우둔성과 터무니없는 기대의 바보스러움과 함께 그 바보스러움 속에 내재하는 의뭉함의 한 전형을 보여준다. 그리고 「총각과 맹꽁이」나 「솥」은 속임과 속음이 지닌 행동놀이와 관련된 기만성과 희극성의 단면을 여지없이 드러내준다. 이런 바보 상태와의 친화작용 내지 바보 상태로의 치환이 김유정

문학의 특성이다.

그런데 김유정의 문학은 바로 인간의 바보스러움이나 기만성에 대해서 차갑게 비꼬거나 조롱하는 것이 아니라 해학가가 지닌 영혼의 따뜻함으로 용납하고 연민적 호의로 대응하고 받아들인다. 이것은 그의 문학이 못나고 순진한 사람들에 대한 인간적인 애정은 물론 사회적 진공상태에서가 아니라 퇴화의 징표로서의 가난이 철저하게 심화된 1930년대라는 웃음부재의 식민지 농촌의 현실 속에서 바보스럽게 살아갈 수밖에 없는 하층사람들의 궁핍하고 척박한 생활 조건 및 습속과 정상스럽지 못한 생활 방식, 생태에 대한 귀와 눈과 가슴을 통한 인식 즉 해학적 사회 통찰과 해학적 생래성과의 융합적 굴절화 현상과 관계가 있을 것이다. 생태의 골계적 희극화 현상, 여기서 김유정의 문학은 풍자도 경향소설도 아닌 익살스러움의 '희학적 리얼리즘'의 서사예술로서의 독자적인 면모가 이루어진다. 웃음을 환기하는 방법으로 현실을 왜곡(일그러트림)한다는 의미이다. 한스 야우스는 「희극적 인물에 있어서의 유쾌함의 근거에 관하여」(1976)란 글에서 희극적인 인물이나 세계에 대한 웃음의 기능을 '우월의 웃음(Lachen über)'과 '일치의 웃음(Lachen mit)'으로 분화한다. 전자가 견제하고 항의하는 웃음이라면, 후자는 연대나 결속하는 웃음이다. 김유정 문학의 웃음 역시 우월적인 조소나 비난의 웃음이 아니라 웃음의 대상, 즉 아그리코스로서의 우둔한 시골내기들이 빚어내는 웃음거리같은 비속한 삶의 생태나 행태들과 함께하는 지평의 웃음 그리고 포용과 연민적인 아픔(Schmerz)과 애타(愛他)와 결속의 웃음이다.

그렇다면 바보들이 서사의 주된 행동 담당자가 되는 희극적 인물들에 의해서 또는 관련해서 이루어지는 김유정 소설의 유희내지 희극적 구조로서의 성격과 유형은 어떤 양상을 지니고 있는가. 그 응답은 바보의 미학과 바보의 정치학(사회성)으로서의 양면이며, 따라서 김유정 문학 연구는 순박함에서부터 삶의 생계 수단화으로까지 확산되는 바보스러움의 의미론 내지 스펙트럼을 밝히는 문제와 직결된다.

2. 놀이의 경쟁적 서사구조

김유정의 작품세계의 구조는 단적으로 지적해서 놀이와 노름의 서사구조이다. '경쟁'과 '우연'의 구조를 플롯의 근간으로 한다. 전자는 주로 게임(gaming)으로서의 사랑이나 결혼문제가, 후자는 노름 즉 도박(gambling) 및 그와 유사한 일탈적 행동 양식이 축을 이루고 있다. 즉 바보스러운 순박성과 어리석음을 표방하는 인물들이나 이들과 관련된 인물들이 행동주체나 객체로서 연행하는 행동놀이가 사랑과 혼사가 연계된 경쟁의 놀이와 돈이 걸리고 운을 바라는 노름놀이로서 소설 공간의 두 축선이나 주요 구성소를 이루고 있는 것이다. 로제 까이요와는 그의 『놀이와 인간』(1961)에서 놀이의 체계내지 구조 유형을 '아곤(경쟁)' '알레아(우연)' '미미크리(모의)' '일링크스(현기증)'로 4분화한다. 이 놀이 유형 가운데 김유정의 소설세계의 바보 놀이로서의 특성이나 구조와 가장 긴밀하게 연관되는 것이 아곤으로서의 경기놀이와 알레아로서의 노름놀이이다. 전자는 경쟁의 게임으로 우열 승패를 겨루는 겨룸놀이이며 후자는 우연이 지배하고 주로 운에 의해서 재물과 돈이 걸린 위험부담의 승패가 결정되는 걸기 놀이이다. 「동백꽃」「봄·봄」「산골 나그네」 등이 전자의 놀이계의 서사이며 「만무방」「소낙비」「금따는 콩밭」「솥」「가을」 등이 후자의 노름계의 서사에 해당한다. 이런 사랑과 돈을 두 자장으로 하는 양자의 분류화는 김유정 문학의 특성인 유희성(미학성)과 사회성 분화의 근거가 될 수도 있겠지만, 양 계열은 서로가 엄격한 경계에 의해서 닫혀있기보다는 상호 공유되거나 얽히어져 있다고 보는 것이 융통성있는 관점이다.

1) 봄의 카니발과 밀고 당기는 사랑의 겨룸 놀이

1인칭 서술로 이루어진 「동백꽃」은 봄 닭싸움의 쟁투와 피흘림을 구성적 상징과 서사의 축으로 하면서 향토색 짙은 농촌을 배경으로 사춘기 소년 소녀의 미묘한 사랑 놀이의 풍속도를 제시하고 있는 작품이다. 농촌 마을에서의 이른 봄의 카니발인 닭싸움이 지니고 있는 피흘리는 쟁투 놀이와 사랑 게임의 주체인 '점순/나'가 연출하는, 엎치락뒤치락 밀고 당기는 놀이 동향을 상호 침투력 있게 연계하고 구조화한 짜임새 있는 이야기이다. 조숙하고 말괄량이인 당돌한 소녀와 바보스런 소년 사이의 사랑 놀이의 겨룸과 바보 길들이기가 다루어진 것이다. 이야기는 처음부터 처절한 닭싸움의 묘사로 시작된다.

발단 시퀀스는 점순네 수탉에게 함부로 쪼이는 '나'(우리)—1인칭 서술 상황의 화자이며 주인공—의 수탉의 참담한 묘사로 비롯된다. 이 닭싸움은 점순네의 힘이 우세한 닭에 의해서 일방적으로 주도된다. 이런 닭싸움이 처음이 아니라 여러 번 반복되어 왔으며, 이 싸움을 유발시키는 주체는 바로 마름의 딸인 점순이라는 사실을 '나'도 이미 짐작하거나 알고 있다. 사실 점순이에 의해 벌어지는 이 닭싸움은 게임 그 자체라기보다는 사랑을 위한 관심의 표시 내지 모의적인 구애 행위로서의 변칙적 놀이의 의미를 지니고 있는 것이다. 그리고 남성이 여성을 리드하는 일반적인 사랑의 문화와는 달리 외형적으로 여성인 점순이에 의해서 주도되고 남성인 '나'는 주눅이 들고 리드당하는 형국이다. 즉 놀이 주체인 점순이는 마치 조련사와도 같은 역할을 하면서 구애의 대상인 '나'를 길들이고 끌어들이려는 욕망에 의해서 유발되는 전략을 구사하고 있는 것이다. 그러나 실제에 있어서는 '나'는 의사 거짓말쟁이이며 일종의 '신빙성 없는 서술자' 인 것이다. 알고 있으면서 짐짓 무지하고 모르는 체하며 피동적으로 이끌리고 있을 뿐이다. 이것이 바로 묘미이긴 하지만, 인물로서는 '나'는 순진함의 바보성을 지니고 있다는 것도 사실이다.

쪼여서 선혈이 낭자한 자기집 닭과 자신을 동일하게 투사할 수 있는 '나'는 점순이의 도발 행위에 내심 분노하면서도 반격할 생각을 고쳐먹거나 점순이의 진심에 대해서 '모른다'는 바보로서의 이해 불능 상태를 견지하고 있다. 점순이가 자신에게 벌이는 전략적 게임에 함의되어 있는 구애의 진의에 이해도 적응도 하지 못하는 척하는 바보의 상태이다. 이렇게 '나'로 하여금 점순이의 구애의 속내에 적극적으로 다가가지 못하게 하는 요인은 이중적이다. '나' 자신의 이성에 대한 무지할 정도의 순박한 단순성과 "열일곱씩이나 된 것들이 수군수군하고 붙어다니면 동리의 소문이 사납다"고 환기시키는 어머니의 주의의 말이 지닌 견제력—이를 '어머니의 법칙'이라 명명할 수 있다—이다. '나'는 점순이로부터 "바보 녀석아!"라고 야유를 들을 만큼 이성과 간접적인 애정의 암시에 대해서 한 번도 적당하게 대응하지 못하는 바보처럼 무지하고 순진한 상태다. 그리고 어머니의 주의 속에 함축되어 있는 뜻을 '내가 점순이하고 일을 저질렀다가는 점순네가 노할 것이고, 그러면 우리는 땅도 떨어지고 집도 내쫓기고 하지 않으면 안 된다'는 '일 저지름'이 접근 금지 내지 성적 금기의 의미인 것으로 스스로가 받아들이고 있다. 사회적 의미를 중시하려는 입장이 아니지만, 이 시대 소작하는 사람들에게 있어서 땅떨어짐이 얼마나 엄청난 삶의 두려움인가를 암시하고 있는 것만은 분명하다. 이런 '나'와는 달리 조숙하고 적극적인 점순에게 있어서는 마름과 소작이라는 이질적 위계는 관심 밖이며, '나'는 비밀스럽고 원초적인 구애와 신체적 접촉 욕망의 대상인 이성일 뿐이다. 이와 같이 양자 간에는 가까이함과 멀리함의 대응적인 견인 관계의 역학이 작용한다. 말하자면 놀이의 역할이 서로 다른 것이다.

여기서 서사전략적인 엇갈림의 구조와 경쟁의 놀이가 전개되는 것은 필연적이다. 점순이는 구애를 위한 암시적이고 복합적인 방법과 도발적인 자극의 강도를 점점 강화하고 있는 데 비해서, '나'는 각종 구애의 진의에는 바보처럼 어떤 적응도 못하면서 반발하거나 닭싸움이라는 외형적인 게임 그 자체에만 몰두하고 어긋나게 함으로써 양자 간의 소통이나 행동 약호 과정은 엇갈리고 있다. 그러니까 점순에게 있어서 그런 '나'는 '바보녀석'이나 '배냇병신'으로 보일 뿐인 것이다.

「동백꽃」은 놀이 주체인 점순이와 '나'가 연출하는 사랑의 암시를 위한 각종 놀이가 네 마당 내지 4단계 ① 말걸기와 공여(供與)의 마당, ② 침해와 욕하기 마당, ③ 겨루기의 마당, ④ 동의와 화해의 마당 등의 놀이 구조를 지니고 있다. 이 각각의 점순이의 놀이에 대해서 '나'가 상대적으로 어떤 놀이적 대응을 하고 있느냐가 서사의 전개를 이루는 축이다. 전체적으로 이 네 마당의 수미(시작과 끝)에 발단과 끝내기 판이 부가되어 있는 구조이다.

서사적 발단 부위에 제시된 닭싸움 놀이의 원인은 서사의 시간적인 역전화로 다루어진 '나흘 전'에 있었던 감자 사건이다. 이 사건의 단계가 바로 점순이가 연출하는 말걸기와 공여의 마당으로서 구애 과정의 제1단계이며 여기서부터 엇갈림이 비롯된다. 점순이가 처음으로 '나'에게 행하는 '쌩이질'이라는 말걸기나 감자의 공여는 친밀과 호감의 표현이며 일종의 은밀한 구애의 행위이다. 그런데 '나'는 이 행위의 진의를 이해하지도 받아들이지도 못하는 행동으로 대응한다. 오히려 점순이의 행동을 '미친' 상태로서 반응하거나, 감자를 주며 "느 집엔 이거 없지?"라는 약올리는 말에 대해서 계급적인 열등감을 자극하는 것으로 타자화하는 과민 반응을 보이며 접근의 말과 감자의 호의를 모두 거부한다.

이런 '나'의 거절에 자존심이 상할 대로 상하여 당혹하는 것은 점순이다. 점순이의 반응 상태의 묘사인 '심상치 않은 숨소리' '새빨개진 얼굴' '독이 오르고 눈물까지 어린 눈'은 거절에 대한 신체적 앙분 반응과 더불어 그 다음 단계의 대응의 강도를 예시하는 의미를 지닌다.

점순이에 의해 의도되는 2단계의 구애의 게임 놀이는 침해와 욕하기, 즉 골리기와 놀림의 형태로 전개된다. '나'를 놀이에 끌어들이기 위해서

'우리집' 씨암탉을 잡아 괴롭히고 또 '나'와 '나'의 아버지에 대한 '바보 녀석' '고자'라는 성적인 모욕의 욕설을 감행한다. 자극의 강도가 1단계에 비해서 훨씬 강화된 도발성을 지니고 있다. 그러나 이 역시 '나'를 공유하는 게임에 끌어들이려는 놀이인 동시에 '나'의 성적인 성숙을 위한 일종의 조련술인 것이다. 의식의 발기를 위한 골려주기이다. 그러나 아이같이 눈물까지 흘리면서 '나'의 대응은 능동적인 대거리를 하지 못하는 철부지 미숙의 상태에 머물러 있다. 첫 번째 마당에서의 대응을 그대로 잇는 단계인 것이다.

그 다음이 3단계인 겨루기의 마당이다. 여기서 겨룸으로서의 놀이는 본격적인 대결 단계에 진입한다. 즉 겨룸 놀이인 양측의 닭싸움이 본격화하는 단계이다. 전통적인 기승전결의 체단사법(體段四法)의 구성 논리로 보면 전(轉)으로의 단계이다.

> 이렇게 되면 나도 다른 배차를 차리지 않을 수 없었다.

점순이가 닭싸움을 걸어오는 것에 정면으로 맞서는 대항 행위로서 '나'는 늘 패배하는 약한 자기집 닭에게 고추장을 먹이고 권연 물쭈리를 물리면서 힘을 북돋아 주면서 경기 자체에만 몰두한다. 물론 경합의 결과는 자기집 닭의 패배로 끝난다. 닭싸움은 점순이에게 있어서는 '나'의 관심을 자기 쪽으로 끌어들이려는 집요한 구애와 조련의 유인 수단으로서의 한갓 표피적 놀이이다. 또 상대를 이기려는 욕망이 투사된 놀이이기도 하다. 그러나 '나'에게는 이전의 반응과는 달리 점순이와의 경쟁적인 놀이 그 자체에 대한 본격적인 대응의 마당이다. '다른 배차'로서의 온갖 수단과 방법을 다하여 응전의 놀이를 함으로써 가장 놀이다운 놀이의 장이다.

다음 네 번째 단계가 동의와 화해로 가는 전이의 마당이다. 서사 방법으로는 시간화에 있어서 과거로의 역전에서 다시 발단에 제시된 현재 상태로 복귀-연계되는 장이다. 여기서 점순이는 닭싸움을 시켜 놓고 우리 닭이 빈사 지경에 이르른 것을 보면서도 천연스럽게 호드기를 분다. 이에 격분한 '나'는 더 이상 참지 못하고 달려들어 단매에 점순이네 큰 수탉을 죽여 버린다. 이 닭을 죽이는 행위는 닭을 매개한 양자 간의 아곤적 놀이의 끝장이기도 하지만, 어머니가 규제한 '일 저지름', 즉 사단의 발생을 의미한다. 이 돌연성은 일이 나도 큰일이 일어날 위기적 고비의 순간이다. 그런데 닭을 죽이는 이 계율 파괴 놀이에 의해서 서사 상황은 새로운 국면으로 반전하는 결정적인 계기가 된다. 결과적으로 '나'로 하여금 게임의 패자가 되고 규칙 위반의 약자가 되는 결과를 진작부터 내심 바라고 있었을 점순이는 이로써 '나'에 대해 우월적인 승자가 됨으로써 용서와 함께 자신의 의도대로 '나'를 이끌어 가는 계기를 삼는다. '나' 또한 이 사단으로 인해서 점순이가 하라는 대로 이끌리고 동의한다. 이제 더 이상 '나'의 거부의 대응과 반응은 일어나지 않게 된 것이다. 여기서 비로소 이제까지의 양자 간의 불일치의 엇갈림이 합의로 인한 일치와 동화로 바꾸어지면서 화해의 마당을 이루게 되는 것이다.

놀이의 주체적인 조련사인 점순이의 바보 조종술과 교화의 사랑 놀이는 우여곡절의 과정을 거쳐서 마침내 '나'와의 신체적 접촉으로 성공한다. 여기서 점순이의 역할에서는 전통 서사에 등장하는 어리거나 바보같은 사위에 대한 여성(신부)의 교화적 성격의 그림자가 드리워져 있다. 점순이가 대담하게 동백꽃 속으로 끌어들이는 장면에서조차 '나'는 피동적으로 이끌려가면서 '땅이 꺼지는 듯한' 경천동지의 경악을 느끼고 있다. 이런 과장적인 어법에 담긴 '나'의 엉거주춤한 행동의 골계화 현상이 해학미를 유발한다. 뿐만 아니라 주인공의 행동의 소박한 바보다움에 대한 과도한 단순화와 전후행동의 결과적인 반전과 대조가 우리로 하여금 미소를 짓게 한다. 그러나 이 상태가 곧 결말로서 완결이 되는 것은 아니다. 제약과 마무리 마당이 뒤따르고 있다. 경기 시합 심판자의 호각소리처럼 무아몽중의 놀이 공간을 깨는 점순이 어머니의 역정이 대단한 경각의 목소리에 현실 공간과 어른 세계의 규제, 은밀한 사랑의 탄로가 두려워 당황한 나머지 제각각 '산 위로, 산 아래로' '살금살금' / '엉금엉금'의 의태적 자세로 도망의 반응을 보이는 의태표출적 양자의 희극적 태도가 지닌 함축적 의미 생성의 기능을 간과할 수 없기 때문이다. 이는 해학성의 장면 외에도 전통적 농촌 사회에 있어서 사랑에 제도적 타율성이 존재하고 있다는 것. 그리고 그 규제 현실로서 작용하는 어른 또는 부모－그 중에서 특이하게 아버지가 아닌 어머니에 의해서 수행되는 '어머니의 법칙'—'나'의 어머니나 점순이의 어머니나 동일함—으로 형상화 되고 있는 점이다. 점순이나 '나'나 제어의 기능은 모두 어머니들에 의해서 수행되는 현상도 독특하다.

2) 「봄 · 봄」의 부추김과 어긋나는 결혼 쟁투

계절의 순환성 및 시간의 연속적 집적성을 암시하는 표제의 「봄 · 봄」은 혼사를 매개로 한 속이는 자인 장인과 속는 자인 데릴사위 간에서 벌어지는 희극적인 쟁투의 씨름 놀이가 다루어진 가장 희극적인 작품이다. 결혼은 위험스런 도박이란 지적도 있지만, 결혼의 약속과 계약이라는 교묘한 속임수와 함께 그 기만에 끌리고 속아서 결혼에 대한 그릇된 희망을 줾으로써 전개되는 한바탕의 마당극 같은 소극(笑劇)이다. 웃음 공동체적 관점에서 보면 전통적인 바보 문학의 한 양태인 바보사위 이야기와 연관된 패러디화 현상이다.

숙맥인 데릴사위 '나'는 딸 점순이와 성례시켜 주겠다는 장인 영감의 구두 약정만 그대로 믿고 돈 한 푼 받지 않고 3년 7개월 동안 머슴살이로 일한다. 그런데 젊은 '나'는 결혼을 열망하고 기대하지만 장인인 봉필은 점순이가 키가 자라지 않았다는 핑계를 반복적으로 대면서 성례 즉 결혼을 막기 위한 키재기 내지 치수재기의 지연 전략을 쓴다. 그것은 점순이의 키의 성장과 관계없이 지연을 통해서 바보인 '나'를 오랫동안 노동력으로서 부려먹겠다는 속임수의 트릭인 것이다. 그러니 '나'가 아무리 항변을 하고 배앓이 꾀를 내어본들 자기가 내세운 결혼의 키의 기준에도 어울리지도 않는 '참새'만큼 왜소한 장모와 사는 자기모순적인 장인은 들은 체조차 하지 않는다. 장인의 호통에 더 이상 반발할 수 없는 상태가 된 '나'에게 뭉태(그는 김유정의 작품에서 속임수나 교사하는 자의 전형임)는 물론 결혼 상대인 점순이도 항변과 함께 행동 암시를 교사한다. 이런 현상은 전통 민담에 흔히 등장하고 있는 아내의 조력자 및 교화자적 역할과 동일성의 의미를 갖는다.

> "임마 봉필일 모판에다 거꾸루 박아놓지 뭘 어떻게?"
> 하고 괜히 내 대신 화를 내가지고 주먹질을 하다 등잔까지 쳤다.
>
> "안된다는 걸 그럼 어떡헌담!" 하니까
> "쉼(수염)을 잡아채지 그냥 둬. 이 바보야!"
> 하고 또 얼굴이 빨개지면서 성을 내며 안으로 샐죽하니 튀들어가지 않느냐.

뭉태와 점순이의 이런 이중의 부추김을 받은 '나'는 그제서야 일차적인 태업의 대응으로 일을 하기 위해서 일어나는 것을 거부한다. 그러자 화가 난 장인 봉필은 지게 막대기로 '나'를 구타한다. 피할 길 없이 매를 감내하던 '나'는 그 다음 대응으로 점순이의 부추김 그대로 장인의 수염을 장한듯 잡아챈다. 바보다운 단순성과 정직성을 지닌 행동 반응이다.

> 가뜩이나 말 한마디 톡톡히 못한다고 바라보는데 매까지 잠자코 맞는걸 보면 짜장 바보로 알게 아닌가. 또 점순이도 미워하는 이 까짓 놈의 장인님하곤 아무 것도 안 되니까 막 때려도 좋지만 사정보아서 수염만 채고(제 원대로 했으니까 이대 점순이는 퍽 기뻤겠지)저기까지 잘 들리도록 "이걸 까셀라부다!" 하고 소리쳤다.

그러나 사태는 점순이가 교사하거나 부추긴 수염 잡아채기의 단계에서 끝나지 않고 장인의 음낭을 잡아채는 지경에까지 발전하게 된다. 결과는 '나'의 과도한 반응—뭉태의 교사와 관련있는— 때문에 믿었던 후원군 점순이로부터도 "이 자식! 장인 입에서 할아버지 소리가 나도록 해!"하는 항변으로 인해 일은 냉대의 파국으로 끝나버리게 된다. 이는 희극을 실현하는 이른바 '기대도식(Erwartungsschemata)의 무화' 현상이다. 즉 기대와 현실의 모순관계이다. 바보의 단순한 어리석음에 의해서 결혼은 결국 꼬이고 이루어지지 못한다. 결혼으로 끝나는 전형적인 희극의 결말이 아닌 것이다. 이런 인간의 바보스러움과 바보들의 희극적인 언행—그것은 사위나 장인의 태도가 차별 없음—그리고 음낭 등 신체부분과 호칭의 위계적 질서마저 '업사이드-다운'된 희극적 상황은 해학적인 전승 문화나 문학과의 친화적 연계는 물론 M. 바흐친의 이른바 그로테스크 리얼리즘의 신체 원리나 강등화의 웃음과도 일면 맥락에 닿고 있는 현상이다. 그러나 여기에는 카니발의 웃음과 같은 생의 갱신력이 작용하지 않는다. 그리고 장인의 존재는 딸의 구혼자에게 난제(難題)를 부과하는 심판자로서의 존재를 패러디화 한 것이기도 하다.

「산골 나그네」 역시 덕돌과 걸인 여인의 일시적인 혼사와 관련되어 있다. 일단 이루어졌던 결혼 상태가 다시 결말에서 예기치 않은 거지 남편의 등장으로 반전에의 역전에 의해서 원상태로 되돌아가버리는 놀이같은 구조로 이루어진다. 여기에 약간의 트릭이나 속임이 작용하고 있기는 하지만, 그것은 오히려 절박한 삶을 위한 일시적 속임 놀이나 다름없으며, 결혼으로 받은 은반지를 남겨놓고 도망가는 나그네 색시의 선의와 열행이 울리는 연민의 파장이 결코 적지 않다. 「총각과 맹꽁이」도 혼사의 꿈과 관련된 서사이지만, 속임의 기만성과 함께 속음의 어리석고 바보같은 기대의 도박성이 교호하는 이야기이다.

3. 노름의 사행적 구조와 노름에 빠진 사람들

김유정의 문학에서 놀이의 유희 구조와 더불어 또 하나의 현저한 서사적 구성소를 이루는 것은 반사회적 투기행위로서의 노름이며 노름꾼상의 보편적인 등장과 출현이다. 노름 또는 꾀임 그와 유사한 일탈적인 행위들은 그의 많은 작품들에서 서사의 한 중추적 행동의 기능을 한다. 특히 가난한 신분적 저층의 사람들에게 깊게 파고 든 전염병 같은 노름의 열기가 자주 제시된다. 따라서 노름과 이에 수반되는 투전, 요행과 운수에의 기대, 속임, 돈에 대한 강박적인 집착, 잠채, 몸팔기(매춘), 싸움, 일에 대한 나태, 아내에 기대어 살기 등의 일탈적인 행태가 서사의 기본적인 요소가 된다. 이 점에서 김유정 문학은 해학성과 더불어 가난이 사람의 정서나 정신・행태에 미치는 영향의 파장에 대한 문학 사회학적 검증의 국면을 함께 지니고 있다. 삶을 전적으로 노름 같은 우연에의 기대와 사행으로 살아가는 라이프 스타일의 방법도 같은 맥락이다. 그 대표적인 것이 「만무방」과 「소낙비」 「금 따는 콩밭」 「솥」 「가을」 등이다. 돈을 위한 서사 추동이 현저할 정도로 돈 모티프나 금(노다지) 모티프가 확산되어 있는 현상이다. 돈은 바로 빈자의 꿈인 것이다. 그러니 노름은 김유정 문학에서 유례없는 특징이며 허황된 꿈의 실현과 관련된 매개이며 수단이다.

응칠이는 그 속으로 들어서며 무서운 눈으로 자중을 한번 훑어보았다.

그런데 재성이도 그 틈에 끼어 있는 것이 아닌가. 사날 전만 해도 응칠이더러 먹을 양식이 없으니 돈 좀 취하라던 놈이, 의심이 부쩍 일었다. 도적이란 흔히 이런 노름판에서 씨가 퍼진다. 고 옆으로 기호도 앉았다. 이놈은 며칠 전 제 계집을 팔았다. 그 돈으로 영동가서 장사를 하겠다던 놈이 노름을 왔다. 제깟 주제의 딸 듯 싶은가. 하나는 용구. 농사엔 힘 안 쓰고 노름에 몸이 달았다. 시키는 부역도 안 나온다고 동리에서 손두를 맞은 놈이다. 그리고 남의 집 머슴

녀석. 뽐을 내고 멋없이 점잔을 피우는 중늙은이 상투쟁이. 이 물건은 어서 날아왔는지 보도 못하든 놈이다. 체 이것들이 뭘 한다구.

응칠이는 우좌스리 굴로 기어든다. 그 콧등에는 자신 있는 그리고 흡족한 미소가 떠오른다. 사실이지 노름만치 그를 행복하게 하는 건 다시 없었다. 슬프다가도 화투나 투전장을 손에 들면 공연스레 어깨가 으쓱거리고 아무리 일이 바빠도 노름판은 옆에 두고 못 지난다. (…중략…) 어쩌다

"옛다 봐라."

하고 화투짝이 쩔꺽 한다. 그리곤 다시 쥐죽은 듯 잠잠하다.

그들은 이욕에 몸이 달아서 이야기고 뭐고 할 여지가 없다. 행여 속지나 않을까 하여 눈들이 빨개서 서로 독을 올린다. 어떤 놈이 뜨는 놈이고 어떤 놈이 뜨기는 놈인지 영문 모른다.

「만무방」에 제시된 은밀한 지하토굴 노름판에 끼어든 하층민 노름꾼들의 면면과 내력에 대한 묘사와 주인공 응칠을 비롯한 노름꾼들의 노름에의 중독 상태·노름판의 긴장된 분위기와 장면 묘사이다. 이 노름에 끼어 있는 인물들도 대부분이 바보같은 존재들이다. 특히 아내를 팔아서 그 돈으로 장사를 하겠다고 하고는 실제로는 속고 속이고 뜯고 뜯기는 노름판에 끼어든 기호, 일의 대가로 받은 피묻은 사경으로 오로지 돈만 따겠다고 노름판에 끼어들었다 돈을 잃고 마는 머슴이나 농사일은 제쳐두고 노름에만 몸이 달아 있는 용구 등 모두 그러하다. 노름판은 이렇듯 돈을 위한 바보놀이의 현장이다. 여기에다 도박·절도 등 전과 범범자 사범의 응칠이 역시 노름에서 흡족함과 행복함을 느끼는 노름광이며 일종의 타짜군이다.

노름(gambling)이란 무엇인가. 그것은 다른 말로는 돈 따먹기를 다투는 사행행위로서의 도박이다.

까이요와의 유형상으로는 두 번째인 운이나 요행을 바라는 '알레아'로의 놀이이며, 불확실한 미래 사건의 결과에 돈이나 경제적 가치의 상

품 등의 내기 등 금전 거래로서 위험 부담이 있는 사회적 행위이다. 정직하고 성실한 일에의 추구보다는 요행으로 부에 빨리 다가가려는 사행적인 놀이행위이다. 그리고 노름은 돈 담론의 한 구성소인 것이다. 이 노름의 기능에 대해서는 사회적 악인가 혹은 사회적 선인가에 따라서 긍정적 관점과 부정적인 관점의 측면에서 합법성과 불법성이 존재하지만, 특히 부정적 관점은 가난의 문화로서의 노름은 부당하게 쉽게 돈을 벌려 함으로써 일의 윤리를 부정하고 생산을 위협하고, 유익한 경제적 기능을 결여함으로써 자기 파괴적 행위가 되며, 사회와 개인을 파괴하고 공적 도덕성에 대한 위협이요 개인 · 가족 · 일의 관계를 붕괴시킨다고 보고 있다. 요컨대 사회를 붕괴시키는 효과, 범죄적 침투 현상으로 간주함으로써 통제가 필요하다고 보고 있는 것이 노름에 대한 사회적 통례이다.

따라서 문학에서 제시되고 있는 노름의 기능도 이런 부정적인 경우가 우세한 것이 사실이다. 홀스트 뎀리히는 그의 「서구 문학의 테마 · 모티프 사전」(1987)에서 ① 방종하고 무책임한 삶의 징표, ② 모험가 · 음모가 · 공격자 · 중독자의 특성을 시간 · 정력 · 소유 심지어는 사랑하는 사람까지도 편집광적 망상에 희생시키는 단순한 사람에 혼합시킴으로써 특별한 상을 형상화하는 수단, ③ 인간의 삶과 가치를 파국적인 평가절하로 유도하는 악마적인 힘의 해명 등으로 3분화(294~295면)하고 있다.

유례가 드물 정도로 우매하고 가난한 저층사람들의 돈과 노름 열병의 모습을 확산시키고 있는 김유정의 소설들은 노름을 주변적인 사회 현상으로 보면서, 노름에 대해서 도덕적으로 단죄하거나 부정적인 비난을 하지 않는다. 그렇다고 긍정하지도 않는다. 일의 가치가 제로화된 사회에서는 노름의 열기는 오히려 어쩔 수 없는 필연적인 현상으로서 이해되고 있는 것처럼 보인다. 가난의 위력이 노름을 발생시킨다고 보고 결핍된 돈의 확보를 위해서 운을 건 노름에 의지할 수 밖에 없는 공황의 삶 상태에 빠진 경제적 조건 아래서 1920~30년대의 변칙적인 삶의 생태나 행동 현상으로 받아들이고 그런 부류의 인간들을 제시한다. 이러한 노름에만 넘겨져 버린 삶의 패러다임은 속이고 속기, 꾀기, 돈 빌리기. 일 안하기. 일확천금 바라기, 아내팔기, 매춘(들병이)의 부동하면서 몸팔기, 그런 들병이에 기생하기 등의 행태로 짜여지게 된다.

노름 모티프와 함께 이런 붙살이의 기생과 매춘 모티프는 동시대의 이상(李箱)의 「날개」나 「봉별기」 등의 경우에서도 흔히 출현하는 현상이다. 웃음의 해학 미학으로 굴절되거나 전경화 된 김유정 문학의 이면 내지 밑바닥에는 극도의 가난으로 피폐한 식민지 농촌 사회에서 돈과 노름에 매달리거나 강박된 정도가 어느 정도인가, 그 비인간적 조건 속에서의 삶이란 얼마나 황막한 것인가를 묵직한 다발로 내장하고 있는 것이다. 그의 후경화된 현실관에는 가난이 필연적으로 노름과 매춘을 산출한다는 관점이 투사되어 있는 듯하다. 노름의 우연과 사행적 구조의 출현은 그 시대의 사회제도 현실의 가난 돈의 변칙적인 이동과의 상동성을 지니고 있는 것이다. 즉 이동 원리의 돈의 기능과 그 돈을 위한 이 시대의 인간들의 유동(떠돌이) 행위와 여자의 몸팔기, 거기에 매달려 살기 및 요행 기대와 사행 행위 간에는 구조적 상동성이 작동한다. 여기서 살거나 돈을 버는 방법은 도박, 매춘, 들병이에 기생하기, 여자사서 술장사하기, 잠채 등의 변칙행위들과 관련되어 있다. 그리고 유동 또는 유랑과 도망은 존재기반인 집과 땅과 정상적인 삶을 상실한 이 시대의 인간 조건의 은유이기도 하다.

노름은 요행과 위험 부담의 모험을 전제로 하는 투기적 게임이다. 일반적인 게임은 한때의 놀이나 유희로 끝나고 또 잃는 것이 없지만, 노름의 경우는 게임의 형태를 빌려서 돈이나 거기에 상응하는 무엇을 걸어서 남의 돈을 취하려는 게임이다. 이것은 결핍에서 오는 돈에 대한 과도한 탐욕의 결과이다. 김유정 소설에 있어서 이런 노름의 증대 현상은 개인적 이유는 물론이고, 당대 사회의 빈궁한 경제적 조건 및 모순과 결코 무관한 것이 아니다. 즉 여기에는 '농사'라는 일이 가혹한 도지·장리·세금·부채 등으로 해서 밑질 뿐 아무런 보상도 없음으로써 절처에서 노름의 운수에나 위탁할 수밖에 없는 가난한 생활 조건과 깊이 연계된다. 이들 인물들은 일(노동)에 성실하거나 근면하지 않으며, 자신들의 궁한 처지를 오직 운명이나 운수에 의탁해서 한판에 타개하려 든다. 그리고 변칙적으로 살아가려 한다. 그래서 전혀 노동과 생산이 배제되어 있는 것이다. 돈과 금은 등장인물들의 행동 양식의 기본 동력이며 핵심축에 해당한다. 돈에 대한 탐욕에 이끌린 남자들은 게으르고 그 아내들이나 그녀들의 몸을 인간으로서가 아니라 마치 소나 말과 같은 가축으로 생각한다. 성을 돈이나 편한 생활을 위한 수단으로 삼아 상품화하면서도 거기에 대해서 아무런 도덕적 수치감이 없는 탐욕과 허욕으로 가득 찬 존재가 되거, 타락해버린 바보 같은 존재들이다. 가난이 사람들로 하여금 바보로 만들어 버리고 몸팔고 술파는 아내들에게 기대어 사는 남편으로서의 바보짓을 하게 한다. 여기서 생활이 아니라 생존을 위한 욕망의 바닥을 보게 될 뿐 아니라 정상적인 삶이 부재하는 비인간화된 가난의 생태와 조건을 보게 된다.

빈곤·굶주림·불법 등 사회적 억압의 문제와 얽힌 「만무방」은 표제 그대로 '막되 먹은 인간'의 의미를 지닌 만무방 응칠의 이야기이면서 동시에 그와는 대조적으로 다른 삶의 양식을 지니고 있는 그 아우 응오의 이야기이기도 하다. 양자는 범죄와 법의 대립 양상이다. 집·땅·가족 등 모든 정주의 기반을 잃은 떠돌이이며 노름꾼인 응칠. 착하고 성실하지만 자신의 벼를 자신이 도둑질해야 할 만큼 상황적으로 아이러닉한 반전의 궁지에 빠지는 응오의 대립된 삶을 통해서 어느 하나 황막하지 않은 삶이 없음을 보여준다. 그러면서도 계급적인 세력의 전경화나 명시화 내지 구조화된 목적론이 개재하고 있지 않다는 점에서 당대의 경향소설과는 그 궤를 달리하고 있다. 「만무방」은 김유정 문학의 일반적 성격에 비해 예외적일 만큼 그 스펙트럼에 있어서 사회성이 강하면서도 웃음 내지 해학의 유희성이나 미학성이 명시화 되지 않는 현상을 보여준다. 서사 구조상으로 보면 응칠이 추적자로서 기능하는 범인 추적의 범죄소설적 미스터리 구조이다. 벼를 베어간 범죄의 범인을 추적하는 과정 중에 미리 추정된 예상이나 기대와는 달리 진범은 엉뚱하게도 가장 모범적인 농민으로 지목된 응오로 밝혀진다. 이로 인해서 선/악, 법/범죄의 등식으로 대조 관계에 있던 형제가 범죄로 일체화 되어 버린다. 이렇게 예상과 기대 또는 결과의 전도와 불일치라는 점에서는 분명 희극적인 요소가 개재하고 있다. 그러나 제것을 제가 훔친다는 아이러니적 반전에 의해서 희극과 비극의 근접화와 교차 및 비극적 상황으로의 전화가 이루어진다.

이 「만무방」에서 김유정은 그의 다른 작품에서의 인물들과 친연관계를 지니고 있고 응오와는 다른 범법의 반란인, 막돼먹은 응칠이 같은 망나니 건달상을 양각 정형해 내고 있다든가 결말에서의 예기치 않은 아이러닉한 반전은 연민적 상황을 만들어 내는 서사 방식으로서 독특한 것이 사실이다. 그러나 응칠의 반사회적인 행동이 어떤 의미에서는 문학 사회학적으로 보아 여타의 아그리코스들과는 외형적인 대척점을 이루고 있는 것처럼 보이지만, 그도 그 많은 부류의 사람들이 만들어내고 있는 행동 스팩트럼의 영역이나 단계에서 행동의 적극성이 조금 더 강화되어 있을 뿐 정상적인 삶이 아니란 점에서는 같은 부류이며 또 그가 저지른 도둑질 범행의 보이지 않는 희생자들에게 냉담함으로써 결코 의적일 수는 없는 존재이다. 정상과 합리적인 것에서 배제되어 있다는 점에서는 의적의 잔영이라기보다는 바보와 동궤의 피카로(picaro)와 같은 떠돌고 범죄를 저지르는 악당, 부랑아인 것이다. 그리고 그는 또한 서사적 인물인 동시에 관찰자이기도 하다.

「소낙비」의 주인공 춘호 또한 표랑하는 사람으로 '일구멍'이 없어 "피폐하여 가는 농민 사이를 감도는 엉뚱한 투기심"에 몸이 달아 있는 상태의 투전꾼 즉 노름꾼이다. 흉작과 빚쟁이의 위협으로부터 벗어나기 위해 고향을 등진 그는 3년 여의 철저한 궁핍 끝에 노름판 밑천으로 쓸

2원을 확보하기 위해서 아내로 하여금 돈의 대리자에게 매춘하기를 강요한다. 그러면서 그는 그 돈으로 노름판의 밑천을 삼아 많은 돈을 획득해서 서울로 올라갈 것을 꿈꾸고 있다. 이렇듯 완전히 허황되게 노름에 몸이 달아 있는 상태이기 때문에 여성이 돈과 삶을 위해서 상품화되고 있을 뿐 아내의 매춘이 조장되고 용인되는, 그리고 아내의 몸을 팔거나 술을 팔게 해서 살겠다는 부부간에 윤리적 정절의 교환 양식은 처음부터 폐기되는 상태가 되고 삶의 방식이 모두 노름이나 노름의 행태로 치환되어 버린다. 즉 삶 자체를 모조리 사행화시키고 도박화시킨 바보같이 우둔한 삶들이다. 생존의 압박이 정상적인 삶과 도덕적 가치를 붕괴시키고 있다는 의미가 함축되어 있다. 여기서 바보스런 우둔함이 생존의 수단이 되는 현상을 보게 된다. 이런 우연과 사행을 턱없이 기대하는 노름의 행동구조에 있어서 그 결과는 불일치 내지 기대가 와해되는 상태로 전화하는 구조이다. 노름과 매춘은 모두 바보스런 삶의 일탈적 방책이며 비윤리적 이탈의 행위란 점에서 상관성을 지니고 있다. 희극성을 기조로 하면서 속고 속이는 관계적 행위는 이 유형 구조에 있어서 중요한 서사 단위다. 「솥」「가을」도 같은 등식이다.

「솥」의 근식이는 이동 작부인 들병이에 홀려서 아내의 속옷, 맷돌, 함지박은 물론 최후의 가재도구인 밥솥마저 떼어다주면서 내심으로 그와 함께 도망하여 들병이에 기생하여 놀고먹는 기둥서방으로서 상팔자를 누릴 것을 바라고 계획한다. 턱없는 욕망이다. 이런 욕망은 레오 베르사니가 「문학에 있어서의 인물과 욕망」(1976)에서 일컫는바 '만족의 원천에 대한 부재 속에서의 환각적 만족'이며 상상의 식욕 상태이다. 그러나 마지막 순간에 뜻밖에도 들병이 남편의 출현으로 인해 그의 바보 같은 욕망과 기대는 허망하게 좌절되어버릴 뿐만 아니라 그의 우행도 아내 앞에서 낭패를 당하여 버린다. 들병이에게 있어서는 이 속임수는 곧 살아가는 방법이다. 「가을」의 조복만 역시 기상천외한 매매계약서를 작성하면서 아내를 50원에 매도하고 그 돈으로 빚을 갚는다. 가축이나 노예 시장과 다름없는 인신매매 거래 사회의 한 모습이다. 살기 위한 돈에의 탐욕과 이 같은 아내 매매는 아내의 매춘으로 삶을 살아가고 있는 들병이 서방의 경우나 파렴치함에 있어서는 마찬가지이다. 이 매매관계를 역으로 보면 매매자인 황거풍 역시 술장사를 하겠다는 목적으로 조복만의 아내를 사지만, 조복만의 행방이 사라지던 날 조복만 처의 수상쩍은 도망으로 결국 오십원을 날리는 낭패를 당하고 마는 것이다. 인간 관계에 있어서의 속고 속임의 얽힘과 함께 욕망의 무모하고 허망함을 보여주는 이야기이다.

들병이와 결혼하여 술장사를 하면서 가난하고 타박난 살림을 벗어나고자 하는 어리석은 기생(寄生)의 욕망과 꿈은 「총각과 맹꽁이」에서도 제시된다. 덕만이의 바보같이 허황된 꿈도 역시 사기꾼 뭉태의 속임에 의해서 무산되어버리고 만다. 결말에서 맹꽁이 울음을 의성어로 처리하는 서술자의 익살스런 개입은 희극적인 경쾌감마저 느끼게 한다. 이처럼 바보상태의 삶들에 대한 희학적인 관조가 기반이 되어 있는 문학이다.

여기에서 하나 첨언해두고자 하는 것은 이제까지의 논의의 대상에서 「따라지」 「두꺼비」 「땡볕」 「심청」 「봄과 따라지」 등 일련의 도시소설이 배제되었다는 사실이다. 김유정의 소설은 농촌을 배경으로 한 작품 못지 않게 도시가 배경이 된 작품이 적지 않다. 이들 도시형의 소설들은 동시대의 이상(李箱)의 「날개」나 박태원의 「소설가 구보씨의 일일」 또는 『천변풍경』과 같은 모더니스트 도시소설과 함께 1930년대 경성(京城)에서의 도시성(urbanity)을 농촌에서 유입되어온 도시 하층민들의 삶이나 무위도식하는 지식인의 초상과 삶에 관련시키고 있어서 그 나름으로 또다른 독특한 도시소설의 일면을 지니고 있다. 특히 사직골 꼭대기에 '올라붙은 깨웃한 초가집'이라는 좁은 주거 공간에서 밀집적으로 살아가고 있는 각양각색의 하찮은 존재들의 삶을 그린 「따라지」에서는 방과 집세 등 절박하고 척박한 도시 주거의 문제와 관련되어 있는 생태, 그리고 기생적이고 무위도식하는 지식인의 삶을 위요한 동거자들의 애증의 반응과 갈등의 활극이 박진감 있게 그리고 익살스럽게 제시되고 있어서 또 다른 도시 생태 소설의 양상을 보여준다.

그러나 김유정의 많은 도시형 소설들은 시골과 도시라는 지리적인 장소의 차이에도 불구하고 그 희극성의 상황 양상이나 인물들의 행동 양태에 있어서는 농촌배경의 소설들과 특별한 이질화 현상이 발견되지는 않는다. 예컨대 작가의 자기 극화의 성격을 지닌 「두꺼비」의 '나'는 얼빠진 등신 상태이고 「땡볕」에서 '영문 모를 아내의 병'을 두고 이웃의 말에 미혹된 나머지 병원으로부터 덕을 보겠다는 덕만이의 어리석고 턱없는 환상은 땡볕아래 여지없이 산산이 깨어져버리고 만다. 농촌형의 바보들의 행태와 크게 다르지 않다.

이 점에서 김유정 문학의 본령은 역시 농촌이라는 로케이션과 더 밀접히 관련되어 있다.

4. 희극화를 이루는 서사 전략과 수사 양상

김유정 문학의 시학으로서의 희극성이나 해학성은 어디에서 오는가. 이에 대한 해답은 우월・불일치・이완・기대・전도・해이 등 웃음의 발생이론들과 연계되지만 인물의 코믹, 언어의 코믹, 상황의 코믹 등 코믹의 3측면과 연계된다. 앞에서 이미 해명되고 있는 것처럼 기본적으로는 인물 코믹의 행위의 주체로서 제시되는 바보상(像)들과 그들이 연출하고 있는 순진・단순하고 또 때로는 모자라고 엉뚱하거나 우둔함의 성격적・행동적 자질이 만들어내는 행위와 상황들이 지닌 대비・병치적・전도적 불일치성・우발적 반전적 의외성들이 희극성을 산출하고 있는 것이 사실이다. 상황의 측면으로 보면 정상/비정상의 대립과 대비·정상적인 추이의 변조와 전이·극면적인 전환의 아이러니의 상황이 그러하다. 그러나 이와 함께 이를 상보하는 서술자의 특별한 역할과 기능 및 언어의 희극적 효과를 결코 배제할 수는 없을 것이다. 먼저 서술자의 경우, 김유정 소설에서 보는 자의 입각점에 있는 서술자의 서술태도는 객관화되어 배후에 숨어 있기보다는 수시로 그 모습이나 음성을 드러내는—그 점에 있어서는 전통소설과 닮아있다—짓궂고 유쾌한 '호모 루덴스'이다. 서술의 입각점을 높게 혹은 낮게 하고 주관적으로 개입하여 대상을 해학적으로 왜곡·변형함으로써 유희적으로 희화화시킨다. 여기에 전통적인 골계담 및 소화(笑話)의 연계적 가세도 작용한다.

그러나 무엇보다도 김유정 소설시학의 독자성을 분명케 하고 있는 것은 인물 행동과 상황의 희극성에 병행하여 발휘되는 언어의 코믹 즉 언어의 희극성이다. 그의 풍요한 해학의 언어들이 우리로 하여금 웃음의 희극 효과를 유발시킨다. 이 희극적 언어 형식의 몇 가지를 항목화해 보면 다음과 같다.

①하층어와 지방어, 토착적 구어의 효과적 구사
②대화 기능에 있어서 골계감을 촉발시키는 속어와 육담과 농담적 말씨
③비미적(非美的) 비유화의 활용—이런 기상적인 비유 언어 속에 웃음과 쾌감이 배어있다. 의성어의 왜곡화, 환유적 인물화.
④예어 또는 분어와 욕설·비방어의 표현적 빈출 과정에 내재하는 호의적이고 역설적 해학성
⑤과장법이나 돈강법(頓降法) 또는 과소법·아이러니의 빈번한 이용
⑥비속화·부실(不實)과 결손 예찬, 장난꾼같은 표현법
⑦강등의 호칭화, 의성적인 언어 유희화
⑧근엄성이나 억제로부터 자유로운 톤과 어법
⑨판소리 풍의 어법

이렇듯 김유정의 소설세계는 인물·상황·언어의 코믹에 있어서 독

특한 미학으로 이루어져 있다. 이는 김유정 문학의 미학성을 밝히는 중요한 기반이 된다.

5. 맺음말–희학적 리얼리즘의 문학

이상으로 희극적인 인간상으로서의 바보 모티프를 그 중심점으로 하여 김유정 문학의 특성 내지 그의 서사의 내재·외현적 시학을 살펴보려고 하였다. 김유정은 인간의 바보스러움의 인물상을 통해서 우리를 웃겨주고 있다. 그러면서도 그의 웃음이나 웃기는 후모르에는 아픔과 연민이 함께 내재되어 있음을 보게 된다. 그러한 가운데 그의 문학이 지니고 있는 특성을 조심스럽게나마 '희학적 리얼리즘'이라는 새로운 명칭으로 규정하여 본 것이다. 이는 있는 그대로의 미메시스적 재현이 아니라 웃음을 환기 유발시키는 방법으로 현실을 다소 과장적으로 뒤틀거나 바보스러움의 상태로 익살스럽게 굴절하는 희극 형식적 제시 방법의 시학이라는 의미를 함축하는 것이다. 이로써 치열한 현실마저도 희극화시킨다. 이는 웃음은 있되 웃음의 카니발 공간에서의 사회적 위계성·권위·규범·금기·정지와 강등의 '업사이드-다운' 현상(바흐찐)이 있고 없다는 점에서 그로테스크 리얼리즘과는 변별된다는 뜻이다. 사실 김유정의 소설에 등장하고 있는 인물들은 거의가 바보들이거나 바보 상태와의 친근성을 지니고 있을 정도로 정상 상태가 와해되어있는 사람들이다. 그의 서사공간은 바보놀이의 장과 다름이 없다. 이것은 인간의 바보적 원천성에 대한 생래적 인식에서 비롯되었음은 물론이고 가난이 악화의 징표가 된 1930년대의 식민지 사회 현실적 상황 속에서 살아가기 위해서 바보의 경지에까지 이르고 주변화된 아그리코스들의 웃지 못할 본능적인 욕망의 생태를 해학적 주관성에 의해서 골계적으로 희극화한 데서 연유된 것이다. 순박한 바보들의 삶이나 정상적인 삶이 어려운 상태에서 바보스러움의 경지나 상태에 이른 삶들에 대한 전가치화 된 순박성·생태의 지형도 만들기인 것이다. 세계에 관한 후모르 만들기의 수용 즉 시대 사회적 생태의 골계적 희극화의 과장적 상상력을 통한 서사 예술이 곧 우울한 시대의 후모리스트 김유정의 문학세계이다. 그리고 김유정 소설 세계의 희극적 놀이성의 스팩트럼은 한쪽으로 경쟁적 놀이 구조로서의 「동백꽃」계와 다른 쪽으로 우연·사행적 노름 구조로서의 「만무방」계를 양극으로 하면서 서로 대비되기도 하고 혼합되기도 한다. 전자는 주로 바보의 순수 미학으로서, 후자는 바보의 사회성의 정치학으로서의 측면을 지닌 것이 사실이지만 양자의 관계는 명확한 경계로 대척적이기보다는 상통혼융의 관계이다.

6. 부기

필자가 이 논문을 쓰기 위해 참고한 문헌들은 다음과 같다.

전신재 편, 『원본 김유정 전집』, 강, 1997.

전신재 편, 『김유정 문학의 전통성과 근대성』, 한림대 아시아문화연구소, 1997.

Wolfgang Preisendanz & Rainer Warning(Hrsg), *Das Komische*, Wilhelm Fink Verlag, 1976.

Werner Röcke & Hans Rudolf Velten(Hrsg), *Lachgemeinschaften : Kulturelle Inszenierungen und soziale Wilkungen von Gelächter im Mittelalter und in der Frühen Neuzeit*, Walter de Gruyter, 2005.

Lothar Fietz, Joerg O. Fichte & Hans-Werner Ludwig(Hrsg), *Semiotik, Rhetorik und Soziologie des Lachens : Vergleichende Studien zum Funktionswandel des Lachens vom Mittelalter zu Geqenwart*, Max Niemeyer Verlag, 1996.

Wolfgang Preisendanz, *Humor als Dichterische Einbildungskraft*, Eidos Verlag, 1963.

T. G. A. Nelson, *Comedy*, Oxford university Press, 1990.

J. Jeffrey Franklin, *Serious Play : The Culture Forms of the Ninteenth-Century Realist Novel*, University of Pennsylvania Press. 1999.

現代思想 2月號 特輯, vol.12-2 〈笑い〉, 青土社, 東京, 1984.

Roger Cailloire, *Les Jeux et les Hommes*, 1958. 이상률 역, 『놀이와 인간』, 문예출판사, 1994.

Jean-Charles Seigneuret, (ed.), *Dictionary of Literary Themes and Motifs*, Greenwood press, 1988, "fool".

Max Dessoir, *Ästhetik und allgemeine Kunstwissenschaft*, Ferdinand Enke Verlag, 1923.

Mikhail Bakhtin, *Rabelais and his World*, Indiana University press, 1984.

「바보의 미학과 정치학」에 대한 토론문

김양선

이재선 선생님의 발표 논문은 김유정 문학에 관심을 가지고 있는 후학 연구자이자 석·박사 시절 소중한 가르침을 받은 제자인 저로서는 김유정 소설을 새롭게 해석하는 지평을 지닐 수 있는 소중한 기회가 되었습니다. 저는 지금까지 주로 김유정 소설의 '주변성' '지방성' '토속성'이 지닌 의미를 해석하면서 텍스트의 이데올로기적 측면에 주목해왔습니다. 아이러니, 바보형 인물, 해학성과 같은 김유정 소설을 특징짓는 내용성이나 미학적 측면에 대한 배려는 미흡했던 것이 사실입니다. 선생님의 발표문을 미리 읽으면서 새삼 텍스트의 미학성과 정치성이 회통할 수 있음을 깨달았습니다.

이재선 선생님의 논문은 김유정 소설의 서사시학적 특성을 '희학적 리얼리즘'이라는 새로운 개념으로 정의하고 있습니다. 또한 바보형 인물들이 지닌 희극성과 놀이의 특성에 따라 경쟁적 놀이 구조로서의 「동백꽃」계와 우연·사행적 노름 구조로서의 「만무방」계 둘로 나누고 있습니다. 이와 같은 분석은 기왕에 김유정 소설, 특히 농촌을 배경으로 한 소설의 특성을 해학성으로 단순화해서 본 연구들에서 진전된 것이며, 방법론적으로도 심화된 것이라 할 수 있습니다. 또한 선생님의 발표문은 김유정 소설의 이런 특성이 비단 시학적 특성에 그치지 않고 웃음의 문화성과 사회성을 투영하고 있을 뿐만 아니라 한국형 '바보문학'의 계보를 잇고 있다는 점을 밝히고 있습니다. 요컨대 문학사적 의미랄지 전통의 계승 측면을 배려하고 있기에 김유정이 그토록 짧은 시기에 다른 작가들에 비해 적은 수의 작품을 남겼음에도 불구하고 왜 100년이 지난 지금에도 다양하게 논의되고 있는지 김유정 문학의 현재성을 탐사하는데 훌륭한 길잡이 역할을 해주고 있다고 생각합니다.

제게는 학문적 열정이나 치밀한 텍스트 분석에서 지침이 되는 소중한 논문이지만 몇 가지 더 가르침을 받고자 아래 질문을 작성해 보았습니다.

① 먼저 김유정 소설이 후대에 수용되는 수용사적 맥락에 대해 평소 궁금했던 점이 있어 선생님의 고견을 듣고자 합니다. 게임의 서사구조에 해당하는 작품들, 사랑이나 결혼문제를 다루는 「동백꽃」이나 「봄봄」은 희극성과 더불어 서정성이 큰 축을 이루며, 실제로 김유정 문학의 대표작으로 손꼽히고 있습니다. 반면 노름의 우연·사행적 구조에 해당하는 작품들인 「만무방」 「소낙비」 「금따는 콩밭」의 경우 1930년대 식민지 현실을 리얼리즘적으로 형상화한 전형으로 손꼽히고 있습니다. 그렇다면 이 두 갈래를 통합된 시각으로 볼 수 있는 적절한 관점은 무엇인지(선생님은 이것을 희학적 리얼리즘이라 지칭하셨는데요), 이처럼 수용에서 한쪽은 서정성, 한쪽은 리얼리스틱한 측면이 부각되어 학생들이나 교육현장에서 수용되는 것이 타당한지 여부를 여쭙겠습니다.

②선생님께서는 김유정 소설의 '희학적 리얼리즘'이 웃음은 있되 정지와 강등의 '업사이드－다운'이 없다는 점에서 그로테스크 리얼리즘과는 변별된다고 말씀하십니다. 하지만 어떤 면에서 보면 김유정 문학의 웃음 뒤에 감추어진 것은 식민지의 냉혹한 현실이자 그로 인해 전락해 가는 인간군상이 아닐는지요? 그런 측면에서 정지와 강등의 비속성이 존재하는 것은 아닌지, 그로테스크 리얼리즘과의 다른 차이는 없는지 선생님의 설명을 듣고 싶습니다.

③선생님께서는 김유정 소설의 희극성, 희극적 인물상이 지닌 의미를 전통과의 지속성이라는 측면에서 군데군데 언급하고 계십니다. '전통의 혁신'이라는 측면에서 김유정 소설이 지닌 근대성을 어떻게 생각하고 계신지 말씀해 주셨으면 합니다. 가령 김유정 소설은 남편이 아내를 팔아먹고 지·소작 관계가 온존하는 전근대적 질서가 지배적인 농촌을 배경으로 하고 있습니다. 하지만 선생님 말씀처럼 이들의 인간관계를 지배하는 것은 '돈'의 원리, 자본주의 근대의 원리입니다. 희극성, 바보, 하층어와 지방어, 구어의 구사 등은 전통의 혁신을 통해, 그리고 주변성의 부각을 통해 식민지 근대(성)의 모습을 보여주었다고 생각합니다. 당시 다른 작가들(이상, 박태원 등)과는 다른 길을 제시했다는 점에 김유정 문학의 근대성이 있다고 생각하는데 이에 대한 선생님의 조언을 듣고 싶습니다.

소중한 논문을 먼저 읽어볼 수 있는 기회를 주셔서 감사합니다.

김유정 소설의 웃김 이야기 법

골계 또는 해학소설의 참 속살에 대한 보살핌

정현기

1. 드는 말

김유정을 천재작가라고 했더니 어떤 평론가는 시큰둥한 태도로 말도 안 된다고 하여 언젠가 내가 무안당한 적이 있다. 과연 천재란 무엇인가? 1930년대 이상이나 1960년대 김승옥과 같은 말장난의 기법이 신출귀몰하듯 뛰어난 사람을 천재라고 하는가? 그렇다면 김유정은 왜 그 반열에 들 수가 없는가? 나는 우리 나라 작가들 가운데 이른바 천재라고 꼽을 만한 작가들 가운데 기꺼이 김유정을 천재급 작가라고 읽는 편이다. 천재란 천치와 같다는 말을 잣대로 세워놓는다면 이 정의는 더욱 들어맞을 폭이 넓어진다.

웃고 웃기고 그러면서 눈물을 글썽거리게 하는 삶 판이란 어떤 것인가? 나는 지난 달 내내 안중근이라는 사람과 씨름하면서 마음을 썼다. 림종상이라는 북한에 있는 작가가 1979년도에 각색하여 만들었다는 작품 『안중근 이등박문을 쏘다』는 긴 소설을 꼼꼼히 읽으면서 한국에는 천재적인 작가들만 있는 것이 아니라 위대한 정신으로 자아 나를 나됨으로 만들어 개인의 집인 나의 집을 짓다가, 민족단위의 집으로, 뒷날 우주의 집짓기를 이루는 사람들이 많이 있다는 사실에 놀라고 또 놀랐다. 안중근, 그는 서른 두 살에 자기 삶을 마감하면서, 탐욕과 폭력으로 자신을 넓히려는 어리석은 사람이었던 이등박문과 일본 제국주의자들, 그 앞잡이들을 훈계하고 가르치던 사람이었다. 그는 탐욕과 그에 필연적으로 따르는 약탈을 행함으로써 남을 괴롭히는 어리석은 사람을 당당한 짓과 말로 가르친 지성인이었다. 그는 남을 억눌러 목숨과 재물을 빼앗는 그런 투의 천박한 잘못 삶에 대하여 우리에게 알려준 위대한 인류의 스승이었다. 나는 그의 삶과 죽음을 결정하는 발자취를 따라 읽으면서, 우리들 먼지 같은 앎의 폭을 훨씬 뛰어넘는 사람인 그 늠름한 모습에 그저 한 달여 동안 내내 어안이 벙벙하였다. 그의 이른바 동양평화론은 제국주의자들의 더럽고 악독한 폭력을 잠재우려는 도도하고 높은 인격의 빛을 내뿜던 삶의 바른 꼴 가르침이었다고 내겐 읽힌다.

그래서 이 글은, 그러니까 안중근을 한 손의 안짝이라고 읽으면서, 김유정을 그 바깥짝이라 읽힐 수 있는 위대한 두 사람에 대한 나의 새로운 만남을 사무친 그리움과 설움으로 알리려고 하는 것이다. 김유정은 그 자신부터 1930년대 당대 삶을 힘겹게 버티다가 스물 아홉 나이에 죽은 사람이었다. 그의 처절한 가난과 으레 그에 따라붙는 질병에 시달리다가[1] 김유정은 일찍 죽었다. 그런데 김유정이 만들어 낸 사람들, 아니 직접 겪었고 또 보고 들었으며 만난 이웃 사람들을 이야기 글로 옮겨 놓으면서, 그는 그들을 모두 바보로 만듦으로써, 세상에서 지능이 뛰어나 잘

---

1) 이 작가 생애의 애끓는 요절 원인을 꼼꼼히 따지는 일은 이 글에서 그만 할 생각이다. 가난이나 질병은 뭔가 글쓰기 참 칼 겨룸을 꿈꾸는 사람에게 반드시 따라붙는 어둠이다. 이규보의 「시 귀신을 쫓는 글(毆詩魔文)」 한 쪽을 참조한다는 이야기로 마치겠다.

났다고 나대는 사람들의 짓거리들이 얼마나 더럽고 얌통머리 없는 부리퀴 짓에 빠져들거나 남을 타고 올라 앉아 거들먹거리는지를 짧고도 매서운 눈길 주기로 보여주고 있다. 그가 그들을 바보로 만든 것은 사람들을 웃기면서 울리는 웃음의 기법을 글쓰기의 참 칼 무기로 삼았기 때문이다. 영국 출신의 영화배우 찰리 채플린(본명 찰즈 스펜서 채플린, 1889~1977)은 스스로 희극배우로서 영화감독으로 커다란 이름으로 날리며 살았던 사람이다. 그의 영화 작품을 보면서 그가 왜 사람을 웃기는지는 분명해진다. 그는 스스로 바보 됨을 연출한 뛰어난 천재였다. 그 자신이 직접 연출하여 움직이는 인물들은 대체로 일반인들보다 바보스럽고 멍청한 짓과 말투로 드러내 보인다. 커다란 신발, 뒤뚱거리며 걷는 오리걸음, 눈에 확 띄게 기른 콧수염, 툭하면 손으로 움켜쥐고 걷어 올리곤 하는 헐렁한 바지, 독특한 입놀림, 지팡이를 의지하여 뒤뚱대면서도 움직일 적마다 잽싸고 날렵한 몸짓(〈황금광 시대〉 속에 낭떠러지 산 속 벼랑에 떨어지는 오두막집에서 미끄러지지 않으려고 움직이는 몸짓 따위), 음식을 먹을 때 놀리는 입질 따위들 모두가 관객에게는 편안하게 웃을 수 있는 신분이 낮은, 그렇게 가난한 사람이고 다른 사람들보다 늘 모자란 사람이다.[2] 바보에 관한 이야기는 뒤에서 더 깊이 따져 볼 일이다. 그가 그려 보인 사람들이 모자라게 드러나는 이유가 분명 그 말투 어딘가에 숨어있을 터이기 때문이다. 예술 세계에서 작중인물의 바보 됨은 사람에게 가장 뼛속깊이 와 닿게 하는 당길 힘을 내 보인다. 사람 모두가 자신이 바보 됨을 가장 두려워하고 있지만 실은 우리 모두가 근본적으로는 바보이니까!

2) 서양의 한 문학 비평가는 일반인과 비교해서 질적으로 아주 뛰어난 주인공과, 좀 뛰어나더라도 환경에 지배를 받는 주인공, 그리고 우리와 비슷한 주인공, 우리보다도 아주 못난 주인공의 사람됨을 나누어 놓고는 우리보다 아주 낮은 주인공을 그린 작품을 아이러니, 말 뒤틀기로 읽고 있다. 말 뒤틀기나 웃김(해학)은 미학적인 갈래로 읽으면 같은 뿌리인 골계, 주관적 골계에 속하는 것이다. 이 비평집은 이런 논의를 위해 일단 퍽 도움이 된다. 노드롭 프라이, 임철규 역, 『비평의 해부』, 서울 : 한길사, 2000, 91~131면에서 생각을 따옴.

탐욕이나 폭력은 남을 먹이로 하여 넓어진다. 탐욕은 남을 돌보지 않고 오직 나만 생각하는 어리석은 마음 씀이다.[3] 이 탐욕의 지나친 펼침이 한국 사회에서는 이미 엄청난 두께로 두꺼워져, 돈벌이가 조금도 부끄러운 것이 아니라고 생각하는 바람으로 한국의 모든 사람들이 나부낀다. 돈벌이와 많은 돈 쌓기, 그리고 탐욕의 한없는 펼침이란 거짓됨과 가장 깊은 짝을 이룬다. 평화를 말하는 이들 쳐놓고 뒷 구석에서 무기 생산에 열을 올리지 않는 이가 없다. 이른바 세계의 가장 강한 나라라는 곳에 사는 지도자 쳐놓고 무기 생산에 열을 올리지 않는 나라 패들은 없다. 무시무시한 무기를 손에 들었거나 옆에 찬 사람이 평화를 앞에 내세우면서 눈을 부라리는 일만큼 더럽고 천박한 짐승 됨이 어디 있는가? 그런 터무니없는 거짓말들로 이른바 세계의 지도자라는 이들이나 조그만 나라 지도자들이라는 이들, 이를테면 조선조 말기 고부에서 한 군수질로 민중들의 힘을 빨아 먹다가 망신당한, 조병갑(고종 29년 1892년 고부군수로 별의 병 부라퀴짓으로 농민들을 수탈하던 천한 관리로 왜정을 불러들이게 된 동학농민전쟁의 전조 불씨) 닮음 꼴 사람들이, 서양의 힘센 나라 관리 백정들이나 작지만 힘은 세지겠다고 벼르는 나라, 우리 나라와 같은 곳, 지도자들이 앞으로 이 나라 권력을 쥐고 이리저리 눈을 뒹굴일 판이다. 무섭고 두려운 생각들의 구름에 덮여 살되, 그 뒷구멍에서 벌어지는 음모들을 모른 채 사는 착하고 올바른 사람들이 바보로 떨어지는 것은 물으나마나 한 일이다. 김유정은 바로 그것을 찍어 우리에게 보여주었던 작가였다.

---

3) 2008년 3월 초 요즘 한국에는 이상한 정치적 지각변동이 생겨나고 있다. 그 가운데 하나가 이른바 집권자들 모두가 몇십 억 또는 몇백·천억짜리 부자들로 이루어져 있고, 그들 누구도 자기가 지닌 재부가 남을 눌러 가로챈 것이라는 사실을 조금도 눈치 눈치채지 않았거나 모르는 척하는 천하고 염치없는 천민들이라는 점이다. 천민들이 나라의 권세를 행하는 시대를 나는 암흑의 시대라 부를 참이고 새로운 계몽주의 시대를 열어야 할 짐을 지식인들은 지고 있다고 주장할 생각이다. 많이 가진 자들을 천민이라고 부르는 지적 풍토를 만들어가는 새로운 가치의 빛 찾기를 한국의 현대적 계몽주의 시대 출발이라고 나는 일컫는다. 속 검은 사람들의 지도자연하는 내역에 대해서는 『한겨레』, 2008.2.22, 1,3,4면 참조.

김유정은 누구인가? 그는 1930년대를 대표하는 단편소설 작가로, 1930년대 한국의 삶 판, 그것도 가장 가난한 가난살이를 견뎠던, 강원도 산골 사람들의 가난하여 서럽고 짜증나는 배고픔과 덥추위, 아림과 설움을 절묘한 방식으로 증언한 이야기꾼의 진짜 참 칼 겨루미(또는 '겨룸꾼')였다. 1908년도 1월 11일, 강원도 춘천시 신동면 증리에서, 김유정은 태어났다. 그가 태어난 지 꼭 백 년이 지난 오늘 그가 누구였는지를 묻는 일은 지금 여기 살고 있는 우리들 자신이 누구인지를 묻는 일일 터이다. 뿐만 아니라 그가 누구인지를 묻고 그가 살았던 삶 판세를 읽고 밝힌다는 물음은 우리들 자신이 누구이고 우리가 사는 이 삶 판이 어떤 곳인지를 묻는 일이다. 그는 스물 아홉 살까지 살다가 일찍 돌아간, 짧은 삶을 살았고, 일기나 편지 수필 등 모두 합쳐봐야 50여 편의 글을 남긴 작가였다. 그러나 그는, 1930년대 한국소설사를 이야기하려고 할 때마다, 결코 빠지지 않는 빼어난 소설쓰기로 우뚝한 글 봉우리를 이룬 작가였다. 1930년대 작가 무리를 이야기하려면, 그와 늘 나란히 견주는, 그리고 그와 아주 가까웠던 친구 김해경 이상은 말할 것도 없고, 이야기 분량만으로도 엄청난 원고지를 썼던 염상섭을 필두로 홍명희나 이기영, 채만식, 박태원, 이태준, 이효석, 김남천, 안회남 등 별빛 같은 작가들이 있다. 오늘 우리는 그를 만나고 그의 이야기를 듣는다. 때론 깔깔 웃으면서 또 때론 눈물을 흘리면서 그의 이야기를 들어야 한다.[4)]

그는 많은 시간을 소설 글쓰기로 쓰지는 못하였다. 끔찍한 가난과 그에 따른 병마와 싸우느라 그는 힘겹게 자신의 글쓰기 참 칼을 갈았던

4) 나는 김유정을 만나러 가는 길목에서 1920년대로부터 1930년대에 눈부신 빛을 내뿜던 희극 배우 찰리 채플린의 작품들을 일곱 편 보았다. 〈키드〉 〈모던 타임즈〉 〈황금광 시대〉 〈서커스〉 〈살인광 시대〉 〈독재자〉 〈라임라이트〉가 그것이다. 김유정이 활동하던 시대에 찰즈 채플린이 활동하였으니 김유정이 그의 작품을 어떻게 보았는지 찾아 나서기는 어렵지만 그 둘은 무척 닮았다는 생각을 한다. 반짝이는 기지와 반어, 웃김(골계와 해학, 풍자)과 비웃음까지를 합쳐, 그들이 비록 나와 세계 드러냄의 방식은 달랐을지라도, 둘 다 빛나는 천재라는 느낌을 감출 수가 없다.

작가였다. 가난은 끔찍한 것이다. 가난의 극한 장소가 김유정에게 오면 그에게는 이야기가 된다. 그가 뽑은 글쓰기의 이야기 참 칼 쓰기는 골계(滑稽), 남을 웃기며 자기는 우는 웃김(해학) 방식이었다. 그는 사람들을 웃기고 울게 하는 글쓰기의 참 칼을 갈았던 빼어난 이야기꾼, 소설가였다. 사무치는 삶[5], 너와 내가 함께 어우러지는 그래서 서로가 깊이 마음과 마음이 맞닿는 삶 판 이야기를 그려냄으로써 그는 누구도 넘보기 어려운 글쓰기에 큰 봉우리를 이룬 작가였다.[6] 그의 작품 숫자가 비록 순소설 작품만으로 30여 편에 지나지 않는다 할지라도, 그가 이룩한 말나눔의 발걸음 자취는 위대한 불꽃으로 튕겨오른다. 그는 천재적인 작가였고, 1930년대를 빛내던 불꽃같은 글쓰기 참 칼 겨룸꾼이었다.

김유정과 그의 적은 숫자의 작품들은 1930년대 삶 판을 밝히는 하나의 징후이고, 쓰리고 아린 향기를 내뿜는 울음과 웃음꽃이다. 그의 삶과 작품세계는 1930년대 당대의 차갑고 고약하며 더러운 부라퀴짓들의 두터운 두 갈림 길을 드러내는 어름 뫼의 한 끝이다. 그의 이야기 글쓰기는 서럽고 아픈 삶의 끝을 살짝 들어내 보임으로써, 당대 삶의 어름 뫼 뿌리와 그 어름몸통이 어떤 것인지를 절묘하게 내보여 준 천재였다. 그의 작품들은 모두 한 징후로 당대 삶을 드러내었다. 그러므로 이 글은 김유정이 썼던 소설의 글쓰기 기법을 따져 사람들을 웃기고 울게 하였던 눈물겨운 글재주만을 얘기해서는 안 된다. 남의 콩밭을 파헤쳐 금이

5) 글쓰기의 '사무침'이라는 말은 소장 철학자 구연상 박사가 2008년 2월 29일 '〈우리말로 학문하기〉 열 네 번 째 말나눔 잔치'(한국외국어 대학교 브릭스관)에서 발표한「글쓰기의 목적과 사무침」(소책자 85~105면)에서 처음 쓴 말이다.

6) 나는 김유정을 우리 현대문학의 우뚝한 웃김 이야기꾼으로 읽으면서 여기에 이어 그와 이야기 투의 금줄이 같은 작가를 이문구로 보았다. 그의 소설 대부분도 웃기는 투로 이야기를 끌고 가지만 결국 우리는 울고 만다. 신산고초 속에서 시름겨워하는「장한몽」의 인물들이나「관촌수필」「우리동네 김씨」 등의 인물들의 사람됨은 모두 정말로 반듯한 사람들이 어떻게 바보스러운 말투로 풀이되는지를 기차게 보여준다. 정현기,「한국소설과 해학」,『포위관념과 멀미』, 서울: 연세대 출판부, 2005, 191~193면에 이런 이야기가 있음.

나온답시고 땅을 헤집게 하던 이야기(「금따는 콩밭」)나, 어린 아내 몸을 팔도록 양반지주 이 주사에게 보내면서 머리를 빗어주는 웃기는 한 사내 이야기(「소낙비」), 자기가 지은 곡식을 낮에 거두지 못하고 밤에 훔쳐다 먹는 굶주린 동생을 몽둥이로 패던 떠돌이 사내 이야기(「만무방」) 등 가진 이와 못 가진 이들, 아예 아무 것도 지닌 것 없이 살아야 한 헐벗은 사람들의 삶 판을 그렇게 만들었고, 그런 이야기를 통해 우리로 하여금 사무치는 아픔과 슬픔을 함께 나누는 글쓰기가 정말 어떤 힘으로 우리 앞에 다가서는지를 이 글로 맑게 밝혀야 한다. 젊은 철학자 구연상 박사는 글쓰기의 '사무침' 개념을 이렇게 요약한다.

> 사무침 가운데 일어나는 말하기는 한낱 의사소통만을 목표로 하는 게 아니다. '사무치는 말하기'는 '서로를 함께 나누기' 위한 것이다. 이는 말하기를 통해 서로의 처지와 형편 그리고 마음을 이해하는 가운데 상대의 말하는 뜻을 올바로 받아들이는 것을 말한다. 이와 달리 사무침이 없는 말은 인정사정을 봐주지 않는, 또는 이해타산에 따라 손톱만큼의 어긋남도 없이 야멸치게 주고받는 말을 말한다.[7)]

이 글은 김유정을 통해 오늘날 우리가 서로의 처지와 형편을 알려 마음을 열고 사무치는 뭔가 새로운 가치문제, 정말 참된 삶의 값진 있음꼴에 대한 물음으로, 우리들 스스로를 사무치게 할 마음 맞대기로 다가서는 것이기를 꿈꾼다. 모든 말이나 글은 그것을 듣거나 읽는 사람들끼리 서로의 마음을 맞대는 그리움과 기림이다. 100년 전에 태어나 오늘까지 우리 앞에 버티고 살아있는 김유정은 그렇게 우리를 그리움과 기림으로 사무치게 하는 글쓰기의 참 칼 겨루미(겨룸꾼)였다.

---

7) 구연상, 앞의 책자, 100면 참조. 이 철학자는 이 글에서 그렇게 말하지 않았지만 요즘 각종 대학교에서 발표하게 하는 논문글쓰기 따위들은 대체로 이런 투의 사무침이 없는 글쓰기들이기 쉽다. 남의 글, 특히 서양 사람들의 외국어 논문들의 빡빡한, 인용 각주로 가득 찬 글쓰기는 이런 사무침을 되도록 없앤다.

2. 골계, 해학, 반어, 기지, 풍자

평범사에서 출간한 일본의 철학사전에서 빌어다가 웃음에 대한 이론을 펼친 이어령의 「해학의 미적 범주」가 실렸던 월간지는 1958년 11월호 『사상계』였다. 웃음에 대한 한국인의 전통적인 말 쓰기는 무척 여러 가지였다. 그것을 미학적으로 정리한 것은 서양에서 온 갈래 잡이로 일본인들이 정리하여 수록한 사전을 이어령의 소개로 요약하면 대체로 이렇다. 우리가 우리 앞에 펼쳐진 각종 세상을 대하면서 느끼는 감정에는, 참으로 정색하여 바라볼 수밖에 없는 대상 앞의 자세가 있다. 엄청난 힘이나 크기로 나를 억누르며 다가서는 세계, 대상 앞이라든지, 남의 고통이나 깊은 슬픔을 대할 때, 사람들은 높다는 느낌이거나 깊다는 느낌을 가져 정색한다. 높-거룩한 미쁨(숭고미, sublime)이 그것이다. 많은 사람들의 생명이나 위험을 책임지고 살던 영웅, 또 존경받던 사람이 엉뚱한 죽음을 바라보면서 느끼는 그런 놀람이나 망망대해에서 조각배를 탄 뱃사람이 출렁대는 파도에게서 느끼는, 정색하면서 볼 수밖에 없이 보는 미쁨을 숭고미라 한다면, 그 반대의 미쁨은 골계라고 옮기는 서양말 코믹이라는 것이다. 그리스 비극 작품들 속의 주인공들은 대체로 신의 아들이거나 특출한 힘을 지닌 인물들이다. 소포클레스의 「오이디푸스」나 아이스퀼로스의 「아가멤논」 등의 비극 작품 속에서 왕이나 영웅이 비참하게 죽어가는 광경은 가히 충격적으로 숭고한 놀라움을 일으킨다. 그러나 김유정의 짤막짤막한 작품들이나 찰리 채플린의 〈모던 타임즈〉 〈독재자〉는 충격적으로 사람을 놀라게 하는 정색할 일이 별로 없다. 느긋한 마음으로 웃을 준비나 하고 앞의 주인공이 움직이거나 소리치는 것을 지켜보면서 즐기기만 하면 된다. 그것이 골계, 코믹이다. 이 골계는 객관적 골계와 순박성의 골계, 주관적 골계로 나뉘고, 이 주관적 골계 속에 갈래지어 누워있는 미쁨갈래들이 곧 웃기기(해학, 諧謔, 유머)와 말 뒤틀기(반어, 反語, 아이러니), 비웃기 또는 말 쏘기(풍자, 諷刺, 새타이어), 말장난(기지, 機智, 위트)이다.

김유정 작품을 이야기하면 한국 비평가나 다른 여러 대학교의 강단 비평 논객들 누구나 그가 해학적 기법으로 작품을 썼고 사람을 웃기게 만들었다고 하면서 실은 그 웃기는 이야기가 우리를 울린다는 사실을 지적한다.[8] 이렇게 웃기는 이와 웃는 이 사이에는 공통되는 사무침이 있고 그리움이 있다. 그리고 그 이야기 뒤에 뜬 꿈이 숨어있다. 이것을 우리는 한이라고 부른다. 그래서 가장 아픈 이야기나 절실하고도 다급한 이야기를 웃기면서 할 때 그것을 듣는 사람들은 웃지만 눈물을 흘린다. 그 이야기가 실은 내용 자체가 심각한 두려움과 외로움, 설움, 괴로움이다. 그러나 사람들은 그것을 그대로 말하거나 쓰지 않는다. 빙 돌려 말하거나 반대로 말해 앞의 사람을 웃긴다. 그것은 그러므로 희극과는 다르다. 말 돌려 비틀기(아이러니)나 말 쏘기(풍자), 웃기기(해학), 말장난(기지)이 이 작가 김유정이 자주 써먹던 말하기의 빼어난 소설적 특성이다. 그는 왜 이렇게 심각한 이야기를 웃기는 말글로 썼을까? 김지하는 이것을 '그늘이론'으로 만들어 한국시를 해석하는 하나의 잣대로 내세운다.[9] 김지하 식으로 말길을 트려면 우선 우리는 다시 1930년대 우리들 삶 판으로 거슬러 올라가야 한다. 그 삶 판 속에서라야 맵고 시고, 쓰며 짠 겪음의 속살을 찾을 수 있겠기 때문이다.

---

8) 김유정에 관한 전문 학자이자 비평가인 유인순은 말할 것도 없고 나도 그를 예전에 해학 작가라고 소개한 바가 있다. 정현기, 『한국문학의 해석과 평가』, 서울: 문학과지성사, 1994, 264~272면 참조. 그리고 그를 희극 작가 또는 아이러니를 통한 유토피아 작가로 읽으려는 학자도 있다. 박정규, 『김유정 소설과 시간』, 서울: 깊은샘, 1992, 181~212면 참조.

9) 김지하, 『흰 그늘의 미학을 찾아서』, 서울: 실천문학사, 2005, 46~71면 참조. 삶의 맵고 짜고 시고 쓴 겪음을 견딘 사람만이 낼 수 있는 음색이나 말하기의 그윽한 향기를 그는 그늘이라 불렀고, '그늘'이 바뀌면서 내는 미학적 향취를 그는 '흰 그늘'이라는 말로 불러 한국 현대 시인들의 시를 해석하였다. 신산고초 견딤을 피해 몸을 사린 서정주 같은 시인에 비해 김소월이나 정지용·이상화·이육사 등은 깊은 울림을 주는 향기가 있을 뿐 아니라 그윽한 그늘이 있다고 하였다. 해학의 기법을 여기에 집어넣는 것은 순전히 내 짓이다.

3. 김유정, 그의 삶판과 문학 글쓰기 발자취 찾기

1) 빼앗긴 내 나라에서 살아남기

김유정이 1908년도에 강원도 산골에서 태어나 1937년도에 경기도 광주, 그곳 또한 시골이었던 곳에서 죽었으니, 그는 빼앗긴 자기 나라에서 산다는 설움과 아픔이 무엇인지를 가장 절실하게 알았던 작가였다. 이상이나 이효석를 비롯하여 이 시대를 살았던 작가들이 당대 자기들 삶판의 뒤틀린 가치[10]에 따라 약육강식 논리가 판을 침으로써 더럽고 치욕적인 민중들의 삶이 어떠했는지를 모를 리가 없다. 1930년대가 한국문학사에서 별빛 같이 반짝이는 위대한 문학의 시대였다는 것은 지극히 역설적인 말발인 셈이다. 그 시대에 우리는 위대한 작가들을 만난다. 그들이 당대를 베껴 내보이면서 숨 쉬던 가쁜 숨결이나 분노심, 울분, 혀를 차며 비웃던, 주인공들의 정신은 모두 잔악한 부라퀴들의 어리석은 더러움과 천격에 대한 비웃음이었다. 그들 왜놈들이 빼앗아 챙김으로써 한국 사람들이 어떻게 심각한 고통 속에 놓였는지를 이들 작가들은 잘 보아 참 칼 글쓰기로 남겨 놓았던 것이다. 아픔, 고통, 그것은 예술 작품의 가없는 날줄이며 씨줄이다. 아픔에 대한 한 서양 철학자의 풀이는 이렇다.

> 아픔은 가면도 없고, 전혀 실수가 없는 악이어서 대부분의 사람들은 자신이

10) 철학의 기원은 어떻게 사느냐 또는 어떤 삶이 진짜 사람다운 삶이냐를 묻는 물음으로부터 길을 찾아 나선 것이다. 가치의 문제가 여기서부터 비롯된 것인데 모여 사는 사람들끼리는 마땅히 지켜야 할 관계거리가 있다. 남보다 너무 많은 것을 지녀 거들먹대면 남이 먹거나 입고 쓸 수 있는 재부가 쏠린다. 그래서 베풂의 문제가 철학의 아름다운 갈 길로 알려져 왔다. 많이 지닌 것일수록 정신이나 몸에 해롭다는 것도 이 참 삶의 가치잣대로 말미암은 것이다. 그런데 요즘은 그 가치가 거꾸로 섰다. 자본주의 가치로 해서 물신숭배로 바뀐 가치가 온통 더러워졌기 때문이다.

상처를 입을 때에서야 비로소 무언가 잘못 되었음을 안다.[11)]

사람들이 겪는 아픔은 몇 겹의 줄기로 뻗어있다. 어떤 민족이나 나라 사람들도 그들만이 지닌 절망이나 설움, 슬픔 따위의 아픔을 품고 산다. 나아가서 아픔이나 슬픔, 절망은 문학작품의 가장 뚜렷한 이야깃거리다. 그래서 이 아픔에 의한 예술적 창작물이 그 나라의 나라 살림 두서를 알려줄 뿐만 아니라 그 나라 삶 빗살무늬(문화)의 높낮이를 알려준다. 한국 사람들에게는 한국 사람만이 지닌 질병이나 절망, 외로움 따위의 아픔이 있다. 이 질병을 나누어 작품쓰기의 재료로 풀어본다면 대강 이렇게 될 터이다. 몹쓸 병이나 다쳐서 아픈 아픔이 그 첫째 차례이다. 그리고 가난살이의 어둠은 둘째쯤 되는 아픔이다. 셋째는 폭력이다. 이 폭력은 대체로 이웃이나 외지에서 만난 힘센 사람에게서 당하는 아픔이지만, 정권이나 재산이라는 권세를 등에 진 사람이나 그 패거리(조직)로부터 당하는 경우가 많다. 특히 왕권시대의 못된 절대 왕패나 민주주의 이름을 걸고도 함부로 사람들 재물이나 생산물을 빼앗아 가거나 그것을 부추겨 악한 하수인들로 부리는 독재자들, 국민들로부터 권력을 위임받았다고 착각하여 마음대로 자기가 지닌 재산이나 권세를 가지고 함부로 힘셈을 누리곤 하던 관리들이 곧 작가들이 노리는 더러운 폭력의 주인공이다. 조선조 왕권시절 갈피마다 이런 관리들의 더러운 폭력으로 신음하던 사람들은 있었다. 그리고 이 세 가지 어둠은 모두 겹쳐 있기가 십상이다. 가난과 질병들은 대체로 폭력에 의해 먹을거리를 빼앗겨 생겨나는 고리로 이어져 있다. 빼앗겨 가난하면 그 가난 고리를 물고 질병도 크게 번진다. 제대로 먹지 못하면 병이 생기고 돈이 없으면 가르치지도 못해 알지 못하는 것도 많아진다. 아는 게 없으면 폭력도 막기 어려워지는 그런 따위의 고리를 물고 아픔은 사람을 괴롭힌다.

11) C.S. 루이스, 『아픔의 문제』, 뉴욕 : 맥밀런, 1962, 92면.

작가들은 그런 고리를 읽는 날카로운 눈을 지닌 사람들이다.

한국문학사에는 이미 이런 어둠을 밝히는 고전적 문학작품들이 있어서 그 틀과 곁가지를 따라 뒤에 오는 작가들이 글쓰기를 한다. 「심청전」이 질병이나 앞 못 보는 눈먼 아픔의 어둠을 가지고 글을 쓴 것이라면, 「흥보전」은 가난살이의 설운 어둠을 그려 낸 이야기이다. 마지막으로 썩어 냄새나는 힘쓰기로 사람에게 아픔을 주는 폭력을 다룬 작품은 「춘향전」이다. 남진어미를 권력이 있다고 해서 빼앗아보려는 야심에 대한 이야기 문학이 「춘향전」이 아닌가.[12] 이 틀을 놓고 현역작가들이나 좀 더 윗대로 올라가 있는 작가들의 작품들을 비춰보면 아주 재미있는 겹친 꼴이 보인다.

글쓰기 판은 대체로 결핍상태와 맞붙어 있다. 모자란 것이 없으면 상상력은 발휘되지 않는다. 상상력이라는 마음 상태의 일 힘은 어둠이나 모자람을 먹이로 피어오른다.[13] 많은 시간과 돈과 마음 놓고 행할 현실적 여유가 있는 사람 쳐놓고 뭔가 창조적인 것을 해 낸 사람은 없다. 찰스 모우건은 파리 대학생들에게 한 한 강연 논문에서 결핍상태를 현실적인 재물이나 물질적인 잡아챔으로는 아무것도 이루는 것이 없는 것으로 이야기 한다. 정신적이고 눈에 보이지 않지만 뭔가 사람 마음을 떨리고 움직이게 하는 그런 영적인 바뀜을 진짜 창조라고 부른다. 한국 현대소설사에서 1930년대가 위대한 작가들을 탄생케 하여 우리로 하여금 눈부신 그들 선조들의 정신을 읽게 한 것은, 그들이 지녔던 모자람과 가난함, 끔찍한 굶주림이 그들 눈앞에 떡 버티고 있었기 때문이다.[14]

---

12) 이 이론은 작가 박경리 선생이 자주 강조하며 설파하던 소설론의 하나이다.

13) 찰스 모우건, 「창조적 상상력」, 『20세기 영 비평 에세이즈』, 런던 : 옥스퍼드대 출판부, 1958, 59~66면 참조.

14) 10여 년 전 나는 '한일 작가회의'에 참가하느라 일본에 간 적이 있었다. 시인 황지우는 감옥에 가서 고문당한 이야기와 함께 김지하를 이야기하였다. 뒷풀이 장소에서 만난 일본 여류 작가 누군가가 한국 작가들이 부럽다고 했다. 당신들은 그런 작품 쓰기를 위한 치열한 고통 재료가 있기 때문에 부럽다고 했다. 덜떨어진 일본 얇패(?)들이 그 따위 말 쓰기로 내뱉는 더러운 입김은 지금도 나를 괴롭힌다.

그렇다고 해서 우리가 창조적인 작품들을 탐내어 스스로 가난해지거나 고통을 찾아나서는 어리석음에 빠지지는 않는다. 그러나 1930년대는 한국사람 쳐놓고 누구나 바라든 바라지 않든 가난과 빼앗김의 빈 마음으로 늘 배가 고팠고 몸이 아팠으며 서럽지 않은 사람은 없었다. 몇 몇 더러운 발쇠꾼들이나 왜것들에게 붙어 굽실거리며 아양 떨면서 재산을 유지하던 천격의 몇 부류 사람들이야 그야말로 여기서는 빼놓고 이야기해야 할 판이겠다.

지난 달 내내 나는 안중근과 씨름하느라 많은 시간을 썼다고 앞에서 썼다. 그 이야기를 좀 더 풀어 내가 안중근과 만난 내용이란, 의사 안중근이 이등박문을 죽인 1909년 10월 26일을 기념하여, 북한 작가 림종상(이 각색한 장편소설 『안중근 이등박문을 쏘다』에 대한 문학적 땅굴파기(탐색)를 발표하기 위한 글쓰기였다. 소설작품이란 실제로 있었던 이야기를 쓰기보다는 그럴듯하게 꾸며 쓰는 것이라는 고정관념이 있는 형편이다. 그런데 안중근과 김유정은 너무나 판에 박힌 것처럼 실제로 있었던 삶 판을 이야기 재료로 삼아 기록하고 있다고 느꼈다. 1909년 10월에 이등박문을 죽이고 바로 그 다음 해(1910년) 3월 26일에 일본 악당들에게 죽임을 당한 안중근과 그 20년 이후인 1930년대까지 실제로 살았던 작가 김유정은 이상하게도 내 마음을 사로잡으면서 같다는 느낌으로 다가온다. 왜 그럴까? 안중근이 총을 들고 적을 죽이러 떠돈 사람인데 비해, 김유정은 안중근이 일본 부라퀴들의 앞잡이 이등박문을 죽임으로써 막아보려고 꿈꿨던 반대 꼴로 뒤틀어진 삶 판을 허우적거리며 살다가 일찍 죽었다. 그러면서 그는 글쓰기라는 참 칼을 들고 당시 안중근이 막아보려고 총을 빼들었던 바로 그 부라퀴짓들—착취와 약탈, 폭력, 누르고 눌리는 더러운 삶 판이 더욱 극악해졌던 시대를 힘겹게 견디면서, 그 견딘 이야기를 글로 써 놓았다. 그들은 비록 짧은 삶을 살았다가 사라졌지만 결코 잊힐 수 없는 흔적을 남긴 빼어난 지성인들이었다. 그 두 사람은 미묘하게도 같은 고민과 설움, 분노를 삭이다가 똑같은 부라퀴들의 악의에 의해 죽임을 당함으로써 우리의 아주 고귀한 삶의 밝은 갈 길 잣대가 된 사람들이었다. 림종상 각색의 장편소설 『안중근 이등박문을 쏘다』는 실제 역사사실들이 상당히 정확한 기호로 그려져 있다. 그래서 이 작품을 읽으면 무척 생생한 역사 사실들이 당시 실제 인물 이름들로 우리 앞에 다가선다. 사실주의적 기법으로 그려진 안중근 이야기와 김유정의 소설적 이야기 뙴 판에 대한 참 칼 글쓰기 겨룸은 아주 많이 닮아 있다. 안중근은 왜국인들이 그들의 탐욕을 이루기 위해 조선을 먹이로 삼아 별의별 악독한 짓거리들을 일삼던 1900년대 초부터 정말로 그 때 거기 살면서, 그놈들의 부라퀴짓에 넌더리가 났고 그 치욕과 분함을 참을 수 없어, 참 칼인 브라우닝 7연발 총으로 이등박문을 쏘아 죽이는 빛난 짓으로 그 이름을 드높였지만, 김유정은 수많은 사람들을 바보처럼, 등신처럼 만들어 보임으로써, 당대의 더러운 착취와 피 빨기의 끝이 어떤 모습인지를 기막히게 그려 보임으로써 당대 부라퀴들의 부라퀴짓을 비웃었던 것이다.

김유정이 태어난 1908년에 안중근은 두만강을 건너가 회령 종성 등지에서 의병활동으로 왜병들과 몇 차례 전투를 벌였다. 일본군은 이미 한국 전역에 퍼져 진을 치고 한국 사람들의 반항을 막았다. 놀랍게도 김유정이 태어나기 한 해 전에 한국에서는 도무지 이해할 수 없는 일들이 왕궁에서 일어났다. 그것이 1905년에 이루어진 '을사늑약'에 이은 '정미 7조약'인데 그 내용에 대해서 지금 사람들은 잘 알지 못하고 있다. 김유정의 소설 인물들이 어째서 그렇게 가난살이에 떨어져 굶주리거나 병들어 죽어가야 했는지를 밝히는 중요한 내용이 이 정치적 약탈로부터 비롯되었다. 김유정이 어머니 태 속에 들어 있었던 1907년 정미년에 이루어진 일곱 조항의 덫이 어떤 것인지를 밝히면 이렇다.

> 6월 16일(갑술), 7개 조항의 새 조약을 체결했다.
>
> 1. 한국정부는 무릇 시정(施政) 개선의 방법에 관계된 것은 한결같이 통감의

지도를 따른다.

2. 한국의 법령과 제도는 반드시 통감의 승인을 거친다.
3. 한국의 사법사무는 보통행정과 구별해서 행한다.
4. 한국의 관리는 통감의 동의를 얻어 임면한다.
5. 통감이 추천한 일본인은 한국 관리로 임용하도록 한다.
6. 통감의 동의가 없으면 외국인을 고용하거나 초빙하지 못한다.
7. 갑진년(1904년) 8월 22일 조인한 한일협약의 제 1항(대한정부는 일본이 추천한 일본인 1명을 재정고문으로 삼아, 무릇 재정에 관련된 사항은 일체 그의 의견을 따른다—원주)을 지금부터 폐지한다.

조약문서의 끝에 '내각총리 이완용' '통감 후작 이등박문'이라고 써서 서명하여 조인을 하고, '대한'이나 '일본'이라는 글자는 모두 쓰지 않았다. 이등박문이 이 조약을 체결하려고 구 내각 박제순과 이지용 등에게 의논하였는데, 이들은 "우리들은 5개 조약을 체결한 이래, 위로는 황제를 우러러볼 면목이 없고, 아래로는 국인을 대하지 못하고, 구차한 모습으로 몸을 움츠리며 오늘에 이르렀소. 이 조약에까지 참여하는 것은 어려운 일이 아니겠소?"라고 거절하였다. 오직 이완용만이 적극적으로 호응하여 마침내 조약이 이루어지기에 이르렀다.

이완용에게 신화 2만환을 하사하여 새 집을 짓게 하니, 사람들은 전화위복이 되었다고 하였다. 또 3,000환을 하사하여 기밀비로 충당케 하였다.[15)]

위의 조항들에서 우리가 만나볼 수 있는 것과 느낌은 왜정 부라퀴들의 악의가 어떤 식으로 우리 앞에 다가섰었고, 거기 얼씬거리며 더러운 한 몸을 살려보려고 애쓰던 이완용이나 이지용 따위 천한 동족을 만나는 부끄러움이다. 이 덫으로 해서 한국의 모든 정치적 움직임은 모두 왜놈 총독이 결정함으로써 한국 사람들은 어떤 자유도 지닐 수 없이 왜인들에게 묶여버렸다. 이상설과 이준 열사가 헤이그에 가서 서양 패들에게 나라가 망해가니 도와달라고 호소하려고 하였다가 실패하자 피를 뿌리며 나섰던 이준 열사의 의거로 이등박문은 곧바로 고종황제를 폐위시키고 순종(이 때 벌써 이등박문은 순종의 스승으로 자처하고 있었다.)[16)]을 왕

15) 황현, 임형택 외역, 『역주 매천야록』, 서울 : 문학과지성사, 2005, 412~413면.

위에 올려놓아 총독 마음대로 한국의 삶 판을 주무르게 만들었다.

안중근은 그런 부라퀴 악당 이등박문을 죽이기 위해 천 석 꾼 재산을 다 팔아 치우고 떠돌며 민족의 집짓기에 나섰고 김유정은 그 부라퀴 악당이 저질러 놓은 한국인 삶 판에서 빼앗긴 모든 것을 읽는 일로 마음의 눈을 떴다. 살기 위해 웃는다는 것은 아픔이나 설움의 깊이가 깊으면 깊을수록 절실한 현실이 된다. 『프랑스 신비평』의 편집장, 폴란드 계 유태인 란쯔만이 만들어 전 세계에 퍼진 영상물 〈쇼아〉에서 한 주인공이 자꾸 웃자 란쯔만은 묻는다. 아이슈비쯔에서 살아남은 한 이발사와의 대담에서였다. 그는 답한다. "그럼 내가 어쩌란 말이오? 나는 죽지 않기 위해 웃는다오. 그 때 일을 떠올리면 나는 살 수 없어요!"

1930년대에 김유정이 소설로 그려 보여준 이야기 속살은 절대 우습지가 않다. 마누라를 판 돈으로 노름에 미쳐 다 털어먹는다든지(「만무방」), 마누라 몸을 다른 사내에게 마음대로 맡긴 값으로 솥단지를 후려 달아난다든지(「솥」), 남의 금광 버력을 뒤지면서 남의 집에 시집가 있는 여동생을 마누라로 빼돌려 주겠다고 약속하는 덜 떨어진 사내 이야기(「노디지」) 따위 이야기 속살들은 조금도 우습지가 않다. 그럼에도 불구하고 김유정의 소설을 읽으면 웃음이 나온다. 이야기 내용에서가 아니라 그것을 나타내는 태깔에서 그런 웃음을 나오게 만든다. 김유정 그가 그렇게 웃김 기법으로 이야기를 엮은 것은 자기가 살았던 시대가 너무 엄청난 가난과 굶주림, 어떤 바람도 이루어질 수 없는 캄캄한 어둠 속에 빠져 있어, 그것을 견디기 위한 사람들의 꿈틀댐 모습을 보여주기 위한 사무친 삶 판 발걸음의 한 길이었던 것이다. 찰리 채플린이 각종 희극 영상물에서 사람들을 웃긴 것은 그의 콧수염이나 비틀대는 몸짓, 오리걸음에 맞게 걸

16) 바로 위 책에는 이등박문이 안중근 의사에게 죽임을 당하고 나서 순종이 얼굴에 기뻐하는 낯빛으로 웃으며 이야기 하였다가 시종 이한용의 고자질로 왜경찰 호자우일랑[呼子友一郎]이 나인을 잡아 족치는 부라퀴짓을 하였고(607면), 태왕제 순종은 스승의 상이라 하여 3개월 동안 복을 입었다고 되어 있다. 위의 책, 602면 참조.

친 커다란 신발 모두가 그가 움직일 적마다 슬픔이나 굶주림의 아픔을 웃기는 태깔로 보여 주었기 때문이다. 그가 나타내려고 하였던 삶 판의 실제의 속살은 1930년대 유럽 사회의 비참한 사람들이 겪는 가난살이었고, 자본주의 물살로 이루어지던 기계화, 현대화라는 괴물에게 물어뜯겨 기계가 되고 마는 사람살이의 고단한 어둠이었다.

'을사 5적'이나 '정미 7적'으로 오늘날까지 불리고 있는 이완용이니 송병준이니 하는 사람들도 모두 우리와 같은 한국 사람들이었다. 그런 더럽고 천한 쓰레기 사람들이 벌이던 흉한 노예 짓거리들은 지식인들을 더욱 참기 힘든 벼랑으로 내몬다. 김유정의 소설들 속에 이런 비정하고 더러운 사람들은 저 뒤편으로 물러서 있다. 그의 눈길은 시골 마을에서 볏섬깨나 지니고 남의 젊은 아내를 첩으로 삼는 인물이나, 도조로 준 벼가 흉작이어서 도조를 좀 깎아달라고 해도 고개를 가로 젓는 야박한 지주가 있다. 그럼에도 그들 작품 인물들은 모두가 가난뱅이들이고 집도 아내도 자식도 없는 떠돌이들이다. 왜 이렇게 김유정은 가장 처참한 사람들 이야기를 웃으면서 읽도록 썼을까?

2) 웃기는 소설과 웃음 속살—산골 이야기

김유정이 유심히 살펴보고 몸소 겪음내기를 이야기로 한 뒷 그림에는 두 개의 틀이 버티고 있다. 그 하나가 농촌, 농촌이라기보다는 오히려 산골 농사꾼들이 살아내던 강원도 시골이다. 이 산골은 왜 것들이 눈에 불을 켜고 파간 금광맥들이 있는 산이어서 여러 떠돌이패들을 끌어들여 노동력의 등골을 빼먹는 현장이었다. 그래서 그가 그린 산골 농촌은 그냥 산골 농촌이 아니라 자본주의적 탐학의 가장 막장에 속하는 착취의 장소였다. 그것이 김유정이 농촌을 뒷 그림으로 한 소설의 독특하고도 빼어난 이야기 그림이 되는 것이다. 다른 또 하나의 배경은 서울 종로 한복판이며, 광화문 · 청진동 거리를 거쳐 구불거리며 나 있던 사직동 언저리 찌그러진 하숙집이 모여 붙은 장소다. 이 두 장소를 오가며 그는 이야깃거리들을 뽑아 사람들을 웃기면서 울리는 작품들을 남겼다.

김유정의 소설작품을 대부분 웃기는 솜씨로 읽힌다고들 말해왔다. 그가 이야기로 풀어 보인 당대 삶 판과 거기서 살아내야 하였던 사람살이는 정말 어떤 것이었나? 그가 살았던 1930년대 삶 판에서 찾아 보여준 작중 인물들을 작가 김유정은 다음과 같은 태깔과 짓 투로 만들었고 또한 그 당시 사람들은 정말로 그런 태깔을 지녔던 사람들이었다.

첫째 그가 내세운 작품 인물들은 어리숙하고 바보스럽다. 어리석고 바보스럽다는 말은 무슨 뜻인가? 바보란 남보다 세상 보는 힘(지능)이 딸려 바르게 읽고 사는 이들이 아는 옳고 그르고를 따지는(사리판단) 힘이 없거나 약하다. 그래서 사람들은 그런 사람을 놀리거나 아무렇게나 대해도 해가 없는 사람으로 본다. 그러나 그런 투로 이야기 하는 작가는 그런 이야기의 사람됨 속살에 그렇게 보는 사람들의 영악하고 부라퀴 같은 짓거리나 말투, 또는 속셈이 빨라 챙겨야 할 것은 남의 눈치 보지 않고 재빠르게 챙겨, 자기 낭탁을 잘 하는 사람들을 뒤 쪽에 세워둔다. 그렇게 함으로써 작가가 정말 이야기하고 싶어하는 깊은 속뜻은 바보로 읽는 바로 그 사람들을 바보로 만든다. 자기 앞에 섰던 대상인 사람, 그를 바보로 읽었던 바로 그 사람의 깊은 속을 읽지 못한 그 또한 앎의 힘이 달리는 바보이고 마니까. 말 뒤틀기(반어) 요소는 바로 이런 웃김에 들어 있을 뿐 아니라 실은 풍자라고 이름지어 부르는 '비웃음(또는 말 쏘기, 비꼼)'도 이 웃김(해학) 말투에 반드시 들어 있다. 바보 앞에 사는 사람들, 잘나고 부자이며 똑똑한 사람들은 그들이 바보 앞에 섬으로써 오히려 그들 자신이 어리석고 탐욕스러우며 그래서 천한 사람됨으로 떨어진 바보가 되는 그런 분위기로 빠져든다. 해학 작가가 노리는 노림수는 바로 그것이다. 작중 인물의 바보 됨을 만들어가는 이웃 패거리들의 속악한 부라퀴 음모들은 바로 바보의 바보 됨을 규정짓는 중요한 잣대이다. 이 잣대를 귀신처럼 쓴 작가가 김유정이었다. 그의 천재성은 바로 여기서 드러난다.

그 예를 김유정 작품에서 찾아보면 이렇다. 「소낙비」를 보기로 한다. 이 작품 주인공 가운데 바보는 노름꾼 남편 춘호이다. 그는 한 가정의 가장인 남편이지만 일체의 일거리를 갖지 못한 가난뱅이이고 능력이 모자란 인물이다. 어쩌다가 열 아홉 살짜리 아내를 얻어 살림이랍시고 하기 시작하였지만 터무니없이 늘기만 하는 빚에 살림을 견디지 못하고는, 고향에서조차 살 수 없어 고향 인제를 등진 지도 벌써 3년째나 된다. 이곳저곳 산골로 찾아들어 살아보려고 하지만 그들 부부는 제대로 먹고 살 길이 없다. 왜 그들은 먹고 살 길이 막혔나? 작가는 왜 그들이 먹고살기가 그렇게 힘들게 되었는지를 밝히지 않는다.[17] 이 주인공은 삶의 길이 막혀버린 막막한 떠돌이이다. 왜 그는 이렇게 우리들 삶 판에서 거들충이로 떨어져 버렸나? 작가는 작중 인물들을 아무런 뒷소리 없이 어리석고 무능력하여 바보처럼 보이는 인물로 그려 보이지만 그들이 왜 이렇게 되어 있는지는 군대군데 밝혀 놓고 있다. 찰리 채플린이 〈모던 타임즈〉에서 빠르게 돌아가는 복잡한 기계들로 가득 찬 공장 속의 노동자를 그려 그들이 기계 부속품이 된 것으로 읽게 만들었듯이, 김유정은 하늘의 집짓기로부터 땅의 집짓기까지를 부스러뜨리는 인물들을 그려 보임으로써 당대 삶이 자본주의의 극악한 꼴인 식민지화로 삶 판 전체를 아주 더럽혀놓을대로 더럽혔던 한국인의 삶 판을 기막히게 새겨놓았던 것이다. 더구나 자본주의 속성으로 삐져나온 식민지 경영이란 으레 농촌이 그 먹이의 첫 희생자가 된다. 개발은 있던 자연을

---

17) 이 당시 그러니까 1930년대 한국 농촌사람들이 먹고 살기가 어떻게 어려워졌는지는 이기백이나 기타 다른 역사학자들이 쓴 저술들에 꽤 자세하게 나와 있다. 작가는 그런 구체적인 이야기를 하지 않는다. 그는 혁명가도 아니고 정치가나 정치학자도 아니며 역사학자도 아니기 때문이다.

파헤쳐 상공업 판으로 짜 만드는 과정이므로 이 개발 이념으로 모을 돈 귀신이 따라붙으면 모든 자연은 물론이고, 사람의 사람 됨조차 모두 기계로 바뀌거나 돈을 만드는 노예로 떨어진다. 그게 자본주의가 지닌 악마성이고 그 악마의 발톱에 찢긴 삶 판이 식민지 백성들의 땅이다. 김유정은 그것을 말 줄임 논법으로 형상화하였다. 겉으로는 웃기는 말투와 몸짓 따위로 사람들을 계속 웃기지만, 정말 그 이야기 속살에는 부라퀴들에 대한 도덕적 매질, 도리깨 타작이 걸판지게 펼쳐지고 있다.

> 살기 좋은 곳을 찾는다고 나어린 아내의 손목을 이끌고 이 산 저 산을 넘어 표랑하였다. 그러나 우정 찾아든 것이 고작 이 마을이나 살속은 역시 일반이다. 어느 산골엘 가 호미를 잡아보아도 정은 조그만치도 안 붙었고 거기에는 오직 쌀쌀한 불안과 굶주림이 품을 벌려 그를 맞을 뿐이었다. 터무니없다 하여 농토를 안 준다. 일구녕이 없으매 품을 못 판다. 밥이 없다. 결국엔 그는 피폐하여가는 농민 사이를 감도는 엉뚱한 투기심에 몸이 달떴다.
>
> —「소낙비」, 『동백꽃』, 문학과지성사, 2005, 53면

위의 진술은 당대 현실의 어둠을 만든 장본인들에 대한 어름 뫼 꼭지를 내보인 작가의 변론이다. 이런 어둠 속에서 남편 춘호는 아내를 두들겨 패고 노름밑천을 구해오라고 집에서 내쫓는다. 젊은 여인이므로 몸을 팔 만한 밑천은 분명 된다고 믿는 탓이다. 아내의 아랫도리(정조)란 과연 무엇인가? 남녀의 아랫도리(정조)란 그 사회를 만든 사람들의 순도를 지키려는 생물학적인 씨 내림과 관계가 깊다. 자기와 똑같은 몸체를 만들기 위해서 사내는 자기 아내의 아랫도리를 지키려고 한다. 자기 아내 아랫도리를 남에게 열게 하는 일은 뭔가 뒤틀린 모자람(결핍)이 그들을 덮쳤을 때일 뿐이다. 살아남기 위해서 이런 참을 수 없는 짓거리를 견뎌야 한다. 살아가는 일에 모자람이 없을 때에만 아내의 아랫도리는 그 순도가 지켜질 확률이 높다. 뿐만 아니라 부부 사이에서도 아내의 아랫도리(정조)를 남편이 지키려고 치열하게 보호할 때 비로소 그 지킴

은 빛난다. 그런데 김유정이 내 보인 「소낙비」의 경우 그런 아랫도리(정조)조차 돈으로 환산되는 물질로 바뀌었을 뿐이다.[18] 자본주의식 유물론의 세계관은 바로 자본주의에서 싹 틔워 키운 질병이었고 그것을 김유정은 날카롭게 꿰뚫어 읽었다. 최근 들어 일본의, 일부의 일본인들을 뺀, 정신대 문제에 대해서 오리발로 얼버무리는 말발이나 태도는 모두 이런 가치의 더러워진 믿음 때문에 생겨난 비겁한 뒷걸음질이다. 그들에게도 참 앎(지성)의 본새는 있다. 그런데도 더럽혀진 가치가 그들을 더럽게 만들었다. 가히 비웃음 거리에 맞는 짓들이다.

바보에 대한 또 다른 물음도 다시 보태져야 한다. 김유정이 그려낸 농촌 마을의 부서진 집들 속에서 속절없이 바보들이 되고 마는 남편이나 그 아내들 말고도 그렇게 집짓기가 부서지지 않으면서 즐겁게 사는 부류의 가진 이들도 산다. 이른바 양반 지주들이 그들이다. 그들은 당대 농촌 삶이 그렇게나 피폐해지고 망가져가고 있었어도 그 망가지는 속도가 소작인들이나 그나마도 소작농토를 얻지 못하여 맨 속인 농부들보다 좀 느리게 떨어지고 있어서 여전히 못사는 이들의 등에 올라탄 것처럼 보이지만 어쨌지 그들도 바보스럽기는 마찬가지다. 「소낙비」의 이 주사라든지, 「떡」의 지주 집 딸 작은 아씨, 「정조」의 서방님 등은 결코 찢어지게 가난하지가 않으면서도 하는 짓들은 모두가 바보다. 이 바보들에 대한 작가의 미뻐함이나 미워함은 우리가 쉽게 구분하여 크게 내세울 요량은 없지만 이들 가진 이들에 대한 작가의 눈길이 차가운 것만은 틀림없다. 돈 주고 남의 아내 아랫도리를 사겠다는 이 주사나 또 아내 몸을 사겠다는 황거풍을 작가가 드러내놓고 미워하는 말투는 내보이지 않는다. 가진 이들에 대한 미움을 겉으로 드러내지 않는 것은 그

18) 동시대 작가였고 김유정과 절친하였던 이상의 「날개」는 아내의 몸팔이와 관련된 자본주의의 물신숭배 이야기를 절묘하게 형상화했다. 이 작품에서 남편은 아내가 몸 팔이를 할 때면 아내가 먹인 감기약(실은 수면제)을 먹고 자다가 아내에게서 받은 돈을 아내에게 주자 동침을 허락받는다.

의 소설적 전략이기 때문이다. 바로 그가 농촌 사람들이나 도시 변두리 사람들이 따라지 신세로 살아갈 수밖에 없이 만든 자본주의적 제국주의의 부라퀴짓들에 대한 노여움이나 미워함을 겉으로 드러내지 않는다. 그는 당대 삶 판의 있는 그대로 어둠의 실상을 보여주는 것만으로 뭔가를 보이려는 것으로 그의 소설 전략을 짰으므로 이들 이야기 속 사람들을 그냥 웃기는 바보들처럼 보여준다. 그러나 그의 이야기 틈 속에도 시퍼런 칼날은 숨어있다. 예컨대 「떡」이야기가 그렇다. 어린 옥이에게 그렇게 떡을 잔뜩 먹여놓고도 깔깔대는 어른들의 바보짓이 얼마나 무서운 폭력인지를 그는 섬뜩한 무관심 말투로 보여주고 있다. 평소에 굶주리던 아이가 먹는 것을 밝힌다고 놀리면서 맛있는 떡으로 고문을 가하는 장면은 결코 그 말투가 우습지도 가볍지도 않다. 남에 대한 이처럼 냉혹한 관계가 그렇게 이웃 사이에 이루어지고 있음을 그는 읽었다. 배곯아 늘 배고픈 아이를 평소에 따뜻하게 불러다 먹여준다든지, 마침 부잣집 잔치 날이어서 떡이 많이 나돈다면 그것을 싸주어 집에 가서 먹되 한꺼번에 먹지 않도록 배려하는 마음보들은 다 없어 보였다. 한꺼번에 그 많은 떡을 아이에게 먹여 배 터져 죽을 지경으로 만들면서 깔깔대는 이웃들의 무심함에 대하여 작가는 겉으로 분노심이나 노여움을 드러내지 않았다. 그러나 그 이야기를 듣고 왜 말리지 않았느냐고 묻는 화자의 말투 속에 작가의 칼날은 번뜩이며 들어 있다. 이 바보 인생들이 그에게는 한없이 가엽기만 하였기 때문일 터이다.

둘째, 웃음은 일이나 몸 어느 것도 일상적으로 생각하고 보아왔던 곳으로부터 어기뚱한 한 태깔이나 꼴 본새로 눈에 띄거나 들려올 때 터져 일어난다. 첫째 웃음 조건으로 내세워 읽혔던 바보나 천치의 움직임이나 소리, 말투, 몸짓, 입놀림, 손짓발짓은 모두 있음의 어긋남, 어기뚱함에서 생겨난 것이다. 정색하지 않고 바라보며 앞에서 움직이는 사람이나 짐승, 온갖 물건들이 생짜로 날아들어 올 때 사람들은 웃는다. 식민지 백성들이 약탈자들에게 빼앗긴 것은 위에서 적은대로 농사지어 먹을 땅(토지)

과 그 땅에서 나오는 곡물과 자산들뿐만이 아니다. 이런 물적 자산뿐만 아니라 한국 사람들이 빼앗긴 더욱 치명적인 것은 그런 물적 바탕 위에서 이룩되는 하늘 집짓기(가정)[19]가 부스러지도록 만든 것이었다. 당대 한국 사람들은 살 길을 찾아 떠돌이 팔자로 떨어지는 큰 짓눌림 속에 빠지게 되었다. 사람살이에서 젊은 남녀가 만나 짝짓는 하늘의 집짓기가 이루어지지 못하면 가장 큰 아픔으로 얽힌다. 「만무방」의 응칠이 이야기가 그렇고, 「노다지」의 꽁보와 더펄이 이야기가 그렇다. 1930년대 더럽혀진 가치가 판을 치던 때, 농촌 마을에서 아내의 아랫도리[20]를 팔 물건으로 내놓는 이야기를 가지고, 김유정은 사람들을 웃겼다. 이렇게 아내 몸을 팔 물건 이야기가 생짜로 우리 앞에 닥칠 때 사람들은 웃는다. 그러나 막상 그 웃음을 웃던 독자는 그 웃던 열기에서 커다란 슬픔이나 절망, 아픔과 맞닥뜨린다. 그런 미학적 말나누기 만남 이야기로 작가는 우리들의 설움과 슬픔, 어디도 도망가 살 수 없는 벼랑 끝 삶 이야기를 기차게 띄워 올려놓았다. 김유정과 동시대 작자들이었던 이상이나 이효석의 작품들 속에 이런 여자 아랫도리 팖에 대한 이야기는 자주 나타난다. 그 가운데서도 이런 아내 아랫도리 팔 물건 이야기는 김유정 작품의 태반을 차지한다. 김유정 작품세계를 특징짓는 가장 빼어난 이야기 말투이다. 이런 더러운 가치가 판치던 시대, 1930년대의 어둠을 가장 튀어올라 껄껄 웃게 만든 미쁨 가락으로 보여준 작품은 「가을」이며 「산골 나그네」 「솥」 「정조」 등이다.

> 복만이는 제 아내를(여기가 퍽 중요하다)제 손으로 직접 소 장사에게 판 것이다. 내가 그 아내를 유인해다 팔았거나 혹은 복만이를 꾀어서 서로 공모하고 팔

---

19) 정현기, 「집짓기 공리로 소설 읽기」, 『한국소설의 이론』, 서울 : 솔출판사, 1997, 117~230면 참조.

20) 이 아내의 아랫도리라는 말 속에는 생산성 그 자체 뿐만 아니라 그 여성이 지닌 또 다른 생산성인 장사밑천으로서의 아랫도리와 그 몸뚱이를 써서 일할 노동력에서 나올 생산성까지가 포함된다.

아먹은 것은 절대로 아니었다. (…중략…)

'저 물 건너 사는 소 장사에게 팔기로 됐네. 재순네(술집)가 소개를 해서 자꾸 기약서를 써야 한다구 그래. 그러나 누구 하나 쓸 줄 아는 사람이 있어야지. 그래 자네에게 써 가지고 올 테니 잠깐 기다리라구 하고 왔어. 자넨 학교 좀 다녔으니까 쓸 줄 알겠지?'[21] (…중략…) 복만이의 뒤를 따라가며 나는 도리어 나의 걱정이 더 큰 것을 알았다. 기껏 한 해 농사를 지었다는 것이 털어서 쪼개고 보니까 나의 몫으로 겨우 벼 두 말가웃이 남았다. 물론 털어서 빚도 다 가린 복만이에게 대면 좀 날른지 모르지만 이걸로 우리 식구가 한 겨울을 날 생각을 하니 눈앞이 고대로 캄캄하다. 나두 올 겨울에는 금전이나 좀 해볼까. 그렇지 않으면 투전을 좀 배워서 노름판으로 쫓아다닐까. 그런데도 밑천이 들 터인데 돈은 없고 복만이 같이 네디팔 아내도 없다. 우리 집에는 여편네라곤 병든 어머니밖에 없으나 나이도 늙었지만(좀 부끄럽다)우리 아버지가 있으니까 내 맘대론 못하고—, (…중략…)

매매 계약서

일금 오십 원야라.

위 금은 내 아내의 대금으로써 정히 영수합니다.

갑술년 시월 이십일

조복만

황거풍 전

—「가을」, 『동백꽃』, 서울 : 문학과지성사, 2007, 268~273면

위 인용 글 다음에는 황거풍이 다시 의심하여 앞으로 절대 아내를 물려달라고 하지 않는다는 단서 조항을 요구한다. 작가는 넌지시 이 장면에서 화자 마음 속으로 뛰어든다. "이 놈이 소 장에서 하던 버릇을 여기서 하는 것이 아닌가 하도 어이가 없어서 나도 벙벙이 쳐다만 보았으나

21) 1905년 을사보호조약 문서를 만들기 위해 일본의 이등박문이 조선 왕궁을 드나들면서 그 조약문서를 제멋대로 써놓고 거기 조선 왕권을 넘긴다는 옥쇄를 훔쳐다 억지로 장면이라든지 '정미 7조약'을 강제로 협약문서로 만들어 도장 찍는 장면은 1905~1907년 이래 이렇게 농촌마을에 퍼지게 된 더러운 바람이었다. 황현, 임형택 외역, 『역주 매천야록』(하), 379~413면 참조.

옆에서 복만이가 그대로 써주라고 하니까 '어떤 일이 있더라도 내 아내는 물려달라지 않기로 맹세합니다.'" 이런 장면의 이야기를 읽다보면 1907년도에 정미 7조약이 강제로 이루어진 다음 이상설을 정사로 하는 헤이그 밀사들이 헤이그에 가서 당한 국민적 수모가 생각난다. 밀사로 떠난 그들은 만국회의 장에 들어가 발언권을 얻고자 하였으나 거절당했다. 그들 만국 대표들은 조선이 이미 일본과 맺은 협약에 따라 조선의 모든 외교권을 일본에 맡긴 것이라고 믿고(?) 있었던 것이다. 그것도 조선 사람들이 일본에게 보호를 요청하여 그렇게 되었다고 일본은 각국에 사실로 퍼뜨려 놓았던 것이어서, 부사였던 이준이 할복하여 피를 뿌리면서 모두 일본의 간악한 책략일 뿐이었다는 호소 장면은 아프다. 왜국 발쇠꾼이었던 송병준을 필두로 한 일진회는 안타깝게도 더러운 일본 발쇠꾼인 조선 거지 패거리들로 이루어져 있었다. 이등박문은 치밀하게 그들을 부추겨 그들 조선사람(그들도 분명 조선인이었다) 몇몇이 조선을 대표한다는 거짓말로 한국인 스스로가 나라를 일본에 바쳤다고 외국에 알려놓았다. 이런 따위 강제 늑약으로 만들었던 그런 국제 협약이 도저한 힘을 발휘하고 있었기 때문에, 그런 문서놀음을 한국의 농촌 여기저기서 모두 흉내들을 내어 따라하고 있었던 것이다. 그게 다 서양에게서 부추김 받아 배운 일본의 술수였고 제국주의 책략이었고 그것이야말로 사람됨을 만드는 올바른 법이라고 믿게 만들어가고 있었기 때문이다. 이런 흉한 바람을 부는 입김들의 뾰족한 겉모습을 김유정은 짧고 기막힌 이야기로 오늘날까지 우리에게 섬뜩한 참 칼 빛으로 내보이고 있다.

위에 옮겨다가 보인 글에서 굵게 쓴 부분과 관련된 내용은 그의 또 다른 작품 「노다지」에서도 나타난다. 힘은 약하지만 금점판에서 놀아먹던 꽁보가 힘이 세지만 무지막지한(그러나 꽁보는 그에게서 생명을 보호받았다)더펄이에게 꾀는 말이 있다. 여자 하나 얻어 집짓고 사는 꿈을 꾸던 더펄이에게 약조를 하는 장면이다. 남의 금광을 도둑질하러 높은 산으로 가던 어두운 길에서였다. 마침 시집가서 살고 있는 자기 여동생이

하나 있는데 그 아이를 꾀어다가 더펄이에게 주겠다는 것이 그 약조이다. 이렇게 빈 꿈만 꾸던 사람들에게 이런 약조란 힘을 주는 것이다. 이 이야기도 실은 된통 웃기는 이야기였다. 이미 여동생과 살고 있는 남편은 어찌하며 그들이 낳은 자식(꽁보에게는 조카다)은 어쩌라고 그 따위 말 같지도 않는 약조를 함부로 할 수 있는가? 삶 판에 도덕적 잣대가 사라지면 이런 거짓과 빈 약조, 허황한 말 본새가 판을 치게 되어 있다. 금전판이나 노름판을 떠돌면서 빈 꿈이나 꾸게 만드는 사회는 이미 깊이 병이 든 것이다. 오늘날 우리 사회 꼴도 크게 병들었기 때문에 김유정의 이 작품들은 더욱 반짝이며 빛이 난다. 수백 만 명의 잔돈푼들을 거둬 투기 꿈을 꾸게 만드는 국가사업이라든지(로또복권 놀이), 대기업 주식을 가지고 돈이 어떻게 불어나는지 알지도 못하는 새에 껑충껑충 뛰어오르거나 뛰어내리게 만들어진 주식시장 이야기, 강원도 태백지역에 차려진 호화스런 강원랜드에서의 카지노 노름판 이야기들은 이미 1930년대 한국에서 무성하게 피어올랐던 자본주의의 더러운 손 장난질과 이어져 왔고 그것이 오늘에 이르렀다. 「만무방」 속에서도 밤중에 산 속 바위틈새에 웅크리고 앉아 투전판을 벌이는 장면이 있다. 거기 주인공 하나인 기호도 아내 판돈으로 노름을 벌이고 있다. 김유정은 이 작품에서도 기막힌 철학적 진술 하나를 박아놓았다.

> 도적이란 흔히 이런 노름판에서 씨가 퍼진다. 고 옆으로 기호도 앉았다. 이 놈은 며칠 전 제 계집을 팔았다. 그 돈으로 영동 가서 장사를 하겠다던 놈이 노름을 한다.
>
> —앞의 책, 111면

약육강식의 사회, 남을 뜯어 배를 채우는 것이 당연한 것으로 믿도록 만드는 물신철학이 고루 퍼진 사회는 사람들마다 속속들이 그런 생각으로 물들어 천천히 사람 됨 본새가 더러워지고 한 땅 집에 뿌리를 내리지 못하며 앞날이 언제나 희미하고 뿌옇다. 앞일을 가름할 수 있는 가늠자가 망가져 있기 때문이다. 사람끼리 주고받는 믿음도 정도 따뜻한 마음 건네주기도 사랑도 모두 물적 가치 잣대로 읽혀 그 있음의 참된 값이 떨어진다. 눈 앞에 있는 모든 것이 팔 수 있는 것이고, 팔 것이 없어 가난한 자는 빈 꿈이나 먹고 사는 것이다. 이런 빈 꿈속을 헤매는 사람들이 바보이다. 웃김(해학)은 이런 바보들의 헛된 노름 이야기 속에서 튀어 오른다. 「솥」에서 들병이 몸뚱이에 빠져 자기 집 그 헐벗은 재산인 솥단지와 맷돌을 빼어내 도망치려다가 아내에게 들켜 망신당하는 근식이 이야기 또한 기막히다. 이 들병이에게는 아이도 있고 남편도 버젓이 살아있다. 이 주인공 근식이는 그들이 오직 하나 뿐인 자산인 아내 몸뚱이와 아랫도리를 밑천삼아 술병을 들고 여기저기 떠돌며 살아가는 떠돌이 부부에게 여축없이 사기를 당하고 만다. 이 슬프지만 웃기는 주인공 근식이가 자기 아내에게 대한 투정이란 이렇다.

> 아리랑 타령 한마디 못하는 병신, 돈 한 푼 못 버는 천치—하긴 초작에야 물불을 모르를만치 정이 두터웠으나 때가 어느 때이냐. 인제는 다 식고 말았다.
>
> —「솥」, 앞의 책, 71면

웃음이 바보를 바라보면서 나온다는 이야기는 슬픔의 또 다른 쪽을 보면서 분해하고 아파한다는 뜻을 품고 있다. 웃음이란 때로 이렇게 슬픈 울음과 같은 뿌리에서 나온다. 김유정의 작품 주인공들이 모두 바보 천치라는 말은 이미 앞에서 하였다. 「소낙비」 속의 춘호나 「솥」 속의 근식이나 모두 아내가 이리 뛰고 저리 뛰면서 벌어다 만든 음식으로 살던 바보들이었다. 「소낙비」 속의 춘호 처가 깊은 산 속으로 나날이 달려가 도라지며 산나물들을 캐다가 팔아 겨우 입에 풀칠을 하게하던 이야기 가운데 울어야 할지 웃어야 할지 알 수 없는 장면은 그의 헐벗은 옷차림 그림이다.

골바람은 지날 적마다 알몸을 두른 치맛자락을 공중으로 날린다. 그제마다 검붉은 볼기짝을 사양없이 내보이는 칡덩굴의 그를 본다면 배를 움켜쥐어도 다 못 볼 것이다. 마는 다행이 그윽한 산골이라 그 꼴을 비웃는 놈은 뻐꾸기뿐이었다.

—「소낙비」, 앞의 책, 45면

김유정 소설은 1930년대에 살았던, 우리 나라 기둥이 될 만한 남자부치 대부분을 바보로 만들어 놓았고, 그것을 보면서 그는 우리를 웃게 만들었다. 그러나 그가 위에서 보인 '때가 어느 때이냐'는 물음 이야기는 깊은 울림으로 우리 앞에 다가선다. 그 때란 더러워진 왜정 때라는 이야기를 그는 웃기는 투로 말하였다. 그의 소설적 전략이란 정말 무엇일까? 그는 결코 사람을 웃기는 그런 사람이 아니었다. 그는 몹쓸 병에 시달리면서 일체의 꿈을 잃었던 사람이었다. 그는 처참할 정도로 가난하였고 자기가 살았던 그 시대 모두를 버리거나 스스로 그곳에 없기를 바란 사람이었다.[22] 1930년대 당시대 속에서 끊임없이 자기 없음을 꿈꾸던 그런 사람이 이야기로 우리를 웃긴 것을 결코 범상하게 읽어서는 안 된다. 그는 자기 삶 판 당대에 비참하게 살았던 주인공들의 웃기는 삶을 통해서 실로 우리를 울리려고 한 작가였다고 나는 읽는다.

게다가 그는 몸과 아랫도리를 파는 견디기 어려운 수모를 참으면서까지 헐벗고 굶주려 병든 남편을 먹이고 입히는 아내들을 그려놓음으로써 살아가는 값어치가 몸뚱이 말고도 다른 것에 있다는 끈질긴 여성의 뚝심을 살려놓고 있다. 그것은 김유정이 읽은 우리들 있음의 가장 깊은 본이 곧 여성성임을 보여주는 숨겨진 철학적 진술임에 틀림없다. 「산골 나그네」의 말없이 사내들의 몸 만짐을 견디는 이야기가 곧 병든 남편을 위해 벌인 몸 보시였음이 이야기 뒷 장면에 드러난다. 「소낙비」

22) 이 경우는 그와 동시대 작가였던 이상의 작품들을 읽으면 더욱 뚜렷해진다. 이런 경우의 작가를 유일하게 체코의 카프카에게서 찾는다. 박홍규, 『카프카, 권력과 싸우다』, 서울: 미토, 2003 참조.

나 「솥」 「안해」 「가을」 모든 작품 속에 여성인 아내란 누구인가? 그는 팔리는 물건에서 그치는 있음인가? 그것은 결코 그렇지가 않다. 「만무방」 속의 헤어진 아내도 실은 자식을 굶어 죽이지 않기 위해 헤어지는 것으로 되어 있다. 남편 사내가 사는 길을 잃었을 때 비록 남진애비일지라도 아내가 나서서 때론 아랫도리를 떡밥으로 내놓아 몸도 팔면서 먹을거리나 입치레 거리를 장만하여 남편을 먹이고 입힌다. 그것은 작가 김유정이 내세운 생존방식의 도저한 한 발길이었다. 아무런 앞도 내다볼 수 없이 시커먼 시대, 도무지 미래라곤 있을 것 같지 않은 시대의 어둠 앞에 선 작가의 눈 앞은 캄캄하기만 하다. 어떤 말발로 자기와 똑같은 말을 쓰는 사람들에게 위로의 말 한마디라도 중얼거릴 수가 있나? 작가란 같은 말을 같이 쓰는 사람들에게 뽑힌 사람이 아닌가? 그에게는 언어공동체 사람들에게 짊어진 빚이 있질 않는가? 그 때의 모든 이들이 겪는 아픔을 어떻게 그려내어 그들에게 위로라도 줄 수 있는가?

나는 이 작가의 입장과 그 발걸음 그리고 글쓰기 전략이 어쩌면 동시대를 살다가 이름도 없이 시만 남기고 일본 부라퀴들에게 죽임을 당한 윤동주의 시에서 찾을 수 있다고 생각한다. 1934년 12월에 쓴 「내일은 없다—어린 마음으로」라는 시가 김유정이 이렇게 서러운 이야기로 깊은 속뜻을 내보이려고 하였던 이야기 전략을 밝히는 아주 맑은 증언이라고 읽는다.

내일내일 하기에
물었더니
밤을 자고 동틀 때
내일이라고
×
새 날을 찾던 나는
잠을 자고 돌보니
그때는 내일이 아니라

오늘이더라.

×

무리여!

내일은 없나니

…….

— 윤동주, 「하늘과 바람과 별과 시」, 『정본대조 윤동주 시전집』, 연세대 출판부, 2005, 22면

살아있음을 이을 수 있는 것은 살아갈 공간인 삶 판 땅과 담날로 이어질 살아 있을 날들에 대한 믿음이다. 담날도 해가 뜨고 가꾼 곡식으로 배곯지 않게 먹을 수 있는 날이 있다는 것은 사람살이의 복이고 꿈꾸는 바람이다. 이런 믿음이 사라졌거나 없는 사람들의 삶은 어둠에 빠지게 되고 이리저리 갈 곳을 잃고 헤매게 된다. 그게 식민지 백성들의 삶이고 더러운 부라퀴들에게 빼앗긴 삶의 못 믿음이다. 봄에 땅에 씨를 뿌려 곡물을 기르고 식물이 푸르게 자라 꽃이 피고 열매를 맺어 탐스런 열매가 맺는다. 그렇게 봄, 여름 나날들의 힘겨운 일과 땀 흘림은 거둔 곡식으로 추운 겨울을 날 수 있으니까 다시 봄을 기다리는 마음으로 모아져 모두 가벼운 마음으로 다가서는 나날들의 추위 견딜 위로를 받는다. 그런데 그런 믿음이 가뭇없이 사라졌다. 1930년대 김유정이 살았던 때는 왜놈들에게 있어 가장 신바람나는 시절이었다. 조선 땅 어디를 가나 왜말에다 왜식 바람이고 왜놈들이 권력을 쥐고 있어 한껏 신바람이 났을 때였다. 그러니 조선 사람 쳐 놓고 기 펴고 살 수 있는 사람들이 몇이나 되었을까? 아마도 조선 땅에서 그런 기 펴고 사는 사람들이란 가물에 콩 나기였을 터이다. 이것이 김유정이 소설로 우리에게 전해주고 싶었던 이야기였다. 그는 우리를 웃기는 작가였지만 정작 그는 우리를 울리려고 한 작가였다. 김유정과 그의 작품들을 읽으면서 울지 않는 사람은 그를 제대로 읽지 못하는 사람이다. 그가 우리를 웃기는 방식은 헛웃음이고, 숨겨진 말 쏘기 비웃음이며,[23] 자기를 끊임없이 닦달한 자

책이었다.

그의 작품 「솥」에서 보였던 아내 몸팔이로 자기의 살아있음을 버틴 삶은 「산골 나그네」나 「정조」에서도 똑같은 모습으로 나타난다. 사람살이의 바보 됨은 부끄러움을 잊고 산다는 뜻과도 이어져 있다. 부끄러움 또는 염치란 사람살이에서 가장 커다란 살아있음의 값어치였다. 그런데 이 값어치를 지닐 수 없게 만들어진 사회에서 멀쩡한 느낌이나 생각을 지닌 사람이 어떻게 살아가야 했을까? 아내 몸뚱이와 아랫도리를 밑천 삼아 살아가야 하는 사람들에게서, 또 그런 삶이라도 살 수 있기를 바라게 만든 모여살이 속에서, 작가가 할 이야기란 무엇이고 어떻게 했어야 할까? 웃기는 수밖에 없다. 헛 웃음 그것이 김유정의 소설기법이고 소설 전략이었다. 사람살이의 가장 밑바닥에 있는 것으로, 그래서 그들이야말로 아무것도 모르는 촌뜨기로 얕보이던 시골 마을에서 벌이던 바보들의 우스꽝스런 살림살이 이야기로 그는 착취와 폭력이 어떻게 사람들로 하여금 부끄러움을 잃게 하였는지를 보여주었다. 당시 집을 잃은 사람들이 너도 나도 생존을 위해 이리저리 함부로 나대면서 어떻게 죽어가는지를 김유정은 보여주었다.

문명을 가장 적극적으로 많이 누린 패들에 의해 버려진 중금속은 바다 밑에 사는 크롤 새우들이 먹는다. 수은과 중금속은 크롤새우 몸뚱이에 쌓이고 이것을 먹고 자란 고등어나 그 비슷한 크기의 고기들이 먹는다. 이런 고기를 먹고 몸을 키운 참치를 고상한 척 하는 돈 있는 바보들이 먹으면서 중금속은 바보들 몸에 쌓인다. 그 바보들은 스스로 문명을 만든 장본인으로 자랑스러워하고 그들은 천천히 병들어 죽어가면서 문

23) 이런 비웃음을 가장 미쁘게 표현한 동시대의 시인 가운데 우리는 이상화의 「빼앗긴 들에도 봄은 오는가」를 잊지 못한다. 그 시의 마지막 끝 두 연은 이렇다. '강가에 나온 아해와 가티 / 짬도 모르고 끗도 없이 닷는 내 혼아 / 무엇을 찻느냐 어데로 가느냐 웃어웁다 답을 하려무나. // 나는 온몸에 풋내를 띄고 / 푸른 웃음 푸른 설음이 어우러진 사이로 / 다리를 절며 하로를 것는다. 아마도 봄신령이 잡혔나보다. // 그러나 지금은—들을 빼앗겨 봄조차 빼앗기겠네.'

명은 무너진다. 이런 문명의 발전과 쇠퇴 고리 이야기는 바로 김유정이 하고 싶어 하였던 빼어난 기법의 소설적 문명론이었다. 농촌이라는 크롤 새우를 먹고 사는 도시 사람들의 꼬락서니를 향해 김유정은 말을 참칼을 들이댄다.

3) 웃기는 소설과 웃음 속살—도시 이야기

김유정이 시골 두메에서 겪었던 삶 판의 이야기는 다시 서울 변두리로 눈길을 옮긴다. 서울도 변두리와 가운데는 아주 다른 삶의 셈판이 벌어져 있다. 깍쟁이들이 설쳐 멋들어지게 차려입은 신사나 숙녀들의 옷자락을 때 묻은 손으로 집적거린다. 이 장면에 대한 김유정의 눈길은 차고도 날카롭다. 분명 이 이야기는 말뒤집기(반어=아이러니)로 말발을 세운다.

> 대도시를 건설한다는 명색으로 웅장한 건축이 날로 늘어나고 한편에서는 낡은 단층집을 수리조차 허락지 않는다. 서울의 면목을 위하야 얼른 개과천선하고 훌륭한 양옥이 되라는 말이었다. 게다 각 상점을 보라. 객들에게 미관을 주기 위하여 서로 시새워 별의별 짓을 다 해가며 어떠한 노력도 물질도 아끼지 않는 모양같다. 마는 기름때가 짜르르한 헌 누더기를 두르고 거지가 이런 상점 앞에 떡 버티고 서서 나리! 돈 한 푼 주—.하고 어줍대는 그 꼴이라니 눈이 시도록 짜증 가관이다.
>
> —「심청」, 앞의 책, 8면

아주 짧은 이야기, 그의 첫 등단작품, 「심청」은 그 제목 자체가 심술부림이다. 이 심청의 말 뒤집기는 농촌이 살 수 없는 곳이 되면서 늘어나는 도시 속의 풍경이다. 이들 도시 서울에서 벌이는 하층민들에 대한 이야기는 같은 연대에 활동한 영국 작가 조지 오웰을 연상시킨다. 그가 필생을 두고 투쟁한 글쓰기 참 칼 겨루기는 그의 직접적인 폭력전쟁 참가라든지 부라퀴 제국주의자들의 나쁜 짓거리들을 짐승에 빗대어 그려 보인 「동물농장」이나 피식민지 백성들의 아픈 삶을 그려 보인 「버마의 나날들」, 독재들의 독기와 그 무섭고 뻔뻔한 부라퀴짓을 그린 「1984년」 등에서 팽팽한 맞섬으로 나아간 글쓰기는 피식민지 백성으로 김유정이 한국의 도시 생활 속에 드러난 처참한 가난살이의 꼴 본새와 무척 닮아 있다.

김유정의 날카로운 눈길은 농촌 살이의 어둠으로부터 1930년대 당대 삶 판으로 옮겨진 것이다. 「봄과 따라지」나 「따라지」 「두꺼비」 「야앵」 「땡볕」 「옥토끼」 등은 젊은 남녀들이 올라와 공장이나 술집에 나가면서 헛 꿈들을 꾸면서 하루하루를 살아 버티는 이야기가 주를 이룬다. 이들은 주로 살 집이 없어 남의 셋방살이로 삶을 이어가는 처량한 사람들이다. 그러나 작가 김유정은 앞에서 밝혔듯이 부리퀴들에 대한 뚜렷한 노여움을 드러내지 않았다. 그러나 그의 노여움은 조지 오웰이 내세워 드러낸 노여운 소리와 다르지 않다.

> 가난한 사람들이 하나도 없게 되는 것, 그 누구도 남에 대해 이렇게 하라, 저렇게 생각하라, 그렇게 느끼라고 강요하지 못하게 하는 것.[24)]

이렇게 밝힌 오웰의 정치철학은 의도적으로 가난한 사람들의 피폐한 삶을 그려낸 작가 김유정의 철학과 조금도 다르지 않다고 나는 읽는다. 일확천금을 꿈꾸는 도시 빈민들의 삶은 위에 옮겨다 보여준 「심청」 속에서처럼 번쩍이는 도시 건물들이 들어서고, 공장들이 속속 들어서면서 배터지는 부자가 생긴 뒷 그림자로 가난뱅이들이 가난에 짓눌려 북새통을 치루는 이야기로 가득 찬다. 왜 그럴까?

---

24) 피터 루이스, 김기웅 역, 『죠지 오웰–1984년이냐 동물농장이냐』, 환상과창작, 1984, 31면.

알다시피 1930년대 김유정의 작품 속에 드러난 도시 가난뱅이들의 피폐한 삶은 1970년대에 조세희나 황석영, 윤흥길, 김주영, 최인호 등이 그려내어 보여준 도시 가난뱅이들의 삶과 조금도 다르지 않다. 게다가 김유정의 눈길이 도시로 옮겨지면서 그의 웃기는 말발 쓰기는 여전하다. 가난살이에 지친 사람들의 말투나 짓거리들이 농촌에서 벌이던 것과 다르지 않기 때문이다. 위에서 드러내 보여준 농촌에서 농사를 짓되 한 해 먹을거리조차 마련하지 못하도록 꾸려진 삶 판 이야기는 도시인 서울에 와서 변함없이 같은 모습으로 어둠의 그림자가 덮씌우고 있다. 연초공장에 나가 남동생과 함께 하숙집에 사는 누나의 신경질 이야기에 겹쳐 술집에 나가 웃음과 몸을 파는 여급들 이야기, 하숙비를 번번이 제 때 내지 못하는 그들을 들볶는 집주인의 아귀다툼을 눈 시리게 솎아내어 보여준 「따라지」 속의 한 주인공에 대한 묘사 속에 또한 바보와 같은 사람됨이 나온다. 공부를 한 지식인 주인공으로 글을 쓰는 사람이며 그래서 톨스토이라는 별명으로 불리는 이 주인공의 사람됨은 이렇다.

> 영애가 벌써 전부터 여기를 떠나자고 졸라도 좀좀 하고 망설이고 있는 아키코! 그런 성의를 모르고 톨스토이는 아키코를 보아도 늘 한 양으로 대단치 않게 지나간다. 그렇다고 한 때는 버스 걸에게 맘을 두었나 하고 의심도 해봤으나 실상은 그런 것도 아닐 것이다. 낮에 사직원 산으로 올라가면 아키코는 가끔 톨스토이를 만난다. 굵은 소나무 줄기에 등을 비겨 대고 먼 하늘만 정신없이 바라보고 섰는 톨스토이다. 아키코가 그 앞을 지나가도 못 본 척하고 들떠보도 않는다. 약이 올라서 속으로 망할 자식이라고 욕을 하여본다. 그러나 나중 알고 보면 못 본 척이 아니라 사실 눈 뜨고 못 보는 것이다. 그렇게 등신같이 한눈을 팔고 섰는 톨스토이다. 이걸 보면 아키코는 여자고보를 중도에 퇴학하던 저의 과거를 연상하고 가엾은 생각이 든다. 누님에게 얻어먹고 저러고 있는 것이 오작 고생이랴. 그리고 학교 때 수신 선생이 이야기하던 착하고 바보 같다는 그 톨스토이가 과연 저런 건지 객쩍은 조바심도 든다.
>
> —앞의 책, 256~257면

김유정 소설을 읽으면서 그가 그린 당대의 삶이 정말 저렇게 가난으로 찌들어 있었을까를 따지는 일은 아마도 우리가 당시대의 전반적인 삶 판을 모르기 때문일 터이다. 작가 자신이 직접 그런 삶을 살았고 당시대 작가들 예컨대 이상과 같은 그의 친구 삶이 별반 다르지 않았다는 것을 확인하다보면, 그런 삶 판의 원인을 그들의 능력 여부와 관계없이, 식민지 백성 됨으로부터 생각을 벗어날 수가 없다. 그렇게 찾아 나서다보면 김유정과 소설 세계를, 무턱대고 웃기는 이야기꾼이라든지, 해학소설가로만 자리매기는 것은 뭔가 크게 잘못된 말 발이나 아닐 것인지 두렵기조차 하다. 그가 겪었던 고통은 그냥 우리가 웃으며 바라볼 작중 인물들에 대한 우습다거나 가벼운 평가에서 멈춰서는 안 될 것으로 생각한다.

그의 작중 인물들의 모든 삶 짓이나 생각들이 비록 바보스럽고 우습다고 하더라도 그가 이야기 하고 싶었던 진짜 속뜻은 당대 삶에 대한 생짜 피맺힌 절규로 읽히기 때문이다. 그의 이야기 속에 드러난 사람들이란 실은 그 당시 삶의 빙산의 한 조각이었을 수가 있다는 점을 잊어서는 안 될 것이라는 생각이 자꾸 마음을 당긴다. 여러 카프카 평전이나, 다르게 옮긴 작품 판본을 모두 읽고 쓴, 법률학자이며 문화, 교육, 예술비평가로 활동하는 박홍규 교수가 카프카 생애와 그의 작품세계에 대해서 쓴 다음과 같은 말발은 김유정의 생애와 그의 작품 세계를 읽는 한 좋은 눈길잡이가 될 법하다. 그는 이렇게 썼다.

> 카프카의 일기는 자신을 언제나 준엄하게 재판하는 소송기록 같았다. 카프카는 그 속에서 원고이자 피고, 그리고 변호사였다. 물론 카프카는 자신이 유죄임을 알았고 재판의 결말도 알았으나, 어느 당사자에게도 치우치지 않고 그들 모두의 입장을 공평하게 대변하고자 노력했다.[25]

25) 박홍규, 앞의 책, 323면.

앞의 작품 「따라지」 속의 톨스토이나 「두꺼비」 속의 이경호, 「봄과 따라지」 속의 거지 이야기를 가지고 작가는, 박홍규가 규정하였듯이, 누구에게도 치우치지 않고 대변하고자 하는 날카롭고도 따뜻한 눈길을 놓지 않는 대변인 노릇을 하고 있다. 영국인이면서도 그렇게 영국인들이 저지르는 만행을 고발하며 그 잘못됨에 대항해 싸웠던 죠지 오웰이나, 세계에 널리 퍼져 읽힌 「변신」 속에 한 생명체 벌레에게 사과를 던지는 폭행을 저지르는 아버지와 그와 같은 권력패거리들의 폭력에 끝끝내 대항하여 싸운 카프카처럼, 김유정은 끝끝내 자기 삶조차 돌보지 않으면서, 가난살이로 바보가 되어버린 사람들을 그려내어, 세상에다가 널리 당대의 어둠을 알렸다. 그들은 모두 지성인의 별들이었고 세상의 아픔을 끌어안으면서 고뇌한 글쓰기의 참 칼 겨룸꾼들이었다. 오웰에 관한 평전의 한 구절을 보이면 이렇다.

> 그해 가을(1928년), 드디어 돈도 바닥이 나버리는데(그는 도둑맞았다고 말한다.) 그는 그렇다고 영국으로 돌아간다든지 마침 파리에 살고 있는 숙모의 도움을 청하려고도 않았다. 오웰이 선택한 것은 진짜 가난뱅이들의 생활로 뛰어드는 일이었다. 그는 옷가지를 전당포에 잡히고, 호텔 부엌에서 접시 닦기를 했다.
>
> 이것이 「파리와 런던의 밑바닥 생활」의 전반부에 묘사돼 있는 체험이다. 그것은 앞에서 말한 냉혹하기 그지없는 파리의 병원에 대한 묘사와는 딴판으로 싱싱하고 쾌활한 필치로 묘사돼 있다. 작품은 그가 빌고 있던 단칸방, 제 5구 포 드펠 가(작품에서는 코크 폰가로 표현돼 있다.)의 그가 하숙하던 하숙집 맞은편에 있는 호텔의 여주인이 아침 7시에 집 앞거리까지 나와 하숙집을 향해 호통을 치는 장면이다.
>
> '이봐요. 벽에다가 빈대를 뭉게죽이지 말라고 몇 번 말했어! 글쎄 왜 다른 사람들처럼 그것을 창밖으로 내던지지 못해!'[26]

26) 죠지 오웰, 김기운 역, 앞의 책, 35~38면.

이 장면은 김유정의 「따라지」 속 사직동 근처 단칸 하숙집 하숙인들에게 행하는 늙은 여주인 모습이나 하숙인들 모습과 꼭 닮았다. 각기 다른 나라 작가 작품들이 이렇게 가난살이의 도시 삶을 닮게 그려낸 것은 그들이 모두 폭력의 희생자라는 인식을 가지고 작품들을 썼기 때문이다. 죠지 오웰이 영국제국주의의 병적 부라퀴짓거리를, 카프카가 반유태인 관념을 포함한 권력패들의 부라퀴짓거리들을 미워하고 노여워하면서, 그들에게 억눌린 사람들의 아픔이 어떤 것인지를 세상에 내보이고자 하였기 때문이다. 「봄과 따라지」의 거지가 먹을 것을 구하려고 애쓰는 장면을 보고 우리는 웃을 수가 없다. 우리가 웃으며 노여워해야 할 사람들은 그런 거지를 하찮게 여기면서 거들먹거리는 무심하고도 일체의 자기 물음이 없는 바보들에 대한 눈길 속에서일 뿐일 터이다.

4. 맺음말

'사무치는 글쓰기'란 정말 어떤 말발로 이루어져야 할까? 지난 달 『안중근 이등박문을 쏘다』에 관한 글을 쓰면서 우리 선조가 겪은 아픔을 보고 나는 심한 부끄러움을 느꼈다고 썼다. 윗사람들의 아픔이나 사는 막막함을 너무 쉽게 보아넘겨 왔다는 생각이 나를 그렇게 부끄럽게 하였던 것이다. 나는 내 주변이나 나를 둘러 친 세상에 대해서 아는 것이 너무 옮고 모자람이 많다는 것을 깨달았다. 안중근의 삶과 죽음을 통해, 나는 사람됨의 격조를 한 사람의 마음가짐으로 얼마나 드높일 수 있는지를 알았다. 퍽 뒤늦긴 하였지만 그의 진짜 삶 일을 통해 보여준, 안중근이라는 우리들 웃어른의 그 엄청나고도 놀라운 정신력은, 나를 지난 달 내내 달뜨게 하였다.

그런 들뜸과 사무치는 마음은 김유정이라는 작가를 이어 만나면서 내게서 다시 불타올랐다. 그렇게 마음이 불타오르면서 나는 그의 작품 세계를 웃김(해학)이나 말 뒤집기(반어), 비웃기나 말 쏘기(풍자), 웃음(골계)라는 틀만을 따라 읽기가 얼마나 힘든 일인지를 알게 되었다. 가능한 한 남의 이론을 빌려다가 잣대로 재는 짓거리를 삼가겠다고 마음먹고 나는 그와 벗될만한 작가나 작품, 작가평전, 영상매체들을 무턱대고 찾아 나섰다. 그렇게 나선 발걸음 길거리에서 나는 몇 사람의 사무치는 작가와 작품 그리고 빼어난 연기로 사람을 웃기면서 울리는 연극인들을 만나게 된다. 찰리 채플린과 그의 작품들, 그리고 카프카, 죠지 오웰 등의 평전과 그들 작품을 틈틈이 살펴보면서, 그들이야말로 정말 자기 삶과 죽음을 글쓰기의 진짜 칼로 맞서 겨루기로 마음먹었고, 그가 살아 있던 삶 판에 죽기 살기로 뛰어들어 삶과 죽음 속에 있음을 녹여 나의 나됨에 기막힌 격조 높임으로 끝장내었다는 결론에 다다랐다. 글쓰기의 참 칼 겨루미(꾼)! 그들이야말로 자기 삶을 모두 던져 자기를 뒤덮고 있는 더러운 힘이나 바보스런 어리석음에 대해 따져 물으면서 때론 웃기거나 울리곤 하는 사람들이었다. 이 글을 쓰면서 읽어가던 글 가운데 두 사람의 글 내용이 내 눈을 찌른다. 하나는 박홍규의 『카프카, 권력과 싸우다』는 평전에서 카프카가 살아내야 하였던 프라하의 역사적 도시 입장을 살피는 장면의 한 구절이고 다른 하나는 『한겨레』 신문의 한 칼럼에서 부산대 한문학 강명관 교수가 쓴 짤막한 글[27]의 한 구절이다.

> 그러나 문화적 수준과 달리 독일계 주민은 유배된 삶을 살았다. 즉 독일 게토, 독일 · 유태인 게토, 그리고 시민게토에 갇혀 살았다. 카프카가 산 프라하도 사실 1평방미터의 구시가지 게토였고, 그곳이 카프카의 작품에 등장하는 모든 장소였다. (…중략…) 카프카는 자신을 반쪽짜리 독일인 내지 이방인으로 느꼈고 프라하를 증오했다. 그래서 평생 그곳을 벗어나고자했다. 베를린에도

27) 강명관, 「조선산골 유토피아, 이 시대엔 꿈인가」, 2008.3.22, 20면.

가고자했고, 심지어 팔레스타인에 이주하려는 꿈도 꾸었다.[28)]

또 하나의 글은 이렇다.

> 가혹한 정사란 국가권력에 의한 인간의 통제와 착취다. 세금을 짜내고 군대로 내몰고 강제노동에 동원하는 것이 국가다. 국가권력의 강제적·폭력적인 기능은 공자 시대나 지금이나 달라진 것이 없다. 아니 도리어 현대 국가는 고도로 발달된 테크놀로지로 인간을 한층 완벽하게 통제하고 쥐어짠다. 그 권력의 그물은 개미 한 마리 빠져나갈 수 없도록 촘촘하다. 공자시대에는 달아날 심심산골이라도 있었지만, 지금 세상엔 그런 산골도 없다. 아마 빠져나갈 능력을 갖춘 축들은 그 권력기관을 쥐고 있는 일부 세력일 것이다.
>
> —강명관 교수 글

이 두 마디의 말발은 우리가 김유정의 작가됨에 대한 이야기와 그 작품세계를 마무리 하려는 자리에서 퍽 쓸 데가 있어 보였다. 어느 시대나 작가란 그 시대를 찍어누르는 권력, 폭력에 대항하는 눈길을 세우고 평생을 살아간 사람들이다. 앞에서 나는 영국의 작가 죠지 오웰과 카프카를 김유정에 짝하는 작가로 읽었다. 그들의 작품세계 또한 나는 같은 판으로 짜 엮었다고 읽었다. 그 비교가 맞든 맞지 않든 분명한 것은 김유정이 살았던 시대 폭력의 더러움이 그들 외국작가들이 괴로워하였던 시대와 조금도 다르지 않았다는 것이다. 그들은 부리꾼와 그들에게 짓눌려 굶주리는 사람으로 나뉘는 사람살이에 대한 고발 눈길을 결코 감지 않았다는 점에서 같았다.

김유정의 삶은 두메산골 강원도가 첫 삶 판이었고 뒤에 부대낀 삶 판이 도시 한 복판인 서울이었다. 도시란 자본주의가 꿈꾸는 열매에 속한다. 도시란 번쩍이는 건축물들로 즐비하게 시멘트나 돌을 발라, 길이든 마당이든 땅을 막아 흙이 숨 쉬지 못하게 함으로써 일체의 식물이나 먹

28) 박홍규, 앞의 책, 127면.

을거리를 만들 수 없다. 그곳은 오직 지닌 사람들의 안락과 편리함만을 생각하여 만들어지는 곳이다. 생산성을 빵으로 함으로써 소비만 드높이되 소비재는 농촌이나 어촌 등으로부터 날라다가 팔거나 착취의 틀로 만들어진 삭막한 곳이 도시이다. 자본주의가 모든 농촌이나 어촌의 도시화를 꿈꾼다고 보면 대체로 그럴듯한 진단에 맞을 터이다. 도시가 발달하고 착취 틀이 교묘하고도 억압적이면 농촌이나 어촌, 광산 따위 생산성이 있는 곳에는 굶주리는 사람들만 모여 비실댄다. 김유정이 총기 밝은 눈으로 그려 보인 강원도 산골의 농촌마을이 그렇고 그가 다시 그려 보인 허영의 도시 1930년대 서울이 그렇게 뒤틀렸다. 번쩍이는 건물들이 비록 즐비하더라도 그곳은 사람들이 사는 곳이 아니다. 김유정의 눈길에 그곳은 뻔뻔스런 부라퀴들만의 건들대는 요새이지 헐벗고 굶주린 따라지 신세의 거지나 돈 없는 지식인들의 안식처가 아니다. 「따라지」 속에 사는 주인공들은 모두 그런 지옥에서 아우성치며 몸살 앓는 따라지들이다.

그러나 이 글에서 우리가 김유정이 그려 낸 1930년대 당시의 모습을 왜정 식민지 백성 착취에 의한 한국 사람들의 굶주림, 헐벗김에 대해서만 지나치게 요란을 떨어 떠들 필요는 없다. 그 당시에도 농촌 마을에서는 수탉이 꼬끼오 하고 울었고, 산 깊은 소나무 숲 속 어디엔가는 불룩한 굵기로 솟아오른 송이버섯도 자라고 있었다. 마을 어귀에 틀고 앉은 주막집에서는 여전히 술들이 고여 올랐고 젊은 총각 처녀들은 은밀하게 눈들을 맞추고 무성하게 자란 보리밭이나 밀밭으로 숨어들어 사랑을 나누곤 하였다. 그랬기 때문에 김유정은 그가 한 이야기 방식에 늘 웃기기를 멈추지 않았다. 그의 웃김(해학)정신은 당대 삶에 대한 긍정적이고도 따뜻한 눈길이 없고는 그렇게 푸근한 방식으로 와닿지 못한다. 그에게는 당시 그렇게 헐벗고 굶주리면서도 한국인들의 삶 속에 담긴 따뜻하고도 치열한 사랑을 믿었고 또 서로를 아끼는 사무치는 정이 있음을 알았다. 그것이 그의 소설이 지닌 가장 큰 아름다움이고 위대함이라고 나는 읽는다. 게다가 그는 도시보다는 그래도 시골이 더 믿을만한 구석이 있음도 알았다. 「땡볕」 속의 부부가 서울의 그 삭막한 인심을 웃기며 병원 찾는 장면하고, 「봄·봄」이나 「동백꽃」 속에 든 사람들의 만남과 그들이 나누는 이야기 장면의 가락은 그 자체가 다르다. 도시에서의 아픔이나 절망은 농촌이나 산골에서 느끼는 아픔이나 절망보다 어딘가 더 캄캄하여 웃기기가 버겁다. 웃기기에는 그 아픔이나 절망의 깊이가 너무 깊기 때문이다. 「땡볕」이 도시 삶의 어둠을 그린 것이기 때문이다.

「동백꽃」이나 「봄·봄」이야말로 김유정 소설의 가장 빼어난 웃김(해학) 소설이다. 농촌이든 도시든 제국주의 부라퀴들이 할퀴고 나면 일체의 젊은 기운은 모두다 전쟁터로 나가거나 고된 강제노동판으로 끌려나간다. 부라퀴가 할퀴고 간 자리, 1930년대 한국 농촌과 도시 이야기는 김유정이 우리에게 남겨 보여주는 애잔하며 슬프고 깊은 뜻을 품고 있다. 그는 자주 우리를 웃기는 이야기 투를 보여준다. 하지만 그 웃김 뒷자리에 우스꽝스러운 부라퀴들의 어룽대는 그림자가 있음을 우리는 놓치지 않는다. 농촌은 젊은 일꾼들이 비어 일할 사람들이 없다. 해마다 농사짓기는 힘이 든다. 그것이 전쟁이 주는 두려움이고 슬픔이다. 제국주의 침탈은 곧 그것 자체가 전쟁이다. 빼앗고 빼앗기지 않으려는 전쟁, 그것이 김유정의 소설세계이다. 「봄·봄」 속에는 그런 어두운 그림자가 아무데도 없다. 작가는 그런 말을 할 수도 없었고 또 그럴 필요도 없었다. 모든 이야기에는 언제나 뒷 경치의 그림자로 따라붙는다. 「동백꽃」 속에 부둥켜안고 쓰러지는 두 처녀 총각의 알싸한 동백꽃에 어우러진 젊은 남녀들의 향기는, 비록 농토를 가지고 있는 점순네 집과 소작을 부치는 집 아들 주인공 총각인 나는 가진 이와 못 가진 이로 갈리는 신분이지만, 생생한 사랑의 향기가 피어오른다. 그러나 농촌에서 이런 신분의 차이는 그렇게 심각한 갈등으로 갈리지는 않는다. 농촌이 지닌 땅과 흙의 친화력과 관계가 깊다는 것을 김유정은 놓치지 않고 읽고 있었다. 그런 따뜻한 눈길에서만 「봄·봄」과 같은 웃기는 이야기가 가능해진다. 그의 글쓰기에 대한 이제까지 살펴본 이야기를 요약 정리하여 보이면 대강 이렇게 된다.

첫째, 그는 1930년대 한국인의 삶을 짤막하면서도 섬뜩한 이야기 기법으로 증언해 보여준 빼어난 작가였다. 그는 동시대 국내 작가들 가운데서도 이상이나 염상섭, 현덕, 이기영과 같은 작가들이 읽었던 삶 판을 그들과 똑같이 읽었던 날카로운 눈매의 작가였고 외국작가들인 죠지 오웰이나 희극배우 겸 영화감독 챨리 채플린, 체코의 작가 카프카와도 상당히 닮은꼴의 작품들을 남겼다. 어둠은 작가의 천재됨을 만드는 시금석이지만 어둠이 모든 작가를 천재적으로 만들지는 않는다. 그들은 모두 천재적인 작품들을 남겼고 천재됨의 길에서 고통과 절망으로 허덕였다. 김유정은 그런 작가의 하나였다.

둘째, 김유정은 대체로 웃기는 이야기 기법을 잘 구사한 작가였다. 「동백꽃」이나 「봄·봄」 「심청」 「소낙비」나 「솥」 모두가 주인공들을 바보스런 인물로 만들어 이야기를 이끌어 나감으로써 정말 바보가 누구인지를 꾸준히 독자들에게 묻는 속뜻을 숨겨놓았다. 그가 웃기는 이야기란 실은 우리들을 울리기 위한 글쓰기의 참 칼 겨룸이었다.

셋째, 한국 소설사에는 마땅히 해학의 기법을 구사한 뛰어난 작가 작품들이 등장한다. 판소리로부터 시작하여 우리 앞에 드러났던 이야기문학의 세 기둥인 「춘향전」이나 「심청전」 「홍부전」 등의 작품들은 작가가 비록 알려져 있지는 않다고 할지라도 그 이야기 기법은 그 이야기샘이었던 판소리의 울림에 걸맞은 웃기는 가락이 들어 있다. 김유정이 이 전통을 가장 빼어나게 물려받아 한국소설사의 중요한 맥을 잇고 있다는 것은 이후 이문구나 서정인 등의 작가 작품을 살펴보는 데 중요한 잣대며 그 시금석이 된다. 그만큼 김유정은 우리 문학사에 뛰어오른 빼어난 웃김(해학)작가이며 동시에 비웃기 또는 말 쏘기(풍자), 말 뒤집기(반어)로 이름을 세운 가장 우뚝한 작가였다.

「김유정 소설의 웃김 이야기 법」에 대한 토론문

유성호

김유정 소설에 관한 정 교수님의 논문은 일제 강점기를 한반도 안에서의 안중근과 밖에서의 채플린, 카프카 등과 연동하면서 역동적인 역사적 감각과 실증적 해석을 결부하여 펼친 독특한 김유정론입니다. 가령 김유정은 웃음 속살을 통해 산골과 도시 이야기를 때로는 사실적으로 때로는 가치 지향적으로 형상화한 식민지 시대의 확연한 지성이라는 것이 정 교수님의 시각이라 하겠습니다.

먼저 정 교수님은 이른바 '골계'의 인접 범주로서 '해학, 반어, 기지, 풍자'를 제시하시면서 김유정 소설이 이러한 미적 효과를 매우 충실히 거두고 있다고 판단하십니다. '골계'의 미학과 '한(恨)'의 미학이 매우 친연적이라는 사실 또한 강조하고 계신데, 우리 문학의 전통 미학인 이 두 갈래의 지향이 어떻게 교섭하고 있는지에 대해 설명을 해주시면 고맙겠습니다. 가령 '비장미(悲壯美)'는 적극적 가치가 침해되고 소멸되는 과정 및 그 결과에서 격렬한 고뇌가 생기면서 이루어지는 것인데, 부정적 계기에 의해서 가치 감정이 한층 더 강해지고 높아질 때 생겨나는 특수한 미를 뜻합니다. 반면 '골계미(滑稽美)'는 위대한 것을 헐뜯고 우월한 것을 깎아내리며 실추시키려는 인간의 요구에 대응하는 미인데, 현실과 이상의 갈등과 부조화 속에서 현실의 모순을 깨닫고 이를 공격적으로 비판하는 가운데 발생하는 웃음이 골계미를 이룹니다. 그렇다면 '한'의 미학은 비장미와 연동될 개연성이 커지는데, 골계미와 연관시킨 뜻을 듣고 싶습니다.

그 다음으로는, 당시의 가난에 대한 핍진한 대응으로 김유정 소설을 읽을 수 있는데, 특별히 당대의 현실과 줄기차게 씨름했던 이효석, 이태준, 김남천 등과 비교하여 김유정 소설의 현실 반영적 속성이 어떤 고유한 가치를 가지고 있다고 생각하시는지요? 그리고 그 자료로 김유정의 대표작으로 알려진 「봄·봄」이나 「동백꽃」에 관한 세세한 분석보다는 「가을」 「솥」 「떡」 등을 집중적으로 예거하신 뜻이 혹시 있는지 여쭙고 싶습니다.

정신사적 측면과 미학적 측면을 결합하여 김유정 문학의 탁월성과 고유성을 동시에 짚어주신 교수님의 논문 잘 읽었습니다.

김유정 소설의 웃음 그리고 그 과녁

「총각과 맹꽁이」「봄·봄」「두꺼비」를 중심으로

유인순

1. 들어가는 글

넝쿨 장미가 담을 넘고 있다
현행범이다.
활짝 웃는다.
아무도 잡을 생각 않고 따라 웃는다.
왜 꽃의 월담은 죄가 아닌가?

—반칠환, 「웃음의 힘」 전문[1)]

웃음의 요건은 웃음거리(웃음의 대상)와 웃음꾼(웃음의 주체)과 현실적인 원인이 전제된다.[2)]

인용한 시 「웃음의 힘」에서 시인에게 담장위의 넝쿨 장미는 월담하는

1) 반칠환, 『웃음의 힘』, 시와시학사, 2005, 17면.
2) 류종영, 『웃음의 미학』, 유로, 2005, 397면.

현행범으로 보인다. 넝쿨장미는 웃음거리가 되고, 시인은 웃음꾼이 된다. 시인과 넝쿨장미를 동시에 웃게 한 웃음판은 넝쿨장미의 넝쿨이 담장을 넘어서고 있다는 데서 파악된, 예기치 않았던 발견에 근거를 둔다.

김유정의 「심청」에서는 거지에게조차 비웃음을 당하는 과거의 톨스토이 지망생에게 전봇줄 위의 제비가 '비리고 배리구' 하면서 물찌똥을 갈긴다. 웃음거리는 톨스토이이고 웃음꾼은 제비다. 세상에 대해 호의를 가진 작가의 눈에는 존재하는 모두가 웃음거리이고 웃음꾼이 된다.

물론 「심청」에서 톨스토이가 처한 상황은 결코 웃음으로 치부될 것은 아니다. 그렇다고 해서 가난에 연유한 절망과 짜증스러움만으로 채워진 것도 아니다.

> 김유정의 작품이 보여주고 있는 재미는 가난의 지겨움의 모티브 못지않게 사람들이 지겨움 속에서 찾아내어 그것을 견딜 수 있는 것으로 만들고 있는 즐거울 수 있는 능력의 드러냄에서 구해진다.[3]

유종호 교수가 언급한 김유정 소설의 재미, 지겨움을 견딜 수 있게 하고 즐거울 수 있는 능력의 드러냄, 그것이 바로 웃음판을 벌이는 것이다. 웃음은 절망을 격퇴시킬 수 있는 엔도르핀을 분비시킨다. 아니 엔도르핀은 '웃게 하기 위한 호르몬, 즉 극한의 고통을 견디게 하기 위해 분비되는'[4] 호르몬이라고 한다.

김유정 작품 평가에서 빼놓을 수 없는 선학들의 지적은 유머 · 풍자, 희화적 · 희극적 · 골계적 · 해학적인 것에 대한 관심이었다.[5] 그러나 이

3) 유종호, 「가난 · 소외 · 농촌 · 옛날—문학 속에 굴절된 사회」, 『유종호 전집』 2, 민음사, 1995, 303면.

4) 문혜진, 「〈에트나 화산의 정오〉—신이 준 선물, 에로틱한 감각」, 『문학사상』, 2008년 2월호, 83면.

5) 김윤식 · 김현, 『한국문학사』, 민음사, 1973, 197~198면; 이재선, 『한국현대소설사』, 홍성사, 1979, 370면; 전광용 외, 『한국현대소설사연구』, 민음사, 1984, 318~333면; 김주연, 『문학비평론』, 열화당, 1980, 111~112면; 이주일, 「유정문학의 향토성과 해학성」,

들이 사용한 용어의 개념이 명백치 않아 아직은 이현령비현령의 단계에 있음을 인정해야 한다. 분명한 것은 앞에서 언급한 모두가 '웃음'의 테두리 안에 있다는 것이다. 이에 본고에서는 '웃음'이라는 거대 테두리 안에서 유정 소설에 나타난 웃음 전반(웃음거리, 우스꽝스러움, 웃음꾼과 웃음판)의 특징과, 목적(웃음이 겨냥하는 과녁)을 「총각과 맹꽁이」 「봄·봄」 「두꺼비」를 중심으로 살펴보고자 한다.

본고에서 이들 작품을 텍스트로 선정한 이유는 다음과 같은 몇 개의 공통점을 갖고 있다는 데 둔다. 첫째, 「총각과 맹꽁이」 「봄·봄」에서는 농사꾼을, 「두꺼비」에서는 학생을 주인공으로 했다는 차이 외에 모두 사랑에 목매다는 순정남들이다. 둘째, 이들은 세상 물정과 앞뒤 셈속에 어두운 꿈동이들이고, 꿈이 깨지는 순간 눈물을 쏟아내는 울남들이다. 셋째, 이들은 믿을 수 없는 매개자(媒介者) 때문에 사랑에 실패한 총각들이다.

2. 웃음거리와 우스꽝스러움

본고에서 말하는 웃음거리는 웃음의 대상을, 우스꽝스러움이란 웃음거리에 의해 연출된 웃음의 징표(가시적 또는 불가시적 징표)를 말한다. 웃음은 인간 고유의 특성[6]임을 증명이라도 해주듯 김유정 작품들 대부분에서 보이는 등장인물들은 웃음을 유발한다. 이때 유발된 웃음은 '다른

『국어국문학』 제83호, 1980; 김지원, 『해학과 풍자의 문학』, 문장, 1983; 조건상, 「김유정과 채만식 소설의 특징-해학과 풍자의 거리」, 『도남학보』 제3집, 1980; 임헌영, 「전통적인 골계와 해학」, 『우리시대의 한국문학』 2, 계몽사, 1991 등. 가장 최근의 것으로는 이호림, 『유정의 소설은 왜 웃긴가』, 리토피아, 2008, 7~32면이 있다.

6) 류종영, 앞의 책, 20~21면.

사람의 결함이나 약점, 자신의 이전 결함과 약점을 비교하여 우월감을 느끼는 웃음, 또는 타인의 불행을 보고 기뻐하는 마음에서 유래한'[7] 웃음의 우월이론에 근거하거나 '기대감의 환멸, 관계설정과 인지(認知) 차이의 불일치, 기대감의 어긋남, 기대규범의 일탈 등에서 발생하는'[8] 웃음의 불일치 이론에 근거하여 발생된 것이다.

먼저 「총각과 맹꽁이」 「봄 · 봄」 「두꺼비」에서 웃음의 대상으로서의 등장인물들과 그들이 처한 현실적인 상황을 살펴보기로 하자.

1) 웃음거리와 현실

「총각과 맹꽁이」의 서사는 "말뚱한 하늘에는 불더미 같은 해가 눈을 크게" 뜬 돌각다리 밭에서 전개되기 시작한다. 김덕만, 34살, 홀어머니와 함께 사는 노총각이다. 지금 그에게 급한 문제는 '아들도 곧 낳아야' 한다는 것이다. 그런데 동네 뚝건달 뭉태로부터 스물두 살짜리 들병이가 마을로 들어왔다는 소식을 듣는다. 순간 김덕만은 그 들병이를 아내로 맞아들일 꿈에 부푼다. 김덕만의 꿈이 절망의 나락으로 떨어지게 되는 것은 겨우 한 나절(제누리 나올 무렵부터 다음 날 동이 트기까지) 상관이다.

「봄 · 봄」의 시간 배경은 봄날이다. 26살의 사위는 욕필영감의 둘째 딸 점순을 바라보고 데릴사위로 들어온 지 3년 7개월이 지났다. 욕필영감의 큰 딸은 시집가기까지 데릴사위가 14명이나 교체되었다. 둘째 딸인 점순의 경우도 지금이 세 번째 들어온 데릴사위다. 데릴사위에게 큰 문제는 '아들이 급하다'는 것이다. 사위와 욕필영감의 요란한 투쟁은 '오늘 낮 뒷골 콩밭'에서 회상하는 형식으로, 작년 봄의 태업, 사흘 전 새 고개에서 점순의 자극, 어제 논에서 장인과의 갈등, 오늘 아침 집에

7) 위의 책, 128면.
8) 위의 책, 180면.

서의 육탄전과 그 결과가 삽입된다.

「두꺼비」[9]는 오랜 세월이 지난 뒤 후일담 형식으로 전개된다. 이야기의 표면에 집중적으로 떠오른 것은 늦가을 밤 8시 무렵부터 자정이 지난 새벽 1시까지 5시간 동안 이경호가 겪었던 두꺼비들의 자살미수 사건이다. 옥화의 동생 두꺼비가 이경호를 찾아와 1시간 뒤에 저의 집을 방문해달라고 하고 사라진다. 두꺼비의 출현은 이경호로 하여금 달포 전까지 겪었던 성장통을 회상시킨다. 그는 기생 옥화를 만나기 위해 두꺼비와 옥화에게 온갖 정성을 바쳤지만 옥화와의 만남은 불발로 끝났다. 결국 옥화를 포기하고 있던 중에 두꺼비로부터 방문해달라는 전갈을 받은 것이다. 지난 1년여의 고통, 그리고 앞으로 벌어질 행복의 기대감에 들뜬 이경호가 옥화의 집으로 갔을 때, 이경호는 또다시 두꺼비에게 농락당했음을 확인하게 된다.

2) 우스꽝스러움의 요인들

웃음거리가 연출하는 우스꽝스러움에 대해서 생각해보기로 한다.

> 결코 정돈되고 완성된 것이나 일종의 결정적인 미나 선이 아니라, 늘 일종의 정상적인 것에서 벗어난 것, 희망하고 기대한 것에 상반되는 것과 다른 사람과 달리 행동하는 것이며, 사물들이나 삶의 진지함과 일반적인 질서에 단순히 대립되는 것으로서 존재하려고 하거나 존재해야만 하는 것을 가시적으로 나타나게 한다.[10]

---

9) 「두꺼비」는 대표적인 김유정의 자전소설이다. 김유정이 국창 박녹주를 처음 만나서 연애편지를 보내고, 선물 공세를 했었던 시기는 휘문고보 5학년 시절이었다. 김유정이 박녹주에게 몰두했었던 기간은 대체로 1년 반 정도로 추정된다. 두꺼비는 박녹주의 친동생인 박태술, 김유정과 동갑이었다고 한다. 박녹주가 자살을 시도했었던 때는 1929년 3월 15일이었다. 문학사상사 편집실, 「허구와 사실의 차이」, 『문학사상』, 문학사상사, 1973.4, 206~207면. 한편 단편소설 「두꺼비」는 1936년 3월 『시와 소설』에 발표되었다.

10) 류종영, 앞의 책, 396면.

우스꽝스러운 것은 결국 '추함 또는 무해한 실수나 결점'이거나 '무해한 규범의 일탈과 감각적인 저속함' '불일치' 등으로 나타난다. 여기서 말하는 추함이란 시각적인 추함이 아니라 전체와의 조화를 이루지 못하는 것이다. 무해한 실수나 결점이란 그것이 행위자에게 해를 끼쳐서는 안 되는 것이다[11].

아리스토텔레스는 우스꽝스러움을 연출하는 요인들로 '성격'과 '언어'와 '행동'[12]을 든다. 이제 앞에서 제시한 세 개 작품에 나타난 우스꽝스러움을 살펴보기로 하자.

(1) 성격이 만든 우스꽝스러움

「총각과 맹꽁이」의 김덕만은 자신에게 주어진 명백하게 불합리한 일 앞에서도 불평할 줄 모른다. 보통은 지주에게 항의를 하거나 "씨 값으로 골치기나 하자구 도루 줘"버렸을 돌각다리 밭에도 도지를 내면서 경작한다. 그래서 친구들은 그를 '병신스럽다'고까지 한다. 여기까지는 김덕만의 성격이 무던한 측에 든다고 보아 넘길 수 있다. 그러나 뭉태로부터 마을에 들병이가 나타났다는 소문을 들은 직후부터 들뜬 덕만의 언행은 서른네 살 난 보통사람의 그것과는 한참 다르다.

덕만이는 뭉태에게 장가를 들여 주면 한턱 내리라며 중신을 부탁한다. 그런데 이때 덕만이가 생각하는 한턱의 수준은 "내 내 닭 팔거든 호미씨세 날 단단히 답례하리라"이다. 찢어지게 가난한 집에서 기른 닭을 내다 판다면 몇 마리나 팔 수 있을 것이며, 닭을 팔아 만들 수 있는 수입은 어느 정도나 될까.[13]

---

11) 「심청전」에서 심봉사가 물에 빠져 허우적대는 장면 자체는 순간적인 웃음을 유발할 수도 있지만, 심봉사가 시각장애인이라는 상황을 알고 볼 때에는 결코 우스꽝스런 장면이 될 수 없는 것이다.

12) 류종영, 앞의 책, 69~74면.

13) 「산골 나그네」에서 덕돌 어머니는 선채금 30원이 없어서 혼례식을 작파했다. 「안해」

> 그리고 뭉태 집으로 내달리며 그의 머리에 공상이 한두 가지가 아니었다. 뭉태가 이쁘달 때엔 어지간히 출중난 계집일 게다. 이런 걸 데리고 술장사를 한다면 그밖에 더 큰 수는 없다. 두어 해만 잘하면 소 한 바리쯤은 낙자없이 떨어진다. 그리고 아들도 곧 낳아야 할 텐데 이게 무엇보다 큰 걱정이었다.14)

하루 저녁의 술값과 호미씨세 날, 한턱 잘 내는 것으로 젊은 아내와 소 한 마리와 아들을 제 것으로 만들 수 있다는 덕만의 셈속은 서너 살 유아의 수준이다. 지나칠 정도의 순진함, 뭉태에 대한 무조건적인 신뢰, 술좌석에서 뭉태의 처분만 기다리는 소심함, 들병이 앞에서 지나친 체면치레와 남자다움의 과시, 문득 들병이에게 덤벼들어 자기소개를 하다가 말이 막혀서 더 이상 이끌어가지 못하는 수줍음, 뭉태에게 배신당했다는 사실을 깨닫는 순간 울컥하는 분노로 돌멩이를 집어 올리는 과격함, 쏟아지는 눈물, 그러나 과녁과는 반대쪽으로 돌멩이를 던지고 마는 용기 없음 등등이 김덕만 성격의 실체다.

「봄·봄」의 데릴사위도 김덕만에 못지않게 세상 물정 모르는 숙맥이다. 그는 점순이 크면 혼례시켜 준다는 욕필영감의 말만 믿고 3년하고 일곱 달이나 "군소리 없이 꾸벅꾸벅 일만 해"왔다. 그는 점순의 키가 자라지 않는 것은 물동이를 이고 다녀 "뼈다귀가 옴츠라드나보다"고 남몰래 물을 길어다주고, 때로는 서낭당에 치성을 드리기도 한다. 그러면서도 점순을 만나면 내외를 하노라고 "마주쳐 이야기도 한 마디 하는 적 없는" 지극히 점잖은 젊은이다. 간혹 영악스러움을 보이기도 하는데 그것은 혼례를 지연시키는 욕필영감에 대한 반항(태업)으로 나타난다. 이때 사위의 영악스러움은 철저하게 맞대응으로 나온다. 구장 앞에서 욕필영감을 골탕먹일 때에, 오늘 아침 봉당에서 육탄전을 벌일 때에, 사

에서 남편이 계산하는 쌀 한섬의 가격은 10원, 「가을」에서 조복만은 아내를 일금 오십원에 황거풍에게 팔아넘겼다.

14) 김유정, 「총각과 맹꽁이」, 『동백꽃』, 문학과지성사, 2005, 35면. 이후 작품명만 표기하기로 한다.

위는 욕필영감의 행위에 즉각 맞대응을 한다. 문제는 그런 대응이 자신보다 열 살이나 어리고 키도 작은 점순의 충동질에 의해서 일어난다는 것이다. 한편 사위의 성격 가운데는 완고함도 보인다. 뭉태가 그 전에 있었던 욕필영감의 행적을 들어 절대적으로 불리한 사위에게 그 대응책을 알려준다. 그러나 사위는 뭉태가 장인영감에게 땅을 떼었다는 악감정 때문에 그리 하는 것으로 판단한다. 사위는 자신이 겪은 부당한 처사를 마음에 담지 않는다. 욕필영감이 터진 머리를 불솜으로 지져주고 희연 한 봉지를 주머니에 넣어주자 감격한 사위는 "어느덧 고마워서 눈물까지" 흘리며 다시 분란 이전의 상황으로 돌아간다.

「두꺼비」에서 화자 이경호는 표면적으로는 대책 없는, 쓸개 빠진 인간의 전형으로 보인다. 학생의 연애 상대가 기생이라는 것, 그 만남이 '한 번 흘낏 스쳐본' 것이고, 상대가 잘 생긴 여성도 아니라는 것, 일방적으로 편지를 석 달이나 썼었다는 것, 기생과의 만남을 위해 두꺼비에게 눈물로 호소를 하고, 또 두꺼비의 마음에 들도록 두꺼비의 용돈을 부담하고, 두꺼비가 시키는 대로 비싼 선물을 마련하기 위해 학비와 생활비는 물론, 친구들에게 돈을 빌려 순금 트레반지를 사서 전달했다는 것, 모두 일반적인 학생상에서 일탈한 모습이다.

또한 한 사람의 연인으로서 첫사랑 여성에게 보여줄 '열정의 총량'이라는 것이 "만일 네가 나와 살아준다면 그리고 네가 원한다면 내 너를 등에 업고 백리를 가겠다"고 한다. 그는 다만 순정과 열정만 있을 뿐, 세상물정에 감감한 얼빠진 작자, 쓸개 빠진 작자라는 지적을 면할 수 없다. 그를 위해 어떻게 대책을 세우기가 난감한 인물인 것이다. 그는 두꺼비에게 철저하게 농락당했다는 사실을 확인하는 순간, '손등으로 눈물'을 지우며 자신에 대한 분노를 이기지 못한다. 현실에서 불가능한 사랑을 위해 그는 옥화가 늙기만을 기다린다. 학생 이경호의 충동적, 편집적, 그리고 무모한 성격은 그 또래의 다른 이들과는 완전히 엇박자적인 것으로 우스꽝스러움을 유발한다.

(2) 언어가 만든 우스꽝스러움

김유정의 소설 언어의 특징은 인식의 틀과 규범의 울타리를 벗어난 열린 언어[15)]로 웃음 유발을 위해 흔히 방언과 비속어의 혼합, 때로 실제 인물과 상황에서 일탈된 언어사용,[16)] 관용어의 재생 등을 들 수 있다. 「총각과 맹꽁이」에서 보여주는 김덕만의 언어는 시종일관 겸손하고 예의 바르다. 뭉태에게 중신을 부탁할 때에도, 뭉태의 배신을 확인한 상황 앞에서도 의형에 대한 덕만의 언어는 경어 일변도다. 모쪼록 뭉태의 선처를 기다리다가 울화가 터진 김덕만은 불현듯 들병이 앞에 무릎을 꿇고 자기소개를 한다.

> "뵙기는 아까부터 뵀으나 인사는 처음 여쭙니다" 하고 죽어가는 음성으로 억지로 봉을 뗐다. 그로는 참으로 큰 용기다.
> (…중략…)
> "어머니허구 단 두 식굽니다. 하치 못한 사람을 찾아주셔서 너무 고맙습니다. 저는 서른넷인데두 총각입니다."[17)]

"속곳 밑 들고 인심 쓰라" "돌려라 돌려. 혼자만 주무르는 게야?" 등 감각적이고 저속한 육담이 오가는 곳에서 김덕만의 언어는 달아오른 술판의 분위기를 뒤엎는다. 김덕만이 사용하는 언어는 무지렁이 농군의 생활언어에서, 특히 술판의 허접스런 언어에서 벗어나 겸손과 예절로 무장한 교양언어다. 또 덕만은 들병이가 자기의 아내가 되어주기 위해 술판으로 찾아주었다고 생각한다. 그런가하면 덕만은 자신이 뭉태들에

15) 전상국, 「김유정 소설의 언어와 문체」, 『김유정문학의 전통성과 근대성』(전신재 편), 한림대 아시아문화연구소, 1997, 296면.

16) 실제인물에서 일탈된 언어란 농촌 무지렁이가 격에 맞지 않는 교양어를 사용하는 것(장인님을 빙부님이라고 부르는 것 등)을, 상황에서 일탈된 언어란 등장인물의 상황 판단 미숙에서 나온 말들을 의미한다.

17) 「총각과 맹꽁이」, 37면.

게 농락당했다는 사실을 인정하지 않을 수 없는 장면에서 "살재두 나는 인전 안 살 터이유—"라고 소리를 지른다. 그것도 뭉태들을 향해서가 아니라 잿간을 향하여서. 이 또한 자신이 처한 상황을 제대로 파악하지 못한 데서 오는 언어 표현이 우스꽝스러움을 유발하게 된다.

「봄·봄」에 나오는 언어들은 방언과 비속어와 교양어가 뒤섞여 비벼진다.

> ① 우리 장인님은 약이 오르면 이렇게 손버릇이 아주 못됐다. 또는 사위에게 이 자식, 저 자식 하는 이놈의 장인님은 어디 있느냐.[18]
>
> ② 안 간다구 뻗디디고 이렇게 호령은 제 맘대로 하지만 장인님 제가 내 기운은 못 당한다.[19]
>
> ③ "빙모님은 참새만 한 것이 그럼 어떻게 앨 났지유?"[20]
>
> ④ "안야! 안야! 이 망할 자식의 소(장인님의 소니까) 대리를 꺾어들라."[21]

인용된 ①, ②에서는 각각 경어(장인님)와 비어(이놈)가, ③에서는 극존칭어(빙모님)와 역시 비어적 표현(참새만 한 것)의 비빔으로 언어 습득기의 유아적 언어로 표출된다. ④에서 '이 망할 자식'은 '장인'과 '소'를 동시에 꾸며주는 중의적 언어사용이고, '대리를 꺾어들라'는 '다리를 꺾어 놓을까보다'를 의미하는 춘천지역의 언어이다. 「봄·봄」에서 발화된 욕설은 장인의 몫이다. 이에 비해 장인을 향한 사위의 욕설은 그의 마음속에서만 웅얼대는 정도로 '이놈의 장인님' '이까짓 놈의 장인님' '이녀석의 장인님'이다. 두 사람 사이에 오가는 욕설은 장인과 사위라는 최소한의 지위를 유지하는, 비교적 가벼운 욕설에 속한다.

「두꺼비」에서 이경호의 내면에서 발화되는 욕은 '이놈' '망할 자식'

18) 「봄·봄」, 201면.
19) 위의 책, 203면.
20) 위의 책, 206면.
21) 위의 책, 203면.

정도다. 그러나 옥화의 가족들이 두꺼비와 채선이를 향해 내 뱉는 욕설은 표독스럽고 발칙스럽다. 옥화의 어머니는 일곱 번이나 똑같은 사고를 친 아들에게 '배지가 꿰어져 죽을 이 망할 자식'이라고, 옥화의 아버지는 '이 주릴 틀 자식'이라고 내뱉는다. 뒤늦게 급보를 받고 달려온 옥화는 채선에게 앙칼지게 '이넌 가랑머릴 찢어놓을 넌'이라고 한다. 모두 인체 훼손과 관련된 분노와 증오, 저주로 가득 찬 잔인한 욕설이다.

특이한 것은 화자인 이경호가 사용하는 언어가 '꿩 구어 먹은 소식' '개밥의 도토리'같은 속담과 그보다 훨씬 많은 잦은 관용어('밤을 패기가 일쑤다' '속으로 조를 비비다' '마치 떡메로 얻어맞은 놈처럼' '발가락 새의 때' 등등) 사용으로, 보통의 청년들이 사용하는 언어습관에서 많이 벗어나 있다는 것이다.

한편 두꺼비의 집에서 나와 새벽 1시의 광화문통 큰 거리를 내려오면서 이경호는 세월이 빨리 흘러가기를 바란다. 옥화가 늙어 갈 데 없게 되었을 때 옥화를 데려오겠노라는 발상, 그래서 그가 읊조리는 '늙어라, 늙어라'하는 말은 쓸개 빠진 인간의 잠꼬대로 들려 청자들로 하여금 고소를 금치 못하게 한다.

(3) 행동이 만든 우스꽝스러움

행동이 만든 우스꽝스러움은 예기치 않은 행동이나, 경악시키는 행동,[22] 역전(逆戰), 반복되는 행동들이 여기에 포함된다.

「총각과 맹꽁이」에서 김덕만은 낮에 그리고 저녁에 뭉태에게 반복해서 들병이에게 중신 들어달라고 부탁한다. 덕만의 부탁을 수락한 뭉태는 처음에는 협조자로 등장한다. 그러나 뭉태는 덕만과의 약속을 파기, 협조자의 자리에서 방해자의 자리로 역할을 교체한다.

22) 류종영, 앞의 책, 74면.

역할 교체는 맹꽁이에게서도 나타난다. 술판에서 듣던 맹꽁이 암수 놈은 의좋게 사랑노래를 불렀지만, 작품의 끝에서는 맹꽁이 암수 놈이 던지는 노래는 "비웃듯이 음충맞게 맹—하고 던지면 꽁—하고 간드러지게 받아 넘긴다."

이 작품에서 예기치 않은 행동은 김덕만이 맹꽁이 소리에 울화통이 폭발하여 들병이 앞으로 덤벼들어 무릎을 꿇고 이마를 조아리는 장면이다. 이 예기치 않는 덕만의 행동에 들병이는 폭소를 참다가 재채기를 터뜨리고 친구들은 킥킥거린다.

「봄·봄」에서 욕필영감이 사위에게 둘째딸 점순을 주겠다고 했을 때, 그는 사위의 협조자였다. 그러나 노동력 연장을 위해 혼례를 미룰 때는 방해자가 된다. 점순 또한 사위에게 혼례를 요구하도록 충동질을 할 때는 사위의 협조자가 되지만, 마지막 순간 자기 아버지 편을 들 때에는 방해자가 된다. 장인이 지게막대기로 사위의 머리를 터뜨려 놓을 때. 그는 사위의 원수가 되지만 곧 불솜으로 상처를 치료해주고 달래줄 때에는 은인이 된다.

예상치 않은 역전도 있다. 사위에게 비열한 폭력을 휘두르다가 똑 같은 비열한 대응으로 '할아버지'를 부르지 않을 수 없게 된 욕필 영감(박해받는 박해자), 욕필영감을 혼내주다가 점순과 장모에게 양 귀를 잡히고 욕필영감의 지게막대기 찜질을 당하는 사위(박해받는 박해자)들이 바로 그것이다.

「두꺼비」에서 이경호는 두꺼비에게 거듭 농락당하는 입장에 있다. 이경호는 두꺼비가 옥화와의 만남을 주선해 주겠다는 제안에 속아서 두꺼비의 용돈은 물론, 옥화에게 전해줄 값비싼 선물까지 마련해주어야 했다. 그런데 두꺼비는 다시 이경호를 이용한다. 자살미수 사건에 이경호를 불러 자신의 협조자로 삼으려 한 것이다. 그러나 정작 두꺼비는 제집에서 개밥의 도토리 신세였다. 두꺼비의 처지를 확인하고 자신이 농락당했음을 알게 된 이경호는 두꺼비가 의사를 불러달라는 부탁했을 때 이를 듣지 않는다. 가족들에게 개밥의 도토리였던 두꺼비는 이경호에게도 개밥의 도토리 취급을 받게 된다(농락당하는 농락자). 비슷한 사건의 반복은 자살 미수 사건이다. 두꺼비는 자신들을 박해하는 옥화에 대한 시위전술로 자살미수를, 옥화 또한 자신을 버리려는 기둥서방에 대한 시위전술로 자살미수 사건을 벌인다(박해받는 박해자).

3. 웃음꾼과 웃음판

1) 작품 속의 웃음꾼들

「총각과 맹꽁이」에서 김덕만은 술판에서 갑작스레 들병이 앞에 무릎을 꿇고 정중하게 자기소개를 한다.

> 계집은 영문을 몰라 어안이 벙벙하다가
> "고만이올시다" 하며 이마를 기울여 절하는 것을 볼 때 참았던 고개가 절로 돌았다. 그리고 터지려는 웃음을 깨물다 재채기가 터져 버렸다.
> "일테면 인사로군? 뭘 고만이야 더 하지—"
> 여기저기서 키키거린다. 그런 인사는 좀 두었다 하자구 핀잔이 들어온다.[23)]

계집의 폭소는 술판의 문화와 전혀 다른 덕만의 진지하고 정중한 자기소개 앞에서 터져 나온다. 여기에 비해 친구들의 웃음은 평소 덕만의 사람됨을 알고 있는 데다, 분위기와 어울리지 않는 인사법에 비웃음이 핀잔과 함께 나타난다. 계집은 예상치 않았던 일 때문에, 친구들은 덕만

23) 「총각과 맹꽁이」, 37면.

의 병신스러움 때문에 웃음을 터뜨리는 것이다.

「봄·봄」에서 웃음의 장면은 구장님과 사위와 욕필영감이 삼자대면하는 장소에서 보인다.

> "빙모님은 참새만한 것이 그럼 어떻게 앨 낳지유?"
> (사실 장모님은 점순이보다 귓배기 하나가 적다)
> 장인님은 이 말을 듣고 껄껄 웃더니 (그러나 암만해두 돌 씹은 상이다) 코를 푸는 척하고 날 은근히 골리려고 팔꿈치로 옆 갈비께를 퍽 치는 것이다.

욕필영감은 평소 사위가 어리숙하다는 것을 잘 알고 있다. 그런데 어리숙한 사위의 논거가 분명한 예상치 못했던 반격 앞에서 놀람은 무안함으로, 그 무안함을 감추기 위해 껄껄 웃는다.

한편 작품의 내면에 감춰진 웃음꾼들을 살펴볼 수 있다.

> ① 봄이 되면 온갖 초목이 물이 오르고 싹이 트고 한다. 사람도 아마 그런가 보다, 하고 며칠 내에 부쩍 (속으로) 자란 듯싶은 점순이가 여간 반가운 것이 아니다.
> ② 우리가 구장님을 찾아 갔을 때 그는 싸리문 밖에 있는 돼지우리에서 죽을 퍼주고 있었다. (…중략…) 애햄, 하고 늘 쓰담는 버릇이 있다. 우리를 멀뚱히 쳐다보고 미리 알아챘는지……[24]
> ③ "네가 세 번째 사윈 줄이나 아니, 세 번째 사위."
> "남의 일이라두 분하다 이 자식아, 우물에 가 빠져죽어."[25]
> ④ 뭉태는 땅을 얻어 부치다가 떨어진 뒤로는 장인님만 보면 공연히 못 먹어서 으르릉 거린다. 그것도 장인님이 저 달라고 할 적에 제 집에서 위한다는 그 감투(예전에 원님이 쓰던 것이라나 옆구리에 뽕뽕 구멍이 좀먹은 걸레)를 선뜻 주었다면 그럴 리도 없었던 걸—[26]

---

24) 위의 책.
25) 위의 책, 208면.
26) 위의 책, 209면.

⑤"빙장님! 이제 다시는 안 그러겠어유—"

이렇게 맹세를 하며 불야살야 지게를 지고 일터로 갔다.

그러나 이때는 그걸 모르고 장인님을 원수로만 여겨서 잔뜩 잡아당겼다.

인용문 ②에서 구장님은 장인이 준 땅을 부치는 관계로 그를 찾아온 장인과 사위 앞에서 겉으로 웃지는 못한다. 장인과 사위의 갈등 중재자로서 그는 자신이 우월한 입장에 있다는 것을 알고 웃음을 삼키고 있는 것이다. ③의 뭉태는 욕필영감의 욕심에 대한 정보를 사위보다 더 많이 갖고 있다는 입장에서 이를 수긍하지 못하는 사위의 바보스러움을 비웃는다. ①④⑤는 사위가 웃음꾼의 자리에 있다. ①에서는 예상보다 점순이 조숙한 것에 대한 대견함과 놀라움에서 웃음을 속으로 삼키고 있는 것이고 ④에서는 사위 앞에서 마구잡이로 젠 체 하는 뭉태의 내막을 다 알고 있다는 우월감에서 뭉태에 대한 조소를 안으로 삼키고 있다. ⑤에서 사위는 아침의 북새통을 치루고 나서 뒷골 콩밭에서 자기 자신의 어리석음에 대해 반성하고 자신을 조소한다. ①에서의 웃음은 평소 알고 있던 점순과는 전혀 다른 성숙한 점순을 발견하는 순간 발생하는 웃음으로 웃음의 불일치 이론에 뿌리를 둔다. 그 외에 장인, 구장, 뭉태, 사위 모든 웃음꾼들은 상대보다 더 많이 알고 있다는 것을 전제한 우월감으로부터 웃음을 웃는다.

「두꺼비」에서 웃음(비웃음)이라는 어휘가 직접 작품 표면에 떠오른 곳은 이경호와 안잠자기가 대화를 나누는 장면에서이다.

선생님 누굴 만나러 오셨슈, 하고 대견히 묻기에 나도 펴놓고 옥화를 좀 만나볼까 해서 왔다니까 흥, 하고 콧등으로 한 번 웃더니 응 저희끼리 붙어먹는 그거 말씀이유, 이렇게 비웃으며 내 허구리를 쿡 찌르고 그리고 (…후략…)[27]

27) 「두꺼비」, 289면.

안잠자기는 이경호와 옥화네 가족을 비웃는다. 옥화의 실체가 '저희끼리 붙어먹는'(누나인 옥화의 수양딸을 제 것으로 만든 두꺼비-필자주) 천한 것들이라는 데서 안잠자기는 도덕적 우월감을 느낀다. 한편 그런 천한 것들의 실체를 모르고 옥화에게 일편단심을 바치고 있는 이경호의 등신스러움 앞에서 안잠자기는 다시 우월감을 느끼는 것이다.

한편 이 이야기는 두꺼비와 채선의 사건이 일어나고 1년도 훨씬 지나 다시 옥화의 자살미수 사건까지 경험한 뒤에 자신의 성장통을 고백하는 고백서라고 한다면, 이경호는 두꺼비와 옥화를, 그리고 옥화에게 빠져 방황했던 오래 전의 자기 자신을 비웃는다.

① 그러나 저의 집에서는 개돼지만도 못하게 여기는 이놈이 제 말이면 누이가 끔뻑한다고[28)]

② 내가 학교에 다니는 것은 혹 시험 전날 밤새는 맛에 들렸는지 모른다.[29)]

③ 허지만 생각하면 놈만 탓할 것도 아니요 어디 사람이 동이 났다고 거리에서 한 번 흘낏 스쳐본, 그나마 잘났으면 서로 눈이 맞아서 달떴다면야 누가 뭐라 하랴마는[30)]

④ 나는 모두가 꿈을 보는 것 같고 어릿광대 같은 자신을 깨달았을 때 하 어처구니가 없어서[31)]

⑤ 금덩어리 같은 몸뚱이를 망쳐놓은 채선이가 저렇게까지 미울 것도 같으나 그러나 그 큰 이유는 그담 일 년이 썩 지난 뒤에서야 안 거지만 어느 날 신문에 옥화의 자살 미수의 보도가 (…중략…) 그렇게 최후의 비상수단으로 써 먹는 그 신성한 비결을 이런 누추한 행랑방에서 함부로 내굴리는 채선이의 소위를 생각하면[32)]

⑥ 부리나케 나와 보니 목로집 시계는 한점이 훨씬 넘었다. (…중략…) 그러나 내일 볼 영어 시험도 곧 나의 연애의 연장일 것만 같아서 에라 될 대

---

28) 위의 책, 292면.
29) 위의 책, 281면.
30) 위의 책, 282면.
31) 위의 책, 289면.
32) 위의 책, 292면.

로 되겠지. 하고 집어치고는 퀭한 광화문 통 큰 거리를 한복판을 내려오며 늙어라, 늙어라, 고 만물이 늙기만 마음껏 기다린다.[33)]

①은 두꺼비에게 가졌던 신뢰감이 사라지면서 두꺼비에게 괘씸함과 비웃음을 품는 부분이고 ②는 공부에 성실치 못했던 자신의 학생시절을 비웃고 있고 ③은 첫사랑이라고 생각했었던 자신과 옥화에 대한 관계를 자성하는 부분이다. ④는 두꺼비의 흉계에 다시 말려든 자신에 대한 비웃음이고 ⑤는 채선에게 터뜨린 옥화의 분노가 실은 '신성한 비결'을 함부로 써먹은 것에 대한 자가당착적 속물성의 표출이었음을 비웃는 것이다. ⑥은 속물 옥화에게 매달렸었던 사건이 있었던 날 밤, 자신에게 최면으로 걸었었던 엽기적인 희망사항을, 이야기하고 있는 지금 여기의 시점에서 조롱하고 있는 것이다.

이렇게 보면 「두꺼비」에서 연출되는 웃음 가운데 ①⑤는 두꺼비와 옥화가 보여준 약점을 파악하는 순간 자신의 우월감을 느끼면서 발생한 웃음이고 ②③④⑥은 자신의 이전의 결함과 약점을 현재의 위치에서 돌아보며 느끼는 웃음으로 모두 웃음의 우월이론에 그 뿌리를 둔다.

2) 작품 밖의 웃음꾼

김유정은 수필 「닢히 푸르러 가시든 님이」에서, 도시인은 시골을 동경, 그래서 몽상으로 애상적 시흥에 잠길 때, 시골 사람들은 "쌀이 있고 옷이 있고 돈이 물밀듯 질번거릴 법한 서울에 오고 싶어 몸살을 한다"[34)]고 쓴다. 꿈과 현실, 보이는 것과 보이지 않는 것의 차이에 대한 언급이다. 수필 「오월의 산골작이」에서는 송이 따는 농촌 아낙네들의

33) 위의 책, 295면.
34) 김유정, 「닢히 푸르러 가시든 님이」, 『원본 김유정전집』(전신재 편), 강, 2007, 412면.

포복졸도 할 듯이 깔깔대는 모습을 산중턱에 누워 "이런 생활을 나려다 보면 마치 그림을 보는 듯 하다"[35] 라고 삶의 한 장면을 그림으로 인식한다. 대상과 주체사이에 일정한 거리를 두고 삶의 현장을 보는 것이다.

작품 속 등장인물들은 하나의 상황에 직접 관련되어 있어 나무는 볼 수 있으나 숲은 보지 못한다. 그러나 독자들은 작품 밖에서 작품 속에 일어난 일들을 총체적으로 볼 수 있기에 더 많은 웃음의 정보들을 찾아낸다.

「총각과 맹꽁이」에서 웃음꾼인 독자는 작중인물인 웃음꾼보다 훨씬 많은 우스꽝스러운 그림(장면)들을 보게 된다.

언어적인 측면에서 보았을 때 낮의 조밭에서 덕만의 친구가 한 말 "개×두 없는 놈에게 호포는 올려두 제누리만 안 먹으면 산담 그래—"와 덕만의 어머니의 "휙—휙—이 망한 년의 ×으로 난 놈의 괭이—"는 작중인물들에게는 전혀 웃음을 일으키지 않는다. 그것이 그들의 생활언어이기 때문이다. 그러나 독자의 경우 '개×두 없는 놈'과 '이 망한 년의 ×으로~'의 표기에서 같은 영문자 'X'지만 그것이 지시하는 어휘의 상반됨 앞에서 놀라고 재미 있어 한다. 동시에 '이 망한 년'이 지시하는 대상이 누군가를 따질 때 또한 웃음을 터뜨리게 된다.

주인공 덕만이 적은 투자(술과 술안주 값)로 젊은 아내와 소 한 마리, 아들까지를 꿈꾸는 엉뚱함은 분명 독자의 예상을 넘어선 것이다. 그리고 뭉태의 집 마당의 멍석에서 벼룩에게 뜯기면서도 체면 유지를 위해 긁지도 못하는 젊은이들, 들병이를 향해 목을 길게 빼고 제 차례를 기다리는 모습들, 들병이의 작은 신발 위에 큼직한 발을 얹어놓고 즐거워하는 덕만이, 콩밭에서 적반하장이 되어 덕만에게 핀잔을 주는 뭉태, 모두 일반인의 상식을 완전히 전복시킨다. 특히 분노한 김덕만이 돌멩이를 집어 올리자, 뭉태와 들병이가 응징의 돌멩이 세례를 받으리라 긴장했

35) 김유정, 「오월의 산골짝이」, 위의 책, 427면.

던 독자들은 돌멩이의 방향이 잿간 쪽으로 바뀌자 안도의 한숨을 쉬게 된다. 순진한 덕만이 주먹으로 눈물을 닦아낼 때에는 웃음을 넘어서 측은함을 느끼게 된다. 그리고 "살재두 나는 인전 안 살아유—" 하는 덕만의 절규에 맞추어 암수 맹꽁이가 주고받는 음충맞은 "맹—, 꽁—" 소리는 기막힌 음향효과가 되어 덕만의 슬픔이 칙칙하지 않게 끝남을 보게 된다. 작품 속의 웃음꾼들은 갈등의 현장 속에 있었기로 상대방의 결함이나 약점을 발견하게 되었을 때 웃었지만 작품 밖의 웃음꾼은 덕만과 그의 친구들이 보여준 엉뚱한 생활방식, 우리의 상식이 전복되는 사건 앞에서 웃게 되는 것이다.

「봄·봄」에서는 등장인물들의 외모와 행동이 우스꽝스러움을 조장한다. 남보다 큰 키의 사위, 남보다 훨씬 작은 짜리 몽탕한 점순이, 똥배가 튀어나온 장인과 제비꼬리 같은 수염을 하고 새끼손가락으로 코딱지를 파서 튕기는 구장영감 등등이 그렇다. 웃음을 유발하는 희극적 장면들은 새고개 맞은 봉우리 화전밭가에서 사위와 점순이 내외하느라고 등 돌리고 앉아 있는 장면, 구장님 앞에서 눈치껏 힘겨루기를 하는 사위와 장인의 몸싸움, 점순이가 던진 바보 소리에 그만 어미 잃은 황소새끼같이 풀이 죽어 있는 사위의 표정, 사위와 장인이 바지가랑이 잡고 뒹구는 장면, 체수가 커다란 사위의 양쪽 귀를 점순이와 장모가 잡아당기는 장면들이다. 이들 예상치 못한 장면들 앞에서 독자의 웃음은 폭발하듯 속도감을 가지고 튀어나오게 된다.

「두꺼비」에서 작품 밖 웃음꾼이 찾아낼 수 있는 희극적 장면들은 약속시간까지 시간을 죽이기 위해 전봇대에 기대어 권연을 피우고 군밤을 까먹는 이경호, 안잠자기의 적극적인 육탄공세 앞에 모욕감과 당혹감으로 도망치는 장면들이 될 것이다. 기생에게 비싼 선물을 사보내고 그 기생의 답례인사라도 받으려고 연 나흘이나 두꺼비를 찾아갔다가 푸대접 당하고 돌아와 이불전 앞에서 눈물을 닦는 이경호, 모두 얼빠진 인간이라고 혀를 차게 할 부분들이다. 이경호의 엉뚱한 언행은 모두 일상적인 것에서 벗어나 있음을 이경호 자신은 물론 독자도 지적하면서 웃게 된다.

그러나 아직은 첫사랑의 기억에서 자유롭지 못하다. 현재 여기에서 이야기를 시작했던 이경호의 이야기는 두꺼비와 옥화에게 농락당했던 그 늦은 가을날 새벽 1시의 광화문통 거리에서 자신에게 최면을 걸던 그 상태에서 끝나고 있는 까닭이다.

4. 웃음과 그 과녁

김유정 소설작품 전반에 걸친 등장인물 가운데는 존경받을 만한 지식인도 없고, 징벌 받아 마땅한 악인도 없다. 그것은 김유정이 창조한 인물들이 모두 인간적인 결점을 갖고 있는 이 땅의 사람들인 때문이다. 인간적인 결점이 많은 사람일수록 그들은 사람을 자기편으로 끌어들이는 힘을 갖는다. 이는 상대편으로 하여금 우월감을 통한 편안함과 즐거움, 보호본능을 자극하는 까닭이다.

「총각과 맹꽁이」의 김덕만은 맹꽁이에게조차 조롱당하는 '인간 맹꽁이'로 그려진다. 그는 세상 사람들의 일상적인 셈속에서 벗어나 있다. 그는 가난하지만 도지를 물고 호포를 낸다. 그는 공상 속에서 젊고 예쁜 아내와, 그 아내가 술장수로 벌어들일 소 한 마리와, 아내가 낳아줄 아들을 꿈꾸며 신이 난다. 그러나 마지막 장면에서 뭉태들에게 농락당하고, 눈물을 닦으면서 암수 맹꽁이가 음충스럽게 주고받는 소리를 들으면서 제 집을 향하여 '설렁설렁 언덕길을 내려온다'. 자신을 농락한 상대에 대한 원망은 돌멩이와 함께 던져졌다. 순간 끓어오르던 웃음운동은 덕만의 눈물과 함께 그 속도가 완만해지면서 독자들은 덕만을 향한 연민의 감정이 솟아오름을 느끼게 된다.

「봄 · 봄」에서 봄날의 몽환적인 분위기 속에 나타난 등장인물들의 외양과 그들의 배치는 지극히 우스꽝스럽다. 소설 속의 등장인물들은 악장을 치고 있지만, 한 걸음 비켜서 그것을 보았을 때에는 승자와 패자, 적과 아군이 갑자기 역할을 바꾸고, 역전을 거듭하는 장면들에서 독자의 웃음운동은 가속화된다. 지게막대로 사위의 머리를 터뜨려놓는 장면은 물론 엽기적이고 혐오감을 불러 올 만하지만(이것은 회상 속으로 스며들어 끔찍한 장면 자체는 표면화되지 않았다), 곧이어 욕필영감과 사위는 화해하게 되고, 사위는 장인에게 신뢰를 보낸다.

김유정은 어리숙한, 뺏기고도 뺏긴다는 사실조차 인식하지 못하고 불평 없이 살아가는 김덕만과, 사위의 삶에 독자들을 동행시킨다. "불더미 같은 해가 눈을 크게" 뜬 한 여름, "호미는 돌에 튕겨지며 쨍 소리를 때때로" 내는 조밭을 일구어가는 고된 농민들의 삶 속으로, 독자들을 초대한다. 소작인과 지주 사이의 불합리한 계약관계, 농촌 노총각의 결혼 문제, 이들을 전경화 시키고 있는 시대적 배경에 대해서까지 심각하게 생각해보게 한다.

뼈 빠지게 일을 해도 "된장찌개, 간장 한 종지, 조밥 한 그릇, 그리고 밥보다 더 수부룩하게 담은 산나물 한 대접"으로 먹이 문제를 해결해야 하는 사위의 밥상, 이것이 당시 농촌의 현실이었다. 김덕만과 사위의 꿈은 가정을 꾸리고 밥술이나 먹는 것이다. 그러나 이들 생존을 위한 최소한의 기본적인 욕구조차도 제한받는 상황임을 작가는 행간에 배치한다. 일반 독자가 보는 것은 웃음거리로서 등장인물이 보여주는 우스꽝스러운 장면들뿐이다. 그러나 눈 밝은 독자들은 웃음거리들이 판을 벌인 웃음판의 상황(현실상황)이 예사롭지 않음을 보게 된다. 작가는 날 것 그대로의 사회학적 부조리를 드러내는 대신, 웃음거리들이 벌이는 웃음판을 통해서 곱씹어보게 하는 것이다.

「두꺼비」는 외양조차 "올롱한 낯짝에 그 두꺼비눈을 한", 두꺼비 파리 잡아먹듯 이경호의 순정을 농락하는 두꺼비와, 안잠자기에게까지 얕보임을 당해야 했었던 젊은이의 수난사이다. 동시에 한 여자에게 반해 그가 할 수 있는 모든 방법을 다해서 순정을 바쳤던 한 젊은이의 사랑의 기억을 담은 고백기이다. 「두꺼비」에서 웃음운동은 더디게 나타난다. 사랑은 이렇게 사람을 어릿광대로 만들어 놓는가. 사랑에 빠진 한 존재로서의 부조리함을 돌아보게 한다. 처음 주인공의 능신스러움에 웃던 독자의 웃음은 다시 읽으면서 독자 자신의 내부로 시선을 돌리게 된다. 사랑 그 자체를 위하여 이렇게 맹목적으로 빠져본 적이 있었던가. 그만큼의 순수성을 갖고 있는가.

이와 같이 자기반성과 모색을 요구하는 김유정의 소설적 전략은 웃음거리가 펼치는 웃음판으로 웃음꾼(독자)을 초대하는 순간부터 발동된다. 김유정의 전략은 쏘크라테스적 아이러니[36]에 가깝다. 김유정은 대화상대자(독자)에게 웃음거리인 주인공들을 내세운다. 그리고 작품 속 웃음거리와의 대면을 통해, 작품 속 주인공이 살았던 당시대를 돌아보게 한다. 어떤 사회적인 부조리가 존재하고 있는 것인지, 동시에 현실에서 자신이 살아온 인생역정을, 자신의 위치를 점검하게 한다. 얼마만큼 불평 없이 성실하게 진실하게 살아왔으며 절망적인 상황 앞에서 어떻게 벗어날 수 있었던가, 미친 사랑에 빠져본 적이 있었는가, 그리고 자신의 치부를 적나라하게 드러내는 고백의식을 통해 새로운 삶의 길을 모색해 본 적이 있었는가 등등에 대해 돌아보게 하는 것이다.

36) 쏘크라테스적 아이러니란 자신은 조금밖에 알지 못하거나 전혀 모르는 것처럼 행동한다. 이와 반대로 이 대화상대자는 다른 사람들에게 책임을 전가하는 표현을 하거나 당황하여 말을 하는 것으로 표현되어 있다. 그래서 쏘크라테스의 대화상대자는 모순에 빠지거나 자신의 무지를 고백해야만 한다. (…중략…) 이 배경에는 (…중략…) 대화상대자를 심사숙고하게 만들고 자신의 사고능력의 한계와 특성을 인식시키기 위해 그에게 이상한 느낌이 들도록 하는 성실한 노력이 숨겨져 있다. 류종영, 앞의 책, 280~281면.

5. 나가는 글

김유정의 「총각과 맹꽁이」 「봄·봄」 「두꺼비」 세 편을 대상으로 작품에 나타난 웃음거리와 웃음의 요인들, 웃음꾼과 웃음판 등을 살펴보았고 나아가 작품 속 웃음의 궁극적 도달점이 어디인가까지 살펴보려고 했다. 이들을 정리하면 다음과 같다.

첫째, 등장인물의 현주소를 살펴보았다. 「총각과 맹꽁이」는 한여름을 배경으로 34세 김덕만의 기대와 기대감의 배신을, 「봄·봄」은 봄날을 배경으로 26세 데릴사위의 거듭되는 혼례요구와 거부의 장을, 「두꺼비」는 늦가을 밤 20세 안팎의 학생 이경호의 기대와 기대감의 배신을 보여주고 있었다.

둘째, 이들 세 작품의 주인공이 갖고 있는 우스꽝스러움의 요인들을 성격적 측면, 언어적 측면, 행동적 측면에서 살펴보았다. 나이와 출신과 직업이 달라도 이들 주인공들의 성격은 세속적인 셈속에 어둡고, 언제나 꿈꾸며, 상대방에 대해 끝없이 신뢰하는 유아적 순진함, 여성 앞에서 순정적이고, 조금 과격하고 충동적이고 무모하기는 하나 이내 반성하며 결코 절망하지 않는 낙천성을 보여주고 있었다. 언어적 측면에서는 이들이 보여준 공통점은 자기 과시적 언어를 사용하거나, 상황에서 일탈된 언어, 구문상 일탈된 어휘조합, 토속어와 비속어의 혼합, 언어유희 들을 통해 웃음을 유발하고 있었다. 행동의 측면에서 역할의 변동, 예기치 않은 행동, 역전과 반복 등이 우스꽝스러움의 요인으로 작용하고 있었다.

셋째, 웃음꾼의 경우 세 작품 속의 웃음꾼(등장인물)은 대개 상대의 인간적 결점과 정보량의 차이, 도덕적 우월성 등을 토대로 웃음의 우월이론에 근거한 것이 많았다. 이에 비해 작품 밖의 웃음꾼(독자)은 등장인물과 사건으로 엮어진 그림을 통해서, 등장인물들의 익살스런 외양, 보통 사람의 생각에서 일탈한 사고방식과 행동, 그로 인한 엉뚱한 사건 흐름

등등, 웃음의 불일치 이론에 근거한 웃음에 더 무게를 두고 웃게 됨을 볼 수 있었다.

넷째, 이들 작품에서 보여준 웃음 운동의 속도와 지향점을 보았다. 「총각과 맹꽁이」에서 웃음운동은 주인공에 대한 연민으로 더뎌진다. 「봄·봄」에서는 어느 봄날의 예상치 못한 소동이 웃음바이러스가 되어 웃음 속도는 가속화, 폭소로 터지게 된다. 그러나 「두꺼비」로 가면 이경호의 내면에 펼쳐진 자신과 자신을 둘러싼 인물들에 대한 비교와 비판의 시선으로 인해 웃음은 속으로 잦아든다. 이들 작품을 처음 읽었을 때 순간적으로 터져 나오던 웃음은 다시 작품을 음미하게 될 때에 그 의미를 따지게 되면서 등장인물에 대한 연민과 독자 자신의 삶을 돌아보게 한다.

김유정 소설 속의 웃음의 지향점, 왜 김유정은 그의 작품 속 등장인물들로 하여금 웃음을 유발시키게 했을까. 「총각과 맹꽁이」, 「봄·봄」은 웃음거리들이 살던 당시의 사회적 부조리를 행간을 통해 읽게 한다. 동시에 힘겨운 세상살이에도 결코 불평하지 않고 여전히 꿈꾸며 열심히 살아가는, 절망하지 않는 사람들을 보여준다. 「두꺼비」에서는 사랑에 빠진 존재, 나아가 인간 존재 그 자체의 부조리를 보여준다. 그리고 숙독(熟讀)을 통해 독자 자신의 삶의 자세를 돌아보고 반성하라고 한다. 사랑에 미쳐본 적이 있는가. 그렇게 자신을 적나라하게 헤쳐보고 반성해 본 적이 있는가고 묻는다. 김유정 소설 속에 펼쳐진 웃음판은 실은 쏘크라테스적 아이러니로 작동하여 독자가 발 딛고 선 현실과 자기 자신을 돌아보고, 어떤 고된 삶 앞에서도 당당하고 자신에게 충실하기를 요구하는 것이다.

「김유정 소설의 웃음 그리고 그 과녁」에 대한 토론문

정현숙

유인순 선생님의 논문은 「총각과 맹꽁이」 「봄·봄」 「두꺼비」를 분석 대상으로 삼아 김유정 소설에 나타난 웃음의 특징과 목적을 살펴보고 있습니다. 이 세 작품을 분석 대상으로 하는 이유는 이 소설들이 '믿을 수 없는 매개자(媒介者) 때문에 사랑에 실패한 총각들의 이야기'라는 공통점 때문입니다. 이 논문은 기존 연구에서 김유정 소설의 특성으로 자주 언급되어 온 유머·풍자·희화적·희극적·골계적·해학적이라는 것이 그 용어와 개념이 불분명하다고 지적하면서 이를 '웃음'이라는 큰 테두리 안에 넣고, 그 안에서 김유정 소설에 나타난 '웃음 전반, 즉 웃음거리, 우스꽝스러움, 웃음꾼과 웃음판, 웃음이 겨냥하는 과녁의 특징과 목적'을 밝히고 있습니다. 특히 우스꽝스러움의 요인들을 성격·언어·행동으로, 웃음꾼과 웃음판을 작품 속의 웃음꾼과 작품 밖의 웃음꾼으로 각각 나누어 분석하고 있습니다. 논문의 이러한 내용은 김유정 소설에 나타난 웃음을 좀 더 세밀하고 심도 있게 논의한다는 점에서 의미가 있다고 봅니다.

선생님의 논지에 공감하면서 몇 가지 궁금한 점이 있어 질문하고자 합니다.

첫째, 김유정 소설은 도저히 웃을 수 없는 현실과 사건을 웃음으로 전도시키는 특징이 있습니다. 논의 대상으로 삼은 소설들도 예외가 아닙니다. 따라서 그의 소설에서 '웃음'은 고유의 인식론적 가치를 구체화하고, 서사를 추동, 생성하는 원천이며, 소설의 핵심이라고 볼 수 있습니다. 프로이드에 의하면 '외부의 충격들이 자신에게 어떠한 피해도 주지 못한다는 확신을 유지하는 것, 오히려 그런 것들을 즐거운 일로 여기고 있음을 보여주는 것이 유머의 본질이며, 이는 막막한 현실에도 불구하고 끝내 굽히지 않으려고 하는 쾌락의 원칙을 의미하기도 한다'고 합니다. 즉 '유머는 인간의 정신 활동이 고통의 속박에서 벗어나기 위해 행하는 행위 가운데 하나'라고 봅니다. 이런 점에서 김유정의 소설은 불쾌나 고통의 가능성에 맞서는 일종의 유머러스한 방어적 태도로 읽힐 수 있습니다. 진지하게 고민해야 할 농촌의 문제를 웃음으로 처리하는 것은 당대 현실이 야기하는 중압감에서 빠져나오려는 작가의식의 일단으로 보거나, 아니면 농촌의 구체적인 현실 안으로 깊숙이 들어가 내부의 삶을 보다 친밀하게 이해하고 공감하는 태도로 볼 수도 있습니다. 극단적인 평가가 있을 수 있는데, 세 작품에 나타난 '웃음'은 작가의식과 관련하여 어떻게 해석할 수 있는지에 대해서 선생님의 견해를 듣고 싶습니다.

둘째, 위의 질문과 이어지는 것인데, 김유정 소설의 '웃음'이 지니는 궁극적인 의미는 무엇인지 대해서 알고 싶습니다. 김유정 소설에서 '웃음'은 단순한 웃음으로 끝나는 것이 아니라 비극성을 동반하며, 이것은 희극과 비극의 이중구조로 분석되기도 합니다. 본고에서는 "「총각과 맹꽁이」「봄·봄」은 힘겨운 세상살이에도 결코 불평하지 않고 여전히 꿈꾸며 열심히 살아가는, 절망하지 않는 사람들을 보라고 하며, 「두꺼비」에서는 숙독(熟讀)을 통해 독자 자신의 삶의 자세를 돌아보고 반성하라고 한다. 독자들은 자신의 내부로 시선을 돌리게 되고, 사랑 그 자체를 위하여 이렇게 맹목적으로 빠져본 적이 있었던가. 그리고 자신의 치부를 이렇게 적나라하게 드러내는 고백의식을 통해 새로운 삶의 길을 모색하는 용기를 갖고 있는가, 이와 같은 자기반성과 모색을 요구하는 김유정의 소설적 전략"이 '웃음'이 주는 의미라고 하였는데, 세 작품과 관련하여 선생님께서 주장하신 '소크라테스적 아이러니'에 대해서 좀 더 상세히 말씀해주시기 바랍니다.

셋째, 김유정 소설의 독특한 문체가 전통적인 해학, 골계와 어떤 관련성이 있는지 알고 싶습니다. 특히 본고에서는 세 작품들을 대상으로 언어적 측면에서 웃음을 유발하는 요인들을 상세히 분석하면서, 이 소설들이 "자기 신분과 어울리지 않는 언어를 사용하거나, 상황에서 일탈된 언어, 구문 상 일탈된 어휘조합, 언어유희 들을 통해 웃음을 유발하고 있으며, 행동의 측면에서는 역할의 변동, 예기치 않은 행동, 역전과 반복 등이 우스꽝스러움의 요인으로 작용하고 있다"고 결론 짓고 있습니다. 이러한 특성은 비단 세 작품에만 국한되지 않는 김유정 문체의 독특한 일면이며, 이는 전통적인 수사학과 관련하여 좀 더 상세히 논의할 필요성이 있다고 봅니다. 이에 대해서 설명해주시기 바랍니다.

속이고 속는 이야기의 두 유형

판소리와 김유정 소설

전신재

1. 머리말

속이고 속는 화소(話素)는 서사장르나 희곡장르에서 두루 사용되는 소재이다. 서사장르에서는 트릭스터 이야기(trickster tales)에서, 그리고 희곡장르에서는 위계희극(僞計喜劇, comedy of intrigue)에서 이 화소가 주로 사용된다. 판소리와 김유정(金裕貞) 소설에서도 이 화소가 중요한 소재로 사용되었다. 전승 판소리 다섯 마당의 경우 이 화소는 〈적벽가〉 〈수궁가〉 〈춘향가〉에 집중적으로 나타나고, 〈심청가〉와 〈흥보가〉에 부분적으로 나타난다. 전승 판소리의 모든 작품에 이 화소가 나타나는 것이다. 김유정의 소설들 중에서는 「산골 나그네」 「총각과 맹꽁이」 「소낙비」 「금 따는 콩밭」 「금」 「산골」 「만무방」 「솥」 「봄 · 봄」 「가을」 「두꺼비」 「봄밤」 「동백꽃」 「생의 반려」 「정조」 「따라지」 「애기」에 이 화소가 나타난다. 김유정이 남긴 소설은 모두 30편인바 그 30편 중에서 17편에 이 화소가 나타나는 것이다.

이 논문에서 필자는 판소리와 김유정 소설에서 속이고 속는 화소가 사용되는 방법과 그 의미를 비교해 보고자 한다. 이러한 작업은 판소리의 특성과 김유정 소설의 독자성을 좀 더 선명하게 밝혀내는 데에 기여할 수 있을 것이다. 또한 한국문학에서 웃음문화의 전통이 어떻게 지속되어 왔고 어떻게 변모되어 왔는지도 좀 더 구체적으로 파악할 수 있을 것이다.

김유정이 한국문학의 전통을 깊이 있게 계승한 작가라고 평가할 때 그 전통의 구체적 내용에는 한국 고유의 웃음문화도 포함되어 있다. 그리고 전통은 고정되어 있는 것이 아니라 기본형과 본질이 바뀌지 않는 한도에서 시대에 따라 변모하는 것이라고 할 때 판소리와 김유정 소설에서 찾아지는 웃음문화의 지속성과 변화성의 탐색은 살아 있는 전통 속에서 김유정 문학의 실상을 파악하는 데에 유리하다.

고찰 대상 작품은 판소리에서는 〈적벽가〉 〈수궁가〉 〈춘향가〉이고, 김유정 소설에서는 「총각과 맹꽁이」 「봄 · 봄」 「동백꽃」 「산골 나그네」 「솥」 「가을」이다. 이들은 속이고 속는 화소가 중점적으로 사용된 작품들이다.

2. 판소리

1) 〈적벽가〉

〈적벽가〉의 기본 구조는 제갈량(諸葛亮)과 조조(曹操)의 대결이다. 〈적벽가〉는 전쟁을 소재로 한 작품인데 제갈량과 조조는 무력(武力)으로 대결하지 않고 지략(智略)으로 대결한다. 제갈량의 부하 조운(趙雲)과 조조의 부하 하후돈(夏候惇)이 접전을 벌이고 있을 때 조운은 제갈량의 작전에 따라 패하는 체 후퇴를 함으로써 하후돈을 좁은 골짜기로 끌어들여 전멸시킨다. 제갈량은 손권(孫權)의 부하 노숙(魯肅)의 계략에 따라 유비(劉備)를 배반하고 손권의 진영으로 간다. 그러나 이것은 배반이 아니라 지략이다. 제갈량은 손권의 군대를 동원하여 조조를 공격한다. 그리고 제갈량은 손권을 버리고 유비에로 다시 가서 유비를 섬긴다. 이에 앞서 제갈량은 전선 10여 척에 섶을 많이 실어 적벽강에 띄운다. 이에 조조는 군사들에게 명하여 그 배들을 활로 집중 공격하게 한다. 화살들은 모두 섶에 박힌다. 이렇게 해서 제갈량은 11만 8천 개의 화살을 얻는다. 그리고 제갈량은 불로써 조조를 공격한다. 조조는 패주하면서 제갈량이 대로에 복병하고 소로에 헛불을 놓았을 것이라고 판단하고 소로로 간다. 그러나 조조는 소로에서 제갈량의 복병을 만난다. 이처럼 제갈량은 조조를 속이고, 조조는 번번이 속는다.

제갈량의 뛰어난 지략이 성공하는 장면은 우아한 아름다움을 표출한다. 이에 반하여 조조가 속는 장면은 웃음을 유발시킨다. 또한 조조는 번번이 속을 뿐만 아니라, 남을 속이기에도 실패를 하는데 조조가 다른 사람을 속이기에 실패하는 장면도 웃음을 유발시킨다.

> ①[잦은몰이] 황개 쫓아가며 외는 말이,
> "붉은 강포 입은 놈이 조조니라!"
> 조조의 혼 기겁하야 홍포 벗어 던져 버리고, 군사 전립 앗어 쓰고,
> "참 조조는 저기 간다!"
> 제 이름을 제 부르며 꾀탈 양탈 도망할 제[1)]
>
> ②[아니리] 이러고 자탄 끝에 또 (조조가) 대소허니, 정욱이 어이없어 군사다

1) 정권진 창본 〈적벽가〉, 『판소리 다섯 마당』, 한국브리태니커회사, 1982, 216면.

려 이르기를,

"우리 모두 다 죽는다. 정신들 차려라. 승상님이 웃으셨다."

조조는 얕은 속에 화를 내여,

"고얀 놈들, 내가 웃으면 복병이 꼭 난단 말이냐? 내 우리 집에 있을 때 아무리 웃어도 복병커녕 뱃병도 안 나더라."[2)]

③[잦은몰이] 조조 정신없어,

"여봐라, 정욱아. 내 갑옷 입고 여기 잠깐만 서 있거라. 나 똥 좀 누고 오마."

"그런 얕은 꾀 쓰지 마오."

조조, 정신 혼미하야 갑옷 벗어 후리치고, 군사와 한데 섞어 자빠지며 엎더지며 화룡도로 도망을 허는구나.[3)]

④[아니리] "허허 야들아, 신통한 꾀 하나 생각했다."

"무슨 꾀를 생각했소?"

"나를 죽었다고 홑이불로 덮어놓고 너희 모도 군중에 발상(發喪)하고 앉어 울면 송장이라고 막걸리 동우나 내고 피할 것이니 홑이불 둘러쓰고 살살 기다가 한 달음박질로 길로 달어나자."

정욱이 기가 막혀,

"산 승상 잡으랴고 양국 명장 쟁공(爭功)하오."[4)]

황개가 패주하는 조조를 잡으려 하자 조조는 홍포를 벗어 던지고 부하의 전립을 빼앗아 씀으로써 자신을 위장하려 한다(①). 조조는 자신을 위장하려고 자기의 갑옷을 정욱에게 입히려다가 거절당하기도 하고(③), 죽은 시늉을 하고 있으려다가 정욱에게 비판을 받기도 한다(④). 조조는 그의 전속부관격인 정욱보다도 어리석은 장군으로 묘사된다.

조조는 복병을 배치해야 할 곳에 복병을 배치하지 않은 제갈량의 어리석은 전술을 마음껏 비웃는다. 그러자 바로 그 자리에서 복병을 만난

2) 정권진 창본 〈적벽가〉, 위의 책, 218면.
3) 정권진 창본 〈적벽가〉, 위의 책, 218면.
4) 박봉술 창본 〈적벽가〉, 『한국의 판소리』(정병욱), 집문당, 1981, 462면.

다. 그것도 여러 번씩이나 그리한다. 그래서 부하들은 조조가 웃기만 하면 사색이 된다(②).

조조는 스스로 속기도 한다. 조조는 장승을 장비로 알고 공포에 떤다. 조조는 속은 것이 분하여 그 장승을 뽑아 잡아들이라 하여 군법으로 참하려다가 그것이 자기의 실책임을 깨닫고 장승을 방송한다.

〈적벽가〉의 웃음은 부당한 권위의 파괴에서 온다. 피지배자들을 부당하게 괴롭히던 지배자가 순식간에 무능을 드러내면서 추락하는 상황은 피지배자들에게 통쾌한 웃음을 폭발시킨다. 피지배자들의 삶이 고통스러울수록 그 웃음은 더욱 통쾌할 것이다. 〈적벽가〉에서 피지배자들의 고통스러운 삶의 모습은 군사설움타령, 새타령 등에 잘 나타나 있다.

〈적벽가〉의 웃음은 정서의 균형을 유지하는 기능도 가진다. 웃음은 제갈량의 작전 성공이 유발하는 우아미, 군사설움타령이나 새타령 등이 유발하는 비장미 등과 조화를 이루면서 〈적벽가〉 전체의 정서적 균형을 이루어낸다. 웃음의 이러한 기능은 다른 판소리 작품에도 해당한다.

2) 〈수궁가〉

〈수궁가〉의 기본 구조는 별주부와 토끼의 대결이다. 별주부와 토끼는 속임수로 대결한다. 별주부와 토끼는 서로가 서로를 속이는데 토끼는 별주부의 속임수에 넘어가고, 별주부는 토끼의 속임수에 넘어가지 않는다.

토끼가 별주부를 처음 만났을 때 토끼는 문자를 써서 자기를 과시한다. 즉 토끼가 별주부를 속인다. 이에 별주부는 토끼의 문장과 풍신에 감탄을 한다. 그러나 이것은 별주부가 토끼를 속이는 것이다. 별주부는 토끼의 문장이 실은 문장이 아니며 토끼의 풍채가 초라함을 잘 알고 있다. 별주부는 자기의 목적을 달성하기 위하여 토끼에게 짐짓 속아주고, 토끼는 그런 별주부의 속셈을 모르고 있는 상황이다. 의기양양해진 토끼는 이어서 신선처럼 자연을 즐기며 사는 자기의 삶을 자랑한다. 그러나 별주부는 이 말에는 속아주지 않는다. 별주부는 토끼가 추위와 배고픔과 생명의 위협에 시달리는 고달픈 삶을 살고 있음을 폭로하고, 토끼는 이를 시인한다. 사실은 토끼는 산속에서도 산잔등에서도 들판에서도 늘 생명의 위협을 받으며 고달프게 살고 있는 것이다.

별주부는 훈련대장이라는 벼슬과 미색지락(美色之樂)을 미끼로 하여 토끼를 속이고, 토끼는 별주부에게 속아서 용궁으로 간다. 용궁에서 용왕이 토끼의 간을 약으로 먹기 위하여 토끼의 배를 가르려 하자 토끼는 간을 육지에 두고 왔다고 용왕을 속인다. 토끼가 용왕을 속이는 방법은 현학(衒學)을 가장한 화려한 언변이다. 이러한 언변에 용왕은 속고 망둥이와 별주부는 속지 않는다.

토끼는 자기 뱃속에 있는 것은 간이 아니라 똥 덩어리라고 망둥이를 속인다. 토끼는 사세가 시급해짐을 몸으로 느끼면서 용왕을 다시 속인다.

> [아니리] 토끼가 말은 그렇게 했지만은 속으로는 질리던가 보더라.
> "군자는 가거이방이요 견지이작이라 하얐으니, 속인 김에 빼는 것이 제일 수다."
> 용왕전에 들어가서 여짜오되,
> "소퇴가 이리 놀기는 좋사오나, 대왕의 병세가 위중하오니, 먼점 나갔던 주부를 안동하야 주시면 간을 속히 들여오겄습니다."
> "어허, 기특코 고마운 말이로구나."
> 별주부를 불러들여,
> "네 토공을 모시고 세상에를 나가, 간을 주걸랑 그건 그저 빨리 가져 들어오너라."[5)]

토끼가 용왕을 속이고 용왕이 토끼에게 속고 있는 상황임을 알고 있는 별주부는 토끼의 배를 가르자고 용왕에게 다시 간청한다. 그러나 용왕은 끝내 토끼를 믿고 별주부를 믿지 않는다. 별주부는 용왕의 엄명을

5) 박봉술, 〈수궁가〉, 『판소리 다섯 마당』, 한국브리태니커회사, 1982, 182면.

어길 수 없어 토끼를 등에 태우고 육지로 나온다.

주도면밀한 별주부와 경솔한 토끼의 속이기 경쟁에서 경솔한 토끼가 승리하고 주도면밀한 별주부가 패배한다. 이러한 의외의 결과가 웃음의 요인이 된다. 약자(토끼)의 속임수에 강자(용왕)가 넘어가는 것도 웃음의 요인이다. 부정적 인물인 강자의 갑작스러운 격하는 웃음을 유발한다.

그런데 이러한 웃음의 이면에는 약자들의 고달픈 삶이 숨어 있다.

별주부는 주도면밀하여 실수를 하지 않는 관리이다. 품계는 중하급 정도이다.[6] 별주부는 자기를 잡아먹으려는 호랑이를 속임수로 물리치는 데에도 성공하고, 토끼를 수궁으로 유인하는 데에도 성공한다. 그러나 왕의 어리석은 판단으로 이 성공은 수포로 돌아간다. 무능한 왕에게 충성을 다하는 것은 어리석은 일이지만 세습관리[7]인 별주부는 두뇌 회전이 느리고 틀에 박힌 인간[8]이라 관직에 그대로 매여 살고 있다.

토끼는 가족도 없고 정착지도 없는 서민이다. 토끼는 늘 생명의 위협에 노출되어 있다. 토끼는 용궁의 위기에서 가까스로 벗어난 다음에 그물에 걸려 다시 죽음의 위기에 직면한다. 토끼는 이번에는 쉬파리들로 하여금 자기 몸에 온통 쉬를 슬게 하여 죽은 것으로 가장하여 목동초군을 속인다. 간신히 살아난 토끼는 독수리에게 채이어 다시 죽음의 위기에 직면한다. 토끼는 이번에는 수국 용왕에게서 선물로 받은 '의사 줌치'를 독수리에게 주겠다고 독수리를 속임으로써 죽음의 위기에서 벗어난다. 이처럼 토끼는 끊임없이 계속되는 생명의 위협을 속임수로써 그때 그때 벗어나는 고달픈 삶을 살고 있다. 그러나 토끼는 절망적인 상황에 놓여 있으면서도 좌절하지 않고 발랄하게 살아가고 있다. 이 경우

6) 조선시대의 주부(主簿)는 종6품으로 18등급 중에서 12등급이다.
7) 별주부는 감옥의 죄인을 다스리는 무관이다. 별주부는 '전옥주부(典獄主簿) 공신 사대손'이다. 또한 그는 호흉배(虎胸背)의 관복을 입고 왕을 배알하니 무관이다. 박봉술, 〈수궁가〉, 앞의 책, 165, 171, 173면.
8) 별주부와 토끼의 인간상에 대해서는 다음 논문을 참조. 전신재, 「별주부와 토끼의 인간상」, 『구비문학연구』 6, 한국구비문학회, 1998.

에 웃음은 절망적 현실과 거리를 유지하고 그것을 객관화하면서 절망을 극복하는 방법이다.

3) 〈춘향가〉

〈춘향가〉의 구성을 결연, 이별, 수난, 재회로 나눌 때, 속이고 속는 화소는 재회 부분, 즉 이몽룡이 암행어사가 된 후에 자기의 신분을 숨기기 위하여 걸인으로 위장하는 장면부터 어사 출두하는 장면까지에서 집중적으로 나타난다.

이 부분에서 이몽룡은 농부들, 젊은 여인들, 초동(樵童), 옹씨(雍氏) 상주들, 16세 총각, 월매와 향단, 춘향, 혼금나졸(閽禁羅卒), 변사또와 각읍 수령들, 관장하인(官長下人), 기생을 순서대로 만나는데 이몽룡은 이들에게 자기 신분을 속이고, 이들은 이도령에게 속는다. 거기에다가 이도령과 초동은 서로가 서로를 속이고, 이도령과 월매도 서로가 서로를 속인다. 또한 이도령은 옹씨 상주들을 이중으로 속인다. 이도령은 춘향도 이중으로 속인다.

판소리 〈춘향가〉의 청관중은 이몽룡이 암행어사가 되어 전라도 땅에 들어오면서 거지로 위장하는 장면을 지켜본다. 그러나 전라도 사람들은 이것을 모른다. 즉 청관중은 알고 있는 사실을 등장인물은 모르고 있다. 청관중은 이몽룡이 거지차림을 하고 있지만 사실은 암행어사라는 것을 알고 있지만 월매는 이몽룡이 거지가 되어 남원으로 온 것으로 알고 있다. 이러한 상황의 조성은 위계희극에서 즐겨 사용하는 기법이다. 이른바 극적 아이러니(dramatic irony)이다.

거지가 된 이몽룡을 보고 월매는 절망한다. 월매는 춘향의 신세를 생각하면서 한탄하고 통곡한다. 그리고 이몽룡을 박대한다. 월매는 이몽룡에게 밥도 주지 않는다. 이러한 장면을 보면서 청관중은 웃음을 터뜨린다. 월매는 울고 청관중은 웃는다. 이처럼 극적 아이러니는 감정이입을 차단한다. 어떤 사람이 상대방을 일방적으로 속이는 것이 아니라 서로가 서로를 속이는 상황이면 극적 아이러니의 효과는 배가된다.

> [말로] 옥(獄) 모퉁이 돌아서니 춘향 모친이 어사또를 따돌리느라고,
> "이서방은 어디로 가시려오?"
> "어디 갈 데 있나. 자네 집으로 가지."
> "어디 내 집 있간디요."
> "그 새 자네 집을 누가 뜯어 버렸나?"
> "옥 바라지 하느라고 집을 팔았더니 집 산 임자가 들었으니 거기에 가 잘 수 있소?"
> "그러면 자네는 어디 가 자려나?"
> "이찰방(李察訪) 과수댁에 가 자지요."
> "그러면 나도 거기 가 자지."
> "좋을씨고. 사람이 그릇되더니 체면도 없구나."[9)]

이몽룡은 암행어사가 되었으면서 거지가 되었다고 월매를 속이고, 월매는 거지가 된 이몽룡을 재워주기가 싫어서 집을 팔았다고 이몽룡을 속인다. 이에 이몽룡은 할 수 없어 여가(旅家)에 가서 잔다. 이 장면에서 청관중은 이몽룡에 대하여 연민의 정서를 느끼지 않고 오히려 웃음을 터뜨린다. 이에 앞서 초분(草墳) 장면에서는 이몽룡, 초동, 옹씨 상주들의 속이고 속는 관계가 복잡하게 얽혀 웃음을 더욱 강렬하게 유발한다.

> ①[말로] 어사또 가만히 들으니, 그 놈이 춘향의 내력은 도저히 아는 모양이거던. 한번 물어 보리라 하고,
> "어따, 이애. 어따, 이애."
> 부를 때에, 이 애는 다른 애가 아니라 남원 장바닥에서 닳아진 놈이었다. 구

9) 장자백 창본 〈춘향가〉, 김진영 · 김현주 역주, 『명창 장자백 창본 춘향가』, 박이정, 227면.

변 좋고 재치 있고 사람 돌라 먹기는 이상 없는 놈이었다.

"저 불렀습니까?"

"오냐. 네가 춘향의 말로 노래를 부르고 가니 춘향이가 죽었느냐?"

저 놈이 어사또 눈치를 보니 아마도 춘향과 무슨 사정이 좀 있는 모양이거던.

"춘향이 죽었지요."

"언제 죽었단 말이냐?"

"며칠 아니 되었소. 엊그제 죽어서 갖다 묻었지요."

"이 애, 그러면 춘향 무덤 좀 가르쳐줘라."

"여보, 나무 하지 말고요?"

"이 애, 나무 값을 주마."

"얼마 주시려오?"

"양반(兩半) 주마."

"내시오."

돈은 땄것다.

"이리 오시오. 저 건너 새 초분(草墳)하여 놓은 게 그것이 춘향 무덤이요."[10)]

②[말로] 어사또 깜짝 놀라 생각하니, '갈비 한 쪽은 영낙없이 절단났구나.' 자칫하면 몽둥이로 맞아 죽게 되었거던. 어사또 꾀를 내어,

"내 말을 좀 들어 보오. 내가 초학(初瘧)을 얻은 바 오늘까지 마흔아홉직째 하는데, 명의가 이르기를 길가의 새 초분을 보거든 초분을 쥐어 뜯고 울면 상인이 홧김에 상장(喪杖)으로 칠 것이니 한번만 맞으면 생전 초학을 여읜다기로 이리 하였으니 한 번만 때려 주오."

째보 상인(喪人) 화를 내어 상장을 들어메고 때리려고 달려드니 맏상인 만류하며,

"상장이 어른거리면 초학이 떨어진다 하니 털끝도 건드리지 말고 고이 보내라. 생전 초학으로 늙게."[11)]

초분 장면은 정서를 입체적으로 조직한다. 같은 시간에 이몽룡은 통곡

10) 장자백 창본 〈춘향가〉, 앞의 책, 193~195면.

11) 위의 책, 199면.

하다가 당황해하고, 옹씨 상주들은 당황해하다가 분노하고, 청관중은 웃음을 터뜨린다. 속이고 속는 장면은 대체로 말로, 즉 아니리로 연출되는데 이것도 웃기기의 한 전략이다. 청관중을 웃기기에는 창보다 아니리가 더 효과적이다.[12] 이러한 기법은 판소리의 다른 작품에도 해당한다.

그러나 극적 아이러니의 장면이 청관중에게 웃음만을 유발시키는 것은 아니다. 다음은 어사 출두 직후의 장면이다.

> [말로] "네 이년 들어라. 너는 일개 창녀로서 네 고을 관장령을 거령(拒令)하니 죽여 마땅하거니와 또한 수의사또 수청조차 거역하고 시즉(時卽) 살기를 바랄까. 분부 모셔라."
>
> [중머리] 춘향이 정신 차려 기운 없이 여쭈오되,
>
> "소녀가 아뢰리라. 효자 충신 열녀 정히 상중하가 있나이까? 층암절벽 굳은 바위 눈비 온들 썩어지며, 태산 숭악 만장봉이 바람 불어 쓰러질까. 송죽같이 굳은 절개 다시 변하든 못하겠소. 살기도 귀찮고 매 맞기도 귀찮으니 수의사또 덕택으로 이제 박살 죽여주면 송장 임자 밖에 있소. 제발 덕분 죽여주오."[13]

밖에 있다는 '송장 임자'가 바로 춘향의 면전에서 수청을 요구하고 있는 '수의사또'임을, 그리고 사실은 수청을 요구하는 것이 아니라 '춘향 지기(志氣)를 보려' 하는 것임을 청관중은 이미 알고 있다. 그러나 춘향은 그것을 모르고 절망 속에서 죽음을 각오하고 굳은 절개를 드러내 보인다. 이 장면은 청관중에게 웃음을 유발시키지 않는다. 춘향의 진실성이 장면을 압도하기 때문이다.[14] 이에 앞서 이몽룡이 감옥에서 춘향

---

12) 속이고 속이는 장면을 창으로 처리하는 경우도 있다. 이 경우는 대체로 잦은몰이로 부른다.

13) 장자백 창본 〈춘향가〉, 앞의 책, 241면.

14) 〈심청가〉에서 심청이 자기를 남경 상인에게 팔아 공양미 삼백 석을 몽은사로 보내고 나서 장승상댁에서 공양미 삼백 석을 보내주었다고 심봉사를 속이는 장면과 〈홍보가〉에서 홍보가 놀보에게 전곡을 얻으러 갔다가 전곡은 얻지 못하고 매만 맞고 돌아와서 강정모퉁이에서 도적놈을 만나 형님 양주분이 후히 주신 전곡을 다 빼앗기고 매만 맞고 왔다고 아내를 속이는 장면에서도 청관중은 웃지 않고 연민의 정서에 감염된다.

을 만나는 장면에서는 속이고 속는 상황에서 춘향의 진실한 마음이 더욱 감동적으로 부각된다. 이 장면은 웃음을 유발시키지 않고, 울음을 유발시킨다. 이처럼 극적 아이러니는 등장인물의 진솔한 내면을 효과적으로 드러내게 하는 기법이기도 하다. 이것은 청관중을 웃기는 경우에도 해당한다. 거지가 된 이몽룡을 박대하는 월매를 보면서 청관중은 마음껏 웃는데 한편으로는 그 박대에서 오히려 춘향과 이몽룡에 대한 월매의 깊은 애정을 읽어내기도 한다.[15)]

3. 김유정 소설

1) 미혼 남녀의 이야기

「총각과 맹꽁이」와 「봄・봄」과 「동백꽃」은 미혼 남녀를 주인공으로 한 소설들이다. 「총각과 맹꽁이」와 「봄・봄」은 노총각이 결혼하려다가 실패하는 이야기이고, 「동백꽃」은 사춘기 소년 소녀의 연정을 다룬 소설이다.

「총각과 맹꽁이」는 덕만이 들병이와 결혼하려다가 실패하는 이야기이다. 덕만은 어머니와 둘이 사는 34세의 노총각으로서 소작으로 생계를 이어가고 있다. 그런데 덕만이 소작하는 땅은 농사를 거의 지을 수 없는 악토(惡土)이다. 친구들은 덕만이가 사람이 병신스러워서 그런 악토를 소작하고 있는 것이라고 비난하지만 덕만은 그것마저 없으면 소작조차 할 수 없는 형편이다. 덕만은 안 익은 콩을 탓할 뿐 올해에는 조

15) 춘향가의 극적 아이러니에 관한 더 상세한 논의는 다음 논문을 참조. 전신재, 「춘향가의 극적 아이러니」, 『고전희곡연구』 6, 한국고전희곡학회, 2003.

로 바꾸어 심었다. 덕만은 들병이와 결혼하여 술장사를 하는 것이 꿈이다. 결혼하면 아들을 낳을 것이고, 술장사를 하면 소 한 마리를 살 수 있을 것이라고 덕만은 생각한다. 그러니까 들병이와 결혼하는 것은 덕만에게는 일석이조(一石二鳥)인 셈이다.

어느 날 마을에 22세의 들병이가 들어온다. 덕만은 뭉태에게 자기를 그 들병이와 결혼시켜 달라고 조른다. 뭉태는 덕만의 의형으로서 건달이다. 뭉태는 덕만의 소원을 들어주겠다고 약속하고, 덕만은 자기가 술값을 모두 내고 술판을 벌이겠다고 한다. 거기에 더하여 덕만은 자기 집의 닭도 어머니 몰래 훔쳐 가지고 뭉태네 집으로 간다.

밤에 젊은이 여섯 명이 뭉태의 집에 모여 들병이를 데리고 술을 마신다. 그런데 술값을 모두 덕만이 내는 것임에도 불구하고 약속과는 달리 뭉태 혼자서 들병이를 차지한다. 새벽이 되자 뭉태는 들병이를 데리고 콩밭으로 간다. 덕만이 그들을 따라가자 뭉태는 들병이를 데리고 다른 곳으로 간다. 덕만은 주먹으로 눈물을 비비며, 들병이가 사라진 반대편을 향하여 "살재두 나는 인전 안 살 터이유—"하고 소리를 지른다.

「총각과 맹꽁이」에서는 세상 물정을 훤히 아는 뭉태가 세상 물정을 전혀 모르는 덕만을 속인다. 독자는 덕만이 상황 파악을 제대로 못 하는 어리석은 인물로 인식한다. 독자는 덕만이 바보라고 생각한다. 그러나 덕만은 자기가 바보라고 생각하지 않는다. 덕만은 자기는 지금 최선을 다해서 좋은 계획을 시행하고 있다고 생각한다. 아이러니의 논리로 말하면 '자신에 찬 무지'에 해당하는 상황이다. 이렇게 덕만이 자기 자신에 대해서 가지는 인식과 독자가 덕만에 대해서 가지는 인식 사이의 거리감이 웃음을 유발한다. 독자가 덕만에 대해서 가지는 우월감에서 유발되는 웃음이다.

그러나 상황이 이것으로 그치는 것은 아니다. 이 상황은 희극의 일반적인 공식에서처럼 독자가 뭉태와 합세하여 덕만을 궁지로 몰아넣는 것은 아니다. 희극의 공식과는 반대로, 덕만은 약자이고 뭉태는 강자이기에, 강자이고 건달인 뭉태가 약자이고 바보인 덕만을 속여 재산을 착취하는 상황이기에, 강자에게 속아서 재산을 착취당하는 약자를 보면서 독자들은 약자에 대해서 연민의 정서를 느낀다. 이처럼 「총각과 맹꽁이」에는 웃음을 유발하는 구조와 연민의 정서를 유발하는 구조가 결합되어 있다. 독자는 덕만을 보면서 웃음과 아픔을 동시에 유발하게 된다.

「봄 · 봄」은 내가 점순과 결혼하려다가 실패하는 이야기이다. 나는 점순네 집의 무보수 머슴이고 점순의 아버지 봉필은 마름이다. 봉필은 배참봉댁 마름으로서 부당한 방법으로 돈을 모은 인물이며 무식하고 천박한 자린고비이다. 그는 "욕 잘 하고 사람 잘 치고 그리고 생김생기기를 호박개같"이 생겼으며 "원체 심정이 궂"은 사람이다. 그래서 별명이 욕필이다. 그러나 동리 사람들은 그 욕을 다 먹어가면서도 그에게 굽실거린다.

나는 26세의 노총각으로서 고향에서 뿌리 뽑힌 유랑민이다. 나는 빈궁한 삶으로 가정이 파괴되어 혼자서 타향에 가서 정착을 시도하고 있는 인물이다. 나는 무보수 노동이라도 못 하면 먹고 잘 데가 없는 사람이다. 나는 요행히 점순네 집에 데릴사위라는 명목으로 들어와 있지만 실제로는 머슴 노릇을 하고 있다. 그것도 새경도 못 받는 머슴이다. 그러니까 실제로는 데릴사위도 아니고 머슴도 아닌 것이다.

①

내가 머리가 터지도록 매를 얻어 맞은것이 이때문이다. 그러나 여기가 또한 우리 장인님이 유 달리 착한 곳이다. 여느 사람이면 사경을 주어서라도 당장 내쫓았지 터진 머리를 불솜으로 손수 짖어주고, 호주머니에 히연 한봉을 넣어주고 그리고

"올갈엔 꼭 성례를 시켜주마, 암말말구 가서 뒷골의 콩밭이나 얼른갈아라" 하고 등을 뚜덕여줄 사람이 누구냐.

나는 장인님이 너무나 고마워서 어느듯 눈물까지 낫다. 점순이를 남기고 인젠내쫓기려니, 하다 뜻밖의 말을 듣고

"빙장님! 인제 다시는 안그러겠어유—"

이렇게 맹세를하며 불야살야 지게를지고 일터로갔다.[16]

②

작년 이맘때도 트집을 좀 하니까 늦잠 잔다구 돌맹이를 집어던저서는 자는 놈의 발목을 삐게 해놨다. 사날식이나 건승 끙, 끙, 앓았드니 종당에는 거반 울상이 되지 않었는가—.

"얘 그만 일어나 일좀해라, **그래야 올갈에 벼잘되면 너 장가들지 않니.**"

그래 귀가 번쩍 띄여서 그날로 일어나서 남이 이틀품 드릴 논을 혼자 삶어 놓으니까 장인님도 눈깔이 커다랗게 놀랐다. (159면)

③

"……또 결혼두 그렇지 법률에 성년이란게 있는데 스물하나가 돼야지 비로소 결혼을 할수가 있는걸세, 자넨 물론 아들이 늦일걸 염려지만 점순이루 말하면 인제 겨우 열여섯이 아닌가, 그렇지만 아까 빙장님의 말슴이 **올갈에는 열일을 제치고라두 성례를 시켜주겠다** 하시니 좀 고마울겐가, 빨리 가서 모 붓든거나 마저 붓게, 군소리말구 어서 가—"

그래서 오늘 아츰까지 끽소리없이 왔다. (163면)

①이 어느 해에 있었던 사건인지 소설 본문에는 명시되어 있지 않다. 인용하지 않은 부분에 '한번은'이라는 언급만 있다. 다만 콩밭을 갈아야 하는 때인 것으로 보아 어느 해 봄이라는 것만 알 수 있다. 내가 점순네 집에 들어온 것이 3년 7개월 전이고, ②는 작년 봄의 상황이고, ③은 금년 봄의 상황이니 ①은 재작년 봄의 상황일 것으로 추측되기는 한다(아니면 작년 봄이나 금년 봄에 성례 약속을 두 번 했을 수도 있고).

어쨌든 ①에 나타나 있는 바와 같이 어느 해 봄에 봉필은 그해 가을에 나와 점순을 결혼시켜 주겠다고 약속했다. 나는 그것이 고마워서 뒷

16) 전신재 편, 『원본 김유정전집』, 강, 2007, 167면. 앞으로 이 책에서의 인용은 일일이 각주를 달지 않고 인용문 끝에 쪽수만 표시함. 굵은 글씨는 필자가 바꾼 것임.

골에 가서 콩밭을 열심히 갈았다. 그러나 그해 가을에 봉필은 나와 점순을 결혼시켜 주지 않았다.

②에 나타나 있는 바와 같이 작년 봄에 봉필은 나에게 일 잘 하면 가을에 점순과 결혼시켜 주겠다고 약속했다. 그래서 나는 화전밭에 가서 소를 부려 밭을 열심히 갈았다. 그러나 작년 가을에 봉필은 나와 점순을 결혼시켜 주지 않았다.

③에 나타나 있듯이 금년 봄에도 봉필은 구장을 통하여 내가 열심히 일하면 올 가을에 결혼시켜 주겠다고 약속하였다. 그래서 나는 논에 가서 모 붓기를 열심히 하였다.

그러자 뭉태가 나에게 맹공격을 가해 온다. 3년 7개월 동안 결혼도 못하고 일만 해 주니 나는 구제할 수 없는 바보라는 것이다. 뭉태는 나에게 봉필을 모판에다가 거꾸로 박아놓으라고 충고한다. 그리고 나더러는 우물에 가 빠져 죽으라고 한다. 그런데 이번에는 점순이까지 맹공격에 가담한다. 점순이는 나에게 바보처럼 일만 하지 말고 자기 아버지(봉필)의 수염을 잡아채라고 한다. 맹공격을 받고 나서 나는 매년 봄마다의 약속에 계속 속아왔음을 절감한다. 그러니까 매해 봄마다 봉필은 나를 속이고 나는 봉필에게 속은 것이다. 그래서 제목이 「봄·봄」이다.

나는 점순이까지 나를 바보로 여기는 데에 충격을 받고 용기를 내어 봉필에게 덤벼든다. 나는 점순이 시킨 대로 봉필의 수염을 잡아채고 육박전을 벌여 봉필의 눈에 눈물이 돌게 한다. 그러자 점순이 뛰어나와 나의 귀를 뒤로 잡아당겨 힘을 못 쓰게 하고 봉필과 점순 어머니와 점순이 셋이 합세하여 나를 공격한다. 나는 봉필의 지겟작대기에 맞는 아픔보다 점순의 배신에 대한 허망함을 더 크게 느낀다. 이처럼 나는 봉필, 구장, 뭉태, 점순 어머니로부터 순서대로 배척당하여 고립되며 드디어는 점순으로부터도 배척을 당하여 완전히 고립된다.

「봄·봄」에서는 강자가 약자를 똑같은 방법으로 계속해서 속이고, 약자는 강자에게 똑같은 방법으로 계속해서 저항한다. 강자가 약자를 속이는 방법은 결혼을 시켜주겠다고 약속하는 것이고(이 방법은 「총각과 맹꽁이」에서의 방법과 같다), 약자가 강자에게 저항하는 방법은 노동을 거부하는 것이다. 「봄·봄」에서도 나는 바보의 모습을 보임으로써 독자들에게 웃음을 유발시켜 주고, 강자(봉필)가 약자(나)를 속여 노동력을 착취하는 모습을 보임으로써 나는 독자들에게 연민의 정서를 유발시켜 준다.

또한 「봄·봄」은 희극적 요소들을 몇 가지 가지고 있다. 위계의 플롯을 사용한 점, 등장인물들이 보통사람보다 못난 어리석은 인물이라는 점, 한 인물이 점층적으로 수세에 몰려 결국에 가서는 혼자서 고립된다는 점 등이 그것이다. 그런데 이들 요소들이 희극으로만 작용하지 않는다.

「봄·봄」이 희극이 되려면 약자인 나와 점순이 합세하여 강자인 봉필을 속이고 결혼에 성공하여야 하며, 봉필이 점층적으로 수세에 몰려 고립되어야 하고, 새로운 시대가 오는 기운을 보여주어야 한다. 그러나 「봄·봄」은 결말 부분에서 이와 반대되는 모습들을 보인다. 나는 결혼하지 못하고, 고립되는 인물은 봉필이 아니라 나이고, 현실은 기성 질서가 견고하여 새로운 시대가 올 기미가 보이지 않는다.

「동백꽃」은 점순이 이성(異性)으로서 나에게 접근해 오다가 실패하는 이야기이다. 점순(17세)은 마름집 딸이고, 나(17세)는 소작인의 아들이다. 나의 가정은 아버지, 어머니, 아들(나)의 단출한 가족이다. 나의 가정은 3년 전에 살 길을 찾아 이 마을에 와서 점순네의 도움을 받으며 살고 있다. 점순네가 집터를 빌려주어 거기에 집을 지었고, 점순네를 통해서 밭을 빌려 소작을 하고 있으며, 양식이 떨어지면 점순네 집에 가서 꾸어다 먹는다.

점순은 나에게 호감을 가지고 이성으로서 접근해 온다. 그러나 나는 점순의 의도를 모른다. 나에 대한 점순의 관심은 집요하여 점순은 여러 가지 작전을 사용한다. 그러나 나는 점순의 작전의 의도를 모른다. 그럴수록 점순은 약이 올라서 나에게 "이 바보 녀석아!" "너 배냇병신이지?" "느 아버지가 고자라지?" 등의 욕을 퍼붓는다. 그래도 나는 점순에게 제대로 대응을 하지 못한다.

이 상황을 표면으로 보아서는 잘난 점순이 못난 나를 계속해서 공격하고 못난 나는 잘난 점순의 공격에 속수무책인 상황이다. 그러나 사실은 나는 스스로 못난 척하면서 점순을 궁지로 몰고가는 상황이다. 점순은 내가 그녀의 속마음을 알아차리지 못하는 바보라고 생각하고 있다. 그러나 나는 점순의 속마음을 훤히 알고 있으면서 일부러 모른 척하고 있는 것이다. 즉 나는 점순을 속이고 있는 것이고, 점순은 나에게 속고 있는 것이다. 내가 점순을 속이는 것은 가족의 생존 문제 때문이다.

> 왜냐하면 내가 점순이하고 일을 저질렀다는 점순네가 노할것이고 그러면 우리는 땅도 떨어지고 집 도 내쫓기고 하지 않으면 안되는 까닭이었다. (221~222면)

잘난 척하는 사람과 못난 척하는 사람이 대결해서 잘난 척하는 사람이 패배하고 못난 척하는 사람이 승리하는 것이 희극의 기본 구조이다. 그런데 「동백꽃」에서는 내가 못난 척하는 인물로서는 적격이지만 점순이 잘난 척하는 인물로서는 적격이 아니다. 우선 점순은 부정적 인물이 아니다. 또한 점순이 패배하고 내가 승리하는 구조도 아니다. 「동백꽃」에서는 극적인 승리와 패배가 나타나지 않고 끝까지 평행선의 긴장관계가 이어진다. 그러나 「동백꽃」의 상황은 약자가 강자를 속인다는 점에서 「총각과 맹꽁이」나 「봄 · 봄」의 상황과 구별된다.

「총각과 맹꽁이」(1933)에서는 약자(덕만)가 강자(뭉태)에게 일방적으로 속임을 당한다. 「봄 · 봄」(1935)에서는 약자(나)가 강자(봉필)에게 속임을 당할 때마다 저항을 한다. 그러나 약자가 강자를 이겨내지는 못한다. 「동백꽃」(1936)에서는 약자(나)가 강자(점순)를 속인다. 그러나 이 경우에도 약자가 강자를 이겨내지는 못한다. 여기에서 우리는 속이고 속는 상황에서 약자의 의지가 강화되는 과정을 읽는다. 그 과정은 작품의 발표순이기도 하다.

2) 기혼 남녀의 이야기

「산골 나그네」 「솥」 「가을」은 기혼 남녀를 주인공으로 한 소설들로서 이 세 편은 아내가 남편을 살리기 위하여 외간 남자에게 몸을 파는 이야기라는 점에서 공통된다.

「산골 나그네」에서는 나그네 여인(19세)이 덕돌(29세)과 덕돌의 어머니를 속인다. 나그네 여인은 결혼한 여인이면서 그것을 숨기고 덕돌과 결혼한다. 그리고 덕돌의 옷을 훔쳐 가지고 본남편이 병든 몸으로 누워 있는 물방앗간으로 간다. 여인은 남편에게 옷을 입혀 주고 남편을 이끌고 도망을 한다. 겨울이 오는데 병든 남편에게 입힐 옷이 없어, 남편의 겨울옷을 구하기 위하여 여인은 위장 결혼을 하였던 것이다. 필요한 것은 남편의 옷이라 여인은 은비녀는 베개 밑에 그대로 놓아두고 덕돌의 옷만 훔쳐 가지고 나온다.

이 소설은 홀어미(덕돌의 어머니)의 주막집에 나그네 여인이 드는 장면부터 덕돌과 나그네 여인이 결혼하는 장면까지는 홀어미의 시각으로 서술되고, 덕돌이 품앗이로 벼타작을 하는 장면부터 덕돌의 신부가 사라졌음을 알고 덕돌과 홀어미가 신부를 찾아 나서는 장면까지는 덕돌의 시각으로 서술된다. 따라서 독자들은 나그네 여인의 내면을 들여다 볼 수가 없다. 나그네 여인은 베일에 가려진 인물로 묘사된다. 독자들은 나그네 여인의 시각으로 서술되는 마지막 장면에 가서야 그녀가 남편이 있는 여인임을 알게 된다. 그런데 나그네 여인은 오로지 병든 남편의 겨울옷을 구하기 위하여 위장 결혼까지 한 것이기에 독자들은 나그네 여인에게 대하여 충격과 함께 연민의 정서를 느끼게 된다.

「솥」에 오면 속이고 속는 플롯이 좀 더 복잡해진다. 근식은 마을에 들어온 들병이 계숙을 만나면서 희망에 부푼다. 계숙과 결혼하여 함께 술장사를 하면 힘 안 들이고 잘 살 수 있기 때문이다. 계숙은 석 달 전에 남편과 갈렸다고 하며 근식의 청혼을 받아들인다. 근식에게는 아내와 어린 아들이 있지만, 근식은 아내와 어린 아들을 버리고 계숙과 함께 마을을 떠날 계획을 세운다. 아내는 돈 한 푼 못 벌지만 계숙은 돈을 잘 벌기 때문에 근식은 아내를 버리고 계숙을 따라가기로 결정을 한 것이다.

근식은 그저께 밤에는 자기 집의 맷돌을 계숙에게 갖다주고 술을 먹었고, 어제밤에는 아내의 속곳을 계숙에게 갖다주고 술을 먹었다. 그리고 오늘 밤에는 함지박을 계숙에게 갖다주고 술을 먹으면서 새벽이 되면 마을사람들 몰래 마을을 떠나기로 합의를 한다. 새벽에 근식은 자기 집에 가서 4년 전 신혼시절에 산 솥을 아내 몰래 떼어온다. 근식이 계숙과 함께 마을을 떠나려는 희망에 부풀어 있을 때 느닷없이 계숙의 남편이 나타난다. 계숙의 남편은 근식이 계숙에게 갖다 바친 살림살이들을 지게에 짊어지고 계숙과 함께 유유히 마을을 떠난다.

이 소설에서는 속이고 속는 플롯이 중첩되어 나타난다. 근식은 그의 아내를 속이고, 계숙은 근식을 속인다. 그런데 근식의 아내는 남편에게 속지 않고, 근식은 계숙에게 속는다. 그러니까 근식은 속이지는 못하고 속기만 한다.

①

"기집이조타기로 그래집안물건을 다들어낸담!"

하고 여무지게종알거린다.

"뭐, 집안 물건을 누가 들어내?"

그는 시치미를 딱 떼고 제법 천연스리 펄쩍 뛰었다. 그러나 속으로는 떡메로 복장이나 어더마즌듯 찌인하엿다. 입때까지 까마케 모르는줄만 알앗드니 안해는 귀신가치 옛날에 다 안 눈치다. 어제밤 안해의 속곳과 그제밤 맷돌짝을 훔으려낸것이 죄다 탈로가 되엇구나, 생각하니 불쾌하기가 짝이 업다. (138면)

②

계숙이의 말을 드러보면 저에게도 번이는 남편이 잇엇다 한다. 즉 아랫목에 방금 누어잇는 저 아이의 아버지가 되는 사람이다. 술만 처먹고 노름질에다 훅

닥하면 안해를 뚜들겨패고 벌은 돈푼을 뺏어가고 함으로해서 당최 견뒬수가 업서 석달전에 갈렷다 하는것이다.

그럼 자기와 들어내노코살아도 무방할 것이 아닌가. 허나 그런 소리란 참아 이쪽에서 먼저 끄내기가 어색하엿다.

"난 그래 어떠케 살아. 나두 따라갈가?"

"그럽시다유—" (142면)

③

"내 잠간 말해보낼게 박게나가 기달리유—"

함에는 속이 든든하지안흘수 업다. 그말은 남편을신뇌하고 하는 통사정이리라. (143면)

④

그는 이것두 필경 저와 계숙이의 사이가 조흐니까 배가 아파서 이간질이리라 생각하엿다. (145면)

근식은 자기의 행실을 아내가 모르고 있다고 생각하지만 아내는 근식의 행실을 처음부터 다 알고 있었다(①). 그러나 근식은 계숙의 말을 그대로 다 믿는다. 계숙은 남편과 이미 갈렸고, 그래서 근식을 남편으로 받아들일 결심이 서 있다고, 근식은 생각한다(②). 근식은 계숙이 자기를 남편으로 여기고 있기 때문에 뭉태를 상대하지 않을 것이라고 생각한다(③). 뭉태가 계숙에게 근식의 소행을 비방하는 말을 엿듣고 근식은 계숙이 자기를 따르니까 뭉태가 질투를 하는 것이라고 판단한다(④). 그러나 이것은 근식의 오판이었다. 결국 근식은 아내를 속이기에는 실패하고 계숙의 속임에는 속아 넘어가 아내로부터도 고립되고, 계숙으로부터도 고립된다.

「솥」에 근식, 아내, 어린 아들의 세 식구가 등장하는 것처럼 「가을」에도 복만, 아내, 어린 아들의 세 식구가 등장한다. 그런데 「솥」에서는 닳고 닳은 사람(계숙)이 어수룩한 사람(근식)을 속이는 데 반해서 「가을」

에서는 어수룩한 사람(조복만)이 닳고 닳은 사람(황거풍)을 속인다.

복만은 생업이 없다. 거기에다가 빚만 잔뜩 지고 있다. 복만은 주변도 없다. 쌀을 꾸어오는 것은 아내의 몫이다. 쌀을 꾸어다 연명을 하는 것에도 한정이 있어 더 이상 버틸 수 있는 방법이 없자 복만은 아내를 팔기로 한다. 복만은 소를 팔듯, 소처럼 부려먹던 아내를 돈을 받고 팔아먹는다. 소장수 황거풍에게 50원을 받고 아내를 판다. 아내를 파는 복만도 남의 아내를 사는 황거풍도 글을 모르는 사람이라서 글을 좀 아는 재봉을 불러다가 계약서를 써 달라고 부탁을 한다.

> 매매계약서
> 일금 오십원야라
> 우금은 내 안해의 대금으로써 정히 영수합니다.
> 갑술년 시월 이십일
> 조복만
> 황거풍전
> 어떠한 일이 있드라도 내 안해는 물러달라지 않기로 맹세합니다. (194~195면)

아내는 울지도 않고, 남편 버리고, 나이 어린 아들 버리고, 소장수 황거풍을 살랑살랑 따라간다. 복만은 아내를 판 돈으로 빚을 갚는다. 그런데 며칠 후 같은 날, 같은 시각에 아내를 팔아먹은 복만과 소장수에게 팔려간 아내가 동시에 행방불명이 된다.

이 소설은 재봉의 시각으로 서술되는 1인칭소설이다. 재봉은 부수적 인물이다. 따라서 독자들은 주요 인물인 복만, 복만의 아내, 황거풍의 내면을 들여다볼 수가 없다. 이 소설은 독자들에게 가려지는 부분이 그만큼 많다.

의외성(意外性)은 웃음을 유발하는 요인들 중의 하나이다. 예상하고 있던 것이 갑자기 어긋날 때, 기대하고 있던 것이 갑자기 무산될 때 인간은 웃는다. 이 때 웃음의 크기는 의외성의 정도에 따라서 결정된다.

웃음의 크기는 의외성의 크기에 정비례한다. 그런데 그 의외성은 갑작스러운 격하(格下)인 것이 효과적이다. 갑작스러운 격상(格上)은 오히려 감동을 유발한다. 웃음의 최대의 적은 감동이다. 웃음과 감동은 양립할 수 없다.[17] 숭고가 갑자기 비속으로 전환할 때 인간은 웃고, 비속이 갑자기 숭고로 전환할 때 인간은 감동한다.

「산골 나그네」, 「솥」, 「가을」은 의외성을 효과적으로 드러내기 위한 장치들을 가지고 있다.

첫째, 서사적 거리의 설정. 대상과 거리감이 조성될 때 인간은 비로소 웃을 수 있다. 즉, 대상과 거리를 유지함으로써 대상을 객관적으로 파악할 수 있을 때 인간은 웃는다. 인생은 가까이서 보면 비극이고, 멀리서 보면 희극이다(찰리 채플린). 울음은 몰입의 소산이고, 웃음은 소격의 소산이다. 울음이 정적(情的) 작용이라면 웃음은 지적(知的) 작용이다. 세상은 느끼는 사람에게는 비극이고, 생각하는 사람에게는 희극이다(호레이스 월포올). 김유정 소설은 등장인물과 독자 사이에 거리를 조성해 놓음으로써 웃음의 기반을 마련하고, 독자를 웃게 함으로써 상황을 객관적으로 파악하게 한다. 「산골 나그네」의 나그네 여인, 「솥」의 계숙과 그녀의 남편, 「가을」의 복만과 그의 아내와 황거풍은 독자와의 사이에 거리감을 가지고 있다. 독자는 이들의 내면을 들여다볼 수가 없다. 이러한 조건은 독자들에게 생각을 유도한다. 그러기에 결말 부분에 가서 의외성이 커진다.

둘째, 구성 방법. '이것은 속이고 속는 이야기였다'라는 사실을 세 소설은 결말 부분에 가서야 드러낸다. 따라서 독자는 결말 부분에서 순간적으로 충격적인 의외성에 직면하면서 웃음을 터뜨리게 된다.

셋째, 속이는 인물의 성격 설정. 약아빠진 인물이 어수룩한 인물을 속이는 상황보다 어수룩한 인물이 약아빠진 인물을 속이는 상황이 의

17) 앙리 베르그손, 김진성 역, 『웃음』, 종로서적, 1983, 5면, 87면.

외성이 강하다. 「가을」의 복만은 어수룩한 인물이다. 그 어수룩하고 돈 없는 복만이 똑똑한 듯하고 돈 있는 소장수 황거풍을 속인다. 상황이 이러한지라 웃음이 더욱 효과적으로 유발된다. 그런데 독자들은 복만의 아내를 황거풍에게 거짓으로 팔 계획을 한 것이 누구인지를 알 수가 없다. 복만과 복만의 아내의 대조적인 성격으로 미루어보아, 그리고 김유정 소설의 특징으로 미루어보아 그것은 복만 아내의 계획일 것이다. 복만의 아내가 뒤에서 조종하여 남편으로 하여금 자기를 황거풍에게 거짓으로 팔게 하였을 것이다. 그렇다면 여기에서는 속이기가 중첩된다.

넷째, 속이는 내용. 남편이 없는 듯이 태도를 취하는 것(「산골 나그네」)이나 남편과 갈렸다고 말하는 것(「솥」)보다는 돈을 받고 소를 팔듯 돈을 받고 아내를 파는 행위(「가을」)가 의외성이 강하다. 그러고 보면 「산골 나그네」(1933), 「솥」(1934), 「가을」(1935)은 의외성이 강화되는 순서이다. 그리고 이것은 작품의 발표순이기도 하다.

이제 김유정의 현실 감각을 살펴볼 차례이다.

> 안해는 남편에게 한팔을 끄들린채 그대로 몸부림을하며 여전히 대들랴고든다. 그리고 목이 찌저지라고
>
> "왜 남의 솟을 빼가는거야 이도적년아—"
>
> 하고 연해 발악을 친다.
>
> 그러지 마는 들병이 두내외는 금세 귀가 먹엇는지하나는 짐을 하나는 아이를들러업은채 언덕으로 늠늠히나려가며 한번돌아다보는법도업다.
>
> 안해는 분에 복바치어 고만 눈우에 털썩 주저안즈며 체면모르고 울음을 놋는다.
>
> 근식이는 구경군쪽으로 시선을 흘깃거리며 쓴 입맛만 다실 따름—종국에는 두 손으로 눈우의 안해를 잡아 일으키며 거반울상이되엇다.
>
> "아니야 글세, 우리솟이 아니라니깐 그러네 참—"
>
> —「솥」, 155면

우리 집에는 여편네라군 병들은 어머니밖에 없으나 나히도 늙었지만(좀 부끄럽다) 우리아버지가 있으니까 내맘대룬 못하고—

이런 생각에 잠기어 짜증 나는 복만이더러 네안해를 팔지마라 어째라 할 여지가 없었다. 나두 일즉이 장가나 들어 두었으면 이런 때 팔아먹을걸 하고 부즈러운 후회뿐으로.

—「가을」, 193면

1930년대 전반기 겨울 어느 날의 새벽, 지금의 강원도 춘천시 신동면 증리 수어리골. 지게를 진 남자와 아기를 업은 여자가 언덕을 내려간다. 지게에는 보따리, 맷돌, 함지박, 솥 등이 얹혀져 있다. 남자와 여자는 성공한 사업가처럼 늠름하게 마을을 떠나고 있는 것이다. 한 여인이 남편에게 팔을 잡힌 채 그들을 향하여 울면서 소리를 지른다. "우리 솥 내놔! 왜 남의 솥을 빼 가는 거야! 이 도적년아!" 이런 발악에도 그들은 아무런 반응을 보이지 않고, 분을 참지 못하는 아내에게 남편은, 저것은 우리 솥이 아니라고, 아내를 달랜다. 이런 장면을 마을 사람들이 둘러서서 구경을 하고 있다.

무식한 사람이 자기 아내를 돈 받고 파는 것을 보고 유식한 사람이 자기 신세를 한탄한다. 그는 자기 어머니를 돈 받고 팔았으면 좋겠는데 너무 늙어서 팔 수 없는 것이 한탄스럽고, 자기는 장가를 들지 않아서 팔아먹을 아내가 없는 것도 한탄스럽다.

이것은 희극영화의 장면이 아니다. 이것은 사실의 기록이다. 김유정은 다른 사람을 속여야 자기가 살 수밖에 없는 처참한 현실을 눈 하나 깜작하지 않고 그대로 그린다. 김유정은 독한 작가이다. 그의 소설에서 등장인물이 우는 장면은 웃음을 자아낸다. 대체로 바보형 인물이 우는 것이기에 그 장면은 웃음을 자아낸다. 이와 반대로 그의 소설의 우스꽝스러운 장면은 눈물을 자아낸다. 김유정 소설의 웃음 속에는 궁핍한 농촌의 뼈아픈 현실이 숨어 있다.

김유정의 조카인 김영수(金永壽)의 증언에 의하면 김유정은 찰리 채플린의 희극영화를 좋아했고 특히 그의 〈황금광시대〉에 강한 인상을 받았다고 한다.

> 그는 영화에서 희극에 관심이 컸습니다. 하루 로이드보다는 챠리 챠플린을 좋아했고 그보다는 바스타 키튼의 생전 웃지 않고 남을 웃기는 연기를 좋아했습니다.
>
> 챠플린의 〈황금광시대〉의 한 장면에 기아상태에서 친구가 먹음직한 큰 수탉으로 헛보이는 것이나 구두를 삶아먹는 장면은 그에게 잊히지 않는 인상을 준 것이었습니다.[18]

먹을 것이 없어서 구두를 삶아서 접시 위에 놓고 포크와 나이프를 들고 앉아서 구두끈부터 스파게티처럼 돌돌 말아 먹는 장면을 보면서 웃는 사람은 부자이다. 가난한 사람은 그 장면을 보면서 웃을 수가 없다. 부자는 그 장면과 거리감을 느끼기에 웃을 수 있지만 빈자는 그 장면이 바로 자기의 삶이기 때문에 웃을 수가 없다.[19]

그러나 김유정의 소설은 이러한 경지보다 한 단계 더 높다. 김유정 소설에서는 가난한 사람도 웃는다. 김유정의 인물들은 고통스러운 현실에서 좌절하지 않고 그것을 웃음으로 극복한다.

18) 김유정전집편집위원회, 『김유정전집』, 현대문학사, 1968, 401~402면. 필자가 부분적으로 교정했음.

19) 퀴노(Quino, 아르헨티나의 만화가)의 만화에 이 장면을 소재로 한 작품이 있다. 객석이 삼층으로 되어 있는 영화관에서 〈황금광시대〉를 상영하고 있다. 채플린이 삶은 구두를 먹고 있는 장면이다. 이 장면을 보면서 입장료가 10,000으로 표시되어 있는 1층의 관객 3명은 입과 눈이 함께 웃고 있고, 1,000으로 표시되어 있는 2층의 관객 4명은 입은 웃는 모습이지만 눈은 놀라는 모습이다. 그러나 100으로 표시되어 있는 3층의 관객 5명은 입과 눈 모두 고통스러운 모습이다.

4. 맺음말

판소리와 김유정 소설은 웃음을 유발시키는 기법으로 속이고 속는 화소를 효과적으로 이용하고 있다. 그리고 그 웃음은 단순한 웃음이 아니라 고통스러운 삶을 견디어내는 힘으로서의 웃음이라는 점에서도 판소리의 웃음과 김유정 소설의 웃음은 유사한 데가 있다. 특히 〈수궁가〉의 토끼가 궁핍한 삶에 시달리는 서민으로서 생존을 위하여 남을 속이면서 연명을 하면서도 절망하지 않고 발랄하게 살아가는 모습은 김유정 소설 주인공들의 삶의 모습과 상당히 닮아 있다.

속이고 속는 관계에서 철저한 사기꾼이나 철저한 악인이 없다는 점에서도 판소리와 김유정 소설은 유사하다. 판소리의 악인은 '미워할 수 없는 악인'이고, 김유정 소설의 작품 정신은 '인간 본연의 천진성에 대한 신뢰'이다. 다만 판소리 특유의 미워할 수 없는 악인상과 김유정 소설 특유의 천진한 우둔성은 서로 다른 데가 있다.

〈흥보가〉의 놀보와 흥보의 대립관계와 「봄·봄」의 봉필과 '나'의 대립관계는 강자가 돈 많은 자린고비로서 돈 없는 약자를 속이는 상황이라는 점에서 서로 유사하고, 〈수궁가〉에서 주도면밀한 별주부가 수궁으로 유인해 온 토끼를 놓치는 상황과 「가을」에서 주도면밀한 황거풍이 복만의 아내를 돈을 주고 사 왔다가 놓쳐버리는 상황도 속이고 속는 화소를 이용하고 있다는 점에서 서로 유사하다.

그러면서도 판소리와 김유정 소설에서 속이고 속는 화소가 사용되는 상황은 몇 가지 점에서 서로 다르다.

첫째, 대체로 판소리에서는 강자가 속임수에 넘어가고, 김유정 소설에서는 약자가 속임수에 넘어간다. 〈적벽가〉의 조조, 〈수궁가〉의 용왕, 〈춘향가〉의 변사또, 그리고 「총각과 맹꽁이」의 덕만, 「봄·봄」의 '나' 등을 예로 들 수 있다.

조조 · 용왕 · 변사또는 모두 낡은 시대의 통치자들이다. 이들의 몰락은 통쾌한 웃음을 유발하고, 새로운 시대의 도래를 암시한다. 이들 판소리의 기본 구조는 희극이다. 이에 반하여 김유정 소설은 현실이 견고하여 새로운 시대의 도래가 예측되지 않는 암담한 상황을 표현한다. 약자의 패배는 연민의 정서를 유발한다. 또한 「산골 나그네」 「솥」 「가을」에서 속이는 사람과 속는 사람의 인간관계는 수직적이 아니라 수평적이다. 판소리에 흔히 나타나는 지배자와 피지배자의 대립관계나 사회적 상류계층과 하류계층의 대립관계가 김유정 소설에는 나타나지 않는다. 김유정 소설에 나타나는 것은 암담한 현실에서 민초(民草)들이 생명을 유지하기 위해서 서로가 서로를 속이는 상황이다.

둘째, 판소리는 등장인물들이 화해의 정신을 지향하고, 김유정 소설은 등장인물들이 끝까지 평행선을 유지한다. 판소리는 대체로 행복한 결말로 끝난다. 이에 반하여 김유정 소설은 첫 장면의 상황과 마지막 장면의 상황이 항상 일치한다. 주인공의 욕망이 실현되지 않는다. 김유정의 인물들은 삶의 기본 조건을 해결하기 위하여 남을 속인다. 그러나 속임으로써 문제가 근본적으로 해결되지는 않는다. 현실이 그만큼 견고한 것이다.

〈흥보가〉와 「봄 · 봄」은 자린고비형 인물을 등장시켜 돈이 지배하는 현실을 그린 작품이다. 이들 작품에서는 자기과시형 인물(alazon)과 자기비하형 인물(eiron)이 대결한다. 〈흥보가〉에서는 놀보와 흥보가 대결하고, 「봄 · 봄」에서는 봉필과 '나'가 대결한다. 그런데 〈흥보가〉에서는 놀보와 흥보가 화해하고, 「봄 · 봄」에서는 봉필과 '나'가 끝까지 평행선을 유지한다.[20] 〈춘향가〉에서 춘향은 이도령과 결혼하지만 김유정의 「산골」에서 이쁜이는 끝내 도련님과 결혼하지 못한다. 판소리는 민초들의 간

---

20) 이에 비하여 몰리에르의 「수전노」에서는 아르빠공과 클레앙트가 대결하여 아르빠공이 패배하고 클레앙트가 승리한다. 「수전노」와 〈흥보가〉와 「봄 · 봄」은 위계희극과 판소리와 김유정 소설의 차이를 단적으로 보여준다.

절한 꿈을 형상화하고, 김유정의 소설은 민초들의 냉혹한 현실을 형상화한다.

셋째, 판소리에서는 등장인물들이 속이고 속는 상황을 청관중이 그대로 지켜보는 데에 반해서 김유정 소설에서는 속이고 속는 상황이 결말 부분에 가서야 밝혀진다. 판소리에서는 극적 아이러니의 상황을 최대한 이용한다. 이것은 정서를 입체적으로 조직하여 정서를 풍요롭게 하고, 줄거리의 진행 과정에 대한 관심보다는 장면 자체를 즐기기에 적절한 기법이다. 이에 반하여 김유정 소설의 결말 강조 기법은 독자에게 충격을 주기 위한 것이다.

판소리는 청관중을 즐겁게 해 주는 놀이정신에 충실한 공연 양식이다. 리얼리티(reality)는 상대적으로 약하다. 이에 반하여 김유정 소설에서 속이고 속는 화소에서 유발되는 웃음은 비참한 현실을 냉철하게 관찰하게 하는 장치이다. 웃음은 대상과 거리감을 유지하게 하고, 대상에 대하여 생각을 하게 한다. 서사적 거리를 심미적 거리와 희극적 거리와 비판적 거리로 나눌 때 대체로 판소리는 희극적 거리를 취하고 김유정 소설은 비판적 거리를 취하려는 경향이 있다.

넷째, 판소리에도 울음과 웃음이 있고 김유정 소설에도 울음과 웃음이 있다. 그런데 판소리에서는 울음과 웃음이 분리되어 있다. 울음을 유발하는 장면이 따로 있고, 웃음을 유발하는 장면이 따로 있다. 이에 반하여 김유정 소설에서는 울음과 웃음이 결합되어 있다. 김유정의 바보형 인물이 속는 장면을 보면서 우리는 상대적 우월감에서 유발되는 웃음과 고통받는 약자에 대해서 유발되는 연민의 정서를 동시에 체험하게 된다.

이처럼 김유정은 판소리의 기법과 정서를 계승하면서도 자기 나름의 독자성을 살리고 있다.

「속이고 속는 이야기의 두 유형—판소리와 김유정 소설」에 관한 토론문

김익두

좋은 발표 잘 들었습니다. 오랫동안의 숙고를 거친 노학자의 깊은 통찰력을 보여주신 데 대해 우선 깊은 감사를 드립니다. 발표자께서는 이 발표문에서 '속이고 속는 화소'를 중심으로 하여, 작품 구조, 웃음의 속성, 작가의식 등의 측면에서, 판소리의 '웃음'과 김유정 소설의 '웃음'을 비교하고 계십니다. 맡은 역할 관계로 몇 가지 궁금한 점에 대해 여쭙고자 합니다.

첫째, 「총각과 맹꽁이」의 희극적 구조 분석에서, 강자와 약자의 이중적 구조에 주로 주목하고 계신데, 이 양자 관계 외에 '독자'도 염두에 두어야 하지 않을까요? 곧 '덕만' '뭉태'의 양자 관계뿐만 아니라 '덕만'—'뭉태'—'독자'의 삼각관계에서 이 작품의 '웃음'의 구조를 살펴야 되지 않을까 하는 생각입니다.

둘째, 김유정의 '웃음'은 서양의 '웃음이론'을 벗어나는 데에 그 근본적인 특성이 있지 않을까요? 앙리 베르그송이 말하는 '웃음'의 이론은 '웃음' 자체를 마치 어떤 불변하는 '사물'과 같은 고정적인 것으로 규정하는 특징이 있는 것 같습니다. 웃음은 웃음으로 고정된 것이 아니라, 부단히 다른 감정적 속성들과 소통하고 교류하고 매순간 변화하는 '과정적'인 것이니까요. (물론, 이런 이론을 활용함으로써 우리의 '웃음'을 연구하는데 도움을 받을 수는 있다고 봅니다.) 이 점에 대한 발표자님의 고견도 좀 듣고 싶습니다.

셋째, 김유정의 문학이 그동안 '해학적 웃음'의 문학으로 비추어진 점이 많은 것 같았는데, 발표자님의 분석을 들으면, 그의 문학은 '해학적 웃음'의 문학이 아니라, '쓴 웃음'의 문학 혹은 '독한 웃음'의 문학이라는 생각이 듭니다. 이 점에 대해서 좀 더 많은 보충 설명을 듣고 싶은 욕망이 생깁니다.

넷째, 두 번째 질문과 연결됩니다만, '웃음과 감동은 과연 양립할 수 없는 것'일까요? 아니면, 이런 정의는 '웃음'을 잘못 정의내린 탓일까요? 질의자에게는 이 말이 모순된 어법으로 들립니다. 웃음도 감정인데, 그 감정의 발로인 웃음이 어떻게 감정과 양립할 수 없다는 것인지 궁금합니다. (물론, 이 주장은 발표자님의 주장이 아니라 베르그송의 주장이겠습니다만).

다섯째, "김유정 소설에서는 첫 장면의 상황과 마지막 장면의 상황이 항상 일치한다"는 주장은 전체적으로 볼 때에는 수긍이 가면서도, 한편으로는 궁금한 점도 있습니다. 예컨대, 「동백꽃」의 경우, '나'와 '점순'이의 미래에는 그래도 '희망'과 '변화'가 있는 것이 아닐까요?

여섯째, 판소리와 김유정 소설의 '웃음' 구현 방법의 차이를 좀 더 구체적이고 도표적인 분석으로 보여주셨으면 더 설득력이 있고 더 흥미로울 것이라 생각됩니다.

들병이와 아라리

유명희

1. 머리말

김유정 소설 중 농촌을 배경으로 하고 있는 소설에 아라리가 등장하는데 그 비중은 작품에 따라 다르게 나타난다. 아라리는 대체로 해학성이 뛰어난 노래로 볼 수 있다.

김유정 소설을 연구할 때 해학이라는 단어를 빼놓기 어렵다. 대부분의 연구들이 해학에 대한 해석이 조금씩 다를 뿐 해학에 대한 연구를 반성하는 연구조차 해학에 대해 언급하고 있다.[1] 서병하는 아라리를 통해 한국적 해학의 특징, 한국문학의 특징까지 논의하였다. 그런데 이 해학성 외에도 김유정의 남다른 현실 인식과 소설에 나타난 민중성에 대한 연구도 주목할 만하다.

---

1) 『김유정 문학의 전통성과 근대성』에 실린 논문에서도 알 수 있다. 16편의 논문 중 9편이 해학에 관해 논의하고 있다.

아라리는 해학성을 띠기도 하지만 현실을 충실히 반영하는 소리이다. 이러한 아라리의 특성이 김유정의 소설 속에 등장하게 하는 원동력이다. 또한 김유정이 살았던 당시 소설의 배경이 되었던 시대는 아라리가 널리 퍼져 모두가 애창하는 시기였다.

이 글의 목적은 김유정이 아라리를 인식하는 정도와 아라리를 통해 당대의 현실을 얼마나 잘 비추었는가를 살피는 데 있다. 그러기 위해서 김유정 소설에 등장하는 아라리의 역할을 살펴보고 김유정 소설 상황과 일치하는 아라리 노랫말을 통해 아라리와 김유정 소설의 상관관계를 찾고자 한다.

자료는 아라리의 경우 서병하가 제시한 자료 400수[2]를 기본자료로 삼고 강등학의 자료 240수[3]와 『강원의 민요』 I · II에 실린 3,120수[4]를 보조자료로 삼는다. 이 중 서병하의 자료가 제보자와 날짜가 밝혀진 가장 오래된 자료임을 감안하여 기본자료로 삼는다. 김유정 소설의 경우에는 전신재 편, 『원본 김유정전집』[5]을 자료로 삼는다. 소설 인용의 표기와 쪽수는 이 책을 따른다.

2. 아라리의 해학성 · 현실성

아라리는 강원도의 대표적 민요이다.[6] 아라리는 아리랑의 원류이며

2) 서병하, 「관동지방의 민요에 관한 연구」, 『관동향토문화연구』 1, 춘천교대 관동향토문화연구소, 1977; 「정선아리랑의 謠詞에 관한 연구」, 『관동향토문화연구』 2, 춘천교대 관동향토문화연구소, 1978.
3) 강등학, 『정선아라리의 연구』, 집문당, 1988.
4) 강원도, 『강원의 민요』 I, 2001, 『강원의 민요』 II, 2002.
5) 전신재 편, 『원본 김유정전집』 개정판, 강, 2007.

가장 기층적인 노래이다. 가장 기층적이라는 것은 민중의 삶과 밀착되어 그들의 삶 속에 녹아들어 다양한 정서를 나타낸다는 뜻이다. 이러한 정서는 강원도의 어느 마을, 누구나, 무엇을 하든지 자연스럽게 표출된다.

민요는 농업 중심의 전통사회에서 노동과 의식의 현장에서 뿐만 아니라 유희의 현장에서 민중과 함께 하였다. 그 중 아라리는 남녀노소 누구나 부르는 일상의 소리이다. 농업을 중심으로 돌아가는 농민의 삶과 맞물려 아라리는 노동의 현장과 유희의 공간에서 주요한 존재였다. 여기에는 여러 가지 요인이 있겠지만 우선은 정서 표출의 탁월함을 꼽을 수 있다. 아라리는 표출기능이 중심이 되는 노래로 느리고 단조롭게 부른다.[7)]

아라리가 지향하는 주제에 대한 연구 성과를 살피면 그 주제가 매우 다양함을 알 수 있다. 이렇게 다양한 주제는 아라리가 삶의 애환, 인생의 희로애락 대부분을 수용할 수 있음을 나타낸다. 아라리는 곡조의 단순함에 사설의 다양함을 실어 정서 표출을 다채롭게 하였는데 강원도의 지형과 관계가 깊다고 본다.

강원도의 산간 지형은 평야의 논농사보다 혼자서 일하는 밭농사를 위주로 하게 하였다. 노동집약적인 논농사에 비해 비교적 혼자 하는 일이 많은 밭농사는 일하는 사람의 정서를 노랫말에 실을 수 있는 조건을 만들어 주었다. 혼자서 하는 일의 특성상 자신의 신세타령을 마음껏 할 수 있었다. 슬프고 기쁘고 화가 나는 모든 표현이 가능하였다.

---

6) 유명희, 「아라리연구」, 한림대 대학원 박사논문, 2005, 30~31면에 아라리가 강원도 대표적 민요인 이유를 4가지 근거를 들어 제시하였다. 또한 같은 글에서 아라리의 종류에 대하여 밝혔다(19~20면). 아라리의 종류에는 긴아라리, 자진아라리, 엮음아라리 등이 있는데 아라리는 긴아라리를 말하기도 하며 동시에 이 모든 아라리를 통칭하기도 한다. 긴아라리는 늘어지게 부르는 것이고 자진아라리는 빠른 박으로 부르며 엮음아라리는 앞에서는 빠르게 노랫말을 읊다가 뒤에서는 긴아라리처럼 늘어지는 것을 말한다. 이 글에서는 논의의 편의상 아라리는 긴아라리를 나타내기로 한다. 이것은 앞으로 논의할 아라리의 종류를 검토할 때 자세히 말하기로 한다.

7) 강등학, 「민요의 이해」, 『한국 구비문학의 이해』, 월인, 2000, 246면.

서병하는 정선아리랑요의 주제를 14가지로 분류하였다. 인정·해학·빈곤·자연·무상·고독·주유(酒遊)·별리·연정·애정·성애·사별·조혼·시류 등이다. 그리고 다시 해학성을 나타내는 노랫말을 살피어 통계내었다. 그 결과 아라리의 약 80%가 해학성을 지니고 있다고 한다.[8] 또한 서병하는 한국문학의 미의식 전통을 한국적 해학에서 찾았으며 해학을 다음과 같이 정의했다.[9]

> 해학이란 인간의 생활에서 나오는 것이요. 그 생활을 보다 순수하고 너그럽게, 보다 발랄하고 윤기 있게, 보다 성실하고 자유롭게 가꾸고 다듬고자 함이요. 그 생활의 고통이나 역경에서 슬기롭게 벗어나고 극복하고자 함이다. 그러므로 해학은 삶의 체념에서가 아니라 오히려 체념의 극복에서, 또한 삶의 보다 적극적인 긍정에서 나온 것이라 할 수 있다. 왜냐하면 해학이 체념에서 나왔다고 할 때, 완전히 체념을 하게 되면 웃음이 나올 수 없는 것이요, 따라서 삶의 긍정이나 체념의 극복은 불가능한 것이기 때문이다.

김대행은 '민요의 감정이 슬픔으로 주조를 이룬 것은 사실로 인정하고 그것을 언어에 의한 해학으로 해소했다는 추론을 하면서 민요의 해학에 대해서 살필 필요를 느낀다'[10]고 하면서 이렇게 슬픔을 웃음으로서 극복하는 것을 웃음으로 눈물닦기[11]라 명명했다.

아라리 노랫말 중에 웃음이 나올 수밖에 없는 정서를 보이는 노랫말이 많은데 여기서의 웃음은 박장대소만을 뜻하는 것은 아니다. 실소와 멋쩍음, 어이없음을 말한다. 주제의 무거움에도 어이없는 웃음이 툭 터져 나오게 하는 아라리의 해학성은 별리나 사별과 같은 인생의 어려운

8) 서병하, 「정선아리랑의 해학성에 관한 연구」, 『관동향토문화연구』 5집, 관동향토문화연구소, 1987, 3면. 긴아라리 350수만을 가지고 분석하였는데 275수가 해학성을 지니고 있다고 하였다.

9) 서병하, 위의 논문, 5면.

10) 김대행, 『노래와 시의 세계』, 열락, 1999, 116면 참조.

11) 김대행, 『웃음으로 눈물닦기』, 서울대 출판부, 2005, 3면. 웃음으로 비애의 정서를 해소하는 의도적 행위.

상황에도 여지없이 나타난다.

해학은 삶의 어려움 속에서 빛을 발한다. 웃음으로 눈물닦기와 같이 웃음으로서 현실의 참담함을 이겨낼 수 있는 것이다. 이러한 해학의 특징을 잘 나타내는 노랫말이 있다.

> 울어서 될일 겉으면 울어래도 보지
> 울어도 안될 일이면 웃어나 보자 (관동 1~45)[12)]

울어서 해결이 될 가망이 없어 보이는 상황에 절망하고 주저앉는 것이 아니라 웃어나 보자고 자조한다. 울어야 하는 상황에 웃는 사람은 어찌 보면 정상적인 사람이 아닐 것이다. 그런데 정상이 아니라는 것은 현실적인 상황을 극복한다는 의미도 가지고 있다. 일반적인 반응을 극복하고 미래에의 의지로 현실 상황을 이겨내는 것이다. 이것이 바로 아라리의 힘이다. 해학의 저력이다.

3. 김유정과 아라리

김유정의 소설에 아라리가 등장하는 것은 김유정의 춘천 생활과 관계가 있을 것으로 생각한다. 김유정은 청풍 김씨 24세손으로 춘천에서는 세도가에 속하는 집안에서 태어났다. 그렇지만 어려서 부모님이 돌아가신 후 장남(형)의 손에 가문은 몰락의 길로 접어 들어 김유정은 많은 고초를 겪다 젊은 나이에 세상을 떠났다. 이 글에서 관심을 가지는

12) ( ) 안의 숫자는 1은 『관동향토어문연구』 1집이며 2는 2집을 말한다. 나머지 숫자는 쪽수를 표시한 것이다.

시기는 김유정 춘천에 머물던 3년여의 기간이다. 『원본 김유정전집』에 실린 작가연보에 김유정은 나이 23세인 1931년에 춘천에 내려왔다 25세인 1933년 다시 서울로 올라가는 것으로 나와 있다. 역시 연보에 의하면 김유정은 이 기간 동안 박녹주에게 구애하다 끝내 거절당하자 춘천에서 들병이와 어울려 무절제한 생활을 했다고 하는데 필자는 이 들병이에 주목하였다. 왜냐하면 이러한 생활이 소설 곳곳에 현실감 있게 나타나 있다고 보았기 때문이며 아라리에도 들병이를 연상하게 하는 노랫말이 존재하기 때문이다.

괜찮은 집안에서 태어나 몰락의 과정을 거치는 김유정은 춘천에서 생활하는 동안에 아라리와 1930년대 당시 궁핍한 농민의 삶과 접촉했다. 그의 수필 「오월의 산골작이」에는 김유정이 농사를 짓는 농민들과 함께 논두렁에서 술을 얻어마신 것으로 씌어 있다.[13] 김유정은 이렇듯 민중의 정서에 잘 부합하였다. 당시 연재하던 잡지의 설문에 '육자배기 같은 건 자다 들어도 싫지 않다(481)'거나 수필 「오월의 산골작이」에서 '먼 발치에서 소를 몰며 처량히 부르는 그 노래도 좋다(426)'라는 김유정 본인의 이야기가 그것을 증명한다. 육자배기와 소모는 소리는 가장 한국적이며 토속적인 소리이다.

그의 소설에 아라리가 등장하는 것은 이러한 현실의 충실한 반영이라고 본다. 아라리의 해학적인 현실인식, 민중성이 그의 소설과 잘 맞는다. 이선영은 김유정의 민중의식에 대해 다음과 같이 말했다.

> 그의 민중 인식은 민중을 미화하지 않으면서 그들에 대한 사랑을 잃지 않는다는 데 그 미덕이 있다. 민중을 과대평가하거나 감상적으로 다루지 않고 그들의 온갖 약점을 그대로 시인하고 숨김없이 노출시키면서도 근본적으로는 그들에 대한 튼튼한 애정을 간직하고 있음으로 해서 그들의 생각과 느낌에 깊은 이해와 공감을

13) 나도 故鄕에 있을 때 갈꾼에게 여러번 얻어먹었다. 그 막걸리의 맛도 좋거니와 웅게중게 모이어 한家族같이 주고받는그氣分만도 깨끗하다. 산골이 아니면 보기 어려운 귀여운 團欒이다. (425)

가지게 되고 그들 자신의 처지에서 직접 그들의 목소리로 이야기하게 된다는 점에 김유정 문학의 매력과 그의 민중 인식이 지닌 건강함이 있다.[14]

이렇듯 김유정은 민중에 대한 애정, 민요에 대한 애정, 아라리에 대한 애정이 남달랐던 것으로 보이는데 수필 「江原道 女性」을 보면 아라리가 여러 편 등장한다. 강원도 여성을 설명하면서 여러 편의 아라리를 제시하는데 다음과 같다.

1.1. 아리랑 아리랑 아라리요
아리랑 띠어라 노다가게
강원도 금강산 일만이천봉,
팔만구암자, 재재봉봉에
아들 딸 날라고 백일기도두 말게우,
타관객리 나슨 손님을 괄세두마라. (444)

1.2 논밭田土 쓸만한건 기름방울이 두둥실,
게집애 쓸만한건 직조간만 간다네. (445)

1.3 아주까리 동백아 흐내지마라
산골의 큰 애기 떼난봉난다. (446)

1.4 네가두 날만치나 생각을 한다면
거리거리 로중에 열녀비가 슨다. (447)

1.5 네팔짜나 내팔자나 잘먹구 잘입구 소라반자 미다지 각장장판 샛별같은 놋요강 온앙금침 잔모벼개에 깔구덮구 잠자기는 삶은 개다리 뒤틀리듯 뒤틀렸으니, 웅틀붕틀 멍석자리에 깊 은 정이나 드리세 — (447)

14) 이선영, 「민중문학과 자기 인식」, 『김유정문학의 전통성과 근대성』, 한림대 아시아문화연구소, 1997, 82면.

위에 제시된 아라리를 후렴과 노랫말의 내용으로 보아 분류한다면 1.1은 자진아라리이며, 1.2~1.4는 아라리(긴아라리)이며 마지막으로 1.5는 엮음아라리이다. 이렇듯 김유정은 아라리를 종류별로 한편의 수필에 다양하게 늘어놓을 정도로 아라리를 잘 알고 있었으며 그것은 아라리로 대변되는 당시 농민의 삶을 잘 알았다는 것을 뜻한다. 아라리는 당시의 보편적 소리였으며 이에 대한 관심은 농민에 대한 애정을 보여주는 것이라 하겠다.

4. 소설에 등장하는 아라리

김유정 소설은 모두 30편이다. 「정분」은 「솥」의 초고로 알려져 있다. 「정분」을 제외하면 아라리가 등장한 작품수는 총 6편이다. 다음의 표는 김유정 소설의 발표연대와 배경, 아라리가 나오는 내용을 제시한 것이다.

작품명	발표년도	배경	쪽수	내용	비고
산ㅅ골나그내	1933.3.	농촌	20	아리랑 찾는 놈에	권주가 좀 해(21면)
총각과 맹꽁이	1933.9.	농촌	34	요거사 소리 좀 해라 아리랑 아리랑	
소낙비	1935.12.	농촌			농부들의 히히낙낙한 미나리(50면)
노다지	1935.3.	농촌			
금따는 콩밧	1935.3.	농촌			
떡	1935.6.	농촌	85	아리랑 타령	
만무방	1935.7	농촌	110	아리랑 노래 전문	노랫소리노랫가락(111면)
산골	1935.7.	농촌			
솟	1935.9.	농촌	145	아리랑 타령 한마듸 못하는 병신	
봄·봄	1935.12.	농촌			어러이, 말아 밤마마—소모는 소리(160면)
안해	1935.12	농촌	174	아리랑 타령—춘천아 봉의산아 산골의 계집이면 강원도 아리랑 쯤은 곧잘 하련만	홍타령. 이팔청춘, 노랫가락, 신식창가(175면) 시체창가, 피엇네……(176면) 창가, 방아타령(177면)
심청	1936.1.	도시			
봄과 따라지	1936.1.	도시			
가을	1936.1.	농촌			
두꺼비	1936.3.	도시			가냘픈 육짜배기(204면)
봄밤	1936.5.	도시			
이런 음악회	1936.4.	도시			
동백꽃	1936.5.	농촌			
야앵	1936.7.	도시			
옥토끼	1936.7.	도시			
생의 반려	1936.8-9.	도시			
정조	1936.10.	도시			
슬픈이야기	1936.12.	도시			
따라지	1937.2.	도시			
땡볕	1937.2.	도시			
연기	1937.3.	도시			
정분	1937.5.	농촌	143	아리랑 한마디도……	솟과 같음
두포전	1939.1-5.	농촌			
형	1939.11.	도시			
애기	1939.12.	도시			

김유정 소설 30편의 배경을 살피면 15편은 시골이 배경이고 나머지 15편은 도시가 배경이다. 그 중 아리랑[15)]과 관계된 작품은 시골을 배경

으로 한 작품에만 나타나는데 작품 수는 「산ㅅ골나그내」「총각과 맹꽁이」「떡」「만무방」「솟」「안해」 등 여섯 편이다. 이들 작품 속의 아라리는 각각 다른 양상으로 나타나는데 '아리랑'이라는 명칭만 나오는 작품도 있으며 아라리가 삽입가요의 형식으로 그대로 작품 속에 들어가 있는 경우도 있다.

아리랑이 차지하는 비중을 작품별로 살피면 다음과 같다.

첫째, 아리랑이 작품의 소재로서 작품의 진행에 직접적인 영향을 주기보다는 유흥적 상황을 묘사하는데 등장하는 경우이다. 「산ㅅ골나그내」「총각과 맹꽁이」에서 아리랑은 술마시는 상황과 관련이 있다. 둘째, 당시 상황에 대한 설명으로 등장하는 아리랑으로 「떡」과 「만무방」이 있다. 마지막으로 당시 농촌 현실에서 실제로 아라리가 차지하는 위상이 잘 나타난 작품이 있는데 「솟」과 「안해」이다.

「산ㅅ골나그내」와 「총각과 맹꽁이」에서 아리랑은 술을 마시는 유흥의 공간에서 소재로 등장한다. 「산ㅅ골나그내」에서는 젊은 아낙네가 들어온 술집에 모여든 동네 청년들이 질펀하게 마시는 장면을 묘사하는데 아라리가 등장한다. "벽을두다리며 아리랑찻는놈에 건으로너털웃음치는놈 혹은숙은숙덕하는놈…… 가즌각색이다(20)"와 같이 술집 풍경을 묘사하는데 아리랑이 등장한다. 이 장면을 보아서 당시에 일상적으로 아리랑이 불려졌음을 알 수 있으며 김유정은 사실적으로 농촌현실을 그리고 있다. 「총각과 맹꽁이」에서도 상황은 비슷하다. 역시 술자리에서 들병이를 안고 "요거사 소리좀해라 아리랑 아리랑"하는 장면은 아리랑의 일상성을 보여주는 예라고 하겠다.

「떡」과 「만무방」에는 아리랑이 위와 달리 나타난다. 위의 두 작품에

15) 아라리는 아리랑의 원류이다. 음악학적 연구에서 정선아리랑 우리 나라 아리랑의 시원임을 밝힌 바 있다. 이 글에서는 논의의 편의상 정선아리랑, 아라리, 아리랑을 구분하지 않고 쓰기로 한다. 이보형, 「아리랑소리의 근원과 그 변모에 관한 음악적 연구」, 『한국민요학』 제5집, 한국민요학회, 1997 참조.

서는 아라리가 술자리의 여흥을 묘사하는 소재로 쓰였다면 「떡」과 「만무방」에서는 할일 없는 사람의 신세한탄을 하는 장치로 쓰였다고 본다. 「떡」에서 주인공은 업신여김을 받자 속상하고 부끄러운 심정을 아리랑 타령이나 하면서 숨기는 상황을 연출하고 「만무방」에서는 주인공이 홀로 산에서 송이를 캐면서 속상한 심사를 다듬기 위해 아리랑을 한마디 부르는 상황을 만든다. 「떡」의 주인공 '덕히'는 "그러나 없임받는데 약이 올라서 자네들은 뭐 좀 난상불른가 하고 낯을 붉히다는 풀밭에 슬며시 쓰러져서 느러지게 아리랑타령(85면)"으로 끝나지만 「만무방」의 주인공 응칠이는

아리랑 아리랑 아라리요
아리랑 뛰여라 노다가세
증긔차는 가자고 왼고동 트는데
정든임 품안고 낙누낙누
아리랑 아리랑 아라리요
아리랑 띄여라 노다가세
낼갈지 모래갈지 내모르는데
옥씨기 강낭이는 심어뭐하리
아리랑 아리랑 아라리요
아리랑 띄여라……(110면)

이렇게 아리랑을 여러곡 뽑아낸다. 김유정 작품 중에서 이 「만무방」에만 후렴을 포함한 아리랑 전곡이 삽입가요 형식으로 들어가 있다. 그런데 이 「만무방」은 작품들 가운데서도 일본의 수탈 정책 아래 일그러진 인물상을 가장 탁월하게 묘사하고 있을 뿐만 아니라, 농촌 현실의 주요 국면을 예리하게 파헤친 것[16]이다. 가장 현실적인 작품에만 아라리가 전면적으로 등장하는 것은 아라리에 대한 작가의 인식뿐만 아니라 아라리

16) 이선영, 앞의 논문, 85면.

가 차지하는 당대의 위상이 적지 않음을 말해주는 것이라 하겠다.

이 만무방에 삽입된 아라리는 후렴 부분이 주목된다. 왜냐하면 여기에 제시된 아라리의 후렴은 강원도의 것이 아니기 때문이다.[17] 서병하에 따르면 '아리랑 아리랑 아라리요 아리랑 띄어라 노다가세'는 본조아리랑의 후렴이다. 또한 이 후렴에서 '띄어라' 부분을 '얼씨구'로 바뀌면 강원도아리랑의 후렴이 된다고 같은 곳에 제시하였다.[18] 이 부분이 김유정이 착각을 한 것인지가 궁금해진다. 앞서 말했듯이 김유정의 춘천생활은 3년 정도이다. 그의 인생이 워낙 짧았으니 3년이라는 시간이 적지는 않은 세월이나 나고 자라지 않은 점을 감안할 때 서울에서 들었던 아라리와 섞였거나 서울에서 들었던 아리랑을 같은 아리랑으로 간주하여 삽입하였을 수도 있을 것이다. '띄어라'가 들어간 후렴은 전혀 조사되지 않은 것에 비해 '얼씨구'가 들어간 후렴은 9개[19]가 조사되었다는 점을 생각하면 더욱 그럴 가능성이 크다고 본다.

아라리가 등장하는 세 번째 경우인 「솟」과 「안해」에서는 아내의 아리랑 실력이 문제가 된다. 「솟」의 주인공 근식은 들병이에게 정신을 빼겨 찬방에서 뒹굴고 있는 아내와 자식을 버리고 들병이를 쫓아갈 생각에 집안이 살림살이까지 들어낸다. 근식이 들병이를 쫓아가는 이유 중 하나가 들병이는 술장사를 해서 편히 먹고 살 수 있기 때문인데 그러기 위해서 아리랑타령은 중요한 재주가 된다. 그래서 근식은 뭉태가 왔을 때 바깥에서 추위에 떨면서 속상한 마음에 아내를 생각하다가도 "허지만 다시 잘 생각하면 안해 그까짓건 실혔다. 아리랑타령 한마듸 못하는 병신, 돈 한푼 못버는 천지(145)"라고 자신의 의지를 다진다. 들병이가

17) 강원도 전체 18개 시・군을 대상으로 조사한 아라리 중 아라리 후렴 521수(긴아라리 후렴 382, 자진아라리후렴 116, 엮음아라리후렴 23) 중 위와 같은 후렴은 없다. 강원도, 『강원의 민요』 I(2001)・II(2002).

18) 서병하, 「관동지방의 민요에 관한 연구」, 『관동향토문화연구』 1, 춘천교대 관동향토문화연구소, 1977, 9면.

19) 아라리후렴 6수, 자진아라리후렴 3수가 조사되었다. 강원도, 앞의 책.

가져야 할 기본 재주가 바로 아라리이기 때문이다.

「솟」의 근식이 아내를 버리고 들병이를 따라갈 마음을 갖는다면 「안해」의 나는 "이깐 농사를 지어 뭘 하느냐, 우리 들병이로 나가자(174)"하는 아내의 꾀임에 아내를 들병이로 가르쳐 편히 살겠다는 마음을 갖는다. 근식은 이미 들병이를 만났으니 소리를 가르칠 일이 없지만 '나'는 아내를 들병이로 만들기 위해 기본적인 소리를 가르친다. 그런데 이 소리가 바로 아라리이다.

> 우선 내가 무릎장단을 치며 아리랑타령을 한번 부르는구나.
>
> 아리랑 아리랑 아라리요.
> 춘천아 봉의산아 잘있거라,
> 신연강[20] 배타면 하직이라.
>
> 산골의 계집이면 강원도 아리랑쯤은 곧잘 하련만 년은 그것도 못배웠다. 그러니 쉬운 아리랑부터 시작 할밖에 (174)

이렇게 주인공 나는 아내에게 아리랑타령을 가르친다. 여기에서 주목해야 할 것은 제시한 아라리의 노랫말이다. 직접적인 지명을 거론하면서 지역적 환경을 보여주는 아라리가 삽입되었다. 이것은 김유정이 아라리를 직접 들었을 가능성이 매우 크다는 것을 나타낸다. 필자가 조사한 바에 따르면 2000년 당시 84세의 김○○ 할아버지는 다음과 같이 소리를 하였다.[21]

---

20) 북한강 본류와 소양강이 만나는 부분부터 삼악산 서쪽과 남쪽을 감아 흐르는 부분에 붙였던 이름이다. 지금의 춘천시 의암댐 부근을 말한다.

21) 이 노래는 춘천 근교에서만 각기 다른 제보자가 다음과 같이 부르기도 하였는데 노랫말의 내용과 형식이 매우 유사함을 알 수 있다. 강원도, 『강원의 민요』 I, 2001. ( ) 안은 제보자 연령, 쪽수.
춘천아 봉의산아 너잘두나 있거라 / 신연강 나룻뱃터가 하직이로구나(남 · 74, 742면)
춘천아 봉의산아 너 잘 있거라 / 신연강 뱃터에는 하직이라(남 · 68, 782면)

춘천아 봉의산아 너 잘 있거라
신연강 배터가 하직이로구나 (814)

소설에 나오는 시기와 필자가 조사한 사이의 시간차가 100년도 안 되는 시기이므로 같은 소리가 전해져 오고 있다고 보아도 무방할 것이다. 무엇보다 제보자의 연배를 볼 때 김유정이 춘천의 실레마을에 내려와 있을 당시 같은 시간대와 공간을 공유했을 것으로 본다.[22] 수필「닙히푸르러 가시든님이」에 나오는 아라리는 다음과 같은데 김유정은 이 노래 바로 뒤에 '강원도농군이 흔히부르는 노래의 하나입니다'라고 설명하는 것으로 보아 이런 아라리가 보편화되었음을 알 수 있다.

입히 푸르러 가시든 님이
白雪이 흔날려도 아니오시네 (411)

5. 소설 속 상황과 아라리

아라리는 현실에 대한 작중화자의 심사를 잘 드러낼 수 있는 장르이다. 그런데 아라리의 종류에 따라 불려지는 상황이 조금은 다르다. (긴)아라리는 늘어지게 부르므로 자신의 처지와 신세한탄하기에 적당하며

춘천아 봉의산아 너 잘있거라/신연강 뱃터이 또한 하직이라(남 · 66, 804면)

22) 필자는 김유정 생가 마을인 실레마을이 속한 신동면과 이웃한 동산면에서 올해 95세인 이○○할아버지를 만났다(2008.5.5. 춘천시 동산면 조양 2리 3반). 이분은 현재 88세인 부인과 살고 있는데 나이차가 많은 이유를 묻자 본인이 데릴사위였다며 15세에 7세인 부인을 보고 들어와서 22세까지 그 집에서 일을 하며 지내다가 부인이 15세가 되자 혼인하였다고 한다. 바로 옆집에 새로 집을 짓고 장인과 바로 곁에서 살았다고 한다. 1913년 생으로 1935년 경에 혼인하였는데 당시에 이런 일이 많았다고 한다. 이는 김유정의 소설「봄·봄」속 상황과 매우 유사하다.

자진아라리는 박자가 빠르기 때문에 긴아라리를 부르다 흥이 나거나 혹은 노는 자리에서 많이 부른다. 엮음아라리는 이보다 더 빠르게 불러야 하기 때문에 (긴)아라리를 부르거나 자진아라리를 부르거나 소리판이 정리될 때 나오는 것이 보통이다.

들병이들이 부른 아라리는 아마도 자진아라리가 많았을 것이다. 술상머리에 앉아서 부르는 소리가 늘어지면 술꾼들이 싫어했을 것이고 술마시는 분위기를 살리기 위해서는 빠른 소리가 어울렸을 것이다.[23)]

1) 들병이와 아라리

들병이란 남편 있는 여인이 보통 남편과 함께 시골 주막으로 돌아다니며 술과 몸을 파는 것을 말한다. 김유정은 들병이를 조선의 집시라 하였다.[24)] 김윤식은 이에 대한 미묘한 윤리적·미학적 감각에 김유정 문학의 출발점이 있지 않았을까 하였다.[25)] 당시의 사회 조건은 어떤 경우 아내를 팔아서 생계를 이어야 할 만큼 궁핍하였다. 아라리 노랫말에는 다음과 같은 노랫말이 있어 들병이에 대해 생각해 볼 여지를 준다.

2.1 청초매 끝에다가 양쇠주병 차구
오동나무 수풀로 임을 찾어 갑시다 (관동 2~30)

---

23) 『한국민요대전』 강원도편 중 양양에서 채록한 자진아라리 노랫말은 들병이의 상황과 일치한다. 가창자에 의하면 들병이들이 주로 불렀던 소리가 자진아라리와 어랑타령이었다고 한다. 이것은 빠른 박자의 소리를 술꾼들이 선호했음을 알려 준다. 『한국민요대전』(강원도편), 문화방송, 1996, 242면.

24) 김유정, 「朝鮮의 집시—들뼝이 哲學」, 『원본 김유정전집』(개정판), 강, 2007, 414면. 이 수필에 들병이에 대한 김유정의 생각이 자세히 나타나 있다. 특히 420면에는 들병이에 대한 애정이 잘 나타나 있다.

25) 김윤식, 「들병이 사상과 알몸의 시학」, 『김유정 문학의 전통성과 근대성』, 한림대 아시아문화연구소, 1997, 283면.

2.2 행주초매를 똘똘 말어서 옆옆이나 끼구
산수갑산을 들어가서야 막걸리장사 하세 (관동 2~30)

2.3 요놈의 총각아 내치매꼬리를 놓여라
당사실로 잡은 주름이 콩티듯 한다 (관동 2~38)

2.1과 2.2 이 두 노래는 들병이의 처지를 말한 듯하다. 오동나무 수풀에 임을 찾아 가는 일은 다른 아라리 노랫말이나 다른 민요에서도 나올 법한 상황이다. 그런데 문제는 소주병이다. 소주병을 치마끝에 찬다고 한 자세는 아무리 보아도 들병이가 맞다. 2.2의 '행주초매를 똘똘 말어서'라는 노랫말을 보면 분명 여염집 여성일텐데 막걸리 장사를 하러 떠난다고 한다. 부엌에서 가족을 위해 식사를 마련할 때 쓰는 행주치마를 벗어던지고 삼수갑산으로 떠난다고 한다. 행주치마를 벗는 행위는 가정생활에서 이탈하는 것을 뜻하고 삼수갑산은 살고 있던 터를 버리고 다른 곳, 먼 곳으로 이주하는 것을 뜻한다. 2.3은 총각이 다급한 마음으로 치마를 잡자 치마가 틑어지는 상황을 재미있게 묘사하였다. 치마주름이 뜯기는 모양을 콩튀듯한다고 표현하였는데 상황의 다급함과 당황스러움이 잘 나타나 있다.

김유정 소설에 등장하는 들병이들은 위와 같은 모습들만 보이는 것은 아니다. 「총각과 맹꽁이」에 나오는 들병이는 "나하고 안살면 술갑 못내겟시유"(36)라고 버티는 덕만이에게 "술먹고 술갑안내는 경오가 뭐냐고 …… 내가 술팟너왓지 당신의안해가 되러온것이아니라고 조히 타이르기까지"(37)한다. 술을 팔고 몸을 팔아야 하는 들병이에게 순진한 덕만이는 상대가 되지 못한다. 술값은 안 내고 아내가 되어달라는 덕만이는 치마꼬리를 잡는 총각이요 그러한 되지 않는 요구를 하는 상황은 들병이의 입장에서 본다면 치마주름이 콩튀듯하는 어이없는 상황이다.[26)]

26) 김유정은 앞에 제시한 「朝鮮의 집시-들뺑이 哲學」이라는 수필에서 다음과 같이

위 세 노래가 들병이의 입장이라면 다음에 제시하는 아라리는 총각의 입장을 대변한다.

3.1 가리왕산에 실안개 도는건 눈비나 줄나구 돌지만
이산두메 뜬 색시야 누구를 홀릴라구 떴나 (관동 1~45)

3.2 말 못하는 담배 한 대도 내 속을 풀어 주는데
술집 여자는 뭘루 생겨서 내원 못 푸느냐 (관동 46)

3.3 이팔에 청춘 남아가 죽어야만 옳으냐
외로운 여자 몸에두 잠깐 빌려야 옳으지 (관동 55)

3.1은 앞의 2.2 노랫말과 대구를 이룬다. 행주치마를 똘똘 말어서 옆옆에 끼구 삼수갑산에 들어온 들병이를 보고 하는 말이다. '이산두메에 뜬 색시'는 들병이다. 전통사회에서 마을 밖에서 들어온 여성은 다른 마을에서 혼인을 치르고 들어온 여성이며 떠돌아 다니는 여성은 정상적이지 못한 여성이며 들병이다. 일반적인 혼인 생활을 누리지 못하고 떠도는 유랑민이며 이것은 김유정 소설에 등장하는 유랑민, 들병이를 연상하게 한다. 「산ㅅ골나그내」의 덕돌이가 처음 나그네를 봤을 때의 심정이 아닐까. 「산ㅅ골나그내」라는 제목처럼 산골에 찾아온 나그네는 곧 두메산골에 뜬 색시이다.

3.2는 여성을 담배에 비유하여 들병이를 통하여 성적 욕구를 해결하려는 작중화자의 노골적인 속셈이 보인다. 「총각과 맹꽁이」에 등장하는 뭉태, 짬둥이 총각의 심사가 이와 다르지 않을 것이다.

들병이에 대해서 말한다. "들뺑이는 무엇보다도 들뺑이로써의 手腕이 잇서야 된다. 술팔고 按酒로 아리랑打令만하면 되는것이아니다. 아리랑쯤이면 農軍들은 물릴만치 들엇고 또 하기도 善手다. 그 아리랑을 드르러 三四十錢의 大金을 濫費하는농군이 아니엇다. 술 몃잔 사먹으면 依例히 쌘按酒까지 强要하는것이다. 또 그것이 여러번 거듭하는 동안에 아예 한個의 完全한 權利로써行使케 된다."(416~417면)

당시 어려운 농촌 사정에 나이는 들어도 장가갈 비용이 없어 결혼을 하지 못하는 총각들이 많았다. 3.3은 이들의 푸념을 대변한다. 인간의 성적 욕구는 자연스러운 것이다. 해소하지 못한다고 해서 죽을 리는 없겠지만 이 노래에서 작중화자는 의뭉스럽고 능청을 떨면서 자신의 뜻을 관철시키고자 한다. 여기에 나타나는 정서는 주인공의 심사보다는 주변 인물의 심사와 가깝다. 주인공은 대놓고 드러내지 못하지만 내용의 의뭉스러움은 「총각과 맹꽁이」의 뭉태와 같다.

「총각과 맹꽁이」의 덕만은 마지막으로 "살재두 나는 인전 안살터이유—"(37) 하고 마지막으로 잿간을 향하여 소리를 지른다. 그리고 제집으로 설렁설렁언덕을 나려간다. 소설에 의하면 이 때 덕만이는 주먹으로 눈물을 비비고 있다. 아마도 덕만이의 심정은 아래의 노랫말과 같을 것이다.

> 4.1 시근시체 개명말로 말 잘하구 술 잘파는
> 갈보년들은 죽어지어 양지짝 삿짝궁기에
> 끌어묻거든 불여우나 되구야
> 우리곁은 무산자는 죽어지거든 신선이나 되라 (관동 2~41)

비록 4.1에서 덕만이의 처지인 농민 대신에 무산자라는 계급적 호칭이 등장하였지만 덕만이의 처지는 무산자나 다를 바 없다. 농민이 무산자와 다른 것은 그들의 자산이 될만한 땅이 있어야 하는데 김유정 소설에 나오는 주인공들은 거의 대부분 소작농이거나 빈농이다. 김유정은 사회적 구조에서 당대 사회의 비참함이 온다는 것을 알고 있었으며 화해적인 결말을 거부하였다.[27] 그러므로 노랫말에 나타나는 정서는 무산자나 농민이 다르지 않을 것이다. 그렇지만 덕만이가 이렇게 들병이를

27) 김병익, 「땅을 잃어버린 시대의 언어」, 『김유정문학의 전통성과 근대성』, 한림대 아시아문화연구소, 1997, 144~145면 참조.

원망했을까는 생각해 보아야 한다. 덕만이는 들병이만이 아니라 뭉태에게도 화가 나 있다. 「산ㅅ골나그내」의 주인공 덕돌은 결혼식까지 치르고 바지 저고리까지 빼앗겼으니 4.1의 정서에 가까운 것은 덕만이보다는 덕돌이일 것이다. 들병이가 남편이 있음을 숨기고 덕돌에게 시집온 것은 오로지 남편에게 입힐 새 옷이 필요했기 때문이다.

2) 궁핍한 현실과 아라리

식욕은 성적 욕구와 마찬가지로 인간의 기본적인 욕구이다. 가난한 살림살이에서는 쌀밥은커녕 끼니를 거르지 않는 것만으로도 다행으로 여긴다. 김유정 소설에 등장하는 음식은 조밥, 강낭밥이나 감자가 많이 나오며 제대로된 식사 장면은 거의 나오지 않는다. 대개는 배가 고픈 상황을 묘사한다. 김유정은 배고픈 자의 심정을 잘 아는 듯하다. 수필 「닙히푸르러 가시든님이」에 보면 아라리 하나를 제시하고 그에 대한 해석을 하는데

> 잘살고 못살긴 내분복이요
> 하이칼라 서방님만 어더주게유 (412)

> 여기에 하이칼라 서방님이란 머리에 기름 발르고 香氣 피는 매끈한 서방님이 아닙니다. 돈잇고 쌀잇고 또 집잇고 이러케 푼푼하고 유복한 서울 서방님 말입니다. 언뜻 생각할 때 에이더러운 계집들! 에이 웃으운것들! 하고 或 침을 배트실분이 잇슬지는 모르나 그것은 좀 들생각 한것입니다. 님도 조치만 밥도 重합니다. 農夫의 계집으로써 限平生 지지리지지리 굶다마느니 서울 서방님 겨테안저 밥먹고 옷입고 그리고 잘살아보자는 그理想이 가질바못되는것도 아닙니다. 님잇고, 밥잇고 이러한 곳이라야 幸福이 깃드립니다. (412~413)

라며 매우 현실적으로 상황을 보고 있음을 알 수 있다. 가난 때문에 아내를 팔아야 하는 상황, 생존을 위해 매음을 해야 하는 상황 등등을 가까이에서 보고 듣고 나아가 직접 가난한 삶을 겪었기 때문에 이런 현실 인식이 가능했다고 본다.

「솟」에서 근식의 아내가 남편에게 화가 나 아기를 던지고 나가는 장면에서도 아내는 아기에게 감자를 구워서 먹이고 있었다. 그런데 남편은 괜히 역정을 내어서 아내는 아기를 두고 집밖으로 나가는 상황은 다음의 아라리와 상황이 같다.

> 어린아기는 젖달라구선 발버둥질만하구요
> 늙으네 개잡놈으는 술집문전에 양산도만 찾는다[28]

아라리에는

> 이밥에 고기반찬 맛을 몰라 못먹나
> 사절치기 강냉밥도 맘만편하면 되잔소 (관동 2~27)

와 같이 쌀밥과 고기는 아예 엄두도 내지 못하는 상황이므로 사절치기 강냉밥이라도 맘편히 먹으면 된다는 노랫말이 있다. 이것은 민중적 정서, 현실의 어려움을 이겨내려는 건강함이다. 쌀밥과 고기는 못 먹더라도 농촌에서는 그나마 흔한 먹을거리가 있어 그것으로 주식을 삼는다. 감자, 옥수수는 예로부터 구황식물이면서 특히 강원도 산간 지방의 주식이다. 아래에 제시하는 아라리에는 감자, 옥수수, 호박, 장 등 전통사회에서 흔히 볼 수 있는 먹을거리가 등장한다. 변변한 먹을거리가 없는 궁핍한 상황이 잘 나타나 있다.

28) 강등학, 『정선아라리의 연구』, 집문당, 1988, 254면.

5.1 올감자를 달달 끍어서 흠빽 끓여 놓고
호박 따다가 장 끓이거든 잡숫꾸 가서요 (관동 1~39)

5.2 굴근 감재를 들들 긁어서 당신양반 다 먹구
간난이하구 나하구는 저녁 굶어 잔다 (관동 2~26)

5.3 사절치기 강낭밥은 통로구에 오골박짝 끓는데
우리님은 어딜 간나구 보선 신발 하나 (관동 2~35)

5.1에서는 없는 살림이나마 그래서 감자도 그냥 감자가 아니고 올감자이고 반찬은 호박을 넣은 장이 전부지만 먹고 가라고 권한다. 5.2는 감자도 부족해서 가장만 먹이고 아내와 자식은 굶고 잠을 재촉하는 상황을 제시한다. 이렇게 없는 살림에도 남편을 먹이고 가정을 꾸리려고 하는데 남편은 아내가 던지고 나간 아이가 울고 있는 상황에서도 들병이와 도망갈 생각만 하고 있다. 5.3과 꼭같은 상황이다. 쌀도 감자도 없어서 옥수수를 맷돌에 넣어 네조각으로 타갠 것으로 밥을 짓고 있는데 남편은 집안 사정에 아랑곳하지 않고 신발을 찾아 신고 집을 나서려고 한다.

「솟」의 근식은 들병이와 편히 살기 위해 지금 살고 있는 아내와 자식은 안중에도 없는 인물이다. 심지어는 들병이에게 줄 술값 대신으로 집안의 물건을 들어낸다. 원체 없는 살림살이이므로 집안의 물건은 숟가락, 함지박, 맷돌과 같은 보잘것 없는 물건이다. 살림살이를 들어내는 근식을 보면 현재의 삶에 조금의 미련도 없어 보인다.

여기에서 근식이 들병이에 대해 갖는 정서는 앞의 「총각과 맹꽁이」의 덕만, 뭉태와는 다르다. 근식은 아내가 있고 그들은 아내가 없다. 아내가 없는 「산ㅅ골나그내」의 덕돌과 총각과 맹꽁이의 덕만은 들병이에 대한 집착이 근식과는 다르다. 덕돌과 덕만이 성적 욕구의 해소로 대변되지만 함께 살 아내를 원했다고 한다면 근식은 아내가 집안에서 살림을 해주는 것으로 만족하지 못하고 아내를 통해서 편히 먹고 살 계획을 가지고 있다.

가난한 살림살이에 덕돌과 덕만은 아내를 얻지 못한다. 그런데 아내를 얻은 근식이 아내를 버리고 들병이를 따라 나서려고 하는 것은 가난때문이다. 끈질긴 호포 독촉에서도 벗어날 수 있을 것이다. 그렇지만 "뭇 사람의 품으로 올마안기며 에쓱어리는 들썡이가 천하다 할망정 힘안드리고 먹으니 얼마나 부러운가"(145)라는 근식의 생각은 순진하다 못해 바보스럽다.[29] 근식은 들병이와 떠나기로 한 날 아침에 들병이의 남편이 나타나 집안살림만 빼앗기고 아무말 못하는 상황에 놓인다. 오히려 자신의 살림살이를 돌려달라하는 아내를 달래면서 "아니야 글세, 우리솟이 아니라니깐그러네 참—"(155) 하고 자신의 솟을 부정하는 아이러니가 발생한다.

이에 비해 「안해」의 나는 부인을 들병이로 가르쳐서 먹고 살 궁리를 하는 점에서 근식과 다르다. 들병이 아내를 얻기는커녕 집안의 살림살이마저 모두 잃게된 근식과 달리 「안해」의 나는 아내가 들병이로 나서면 자신의 입지가 약화될까 놀래어 마음을 바꾼다. 다음과 같은 아라리는 부부의 정을 말하는 듯하다.

> 니칠자나 내팔자나 똺은 복녁에
> 이불담뇨 깔구덮구 잠 자보기는
> 오초강산에 글렀구나
> 마틀마틀에 장석자리다 깊은 정이나 두자 (관동 1~58)[30]

---

29) 이재선은 「솟」의 근식을 피동형 바보형으로 분류한 바 있다. 이재선, 「희화적 감각과 바보열전」, 『김유정 문학의 전통성과 근대성』, 한림대 아시아문화연구소, 1997, 102면 참조.

30) 이것은 강원도 정선에서 녹음한 내용이고 이와 비슷한 내용이 앞에서 제시한 김유정 수필 「江原道 女性」에 실린 것이다. 수필에 실린 내용을 김유정은 삶의 권태처럼 느껴질지 모르겠지만 도리어 생에 집착한 열정이라고 설명하고 있다.(447면)

가난한 살림살이어도 서로 깊은 정을 두고 살자는 아라리이다. 똘똘이를 키우며 애정표현은 서로 거칠어도 본아내, 본남편이 제일이라는 부부간의 끈끈한 정이 느껴진다. 가난하고 어려운 상황을 장석자리에 깊은 정을 들이자는 말로 이겨내고 있다.

위에 제시한 상황은 가난하여도 부부가 함께 있는 경우이다. 물론 「솟」의 경우는 「안해」의 경우와는 달리 어쩔 수 없이 부부가 같이 살게 되었지만 「만무방」의 경우는 가족이 완전히 해체된 상황이다. 만무방에는 "농사는 열심으로하는것가튼데 알고보면 남는건 겨우 남의 빗뿐"(100면)이라고 주인공 응칠이 떠도는 신세가 된 내력을 말한다.

6.1 놀다가 죽는 것으는 울 밑에 붕어요
일하다가 죽는 것으는 우리 농민 아니요 (관동 1~40)

6.2 우리두 운제나 돈 불아 가지구
남과 겉이 근심 읎시 살다가 세상 뜨겠소 (관동 1~41)

6.1은 일만 했을 뿐 배불리 먹지 못하며 쉴 수도 없는 상황에 대한 심사를 읊은 것이며 6.2는 일을 해서 돈을 벌고 배불리 먹고 사는 것에 대한 회한이며 동시에 희망을 가지는 것이다.

6. 맺음말

김유정 소설에 나타나는 아라리는 모두 농촌을 배경으로 한 소설에만 있으며 거의 대부분 들병이와 관련이 있는 것으로 보인다. 소설 속아리랑은 들병이와 어울리는 술자리를 묘사하는데 쓰이거나 들병이의 필요조건을 설명하기 위한 장치로 쓰인다. 「산ㅅ골나그내」와 「총각과 맹꽁이」에서 아리랑은 상황을 설명하는 배경으로만 나타난다. 「솟」과 「안해」에서는 들병이가 가져야 할 조건으로서 아라리가 등장한다. 그런데 「떡」과 「만무방」에서는 술자리나 들병이와 상관없이 아라리의 본래 역할인 신세타령으로 쓰인다.

김유정 소설에서의 어떤 장면, 부분, 상황은 아라리와 지향하는 정서가 매우 비슷하다. 들병이가 연상되는 노랫말에서는 들병이와 농촌 총각들 사이의 복잡한 관계를 해학적인 시선으로 풀어내고 있다. 당시 아라리에 들병이와 총각의 마음을 대변하는 노랫말이 불려진 것은 김유정 소설의 상황이 현실적이었음을 드러낸다고 본다. 또한 가난한 상황에서 가난을 이겨내려는 노랫말은 아라리가 지향하는 정서가 웃음으로 현실을 극복하는 쪽으로 향하고 있음을 알 수 있다. 김유정은 춘천에서 짧은 시간을 보냈지만 아라리의 민중성과 해학성을 꿰뚫어 보고 작품의 소재로 썼음을 확인할 수 있다.

「들병이와 아라리」 토론문

김진순

영감아 영감아
새 보러 가주 말란게 새 보러 가더니
메뚜기한테 채여죽은 영감아 (…중략…)

가을에 산에서 솔가지 꺾을 때 하는 소리로, "정선아리랑쪼"라고 한다.[31]

영감아 영감으으
칠월 콩밭 만두레 때
뫼뚜기한티 채아 죽은 영감아 (전북 CD8-21 옥구산야)

영감아 영감아 영감아
작년 칠팔으 논두렁 깎다 메뚜기한티 가심 채 죽은 영감아 하 (전북CD9-8김제 산야)

31) 문화방송, 『한국민요대전-전라북도민요해설집』, 1995, 385면.

2006년 겨울 어느 날, 오대산에서 우연히 만난 30대 남자분에게서 이 노래 얘기를 들은 적이 있다. 언제가 대중교통을 이용하던 중 라디오에서 흘러나오는 이 노래를 듣고 웃음을 참지 못해 곤욕을 치렀다는 얘기였다. 곡조는 슬펐지만 계속 웃음이 나오더라며, 이후에도 이 생각만 하면 웃음이 나고 재미있었다고 한다. 정선아라리에도 이러한 사설이 나온다.

> 당신이 죽고서 내가야 살면은 무슨 영화를 보겠소
> 호박잎에 모인 이슬에 빠져나 죽자[32)]

유명희 선생님의 「들병이와 아라리」는 강원도 지역의 아라리에서 나타나는 정서가 김유정의 소설에서도 그대로 드러나고 있는 점에 주목하고 있다. 뿐만 아니라 실제로 소설 속에서 아라리 또는 아리랑이 어떠한 모습으로 반영되고 있는지 분석함으로써 당시 민중들의 문화가 작가의 창작에 영향을 주고 있었다는 점을 밝혔다. 그동안 강원도 민요를 대상으로 현대문학 또는 근대문학과의 상관성에 대한 연구는 거의 이루어지지 않았다는 점에서 이 연구는 큰 의의를 지닌다고 할 수 있다.

유명희 선생님은 '김유정 탄생 100주년 기념' 행사의 중요한 실무자로서 매우 바쁜 와중에 본 연구를 진행한 것으로 알고 있다. 때문에 제목에서 보여주는 「들병이와 아라리」에서 웃음에 대한 연구 시간이 절대 부족했을 것으로 보인다.

본 연구는 김유정 소설에서 드러나는 아라리가 대상이었기 때문에 작품 전체에서 보여주는 웃음을 분석하는 데는 한계가 있다고 본다. 김유정의 소설은 빈농, 소작인, 들병이 등의 비참한 현실의 삶을 웃음으로 극복하고 있다. 이것은 김유정 소설의 해학이 정화의 기능을 가진다[33)]

32) 정선군, 『정선아리랑』, 2003, 55면.
33) 박세현, 『김유정의 소설세계』, 국학자료원, 1998, 112면 재인용.

고 보는 점이기도 하다. 그런데 이러한 해학적 특징은 아라리에서도 쉽게 찾아볼 수 있기 때문에, 김유정 소설에 나타나는 아리랑보다는 작품 전체를 대상으로 비교, 분석했으면 하는 아쉬움이 남는다.

강원도 양양에서 채록한 자진아라리(강원도 아리랑과 혼용하는 경우가 흔하다)는 전문적인 들병장수들이 부르던 소리라고 한다.[34)]

갈보야 질보야 얄개질마라
돈 없는 건달이 속상하네

막걸리 장사야 물 주지 마라
돈 주고 먹는 술 빼골이 녹네

잰돈푼이 아수워서 들병자사를 갔더니
동네야 덕택에 잘 팔아가주 갑니다

가창자에 의하면 들병이들이 주로 불렀던 소리가 자진아라리와 어랑타령이었다고 한다. 김유정 소설의 들병이와 관련된 아리랑은 후렴 등에서 보면 자진아라리 혹은 강원도 아리랑과 더 가깝다는 느낌이다. 강원도아리랑과 아라리는 음악적인 면에서 분명하게 구분되기 때문에 두 노래를 묶어서 다루기보다는 들병이와 관련된 강원도아리랑, 신세타령과 관련된 아라리 등 좀 더 구체적으로 구분되었으면 하는 생각이다. 물론 정선아라리를 포함한 양구 얼레지타령, 춘천 뗏목아라리 등에도 들병이 또는 갈보와 관련된 사설들이 있으나 소설 속의 들병이와 관련된 아리랑은 '들병이가 갖추어야 할 조건'으로 노래 자체에 대한 이야기를 하고 있어 이 점을 주목해 보았으면 한다.

마지막으로 본문에서 인용한 아라리는 연행현장에서 매우 웃음을 자아내는 사설들인데 텍스트를 다루고 있는 발표현장에서는 별로 웃지

34) 문화방송, 『한국민요대전−강원도편해설집』, 1996, 242면.

않았다. 이는 웃음에서 주요하게 작용하는 공감대의 문제일 수도 있겠으나 구비문학의 문자화에 따른 한계로 보이기도 한다. 즉 연행현장에서의 아라리 웃음과 텍스트에 의한 아라리 웃음이 다르게 나타난다는 점도 아라리의 웃음에서 고려해 보아야 할 문제인 것 같다.

어둠 속에서 찾는 웃음

김유정과 어스킨 콜드웰의 단편 비교

나수호

1. 들어가면서

1930년대는 한국뿐만 아니라 세계적으로도 암울하고 어려운 시대였다. 1930년대에 들어서자 대공황이 서구 여러 나라의 국민을 비참한 궁핍으로 몰아넣었고 1930년대 말에 이르러서는 세계를 휩쓴 제2차 세계대전이 시작되었다. 이런 환난 가운데 사람들은 어떻게든 살아갈 길을 모색하기 위해 방황했는데 문학인 역시 그 어두운 시대에서 의미를 찾기 위해 노력하고 있었다. 그 방식은 작가마다 달랐지만 본고에서는 이를 웃음에서 찾은 두 명의 작가, 한국의 김유정과 미국의 어스킨 콜드웰(Erskine Caldwell)에 대해 검토하고자 한다.

얼핏 보기에는 김유정과 어스킨 콜드웰이 과연 비교 대상이 될 수 있을까 하는 의문이 생길지도 모른다. 김유정의 활동 시기는 처녀작인 「산골 나그네」가 발표된 1933부터 그가 요절한 1937까지 4년에 불과하며 남긴 작품은 단편 30여 편뿐이다. 반면에 콜드웰은 1920년대 말부터 활동을 시작하여 수십 년에 걸쳐 장편 25편과 단편 150여 편에 이르는 방대한 양의 작품을 남겼다. 그런데 이 작품들 중에서 높이 평가되는 작품은 초기 작품, 특히 1930년대의 작품이다. 물론 대공황으로 어려움을 겪는 미국 시골은 일제 식민 지배하에 있는 한국 농촌과 서로 상당히 다른 세계이지만 어려움에 처한 순진한 인간의 반응을 보여준다는 점에서 이 두 작가의 작품은 크게 다르지 않다는 생각이 든다.

김유정의 작품은 적은 수에 비하여 많은 연구의 대상이 되어왔다. 그 연구 중에는 김유정 소설에 나타난 웃음(해학, 풍자, 골계 등)을 다루는 것이 수없이 많다. 본고의 좁은 범위에서 기존 연구의 전반을 검토하기는 어려우므로 몇 가지 일반적인 추세와 의견을 간략히 언급하고자 한다. 일찍이 고난에서 웃음을 빚을 수 있는 김유정의 능력을 일종의 '연금법'으로 본 백철은 '못난이 인물형'과 익살·과장으로 특징되는 수사법이 그 연금법의 비밀이라고 했다.[1] 바보형 인물과 특이한 수사법 혹은 문체가 김유정의 해학의 핵심에 있다는 견해는 오늘날까지 설득력을 지니고 있다.[2] 이렇게 유발시킨 웃음으로 독자들이 실컷 웃으면서 가슴속에 쌓인 슬픔을 눈물로 흘리게 하는[3] 하층민들의 애소어린 해학, 가장 한국적인 해학이 김유정의 작품세계를 이룬다고 한다.[4]

어스킨 콜드웰의 경우에는 다작에도 불구하고 김유정의 작품처럼 많이 연구되어오지는 않았다. 콜드웰은 일찍이 통속소설을 쓰는 작가로 알려져 있었으며 심지어 판매금지령이 내려질 정도로 몇 편의 소설은

1) 백철, 「고난 속에 빚은 웃음의 像」, 『문학춘추』 2권 5호, 1965.5, 181~182면.
2) 김상태, 「김유정과 해학의 미학」, 『한국 현대소설사 연구』, 민음사, 1984; 김현실, 「「안해」의 해학성에 관한 연구」, 『국어국문학』 115호, 1995.12; 전상국, 『시대를 초월한 문학성』, 건국대 출판부, 1995; 이호림, 『유정의 소설은 왜 웃긴가』, 리토피아, 2008.
3) 정현기, 「김유정의 1930년대식 해학」, 『한국 문학의 해석과 평가』, 문학과지성사, 1994, 266면
4) 이주일, 「유정문학의 향토성과 해학성」, 『국어국문학』 83호, 1980.6, 126, 129면.

너무 저속한 것으로 인식되었다. 또한 비평가들이 이구동성으로 1940년대 중반 이후로 콜드웰의 소설이 질적으로 쇠퇴했다고 하였으며 그 결과로 모든 작품이 무시당한 측면이 있다.[5] 그럼에도 불구하고 콜드웰의 해학만큼은 비평가와 연구자들 사이에서 많이 언급되었는데, 그 해학의 뿌리는 단순한 문체,[6] 억제된 표현과 반복,[7] 등장인물의 희화화[8] 등으로 요약될 수 있다.

김유정과 콜드웰은 같은 시기에 다른 문화에서 아주 다른 경험을 했지만 그들의 작품에 공통점이 있다고 본다. 다음에서는 김유정의 농촌소설과 어스킨 콜드웰의 1930년대 단편 중 몇 편을 비교함으로써[9] 이 작가들이 어떻게 어둠 속에서 웃음을 찾았는지를 살펴보기로 한다.

---

5) Scott MacDonald, "Introduction," *Critical Essays on Erskine Caldwell*, (Ed.) Scott MacDonald, Boston, MA : G.K. Hall & Co., 1981, pp.14~15.

6) Kenneth White, "American Humor," *Critical Essays on Erskine Caldwell*, pp.18~19. Reprinted from *Nation*, 135, July 6, 1932, pp.16~17.

7) Randall Jarrell, "Ten Books," *Critical Essays on Erskine Caldwell*, p.35. Reprinted from *Southern Review* 1, 1935~1936, pp.401~404.

8) Jonathan Daniels, "From Comedy to Pity," *Critical Essays on Erskine Caldwell*, pp.67~68. Reprinted from *Saturday Review of Literature* 18, June 18, 1938, p.7; Harrison Smith, "Comic Citizens of the South," *Critical Essays on Erskine Caldwell*, pp.89~90. Reprinted from *Saturday Review of Literature* 32, Sept. 10, 1949, pp.14~15; R. J. Gray, "Southwestern Humor, Erskine Caldwell, and the Comedy of Frustration," *Critical Essays on Erskine Caldwell*, pp.298~314. Reprinted from *Southern Literary Journal* 8, Fall, 1975, pp.3~26.

9) 작품 인용문의 출처는 다음과 같은 자료이다. 김유정 작품은 『원본 김유정 전집』, 어스킨 콜드웰 작품의 한역은 『콜드웰 단편선』, 콜드웰 작품의 원문은 *The Stories of Erskine Caldwell*이다. 인용시 본문 인용 후 괄호에 페이지 수를 표시한다. 콜드웰 작품의 경우에는 본문에 번역문을 싣고 이해를 돕기 위해 각주에 원문을 실었다. 단, 번역문에 문제가 있다고 생각되는 부분이 있어 조금 수정을 가하였다. 전신재 편, 『원본 김유정전집』, 강, 2007; 김병철 역, 『콜드웰 단편선』, 을유문화사, 1999; Erskine Caldwell, *The Stories of Erskine Caldwell*, Athens, GA : University of Georgia Press, 1996.

2. 김유정－「金따는 콩밧」「봄 · 봄」「안해」

1935년에 발표된 「金따는 콩밧」은 가난한 농사꾼인 영식이라는 인물을 주인공으로 하는데, 그에게 금점을 돌아다니는 수재라는 인물이 나타나서 콩밭에 금이 있다며 금을 캐자고 설득하려 한다. 처음에는 금이 나오면 그만이지만 금이 안 나오면 콩밭만 망쳐놓고 농사조차 못하게 된다며 현실적으로 생각했으나, 어느 날 술을 먹다가 수재의 설득과 부인에 부추김에 넘어가 그 다음 날부터 콩밭을 파기 시작한다. 그런데 구멍을 여러 데에 파도 금이 안 나오니까 영식이 절망하고 성질이 사나워져 부인을 욕하고 때리기까지 한다. 꾸어온 음식으로 산제를 치르고 나서 부부싸움이 그 절정에 이르는데 영리한 수재가 그 분풀이가 결국엔 자기에게로 돌아올 것을 깨닫고는 황토를 한줌 쥐어 보여주면서 금줄이 터졌다고 거짓말을 한다. 작품은 수재가 그날 밤으로 달아나야 되겠다고 생각하는 장면으로 끝을 맺는다.

물론 작품 중에 농사꾼의 고달픈 삶을 그리는 대목이 많다. 술을 먹으면서 영식이 수재의 제안에 대해서 생각하는데 사실은 아무리 현실적이라고 해도 그의 현실이 너무 비참해서 별 자극이 없더라도 비현실적인 생각을 하게 된다. "따는 일년 고생하고 끽 콩몇섬 얻어먹느니보다는 금을 캐는 것이 슬기로운 즛이다. 하로에 잘만 캔다면 한해 줄것 공드린 그수확보다 훨썩 이익이다. 올봄 보낼제 비료값 품값 빗해 빗진 칠원까닭에 나날이 졸리는 이판이다. 이렇게 지지하게살고 말빠에는 차라리 가루지나 세루지나 사내자식이 한번 해볼것이다."(68면) 영식의 이런 생각 외에도 영식의 아내가 꾸어온 양식을 갚지 못한 상황임에도 불구하고 다시 한 번 쌀을 꾸어야 한다는 걱정을 하는 대목도 있는데 이러한 대목은 인생이 얼마나 고단한지 잘 그려준다. 그러나 가장 인상이 깊다고 생각되는 대목은 작품의 서두이다.

땅속 저 밑은 늘 음침하다.

고달픈 간드렛불 맥없이 푸리끼하다. 밤과 달라서 낮엔 되우 흐릿하였다.

거츠로 황토장벽으로 앞뒤좌우가 콕 막힌 좁직한 구뎅이. 흡사히무덤속 같이귀중중하다. 싸늘한 침묵. 쿠더브레한 흙내와 징그러운 냉기만이 그속에 자욱하다.

고깽이는 뻰질 흙을 이르집는다. 아팡스러히 나려쪼며

퍽 퍽 퍽—

이렇게 메떠러진 소리뿐. 그러나 간간 우수수하고 벽이 헐린다. (64면)

영식이라는 주인공을 만나기 전에, 콩밭이든 금점이든 상황의 자세한 내용을 파악하기 전에 독자가 이런 장면과 직면하게 된다. 누군가가 음침한 땅 속에 있는 구멍에서 곡괭이로 흙을 판다는 묘사가 지루하고 힘겨운 곡괭이질을 흉내 내듯이 토막토막 잘린 문장으로 나타난다. 곡괭이질을 하는 사람이 농부라는 사실을 알기 전에도 독자는 이미 그가 어두운 역경에 처했다는 것을 알 수 있다. 더군다나 그 속에서 땅을 계속 파는 행동은 희망이 없는 현실을 강조한다.

농부란 원래 땅 위에서 일을 하는 것이 본분인데 헛된 꿈을 좇아 땅을 파면서 세월을 보내는 것은 바보짓이 아닐 수가 없다. 그리고 영식이 "분명히 홀딱 쏙은것이다"(67면)라고 깨달은 다음에도 계속 땅을 파는 것은 바보가 아니면 무엇이겠는가? 어차피 희망도 없는데 내친걸음에 끝까지 해보자는 의지(사실은 고집)를 보면 영식을 동정적인 눈으로 볼 수 있겠지만 결말에 수재가 황토를 들고 금줄을 잡았다고 할 때에 영식 부부가 스스로 속아 넘어가는 장면은 어이없기만 하다. 하기야 그 정도로 비참한 현실에서는 차라리 속는 편이 나을 수도 있다.[10]

영식 부부는 정말로 불쌍하고 수재는 정말로 미운 존재이지만 이런 비극에서도 웃음이 나온다. 영식이 알면서도 속는 모습, 영식의 부인이

10) 전상국, 앞의 책, 51면.

남편에게 금을 캐보라고 부추겼다가 나중에 남편에게 얻어맞게 되는 모습, 수재가 잽싸게 상황을 파악하고 자기를 보호하기 위해서 거짓말하고 달아날 계획을 짜는 모습은 모두 어이없는 웃음을 유발시킨다. 그런데 그 웃음은 역설적으로 비극에서 비롯하며 그 비극을 부각시키는 것이 된다.[11]

같은 해 말에 발표됐던 「봄 · 봄」은 또 다른 바보형 인물을 주인공으로 한다. 일인칭 화자인 '나'는 봉필이라는 마름 밑에서 3년 동안이나 머슴 노릇을 해온 청년이다. 명목상 봉필의 딸 점순이와 결혼할 데릴사위지만 실제로는 장인에게 노예처럼 혹사만 당한다. 장인이 이렇게 돈을 안 주고 주인공을 머슴처럼 거느릴 수 있는 비결은 바로 점순이의 키다. 점순이는 '나'보다 열 살 어린 16살짜리 소녀인데 점순이의 키가 다 크는 대로 성례시켜주겠다는 약속으로 데릴사위를 들인 것이다. 그러나 점순이는 나이가 차도록 위로는 자라지 않고 여전히 키가 작다. '나'는 묵묵히 참고 일한 지 3년 만에 결국 일을 터뜨린다. 점순이와 친구 뭉태의 놀림과 부추김에 자극을 받아 장인과 대결하게 되는 것이다. '나'는 점순이가 장인 앞에서 자기편을 들 거라 기대했는데 점순이가 아버지 편을 들자 그냥 멍하니 장인에게 맞기만 한다.

「金따는 콩밧」의 영식과 같이 「봄 · 봄」의 데릴사위도 자기가 처하게 된 상황의 비합리성을 인식하지 못하는 것은 아니다. "이래서 나는 애최 게약이 잘못된걸 알았다. 있해면 있해, 삼 년이면 삼 년, 기한을 딱 작정하고 일을 해야 원 할것이다. 덮어놓고 딸이 자라는대로 성예를 시켜주마, 했으니 누가 늘 지키고 섰는것도 아니고 그키가 언제 자라는지 알수있는가"라고 한다(157면). 그럼에도 불구하고 점순이가 무거운 짐을 이느라고 키가 못 자라나 해서 대신 물동이를 들어주기도 하고 서낭당에 가서 "점순이의 키좀 크게 해줍소사"라는 기도를 올리기까지 한다

11) 김영기, 『金裕貞 그 문학과 생애』, 지문사, 1992, 306면.

(157면). 바보이기는 하지만 역시 달리 방도가 없어서 이런 바보 같은 꿈을 버리지 못한다. 데릴사위가 어쩔 수 없이 속는 것과 장인이 "내가 크질말라구 그랬니왜 날보구떼냐?"는 우스꽝스러우면서도 반박할 수 없는 변명을 내뱉는 모습에 웃음이 나올 수밖에 없다(162면).

바보형 인물 설정과 함께 또 다른 해학적 요소는 역시 문체와 서술이다. 「봄·봄」은 「金따는 콩밧」과 달리 서술이 일인칭으로 되어있으므로 모든 묘사가 데릴사위의 정신세계라는 여과를 통해 독자에게 전달된다. 삼인칭으로 인물의 생각을 전달하는 것보다 직접 전달하는 것이 웃음을 유발시키는 데에 유리한데, 특히 화자의 내면갈등으로 빚어진 모순이 드러나기 때문에 더욱 그렇다. 주인공은 장인이 얼마나 미운 존재인지 일일이 설명하면서도 "그러나 내 사실 참 장인님이 미워서 그런것은 아니다"라고 꼭 변명한다. 그리고 "장인님"이라는 존칭을 쓰면서도 앞의 "이놈의 장인님"이나 "이녀석의 장인님"과 같은 말을 붙이거나 "안야! 안야! 이 망할 자식의 소(장인님의 소니까) 대리를 꺾어들라"(160면)라고 하는 등 간접적으로 욕을 하기도 한다. 이런 언어의 모순도 웃음이 나오게 하는 특징이다.

「봄·봄」은 특히 학자들에 의해 김유정 해학소설 중에 대표작이라는 평을 받고 있다. 「金따는 콩밧」처럼 주인공이 비참한 현실에 처하거나 궁핍에 시달리고 있지는 않지만 장가가고 싶은 청년의 간절한 소망이 배경에 있으며 이런 상황에서 웃음을 빚어내는 것이 한국적 해학의 전통을 이어주는 것이라고 하는 연구자도 있다.[12] 역시 울어야 할 상황에서 독자가 웃게 하는 데에 성공한 작품이다.

비슷한 시기인 1935년 말에 김유정이 또 하나의 해학소설 「안해」를 발표했다. 이 작품에는 일인칭 화자인 남편과 그 아내가 주인공으로 등장한다. 남편이 나무를 해서 생계를 유지하는데 어느 날 아내가 들병이

12) 이주일, 앞의 글, 126면. 김영기는 김유정의 해학 기법에 한국적 인간주의가 내포되어 있다고 한다. 김영기, 앞의 책, 323면.

로 나서겠다고 한다. 남편은 훌륭한 생각이라고 하지만 아내의 얼굴이 예쁘지 못해서 안 되겠다고 생각한다. 그러나 아내가 마음을 먹고 들병이 훈련을 시작한다. 먼저 소리를 배우는데 남편이 아리랑을 가르쳐준다. 아내는 구식인 아리랑으로 만족하지 못해서 산 뒤에 있는 야학에 가서 문 밖에서 연습하는 것을 들으면서 신식창가도 배운다. 처음에는 남편이 좋아하지만 아내가 노래 연습하느라고 집안일을 소홀히 하거나 자신의 담배를 몰래 훔쳐 피우는 모습에 이내 불만이 쌓이기 시작한다. 게다가 마지막에는 나무를 팔러갔다 오는 길에 술집을 지나다가 아내가 아랫집에 사는 뭉태와 술을 먹는 장면을 목격한 것이다. 남편은 아내를 밖으로 끌고 나와 때리다가 집으로 끌고 가는데 집에서는 아기가 혼자서 울고 있다. 결국 남편은 작품 결말에서 결론을 내리는데 차라리 아내가 집에 가만히 있으면서 아들을 낳아주는 것이 낫겠다는 것이다.

사건의 설정이 아주 해학적이다. 그런데 사건은 작품 중반에 와서야 시작되고, 작품의 전반부는 화자인 남편이 아내와의 관계에 대해서 설명하는 데에 할애된다. 작품 첫 줄부터 화자는 "우리 마누라는 누가 보던지 뭐 예쁘다고는 안할것이다"라고 한다.(169면) 그리고 얼굴이 예쁘지 않아서 밤낮으로 구박을 하고 아내는 그것을 받아서 반격을 한다. 화자는 아내를 가리켜 "경칠년"이나 "망할년"과 같은 욕설을 퍼붓고 자주 때리기도 하지만 그렇다고 해서 정이 없는 것은 아니라고 주장한다.

> 그러나 우리가 원수같이 늘 싸운다고 정이 없느냐 하면 그건 잘못이다. 말이 났으니 말이지 정분치고 우리것만치 찰떡처럼 끈끈한 놈은 다시 없으리라. 미우면 미울수록 싸울수록 잠시를 떨어지기가 아깝도록 정이 착착 붙는다. 부부의 정이란 이런겐지 모르나 하여튼 영문모를 찰그머리 정이다. 나뿐 아니라 년도 매를 한참 뚜들겨맞고 나서 가치 자리에 누으면
>
> "내얼굴이 그래두 그렇게 숭업진않지?" 하고 정말 잘난듯이 바짝바짝 대든다. 그러면 나는 이때 뭐라고 대답해야 옳겟느냐. 하 기가 막혀서 천정을 처다보고 피익 내어버린다.

"이년아! 그게 얼굴이야?"
"얼굴 아니면 가주다닐까—"
"내니깐 이년아! 데리구살지 누가 근디리니 그 낯짝을?"
"뭐, 네얼굴은 얼굴인줄 아니? 불밤송이 같은거. 참, 내니깐 데리구살지—" (172~173면)

그렇게 구박하고 욕설을 퍼붓고 때리기까지 하는데도 "정이 착착 붙는"다는 말이 참 우습다. 또한 「봄・봄」처럼 「안해」 역시 일인칭 화자인 남편의 재미있는 말투와 어조 때문에 그 해학이 고조된다.

물론 이 작품에서 빠뜨릴 수 없는 것이 바보형 인물이다. 남편의 눈으로 보니까 아내가 바보처럼 보이는데 실제로는 화자인 남편도 역시 바보이다.[13] 위에서 살펴보았던 것처럼 비참하고 궁핍한 현실로 인해 바보가 될 수밖에 없는 것이다.

잔득 나무 두지개를 혼자서 번차례로 이놈 저다놓고 쉬고 저놈 저다놓고 쉬고 이렇게 해서 장찬삼십리 길을 한나절에 들어가는구나. 그렇지 않으면 은제 한지개 한지개식 팔어서 목구녕을 추길수 있겠느냐. 잘 받으면 두지개에 팔십전 운이 나쁘면 육십전 육십오전 그걸로 좁쌀, 콩, 멱, 무엇 사들고 찾아오겠다. 죽을 쑤었으면 좀 느루 가겠지만 우리는 더럽게 그런 짓은 안한다. 먹다 못먹어서 배ㅅ가죽을 움켜쥐고 나슬지언정 으레 밥이지. (173면)

이렇게 어려운 현실에 처하면 누구나 더 좋은 삶을 꿈을 꿀 것이다. 그래서 아내가 들병이로 나가겠다고 할 때에 승낙하는 것이 그리 이상한 일이 아니다. 그러나 결말에 이르러 들병이 계획이 다 틀린 것을 알고 또 다른 계산을 하기 시작한다. 아내가 아들을 열다섯 명을 낳고 그 아들들이 일 년에 벼 열섬씩을 번다면 150섬이 되어 결국 1,500원을 벌 수 있다는 엉뚱한 계산을 하는 것이다. 아내도 바보지만 아내를 바보로

13) 김현실은 아내와 남편의 치우양상을 깊이 있게 고찰한 바 있다. 김현실, 앞의 글.

보는 남편도 바보이니까 더 웃긴다. 거기에다가 욕설과 농촌의 어휘로 가미된 구어체를 더하면 웃음의 확실한 요리법이 되는 것이다.

3. 어스킨 콜드웰 –「야화(野火)」「어디를 보나 스웨덴 사람」「우물 속의 흑인」

「야화」(野火, The Grass Fire)는 1933년에 출판된 단편집에 실린 작품이다. 줄거리는 아주 단순하다. 칼 애보트라는 사람이 4월 말에 자기 건초밭에 불을 놓으려고 하자 이웃인 제이크 톰슨이 너무 건조하니까 비가 올 때까지 기다리라며 말린다. 그러나 고집이 센 칼은 충고를 무시하고 불을 지르고 만다. 칼은 혼자인데다가 다리 하나를 잃고 나무의족에 의지해야 하는 사람인데 제이크가 말했던 대로 불길이 순식간에 휩쓸기 시작하자 속수무책으로 허둥대다가 의족까지 잃고 넘어진다. 제이크는 칼을 죽게 내버려둘 수 없어서 구해주기는 하지만 불을 끄기가 불가능하다는 것을 알고 집과 헛간이 타는 것을 지켜보기만 한다. 마지막에 칼의 애절한 간청에 못 이겨 말과 소는 간신히 살려낸다. 칼은 두말할 나위 없이 바보인데 김유정의 바보들과는 좀 다르다. 어쩔 수 없이 속는 그런 바보가 아니라 고집이 하도 세서 죽어도 남의 충고를 받아들이지 못하는 바보이다. 그러므로 칼이 망하는 장면을 볼 때 어이없는 웃음과 함께 풍자적인 비웃음도 나온다. 그렇다고 해서 비참한 현실이 아예 결여된 것은 아니다. 아무리 건초밭이든 집이든 헛간이 있다 해도 순식간에 사라질 수 있다는 덧없음을 상징적으로 말해준다. 그리고 제이크가 충고하면서 "읍 사무소도 자넬 먹여 살릴 돈을 내진 않을걸. 자네처럼 읍의 덕으로 살고 있는 사람이 너무나 많아(34면)"라고 한다.[14] 이 작품이 풍자적이기는 하지만, 한편 칼이 사회적으로 약자이기 때문에 그를 불쌍히 여기지 않는 것도 아니다.

이 작품에서 웃음을 유발시키는 것은 그 상황 설정의 측면 외에도 제이크와 칼이 주고받는 대화와 칼의 우스꽝스러운 행동이다. 다음과 같은 대화가 한 예가 된다.

> "읍 동쪽에서 그저께 건초밭에 야화가 일어났던 얘길 자넨 못 들었나?" 제이크가 물었다. "거기서 건초밭에 불을 지른 녀석이 있었는데, 불이 어찌나 퍼지는지 어떡할 수 없어 그만 마누라까지 태워 죽인 사건이 있었네."
>
> "나에겐 상관없는 일이지. 난 마누라도 없고, 또 그 필요성도 느끼지 않으니까. 어쨌든 바보짓을 하는 작자들은 모두가 계집을 지닌 녀석들이란 말야."
>
> "그도 그래. 하마터면 자네 아버지에게도 마누라가 있었다는 걸 잊어버릴 뻔했군." (34면)[15]

물론 서로 욕하고 핀잔을 주는 것도 웃기지만 칼이 불을 지른 후에 벌어지는 일이 더 기가 막힌다. 불길이 "붉은여우 떼가 풀린 것처럼" 갑자기 타오르자 칼이 뒤로 넘어지면서 물통 하나를 엎는다. 칼은 허둥지둥 돌아다니면서 불을 끄려고 하지만 나무의족 때문에 계속 넘어지기만 한다. 결국 그 의족은 불에 타버리는데, 애초에 제이크가 단단한 떡갈나무로 만들라고 권했지만 칼이 그 말을 듣지 않고 가벼운 소나무로 만들었기 때문에 쉽게 타버린 것이다. 그런 칼 애보트이기는 해도 사람이 타죽는 모습을 그냥 지켜볼 수가 없어서 제이크가 칼을 불길에서 구해준다. 그러나 불을 끄거나 집이나 헛간을 보호하는 일에는 도와주기

---

14) 원문 : "The town's not going to raise money to waste on supporting you. There's too many just like you living on the town already."

15) 원문 : "Didn't you hear about that grass fire over in the east part of town the day before yesterday?" Jake asked. "A man over there set fire to his hayfield and it got loose from him and burned up his wife." "That's nothing to concern me," Carl said. "Haven't got a wife, and never felt the need for one. It's people with wives who do all the fool things in the world, anyway." "Guess you're right about that," Jake said. "I was about to let it slip my mind that your daddy had a wife."(p.403)

는커녕 끊임없이 칼을 꾸짖기만 한다. 소와 말을 살린 후에 한 마디 핀잔을 주고 집으로 향하는데 칼은 갑자기 "제기랄, 건초밭은 전부 탔지? 옳지, 내가 처음 하려고 맘 먹은 대로 됐단 말이다"(44면)[16]라고 반항적인 한 마디를 던진다. 제이크와 독자가 마지막으로 본 칼의 모습은 소나무를 잘라서 새로운 의족을 만드는 장면이다. 떡갈나무로 만들고 싶으나 제이크가 권한 것이니까 그렇게 할 수 없는 것이다.

이렇게 칼 애보트가 모든 것을 잃고도 끝까지 고집을 부리는 것을 보면 웃을 수밖에 없다. 만약 칼이 현실 앞에 굴복했다면 씁쓸한 결말이 날 수도 있었겠지만, 그러지 않았기에 풍자가 적절히 섞인 해학적인 단편이 된다. 그리고 「金따는 콩밧」의 영식처럼 끝까지 고집을 부리다 망한다는 점에서 인물 성격이 조금 다르긴 해도 공통점이 있다.

같은 해에 발표된 「어디를 보나 스웨덴 사람」(Country Full of Swedes)은 콜드웰의 수많은 단편 중에도 특히 잘 알려진 작품이다. 줄거리만 들으면 좀 썰렁하고 재미없는 작품이라는 생각을 들 정도로 사건이라곤 별거 없다. 단지 몇 해 전에 공장에 품팔이를 하러 마을을 떠났던 스웨덴 가족이 어느 날 새벽에 이전에 살던 농장으로 돌아온다는 이야기이다. 일인칭 화자는 짐 프로스트 부부 집안에 머슴살이를 하는 스탄이다. 이야기는 스탄이 동이 튼 지 30분밖에 안 되었는데 갑자기 밖에서 크게 울리는 총성에 놀라 벌떡 일어나는 것으로 시작된다. 스탄이 일어나 아래층으로 내려가 보니 노부부가 잔뜩 겁을 먹고 가재도구며 이것저것 챙기느라 부산을 떨고 있다. 스웨덴 사람들은 이사를 와서 짐과 가구를 나르고 있을 뿐이지만 노부부는 그들이 자신들의 가재도구를 털어갈까 봐 노심초사다. 스웨덴 아이들이 도망간 고양이를 쫓으러 프로스트의 집으로 올 때에 그 악몽이 현실이 되는 듯하다. 고양이가 어린 단풍나무로 올라가니까 한 아이가 나무를 타고 올라가기 시작한다. 나무가 휘

16) 원문: "By God, the hayfield is burned over, ain't it? …… Well, that's what I set out to do at the start."

기 시작하자 스탄과 짐은 각목을 가져와 나무를 받쳐 주지만 스웨덴 남자가 도끼를 들고 와서는 나무를 베어 버린다. 그 과정에서 나무 조각이 튀어 프로스트 집의 창문이 깨진다. 스웨덴 사람들이 드디어 집으로 돌아가고 나니 단풍나무도 베어 넘어졌고 창문도 깨지고 꽃밭도 짓밟혔다. 스탄은 가서 혼을 내주겠다고 하나 프로스트 부부가 스웨덴 사람들을 화나게 하지 말라고 말린다.

이 작품이 참으로 재미있는 이유는 일인칭 화자인 스탄과 프로스트 부부의 대조되는 말과 생각, 그리고 실제로 벌어지는 일과 프로스트 부부가 두려워하는 일의 거리 때문이다. 스탄은 총소리를 듣고 놀라지만 별로 걱정을 안 하는 반면에 프로스트 부부는 무서워서 제정신이 아니다. 총소리를 듣고 스탄이 짐과 다음과 같은 대화를 나눈다.

> "누구에요, 저런 터무니없는 총질을 마구 해대는 녀석은, 짐?" 나도 내 나이에 어울리지 않는 속력으로 계단을 뛰어 내려가면서 이렇게 큰 소리로 물었다.
>
> "맙소사!"라고 한 짐의 목소리는 쉬어 있었으며, 썩은 나무의 그루터기 모양으로 어미(語尾)가 부스러져 흩어지는 것 같았다. "스웨덴 놈들이야! 스웨덴 놈들이 쐈어, 스탄!"
>
> "어디 스웨덴 사람들이에요, 짐—저기 건너편에 농장과 집을 가지고 있는 스웨덴 사람들인가요?" 나는 셔츠의 단추 구멍을 찾으면서 이렇게 물었다. "그 농장으로 다시 살러 왔단 말인가요?"
>
> "맙소사, 그렇지!"하고 대답하는 그 목소리는 한꺼번에 물을 너무 많이 마시고 난 때처럼 목멘 소리였다. "온통 스웨덴 놈들뿐이라네. 보이는 것이 맨 스웨덴 녀석들뿐이야. 여간 많지 않아."
>
> "놈들 이름이 뭐죠, 짐? 당신도 아주머니도 나에게 통 가르쳐 준 일이 없잖아요."
>
> "맙소사, 누군 아나. 스웨덴 사람이라고밖에는 불리지 않았으니까. 스웨덴 사람이라는 것이 놈들의 이름인가봐. 그렇지 않다 하더라고 그렇게 불러야지, 뭐." (49~50면)[17]

"맙소사"와 같은 감탄사에다가 작품 제목부터 볼 수 있듯이 "스웨덴 사람"(Swedes)이라는 말도 수없이 반복된다. 스웨덴 사람들이 동네에 들끓을 뿐만 아니라 화자의 언어에까지 들끓는다. 이렇게 특정한 단어를 반복함으로써 압도적이면서도 해학적인 분위기를 조성하는 데에 성공한다.[18] 또한 실제 벌어지는 일과 스탄과 프로스트 부부가 보는 일의 거리도 웃음을 유발시킨다. 스웨덴 사람들이 시끄럽고 거칠다는 것은 사실이지만 프로스트 부부가 무슨 오랑캐라도 쳐들어오는 것처럼 겁을 먹고, 걱정 안 한다는 스탄 역시 스웨덴 사람들을 노란 땅벌떼나 목쉰 황소 무리와 같은 표현으로 묘사한다. 작품을 읽으면 무슨 보드빌 익살극을 보는 듯한 느낌을 갖게 된다. 좀 더 한국적으로 표현한다면 휘모리 장단에 맞춘 판소리 사설과도 흡사한 그런 느낌이다.

그러나 그 웃음 속에도 진지한 내용이 있는데, 스탄의 다음과 같은 생각에 담겨 있다.

> 미국 사람의 탈을 쓰고 스웨덴 사람이나 핀란드 사람이나 포르투갈 사람을 무서워한다는 것은 정말 안타깝다. 놈들도 우리들과 조금도 다름이 없고, 또 도대체 핀란드 사람과 스웨덴 사람이 미국 사람을 무서워하는 것을 본 적이 있느냐 말이다. 그러나 짐과 프로스트 부인은 스웨덴 사람과 유럽에서 온 다른

---

17) 원문: "Who fired that God-awful shot, Jim?" I yelled at him, leaping down the stairs quicker than a man of my years ought to let himself do. "Good God!" Jim said, his voice hoarse, and falling all to pieces like a stump of punkwood. "The Swedes! The Swedes are shooting, Stan!" "What Swedes, Jim—those Swedes who own the farm and buildings across the road over there?" I said, trying to find the buttonholes in my shirt. "Have they come back here to live on that farm?" "Good God, yes!" he said, his voice croaking deep down in his throat, like he had swallowed too much water. "The Swedes are all over the place. They're everywhere you can see, there's that many of them." "What's their name, Jim?" I asked him. "You and Mrs. Frost never told me what their name is." "Good God, I don't know. I never heard them called anything but Swedes, and that's what it is, I guess. It ought to be that, if it ain't."(p.5)

18) Scott MacDonald, "Repetition as Technique in the Short Stories of Erskine Caldwell," *Critical Essays on Erskine Caldwell*, pp.334~336. Reprinted from *Studies in American Fiction* 5, 1977, pp.213~225.

> 사람이라면 지레 겁을 먹고 있는 것이다. 짐과 프로스트 부인과 그 또래들은, 우리들 미국 사람들도 시대의 선후는 있지만 그 시초는 모두가 유럽에서 건너온 사람들이라는 것을 냉정히 생각해 보려고 하지 않는다. (51면)[19]

따져보면 프로스트 부부가 무서워하는 것은 스웨덴 사람들이 아니라 자기와 다르다고 생각하는 것, 즉 타자이다. 스탄은 프로스트 부부보다 좀 합리적이지만 그래도 편견이 없지는 않다. 그 편견은 모든 미국 사람들이 다른 나라에서 왔다고 인정함에도 불구하고 미국 사람과 다른 나라 사람을 꼭 구별하는 데에 나타난다. 등장하는 스웨덴 사람들에 대해서 정확히 알 수 없지만 최소한 3,40년 동안 미국 생활을 했다고 한다. 영어를 못하는 것도 아니다. 스웨덴 사람들이 말을 할 때에 유창한 영어가 나온다. 사실은 스웨덴 사람들이 너무나 기괴하고 비인간적인 존재로 그려져 있어서 처음으로 입을 열고 평범한 미국식 영어를 말할 때 독자가 좀 놀랄지도 모른다. 그렇다면 왜 미국 사람이라고 인정하지 않을까? 자기와 다른 존재로 구별시키면 별로 신경을 쓸 필요가 없기 때문이다. 물론 그렇게 함으로써 두려움의 대상이 된다는 단점은 있지만 말이다. 또 여기서 주목해야 할 것은 스웨덴 사람들 그 자체가 어려운 현실을 암시한다는 사실이다. 스탄이 스웨덴 사람들에 대해 소개하는 대목에서 3,4년 동안 품팔이로 일을 하고 돈을 충분히 모으거나 돈을 다 잃거나 (후자의 경우가 더 자주이겠지만) 하면 농장으로 돌아와서 2,3년 동안 산다고 이야기한다. 즉, 이들은 한 곳에 정착하여 편안한 생활을 누릴 수 없는 사람들이다.

---

19) 원문: "It's a God-awful shame for Americans to let Swedes and Finns and the Portuguese scare the daylights out of them. God-helping, they are no different than us, and you never see a Finn or a Swede scared of an American. But people like Jim and Mrs. Frost are scared to death of Swedes and other people from the old countries; Jim and Mrs. Frost and people like that never stop to think that all of us Americans came over from the old countries, one time or another, to begin with.(p.6)

이렇게 해서 「어디를 보나 스웨덴 사람」은 유쾌한 웃음을 제공하면서도 여러 나라에서 온 사람들이 같은 나라에서 생활하는 민족적 모순과 타자에 대한 두려움으로 특징지어지는 현실을 암시한다. 또한 「안해」의 남편처럼, 자신도 모자란 생각을 하면서도 그것을 인식하지 못하고 제3 인물을 바보로 보는 일인칭 화자를 소개함으로써 그 해학을 한층 더 고조시키기도 한다.

1935년에 발표된 「우물 속의 흑인(The Negro in the Well)」에는 우물 주인인 백인 줄 로빈슨과 그 우물에 빠진 흑인 보커스 브래들리가 등장한다. 동도 트기 전에 여우 사냥개 소리를 듣고 깨어난 줄은 여우 사냥을 하러 밖으로 나간다. 우물가를 지나다 우물에서 들리는 인기척에 살펴보니 사냥개를 좇아 나온 보커스가 빠져 있다. 그 우물은 울타리도 없는 그냥 구멍에 불과한 우물인데, 너무 어두워서 보지 못하고 그만 빠져버린 것이다. 그러나 줄은 도와줄 생각도 안하고 우물을 흐리게 한다고 꾸짖기만 한다. 그런데 갑자기 생각이 나서 보커스에게 거래를 제안한다. 사냥개를 여덟 마리 중에 두 마리만 주면 우물에서 나올 수 있게 도와주겠다는 것이다. 보커스가 그렇게 할 수 없다고 하자 줄은 보커스를 우물에 그대로 두고 자기 사냥개를 좇으러 가버린다.

「어디를 보나 스웨덴 사람」의 정도는 아니지만 이 작품에서도 콜드웰은 반복기법을 사용한다. 우물에서 보커스가 몇 번이나 "오오 하느님! 살려 주옵소서!"라고 외치기도 하고 또한 사냥개 소리를 들을 때마다 "우우-웨이-오오" 하고 불러대기도 한다. 한편으로는 우물에서 나오고 싶지만 또 한편으로는 자기 상황을 잊어버리고 사냥개만 생각하는 우매함이 전형적인 바보형 인물의 모습이다. 그러나 「야화」의 칼처럼 고집이 세고 자기 멸망을 초래하는 바보가 아니라 김유정 소설에 등장하는 불쌍한 바보와 가깝다.

작품에는 어렵거나 궁핍한 현실에 대한 언급이 전혀 없으며 어려움에 처한 흑인 보커스를 보더라도 사냥개를 여덟 마리나 데리고 있는 것을 보면 일단 굶어죽을 걱정은 없는 듯하다. 그렇다면 어째서 김유정의 어쩔 수 없는 바보와 유사하다고 할 수 있을까? 작품에 표면적으로 나타나지는 않지만 사실 보커스 브래들리가 처한 현실이 어둡고 비참한 것이다. 그 현실은 우물에 빠진 상황을 통해 상징적으로 표현된다. 「金따는 콩밧」의 영식처럼 보커스가 음침한 땅 속에 있는 구멍에 있는데 영식과 달리 자신이 판 구멍도 아니고 마음대로 나올 수 있는 것도 아니다. 우물을 판 사람은 백인 줄이며 보커스가 혼자서 빠져나올 수도 없다. 줄이 어떻게 나올 셈이냐고 물을 때에 보커스는 "나리께서 도와주실 줄로만 알고 있습니다, 줄 나리. 어쨌든 그것말고는 여기에서 빠져나갈 길이 머리에 떠오르지 않습니다. 기어올라 가려고 했습니다만 벽에 발가락을 걸 때마다 진흙이, 어찌된 셈인지 우수수 허물어지곤 합니다(28면)"라고 대답한다.[20)]

그러나 줄은 보커스를 도와줄 생각을 하기는커녕 보커스의 불리한 입장을 이용해서 사냥개 두 마리를 뺏으려고 한다.

> "내게 개가 두 마리만 더 있으면 참 좋겠는데" 하고 줄은 보커스가 들으라는 듯이 일부러 큰 소리를 질렀다. "지금 당장 필요한 건 두 마리뿐야."
>
> "설마 제 개를 원하시는 건 아니겠죠, 줄 나리?"
>
> "거래를 하기엔 참 알맞는 때란 말야. 참 좋은 때란 말일세. 자넨 우물 바닥에 있어 매우 나오고 싶어하고 있으니까."
>
> "두 마리라고 그러셨죠?"
>
> "두 마리라고 그랬지."
>
> (…중략…)
>
> "줄 나리!" 우물 밑바닥에서 보커스의 외치는 소리가 들려왔다.
>
> 줄은 우물 가로 다가와서 이 흑인이 뭐라고 할 것인가 들으려고 몸을 앞으

20) 원문 : "I just naturally figured on you helping me out, Mr. Jule," he said. "Leastaways, that's about the only way I know of getting out of this here well. I tried climbing, but the dirt just naturally crumbles away every time I dig my toes into the sides."(p.144)

로 내밀었다.

"자아, 이제 어떡할 작정인가, 보커스?"

"줄 나리, 제 개 두 마리와 바꾼다는 건 죽어도 안 돼요. 정말 할 수 없어요." (29~30면)[21]

보커스는 죽어도 개 두 마리를 줄 수 없다고 하는데 과연 그럴 것인가? 결말에 줄이 보커스를 내버려 두고 개를 좇으러 가면서 동이 트면 다시 와서 같은 거래를 제안하겠다고 한다. 결국엔 줄이 자비를 베풀 것인지 보커스가 개를 포기할 것인지 두 가지 결론밖에 없는데 어떻게 될 것인지 뻔하다. 이야기를 표면적으로 보았을 때에는 보커스라는 바보형 인물과 재미있는 문체와 등장인물들의 어투가 웃음을 유발시키지만 그 이면에는 흑인이 당면한 희망이 없는 음침한 현실을 인식하지 않을 수 없다. 그러므로 「우물 속의 흑인」이 제공하는 웃음이 김유정 소설이 제공하는 웃음과 비슷하다고 하겠다.

4. 비극으로 인한 희극의 문제의식

어릴 적에 식사를 마치고 부모님과 함께 텔레비전 앞에 앉아서 캐롤 버넷(Carol Burnett)이라는 유명한 개그우먼의 쇼를 보면서 즐겁게 웃던 추

21) 원문: "If I had two more hounds, I'd be mighty pleased," Jule said, shouting loud enough for Bokus to hear. "Just two is all I need right now." "You wouldn't be wanting two of mine, would you, Mr. Jule?" Bokus asked. "It's a good time to make a trade," Jule said. "It's a mighty good time, being as how you are down in the well and want to get out." "Two, did you say?" "Two is what I said." …… "Mr. Jule!" Bokus shouted up from the bottom of the well. Jule went to the edge and leaned over to hear what the Negro had to say. "How about that there trade now, Bokus?" "Mr. Jule, I just naturally couldn't swap off two of my hounds, I just sure enough couldn't."(p.145)

억이 아직도 생생하다. 버넷의 코미디는 이른바 슬랩스틱 코미디(slapstick comedy, 거칠고 바보 같은 행동으로 특징되는 개그)가 많은 부분을 차지하기 때문에 남녀노소가 즐겨볼 수 있었다. 다시 말하면 캐롤 버넷이 우리를 웃기기 위해서 바보가 된 셈이다. 물론 참신한 이론은 아니지만 버넷이 한 말 중에 "희극은 비극 더하기 시간이다"(Comedy is tragedy plus time)라는 말이 있다.

김유정과 어스킨 콜드웰의 해학소설을 읽고 연구하면서 자꾸만 이 말이 머릿속에 떠올랐다. 본고에서는 이 말을 좀 고쳐서 "희극은 비극 더하기 거리이다"라는 표현을 사용하고 싶다. 시간적 거리든 공간적 거리든 일단 어느 정도 거리가 생기면 비극이 희극이 될 가능성이 높아진다. 이 원리를 인식하고 맥도날드(Scott MacDonald)는 콜드웰을 '유머작가'라고 부르는 것이 잘못된 것이라고 주장한다. "우리는 특이하게 느껴지는 것을 보고 웃는 경향이 있고, 또한 콜드웰의 등장인물이 대부분의 독자에게 참으로 특이하게 느껴지기 때문에 콜드웰이 웃긴다는 결론은 그리 놀라운 것이 아니다. 그러나 이는 부정확한 결론이다. (…중략…) 콜드웰도 자주 말했듯이, 그는 어떤 일이 벌어질 수도 있는지를 이야기해 줄 뿐이다. 우리가 그것을 웃기다거나 웃기지 않다고 느끼는 것은 콜드웰이 아니라 우리의 태도와 우리의 경험에 달린 것이다."[22]

일리가 없는 지적이라고 할 수 없지만 '저자의 죽음'과 비슷한 개념의 영향을 너무 많이 받았던 주장이 아닌가 싶다. 저자(콜드웰)가 아무리 자신의 결백을 주장한다 해도 익살스러운 문체로 희화화된 바보형 인물을 특정한 목적으로 등장시켰다는 것은 부정할 수 없다. 아마도 한국의 경우에는 김유정이 그리는 바보들의 입장, 즉 일제 식민 지배라는

---

22) 원문 : "Since we tend to laugh at what strikes us as unusual, and since Caldwell's characters seem rather unusual to most readers, the conclusion that Caldwell is being funny is not surprising. It is, however, inaccurate. …… As he has so often said, Caldwell merely tells us what might happen. Whether we find it funny or not depends on our attitudes and our experiences, not on Caldwell's." Scott Macdonald, "Introduction," p.26.

매우 특수한 시대적 배경 속에서 강자로부터 고통을 당하는 약자들의 입장은 한국 독자라면 누구나 공감하고 동정할 수 있었을 것이다. 그러나 콜드웰의 독자들은 대부분이 백인이었으며, 작품이 희화화된 흑인이나 새로운 이민자들을 조롱하는 것이 아니라 사실은 그 이면에 기득권자인 백인의 우월주의나 횡포를 비난하고 있다는 점을 독자들이 무의식적으로라도 인식했을 터이므로 불안할 수밖에 없는 것이다. 다른 나라 사람과 달리 미국 백인들이 콜드웰의 작품을 읽을 때에 죄책감이나 불쾌함이 섞인 웃음을 웃는 것이 사실이지만 그 모든 책임을 독자에게 돌리려는 것은 잘못된 생각이다. 김유정 소설이든 콜드웰 소설이든 저자의 의도대로 '희극은 비극 더하기 거리'라는 동일한 원리를 따르는 것이다.

저자는 특이한 시골 어투와 문체를 우연히 택한 것이 아니라 대부분의 독자에게 생소하거나 특이하게 느껴질 거라는 사실을 알고 의식적으로 택했다. 김유정의 수필이나 소설 아닌 다른 글을 보면 그가 표준어나 좀 더 고급스러운 언어를 구사했다는 것을 쉽게 알 수 있다. 콜드웰도 마찬가지인데 신문에 실린 인터뷰나 단편집에 실린 서문을 보면 언제나 미국 표준어를 사용하는 것을 볼 수 있다. 따라서 그들은 시골말이 대부분의 독자에게 재미있게 느껴진다는 것을 분명히 인식하고 사용했다는 것을 알 수 있다.

바보형 인물을 소개하는 것 역시 의도적인 행위이다. 사람들은 왜 바보를 보고 웃을까? 한편으로는 우리와 같은 인간이기도 하지만 다른 한편으로는 우리와 거리가 있기 때문이다. 그런데 어느 정도 공감할 수가 있어야 웃을 수 있지, 우리와 너무 다른 존재이면 별로 웃기지 않는다. 또한 시간적으로나 공간적으로나 혹은 사회적으로 너무 가까워도 아직 바보에 내재되어 있는 인간적 비극을 강하게 느껴서 웃을 수가 없다. 사실 해학의 비결은 거리조절이라고 하는 말이 과언이 아닌 듯하다. 김유정과 콜드웰은 등장인물을 적절히 희화화하면서 해학에 걸맞은 거리를 조성하고 유지한다.[23] 「안해」에서 아내를 바보라고 생각하는 바보 남편이 그런 희화화된 인물의 좋은 예이며, 「어디를 보나 스웨덴 사람」에서 순진하면서도 나름대로 편견을 가지고 있는 화자의 눈에 비친 프로스트 부부도 희화화된 바보들이다. 시골 사람이라서 바보가 되는 것도 아니고 우리와 달라서 바보가 되는 것도 아니며, 단지 우리와 같은 인간이지만 참으로 어이없는 생각과 행동을 하니까 바보가 되는 것이다.

한편 단순한 바보가 아니라 김유정과 콜드웰의 바보형 인물의 대부분은 어두운 현실에 처한 사람들이다. 다시 말하면 작품의 배경이 되는 상황은 그다지 웃기는 상황이 아니라 그야말로 비극적인 상황이다. 이 사실 또한 거리와 연관이 있다. 등하불명(燈下不明)이라는 말이 있듯이 어떤 사물이나 사건과의 거리가 너무 좁으면 제대로 볼 수가 없다. 그러나 해학으로 거리를 두면 역설적으로 오히려 모든 것이 더 분명해진다. 영식이 구멍을 파면서 헛된 꿈에 모든 것을 거는 모습을 보면 금점에서는 땅에서 돈이 저절로 나오는데 왜 우리 농부가 그토록 고생해서 일하는 땅에서는 뭐 하나 제대로 나오지 않느냐는 좌절어린 절규가 들린다. 보커스가 우물에 빠져 나오지 못하는 모습에서 백인이 파놓은 덫에 걸려 어찌할 바를 모르고 희망을 잃은 현실을 인식하지 않을 수 없다. 김유정과 어스킨 콜드웰이 제공해주는 웃음은 대체로 강자를 비웃으면서 사회체계를 비난하는 것이 아니라 약자와 함께 웃을 수밖에 없는 어두운 현실을 조명하고 다시 생각하게 하는 것이다.

---

23) 그레이(R. J. Gray)는 다소 부정적으로 표현했지만 이런 사실을 인식했다. 다음 인용문에서 "인간성을 빼앗는다"라고 한 말은 희화화를 부정적으로 표현한 것이라고 생각된다. "콜드웰은 여기서처럼 거의 항상 독자와 거리를 두는 것을 고집한다. 다시 말하면 등장인물을 온전히 외관으로 제시함으로써 그 과정에서 인간성을 빼앗는다. 이렇게 거리를 두고 인간성을 빼앗는 접근은 다른 특징과 함께 콜드웰의 해학의 본질을 이룬다고 생각한다." 원문: "Caldwell, however, nearly always insists—as he does here—on keeping his readers at a distance; in other words, on presenting his characters entirely in terms of externals and, in the process, dehumanizing them. This distancing, dehumanizing approach is responsible among other things, I think, for the nature of Caldwell's comedy."(Critical, p.299)

5. 나오면서

이주일은 김유정 소설의 해학에 대해서 논하면서 "下層民들의 哀訴 어린 諧謔—民族 情緖의 底流에 맥맥히 흐르고 있는 가장 한국적인 해학을 그 작품세계의 밑바닥에 깔고 있다"고 한 바 있다.[24] 김유정은 그야말로 한국적인 작가, 한국적인 해학을 제공하는 작가이다. 그러나 본문에서 살펴보았듯이 김유정이 즐겨 쓰는 특유의 시골 어투와 바보형 인물이라는 특징은 같은 시기의 미국 독자에게도 통했던 것이다. 물론 한국과 미국의 역사·문화적인 배경도 다르고 그런 차이에서 비롯된 사고방식이나 가치관의 차이도 있었겠지만 그런 차이점 모두를 초월하는 인간적인 해학의 엑기스를 추출하는 데에 성공한 것이다. 그러므로 가장 한국적인 해학을 보여주면서 그런 국한을 넘어서 세계적인 해학, 아니 가장 인간적인 해학을 보여주고 있다고 하겠다.

어스킨 콜드웰은 세계 여행을 많이 해서 여러 나라를 방문하였으나 안타깝게도 한국을 방문했다는 기록은 찾을 수가 없었다. 물론 한국을 방문했다 하더라도 김유정의 활동 시기와는 어긋났을 테지만(1960년에 일본을 방문한 적은 있다.) 김유정과 콜드웰이 만날 수 있었다면 아주 다른 환경에서 온 사람임에도 불구하고 서로 동지로 인식했으리라 생각된다. 어둠 속에서 웃음을 찾을 줄 아는 작가이기 때문이다.

24) 이주일, 앞의 글, 129면.

「어둠 속에서 찾는 웃음–김유정과 어스킨 콜드웰의 단편 비교」에 대한 토론문

김용수

이 논문은 김유정과 어스킨 콜드웰의 1930년대 단편들을 비교하면서 암울하고 음침한 현실 속에서도 웃음과 해학을 창출해내는 문학적인 특징을 두 작가의 공통점으로 제시한다. 특히 두 작가는 바보형 인물의 희화화와 특이한 어투와 문체, 그리고 인물이나 상황과의 일정한 거리를 통해 독특한 유머와 웃음을 효과적으로 빚어냄으로써 어떤 보편성에 이르고 있음을 논문은 밝히고 있다. 서로 너무나 다른 문화적인 배경 속에서 활동하고, 그래서 우리가 쉽게 연결하여 생각하지 못하는 두 작가를 공간적인 단절을 넘어 서로 대면하게 하고, 그 만남 속에서 '웃음'이라는 공통점을 찾아내는 시도는 그 자체로 대단히 의미 있는 작업임에 틀림없다.

하지만 이 공통점의 의미는 무엇일까? 우리가 이질적인 두 작가의 유사점을 찾을 때 그것은 자칫 인물, 문체, 주제, 효과 등의 현상적인 측면에 집중하거나 머물 가능성이 없지 않다. 물론 모든 논의는 이러한 문학적인 현상들에서 출발해야 하고 끊임없이 이것들로 돌아와야 하지만 보다 근본적인 차원의 동질성이 밝혀지지 않을 때 표면적인 유사성은 현상으로만 머물고 심지어 공통점은 우연의 일치일 수도 있는 것이다. 논문이 암시하는 것처럼 그것은 단순한 우연은 아닐 것이다. 그렇다면 두 작가 사이에 보다 내적인, 그리고 구조적인 동질성이 있는지, 있다면 그것은 어디에서 기인하는 것인지, 그러한 동질성이 무엇을 의미하는지 등이 궁금해지지 않을 수 없다.

사실 두 작가의 문학적인 비교는 그들의 차이에 대한 명확한 인식을 배경으로 할 때 더욱 그 동질성이 부각될 것이고 보다 초점이 또렷해질 것이다. 논문도 언급하듯이 "대공황으로 어려움을 겪는 미국 시골"과 "일제 식민 지배하에 있는 한국 농촌"은 "서로 너무나 다른 세계"이다. 그럼에도 "어려움에 처한 순진한 인간의 반응"이라는 보편적인 인간성의 차원에서 공통점을 발견한다면 구체적인 차이들이 너무 빨리 누락되는 것은 아닌지 의문이 든다. 가령 작품의 화자와 바보형 인물 사이의 거리는 적어도 논문에서 언급되는 작품들에서는 어느 정도 두 작가 사이의 차이가 드러나는 지점일 수도 있지 않나 싶다.

김유정의 경우 서사와 바보형 인물 사이의 간극이 그리 크지 않다. 「봄·봄」과 「안해」의 시점은 1인칭으로 화자가 곧 인물이다. 웃음의 대상인 인물과의 거리가 그만큼 사라지는 것이다. 시점의 이동이 비교적 자유로운 「금 따는 콩밭」의 경우에도 영식, 안해, 수재 모두 어리석은 인물들이다. 반면 콜드웰은 희화화의 대상이 되는 인물을 거리를 두고 바라보는 경향을 띤다. 「야화」는 칼을 3인칭 시점으로 서술하고, 특히 작품의 결말에서 소나무로 의족을 깎는 칼의 모습을 제이크의 눈으로 관찰한다. 「어디를 보나 스웨덴 사람」에서는 일인칭 화자 스탄이 바보형 인물들인 스웨덴 사람들과 프로스트 부부를 바라보고, 「우물 속의 흑인」은 백인 줄 로빈슨의 위치에서 우물에 빠진 흑인을 그야말로 내려보는 것이다.

어두운 현실 속에서도 웃음을 찾아내는 것이 두 작가의 공통점이라면 그럼에도 존재하는 기법상의 차이는 무엇을 의미하는 것일까? 논문은 거리가 희극의 핵심이고 김유정과 콜드웰이 거리를 적절하게 유지한다고 말하지만 만약 시점의 차이로 인해 생기는 거리의 성격이 다르다면 그것은 또 무엇을 의미할까? 1인칭의 잡아당기는 힘과 3인칭의 거리 유지 사이에는 분명 간극이 있는 것이다. 이러한 차이를 인정한다면, 나아가서 거리가 만들어내는 웃음의 성격도 달라지는 것이 아닐까? 물론 우연한 차이일 수도 있겠다. 하지만 유사성과 동질성을 말하는 동시에 미세한 차이들도 함께 고려하고 해명한다면 더 좋을 것이다.

::필자 약력

김대행 서울대 국어교육과 문학사, 동 대학원 국문과 졸업. 문학박사. 숭전대 국문과, 이화여대 국문과 교수를 거쳐 현재 서울대 국어교육과 명예교수. 저서로 『한국 시가 구조 연구』 『한국시의 전통 연구』 『시조유형론』 『우리 시의 틀』 『북한의 시가문학』 『시가시학 연구』 『문학이란 무엇인가』 『국어교과학의 지평』 『문학교육 틀짜기』 『우리 시대의 판소리문화』 『웃음으로 눈물 닦기』 『통일 이후의 문학교육』 『고려시가의 정서』(공저) 『한국문학 강의』(공저) 『문학교육원론』(공저) 『운율』(편저) 등이 있다.

김양선 서강대 영문과 및 동 대학원 국문과 졸업. 문학박사. 현재 한림대 기초교육대학 교수. 저서로 『1930년대 소설과 근대성의 지형학』 『허스토리의 문학』, 논문으로 「여성작가를 둘러싼 공적담론의 두 양식—좌담회와 공개장을 중심으로」 「근대 여성문학의 형성원리 연구—정전의 형성과 여성성의 제도화 과정을 중심으로」 「일제 말기 여성작가들의 친일담론 연구」 「탈근대, 탈민족 담론과 여성(문학) 연구—경합과 교섭에 대한 비판적 읽기」 등이 있다.

김용수 한림대 영문과 졸업. 미국 뉴욕주립대(SUNY at Buffalo) 영문학 박사. 현재 한림대 영문과 교수. 공저로 『대중문학—주변부의 반란』이 있으며, 논문으로 「폭력, 정치 그리고 라캉의 정신분석—아부 그라이브 감옥과 영화 〈그리스도의 수난〉에 나타난 고문의 논리와 도착의 시선」 「악(惡)과의 동침—〈나쁜 남자〉에 나타난 남성의 몸과 윤리」 등이 있다.

김익두 전북대 국문과 및 동 대학원 졸업. 문학박사. 현재 전북대 인문대 교수. 저서로 『판소리, 그 지고의 신체 전략』 『한국희곡/연극이론 연구』, 논문으로 「'비추어보기'로부터 '관계탐구'에로—한국의 연극적 공연 양식들의 세계적 위상과 가치」 「동북아시아 공연예술상에서 본 판소리의 공연학적 위상」 「풍물굿의 공연원리와 연행적 성격」 등이 있다.

김종군 건국대 국문과 및 동 대학원 졸업. 문학박사. 현재 건국대 BK21 연구교수. 저서로 『남녀애정결연서사 연구』 『한국문학과 관련있는 중국 전기소설선』 『조선 후기 대도설화 연구』, 논문으로 「현대 드라마의 구비문학적 위상」 「조선시대 가인들의 활동 고찰」 「도심공원 이야기판의 과거와 현재」 등이 있다.

김진순 한림대 대학원 국문과 졸업. 문학박사. 현재 코리아루트 대표 및 〈지리산길〉마을조사사업단장. 저서로 『삼척민속지』 전7권, 『동해안서낭당기행』 『산골마을소리기행』 『삼척 산메기와 벙굿』, 공저 MBC 『한국민요대전』 충청북도편, 『한국민요대전』 강원도편, 『한국의 가정신앙』 등이 있고 논문으로 「한국민요의 정서적기능과 문화콘텐츠」 「문화콘텐츠로서 한국민요의 가능성과 전망」 「강원도 민속의 지역적 정체성」 「문화산업과 민요콘텐츠」 「민중들의 일상생활과 민요」 등이 있다.

김흥규 고려대 국문과 졸업. 서울대 대학원(석사 과정)과 고려대 대학원(박사 과정)에서 국문학을 전공. 1971년 『동아일보』 신춘문예 문학평론부문에 당선되었으며, 1981년 대한민국문학상을 수상. 현재 고려대 국문과 교수. 저서로 『문학과 역사적 인간』 『조선 후기의 시경론과 시 의식』 『한국문학의 이해』 『한국 고전문학과 비평의 성찰』 등이 있다.

나수호 (본명 Charles La Shure)빙햄턴 뉴욕주립대학 영문과 및 서울대 대학원 석사과정 졸업. 박사과정 수료. 문학석사. 한국외국어대학교 통번역대학원 교수. 논문으로 「「토끼전」과 북미 원주민 설화에 나타난 트릭스터 비교연구」와 「기막힌 꾀로 무장한 진정한 트릭스터-방학중」이 있다

박영정 전남대 사학과 졸업. 건국대 대학원 국문과 졸업. 문학박사. 현재 한국문화관광연구원 예술정책팀장. 건국대·서울대·북한대학원 대학교 등에서 강의. 주요 논저로 『안산문화예술의 전당 장단기 발전방안 연구』『남북한 공연예술의 대화』(공저) 『명동 옛 국립극장 복원사업 기본계획 연구』(공저) 『국립제주극장 건립기본구상 연구』(공저) 『문예회관 표준모델 개발 연구』 등이 있다.

박일용 서울대 국문과 및 동대학원 졸업. 문학박사. 한국과학기술원 교양과정부 교수를 거쳐 현재 홍익대 국어교육과 교수. 주요 저서로 『조선시대의 애정소설』『영웅소설의 소설사적 변주』 등이 있다.

박전열 중앙대학교와 동대학원에서 국문학과 민속학을, 일본 쓰쿠바대학에서 문화인류학 예능사를 전공. 1999년부터 한국방송통신대학 TV에서 〈일본 전통문화론〉을 연속 강의했으며, 현재 중앙대 일어일문학과 교수로 재직 중. 저서로 『일본 민속학의 전개』『「가도즈케」의 구조』『일본 문화』『일본의 문화와 예술』『일본 전통문화론』 등이 있다.

사진실 서울대 국문과 및 동 대학원 졸업. 문학박사. 서울대·한남대·중앙대 등에서 강의하였고 버클리대학 한국학센터의 객원연구원을 지냈다. 현재 중앙대 국악대학 연희예술학부 교수. 저서로 『한국연극사 연구』, 논문으로 「조선시대 서울지역 연극의 공연상황 연구」 등이 있다.

서대석 서울대 국문과 및 동 대학원 졸업. 문학박사. 구비문학 및 고전소설 분야에 100여 편의 논문을 발표. 현재 서울대 국문과 명예교수. 주요 저서로 『구비문학개설』(공저) 『한국무가의 연구』『군담소설의 구조와 배경』『한국 신화의 연구』『한국 구비문학에 수용된 재담 연구』『한중 소화의 비교』 등이 있다.

서정완 일본 쓰쿠바(筑波)대학 대학원 석·박사 과정 졸업. 박사 학위 논문은 「노가쿠(能樂)의 개작과 변천」(1992)이다. 현재 한림대 일본학과 교수, 일본학연구소 소장. 근래에 들어서는 14세기의 노(能) 성립 문제에 접근하기 위해서 중세 이전 즉 고대의 예능(연희)의 성립을 추적하고 있다. 「「伎樂」追跡考—『敎訓抄』 해석과 한·일 가면극 연구」 「「伎樂」追跡考—『六國史』 속 伎樂에 관한 小考」, 「「伎樂」追跡考—東アジア假面劇藝能研究の一端として」 「「伎樂」追跡考—『妓樂龍笛譜』と伎樂展開の一端」 등의 일련의 「「伎樂」追跡考」가 바로 그것이다.

심우장 서울대 국문과 및 동 대학원 졸업. 문학박사. 현재 서울대 기초교육원 강의교수. 저서로 『사이버문학의 이해』(공저) 『구비문학과 인접학문』(공저) 『한국인의 삶과 구비문학』(공저) 등이 있다.

양승국 서울대 국문과 및 동 대학원 졸업. 문학박사. 현재 서울대 국문과 교수. 저서로 『한국 근대연극비평사 연구』『김우진, 그의 삶과 문학』『한국 신연극 연구』『한국 현대희곡론』, 논문으로 「1920년대 초기 번역극을 통해 본 번역의식의 한 단면」 「한국 근대연극과 미디어의

관련양상」 「일제 말기 국민연극의 존재 형식과 공연구조」 등이 있다.

양태순 서울대 국문과 및 동 대학원 졸업. 문학박사. 현재 서원대 사범대 국어교육과 교수. 저서로 『고려가요의 음악적 연구』 『한국 고전시가의 종합적 고찰』, 논문으로 「정과정(진작)의 연구」 「삼구육명의 새로운 뜻풀이(1)(2)(3)」 「서경별곡의 종합적 고찰」 「신흠의 시조와 한시의 관련양상 연구」 등이 있다.

유명희 한림대 국문과 및 동 대학원 졸업. 문학박사. 현재 한림대, 강릉대 강사. 저서로 『재중강원인 생활사 조사연구』(공저) 『농산노동요연구』(공저), 논문으로 「『아기어르는 소리』의 전승과 현황」, 「아라리연구」, 「아라리 무대화에 따른 정서의 변화와 노랫말의 수용 양상」, 「『논매는소리』를 통해 본 가평 민요권의 특성」 등이 있다.

유성호 연세대 국문과 및 동 대학원 졸업. 문학박사. 문학평론가. 현재 한양대 국문과 교수. 저서로 『상징의 숲을 가로질러』 『근대시의 모더니티와 종교적 상상력』 『현대시 교육론』 『백석 시 읽기의 즐거움』(공저) 『한국 현대시사』(공저) 등이 있다.

유인순 강원대 국어교육과 및 이화여대 대학원 국문과 졸업. 문학박사. 현재 강원대 국어교육과 교수. 저서로 『김유정 문학 연구』 『김유정을 찾아가는 길』, 공저로 『한국 현대소설론』 『한국 현대작가 연구』 『한국 현대소설의 이해』, 편저로 『동백꽃-김유정 단편선』, 논문으로 「김유정과 해외문학」 「김유정과 우울증」 「한국소설에 나타난 중국, 중국인」 등이 있다.

윤태일 서울대 미학과 졸업. 테네시대 광고학 석사 및 미조리대 언론대학원 박사. 현재 한림대 언론정보학부 광고홍보전공 교수. 저서로 『매스커뮤니케이션의 이해』(공저) 『광고비평의 이해』(공저), 논문으로 「상업용 웹사이트의 문화역설 현상에 관한 연구」 「여성의 날씬한 몸에 관한 미디어 담론 분석」 등이 있다.

이대범 강원대 국문과 및 동 대학원 졸업. 문학박사. 현재 강원대 국문과 교수. 저서로 『한국 근대희곡론』 『한국의 전통극과 현대극』(공저) 『스토리텔링』(공저) 『애니메이션 스토리텔링』(공저) 『디지털 스토리텔링』(공저), 논문으로 「1920~1930년대 프로희곡 연구」 「김상열 연구」 「민병휘 연극비평 연구」 「후기산업사회와 한국문학의 세계화 방안」 등이 있다.

이재선 서울대 국문과 및 동 대학원 졸업. 문학박사. 영남대 교수와 하버드대 객원교수 역임. 현재 서강대 국문과 명예교수. 저서로 『한국 개화기소설 연구』 『한국 단편 소설 연구』 『한국소설사』(근·현대편) 『현대 한국소설사 1945~1990』 『한국문학의 원근법』 『현대소설의 서사시학』 『현대소설의 서사주제학』 등이 있다.

전신재 서울대 국어교육과 및 성균관대 대학원 국문과 졸업. 문학박사. 현재 한림대 명예교수. 『원본 김유정전집』(편저) 『강원도 민요와 삶의 현장』(공저) 『강원의 전설』, 「거사고(居士考)」 「아르또연극과 한국의 탈놀이」 「춘향가와 죽음의 미학」 등의 논저가 있다.

정병헌 서울대 국어교육과 및 동 대학원 국문과 졸업. 문학박사. 판소리학회 회장, 한국공연문화학회 회장 역임. 현재 숙명여대 교수. 저서로 『신재효 판소리 사설의 연구』 『판소리문학론』 『판소리와 한국문화』 『한국 고전문학의 비평적 이해』 『신재효연구』(공저) 『한국 고전문학의 향기를 찾아서』(공저) 등이 있다.

정현기 연세대 국문과 및 동 대학원 졸업. 문학박사. 연세대 국문과 교수 역임. 현재 세종대 국문과 초빙교수. 저서로 『한국 근대소설의 인물 유형』『비평의 어둠 걷기』『포위 관념과 멀미』『한국 현대소설의 숨결』, 논문으로 「시로 쓴 이청준의 『인간인』」「우리말로 학문하기」「한국문학의 해학적 전통」「윤동주 시 연구」「인문학의 위기론」 등이 있다.

정현숙 강원대 국어교육과 및 이화여대 국문과 대학원 졸업. 문학박사. 현재 한림대 연구교수. 저서로 『박태원 문학연구』, 논문으로 「안수길의 『북향보』론」「박태원 소설에 나타난 연속성과 불연속성(1), (2)」 등이 있다.

조동일 서울대에서 불문학·국문학을 전공한 뒤 문학박사 학위 취득. 계명대·영남대·한국정신문화연구원·서울대 국문과 교수를 지냈고, 현재 계명대 석좌교수. 전5권으로 된 『한국문학통사』 외에, 『한국소설의 이론』『한국문학사상사시론』『문학연구방법』『한국문학과 세계문학』『동아시아문학사 비교론』『세계문학사의 허실』『우리 학문의 길』 등이 있고, 그 외 다수의 논문이 있다.

조희웅 서울대 국문과 및 동 대학원 졸업. 문학박사. 현재 국민대 명예교수. 저서로 『조선 후기 문헌설화의 연구』『설화학 강요』『한국설화의 유형』『이야기문학의 모꼬지』『고전소설 이본목록』『고전소설 문헌정보』『고전소설 작품연구 총람』『고전소설 연구보정』 등이 있다.

한명희 서울 시립대 국문과 및 동 대학원 졸업. 문학박사. 1992년 『시와시학』에 「시집읽기」 등을 발표하면서 등단, 현재 강원대 스토텔링학과 교수. 저서로 『김수영 정신분석으로 읽기』, 시집으로 『시집 읽기』『두 번 쓸쓸한 전화』『내 몸 위로 용암이 흘러갔다』 등이 있다.

허용호 서강대 대학원 국문과 졸업. 문학박사. 현재 고려대 민족문화연구원 HK연구교수. 저서로 『전통연행예술과 인형오브제』『발탈』『연희, 신명과 축원의 한마당』, 논문으로 「동해안탈굿의 여성과 욕망」「한·일 '발인형연행'의 양상 비교와 그 형성과정」「동해안 '망자혼인형오구굿' 연구」「전통인형연희의 연행방식 연구」「봉산탈춤의 여성들」 등이 있다.

현재원 성균관대 국문과 졸업. 문학박사. 세명대 겸임교수. 논문으로 「일제의 동화정책과 작가의 대응양상—『역사』를 통해 본 송영의 대응 방식」「실존주의, 형식 그리고 작가의식—오학영론」 등이 있다.